Diethard Stelzl

Licht
– Quelle des Lebens und der Liebe

Heilung und innere Harmonie mit Licht und Farben

vianova
Verlag Via Nova

1. Auflage 2007
Verlag Via Nova, Alte Landstraße 12, 36100 Petersberg
Telefon: (06 61) 6 29 73
Fax: (06 61) 9 67 95 60
E-Mail: info@verlag-vianova.de
Internet:
www.verlag-vianova.de
Satz: typo-service kliem, 97647 Neustädtles
Druck und Verarbeitung: Fuldaer Verlagsanstalt, 36037 Fulda

ISBN-13: 978-3-86616-039-2

Leben und Licht

LICHT – QUELLE DES LEBENS UND DER LIEBE

Heilung und innere Harmonie mit Licht und Farben

Inhaltsverzeichnis

Anmerkung und Hinweis

Das in diesem Buch vorgestellte Konzept baut auf universalen Ordnungskriterien, schamanischen Erkenntnissen und jahrelangen theoretischen und praktischen Arbeiten zum Thema Beratung hilfesuchender Menschen auf. Sämtliche in diesem Buch beschriebenen Angaben und Empfehlungen erfolgen jedoch ohne jegliche Gewährleistung, Garantie oder Haftung seitens des Verlages, der Redaktion oder des Autors.

Es sei ausdrücklich darauf hingewiesen, dass weder das vorliegende Konzept als Ganzes noch Teilbereiche daraus eine ärztliche Betreuung und medizinische Behandlung ersetzen können noch wollen. Vorgestellte Techniken und ausgesprochene Empfehlungen sollten mit dem jeweiligen Arzt des Vertrauens individuell durchgesprochen werden. Danach kann sich der Leser in voller Eigenverantwortung persönlich selbst entscheiden.

Danksagung

Im Herbst 1994 bin ich während einer Weltreise auf meinem linken Auge innerhalb weniger Stunden an einer seltenen tropischen, viralen Netzhautentzündung erkrankt und nahezu vollständig erblindet. Diese selbst unter Augenärzten kaum bekannte Krankheit „Diffuse unilateral subacute neuroretinitis“ (DUSN) führte bei über 85 % aller damals bekannten etwa 40 Fälle zur totalen Erblindung. Bei mir war dies dank Gottes Fügung, dem eigenen festen Glauben an die beste Lösung und dem intensiven Arbeiten mit diversen HUNA-Techniken nicht der Fall. Die intensive Auseinandersetzung mit der Frage: „Was will mir diese Krankheit zeigen?“ ließ mich in einer monatelangen schweren Lernperiode meine Situation mit „neuen Augen“ sehen und viele Dinge in Gedanken, Gefühlen, Arbeitsablauf, Beruf, subjektiver Einschätzung und Lebensweise neu ordnen und ausrichten. Dies geschah gemäß dem von Herrn Pfarrer Fliege übernommenen Leitsatz:

„KRANKHEIT, DAS GEBET DES KÖRPERS“

Noch engagierter als bisher beschäftigte ich mich kritisch mit esoterischen und spirituellen Fragen, insbesondere nach dem Ziel und Sinn des Lebens. Besonders eingehend arbeitete ich in Theorie und Praxis von nun an mit Fragen über Licht und Farben und deren Auswirkungen auf den menschlichen Organismus. Speziell interessierten mich Möglichkeiten der Harmonisierung und Heilung von Krankheiten und organischen Störungen beim Menschen durch Licht und Farben, wie diese bereits im Altertum weit verbreitet waren. Damit wurde der Grundstein für dieses Buch gelegt, in welches Gedanken, Versuche und praktische Erfahrungen von über 20 Jahren Arbeit eingegangen sind.

Wie immer bedanke ich mich bei meiner Lebenspartnerin Gerlinde Hartmann für ihr Verständnis und die liebevolle Begleitung auf meinem Weg sowie bei Martina Schnabl, Raphaela Aschbacher und Sabine Wedl für ihre aktive Mitarbeit bei der Erarbeitung des vorliegenden Manuskriptes.

Bei Ihnen, lieber Leser, bedanke ich mich von Herzen für Ihr Interesse an Licht und Farben und wünsche Ihnen viel Freude bei der Beschäftigung mit dem vorliegenden Thema

LICHT – QUELLE DES LEBENS UND DER LIEBE

Dr. Diethard Stelzl

I. Einführung

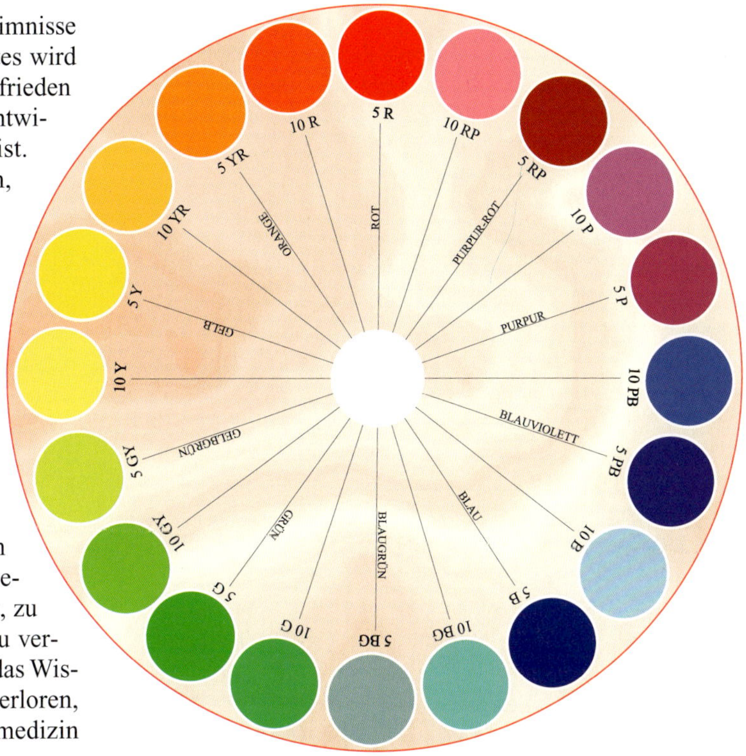

LICHT ist auch heute noch eines der großen Geheimnisse des Universums. Das eigentliche Wesen des Lichtes wird von der Wissenschaft nicht zur Gänze und nicht zufrieden stellend erklärt. Feststeht, dass ohne Licht kein entwickeltes, organisches Leben auf Dauer möglich ist. Der „Atem der Schöpfung", kosmischer Plan, Informationsgefüge und Ordnungsstruktur des Universums, die allumfassende, bedingungslose Liebe in allem Sein werden durch Licht und Farben übertragen. Sie beeinflussen auf vielfältige Art und Weise den physischen Organismus des Menschen, seine Ätherebene der Lebensenergie, die Psyche, Gefühle und Emotionen des feinstofflichen Astralbereiches genauso wie Gedanken und Mentalebene.

Licht und Farben waren im Altertum, in Atlantis, bei den Pharaonen Ägyptens, den berühmten Ärzten Griechenlands und Roms die wichtigsten Hilfsmittel, um physisch und psychisch Kranke wieder in die Mitte, die Harmonie des eigenen Selbst, zu bringen und ihnen damit wieder zu Gesundheit zu verhelfen. In den nachfolgenden Jahrhunderten ging das Wissen um diese uralte und effektive Heilmethode verloren, im Rahmen einer ganzheitlichen Komplementärmedizin wird sie in unserer Zeit wieder entdeckt.

Im Rahmen der für alles Leben im Universum geltenden geistigen Gesetze und kosmischen Regeln, die teilweise auf den vor mehr als 4500 Jahren lebenden ägyptischen Weisen HERMES TRISMEGISTOS zurückgehen, verbinden bestimmte Zahlenreihen wie die „FIBONACCI-Reihe" des „Goldenen Schnitts", Oktavierungs-und Potenzierungsregeln Leben in Form, Farbe, Ton, Geruch, Geschmack und Tastsinn als „Alles ist Schwingung" nach dem **geistigen Gesetz der Resonanz**. Positive Resonanzen führen zu Harmonie, negative zu Disharmonie und damit zu Störungen und Krankheit. Alle Kräftewirkungen im Kosmos unterliegen dem **geistigen Gesetz der universalen Dreiheit allen Seins**. Jede Schöpfung im Universum im Großen wie im Kleinen beinhaltet, reflektiert und verkörpert dieses Prinzip der Trinität von

- Geist, Bewusstsein, Ordnung und Information,
- Kraft, Energie, Schwingung, Wachstum und Leben,
- Materie, Stofflichkeit, Ausdruck und organische Form.

LICHTenergien und Farben sind die feinsten und stärksten Energiepotentiale, die ein Mensch ohne körperliche Schädigung aufnehmen und verarbeiten kann. Sie wirken auf den physischen Körper über die Ernährung, Atmung, Haut und Augen sowie auf den feinstofflichen Ätherbereich der Lebensenergie und Systemsteuerung, den Astralbereich der Gefühle, Emotionen und der Psyche, aber auch auf den Mentalbereich der Gedanken und des Willens. Auch kosmische Einflüsse wie Planetenkonstellationen und Tierkreiszeichen sowie die universelle Bedeutung der vier Elemente Feuer, Luft, Wasser und Erde wirken sich im und um den Organismus auf allen diesen Ebenen aus, vor allem jedoch auf der Ebene der Lebensenergie und des Äthers, des fünften Elementes, der „Quintessenz" allen Seins.

Im Universum ist alles Wirken ein untrennbarer Teil des Ganzen, des schöpferischen Urgeistes, dessen Strahlung in Form von Licht und reiner Energie den gesamten Kosmos durchdringt. *Evolution* ist die Widerspiegelung des Schöpfungsprozesses im Wechselspiel der Polarität des Ganzen in der Vielfalt des Einzelnen. Im Bewusstsein des eigenen Seins zeigt es das Werden der Individualität in jedem Augenblick des Lebens. *„Alles ist Gott und Gott ist* *in allem.“* LEBEN ist die fließende, wirksame, alles durchdringende, grenzenlose Energie des in Aktion stehenden universalen Bewusstseins, welches Atome zum Schwingen bringt und ihnen genauso wie allem anderen Sein im Universum eigenes Bewusstsein gibt.

GOTT IST GEIST. Dieser Geist der Urquelle ist für den Menschen nicht als Geist erfahrbar, sondern nur in dessen Ausdrucksformen. Dabei dient LICHT als quantitativ erfassbare Trägersubstanz, LEBEN als dynamische Kraft und Energie der sich immerfort bewegenden Elementarteilchen, Positronen und Elektronen sowie LIEBE als die eine und einzige Botschaft und Information des Weltgeistes, die unaufhörlich als allumfassende Wahrheit durch das Universum fließt.

Am Anfang steht die Ehrfurcht vor dem Leben und die Erkenntnis, dass Leben Licht und Farbe ist. Alles Leben benötigt zum Leben Licht und damit Farben. Die von der kosmischen Urquelle im Rahmen des Schöpfungsprozesses ausgehende feine Strahlung des Fluid, Od, Prana, Mana usw. bringt Leben, Wachstum unterschiedlicher Intensität und Transformation sowie harmonische Urinformationen und Ordnungskriterien je nach Gitterstruktur des Energiefeldes, Wellenlänge und Frequenz der einzelnen Schwingungen. Bereits J. W. v. GOETHE sah im Licht ein Urphänomen, welches zum Urgrund allen Seins gehört, eine tausendfältig gegliederte und differenzierte Energieströmung, die auf der Erde und woanders im Universum Leben in den vielfältig denkbarsten Formen erst ermöglicht. Dabei verbinden sich diese kosmischen Kräfte mit den stofflichen Ausdrucksformen der Substanzen MINERAL-WASSER-LUFT-WÄRME zu den Elementen der Natur ERDE-WASSER-LUFT und FEUER und gestalten wechselwirkend mit diesen sämtliche Lebensbereiche auf der Ebene der Mineralien, Pflanzen, Tiere und Menschen. Sie geben der „toten“, stofflichen Materie erst Leben durch Hinzufügung des göttlichen, kosmischen Elementes des ÄTHERS, des fünften Elements, der „Quinta Essencia“. Der Begründer der Anthroposophie, DR. RUDOLF STEINER, unterschied dabei je nach deren bestimmendem Wirken vier Ätherarten, nämlich Lebensäther, Chemischen Äther, Licht- und Wärmeäther, die wechselseitige Einflüsse und Auswirkungen auf die verschiedenen Stufen allen Lebens, auf die menschliche Ernährung aus dem Mineral-, Pflanzen- und Tierreich sowie auf die Entstehung ernährungsbedingter Krankheiten haben.[1]

LICHT UND FARBEN wirken über die Aura und die Chakras, über das Auge, die Haut sowie von innen heraus über die Nahrung. Durch ihre bleibenden Schwingungen und elektromagnetischen Resonanzfelder, die vom Licht ausgelöst und aufgebaut, in lebenden Systemen wie dem menschlichen Organismus beispielsweise auch von kristallinen Strukturen, chemischen Molekularverbänden wie den DNS, CAMP, ATP, NSDPH usw., Naturfasern und Nährstoffen gespeichert werden, wirken Farben immer, auch im Dunkeln. Ähnlich wie bei Edelsteinen, Amuletten und Talismanen können bestimmte kraftvolle, archetypische Symbole und geometrische FORMEN und Farben beim Anrichten von Speisen ebenfalls als „Antennensysteme“ für die Aktivierung kosmischer Urinformation und Lebensenergie dienen. Hierdurch werden systemimmanente, bioenergetische Schwingungsfelder aufgebaut, die gezielt stärkend für das lebende System und den gesamten Organismus auf allen materiellen und feinstofflichen Ebenen gesundheitsfördernde Informationen und Ordnungskriterien aus dem Universum anziehen, weitergeben und wirken lassen. Eine individuelle, aktive und positive Beeinflussung des kosmischen Schöpfungsprozesses im persönlichen Bereich ist Bestandteil eines multidimensionalen Ereignisses, welches wir Menschen möglichst schnell begreifen müssen, um uns selbst positiv als kreativ-einwirkende Elemente auf die gemeinsame Zukunft von Kosmos, Planetensystem, Erde, Elementen, Natur und allen Lebewesen in den göttlichen Schöpfungsprozess einzubringen. Hierin liegt bereits in unserem momentanen Denken, Wollen, Fühlen, Sprechen und Handeln eine große Verantwortung, aber auch eine einmalige Chance.

NÜTZEN WIR SIE – GEMEINSAM!

Alles und jeder ist immer gleichzeitig Schüler und Lehrer. An dem Menschen, der sich dessen nicht bewusst ist und der nicht freiwillig fortwährend an sich selbst arbeitet, wird gearbeitet. In dem Moment, in dem der Mensch nach innen schaut, seinen inneren Kern erkennt, schaut er Gott in sich. **Jeder Mensch ist einmalig** und ein Spiegelbild des Schöpfers. Dessen muss er sich nur bewusst werden und sein, um seine unsterbliche Identität zu erkennen. Aufgebrauchte, überholte Gedanken- und Gefühlsmuster müssen angeschaut, angenommen, deren Sinn erkannt und positiv als Lernerfahrung aufgelöst werden. Neue erwünschte Bilder müssen bewusst geschaffen und verinnerlicht werden, um nach dem **„geistigen Gesetz der Kausalität von Ursache und Wirkung“** positive, weiterführende Folgeaspekte zu ermöglichen. Im Einzelnen bedeutet dies für jeden Menschen:

- sich selbst und anderen verzeihen,
- loslassen, was nicht zum eigenen Selbst gehört,
- Verhaftungen aus der Vergangenheit aufgeben und auflösen,
- zuerst in Demut dienen lernen, um später vielleicht zu „verdienen“,
- die Umwelt harmonisch mit und in sich selbst integrieren, denn der Weg nach innen führt über das Verstehen und den Dienst am Außen,

---

1 Vgl. hierzu: STEINER, Rudolf: „Farbenerkenntnis“, Rudolf Steiner Verlag, Dornach/Schweiz 1990

- die eigenen Aufgaben voller Bewusstheit und Liebe erfüllen, zum eigenen Wohl und dem Wohl des großen Ganzen,
- das eigene Bewusstsein ändern, wenn man sein Umfeld und damit sein Leben ändern möchte,
- LERNEN aus den Erfahrungen der Vergangenheit, das Richtige zu tun, das Notwendige nicht zu unterlassen und das Falsche nicht zuzulassen,
- bewusst und achtsam in der Gegenwart LEBEN,
- sich selbst und sein Umfeld LIEBEN, um mit positiven Gedanken und Gefühlen die Zukunft aufzubauen,
- die Einmaligkeit der eigenen Individualität erkennen, achten und lieben,
- die eigene wahre Bestimmung erfahren und zu erfüllen versuchen, um so Lebenssinn und Lebensziel zu erreichen,
- die eigentliche Vollkommenheit des eigenen wahren Selbst im Inneren aus der göttlichen Quelle heraus in Gedanken, Wollen, Gefühlen, Worten und Taten zum Ausdruck bringen, um damit wieder selbst ein Aspekt Gottes zu werden und der ersehnten Vereinigung mit dem Ursprung als Ziel des Lebens Schritt für Schritt näher zu kommen.

Die laufende, bewusste Verwirklichung dieser Lebensaufgaben führt schließlich zum Stadium der *inneren Gelassenheit*. Diese und *innere Harmonie* ergeben sich nicht von selbst heraus, sondern sind das Ergebnis vieler Lernprozesse menschlicher Leben auf dem langen Weg zum eigenen „ICH BIN", zum eigenen „ICH SELBST". Die Entdeckung der STILLE IM SELBST, des göttlichen Kerns der eigenen Persönlichkeit, führt zu innerer Stärke im bewussten Erleben und Erfahren des Hier und Jetzt in jedem wertvollen Augenblick. Dieser Weg führt über das permanente Loslassen alter Gedanken- und Gefühlsmuster, die nicht oder nicht mehr der eigenen Identität entsprechen, und deren Ersetzen durch neue Gedanken- und Gefühlsstrukturen, welche geistige Gesetze widerspiegeln und zum individuellen Lebensziel führen. In der Vervollkommnung der eigenen Persönlichkeit auf allen Seinsebenen liegt der eigentliche SINN MENSCHLICHEN LEBENS. Sie führt Schritt für Schritt zu immerwährender Ausgeglichenheit und Gelassenheit sowie anhaltender äußerer und innerer Harmonie verbunden mit Gesundheit. Sie ist damit sichtbarer und nachvollziehbarer Ausdruck höchster vollkommener göttlicher Ordnung in jedem Selbst.

Auf physischer Ebene spiegelt sich dieser Prozess im Zustand des eigenen Körpers wider. Dieser ist der allen und für alles sichtbare Ausdruck des Grades des individuellen Bewusstseins, der Gefühlsbereiche und der eigenen Lebensenergie. *Krankheit* ist eine im Äußeren sichtbar gewordene Manifestation für Disharmonie und fehlende Ganzheit. Notwendige und noch nicht eingeleitete bzw. abgeschlossene Lernschritte in Gedanken und Gefühlen werden aufgezeigt. Kommt es durch Änderung mentaler und emotionaler Muster zu den vorgeschriebenen Korrekturen im Verlauf des eingeleiteten, eigenen Lernprozesses, so tritt *Heilung* ein. Wollen wir die notwendige Lektion nicht freiwillig selbst lernen, so zwingt uns Krankheit zu einer Aktion, jedoch nicht als Strafe, sondern als Chance, die es zu erkennen und zu realisieren gilt im Denken, Wollen, Fühlen, Sprechen und Tun. Krankheit ist immer ein Warnsignal für jeden Menschen auf allen seinen Ebenen, nicht nur im grobstofflichen Bereich des physischen Körpers. Die Symptombehandlung einzelner Organe alleine stellt keine ausreichende und ganzheitlich heilende Lösung dar. Sie muss unbedingt einhergehen mit einer Änderung des Bewusstseins, dem Erkennen und Aufarbeiten negativer, psychisch-emotionaler Energiepotentiale und dem ausreichenden Aufbau von Vitalenergie. Die Voraussetzung hierfür sind Lernbereitschaft, der feste Vorsatz, erkannte seelische Wandlungen zu ändern. Die Wiederherstellung der verlorenen Ordnung im eigenen Inneren durch korrigiertes Denken, Wollen, Fühlen, Sprechen und Handeln führt zwangsläufig auch zur Heilung des Körpers. **Heilung ist immer Selbstheilung** durch eigene Erkenntnis, Annahme der störenden Situation und bewusste Vornahme der als notwendig empfundenen Änderungen bestimmter Lebensumstände. So gesehen ist Krankheit ein natürlicher Weg zur Gesundheit, zur Erfahrung neuer Erkenntnisse und zur persönlichen Bewusstseinserweiterung. Nach dem Willen des Schöpfers bestimmt jeder Einzelne in bewusster, eigener Verantwortung selbstständig über sein Schicksal, sein Leben und seine Gesundheit. Licht und Farben können bei diesem Lernprozess von großer Hilfe sein.

Der menschliche Körper ist Instrument und Messskala für Erfahrungen und Lernprozesse. Der Mensch in seinem Denken, Wollen, Fühlen und seinem Lebensausdruck ist nicht Opfer einer Disharmonie und Krankheit, sondern ihr Verursacher. Dasselbe gilt im umgekehrten Sinn für Lebensqualität, Harmonie und Gesundheit. Bewusstheit und Verantwortung im Umgang mit dem eigenen Körper sind die Grundlagen für Harmonie und Gesundheit.

Auch der Zugang zu einer individuellen, harmonischen Ernährung muss über die unterbewusste, seelische Ebene jedes einzelnen Menschen gehen, über die Kommunikation zwischen der wachbewussten Ebene seines Verstandes – Vernunft, Logik und Intellekt – und der unterbewussten Ebene seiner Intuition – Gefühl, Emotion, Gedächtnis und der Steuerung autonomer Körperfunktionen.

Neben fester und flüssiger Nahrung sind besonders wir Menschen abhängig von Licht und Farben.[2] Neben dem feinstofflichen Energiekörper jeglicher schwingender Form und Materie, der Aura, nehmen auch wir die im Licht gespeicherte kosmische Information und weitere

2 Vgl. hierzu: STELZL Diethard: „Über die Lichtkraft der Farben in unserer Nahrung", Verlag VIA NOVA, Petersberg 2004.

universale Ordnungskriterien über die Haut, die Augen und von innen heraus über die Nahrung auf. Eine bewusst zusammengestellte individuelle Ernährung ist deshalb die Voraussetzung für optimale Lebensenergie, innere Harmonie und bleibende Gesundheit. Im Zusammenwirken mit der organischen Struktur, dem Gehalt an Mineralstoffen, Spurenelementen, Vitaminen, Hormonen und Enzymen spielen die Farben der Ernährung als spezielle Ausdrucksform und lebenserhaltende Botschaftsträger des Lichtes eine entscheidende Rolle. Licht als „Atem der Schöpfung" überträgt Lebensenergie, kosmische Steuerinformationen und universale Ordnungskriterien, ohne welche kein lebender Organismus bestehen und wachsen kann.

Licht hat als kosmische Energie die geringste Dichte. Der gesamte menschliche Organismus wird durch das Spektrum der Regenbogenfarben angeregt, sämtliche Körperrhythmen und -zyklen werden gesteuert und unterschiedliche Heilqualitäten des Lichtes aktiviert. Eine bewusste Beachtung individueller Reaktionen auf die Aufnahme unterschiedlich farbiger Lebensmittel und eine fortwährende Verfeinerung der eigenen Ernährungsgewohnheiten kann das Sonnenlicht zu einer immer bedeutender werdenden, unmittelbaren Quelle dringend benötigter und für uns Menschen nur beschränkt vorhandener Lebensenergie werden lassen.

Neben dem Sonnenlicht und den festen und flüssigen Nährstoffen benötigt der menschliche Organismus dringend Sauerstoff. Der physische Körper kann monatelang ohne Sonnenlicht und erdverbundene, feste Nahrung auskommen, einige Wochen lang ohne Wasser, aber nur wenige Minuten ohne Luft. Die regelmäßige Aufnahme von energiehaltigem Sauerstoff, möglichst verbunden mit Bewegung in der Natur, sowie eine bewusste und sinnvolle Tiefenatmung versorgen über die Lunge den gesamten Organismus bis in die letzte Zelle hinein mit wertvoller Luft. Dies gilt insbesondere für das Gehirn, welches bis zu 80 % des aufgenommenen Sauerstoffs verarbeitet. Der Verstand wird ruhig, wenn die Atmung tief und gleichmäßig fließt. Neben der Luft wird Sauerstoff auch direkt aus der Nahrung entnommen, wobei Qualität, Lichtaufnahmefähigkeit, Speicherung und Farbe wieder eine bedeutende Rolle spielen. Die meisten chronischen Störungen im menschlichen System hängen erwiesenermaßen mit einem Sauerstoff- und Wassermangel in den Geweben zusammen. Die Zellen ersticken und trocknen aus, was zu Fehlfunktionen im gesamten Organismus und zu lang anhaltenden Problemen führt. Gesundheit ergibt sich aus einem abgestimmten Verhältnis zwischen positivem Denken, Wollen, Fühlen, Sprechen und Tun in Verbindung mit einer ausreichenden, energetisch wertvollen Sauerstoff- und Nahrungsmittelaufnahme. Jeder Einzelne hat es selbst in der Hand, das Notwendige hierzu zu tun, die Verantwortung für die Behandlung seines Körpers und sein gesamtes Leben zu übernehmen, äußere und innere Harmonie und anhaltende Gesundheit zu erreichen und seinem eigenen Lebensziel näher zu kommen. Es ist nötig, auf allen Ebenen bewusst und achtsam jeden Moment ohne Einschränkung zu leben, zu erleben und zu erfahren, um so die persönliche, harmonische Einstellung zu Licht und Farben mit Verstand und Intuition selbst zu finden.

Teil A

Licht und Farben: Die originäre Lebensenergie

1. Licht ist Leben

LICHT IST LEBEN. Licht, für Menschen das Naturlicht der Sonne, ist die Grundlage jeglichen höherentwickelten Lebens auf der Erde. Aus dem Licht als originärer und primärer Quelle entwickeln lebende Organismen hochwertige Nährstoffe, Bewegungs- und Lebensenergie. Licht spielt aber auch bei zahlreichen biochemischen Prozessen eine zentrale Rolle, indem es Moleküle in einen angeregten Zustand versetzt und zu höheren Energieebenen bringt, die gleichfalls wieder zahlreiche nachfolgende Stoffwechsel- und Transformationsprozesse auslösen.

LICHT ist der Vermittler der Lebensenergie – der *„Hauch des Schöpfers“*. Es hat unterschiedliche Schwingungsbereiche, deren jeweiliger Charakter bestimmt wird durch kleinste Teilchen = Lichtquanten, sog. *Photonen*, die in differierenden Wellenlängen und Frequenzen energetisch sowohl als Welle (= kinetische Energie) als auch als Teilchen (= Partikelenergie) diese universale Kraft in einer Geschwindigkeit von ca. 300 000 km pro Sekunde weitertragen. Licht als kosmische Energie ist unsichtbar, nur wenn es auf Widerstand stößt und reflektiert wird, beispielsweise in der mit kleinsten Luftpartikeln durchsetzten Atmosphäre oder in Form eines Prismas, werden als optische Ausdrucksform der Lichtenergiefelder unterschiedliche Farben sichtbar, die nichts anderes darstellen als „verschiedene Schwingungsbereiche des sichtbaren Lichtes". Die darin enthaltenen reinen Schwingungsenergien wiederum scheinen das geeignetste Mittel zu sein, um unser Unterbewusstsein und unseren Energiekörper zu beeinflussen.

Die Schwingungsqualitäten des Lichtes bestimmen durch Wellenlängen (Amplituden) und Frequenzen (Oszillationsgeschwindigkeiten) die Durchdringung unterschiedlicher molekularer Strukturen und Dichte materieller Körper. Farbe entsteht als Ausdrucksform des reflektiven Spektralbereiches von an sich (physikalisch gesehen) unsichtbarem weißem Licht. Die Farben der Gegenstände und Körper, die wir sehen können, werden gebildet aus Teilreflexionen des Lichtes. Materie hat hierbei die Eigenschaft, bestimmte Spektralbereiche des Lichtes zu absorbieren, also zu verschlucken, oder aber zu reflektieren. Diesen Reflex nehmen wir als Farbreiz im Auge wahr. Die von außen kommende energetische Strahlung wird von den Nerven registriert und in organeigene elektrische Impulse umgesetzt.

Durch den gezielten Einsatz der psychologischen Indikationen unterschiedlicher Formen und damit verschieden gelagerter Kraftfelder der kosmischen Universalenergie Licht kann bei allen lebenden Wesen, insbesondere aber beim Menschen, ein Ausgleich vorliegender seelischer und physischer Spannungszustände und Blockaden herbeigeführt werden, die ansonsten unweigerlich zu Disharmonien im gesamten System und damit zu Krankheiten führen müssten. Mit Hilfe des gezielten Einsatzes von Farben kann andererseits aber auch Gesundheit als energetischer Zustand und damit die individuelle Fähigkeit zur Selbstregulierung dieser Kräfte herbeigeführt werden, wie es seit Tausenden von Jahren in fast allen alten Hochkulturen tatsächlich mit Erfolg praktiziert wurde.

Der menschliche Körper ist ein hochkompliziertes System, in welchem in jedem Augenblick Milliarden von Einzelprozessen ablaufen. Es wurde festgestellt, dass insbesondere bei Wellenlängen von 633 Nanometern, was einem hellroten Farbton entspricht, schwerpunktmäßig elektromagnetisch wirksame Reize aufgrund bestimmter geometrischer Figuren und gewisser Farben Informationen übertragen, die speziell so genannte DISSIPATIVE STRUKTUREN[3] und Systeme stark beeinflussen. Dieser Begriff wurde von dem 1917 in Russland geborenen und in Belgien lebenden Nobelpreisträger ILYA PRIGOGINE geprägt. Er zeigte mit diesem Modell auf, dass in offenen Systemen durch Informations-, Energie- oder Materiezufuhr von außen (beispielsweise durch Quanten, Elementarteilchen oder Lichtphotonen) eine große Anzahl von mikroskopisch kleinsten Teilen plötzlich von einem Zustand der Unordnung (= ENTROPHIE) in einen Zustand der Ordnung wechseln kann, in dem sie sich im Sinne eines gemeinsamen Ganzen kooperativ im Kollektiv nach einem spezifischen Ziel ausgerichtet verhalten. Es entstehen dadurch für eine gewisse Zeit in bestimmten Rhythmen und Zyklen makroskopisch feststellbare Ordnungszustände, die nach Ausbleiben der Zufuhr des originären Mediums früher oder später wieder in den alten Zustand der Unordnung zurückfallen. Dabei laufen autokatalytische Prozesse ab, die irreversibel, also nicht umkehrbar sind. Dissipative Strukturen verfügen ebenfalls über eine Art Gedächtnis, obwohl die abgelaufenen Vorgänge nicht reproduzierbar sind. Die meisten in Lebewesen ablaufenden Bewegungsabläufe und die physiologischen Vorgänge im Organismus sind solche dissipativen Strukturen oder Systeme. Dies gilt im Besonderen für die komplizierten Körpervorgänge im Menschen und den fortwährenden Wechsel zwischen Gesundheit = Harmonie und Krankheit = Disharmonie.

Voraussetzung für eine anhaltende Gesundheit im komplexen System des menschlichen Organismus ist die laufende Versorgung der Zellen mit harmonischer, kosmischer Urinformation und universalen Ordnungskriterien als Ausdruck vom Geiste des Schöpfers. Diese Aufgabe übernimmt in unserem Planetensystem die Sonne, die darüber hinaus durch ihre Wärmeabgabe die biochemischen Lebensfunktionen erst ermöglicht. Das übliche Kunstlicht kann diese Aufgaben nicht zufrieden stellend erfüllen, da ihm oft wichtige Bereiche im Schwingungsfeld des Sonnenlichtes fehlen. Nur dieses aber vermittelt die eigentliche, lebenserhaltende Energie und geordnete Informationen für die wichtigsten Steuerungsorgane leben-

3 Vgl. hierzu auch : STELZL, Diethard: „Heilen mit kosmischen Symbolen", Schirner-Verlag, Darmstadt 2004.

der Systeme. Kunstlicht ist nur hell und deckt lediglich gewisse Farbbereiche im Rahmen der Spektralverteilung des Naturlichtes ab, wie es beispielsweise im Regenbogen zum Ausdruck kommt. Der Schein von Glühbirnen hat z. B. starke Gelb- und Rotanteile und vergleichsweise geringe Blaubereiche. Halogen-Leuchtstoffröhren haben demgegenüber ein weiß wirkendes Licht, in welchem wenig Rot enthalten ist. Wichtig ist ebenfalls die Tatsache, dass der ultraviolette Anteil des Sonnenlichtes, der besonders wichtig für die Steuerung zahlreicher lebenswichtiger Körperfunktionen ist, von normalem Fensterglas, Sonnenbrillen und Kleidung reflektiert wird, durchgelassen werden nur (unsichtbare) Infrarotschwingungen in Form von Wärmeabgabe und gewisse Farbwellen.

Die Strahlung der Sonne

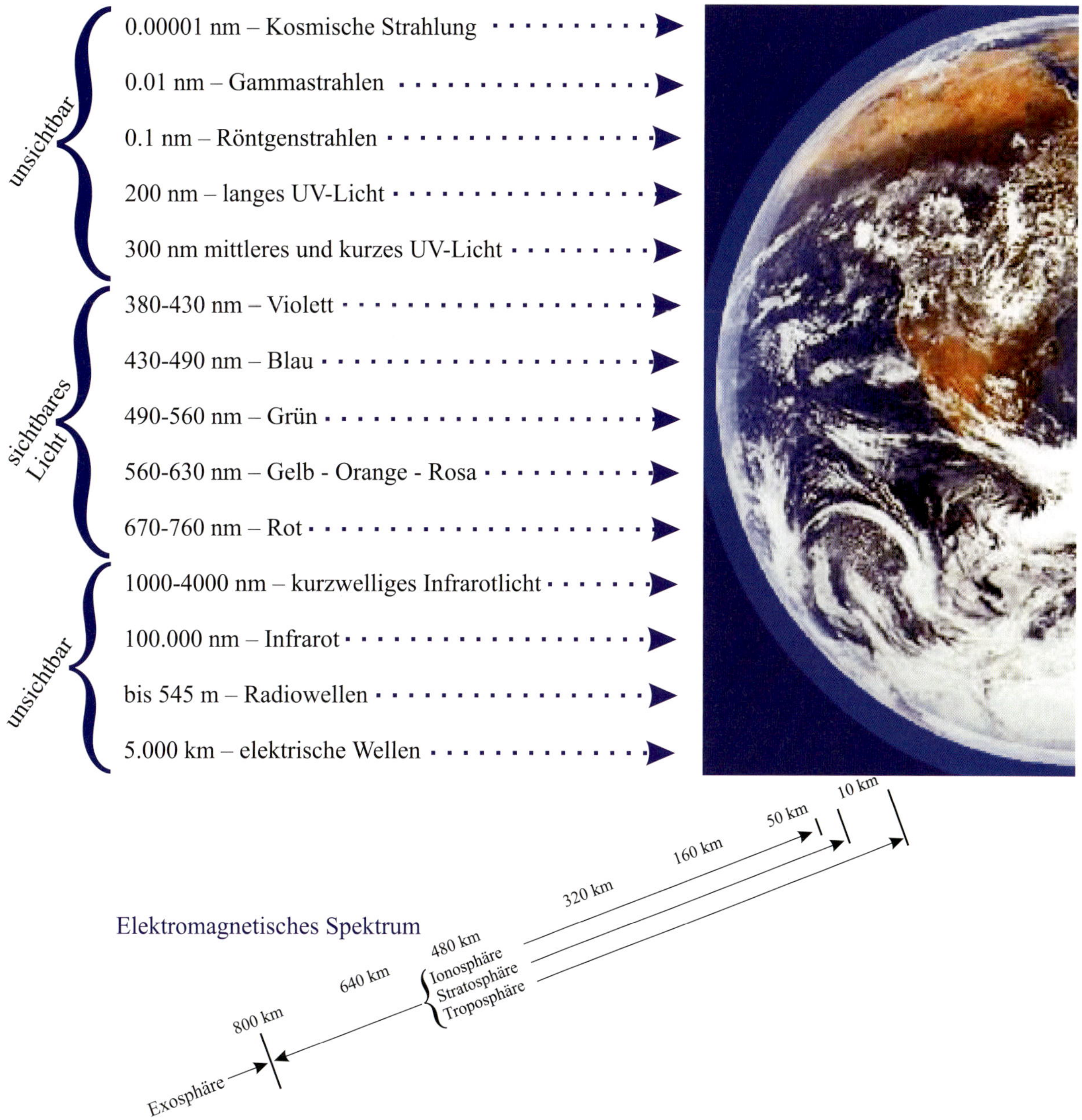

Der englische Arzt und Physiker THOMAS YOUNG (1773 bis 1829) stellte als Erster fest, dass Lichtwellen auch schwingende, elektromagnetische Wellen sind, die sich stets senkrecht-vertikal zur Ausbreitungsrichtung bewegen (transversal) und dies im Unterschied zu Schallwellen, die sich parallel zur Ausbreitungsrichtung (longitudinal) fortpflanzen. Wählt man beispielsweise eine sehr kleine Bestrahlungsfläche auf der Erde, so ist das weit entfernt von der Sonne ausgestrahlte Licht praktisch parallel phasengleich kohärent, sodass sich ein Flächenmaß von 10^{-8} m ergibt. Dies entspricht genau der Oberfläche einer menschlichen Zelle, deren durchschnittlicher Durchmesser bei 10^{-8} m liegt.

1.1 Das Wesen des Lichtes

Das eigentliche Wesen des Lichtes ist auch heute noch eines der größten Geheimnisse der Menschheit. Damit beschäftigten sich alle führenden Wissenschaftler der Antike und des Mittelalters. Selbst ALBERT EINSTEIN schrieb 1917 in der Erstausgabe seiner Relativitätstheorie.

„Den Rest meines Lebens werde ich darüber nachdenken, was Licht ist.“

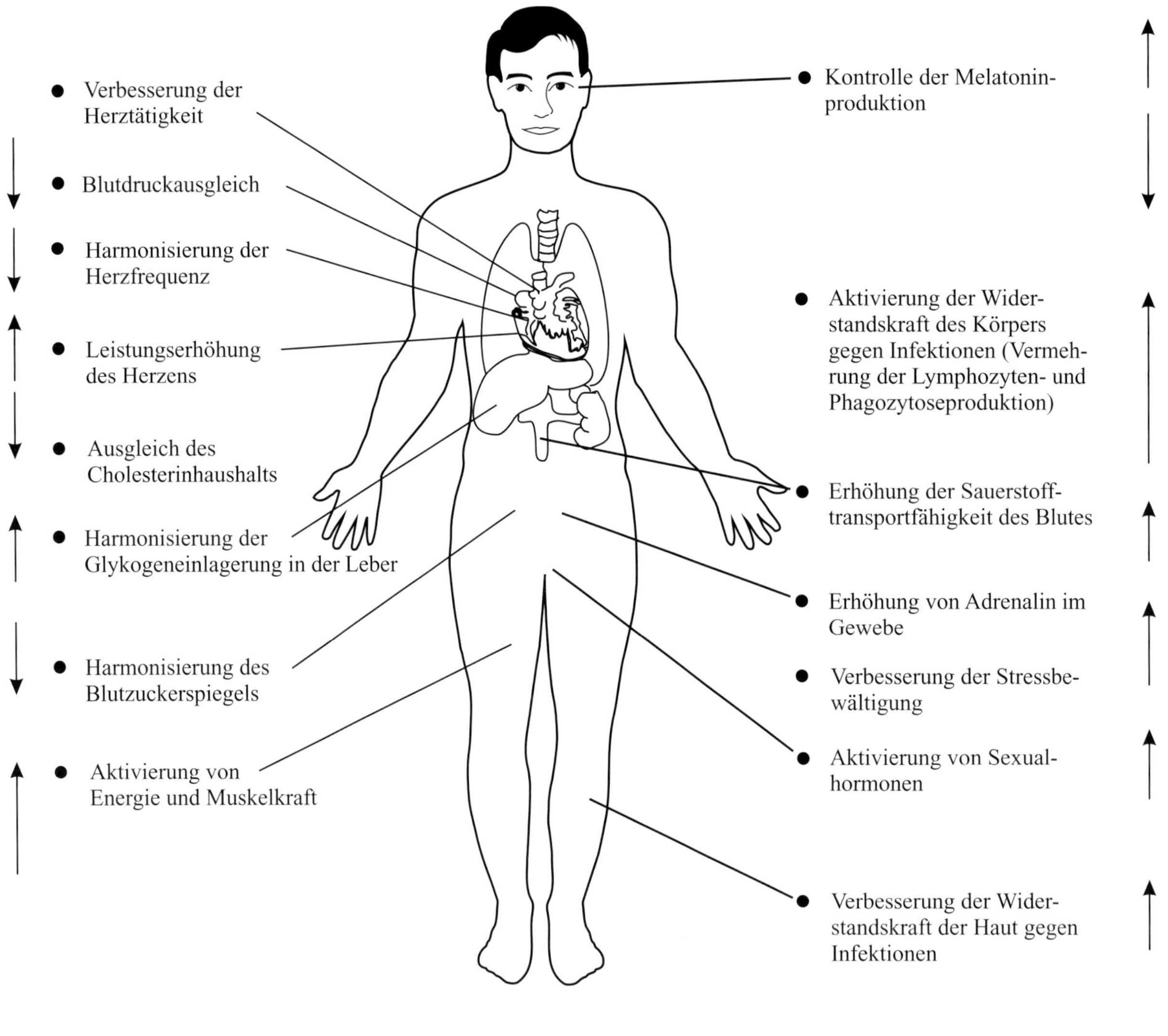

Wirkung des Sonnenlichtes auf den Menschen

Kurz vor seinem Tode im Jahre 1955 stellte er jedoch fest

„Fünfzig Jahre intensiven Nachdenkens
haben mich der Antwort auf die Frage:
Was sind Lichtquanten?
nicht näher gebracht."

1.1.1 Das universale Licht: lat. Lumen

LICHT war und ist neben LEBEN und LIEBE eine der drei Erfahrungsmöglichkeiten des Menschen von GOTT ALS GEIST. Es stellte die erste Manifestation der Urquelle dar, durchströmte die gesamte Schöpfung und verband gemäß dem 1. Geistigen Gesetz von Geistigkeit, Einheit, Ganzheit, Vollkommenheit und wechselseitiger Vernetzung ALLES MIT ALLEM. Damit wurde es zur wichtigsten strukturellen Komponente des ausströmenden Weltgeistes quasi als SUBSTANZ GOTTES. Das kosmische Lichtgitternetz ist das Medium der Übertragung von LIEBE als wesentlicher Information der Weisheit der Urquelle, quasi als ESSENZ GOTTES

IN WAHRHEIT IST ES NUR LIEBE.

Das Feld der Elementarteilchen von Elektronen und Positronen wirkt wie eine feinstoffliche Substanz, welche die Speicherung von Informationen und LEBEN als Prozess erst ermöglicht. Dieses Medium wurde von den antiken Griechen als Äther und von den alten Hawaiianern als Aka bezeichnet.

Die Abwesenheit von Licht ist Dunkelheit. Licht an sich ist unsichtbar und bekommt durch die Konfrontation mit atomaren Strukturen von Materie und Masse erst Form und Farbe.

DUNKELHEIT UND MASSE GEBEN DEM LICHT ERST FORM, DEFINITION UND FARBE.

Auch hier wird die originäre Polarität und Wechselwirkung von Licht und Dunkelheit erkennbar. Es gibt kein gut oder schlecht als subjektive Wertung im Universum, nur positiv und negativ als Spiegelung desselben Sachverhaltes in unterschiedlich erfahrbaren Ausdrucksformen. Ohne Dunkelheit wäre Licht für uns Menschen weder erkennbar noch erfahrbar, weder spirituell noch mental, emotional, energetisch noch physisch. Es geht für den einzelnen nur darum, mit diesem Phänomenen individuell fertig zu werden.

1.1.2 Das solare Licht: lat. LUX

Alles Leben auf der Erde hängt ab vom Licht unserer Sonne. Sie strahlt unaufhörlich Wärme und Licht in Form elektromagnetischer Wellen in einem breiten Spektrum ab. Diese sind aufgeteilt zu etwa:

50.0 % auf (unsichtbare) Infrarotwellen, die als Wärme gefühlt werden können,
45.0 % als Farbschwingungen und Formen,
4.5 % als (unsichtbare) Ultraviolettwellen, die wichtig sind u.a. für die Zellkommunikation,
0.5 % als Reststrahlung.

Die Sonne ist dabei nur einer von Milliarden von Sternen in unserer Milchstraße, die wiederum nur eine von Milliarden von Galaxien im gesamten Universum ist.

In der Quantenphysik und der Naturwissenschaft ist seit MAX PLANCK unbestritten, dass das Licht in seiner stofflichen, formverhafteten Dimension aus winzigen massehaltigen Partikeln, Quanten genannt, besteht. Experimente von ISAAC NEWTON (1643 bis 1727) und nach dem Jahre 1800 von THOMAS YOUNG und dem französischen Forscher FRESNEL sowie den englischen Physikern ALBERT MICHELSON und EDWARD MORLEY nach 1887 bewiesen jedoch auch den Wellencharakter von Lichtschwingungen durch die Sichtbarmachung so genannter Interferenzmuster.

IMPULSWEITERGABE VON INTERFERENZMUSTERN IM ZELLPLASMA DURCH KOHÄRENTE WELLEN

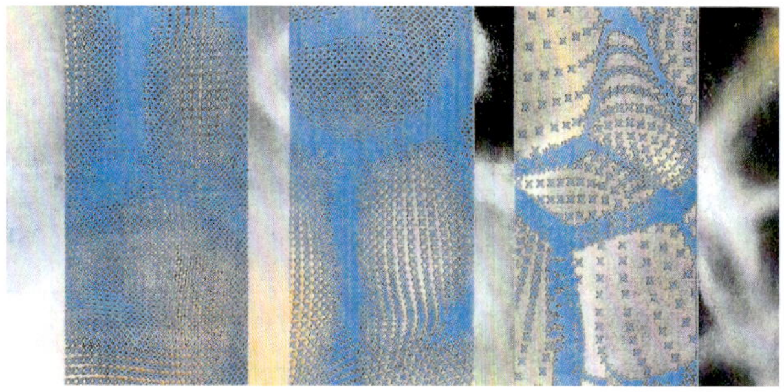

Licht, das parallel auf den Doppelspalt trifft, zeigt in den Spaltöffnungen Teilchennatur, auf einem Bildschirm hinter dem Spalt bei geeigneter Dimensionierung jedoch Wellencharakter, aus dem man die Wellenlänge des Lichts, aber auch die Kohärenz bestimmen kann.

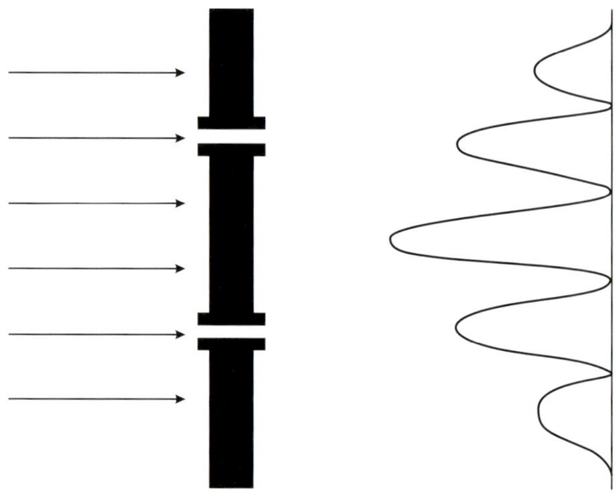

Bild eines „Doppelspaltversuches“ zur Sichtbarmachung des Teilchen-und Wellencharakters des Lichtes

Die energetische Komponente des Lichtes wird im Rahmen seines Schwingungsverhaltens in Wellenbewegungen durch so genannte Elementarteilchen, wie positiv geladene Positronen und negativ ausgerichtete Elektronen, weitergeleitet. Hier entstehen Wachstumsprozesse, Wahrnehmungsempfindungen der menschlichen Sinnesorgane und Lebensenergie im elektromagnetischen Feld.

Wissenschaftliche Kontroversen bestehen bis heute über die Beschaffenheit der Trägersubstanz, des Mediums also, welches Licht im Kosmos leitet und die masselosen Lichtquanten, Photonen genannt, in die Lage versetzt, teilweise schneller als Licht kosmische Informationen und Ordnungskriterien sozusagen als kleinste Einheiten eines universalen Bewusstseins, des strahlenden, nur aus reiner Energie bestehenden, allumfassenden „Geistes der Urquelle", bis in den letzten, winzigen Zellkern eines lebenden Organismus zu bringen. Jede Welle benötigt für die Weitergabe der Bewegung der kleinsten Teilchen eine Trägersubstanz, wie beispielsweise Wasser oder Luft. Welches ist nun das „Lichtwellenmedium": feinster, in winzigsten, physikalisch nicht nachweisbaren Strahlungsgitternetzen strukturierter Äther, Fluid oder Od? Was oder wer versetzt die winzigen Teilchen atomarer Strukturen in Schwingung? Dazu ist die Ansicht des bekannten Quantenphysikers MAX PLANCK interessant, die er 1926 auf einem Wissenschaftlerkongress in Florenz so formulierte:

„Als Physiker, also als Mann, dessen ganzes Leben der nüchternen Wissenschaft, nämlich der Erforschung der Materie diente, bin ich sicher frei davon, für einen Schwarmgeist gehalten zu werden. Und so sage ich Ihnen nach meiner Erforschung des Atoms dieses: Es gibt keine Materie an sich! Alle Materie entsteht und besteht nur durch eine Kraft, welche die Atomteilchen in Schwingung bringt und sie zum winzigsten Sonnensystem des Atoms zusammenhält. Da es aber im ganzen Weltall keine intelligente Kraft gibt, so müssen wir hinter dieser Kraft einen bewussten intelligenten Geist annehmen. Dieser Geist ist der Urgrund aller Materie. Nicht die sichtbare, aber vergängliche Materie ist das Reale, Wahre, Wirkliche, sondern der unsichtbare, unsterbliche Geist ist das Wahre. Da es aber Geist an sich allein ebenfalls nicht geben kann, sondern jeder Geist einem Wesen angehört, müssen wir zwingend Geistwesen annehmen. Da aber Geistwesen nicht aus sich selber sein können, sondern geschaffen worden sein müssen, so scheue ich mich nicht, diesen geheimnisvollen Schöpfer so zu benennen, wie ihn alle Kulturvölker der Erde früherer Jahrtausende genannt haben: Gott

So sehen Sie, meine verehrten Freunde, wie in unseren Tagen, in denen man nicht mehr an Geist als den Urgrund aller Schöpfung glaubt und darum in bitterer Gottesferne steht, es gerade das Winzigste und Unsichtbare ist, das die Wahrheit wieder aus dem Grabe materialistischen Stoffwahnes herausführt und die Türe öffnet in die verlorene und vergessene Welt des Geistes."

Materie und Energie sind wechselseitig, austauschbar und umwandelbar. Nach der EINSTEINschen Formel der Relativitätstheorien

$$E = mc^2$$

(Energie = Masse x Lichtgeschwindigkeit im Quadrat)

ergibt bei einem hohen Wert der Lichtgeschwindigkeit von knapp 300 000 Kilometern pro Sekunde viel Energie wenig Materie und wenig Materie viel Energie. Im so genannten CLAUSNER-FREEDMAN-Experiment wurde gezeigt, dass zwei von einer gemeinsamen Lichtquelle mit Lichtgeschwindigkeit in entgegengesetzte Richtungen sich bewegende Photonen wechselseitig auf die äußere Beeinflussung nur eines Photons beide gleichzeitig reagierten, also schneller als das Licht untereinander kommunizieren mussten. Haben Photonen wirklich eigenes Bewusstsein und mit welchem System verständigen sie sich untereinander schneller als mit Lichtgeschwindigkeit?

Trotz, oder besser gesagt, gerade wegen all der jahrtausendelang angestellten Überlegungen und des vielseitigen Wissens der Menschheit über die zahlreichen Wirkungen des Lichtes bleibt die Frage nach dem tatsächlichen WESEN DES LICHTES immer noch unbeantwortet. Ist das Licht vielleicht doch eine Ausdrucksform Gottes, der „Atem der Schöpfung", ohne den kein Sein im Universum möglich ist?

1.2 Wirkungen des Lichtes auf den menschlichen Organismus

Lediglich ein geringer Teil der Sonnenstrahlen dringt durch die verschiedenen dichten Schichten der Atmosphäre, welche die Erde umgeben, hindurch. Diese werden von der Erdoberfläche zurückgestrahlt, wobei sie sich erwärmen und als für den Menschen unsichtbare Infrarotstrahlung im Bereich zwischen 800 und 1500 Nanometern[4] bzw. 375 und 780 Billionen Hertz[5] wirken, damit alle wichtigen ökologischen, klimatischen, biologischen und chemischen Kreisläufe auf der Erde steuern. Infrarotstrahlen machen etwa 50 % der auftreffenden Lichtschwingungen der Sonne aus. Ohne diese wäre ein geordnetes Leben auf der Erde nicht denkbar.

Ultraviolettes (UV) Licht, im für den Menschen ebenfalls unsichtbaren Wellenbereich zwischen 380 und 315 Nm bzw. 789,5 und 952,4 Billionen Hz für UV-A-Strahlen, 290 bis 315 Nm bzw. 1035 bis 952,4 Billionen Hz für UV-B-Strahlen und 120 bis 290 Nm bzw. 2500 bis 1035 Billionen Hz für UV-C-Strahlen gelegen, macht nur etwa 5 % der auf die Erde einfallenden Lichtstrahlen aus. Dieser Schwingungsbereich des UV-Lichtes ist jedoch unerlässlich für die Zellkommunikation, die Übermittlung von Informations- und Ordnungsdaten an die einzelnen Organe und Gewebeverbände, das Immunsystem, die Energieversorgung, den Stoffwechsel und die körperliche Systemsteuerung. Massehaltige Quanten, Kraftpotentiale des Sonnenlichtes also, haben im UV-Bereich die zwanzigfache Wirkung gegenüber den Bereichen des Farbenspektrums, die für das menschliche Auge sichtbar sind, welche 45 % der auf die Erdoberfläche einfallenden Lichtstrahlen ausmachen.

Lichtschwingungen vermitteln harmonische, lebensnotwendige Urinformationen aus dem Geiste der Quelle der kosmischen Schöpfung heraus. Nachdem komplizierte biologische Systeme im Rahmen der Selbstorganisation des Universums als dissipative Strukturen im Wechselspiel zwischen Chaos und Ordnung wachsen, sind sie unbedingt auf die Vermittlung und Aufnahme von Ordnungskriterien über Lichtstrahlen aus dem Kosmos angewiesen. Die Steuerung erfolgt über körpereigene, chronobiologisch wie Uhren wirkende Organe, beim Menschen vor allem kleine, hochsensible Drüsen im Kopfbereich wie Zirbeldrüse = Epiphyse und Hirnanhangdrüse = Hypophyse, welche chemische Botenstoffe wie Neuro- und Biotransmitter sowie Hormone aussenden, die alle organischen Steuerungsmechanismen maßgeblich beeinflussen. Sie regeln beispielsweise das Immunsystem, den Stoffwechsel, den Hormonhaushalt, die Kommunikationsfunktionen und die psychisch-emotionelle Verfassung des menschlichen Organismus.

Auch Tiere und Pflanzen brauchen Sonnenlicht zum Leben. Fehlt dieses, z. B. unter Gewächshausbedingungen mit reiner Kunstlichtbestrahlung ohne UV-Anteile, bleiben dort wachsende Organismen klein, blass, formgeschädigt und geschmacksarm. Eier von Hühnern aus Legebatterien unter Kunstlicht haben wesentlich weniger Lebensenergie und geringere Vitalkraft als Eier von Hühnern, die unter Naturlicht im Freien leben.

Die „innere Uhr" aller auf der Erde existierender Lebewesen richtet sich seit Jahrmillionen nach natürlichen Rhythmen wie dem Wechsel von Jahres- und Tageszeiten und der Stellung des Mondes. In der Dunkelheit der Nacht werden normalerweise neue Kräfte gesammelt und tagsüber stark belastete Systeme abgeschaltet und wieder aufgeladen. Während der Helligkeit des Tages pulsiert das Leben. Es sind nahezu alle Organe aktiv. Es ist die Zeit des Wachstums und der Aktion. Vor der Erfindung des Kunstlichtes hielten sich die Menschen weitestgehend im Freien auf. Sie standen bei Sonnenaufgang auf und begaben sich nach Sonnenuntergang zur Ruhe. Auf diesen natürlichen Tag-/Nacht- Rhythmus sind auch heute noch die menschlichen Steuerungssysteme eingestellt. Die moderne Zeit, in welcher dank des künstlichen Lichtes oft „die Nacht zum Tage" gemacht, fast ausschließlich nur in geschlossenen Räumen ohne Sonnenlicht gelebt und gearbeitet wird, auch die Fortbewegung im Auto, Bahn und Flugzeug ohne natürliches Licht vor sich geht, führt zu unnatürlichen Lebensrhythmen, die den menschlichen Organismus stark belasten.

Mangel an Licht führt zu permanenter Müdigkeit, Kraftlosigkeit, negativen Gemütszuständen, Depressionen, aggressivem Verhalten, Nervosität, Schlaf- und Rastlosigkeit. Das PFS = permanent fatigue syndrom, auf deutsch auch CMS = chronisches Müdigkeitssyndrom genannt, ist ein deutlicher Hinweis für Fehlverhalten, welches zu gesundheitlichen Störungen führt. Der menschliche Organismus ist seit Hunderttausenden von Jahren auf den natürlichen 24-Stunden-Rhythmus von Tag und Nacht ausgerichtet. Während der Dunkelheit wird in der Zirbeldrüse (Epiphyse) das lebensnotwendige Schlaf- und Steuerungshormon MELATONIN hergestellt. Während des Tages stellt die Epiphyse, auch „Meisterdrüse" genannt, zu etwa 5 % den gesamten Bedarf des Schwesterhormons SEROTONIN her, die restlichen 95 % werden in den Schleimhäuten des Dickdarms produziert.[6] Dieses so genannte Glückshormon ist für Stimmungen, Entschei-

4 1 Nanometer (Nm) entspricht 0.000000001 Meter

5 1 Hertz (Hz) ist der festgelegte Wert für eine Schwingung pro Sekunde

6 Hierzu ausführlich: GERSHON, Michael: „Der kluge Bauch," Knaur-Verlag, München 1999.

dungsfreude und die peristaltischen Bewegungen des Darms zuständig. Neben der Epiphyse wirken als wichtige Antennensysteme des menschlichen Organismus auch Haut, Augen, Nahrung, Blut und die DNS der Zellen.

Sonnenlicht ermöglicht die bunte Vielfalt der Farben durch Lichtbrechung an stofflicher Substanz, fest, flüssig oder gasförmig. Farben sind somit eine Ausdrucksform, „Kinder des Lichts", sichtbar als etwa 45 % aller auf die Erde auftreffenden Lichtstrahlen der Sonne, wirkungsvoll auch im für das menschliche Auge unsichtbaren Infrarot- und Ultraviolettbereich. Farbschwingungen des Lichtes werden ebenfalls im Ätherbereich der Lebensenergie über die verschiedenen feinstofflichen Ebenen der Aura gefiltert und über winzige Energiekanäle wie Nadis und Meridiane ca. 0,5 bis 2,5 cm unter der Hautoberfläche in elektromagnetischen, wissenschaftlich messbaren Impulsen weitergeleitet.

Über das menschliche Auge schaltet der Lichtwechsel die Melatoninproduktion aus. Die Herstellung und Speicherung des „glücksbringenden" Schwesterhormons SEROTONIN aktiviert Sexualhormone, Stoffwechselvorgänge und die Aktivitäten des vegetativen Nervensystems, welches die unbewussten, mental nicht gesteuerten Körperfunktionen regelt.

Spektralverteilung des Sonnenlichtes

Physiologische – psychologische Wirkung:

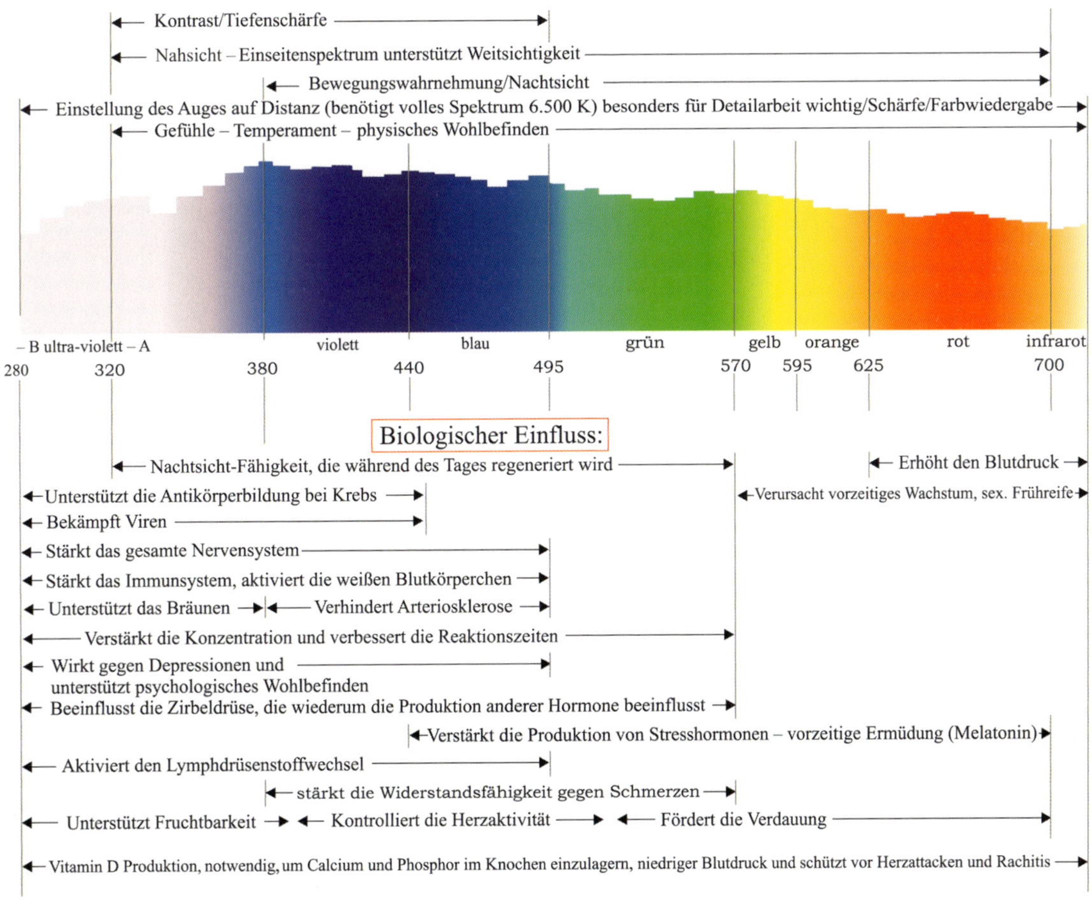

LEUCHTSTOFFLAMPEN
Welche Lichtfarbe für welche Beleuchtung?

Anwendungsgebiet	tw tageslichtweiß 11	12	20	nw neutralweiß 21	22	25	30	ww warmweiß 31	32	NATURA DE LUXE 41	76
Büro und Verwaltung											
Büros, Flure				●		○		●			
Sitzungsräume								●		●	
Industrie, Handwerk und Gewerbe											
Elektrotechnik				●		○					
Textilfabrikation	●	●		●	●						
Holzbearbeitung	●	●		●							
Hütten- und Walzwerke			○				○				
Graphisches Gewerbe, Labor	●	●		●							
Farbprüfung		●			●						
Lager, Versand			○	●		○					
Schul- und Unterrichtsräume											
Hörsäle, Klassenräume, Kindergärten				●				●		●	
Bücherei, Lesesaal				●				●		●	
Verkaufsräume											
Lebensmittel allgemein	●			●				●		●	
Backwaren										●	
Kühltheken und -truhen	●										
Käse, Obst, Gemüse										●	
Fisch										●	
Fleisch, Wurstwaren											○
Textilien, Lederwaren	●	●			●			●	●	●	
Möbel, Teppiche								●	●	●	
Sport, Spielwaren, Papierwaren				●	●			●	●		
Photo, Uhren, Schmuck	●	●						●	●		
Kosmetik, Friseur									●	●	
Blumen		●							●	●	○
Kaufhäuser, Supermärkte				●	●			●	●	●	
Gesellschaftsräume											
Restaurants, Gaststätten, Hotels										●	
Theater, Konzertsaal, Foyers, Museen										●	
Veranstaltungsräume											
Ausstellungen- und Messehallen				●				●			
Sport- und Mehrzweckhallen				●		○					
Galerien	●	●							●	●	
Klinik und Praxis											
Diagnose und Behandlung	●	●									
Krankenzimmer, Warteräume									●	●	
Wohnung											
Wohnzimmer									●	●	
Küche, Bad, Hobby, Keller				●	●	○			●	●	
Außenbeleuchtung											
Straßen, Wege, Fußgängerzonen						○	○				

● = LUMILUX®

Auch auf die körperliche Fitness hat Sonnenlicht nachweislich eine starke Wirkung. Es zeigt ähnliche metabolische Effekte wie körperliches Training, die Ruhefrequenz geht zurück, die Atemfrequenz nimmt ab, die Milchsäureproduktion verringert sich, der Sauerstoffgehalt des Blutes nimmt zu, Energie und Ausdauer steigen, die Sexualpotenz beim Mann erhöht sich aufgrund einer vermehrten Herstellung des männlichen Sexualhormons TESTOSTERON. Daneben nimmt die Muskelentwicklung und -kraft bei ihm zu, der Blutdruck sinkt, die Leistungsfähigkeit des Herzens steigt, der Blutzuckerspiegel sinkt, Stresssituationen werden besser bewältigt und die Verdauungsorgane entspannen und beruhigen sich.

Sonnenlicht kann helfen, Krebs zu verhindern und im akuten Fall das unkontrollierte Zellwachstum zu verlangsamen. Es steigert das körpereigene Immunsystem durch eine erhöhte Produktion der B-Lymphozyten im Rückenmark, die u. a. verantwortlich sind für die Herstellung des Virenhemmstoffes INTERFERON, der gegen verschiedene Arten von Krebs, einschließlich Karzinomen, Sarkomen und Leukämie, nachweislich hilft. Naturlicht zerstört BILIRUBIN, eine wichtige Ursache für Gelbsucht, vor allem bei Kleinkindern. Generell ist eine allgemeine Förderung von Heilungsprozessen, eine Verbesserung der Gesundheit und ein Ansteigen des Wohlbefindens festzustellen.

Die Energie des Sonnenlichtes fließt ruhig und gleichmäßig nach dem Gleichstromprinzip, die des Kunstlichtes aufgrund der meist verwendeten „Haushalt-Frequenz“ von 50 Hertz Wechselstrom ungleichmäßig und flackernd. Das menschliche Auge kann diese Schwankungen bis zu einer Frequenz von 100 Hertz wahrnehmen. Das Unterbewusstsein registriert es sogar bis zu einer Schwingung von 1000 Hertz.

Bahnbrechende Arbeiten zur Entwicklung von naturgemäßen, gesunden Lampen sind dem Amerikaner Dr. JOHN OTT und dem Deutschen Prof. Dr. FRITZ HOLLWICH zu verdanken. Sie empfehlen so genannte Vollspektrum-Beleuchtungssysteme, True-light-Lampen sowie Halogen-Punktstrahler mit Gleichstrom-Akkumulatoren.

1.3 Biophotonen: Licht in unseren Zellen

Als Vorläufer der heutigen Biophotonenforschung beobachtete der russische Arzt und Biophysiker ALEXANDER G. GURWITSCH bereits 1922, dass sich Zellen eines Zwiebelschaftes vermehrt teilten, sobald man ihnen die Wurzelspitze einer zweiten Zwiebel nahe brachte. Normales Fensterglas, welches zu ca. 70 % aus Quarzsandanteil besteht, stoppte diesen mitogenetischen Effekt, was bei hundertprozentigem Quarzglas nicht der Fall war. Ultraviolett-Strahlen des Sonnenlichtes werden von normalem Glas deutlich absorbiert, von reinem Quarzglas allerdings nicht. Die von GURWITSCH festgestellten interzellulären Informationswechselwirkungen und Wachstumsimpulse mussten also im Bereich der UV-Strahlen und hierbei vor allem im UV-B-Bereich übertragen werden.[7] Die italienischen Kernphysiker L. COLLI und U. FACCHINI fanden 1954 in Versuchen mit verschiedenen Keimlingen vor allem im roten bis grünen Farbbereich des Spektrums Lichtquanten, die eine sehr schwache, aber doch kontinuierliche Zellstrahlung aussandten. Russische Forscher um die Tochter von Alexander Gurwitsch, A. A. GURWITSCH, erforschten nach 1963 grundlegende Fakten über die ultraschwache Zellstrahlung, vor allem die folgenden:

1. Diese war mit Ausnahme von einigen Algenarten und Einzellern in allen pflanzlichen und tierischen Lebewesen sowie im Menschen nachweisbar.
2. Sie kam bei den verschiedenen Lebewesen in variabler Intensität und abweichender spektraler Farbverteilung des Lichtes vor.
3. Sie stieg im Sterbeprozess biologischer Systeme rhythmisch, ähnlich Schmerzensschreien, drastisch an, um
4. bei Eintritt des „energetischen“ Todes vollständig zu erlöschen.

In der Folge stellten die sowjetischen Wissenschaftler S. STSCHURIN, V. P. KAZNACHEEV und I. MICHAILOWA in mehr als 5000 eindeutig abgesicherten Experimenten fest, dass lebende Zellen durch Lichtphotonen im UV-Bereich biologische Informationen weitergaben, wobei pflanzliche Zellsysteme stärker strahlten als tierische. Bei Sauerstoffzufuhr war ein deutlicher Anstieg der Photonenintensität festzustellen. In Verbindung mit lebenden Systemen sprach man fortan von Biophotonen. (griechisch: bios = Leben)

Biophotonen sind masselose Lichtquanten mit ultraschwacher Zellstrahlung, wobei deren Intensität bei einer Abstrahlung von 1000 Photonen pro Quadratzentimeter in etwa der Helligkeit einer Kerze entspricht, die aus zwanzig Kilometer Entfernung betrachtet wird, vergleichsweise also 10^{18} mal schwächer ist als das gewöhnliche Tageslicht. Trotzdem ist es jedoch die ruhigste und gleichmäßigste Lichtstrahlung, die es gibt. Zu verwechseln ist die Biophotonenstrahlung nicht mit organischer Biolumineszenz, wie sie bei Glühwürmchen, faulendem Holz und bestimmten Tiefseealgen zu beobachten ist. Letzteres ent-

7 GURWITSCH; A: „Die mitogenetische Strahlung“, Fischer-Verlag, Jena 1954.

steht in der Folge bestimmter biochemischer Stoffwechselprozesse in Zellverbänden, oft angeregt durch gewisse Enzyme wie Luziferon und Luziferase.

Aufgrund ihrer hohen Kohärenz, also gleichschwingender, sich exakt überlagernder Wellen, haben Biophotonen einen außergewöhnlich hohen Ordnungsgrad. Dies erklärt ihre extrem, effiziente Wirkung als eine Art „biologischer Laserstrahlen" mit hoher Interferenz, bedeutender Informationsübertragung und starker Ordnungsausrichtung. Nichtkohärente Lichtwellen haben alle genannten Eigenschaften nicht. Sie sind ausschließlich Energielieferanten, vor allem von Wärmeenergie.

Der deutsche Biophysiker Prof. Dr. Fritz-Albert Popp erforschte mit seinen Schülern ab 1965 ebenfalls die „Biologie des Lichtes" und wurde damit zum Vater der deutschen Biophotonenforschung[8], die heute in dem von ihm geleiteten „Internationalen Institut für Biophysik" in Neuß am Rhein arbeitet.

Popp stellte u. a. fest, dass man im Farbspektrum des Lichtes insbesondere in den nachfolgenden Wellenbereichen eine vergleichsweise hohe Photonenintensität feststellen konnte

560 bis 580 Nm	= 537 bis 517 Bio Hz entsprechend der Farbe Gelb-Orange
634.7 Nm	= 472 Bio Hz entsprechend der Farbe Hellrot-Rot

Pflanzen leiten Lichtimpulse nahezu verlustlos über große Entfernungen durch das Zellgewebe hindurch mit einer höheren Effektivität weiter, als es die modernsten technischen Lichtleiter zu tun vermögen. Besonders bei Verletzungen an einer bestimmten Stelle steigt die ultraschwache Zellstrahlung im gesamten System der Pflanze sofort stark an. Pflanzenfarbstoffe wie z. B. Chlorophyll, Beta Carotin, Quercitin und Rutin fungieren als Antennensysteme bei der Anziehung und Aufnahme von Photonen. Der Blutfarbstoff Häm des Hämoglobins wirkt im menschlichen Organismus ebenfalls ähnlich als Antenne für die Attraktion und Verbreitung von Photonen wie das Chlorophyll bei den Pflanzen. Im menschlichen Organismus spielen Enzyme bei der Zellregulation und der Biophotonenausstrahlung eine große Rolle. Umgekehrt wirken aber auch Photonen in bestimmten Wellenbereichen sehr stark anregend auf die Aktivitäten von Enzymen und von ihnen beeinflussten Hormonen.[9]

Eine entsprechend wichtige Bedeutung für die Biophotonenaktivität im Körper des Menschen hat auch das Makromolekül Adenosintriphosphat (ATP), der „Kraftstoff der Zellen", welches nach der Glykolyse in bestimmten Leberzellen aufgebaut wird. Dabei erscheint das Licht in den Zellen nie ruhig, sondern immer rhythmisch bewegt, so, als würden die Zellen eine Art Lichtatmung durchführen. Es lässt sich feststellen:

- **Alle Zellen sind in direkter Verbindung mit dem Sonnenlicht.**
- **Alle Zellen nehmen Informationen und Ordnungskriterien aus dem Naturlicht auf.**
- **In allen Zellen ist Licht.**
- **Licht steuert die Zellen und deren wichtigste Körperfunktionen.**
- **Alle Zellen strahlen Eigenlicht aus.**

Auf Ultraviolettschwingungen beruhen die systemimmanenten Reparaturmechanismen der Chromosomen in den Zellen und deren Eigenstrahlung. Werden diese ordnenden Lichtwellen verändert, so werden die natürlichen Photo-Reparaturarbeiten im Organismus selbst unterbunden.

Biophotonisches Leuchten von Fichtennadeln, sichtbar gemacht mit einem Restlichtverstärker

Popp hat u. a. in wissenschaftlich abgesicherten Versuchen nachgewiesen, dass vom normalen Körperstoffwechsel abgeschnittene Krebszellen, die sich durch Eigengärung am Leben erhalten, starke Zellstrahlen aussenden. Diese sind stärker als bei normalen Zellen. Sie absorbieren UV-Licht, dessen Schwingungsverhalten sie verändern und teilweise als Infrarot-Wärmestrahlung weitergeben. Kranke Zellen verändern ihr kommunikatives Verhalten im Gesamtverbund. Sie geben keine oder nur gestörte, „falsche" Informationen weiter. Normale Naturlichtschwingungen sind phasenstabil, gleichwirkend und kohärent mit einem hohen Ordnungsgrad und einem starken Informationsgehalt.

8 Popp, F.A.: Biologie des Lichtes. Verlag Paul Parey. Berlin-Hamburg 1984

9 Bischof, M.: Biophotonen: Das Licht in unseren Zellen. Verlag Zweitausendeins. Frankfurt 1995

Das Biophotonenfeld ist nach Popp ein universal ausgerichtetes, elektromagnetisches Feld, in welchem alle materiellen Substanzen, auch der menschliche Körper, eingebettet sind und welche es wechselseitig durchdringen. Hier manifestiert sich die Lebensenergie der Ätherebene, Mana, Prana, Od, Fluid usw. und der Energie- oder Lichtkörper aller Lebewesen. Veränderungen der Biophotonenintensität im Organismus verändern auch die elektrische Leitfähigkeit darin, also die Bioelektrizität bzw. Lebensenergie.

Kommen lebende Zellen mit den Lichtquanten der Sonne, den Photonen, in Verbindung, so nehmen sie diese gemeinsam mit den darin enthaltenden, kosmischen Urinformationen auf, speichern diese als Hohlraumresonatoren je nach Beschaffenheit und Harmonisierungszustand mit unterschiedlicher Speicherfähigkeit (sog. Q-Wert). Sie übernehmen universale Ordnungsgrade und vergleichen diese mit dem Eigenzustand an Ordnung bzw. Unordnung (Entropie) und geben eigene, ultraschwache Zellstrahlung wieder ab. Höhere und längere Speicherfähigkeiten und Ordnungsgrade ermöglichen den lebenden Zellen auch die Abstrahlung höherer Lichtintensitäten. Diese mit Photomultiplern und Restlichtverstärkern messbare Strahlung gibt demzufolge eindeutig Aufschluss über die lebensenergetische Verfassung jeder Zelle, jedes Zellverbandes und Organs, aber auch über die Vitalität von Nährstoffen und Lebensmitteln. Unbedingt notwendig für deren gute Qualität ist eine hohe Speicherfähigkeit des Sonnenlichtes, welche mit ansteigender Stabilität wiederum zu höherer Ordnung führt.

Popp und seine Mitarbeiter haben z. B. wissenschaftlich abgesichert experimentell nachgewiesen, dass die ultraschwache Zellstrahlung biologisch angebauter Tomaten doppelt so hoch ist wie jene von Tomaten aus Hydrokulturen und fünfmal so hoch wie die von konventionell angebauten. Fünf Tage Aufbewahrung bei vier Grad Celsius im Kühlschrank halbierte die Biophotonenstrahlung der Tomaten. Ähnliche Untersuchungen wurden mit Hühnereiern aus Legebatterien und Freilufthaltung sowie mit verschiedenen Pflanzenölen und Teesorten gemacht. Dieses Verfahren stellt eine unbestechliche und aussagefähige Methode zur Messung der Lebensmittelqualität dar. Ein Nährstoff ist also umso wertvoller für den Menschen, je lichtdurchfluteter mit Sonnenlicht, natürlicher und frischer er ist. Das gilt insbesondere je nach Jahreszeit für Obst, Früchte, Gemüse und Salate[10].

Zellsysteme pulsieren und strahlen ununterbrochen bis zu ihrem Tode, und zwar nicht isoliert, sondern wechselseitig miteinander vernetzt und gekoppelt. Sie sind harmonisch eingefügt in ein kosmisches, elektromagnetisch ausgerichtetes Photonenfeld, dessen Akteure sich mit Lichtgeschwindigkeit darüber verständigen, auch alle menschlichen Körperfunktionen steuern. Lebende Materie gibt bis zu vierzigmal mehr Lichtstrahlen ab als so genannte tote Materie gleicher Beschaffenheit und Temperatur. Dies ist wichtig für die Nährstoffaufnahme des Menschen. Mikrowellen- und Fertigprodukte sowie viele Erzeugnisse aus Supermärkten, die oft aus dem Treibhaus kommen, bestrahlt und genmanipuliert sind, bestehen nach dieser Betrachtungsweise größtenteils aus toter Materie.

In allem Leben ist Licht gespeichert, ein Licht, das erst vergeht, wenn das Leben erlischt. Beim Menschen hält sich diese körpereigene Strahlung an Lebensenergie bis zu 72 Stunden nach dem physischen Tod. Dies hat seit alters her dazu geführt, dass Leichen mindestens drei Tage und drei Nächte aufgebahrt wurden, bevor man sie verbrannte oder beerdigte.

---

10 Vgl. hierzu: Popp, F.A.: „Die Botschaft der Nahrung“, München 1992.

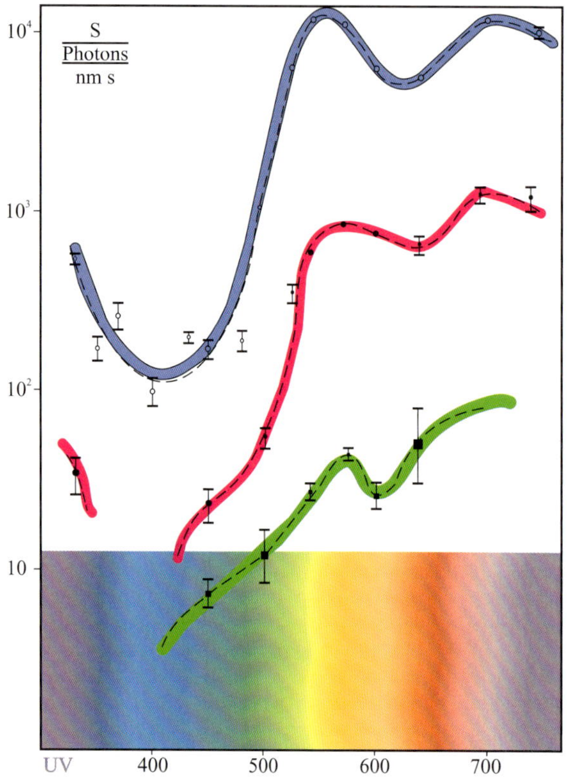

Die ultraschwache Zellstrahlung liefert im optischen Spektralbereich ein nahezu kontinuierliches Bandensystem mit einigen, vermutlich art-spezifischen Maxima und Minima.
Unterste Kurve für unbehandelte Gurkenkeime: »Chinesische Schlange«. Besonders fällt auf, dass nach Behandlung mit vielen Zellgiften (mittlere Kurve: »Cialith«, obere Kurve: »Azeton«) die Intensität zwar bis um den Faktor 1000 ansteigen kann, der spektrale Verlauf jedoch kaum eine Änderung erfährt.
Das Ergebnis ist wichtig, weil es auf ein Polymer als Quelle hinweist, in dem die Spektralbanden (»Moden«) streng gekoppelt sind. Diese Modekopplung (zum Beispiel gleiche Anregungs-Wahrscheinlichkeiten und Zerfallszeiten für alle Wellenlängen) bestätigt sich auch in anderen Experimenten.

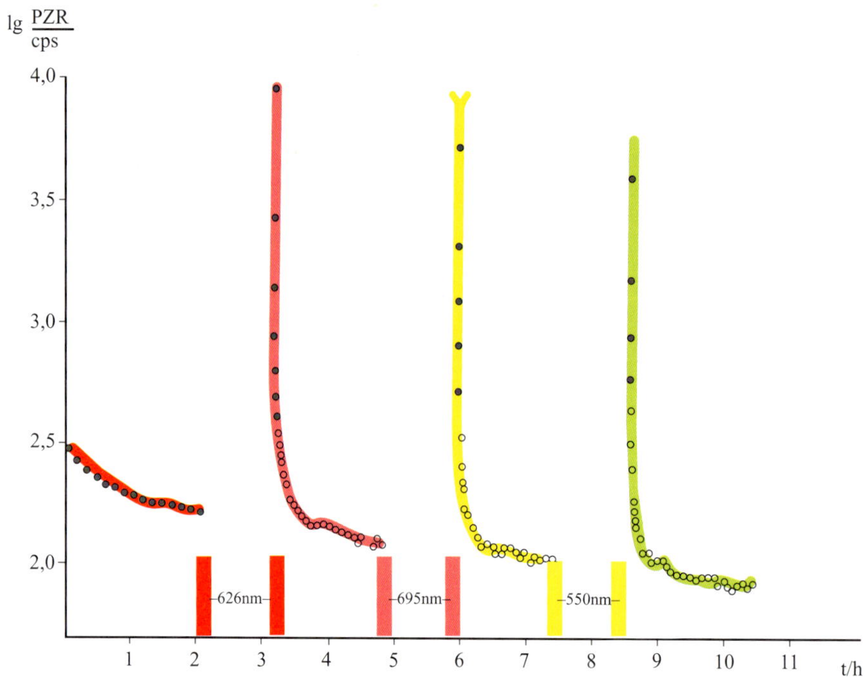

Bestrahlt man Gurkenkeime, die in die dunkle Messkammer gebracht werden (1. Kurvenabschnitt), nach zwei Stunden eine Stunde lang mit schwachem einfarbigem Licht (626 nm), dann fällt die gespeicherte Strahlung anschließend mit einer Abklingkurve ab, deren Halbwertszeit im Laufe der Zeit immer stärker anwächst. Der Effekt verläuft entsprechend auch bei anderen Wellenlängen (hier zum Beispiel 695 nm und 550 nm). Auffallend sind auch die ungewöhnlich langen Abklingzeiten.

Quelle: MARCO BISCHOF: Biophotonen. Frankfurt 1995

2. Farben: Art- und organspezifische Ausdrucksformen des Lichtes

2.1 Die Entstehung der Farben

LICHT an sich ist unsichtbar. Erst wenn es in der unendlichen Weite des Universums auf materiell-stofflichen Widerstand stößt, wird es sichtbar.

> **Erst die Auseinandersetzung des Lichtes**
> **mit der Materie erschafft die Farben**
> **„FARBEN SIND DIE LEIDEN DES LICHTES."**
> (J. W. v. Goethe)

Die enorme Kraft der Farben ist also auch ein Bestandteil ursprünglicher und natürlicher, kosmischer Energien. Farbe umgibt uns und sie ist in uns. Sie wird mit der Nahrung aufgenommen und wirkt in Wechselwirkung mit unseren Eigenschwingungen aus unserem Inneren heraus.

Wie bereits der deutsche Dichter JOHANN WOLFGANG von GOETHE sehr eindringlich und überzeugend in seiner bis heute kaum treffender beschriebenen „FARBENLEHRE"[11] zum Ausdruck gebracht hat, ist es für den Menschen besonders wichtig, Farben nicht nur flächenbezogen, zweidimensional, linear, ausschließlich mit der linken Gehirnhälfte von Verstand, Vernunft und Logik zu verstehen, sondern auch mit der rechten, raumbezogenen Gehirnhälfte der Kreativität, Intuition, Emotion und der Psyche dreidimensional mit allen Sinnen zu erfahren.

> „Das Erleben der Farben ist eines der ganz besonderen Privilegien, die wir auf diesem unseren Planeten genießen können."[12]

Farben vermitteln als spezielle, auf die harmonische Urinformation des Kosmos ausgerichtete Antennensysteme Informationen, die über die Sinnesorgane und unsere Zellkerne wirken, um mögliche bestehende Disharmonien ausgleichen zu helfen. Sie übertragen Ordnungskriterien aus dem Universum und vermitteln starke und lebendige

Farb - Abgleich

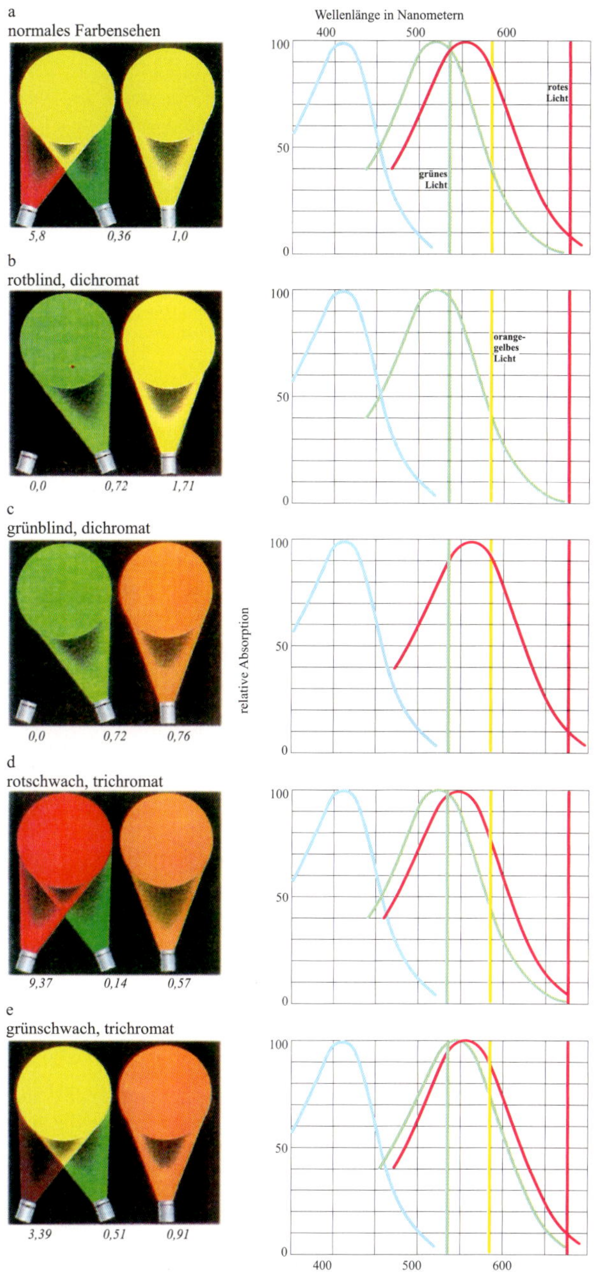

Bild der Schwingungen von Rot-Grün-Farben

Quelle: Marco BISCHOF: Biophotonen. Frankfurt 1995

11 GOETHE, J.W. v.: „Farbenlehre". Erstdruck 1810. Hrsg. Wenzel, M. Deutscher Klassiker Verlag. Frankfurt/Main 1991.

12 GIMBEL, T.: „Heilen mit Farben", AT-Verlag, Aarau/Schweiz 1994, Seite 10.

Energien, die uns Menschen auf allen Seinsbereichen begleiten. Licht, Farben und Formen zu erleben, ist ein intensiver und beeindruckender Erfahrungsprozess, der uns auf sanfte Weise geistige Selbstfindung und innere Harmonie vermittelt.

Farben sind das Ergebnis der neuronalen Verarbeitung von Lichtreizen. Sie entstehen ausschließlich im Gehirn des menschlichen Beobachters. Wir nehmen Licht als elektromagnetische Wellen unterschiedlicher Frequenzen als Farbe wahr. Die jeweilige Farbe eines Gegenstandes hängt wiederum davon ab, aus welchen Frequenzen sich das Licht zusammensetzt, das auf die Netzhaut im Auge trifft. Eine Tomate ist für einen Betrachter rot, weil die Oberfläche des Gemüses Lichtwellen bestimmter Wellenlängen reflektiert, hier vor allem Rotschwingungen, und andere absorbiert. Letztere sind im vorliegenden Falle alle Farbschwingungen des Spektrums außer Rot.

Jeder Lichtimpuls der von einem beleuchteten Gegenstand reflektiert wird, wird durch drei Eigenschaften definiert:

- den Farbton, der durch die Wellenlänge, gemessen in Hertz (Hz), bestimmt wird,
- die Helligkeit, die sich aus der Lichtmenge, die pro Quadratzentimeter usw. Fläche ausgestrahlt wird, als Intensität, gemessen in Lux, ergibt und
- die Farbsättigung, die auf die Höhe des Weißanteils Bezug nimmt. Je weniger Weißanteile das reflektierte Licht enthält, desto satter erscheint sein Farbton.

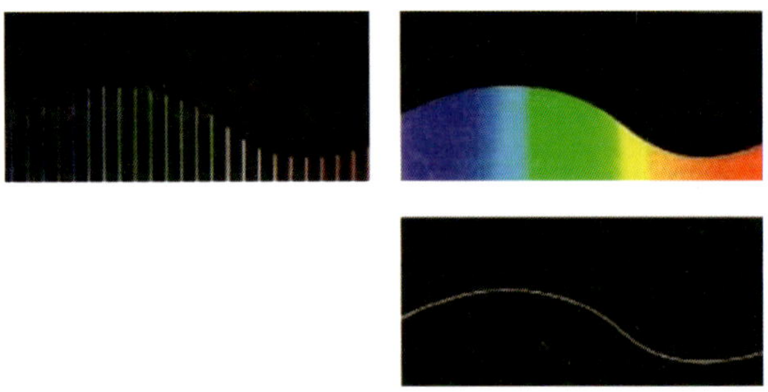

Ein Licht oder eine Farbe werden gemessen, indem die Strahlungsintensität jeder einzelnen Wellenlänge der Reihe nach aufgezeichnet wird. Bei manchen Verfahren werden die Strahlungen nicht kontinuierlich, sondern in gleichmäßigen Abständen festgehalten, z.B. alle 10 oder 20 Nanometer. Die aneinander gereihten Messdaten ergeben eine Kurve, die es ermöglicht, die Verteilung der unterschiedlichen Strahlungsintensitäten mit einem Blick zu erfassen. In den folgenden Darstellungen ist den Kurven – zur Verdeutlichung der beschriebenen Phänomene – das Farbspektrum unterlegt

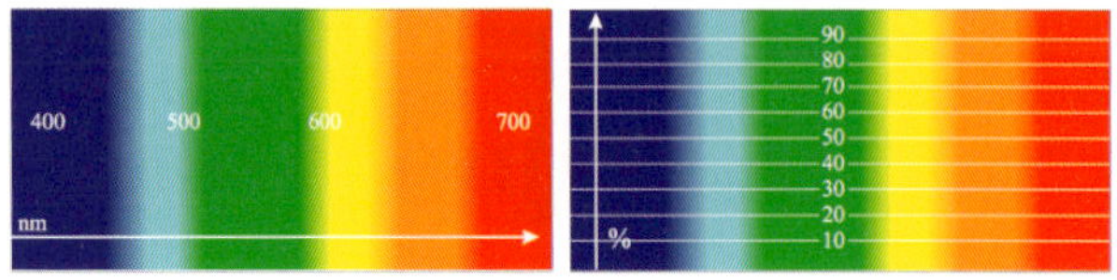

Eine Emissions- bzw. Remissionskurve entsteht, indem auf einer Fläche in horizontaler Richtung die Wellenlänge (+76), in vertikaler Richtung die gemessenen Strahlungsintensitäten eingetragen werden. Für die Wellenlänge ist eine Nanometer-Skala von links (kurze Wellen) nach rechts (lange Wellen) gebräuchlich. Die Strahlungsintensitäten werden in Prozenten von unten (0 Prozent) nach oben (100 Prozent) eingetragen.

Menschen sind Lichtwesen. Wir alle leben im, vom und mit dem Licht. Wir schwingen und strahlen als bedeutender Aspekt des Universums und des Schöpfers im Wechselspiel mit Strahlen, Schwingungen, Wellen, mit Informationen und Ordnungskriterien, welche wir aus dem Kosmos aufnehmen, um zu leben. Wir kommen alle aus dem Licht und werden eines Tages dorthin auch wieder zurückkehren.

WICHTIGSTE ANWENDUNGSBEREICHE ELEKTROMAGNETISCHER WELLEN

WELLENLÄNGE in Metern (m)	**FREQUENZ** in Hertz (Hz)	**ART DER WELLEN UND STRAHLEN**	**SYMBOLE UND ANWENDUNGS-BEREICHE**
	0 Hz	Gleichstrom der Nullfrequenz	Industriestrom Batterien
über 100 000 km	weniger als 30 Hz	Wellen mit einer Wellenlänge von 10 000 km	ELF = extreme low frequencies Militärische Zwecke
6 000 km	50 Hz	Schwachfrequenzstrom	Strom des öffentlichen Netzes
1 000 km - 10 000 km	300 Hz – 30 Hz	Wellen von 1 000 – 10 000 km	SLF = supreme low frequencies
3 00 km	1 kHz	Ultralangwellen	ULF = ultra low frequencies
10 km 1 000 km - 2 000 m 200 – 550 m	30 kHz 300 kHz 1,5 MHz – 0,5 MHz	Hörbare Töne Radiolangwellen Ultraschall Radiomittelwellen	LF = low frequencies MF = medium frequencies
10 m – 100 m	30 MHz – 3 MHz	Radiokurzwellen	HF = high frequencies
1 m	300 MHz	Radioultrakurzwellen, Fernsehen, Radar	VHF/UKW = very high frequencies Metrisches Militärradar
1 dm	3 000 MHz bzw. 3 GHz	Mikrowellenöfen, Radar	UHF = ultra high frequencies Dezimetrisches Militärradar
1 cm	30 000 MHz bzw. 30 GHz	Radar Telekommunikation	SHF = supreme high frequencies Navigationsradar Telephon etc.
1 mm	300 000 MHz bzw. 300 GHz	Radar Telekommunikation über Satellit	EHF = extreme high frequencies Millimetrisches Radar
1 mm – 0,8 µm	3×10^{11} Hz - $3{,}75 \times 10^{14}$ Hz	Infrarotlicht	Medizinische und militärische Zwecke
410 nm – 650 nm	$7{,}3 \times 10^{14}$ Hz - $4{,}6 \times 10^{14}$ Hz	Sichtbares Licht des Sonnenspektrums	Weißlicht, Laser, Beleuchtung
50 nm	$7{,}5 \times 10^{14}$ Hz - 6×10^{15} Hz	Ultraviolette Strahlen	Medizinische und wissensch. Zwecke
50 nm – 1 pm	6×10^{15} Hz 3×10^{20} Hz	Röntgenstrahlen	Radiographie, Radioskopie, Radiotherapie
Weniger als 1 pm	Mehr als 3×10^{20} Hz	Gammastrahlen	Radioaktivität
10^{-5} nm bzw. 10 fm	3×10^{22} Hz	Kosmische Strahlen	Rein magnetische Energie

1 km = 1 Kilometer
1 m = 1 Meter
1 dm = 1 Dezimeter
1 cm = 1 Zentimeter
1 mm = 1 Millimeter
1 Hz = 1 Hertz
1 kHz = 1 Kilohertz = 1 000 Hz
1 Mhz = 1 Megahertz = 1 000 000 Hz

1 GHz = 1 Gigahertz = 10^{9} Hz = 1 Milliarde Hz
1 THz = 1 Terahetz = 10^{12} Hz = 1 Billion Hz
1 µm = 1 Mikrometer = 10^{-6} Meter
1 nm = 1 Nanometer = 10^{-9} Meter
1 pm = 1 Picometer = 10^{-12} Meter
1 fm = 1 Femtometer = 10^{-15} Meter

Schwingungen aller Art, welche Informationen und Ordnungskriterien aus dem Universum enthalten, also auch jene von Kristallen, Blütenenergien, Düften, Tönen und Farben ergänzen sich wechselseitig nach dem **Geistigen Gesetz der Resonanz** mit den individuellen Frequenzen des menschlichen Körpers im Bereich sich ergebender, harmonischer Entsprechungen. WELLEN als Darstellungsform von SCHWINGUNGEN können berechnet werden durch ihre FREQUENZ, d. h. der Zeit, welche eine Welle braucht, um wieder zum verlängerten Ausgangspunkt zurückzukommen. Diese Zeit wird gemessen in Hertz. Ein Hertz (Hz) entspricht der Dauer einer Schwingung pro Sekunde. Festgestellt werden kann auch die Länge einer Welle in metrischen Einheiten vom Anfang bis zum Ende einer Schwingungseinheit, z. B. in Kilometern, Metern, Millimetern oder anderen Bruchteilen eines Meters. Die Verbindung zwischen beiden stellt die Lichtgeschwindigkeit von ca. 300 000 Kilometern pro Sekunde her (präzise 299 792 458 Meter pro Sekunde).

Im Rahmen des gesamten Spektrums kosmischer elektromagnetischer Schwingungen in Wellenlängen zwischen 15 km und $^{1}/_{1\,000\,000}$ Nanometer (Nm) oder Angström (Å) (1 Nanometer = $^{1}/_{1000}$ mikron = $^{1}/_{1\,000\,000}$ mm) kann das menschliche Auge Bereiche zwischen 380 und 800 Nm als Farben wahrnehmen. Dies entspricht reziprok Frequenzen in Hertz (= Schwingungen pro Sekunde) zwischen 780 und 375 Billionen Hertz.

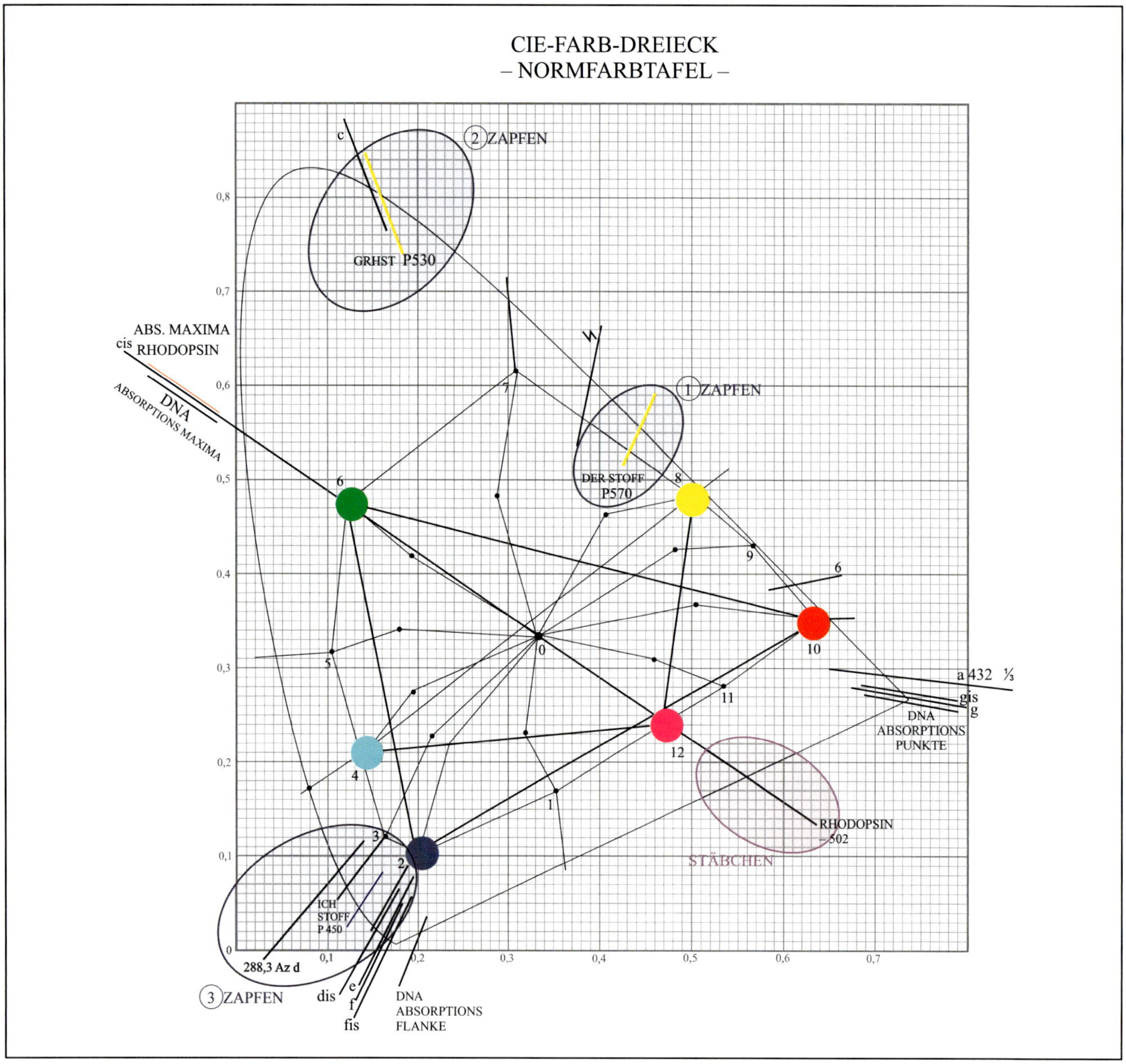

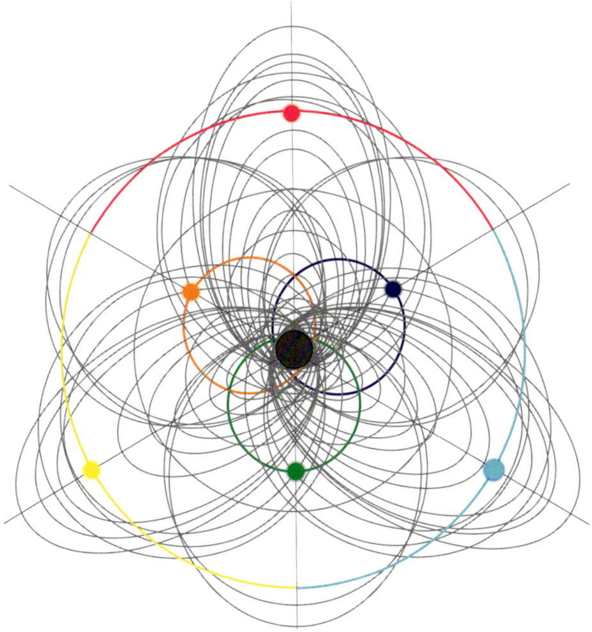

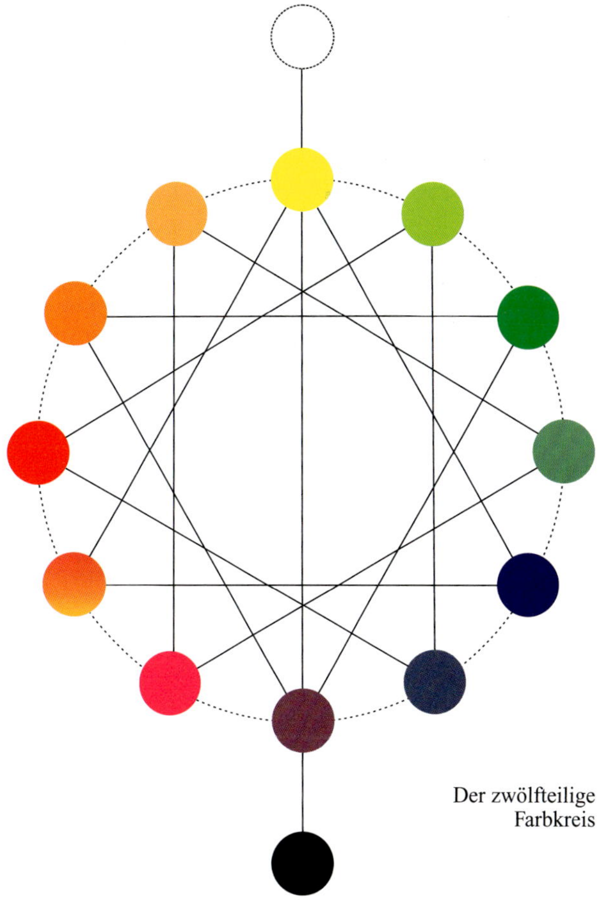

Der zwölfteilige Farbkreis

Klänge und Tonhöhe unterscheidet der Mensch bei Frequenzen zwischen etwa 16 und 20 000 Hertz; dies entspricht ca. 10 Oktaven. Für Menschen wahrnehmbare Farben bewegen sich also in einer einzigen, sehr hohen, nämlich der 47. Oktave. Diesen Sachverhalt zeigen sehr anschaulich die Fourier-Frequenzanalysen nach der Rolf-Studie von Dr. Valerie V. Hunt.

Darstellung der Wellenformen und Fourier-Frequenzanalysen von Farben nach der Rolf-Studie von Dr. Valerie V. Hunt

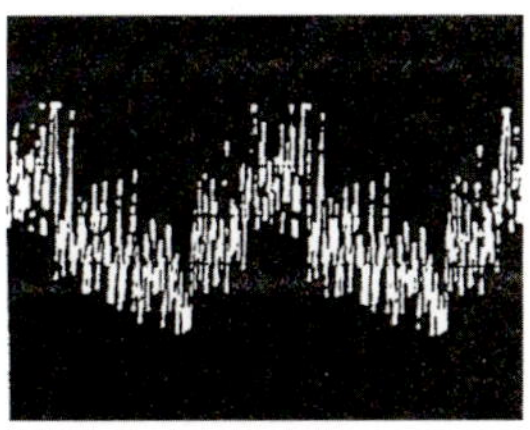

Wellenform von Weiß

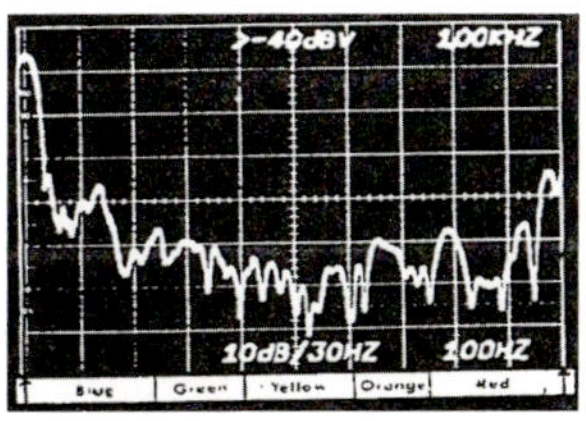

Fourier-Frequenzanalyse

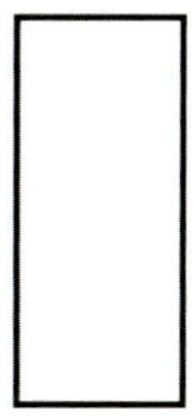

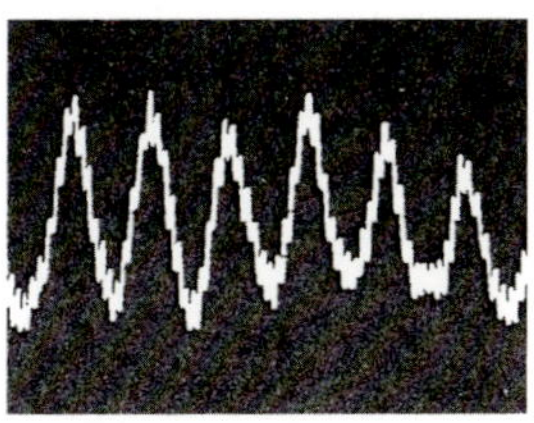

Wellenform von Gelb

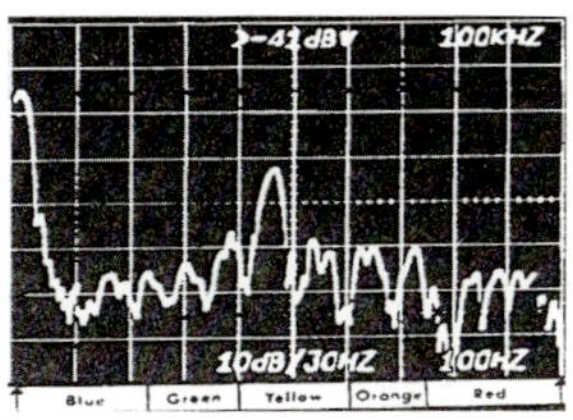

Fourier-Frequenzanalyse

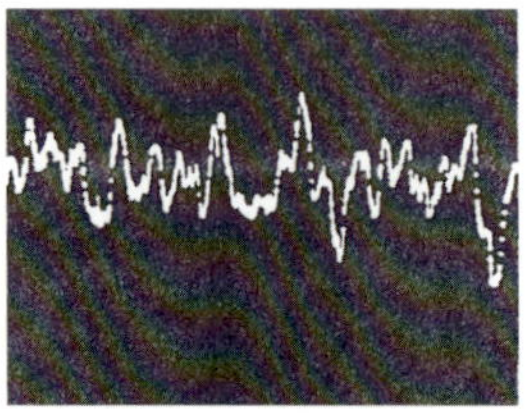
Wellenform von Orange

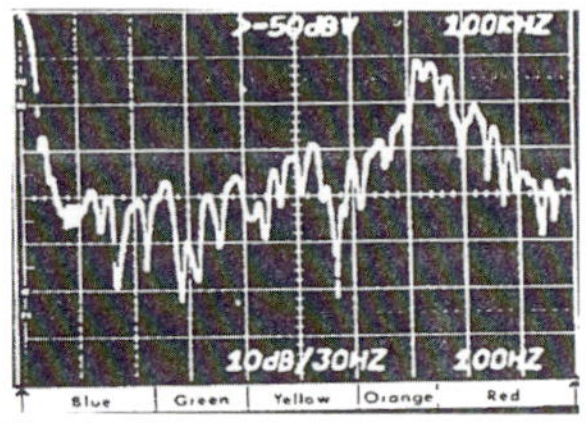

Fourier-Frequenzanalyse

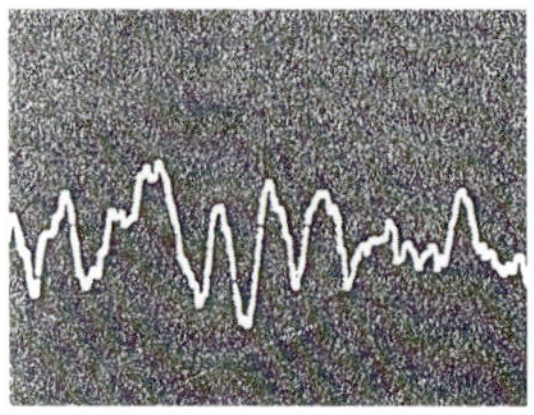
Wellenform von Grün

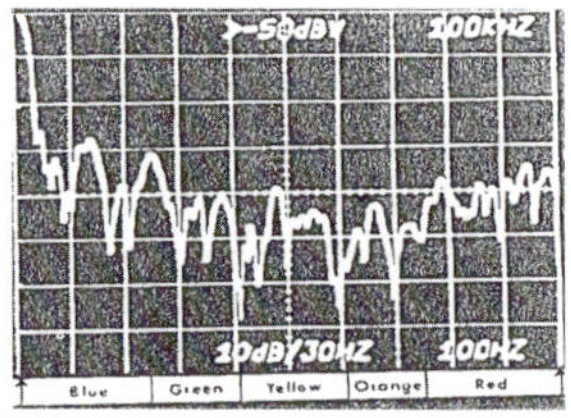

Fourier-Frequenzanalyse

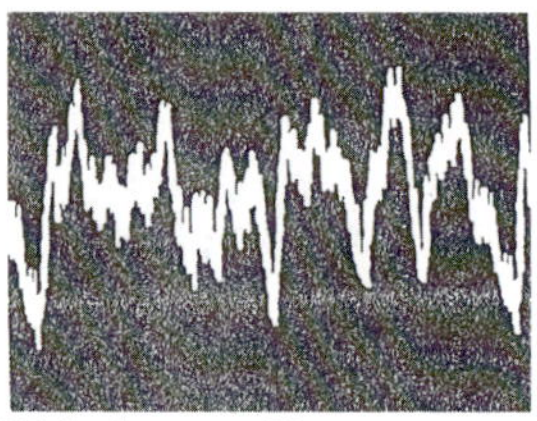
Wellenform von Blau

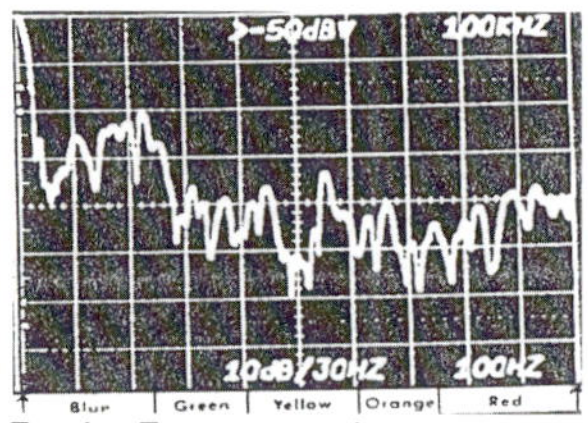

Fourier-Frequenzanalyse

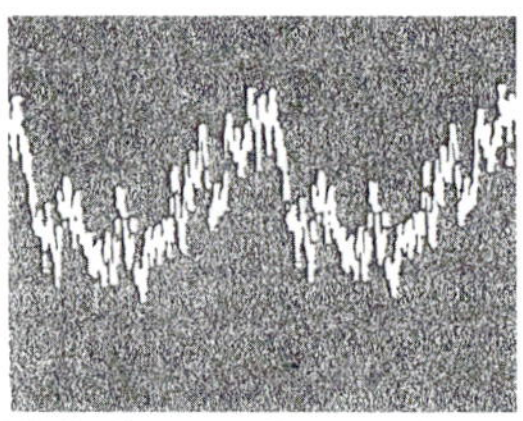
Wellenform von Purpurviolett

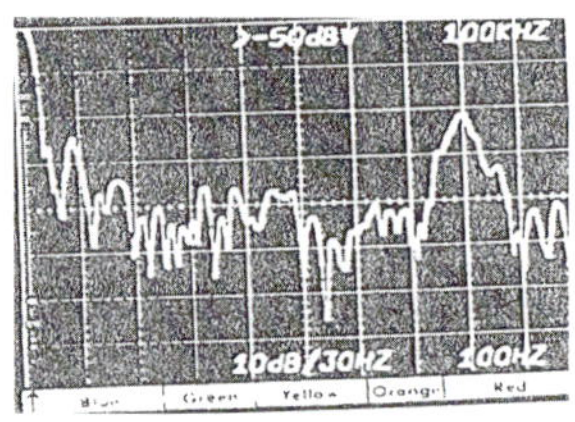
Fourier-Frequenzanalyse

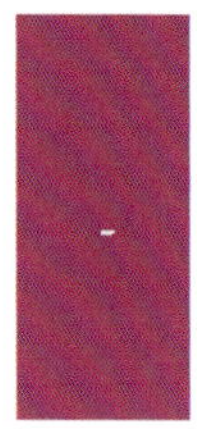

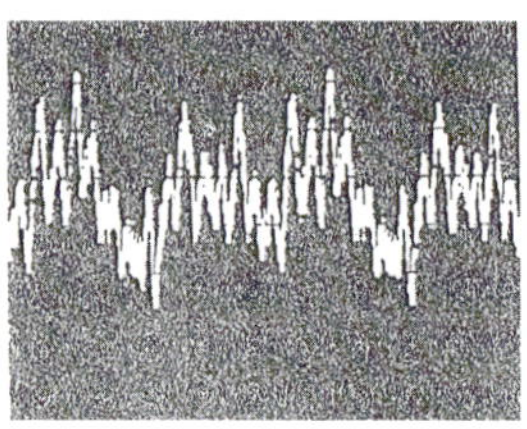
Wellenform von Rot

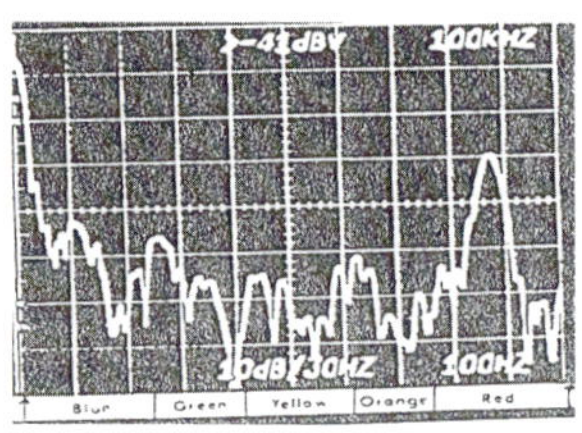
Fourier-Frequenzanalyse

Farbübersicht

Farbe	Wellenlänge nm (10^{-9} m)	Frequenz (ca. 10^{12} Hertz)	Ton	Planet
Dunkelblau	396	760	F	
Hellblau	461	650	D	Saturn
Dunkelgrün	471	640	D	Mars
Grün	483	620	D	Merkur
Grün	486	615	CIS / D	Pluto
Tannengrün	501	600	CIS	Erde
Limone	554	540	H	
Gelb	564	532	H	
Orange	582	525	B	
Hellrot	595	503	B	
Rot	599	501	B	
Rot	605	497	B	
Rot	616	487	A	Venus
Rot	645	465	A	Neptun
Rot	648	460	GIS / A	
Rot	658	450	GIS	Uranus
Dunkelrot	700	428	G	
Dunkelrot	702	427	G	
Dunkelrot	727	412	FIS / G	
Dunkelrot	743	405	FIS	Jupiter
Dunkelrot	792	382	F	

Energetisch ist der menschliche Körper in unterschiedliche elektromagnetische Felder unterteilt, die als ausgeglichene Einheit in Harmonie das reibungslose Funktionieren des komplizierten biochemischen und biophysischen Aktionsablaufes bestimmen.

Bei Überschuss kann das entsprechende Ungleichgewicht reguliert werden – durch Abbau zu viel vorhandener Farbe bzw. Zufluss der im Farbkreis direkt gegenüberliegenden Komplementärfarbe oder durch von außen zugeführte, entsprechende Schwingungen, welche dieser in der Wirkung entgegengesetzten (Komplementär-)Farbe entsprechen. Erneut wird deutlich, welchen enormen Einfluss somit Farben auf das leibliche und seelische Wohlbefinden des Menschen haben.

Farben sind Schwingungsenergien des Lichtes mit Strahlungs- und Wellencharakter im elektromagnetischen Feld und im winzigen Bereich des „optischen Fensters" zwischen etwa 380 und 800 Nanometern (Nm), was etwa 785 bis 375 Billionen Hertz (Hz) entspricht.

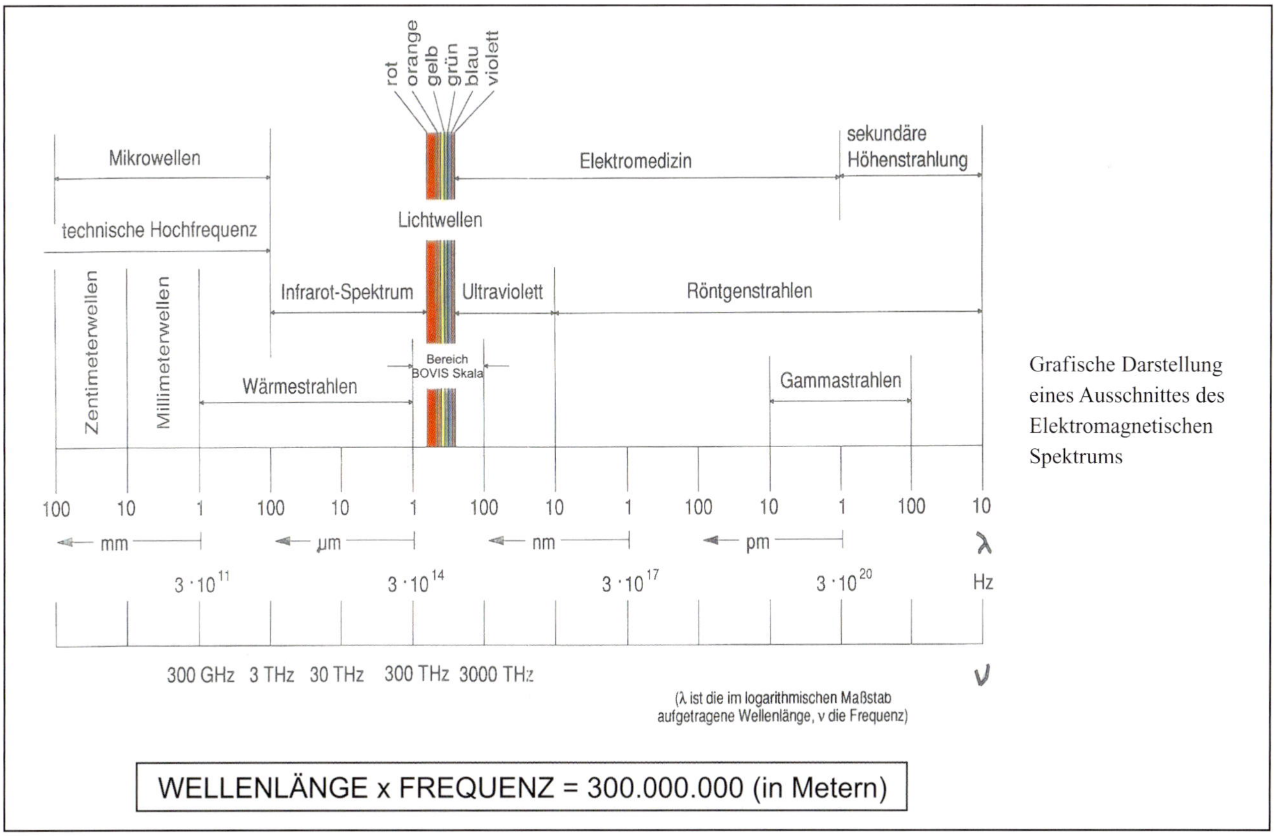

Grafische Darstellung eines Ausschnittes des Elektromagnetischen Spektrums

2.2 Der menschliche Organismus in Resonanz zu Farben

Der menschliche Organismus ist auf die Wirkung von Farben und die Versorgung des Systems mit farbspezifischen Informationen und Ordnungskriterien angewiesen. Farben vermitteln Leben. Der Mensch lebt mit und durch Farben. Das gesamte normale menschliche Umfeld ist durch Farben charakterisiert. Die Farben aus dem Spektrum des Sonnenlichtes spiegeln sich im Regenbogen oder bei Lichtbrechung im Glasprisma wider, insbesondere in Rot-Grün-Schwankungen.

Vielleicht war Rot-Grün-Blindheit einst der Normalfall. Genetische Analysen haben ergeben, dass die Erbinformation für das Rot- und das Grün-Pigment fast identisch sind und zudem auf denselben Chromosomen hintereinander liegen. Wissenschaftler vermuten daher, dass sich beide Gene vor Jahrmillionen aus einem gemeinsamen Vorläufer entwickelt haben. Davor könnten die Vorfahren des Menschen sämtlich rot-grün-blind gewesen sein.

Die Spektralverteilung von Lichtwellen gebrochen durch ein Glaskörperprisma und die Entstehung der Regenbogenfarben

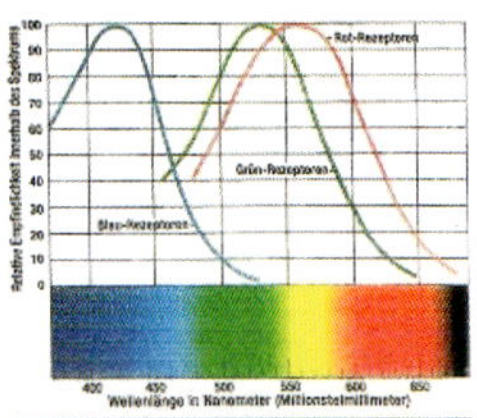

Additive Licht-Farbverteilung zu WEISS

Subtraktive Pigment-Farbverteilung zu SCHWARZ/GRAU

Spektrale Strahlungsverteilung von Sonnenlicht und künstlichen Lichtwellen

Wichtig für das individuelle Farbempfinden im geschlossenen Raum ist die spektrale Strahlungsverteilung der verwendeten Lichtquelle. Diese sollte möglichst nahe an der vergleichsweise ausgeglichenen und alle Farbbereiche des Spektrums lückenlos widerspiegelnden Strahlungsverteilung des für Menschen sichtbaren Tageslichtbereiches zwischen ca. 380 und 800 Nm liegen.

Spektrale Strahlungsverteilung

Sichtbarer Bereich von 380 bis 780 Nm

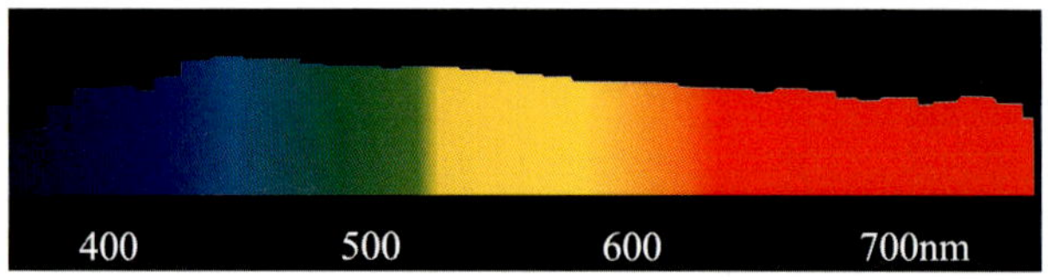

Tageslicht (D65)

Bei der künstlichen Beleuchtung spielen wie beim Sonnenlicht HELLIGKEIT und SPEKTRALVERTEILUNG eine Rolle. Die mittlere Helligkeit im Raum entspricht im Durchschnitt einer Leuchtkraft von 600 bis 700 Lux, jene eines normalen Sommertages bis zu 100 000 Lux. Das Spektrum unterscheidet sich ebenfalls enorm. Normale Glühbirnen strahlen praktisch kein UV-Licht ab und geben verzerrt meist nur die Gelb-, Orange- und Rotbereiche des Lichtspektralbereiches wieder, alle anderen Lichtschwingungen fallen „unter den Tisch".

Dies ist für den allgemeinen Gesundheitszustand allen Lebens außerordentlich negativ, da gerade Sonnenlicht aus einer ziemlich ausgeglichenen, spektralen Strahlungsverteilung besteht, bei leicht erhöhten Energiespitzen gerade im blaugrünen Bereich, welcher bei Glühbirnen gänzlich fehlt. Sehr gefährlich sind ebenfalls Leuchtstoffröhren, die Quecksilberdampf abgeben und damit unter anderem auch die natürliche Spektralverteilung stark verzerren und an den Kathoden, wenn auch nur in geringen Mengen, schädliche Röntgenstrahlen freisetzen.

Über Augen, Haut oder andere Energiesysteme aufgenommenes UV-Licht ist – wissenschaftlich nachgewiesen – von entscheidender Bedeutung für nachfolgende Funktionen des menschlichen Systems:

Stimulierung des Immunsystems; Bekämpfung von Tuberkulose, Colitis, Anämie, Gicht, Asthma, Arthritis, Arteriosklerose, „Bergarbeiterlunge", Ischias, Nierenstörungen, Behandlung von Verbrennungen und diversen Hautkrankheiten wie Akne, Exzemen, Lupus Erythermatodes, Psoriasis, Blutdrucksenkung; Erhöhung der Pumpleistung des Herzmuskels, Verbesserung der Gehirndurchblutung; Senkung der Cholesterinwerte, anderer Blutfettwerte sowie von Mono-, Di- und Triglyzeriden; Anregung des Stoffwechsels, der Kalorienverbrennung und der natürlichen Gewichtsabnahme; Förderung der Produktion von Geschlechtshormonen; Aktivierung des, neben dem Epiphysenhormon *Melatonin* und dem Pigment *Melanin*, wichtigsten Hauthormons *Solitrol* und vieles mehr.

Grundsätzlich zu empfehlen sind immer indirekte Lichtquellen, sog. Warmton-Leuchtstofflampen, Allspektralbirnen sowie Niedervolt-Halogen-Entladungslampen. Werden im Raum die „falschen" Lichtquellen verwendet, können die harmonischen, universalen Lichtwellen ihre kreative Aufgabe nicht erfüllen.

Argumente für und wider ultraviolette Strahlung

Für das menschliche Auge nicht sichtbar, jedoch für eine ausgeglichene Gesundheit von größter Bedeutung ist der biologisch aktivste Teil des Sonnenlichtes in Wellenlängenbereichen zwischen 100 und 380 Nanometern unterhalb der sichtbaren Farbe *Violett*: die ultraviolette Strahlung, auch UV-Licht genannt. Dieses wird unterteilt in UVA-Strahlung (320 bis 380 Nm), die verantwortlich ist für die Bräunungsreaktion der menschlichen Haut. Der Anteil von UVB-Licht (290 bis 320 Nm) scheint für die lebenserhaltende Synthese von Vitamin D, für die Weiterverarbeitung von Calzium sowie anderen Mineralien und Spurenelementen verantwortlich zu sein.

Satellitenaufnahme des Ozonloches über der nördlichen Hemisphäre

Die bisher weitestgehend von der die Erde umhüllende Ozonschicht absorbierte UVC-Strahlung (100 bis 290 Nm) ist tödlich für Bakterien, Viren und andere Infektionserreger, jedoch nicht für das menschliche Leben oder anderes pflanzliches bzw. tierisches Leben im allgemeinen. UV-Licht ist nur in großen Mengen schädlich, jedoch keinesfalls in den Quantitäten, denen wir derzeit, gleichgültig an welchem Ort der Erde, ausgesetzt sind.

WELLENLÄNGE, SCHWINGUNGSFREQUENZ UND ENERGIEPOTENTIAL DES SICHTBAREN LICHTES

Wellenlänge (nm)	Frequenz (in Billionen Hz)	Farbansatz	Energie (kJoule)	Energie (kcal)
400	750,00		299,00	71,50
410	731,71		294,73	70,48
420	714,29		290,47	69,46
430	697,67		286,20	68,44
440	681,82		281,93	67,42
450	666,67		277,67	66,40
460	652,17		273,40	65,38
470	638,30		269,13	64,36
480	625,00		264,87	63,34
490	612,24		260,60	62,32
500	600,00		256,33	61,30
510	588,24		252,07	60,28
520	576,92		247,80	59,26
530	566,04		243,53	58,24
540	555,56		239,27	57,22
550	545,45		235,00	56,20
560	535,71		230,73	55,18
570	526,32		226,47	54,16
580	517,24		222,20	53,14
590	508,47		217,93	52,12
600	500,00		213,67	51,10
610	491,80		209,40	50,08
620	483,87		205,13	49,06
630	476,19		200,87	48,04
640	468,75		196,60	47,02
650	461,54		192,33	46,00
660	454,55		188,07	44,98
670	447,76		183,80	43,96
680	441,18		179,53	42,94
690	434,78		175,27	41,92
700	428,57		171,00	40,90
710	422,54		166,73	39,88
720	416,67		162,47	38,86
730	410,96		158,20	37,84
740	405,41		153,93	36,82
750	400,00		149,67	35,80
760	394,74		145,40	34,78
770	389,61		141,13	33,76
780	384,62		136,87	32,74
790	379,75		132,60	31,72
800	375,00		128,33	30,70

Wellenlänge x Frequenz = Lichtgeschwindigkeit
Lichtgeschwindigkeit/Frequenz = Wellenlänge
(Lichtgeschwindigkeit = ca. 300.000.000 m/sek.)

Im sichtbaren Spektrum zwischen etwa 375 Billionen Hz (Farbe rot) und etwa 780 Billionen Hz (Farbe violett) bestimmt die Sehfähigkeit des menschlichen Auges die jeweiligen Frequenzen nach Farbabstufungen gemäß den Regenbogenfarben von Rot, Orange, Gelb über Grün zu Hellblau, Indigo und Violett.

FARBÜBERSICHT

Farbe	Wellenlänge in Nanometern (Nm)	Frequenz in Billionen Hertz (Hz)	Oktavzahl	Ton	Planet
Dunkelblau	396	760	89	F	
Hellblau	461	650	79	D	Saturn
Dunkelgrün	471	640	75	D	Mars
Grün	483	620	72	D	Merkur
Grün	486	615	82	Cis/D	Pluto
Tannengrün	501	600	74	Cis	Erde
Limone	554	540	77	H	
Gelb	564	532	78	H	
Orange	582	525	78	B	
Hellrot	595	503	78	B	
Rot	599	501	70	B	
Rot	605	497	70	B	
Rot	616	487	73	A	Venus
Rot	645	465	81	A	Neptun
Rot	648	460	70	Gis/A	Uranus
Rot	658	450	80	Gis	
Dunkelrot	700	428	65	G	
Dunkelrot	702	427	65	G	
Dunkelrot	727	412	65	Fis/G	
Dunkelrot	743	405	77	Fis	Jupiter
Dunkelrot	792	382	88	F	

Interessant ist, dass der Mensch selbst bei geschlossenen Augen und hellem Licht immer noch Farben empfinden kann, die als Rottöne wahrgenommen werden. Das Augenlid dient hierbei als Lichtfilter, wobei die Blutgefäße des Lides, genauer gesagt das Blut in den Gefäßen, hierfür verantwortlich sind. Die rote Farbe des Blutes entsteht durch den Blutfarbstoff Häm im Pigment Hämoglobin. Versuche mit Laserlicht, Blutgefäße zu verschweißen, ergaben, dass die höchstmögliche Energiedurchlässigkeit des Hämoglobins in den dunkelroten bis infraroten Wellenlängen von ca. 700 bis 1300 Nm zu finden ist. Eine besondere Stellung unter den Farben nimmt die Farbe Orange ein. Orange ist seit alters her als Heilfarbe bekannt. Heute noch wird diese Farbe vor allem in Asien benutzt und geehrt; Mönche z. B. tragen Orange als Zeichen ihres Standes.

Die Farbe Orangerot schwingt in einem Bereich von etwa 750 Nm, was bedeutet, dass man mit orangeroter Bekleidung seine eigenen Gene dynamisieren kann.

Das Farbspektrum des Regenbogens

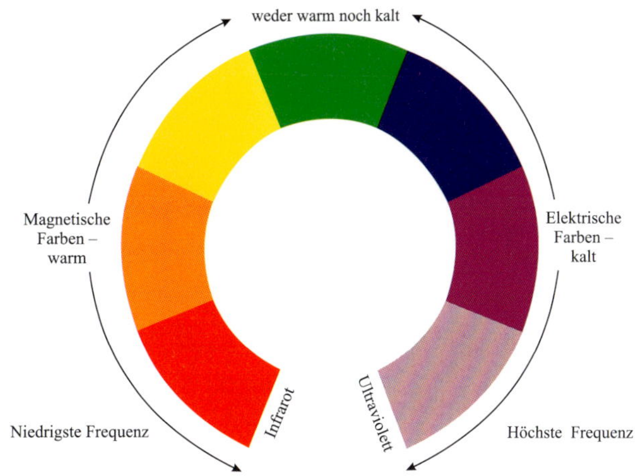

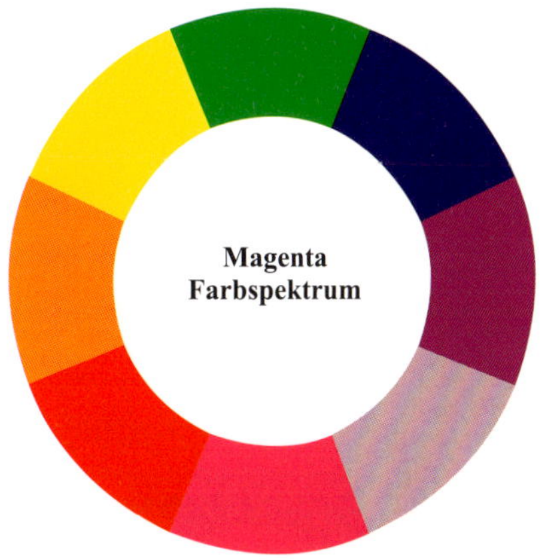

zwischen Infrarot und Ultraviolett

Weißes Licht entsteht durch das Zusammenwirken aller Farben des Regenbogens, ist also streng genommen keine eigene Farbe. Weiß entsteht dabei bereits durch Überschneidung der Farben Grün, Orangerot und Violettblau. Eine Mischung von zwei dieser Grundfarben ergibt die für den Farbdruck benützten Mischfarben Gelb, Magentarot und Cyanblau. Diese wiederum ergeben gemeinsam als Mischung Schwarz als „Abwesenheit von Weiß“.

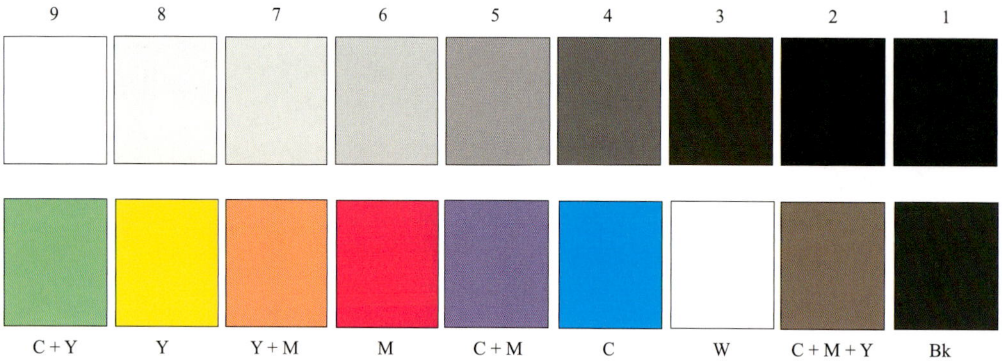

CANON CA - 1 TEST SHEET

CUSTOMER:
MODEL:
DATE:
COUNTER READING:
SERIAL NO.:
EXPOSURE SETTING:
COPY MADE: □ BEFORE
□ AFTER ADJUSTMENT

	V_D	V_L	LOT D1	LOT D2
Y				
M				
C				
Mono				
R				
Bk				

Bildfolge der originären Farbmischungen

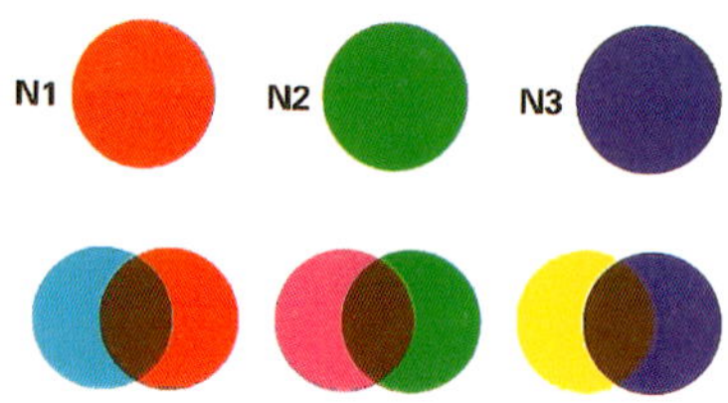

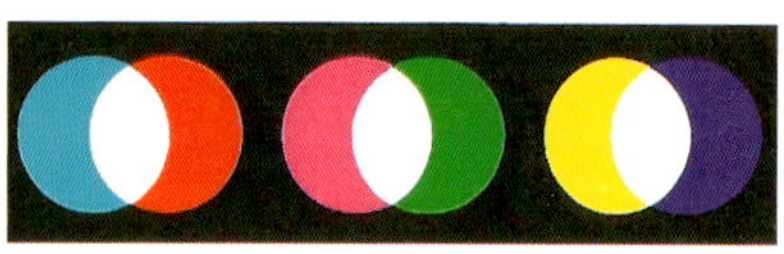

Bild der „Mystischen Rose“

Pantone-Farben im CMYK-Modell

Wellenlänge (nm)	Farbe	Pantone-Nr.	C	M	Y	K
~790		ϵ 179-2	70	80	0	35
~790		ϵ 178-3	60	70	0	20
~780		ϵ 167-2	40	80	0	35
~760		ϵ 155-4	15	75	0	30
~740		ϵ 151-3	0	70	0	35
~725		ϵ 106-2	30	80	60	30
~710		ϵ 103-3	20	70	50	30
~700		ϵ 82-2	20	85	85	30
~660		ϵ 80-2	20	80	85	0
~650		ϵ 57-2	0	70	80	10
~630		ϵ 50-1	0	70	100	10
~595		ϵ 49-3	0	50	70	0
~585		ϵ 22-3	0	30	70	0
~570		ϵ 6-3	0	15	75	10
~555		ϵ 7-3	0	15	75	20
~545		ϵ 298-5	20	0	50	0
~540		ϵ 286-5	35	0	50	0
~530		ϵ 274-5	55	0	55	0
~500		ϵ 273-4	60	0	55	30
~480		ϵ 269-4	60	0	50	30
~475		ϵ 244-5	60	5	20	10
~470		ϵ 242-6	50	0	5	25
~460		ϵ 241-6	50	0	5	15
~450		ϵ 235-6	40	0	0	25
~440		ϵ 218-3	70	25	5	0
~430		ϵ 211-4	70	35	10	0
~415		ϵ 198-4	70	50	0	15
~396		ϵ 213-2	90	65	20	30

2.3 Farben als sichtbarer Qualitätsaspekt des Lichtes und ihre Auswirkungen auf menschlich-biologische Funktionen

Jedes Lebewesen hat und benötigt seine eigenen Farben.

Beim einzelnen Menschen werden Farben durch das individuelle Schwingungsfeld charakterisiert, durch Erfahrungen aufgebaut und in bestimmten Hirnregionen gespeichert. Die Information wird weitergegeben durch elektromagnetische Potenzen. Jeder Gedanke ist laut heutigen Erkenntnissen der Wissenschaft ein elektrischer Impuls, der in Form von Farbe und Klang in andere Schwingungen umgewandelt wird und dem Individuum als feinstoffliche Information im Körper als solche zur Seinserhaltung dient. Wort und Tat nehmen dabei vordergründige Priorität ein, um Körper, Psyche und Geist holistisch wachsen zu lassen. All diese Informationen bestimmen zusammenaddiert das Schwingungsfeld jedes einzelnen Menschen und die typische Zusammensetzung seiner persönlichen Aura, seines Wahrnehmungsapparates und damit auch letztendlich seines Gemütszustandes.

Aus unseren Erbanlagen, festgehalten in den Chromosomen der Zellen und den DNS als Trägersubstanz, ergibt sich u. a. auch die Pigmentierung aller dem Licht ausgesetzten Organe des Menschen: Haare, Hautton, Augenfarbe, Fingernägel, Lippen usw. Es wird damit der individuelle Aspekt nach außen gekehrt, ein wichtiger Bestandteil des physischen Erscheinungsbildes der individuellen Persönlichkeit. Vor allem drei wichtige körpereigene Bausteine sind in ihrer jeweiligen, speziellen Mischung für diese Pigmentierungskompositionen bestimmend, nämlich die Hautpigmente:

MELANIN:	violettbraun
KAROTIN:	orangegelb
HÄMOGLOBIN:	dunkelrot

Je nach Mischungsverhältnis erscheint eine mehr rosane, bräunliche, olivfarbene, goldene oder cremige Dominanz von Haut-, Haar-, Augenfarbe usw., welche gleichfalls auf einer grundlegenden Individualfrequenz der jeweiligen, für jeden Menschen eigenen, Schwingungsebene liegt. Dieses feine Tuning der Vibrationen entscheidet über Sympathie, „Liebe auf den ersten Blick", Ablehnung, den „ersten Eindruck", aber auch über die positive, neutrale oder negative Einstellung zu Formen, Farben, Materialien, Klang, Duft, Geschmack etc. Gelingt es, die Individualschwingung durch deckungsgleiche Vibration der optimalen Farbstimmungen, Materialien, Düfte, Klänge usw. zu verstärken, entstehen intensivere und potentere Energiefelder, die sich beim einzelnen Menschen als Charisma, Dynamik, Ausstrahlung, Wohlbefinden, Gesundheit usw. niederschlagen. Wie stark sich das energetische Umfeld des Menschen durch Farben verändert, zeigen die folgenden KIRLIAN-Photos der Finger der rechten Hand des Autors bei blauer und roter Farbumgebung mit entsprechender mentaler Einstimmung:

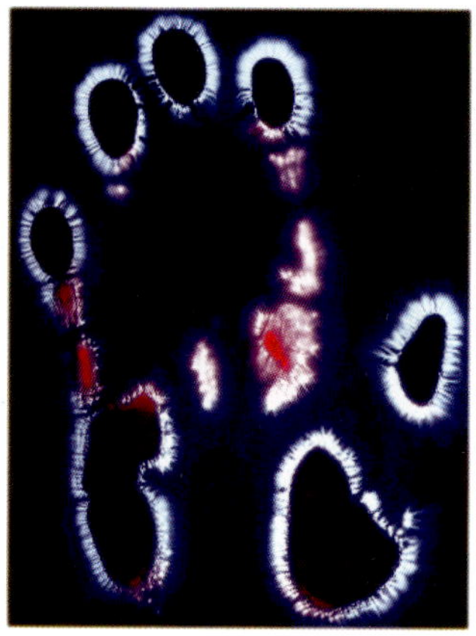

Der Mensch braucht Licht und Farben zum Leben. Jede Farbe hat auch in einzelnen Schattierungen im Rahmen eines ansonsten farbtypischen Bereiches, beispielsweise Rot, spezielle Individualschwingungen, charakterisiert durch bestimmte, messbare Wellenlängen und Frequenzen. Alle lebenden Systeme sind von Farben durchdrungen und von (normalerweise unsichtbaren) Farbkreisen eingehüllt. Die Spektralverteilung der Anordnung, Intensität, sichtbare Bandbreite und Klarheit in den sieben Regenbogenfarben sind bei jedem Menschen unterschiedlich. Beim Blick durch dasselbe Prisma sieht jeder Betrachter ein anderes Bild. Beim Anschauen eines Fingers durch den durchsichtigen Glaskörper des Prismas wird dieser durch eine Aura ihn umgebender Regenbogenfarben gesehen. Dieses ist jedoch bei jedem Individuum im Detail unterschiedlich. An Veränderungen in diesem Farbenfeld lassen sich Krankheiten ablesen. Luftfeuchtigkeit, Erdstrahlungen, Farben der umgebenden Kleidung, anderer Textilien und des Wohnbereiches spielen hier eine Rolle. Widergespiegelt und mit dem Prisma sichtbar gemacht wird jedoch die Einmaligkeit und Besonderheit des Individuums in seiner eigenen, in der Feinabstimmung nicht noch einmal vorkommenden, speziellen Schwingung mit seinem typischen Resonanzfeld, das auch bei eineiigen Zwillingen immer verschieden sein wird.

Die permanenten Schwankungen im biologischen System werden von der dargestellten Art, Stabilität, Güte und Intensität der Informationsübertragung im Zellverbund stark beeinflusst. Aufnahme und Abgabe bestimmter Frequenzmuster mit Informationscharakter zwischen einzelnen Zellen und ganzen Gewebeverbänden, wie beispielsweise gewissen Organen, garantieren einen geordneten Regelkreis im Organismus, der mit Hilfe spezieller Schwingungen bzw. mittels gleichphasig gebündelter (kohärenter) schwingender Strahlungen im harmonischen Gleichgewicht gehalten wird. Licht und Farben sowie deren beschriebene Schwingungen spielen bei diesem, harmonische Lebensqualität vermittelnden Prozess eine ganz entscheidende Rolle.

2.4 Die Bedeutung einzelner Farben für den spirituellen, mentalen, emotionalen, energetischen und physischen Bereich

LICHT und FARBEN helfen dem Menschen, Widerstände ganzheitlich zu erkennen und aufzulösen, das persönliche Schicksal als Chance[13] und die Krankheit als Weg[14] zur Erfüllung der eigenen Lebensaufgabe zu begreifen, um durch individuell notwendig gewordene Veränderungen wieder auf den persönlichen Lebensweg zurückfinden zu können und um Lebensziel und Lebenssinn zu erfüllen. Krankheit ist kein Feind, den es zu unterdrücken und zu bekämpfen gilt, sondern ein Freund, der einem helfen will, Abweichungen vom Weg zu erkennen und zu korrigieren. Krankheit vermittelt wichtige individuell-spezifische Informationen und kann deshalb am effektivsten, naheliegendsten und systemkonformsten auch mit Mitteln, Wegen und Methoden der so genannten Informationsmedizin behandelt werden.

Auf dem steinigen Pfad von innerem Wachstum und Reife durch Selbsterkenntnis helfen ganzheitlich neben Homöopathie, Blütentherapien und Steinheilkunde vor allem Licht und Farben auf allen Schwingungsebenen: spirituell, mental, emotional, energetisch und materiell-körperlich. Dabei wirkt reines Sonnenlicht als originäre Energie am stärksten auf den Spiritualbereich, lichtdurchflutete, sehr helle und durchsichtige Farben auf die Mentalebene der Gedanken, Pastellfarben auf die astrale Emotionalebene der Gefühle und der Psyche, klare saubere Farben auf die ätherische Ebene der Lebensenergie. Dort werden alle Körperprozesse gesteuert und verdichtet. Kraft- und gehaltvolle Farben wirken schließlich auf die materielle, physische Ebene des menschlichen Körpers.

Das gesamte menschliche Umfeld hat mit Licht und Farben zu tun. Wir benötigen es zum Überleben und zum Erreichen der eigenen Mitte. Dazu ist es notwendig, Farben auf allen Ebenen, also mehrdimensional zu „erfahren" und zu „erleben".

Jeder Gedanke und jedes Gefühl ist ein energetischer Impuls mit der Tendenz, sich zu realisieren. In den einzelnen Phasen des Denk- bzw. Emotionalprozesses liegen bereits vorweggenommene Taten begründet. Nach dem **Geistigen Gesetz der Harmonie**[15] und dem Bellschen Theorem der Astrophysik gilt weiterhin, dass jeder Impuls unabhängig von Zeit und Raum, d. h. aus menschlicher Sicht irgendwann und irgendwo, also eventuell auch in einem späteren Leben bzw. einem Parallel-Universum, nach dem **Geistigen Gesetz der Kausalität**, also keine Ursache ohne Wirkung und keine Wirkung ohne Ursache, wieder zu dem Absender zurückkehren muss und wird. Eine permanente Kontrolle der eigenen Gedanken, Gefühle und Taten ist deshalb dringend notwendig.

Im menschlichen Umfeld gibt es 24 wichtige Farben, die im nachfolgenden Farbkreis (s.Seite 48) gezeigt und danach detailliert beschrieben werden.

Schwingungen von Farben stehen in einem engen Resonanzverhalten zu bestimmten Körperfrequenzen auf spiritueller, mentaler, emotional-psychischer und körperlich-physischer Ebene. In Harmonie bringen den Menschen die Farben, die er intuitiv auswählt, die ihn subjektiv anziehen und bei denen er sich individuell wohl fühlt. Ganzheit, Harmonie, äußere und innere Heilung sind eine Folge des **Geistigen Gesetzes der Polarität**, in der praktischen Anwendung auch als **Prinzip der Dualität** bezeichnet. Beide regeln im Rahmen des Ausdrucks des göttlichen Schöpfungsprinzips alle Entwicklungsprozesse im Universum, auch die im Rahmen des menschlichen Lebens.

Eine besondere Bedeutung im Rahmen der individuellen Evolution und einer positiven Lebenseinstellung kommt gerade in der heutigen Zeit der praktischen Anwendung und Arbeit mit dem ältesten Heilverfahren der

13 Vgl. hierzu DETHLEFSEN, T.: „Schicksal als Chance", Goldmann Verlag. München 1981.

14 DAHLKE, R.: „Krankheit als Weg", Goldmann Verlag. München 1983.

15 STELZL, D.: „Im Einklang mit der universalen Ordnung", Verlag Via Nova, Petersberg 2004.

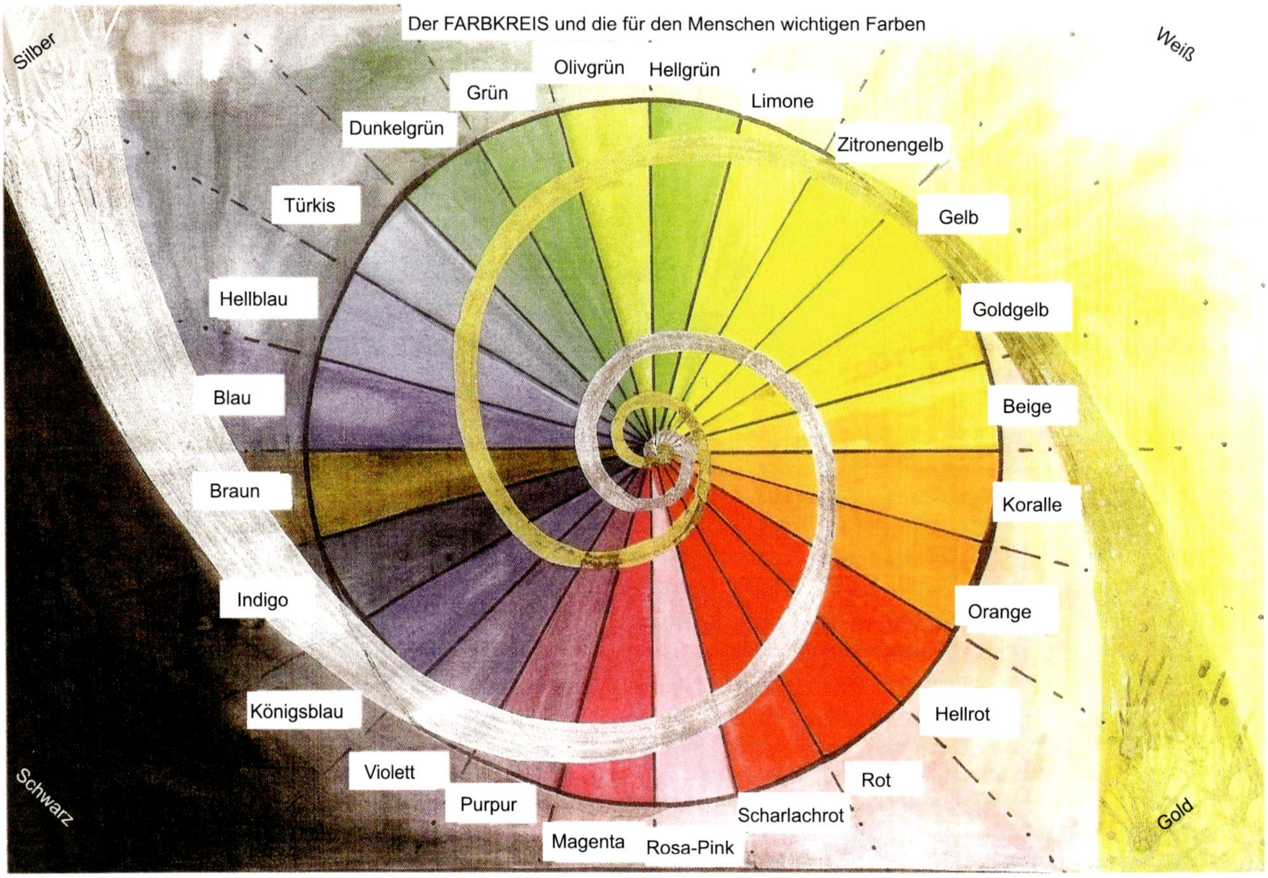

Farbkreis

Menschheitsgeschichte, nämlich dem mit LICHT und FARBEN, zu. Der in den USA lebende Arzt DINSHAH P. GHADIALI erklärte bereits 1933 in seinem Buch „Spectrochrome"[16], dass Unwohlsein beim Menschen durch das Fehlen bzw. auch die übermäßige Präsenz gewisser Farben, die auf den Körper und auf ihn wirken, zu erklären sei, und entwickelte erfolgreich eine Therapietechnik der Harmonisierung und Heilung mit Licht und Farben, welche sein in New Jersey/USA lebender Sohn DARIUS DINSHAH[17] (Teil C, 3.2) weiterführte. Diese wird auf den nachfolgenden Seiten … genau beschrieben. Diese Colortherapie wirkt auch bei blinden und farbenblinden Menschen. Darauf hat besonders der amerikanische Augenarzt Dr. JACOB LIBERMAN ab 1974 in seinen Arbeiten hingewiesen.[18]

Die feinsten Wellen mit der höchsten, vom menschlichen Auge noch als Farbe wahrnehmbaren Bandbreite stellt mit 750 bis 780 Billionen Hertz die Farbe Violett dar, welche den Gehirnplatten der Kopfhaut und dem Großhirnbereich zuzuordnen ist. Dieser Frequenzwert entspricht einer Wellenlänge in Nanometern (= 10^{-9} m) von ca. 385 bis 400 Nm. Der gesamte menschliche Körper mit den entsprechenden Organen kann in Farbzonen eingeteilt werden, in welchen die entsprechenden Farben harmonisierend und stärkend wirken. Aber auch hier ist die Dosis entscheidend. Ein Zuviel von einer Farbe kann hemmend, schwächend und disharmonisch wirken. Jede Farbe hat positive, aber auch negative Wirkungen.

16 GHADIALI, P. D.: „Spectro-Chrome Metry Encyclopaedia.Malaga", N.J. 1992.

17 DINSHAH, D.: „Es werde Licht", Dinshah Health Society. 100 Dinshah Drive, Malaga, N.J. 08328, USA 1989.

18 LIBERMAN, J.: „Light-Medicine of the Future", Bear & Co., Santa Fe, N.M 1991.

HARMONISCHE SCHWINGUNGSRESONANZ ZWISCHEN MENSCHLICHEN KÖRPERZONEN, FARBEN, TÖNEN, DUFTÖLEN UND KRISTALLEN

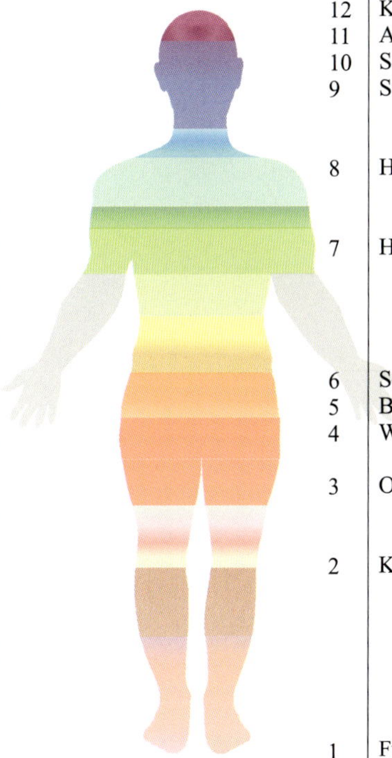

Nr.	Körperzone	Farbe	Töne	Duftöl	Kristall
13	Christusbewusstsein	alle – Weiß	alle	Golden Water	Gold – Diamant
12	Kosmisches Bewusstsein	Purpur, Magenta	F, FIS	Weihrauch	Bergkristall
11	Alpha–Bereich	Bunt – Kalt	E, G, H	Papyrus	Mondstein
10	Scheitel	Violett	F	Lotus	Smaragd
9	Stirn	Indigo	DIS, E	Sandelholz	Lapislazuli, Rubin
8	Hals	Hellblau, Türkis	DIS	Amber, Kaschmir	Chalzedon, Türkis
7	Herz: spirituell	Rosa–Pink	CIS, D	Rose	Rosenquarz
	physisch	Lindgrün	C		Jade
6	Solar–Plexus, Nabelzone	Gelb	H	Jasmin	Citrin, Jaspis
5	Bauch-Sakralzone	Orange	A, AIS	Moschus	Karneol
4	Wurzelzone – Beckenboden	Rot	GIS	Royal Red Amber	Hämatit, Granat
3	Omega–Bereich	Bunt – Warm	C, E, G	Myrrhe	Sonnenstein
2	Knie	Rostrot	GIS	Lily of the Valley	oranger Calcit
1	Füße	Dunkelrot Magenta	FIS, G	Gardenia	Onyx, schwarzer Turmalin

2.4.1 *Der Farbkreis und die für den Menschen wichtigen Farben*

Betrachtet man die einzelnen dieser 24 Farben plus Weiß und Schwarz, Gold und Silber = 28 Farben (diese Zahl entspricht der weiblichen Komponente der Weisheit Gottes) genauer, ergibt sich folgendes Bild.

Die für den Menschen wichtigen Farben des 24-teiligen Farbkreises sind:

Schwarz – Silber – Braun – Indigo – Königsblau – Violett – Purpur – Magenta – Rosa/Pink – Scharlachrot – Rot – Hellrot – Orange – Koralle – Beige – Goldgelb – Gelb – Zitronengelb – Weiß – Gold – Limone – Hellgrün – Olivgrün – Grün – Dunkelgrün – Türkis – Hellblau – Blau

Hinzu kommen noch Schwarz und Weiß, Gold und Silber, sodass sich in der 3. Dimension unseres freien menschlichen Willens, der Gedankenimpulse und der Mentalebene der Aura insgesamt 28 Farben ergeben.

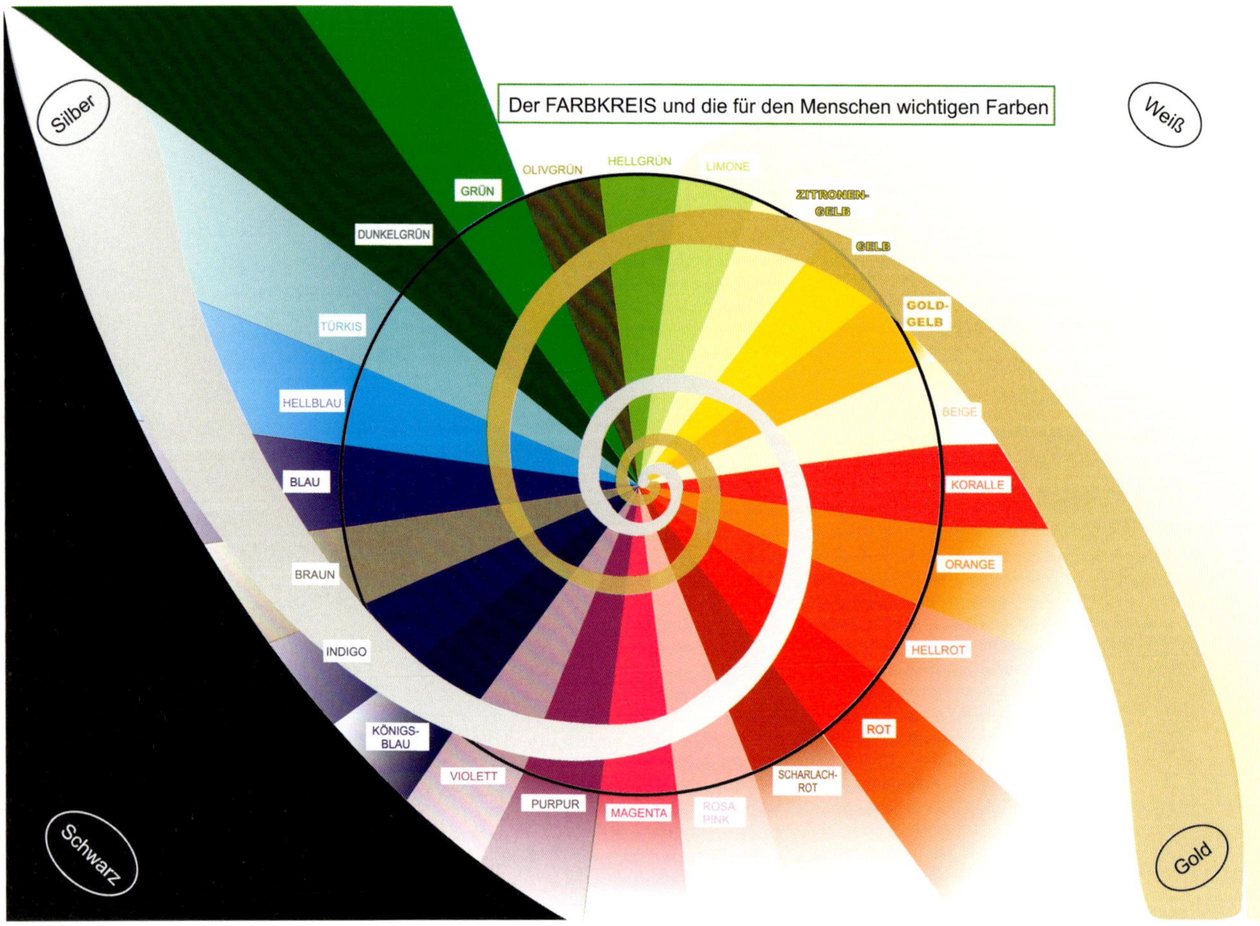

Quelle: Stelzl, Diethard: „Heilen mit kosmischen Symbolen." Schirner-Verlag, Darmstadt, Seite 255

Blau

Ursprung:		Gottmensch, die Struktur des Kristalles, der Planet Erde, das Gottherrschertum der Pharaonen Ägyptens
Thema:		Innere Stärke gibt Kraft, Informationsweitergabe auf allen Ebenen mit allen Medien, universaler Schutz, tiefer innerer Frieden, Weisheit ist Macht und gibt Sicherheit, seelische und spirituelle Tiefe
Typus:	+ + +	Positiver Umgang mit anderen Menschen, guter Zuhörer, Lösung geistiger Probleme mit wachem Verstand, sehr hilfsbereit
	– – –	Zu starke Dominanz des Verstandes und der linken Gehirnhälfte, Tendenz zu Gefühlslosigkeit und eiskaltem Handeln, übertriebene Strenge gegenüber anderen, z. B. Untergebenen
Edelsteine:		Lapislazuli, Saphir, Opal, Achat, Chalzedon, Dumortierit, Sodalith

Typische Eigenschaften:

Spirituell:		Heilwerden und Heilsein, durchlässiger, kosmischer Schutz, Kontakt zur göttlichen Führung, Farbe des Erzengels Michael, Stille
Mental:	+ + +	Geradlinigkeit, Schnelligkeit, Direktheit, Intuition, Diplomatie, Seriösität, Führungseigenschaften, Friede und Freiheit, Ruhe
	– – –	Geistige Unbeweglichkeit, mentales „Einschläfern“, gedanklicher Egoismus, starke Reserviertheit, mentale Verlangsamung
Emotional:	+ + +	Ruhe, Sanftmut, Ergebenheit, Intuition, Begabung für außersinnliche Wahrnehmungen (ASW), Hellsehen, Hellhören, Aurasehen, Heiterkeit, innere Ausgeglichenheit, emotionales Loslassen, guter Kontakt zum eigenen Unterbewusstsein, Treue, Unsichtbarkeit
	– – –	Gefühlsmäßige innere Leere, innere Isolation, depressives Verhalten, unterschwellige „Vater-Problematik“
Energetisch:	+ + +	Sehr starke Beruhigung
	– – –	„sich innerlich ausgebrannt“ fühlen

Körperlich:

Organe:	Ohren, Nase, Augen, Kleinhirn, Hypophyse, Limbisches System, Blut und Kreislauf, oberer Zahn- und Kieferbereich, eustachische Röhre, Stirnnebenhöhlen
Krankheiten:	**Unterstützung und Hilfe bei …** Verbrennungen, Sonnenbrand, Juckreiz, Bluthochdruck, Ohrenschmerzen, Schnarchen, Augenleiden, Nervenüberreizung, Hals- und Kopfschmerzen, Schmerzen und Entzündungen allert Art (Blau ist ein natürliches Antiseptikum und leichtes Sedidativum), Sprach- und Ausdrucksprobleme, Störungen des endokrinen Systems, Kinderkrankheiten im Kopf- und Brustbereich, Schürfwunden, sehr hohem Fieber, mangelnder Lebensenergie, Störungen der Epiphyse und der Ausschüttung von Epiphysenhormonen (Serotonin, Melatonin), Nervosität, Schlafproblemen, Spannungszuständen aller Art, Albträumen

Affirmation: „Ich atme Frieden ein und aus“!

Hellblau

Ursprung:		Luftelement im KRISTALL
Thema:		Informationsweitergabe durch Schwingungen, verbale Kommunikation, körperliche Reinheit, „Marienideal“
Typus:	+ + +	Selbstloser Helfer und Förderer
	– – –	Isolierter Einzelgänger, ohne Kommunikation nach außen
Edelsteine:		Cyanit-Disthen, Kunzit, Coelestin, Larimar, Chalzedon

Typische Eigenschaften:

Spirituell:		Schutz durch und mit Liebe, Leben in Übereinstimmung mit den Gesetzen des Universums, innerer Friede, gemeinsam mit Weiß die Farbe Marias.
Mental:	+ + +	Selbstloses Engagement für Kranke und sozial Schwache, Grenzenloses Vertrauen in Gott, das Leben und die eigenen Fähigkeiten, Talent zu allen Kommunikationsmöglichkeiten
	– – –	Permanent negatives Denken, mentale Vaterproblematik, Kommunikationslosigkeit, Autoritätsprobleme, „alles in sich hineinfressen“.
Emotional:	+ + +	Selbstvergebung und innerer Frieden, starkes Mitgefühl und Opferbereitschaft ohne „Helfersyndrom“
	– – –	Blockaden, Geben und Nehmen nicht im Einklang, übertriebene Impulsivität
Energetisch:	+ + +	Kühlung, Ruhe und innerer Frieden
	– – –	Müdigkeit und Unruhe

Körperlich:

Organe:	Hals, Kehlkopf, Stimmbänder, Halswirbel, unterer Kiefer- und Zahnbereich, Schilddrüsen und Nebenschilddrüsen
Krankheiten:	**Unterstützung und Hilfe bei ...** Stottern, Kehlkopf- und Stimmbandreizungen, Hormonstörungen, Wachstumsproblemen, Kropf, Sprachproblemen, Halsentzündungen, „Wegfall der Stimme“ (Aphonie), „Sprachlosigkeit“

Affirmation: „Ich höre auf meine innere Stimme“!

Türkis

Ursprung:		Evolution aus dem Meer. Das Erbe von ATLANTIS
Thema:		Kommunikation, Ausdruck der Kreativität, Überwindung von Beschränkungen durch Zeit und Raum, grenzenlose Freiheit, Distanz, selbstbewusste Kritik und Skepsis, Suche nach der einen allumfassenden Wahrheit
Typus:	+ + +	Freiheitsliebender, kreativer, großzügiger und selbstbewusster Mensch mit dem tiefen Wunsch zu ehrlicher Verständigung
	− − −	Sich selbst etwas vormachen, Realitäten nicht erkennen und annehmen, ewiger Skeptiker
Edelsteine:		Türkis, Aquamarin, Amazonit, Apophylith, Chrysokoll, Malachit, Azurit

Typische Eigenschaften:

Spirituell:		Schutz, Freiheit, intergalaktische Kommunikation, Überwindung stofflicher Begrenzungen und der Materie, Dematerialisation, Aktivierung der MERKABA
Mental:	+ + +	Positives Denken, KREATIVITÄT, Idealismus, ausgeprägte künstlerische Fähigkeiten, Bewusstheit, Begabung von Telepathie, Anwendung optimaler „Delphinstrategien", guter Organisator, sehr guter Redner und geistvoller Rhetoriker
	− − −	Tendenz zur Gedankenmanipulation anderer, Selbstbetrug, übertriebener Zynismus, gewollt, gezeigte Individualität, Bestreben, die Erwartungen anderer überzuerfüllen, Skepsis, ewige Kritik, Arroganz, Versuch immer und überall aufzufallen und Eindruck zu machen, Beharren auf der eigenen Position, sarkastischer Humor, „sich auf Kosten anderer lustig machen"
Emotional:	+ + +	Optimismus, Intuition, Begabung für außersinnliche Wahrnehmungen (ASW), hohe Sensibilität und Sensitivität, Mitgefühl, Überwindung der Selbstisolation
	− − −	Angst vor der Technik, Panik vor öffentlichen Auftritten, „Lampenfieber", Rede und Ausdrucksprobleme, Blockaden, Idealisierung von Liebesempfindungen, Angst vor dem männlichen Aspekt („Animus") in sich selbst, Realitätsverlust
Energetisch:	+ + +	Intuitive Sicherheit, spiritueller Schutz, Schutz vor Strahlen
	− − −	Überdeckung eigener Unsicherheit durch Arroganz

Körperlich:

Organe:		Thymusdrüse, oberer Rückenbereich, rechte Schulter, obere Atemwege und Bronchien, Schilddrüse
Krankheiten:		**Unterstützung und Hilfe bei …** ALLEN AKUTEN ERKRANKUNGEN (gemeinsam mit der Farbe Magenta), Infekten, Entzündungen, Allergien, Immunabwehrschwächen, AIDS, Bronchitis, Asthma, Heuschnupfen, exogenen Depressionen, Stoffwechselstörungen, Hautleiden, verbrannter Haut, Schilddrüsenstörungen, Strahlungsverletzungen, Schwermetallausleitungen

Dunkelgrün

Ursprung:		Tiefe Ruhe in allen Bereichen der eigenen Stofflichkeit und im eigenen Selbst
Thema:		Überwindung der Gegensätze zwischen Denken und Fühlen (Hemisphärensynchronisation)
Typus:	+ + +	Freundliche, offene und überzeugende Autoritätsperson
	– – –	Überbetonung des männlichen Elementes („Animus“) im Rahmen der eigenen Persönlichkeit
Edelsteine:		Aventurin, Jaspis, Moldavit, Petalit, Verdelith, Malachit

Typische Eigenschaften:

Spirituell:		Verstehen der karmischen und geistigen Gesetze und deren Anwendung im eigenen, täglichen Leben
Mental:	+ + +	Natürliche Autorität und sichere Individualität, Gemeinschaftssinn, Freundlichkeit, Offenheit, spirituelle Erfahrungen
	– – –	Probleme mit der femininen Komponente („Anima“) der eigenen Persönlichkeit
Emotional:	+ + +	Selbstvertrauen, Sehnsucht nach innerem Frieden, Hoffnung, Unabhängigkeit, Verständnis für Leiderfahrungen
	– – –	Neid, Eifersucht, Misstrauen
Energetisch:	+ + +	Tiefe Ruhe und Ausgeglichenheit
	– – –	Unruhe, Disharmonie, Fahrigkeit

Körperlich:

Organe:	Herz, Bronchien, oberer Lungenbereich, Schultern, Bindegewebe im oberen Rückenbereich, obere Luftröhre
Krankheiten:	**Unterstützung und Hilfe bei ...** Rheumatismus, Herzleiden, Angina Pectoris, Verschleimung der Bronchien und Atmungsorgane, Nervenleiden, Schmerzen im oberen Rückenbereich, psychosomatische Störungen

Affirmation: „Ich lebe meine Gefühle aus“!

Grün

Ursprung:		Gott in der Natur. Das Reich der PFLANZEN. Planet VENUS
Thema:		Ganzheitliche Harmonie, äußere und innere Ausgeglichenheit, Wachstum, Evolution, die „innere Mitte finden". Treffen wichtiger, persönlicher Langzeitentscheidungen, Harmonie der Mitte
Typus:	+ + +	Ausgeglichener Mensch voll innerem Frieden in Harmonie, in sich selbst ruhend, gesund, heiter, positiv, zufrieden.
	– – –	Aus der Mitte herausgefallen, unruhig, unstet, disharmonisch, launisch, kontaktarm
Edelsteine:		Alexandrit, Aventurin, Jaspis, Smaragd, Moldavit, Nephrit, Olivin-Peridot, Serpentin-Verdit, Chrysopras, Malachit
Typische Eigenschaften:		
Spirituell:		Heilung, Harmonisierung, Regeneration im Einklang mit geistigen Gesetzen, den „Weg der Mitte" leben
Mental:	+ + +	Kreativität, Ausgeglichenheit, globales, allumfassendes Denken, gutes Unterscheidungsvermögen, Entscheidungsfähigkeit, Großzügigkeit, natürliche Führungseigenschaften, Klarheit bei gedanklichen Problemen, Opferbereitschaft, Leben in der Gemeinschaft und mit Gleichgesinnten, Zufriedenheit, Hoffnung
	– – –	Zu starke Vergangenheitsorientierung, unrealistische Betrachtungsweise des Lebens, keinen Kontakt zur Natur haben
Emotional:	+ + +	Ruhe, innere Harmonie, psychische Ausgeglichenheit, Offenheit, Zufriedenheit, Herzlichkeit, Großzügigkeit, Gemütlichkeit, Stärkung des Selbstwertgefühls, seelische Ausgewogenheit.
	– – –	Gefühle von Neid und Eifersucht, Missgunst, Angst vor räumlicher Enge, Beklemmungen, keine Luft zum Atmen, Aufgabe der eigenen Identität, keine eigene Meinung mehr haben, Ungeduld, Unzufriedenheit, Verlust von Sensibilität
Energetisch:	+ + +	Ruhe, Ausgeglichenheit, Harmonie, innerer Friede
	– – –	Unsicherheit, Unruhe, Neutralität
Körperlich:		
Organe:		Herz, Lunge, Bronchien, Netzhaut (Retina) der Augen
Krankheiten:		**Unterstützung und Hilfe bei …** allen Leiden. (Die Farbe der Harmonie und der Heilung ist universell einsetzbar.) Herzleiden, Angina Pectoris, Asthma, Bronchialkatarrh, Embolien, Infarkte, Thrombosen, Lungenentzündung, Muskel- und Gelenkleiden, Geschwüre, Krebs, Tumore, zerebralem Ungleichgewicht, Störungen der Hypophyse, Entzündungen, Bakterien, Pilzen, Krankheitserregern aller Art. GRÜN wirkt reinigend, antiseptisch und desinfizierend. Stärkt die Herstellung von Sehpurper (Rhodopsin) der Augen, Hilfe bei Augenstörungen durch zu viel Computerarbeit vor dem Bildschirm
Affirmation:		„Ich habe alles in mir, um zu tun, was ich zu tun habe"!

Olivgrün

Ursprung:		Materiell-stofflich-körperliche Transformation des Lichtes. Die Natur von LEMURIA
Thema:		In Einheit mit der Natur auf Erden leben, Tod und Wiedergeburt beim Menschen wie in der Natur. Überwindung tiefer karmischer Ängste
Typus:	+ + +	Starke Liebe zur Natur und große Naturverbundenheit. Könnte mit Erdgeistern und Devas kommunizieren. Ehrlich, geradlinig, treu, verlässlich, ein sehr guter Freund
	– – –	Übertriebene Erdverbundenheit bis zur Unbeweglichkeit und zum Starrsinn
Edelsteine:		Kupfer, Chrysoberyll, Heliodor, Heliotrop, Olivin-Peridot

Typische Eigenschaften:

Spirituell:		Transformation und Manifestation spiritueller Botschaften in die stoffliche Ebene. Glaube, Hoffnung, Friede, innere Freiheit
Mental:	+ + +	Wahrheitsliebe, gedankliche Erdung, starkes Realitätsbewusstsein, mentale Ausgeglichenheit, Teamgeist, diplomatische, ehrliche Vorgehensweise, Verantwortungsbewusstsein, natürliche Führungseigenschaften, tiefverwurzelter Glaube an das Gute, die Liebe und Allmacht Gottes. Tiefe Ehrlichkeit
	– – –	Übertriebene Erdverbundenheit, Starrsinn, geistige Unbeweglichkeit, Flatterhaftigkeit, Vertrauensmangel
Emotional:	+ + +	Gesunde Egozentrik, Liebe zur Natur und zu sich selbst, Überwindung tiefer Ängste und traumatischer Erlebnisse
	– – –	Übertriebene Eigenliebe bis zum Egoismus, Neid, Gier, Missgunst, Eifersucht, Geiz, Freudlosigkeit, tiefsitzende Ängste, Phobien und Blockaden
Energetisch:	+ + +	Bewusste und energetisierende Aufnahme von Erdenergien, aktivierend vor allem für die Motorik
	– – –	Gefühl des Gelähmtseins, schwere und langsame Bewegungen

Körperlich:

Organe:	Gallenblase, Gallenflüssigkeit, querliegender Dickdarm, Herzbereich, Haut
Krankheiten:	**Unterstützung und Hilfe bei …** chronischen Hautkrankheiten, Allergien, Ekzemen, Prüfungsangst, Nierenfunktionsstörungen, Angina Pectoris, Durchfall, Brechreiz, Krämpfen

Affirmation: „Ich lasse meine Angst los und finde das Licht in meinem Herzen“!

Hellgrün

Ursprung:		Liebe als Ursprung und Ziel. Die Kristallstädte von LEMURIA
Thema:		Der Weg ist das Ziel, die Liebe, die Wahrheit und das Leben
Typus:	+ + +	Aufrichtig Suchender nach Weisheit und allumfassender Liebe
	– – –	In alten Gedankenmustern von der Vergangenheit eingeholter Herumirrender
Edelsteine:		Alexandrit-Chrysoberyll, Aventurin, Hiddenit, Jade, Serpentin-Verdit, Verdelith

Typische Eigenschaften:

Spirituell:		Glaube, Hoffnung, Liebe
Mental:	+ + +	Praxisorientierte, wissenschaftliche Arbeit im Rahmen geistiger Gesetze. Gutes Erinnerungs- und Unterscheidungsvermögen
	– – –	Schuldkomplexe aus alten, noch nicht aufgearbeiteten Mustern, Misstrauen, Neid, karmisch bedingte Angstzustände
Emotional:	+ + +	Naturverbundenheit, Vertrauen, tiefer Glaube an Gott und die positiven Kräfte im eigenen Inneren
	– – –	Eifersucht, Neid, Missgunst, unerklärliche Ängste und Phobien
Energetisch:	+ + +	Ruhe, Sicherheit, Gelassenheit
	– – –	Unruhe, unerklärliche Ängste

Körperlich:

Organe:	Unterer Brustbereich, Zwerchfell, mittlerer Rückenbereich, unterer Herz-/Lungenbereich
Krankheiten:	**Unterstützung und Hilfe bei …** Neuralgien, Schmerzen im mittleren Rückenbereich, Asthma, Rippenfellentzündung, Störungen im unteren Herz-/Lungenbereich

Affirmation: „Ich finde meine eigene Wahrheit“!

Limone

Ursprung:		Das göttliche Licht in jedem Leben und Sein im Universum. Atlantis.
Thema:		Glaube und Vertrauen zum Leben und zu Gott. Glaubensprüfung, ewiger Fluss des Lebens, Glücksgefühl
Typus:	+ + +	In sich ruhender Wissender und Weiser
	– – –	„Inschallah-Mentalität“ ohne Treffen eigener Entscheidungen
Edelsteine:		Beryll, Prehnit

Typische Eigenschaften:

Spirituell:		Aktivierung von innerem Wissen, durch Weisheit und Stärke verinnerlichtes Wissen der Wirkung des Geistes über die Materie
Mental:	+ + +	Gehirnstimulation, Verständnisbewusstsein, Idealismus, hohe Ethik, sichere Entscheidungsfähigkeit, Lösung von Blockaden
	– – –	Egozentrik, desillusioniertes Suchen nach einer Traumwelt, Unehrlichkeit gegen sich selbst.
Emotional:	+ + +	Ausgeprägte Liebe zur Natur, Furchtlosigkeit, Freude, Fröhlichkeit, emotionale Reife, Lösung von Gefühlsblockaden, Loslassen alter psychischer Muster, Glücksgefühl
	– – –	Eifersucht, Neid, Gefühlsängste, Furcht, Gier, Stagnation, Starre, alte Gefühlsstrukturen blockieren
Energetisch:	+ + +	Vertrauen in die eigenen Fähigkeiten und die eigene Kraft
	– – –	Angst, unerklärbare Furcht, Gefühl der Lähmung

Körperlich:

Organe:	Aktivierung der Lymphozyten Typ B der Immunabwehr. Rückenmark im Brustwirbelbereich, Gallenblase
Krankheiten:	**Unterstützung und Hilfe bei …** ALLEN CHRONISCHEN ERKRANKUNGEN, Störungen der Immunabwehr, permanente Entzündungen und Infektionen, AIDS, Platzangst, Überzuckerung des Blutes, Blutgerinnseln, Thrombosen, Stoffwechselstörungen, Schleimbildung, Bronchialkatarrh, Knochenauflösung, Osteoporose, Rachitis, Stoffwechselstörungen im Gehirn, Thymusdrüsenproblemen, Verdauungsstörungen

Affirmation:	„Für mich gibt es nur jene Grenzen, die ich mir selbst setze“!

Gold

Ursprung:		Grenzenlose, bedingungslose Liebe Gottes, frühere Inkarnationen im Ägypten der Pharaonen, ausströmender aktiv-männlicher WILLE der Urquelle
Thema:		Göttliche Weisheit und Inspiration stehen tiefsitzenden Ängsten gegenüber, Transmutation, „Weisheit des Neuen Zeitalters“
Typus:	+ + +	Als Mensch im Bewusstsein der eigenen Göttlichkeit lebend, Ausstrahlung von grenzenloser, bedingungsloser Liebe
	– – –	Überbewertung des äußeren gegenüber dem inneren Reichtum, starker Machtmensch
Edelsteine:		Gold, Pyrit, Bernstein, Tigerauge, Metamorphit

Typische Eigenschaften:

Spirituell:		Heiligkeit, göttliche Inspiration und Erleuchtung, Ewigkeit, Glanz und Herrlichkeit, kosmische Gerechtigkeit, spirituelle erleuchtete Schönheit, Kontakt zum eigenen Schutzengel bzw. zum Hohen Selbst
Mental:	+ + +	Geistiges Wissen, Weisheit, Erleuchtung, Zielstrebigkeit, bedingungslose Unterstützung anderer, Lernen und Lehren, Ruhen in der eigenen Mitte, allumfassende Harmonie
	– – –	Falsche Bescheidenheit, Selbstgerechtigkeit, Statusbewusstsein, chaotische gedankliche Reaktionen, Gedankenmanipulation
Emotional:	+ + +	Mystische Ekstase und Sehnsucht, emotionale Zentrierung, innerer Friede, Trost, Anbetung, gefühlsmäßige Beständigkeit
	– – –	Angst, Furcht, Nervosität, Machtgier
Energetisch:	+ + +	Starker Schutz im Astralbereich
	– – –	Fehlender emotionaler Schutz, starke Depressionen

Körperlich:

Organe:	Haut, Nervensteuerung, Solar-Plexus-Bereich, Epiphyse
Krankheiten:	**Unterstützung und Hilfe bei …** Nervenproblemen, Hautstörungen, besonders Psoriasis, Hautallergien, Gelbsucht, Suchtverhalten, Drogenabhängigkeit, Diabetes, Ekelgefühle, Übelkeit, Darmprobleme wegen mangelnder physischer Verarbeitung vor allem emotionaler Probleme, schweren Depressionen

Affirmation: „Ich lasse meine Ängste los und öffne mich der inneren Wahrheit“!

Weiß

Ursprung:		Prinzip der Strahlung des Lichtes, Geburt und Anfang
Thema:		Tiefe Meditation, Reinheit, Reinigung, Vollkommenheit, Erleuchtung, Versenkung, Kontemplation, „zur eigenen Mitte finden“
Typus:	+ + +	Klarer, reiner, erleuchteter Mensch, voller Wissen, Weisheit, Mitgefühl und Liebe, der das eigene Selbst gefunden hat, ein „Meister“
	– – –	Lebt in einer Scheinwelt, macht sich selbst etwas vor, will Vergangenes ohne Lernerfahrungen auslöschen, vergessen und nicht mehr daran denken. Übertriebener Egoismus
Edelsteine:		Achat (weiß), Bergkristall (klar), Koralle (weiß), Mondstein, Perlen, Topas (weiß), Selenit, Diamant, Onyx (weiß)

Typische Eigenschaften:

Spirituell:		Reinheit, Weisheit, Erlangen eines hohen, kosmischen Bewusstseins in Verbindung mit der göttlichen Energie, Karmaauflösung
Mental:	+ + +	Reiner, klarer Verstand, charismatische Führungspersönlichkeit. Einheit mit der allumfassenden Urquelle und den geistigen Gesetzen
	– – –	Polares Bewusstsein, Machtstreben, Verdrängungsdenken, sich hin- und hergerissen fühlen, „Überfliegermentalität“
Emotional:	+ + +	Bedingungslose, grenzenlose Liebe und Mitgefühl, Reinheit der Gefühle, echte Hilfsbereitschaft ohne „Helfersyndrom“
	– – –	Flucht in irreale Vorstellungen und Scheinwelten, Beziehungslosigkeit, mangelnde Erdung, Überheblichkeit, Arroganz, Angst vor der Wirklichkeit
Energetisch:	+ + +	Starke Aktivierung auf allen Ebenen
	– – –	Überaktivität, Überreaktion, Überdrehtheit

Körperlich:

Organe:	Milz, lymphatisches System, Drüsen, feinstoffliche Chakras
Krankheiten:	**Unterstützung und Hilfe bei …** Reizungen, Drüsen- und Hormonstörungen, Milzproblemen

Affirmation: „Der Vater und ich sind eins“!

Zitronengelb

Ursprung:		Inkarnationen einer alten Seele
Thema:		ALL-EINS-SEIN in universaler Liebe
Typus:	+ + +	Mystischer, sehr intuitiver Wissender
	− − −	Esoterischer „Überflieger", spiritueller Fanatiker
Edelsteine:		Jaspis (gelb), Mondstein, Citrin
Typische Eigenschaften:		
Spirituell:		Aktivierung außersinnlicher Wahrnehmungen (ASW), enge Verbindung mit dem eigenen Hohen Selbst
Mental:	+ + +	Speicherung von mystischem Wissen, klare Zielsetzung und gedankliche Ausrichtung, Aktion und Reaktion, Hemisphärenausgleich
	− − −	Gedankliche Beeinflussung anderer, innere Anspannung, unrealistische Betrachtungsweise, mystischer Fanatismus
Emotional:	+ + +	Klare Wahrnehmung eigener Gefühle
	− − −	Neurosen, gedanklich bedingte Ängste und Phobien, neuronal bedingte, schwere Depressionen
Energetisch:	+ + +	Aktivierung von Impulsen im Nervenbereich
	− − −	Lähmungserscheinungen, vor allem in der Motorik, physische Erschöpfung, starke Müdigkeit
Körperlich:		
Organe:		Kopfbereich, Großhirnrinde, neuronale Netze, mittlerer Rückenbereich, Ischiasnerv, Motoriksteuerung, Hippokampus
Krankheiten:		**Unterstützung und Hilfe bei …** Morbus Alzheimer, Morbus Parkinson, geistiger Verwirrung, Gedächtnisstörungen, Zittern und anderen degenerativen Störungen, Erschöpfungszuständen, Gehirnleiden, Störungen der neuronalen Informationssysteme, Vergesslichkeit, Ischiasschmerzen
Affirmation:		„Ich gebe immer mein Bestes"!

Gelb

Ursprung: Licht der Sonne für die Erde und die dort existierenden Lebewesen

Thema: „Sag Ja zum Leben“. Leben in Spontaneität und Freude, Intellekt, Vernunft, Verstand, Verbindung von Logik und Analytik

Typus:
+ + + Wacher und offener Geist, welcher Unabhängigkeit liebt, heiter, weltoffen und ohne Lebensangst ein Gleichgewicht von Geben und Nehmen anstrebt, fröhlich

– – – Überbewertung von materiellen und finanziellen Dingen, Leistungen und das sichtbare, äußere Umfeld. Oft zynisch und ohne Interesse für Probleme anderer, neidisch, stolz, eifersüchtig

Edelsteine: Topas (gelb), Saphir (gelb), Citrin, Jaspis (gelb), Opalith, Mookait

Typische Eigenschaften:

Spirituell: Eigenerworbenes Wissen, „inneres Licht“, Verwirklichung des göttlichen Prinzips, Freude und Selbsterkenntnis, „geistiges Erwachen“

Mental:
+ + + Gedankliche Stimulationen, starker Intellekt, Freundlichkeit, Fröhlichkeit, Ausgeglichenheit, positives Denken, Aufrichtigkeit, Entscheidungsfreudigkeit, Offenheit, gedankliche Flexiblität, gedankliche Kreativität, Lernfreudigkeit, Arbeitslust

– – – Übertriebene Vorsicht, Zynismus, gedankliche Unsicherheit, Verwirrung, übertriebenes, intellektuelles Auftreten, Überbewertung der linken Gehirnhälfte, „inaktiver“, erfolgloser Einzelgänger, Lustlosigkeit, geistige Apathie

Emotional:
+ + + Wärme, Fröhlichkeit, Lachen, positive Lebenseinstellung, Mitgefühl, Klärung emotionaler Verwirrung

– – – Angst, Feigheit, Nervosität, gefühlsmäßige Unsicherheit, Vertrauensmangel, Depressionen, Neid, Eifersucht, Stolz

Energetisch:
+ + + Wärme, Leichtigkeit, Freude, Fröhlichkeit, „astraler Schutz“

– – – Abzug von Lebensenergie über den Solar-Plexus-Bereich

Körperlich:

Organe: Zentralnervensystem, Nervensteuerung für den Verdauungstrakt, Nieren, Nebennieren, Leber, Bauchspeicheldrüse, Haut, Nerven

Krankheiten: **Unterstützung und Hilfe bei …**
Esssucht und Magersucht, Bulimie, Gelbsucht, Übersäuerung, Gastritis, Rheuma, Gicht, Leberleiden, Diabetes, Hautpigmentmangel, mental und neuronal bedingte Hautprobleme, Nervenleiden, neuronale Störungen der Motorik, Störung der Nervenleitsysteme, unterbrochenen Nervenimpulsen, Querschnittslähmung, starken Depressionen, Vergesslichkeit, geistiger Verwirrung, Störungen des motorischen Nervensystems, Problemen des lymphatischen Systems, Verdauungsstörungen, mangelnder Gallenproduktion, Verstopfung, Würmern, Parasiten, Pilzen

Affirmation: „Ich lebe gerne“! „Ich sage Ja zum Leben“!

Goldgelb

Ursprung:		Erleuchtung und Erkenntnis aus der Urquelle heraus
Thema:		Erhöhung der mentalen Schwingung, Bedürfnis, Erkenntnis zu erlangen
Typus:	+ + +	Vielseitiges Interesse, Bedürfnis des Wissens und der Bewusstseinserweiterung
	– – –	Oftmaliges Gefühl der Benachteiligung, Ansicht, es eigentlich besser haben zu müssen
Edelsteine:		Bernstein, Tigerauge

Typische Eigenschaften:

Spirituell:		Streben nach Wissen, Weisheit, Erkenntnis und Erleuchtung
Mental:	+ + +	Gutes Gedächtnis und hervorragende Auffassungsgabe, klarer Überblick, idealer Organisator
	– – –	Überschätzung der eigenen Stellung, Überbewertung der eigenen Möglichkeiten, Schlauheit, Zynismus, Skepsis
Emotional:	+ + +	Besonderes Einfühlungsvermögen, in jedem Menschen und Lebewesen das Göttliche zu sehen, Feinfühligkeit, Hilfsbereitschaft
	– – –	Fanatismus, missionarischer Übereifer, mimosenhafte Empfindlichkeit, leichte Verletzbarkeit
Energetisch:	+ + +	Anregung, Erfrischung, Belebung
	– – –	Unruhe, Gereiztheit, Überaktivität

Körperlich:

Organe:	Haut, Gehirn- und Nervensystem
Krankheiten:	**Unterstützung und Hilfe bei …** Hautproblemen, Nervenstörungen, mangelndem Nervenfluss, Schlaflosigkeit, Albträumen, schweren Depressionen, Gehirndurchblutungsstörungen, Verwirrungen, geistiger Abwesenheit, Motorikproblemen

Affirmation: „Ich vertraue auf die göttliche Stimme in mir“!

Beige

Ursprung:		Lichtaustausch und Wandel der persönlichen Evolution
Thema:		Eigene Entwicklung in engem Austausch mit den Elementen der Natur
Typus:	+ + +	Offener, positiver Mensch, der zuerst an das Gute in allem glaubt, mit was er konfrontiert wird. Auf Ausgleich und Ergänzung bedachter Realist. Vertrauen in die „unendliche Leichtigkeit des Seins“
	– – –	Unrealistischer Schwarmgeist, der zahlreiche Ideen hat, viel redet und wenig tut, wachsweiche Mentalität, schwer einzuschätzen
Edelsteine:		Mondstein, Aragonit, Calcit, Zirkon

Typische Eigenschaften:

Spirituell:		Den eigenen Weg suchen, „finden und bewusst gehen“
Mental:	+ + +	Offenheit, positives Denken, Aufrichtigkeit, Verlässlichkeit
	– – –	Wankelmütigkeit, Unsicherheit, Ursprünglichkeit, Ungenauigkeit, Unzuverlässigkeit
Emotional:	+ + +	Natürlichkeit, Fröhlichkeit, positive Ausstrahlung, Solidarität, Verantwortungsbewusstsein, Erdverbundenheit, Liebe zu Familie, Tieren und Natur
	– – –	Wankelmütigkeit, gehemmte psychische Entwicklung
Energetisch:	+ + +	Ruhig, aufbauend
	– – –	Indifferent, neutral

Körperlich:

Organe:	Sehnen, Muskeln, neuronales System für die Motorik, Haut
Krankheiten:	**Unterstützung und Hilfe bei …** Problemen mit der Bewegungskoordination, Zittern, Muskelschwächen, Hautproblemen

Affirmation: „Ich liebe die unendliche Leichtigkeit des Seins“!

Koralle

Ursprung:		Lebewesen mit starkem Bezug zum Wasserelement. Frühere Inkarnation bei nordamerikanischen Indianern
Thema:		„Streben nach Licht“, gelebte Individualität zum Wohle der Gemeinschaft, Glück im Heim
Typus:	+ + +	Erdverbundener, im Wasser- und Gefühlsbereich ebenfalls starker Mensch mit viel Achtung und Respekt für das Leben und die Natur
	– – –	Isolation im Gefühlsbereich, mangelnde physische Verarbeitung mentaler und psychischer Probleme
Edelsteine:		Koralle (rot)

Typische Eigenschaften:

Spirituell:		„Strahl der Christusenergie“, starke Intuition, Hilfe bei spiritueller Einsicht
Mental:	+ + +	Hilfsbereitschaft, Verantwortungsübernahme, Strukturgebung, Zielausrichtung, geistige Stärke, Schutz vor Einflüssen von außen. Kritische Selbstüberprüfung mentaler Abhängigkeit und Co-Abhängigkeit, geistige Unabhängigkeit
	– – –	Mentale Einsamkeit und Selbstisolation, Selbstzweifel, Übertragung eigener gedanklicher Probleme auf andere, um diese dadurch nicht selbst lösen zu müssen, Eigennutz
Emotional:	+ + +	Ausdruck von Lebensfreude, Hilfe bei psychosomatischen Problemen, Spontaneität, Liebesakzeptanz, Schutz vor emotionalem Betrug, positive Unterstützung bei mangelnder Eigenliebe
	– – –	Gefühlsmäßige Isolation und innere Einsamkeit, unerlöste Gefühlsverbindungen
Energetisch:	+ + +	Freude, Anregung, energetischer Schutz, auch vor „schwarzer Magie“
	– – –	Laschheit, physisch-energetische Müdigkeit

Körperlich:

Organe:	Skelettstruktur, Drüsen, Ausscheidungs- und Verdauungsorgane, vor allem Gallenblase und Gallenflüssigkeit, Kreislauf
Krankheiten:	**Unterstützung und Hilfe bei …** Gefühlsschocks und emotionalen Enttäuschungen, Störungen des Hormonsystems, der Adrenalinproduktion der Nebennierenrinden, Durchfall und anderen Verdauungsstörungen sowie bei Kreislaufproblemen

Affirmation: „Ich bin liebenswert und bin es wert, geliebt zu werden“!

Orange

Ursprung:		Harmonie zwischen Gott und Schöpfung. Planet JUPITER
Thema:		Abhängigkeit und Unabhängigkeit, Ausleben und Kontrolle der physischen Polarität, gelebte (oder verdrängte) Erotik, persönliche Einsicht, Leben der eigenen Göttlichkeit, Mut, Freude, Fröhlichkeit, Aktivität im Sozialbereich
Typus:	+ + +	Prinzip des Lebens und Lebenlassens, hingebungsvoll, gefühlsbestimmte Erscheinung mit erotischer Ausstrahlung, verführerisch, realitätsnah, Liebe und Respekt für den eigenen Körper, sozial engagiert
	– – –	Akzeptanz der Gefühle anderer nur an der Oberfläche, nicht im wirklichen eigenen Inneren und aus Überzeugung, Überbetonung der Sexualität, starke Verhaftung in der eigenen Gefühlswelt
Edelsteine:		Orangener Achat, Feueropal, Topas, Karneol, Sarder, Dolomit, Mookait, Sardonyx, Unakit-Heliodor

Typische Eigenschaften:

Spirituell:		Unabhängigkeit, Hingabe, Einsicht, Gemeinschaftssinn, Ausarbeitung und Planung der persönlichen Lebensaufgabe
Mental:	+ + +	Tiefe, instinktive Weisheit, Ausdauer, gedankliche Einsicht, Vertrauen, Kreativität, Klugheit, gesteigertes Selbstwertgefühl
	– – –	Unentschlossenheit, Selbstzweifel, mangelndes Selbstwertgefühl, geistige Abhängigkeit, Tendenz zu vorschnellen, unüberlegten Handhabungen und Entscheidungen
Emotional:	+ + +	Freude am Sein, erfüllte Sexualität, Kommunikation mit dem Unbewussten, emotionale Weisheit, natürliche Spontaneität, intuitives und instinktives Vorgehen, Mut, Fröhlichkeit
	– – –	Hysterie, Depression, emotionaler Schock, Traumata, Phobien, unbewusste Ängste und Antipathien, übertriebene Übertragung eigener Gefühle nach außen, Melancholie
Energetisch:	+ + +	Sehr starke physische Aktivierung, Energetisierung und freudige Aktion

Affirmation: „Ich schaffe es“!

Hellrot

Ursprung:		Verbindung zwischen Gottmensch und Mensch
Thema:		Entwicklung opferbereiter Liebe in Hingabe und Demut
Typus:	+ + +	Aufrichtig, ehrlich, übernimmt Verantwortung, treu, wahrer Freund, intuitiv und warmherzig
	– – –	Oft zu spontan und impulsiv, dadurch unüberlegt, extrem und schnelllebig
Edelsteine:		Karneol, Sarder, Mondstein (rötlich), Topas (rot), Turmalin, Morganit, Rhodonit

Typische Eigenschaften:

Spirituell:		Initiation und Transformation des eigenen Selbst, Begabung zum Channelling
Mental:	+ + +	Klarheit des Denkens, natürliche Autorität, Führungsqualitäten, gesunder Idealismus
	– – –	Mangelnde Aufarbeitung karmischer Frustrationen, Probleme und Blockaden
Emotional:	+ + +	Innere Wärme, Lebensbejahung, Verarbeitung psychischer Probleme auch aus früher Kindheit und zurückliegenden Leben
	– – –	Wut, Frustration, Kindheitstraumata
Energetisch:	+ + +	Leichte, fließende Energie, befreiende Aktivierung
	– – –	Leichte Aggressivität, Überreaktion

Körperlich:

Organe:	Dünndarm, absteigender Dickdarm, DNS
Krankheiten:	**Unterstützung und Hilfe bei …** Entgiftungen, Ausleitungen, Aufarbeitung von karmischen Blockaden und Ängsten, basierend auf frühen Kindheitserlebnissen und zurückliegenden Leben, Energiemangel, Sexualproblemen, Hormonstörungen

Affirmation: „Ich folge meinen Idealen“!

Rot

Ursprung:		Feuer, Sonne, animalischer Bereich
Thema:		Energie, Erdung, Leben und Überleben, stofflich-materielle Belange, Macht auf Erden, physische Liebe und Leidenschaft, körperlicher Sex, physischer Schutz nach außen, materielle Isolation, Wärme.
Typus:	+ + +	„Power“, unerschöpfliche Energie, Dynamik, nach außen gerichteter, nur in materiellen Bereichen lebender Tatmensch, laut, spontan, impulsiv, kommunikativ, immer im Mittelpunkt stehend, oft starke Persönlichkeit
	– – –	Sehr extrovertiert, enthemmt, cholerisch, dominant, bestimmend, oft herrschsüchtig, brutal, triebhaft, aggressiv, hasserfüllt, nachtragend
Edelsteine:		Rubin, Saphir (rot), Granat, Diamant, Bergkristall, Rubbelith, Achat (rot), Sardonyx

Typische Eigenschaften:

Spirituell:		Reinigende Flamme, Erwachen und Wiedergeburt, spirituelle Energie, Förderung opferbereiter Liebe, Objektivität
Mental:	+ + +	Lösung alter Gedankenmuster, Tendenz zur materiellen Veränderung, körperliches Überleben, Stärkung des Selbsterhaltungstriebes, Mut und Dynamik
	– – –	Gedankliche Dominanz, übertriebenes Autoritätsbewusstsein, Reflektion ausschließlich im stofflich-materiellen Äußeren, Interesse nur an sichtbaren und greifbaren, physischen Dingen, körperlicher Stress, physisches Chaos, mentale Isolation, keine Verantwortungsübernahme im materiellen Bereich, Faulheit, Interesselosigkeit am eigenen Leben und Umfeld
Emotional:	+ + +	Temperament, Dynamik, Erdung, starkes Engagement, Achtung vor der Umwelt und dem materiellen Umfeld, Kommunikation, Impulsivität, Spontaneität
	– – –	Aggression, körperliche Leidenschaft, Hitze, Feuer, Frustration, Ärger, Wut, Hass, Zorn, Gewalt, Brutalität, Egoismus
Energetisch:	+ + +	Starke körperliche Aktivierung, motorische Dynamik
	– – –	Überaktivität, Cholerik, Aggression

Körperlich:

Organe:		Blut und Blutkreislauf, Zellstruktur, DNS, Hormonsystem, Mastdarm, Genitalbereich
Krankheiten:		**Unterstützung und Hilfe bei …** Mutterkomplex, Problemen des sensorischen Nervensystems, Leberschäden, Leukämie, körperliche Tätigkeit, niedrigem Blutdruck, Unfruchtbarkeit, Impotenz, Sexualstörungen, behindertem Fluss der Lebensenergie, Muskelkrämpfen, Eisenmangel, Keimdrüsenstörungen, Kreislaufschwächen, Blutarmut, Verbrennungen durch Röntgenstrahlen, UV-Strahlen, usw…

Affirmation: „Mein Tun lässt die Liebe in meinem Leben wachsen“!

Scharlachrot

Ursprung:		Lebenskraft aus Licht, Feuer und Luft
Thema:		Optimaler Umgang mit beschränkt vorhandener Lebensenergie, natürlich ausgelebte Sexualität
Typus:	+ + +	Spirituell orientierter, aber trotzdem gut geerdeter Mensch mit viel Energie auf allen Ebenen
	– – –	Unrealistischer Schwarmgeist und Spinner ohne viel Lebenskraft
Edelsteine:		Turmalin (rot), Sugilith, Rubin, Granat, Achat (rot), Rubbelith

Typische Eigenschaften:

Spirituell:		Freude am eigenen Ich, gesunde Eigenliebe, Lebensbejahung
Mental:	+ + +	Charismatische Ausstrahlung, Dynamik, Energiepaket, starkes Realitätsbewusstsein, gute Führungsqualitäten, Unterstützung von Lernprozessen
	– – –	Mangelndes Eigenvertrauen und Selbstwertgefühl, unrealistischer Idealismus und Schwärmerei
Emotional:	+ + +	Gesunde Einstellung zur Sexualität, Freude, Sicherheit auch im psychischen (Sexual-)Bereich, Beherrschung des Sexualtriebes
	– – –	Überlebensängste, aufgestaute Wut, Kontaktschwierigkeiten, ungezügelte, triebhaft-animalische Sexualtiät
Energetisch:	+ + +	Starke Aktivierung und Anregung, besonders auf sexueller Ebene
	– – –	Lustlosigkeit, auch auf sexuellem Gebiet

Körperlich:

Organe:		Füße, Venen, alle Flüssigkeitssysteme, Keimdrüsen
Krankheiten:		**Unterstützung und Hilfe bei …** Potenzproblemen, Frigidität, Impotenz, Unfruchtbarkeit, „Lampenfieber" (gemeinsam mit Türkis), Krampfadern, Thrombosen, Ödemen, Fußbeschwerden aller Art, Schwächen von Nieren und Nebennieren, Arterienverkalkung, niedrigem Blutdruck, Menstruationsbeschwerden

Affirmation: „Freude und Liebe sind in meinem Leben"!

Rosa – Pink

Ursprung:		Lichtdurchflutetes »Christusbewusstsein«, der Atem des Schöpfers, reflektiert im Menschen, Inkarnation bei den ESSENERN in Judäa z. Zeit von Christi Geburt
Thema:		Zarte bedingungslos und grenzenlos gebende Liebe
Typus:	+ + +	Zartgliedrig, sensibel, sensitiv, ätherisch und mimosenhaft empfindlich, jedoch konsequent auf den eigenen Lebensweg fixiert in voller eigener Verantwortung
	– – –	Angebliche körperliche Schwäche wird als Krankheit benutzt, um einen nahestehenden Menschen abhängig zu machen. Verantwortung für das eigene Leben wird nicht selbst übernommen, sondern auf andere abgewälzt. „Flucht in die Krankheit“
Edelsteine:		Rosenquarz, Rhodochrosit, Elbait, Rhodonit

Typische Eigenschaften:

Spirituell:		Realisierung und praktisches Erleben von bedingungsloser und grenzenlos gebender, menschlicher Liebe
Mental:	+ + +	Klarheit, Reinheit, Transparenz, Einfachheit, Wahrheit, Ehrlichkeit, »spirituelle Sexualität«, Begabung zum Heiler, Seher und geistigen Lehrer
	– – –	Innere Leere, globale Orientierungslosigkeit, Selbstzweifel, „Versagermentalität“
Emotional:	+ + +	Förderung der persönlichen Eigenliebe, Fürsorge, Demut, Mitgefühl, allen und allem helfen aus tiefster Überzeugung, Wärme, Zärtlichkeit, weibliche Intuition, auch in der Sexualität
	– – –	Gefühlsmäßiges Ausklinken, Mitleid statt Mitgefühl, übertriebene Fürsorge, Gluckenhaftigkeit, „Helfersyndrom“, irreale Schwärmerei und Gefühlsduselei
Energetisch:	+ + +	Feminine Intuition, „Wärme ums Herz“, Wachsein
	– – –	Verweichlichung, „Schwächung der Männlichkeit“

Körperlich:

Organe:	Hormonsystem, Keimdrüsen, lymphatisches System, zweites Herzchakra
Krankheiten:	**Unterstützung und Hilfe bei …** Psychisch begründeten, karmischen Ängsten und Phobien, KREBS, Geschwülsten, Störungen des Zellerneuerungssystems. Gehirntumoren, Vergiftungen, psychosomatischen Störungen, Problemen mit dem lymphatischen System, Ohrenschmerzen, Tinnitus, Frauenleiden, Übergewicht, Mager- und Esssucht, Bulimie

Affirmation: „Ich liebe mich so, wie ich bin“!

Magenta

Ursprung:		„Christusbewusstsein und -energie“. Die menschliche Sonne des Gottmenschen
Thema:		„den göttlichen Heilstrahl erleben“. Erweiterung des menschlichen Bewusstseins zum „Christusbewusstsein“. Bedingunslose, grenzenlose, opferbereite Liebe für andere und anderes aktiv leben und erfahren
Typus:	+ + +	Starke Vergeistigung im weltlichen Leben. Selbstlose Hilfe für andere in verkörperter, praktischer Liebesarbeit
	– – –	Totale Abkapselung vom Leben in selbstgewählter Isolation und Einsamkeit bis hin zum Freitod
Edelsteine:		Turmalin (rosa-grün) = Elbaith, Rhodochrosit, Rhodonit, Sugilith

Typische Eigenschaften:

Spirituell:		Zugehörigkeitsgefühl zu allen Menschen. Diener, Heiler, Vermittler, Geistführer, spiritueller Lehrer auf dem Wege der gelebten Liebe
Mental:	+ + +	Wache Aufmerksamkeit, Demut im Dienen
	– – –	Unrealistische Entfernung vom materiellen Umfeld und Alltag „Überfliegersyndrom“
Emotional:	+ + +	Vorfreude auf die Zukunft, die Zeit, die kommen wird, barmherzige Liebe, Mitgefühl, Opferbereitschaft, Demut, Devotion, tiefer innerer Friede, Aktivierung heilerischer Fähigkeiten
	– – –	„Helfersyndrom“, Ablenken von eigenen Problemen, Tendenz zum Selbstbetrug, Mangel an Eigenliebe
Energetisch:	+ + +	Mystische Versenkung, Kontemplation, starke Energetisierung
	– – –	Paralysierung auf allen Ebenen

Körperlich:

Organe:	Epiphyse, Scheitelbereich, Öffnung des zweiten Herzchakras
Krankheiten:	**Unterstützung und Hilfe bei …** allen akuten Störungen gemeinsam mit der Farbe Türkis, Hormonstörungen, Energieflussproblemen, chronischen Kopfschmerzen, geistiger Unruhe, Quetschungen, Schutz während der Schwangerschaft, Löchern in der Aura, nichtorganischen Herzleiden, Blut- und Kreislaufschwächen, Schwächen der Nieren und Nebennieren

Affirmation: „Ich liebe mein Leben“!

Purpur

Ursprung:		Königreich in der diesseitigen und jenseitigen Welt
Thema:		Bewusstes Leben in der Stofflichkeit, Energieaufbau auf allen Ebenen. Gerechtigkeit und Nächstenliebe
Typus:	+ + +	Spiritueller Realist, Mittler zwischen Diesseits und Jenseits, kreative Ausgeglichenheit, Visionär
	– – –	Frustration durch Widerspruch zwischen spirituellen Zielen und materiellem Umfeld, „sexuelle Besessenheit“, Triebtäter
Edelsteine:		Amethyst, Rhodochrosit, Turmalin (rot) = Rubbelith

Typische Eigenschaften:

Spirituell:		Befreiung von Enttäuschungen aller Art. Im eigenen Selbst sein. Aktivierung sensitiver Energien. Praktische Nächstenliebe leben
Mental:	+ + +	Stimulation mentaler und geistiger Kreativität, Ausgeglichenheit, Harmonie, Fähigkeit zur Visualisierung und Hemisphärensynchronisation. Fähigkeit zur spirituellen Fernheilung und des Channellings
	– – –	Materielles Überlagern spiritueller Interessen. Verhaftung in Gedankenmustern aus der Vergangenheit
Emotional:	+ + +	Ausstrahlung und Annahme von bedingungsloser Liebe. Engagement und Initiative im Sozialbereich, positives Selbstwertgefühl, Mitgefühl und aktive Hilfe für andere
	– – –	Ärger, Groll, Frustration, extreme Enttäuschungen psychischer Art, Partnerschaftsprobleme bzw. -trennung
Energetisch:	+ + +	Aktivierung auf allen Ebenen, vor allem der sensitiven Fähigkeiten und Heilenergien
	– – –	Beklemmung, Müdigkeit in allen Bereichen

Körperlich:

Organe:	Genitalbereich, Keimdrüsen, Füße, Waden, autonomes Nervensystem
Krankheiten:	**Unterstützung und Hilfe bei …** hohem Blutdruck, Schlaflosigkeit, überstarker Libido, Nervenleiden aller Art, myalgischer Enzephalitis (ME), Legasthenie, Stottern bei Kindern, hohem Fieber, Sexualproblemen, Schmerzen in Waden, Knien und Gelenken, Nervenschmerzen aller Art, Nervosität, Überfunktion von Nieren und Nebennieren, Venenproblemen, Krampfadern, Malaria, Wechselfieber, Lungenblutungen, Trockenhusten, **Hilfe bei Poltergeistern, anderen negativen Wesenheiten, Flüchen, Verwünschungen und Energiepotentialen**

Affirmation: „Ich sage ja zu mir und meinem Leben“!

Violett

Ursprung:		Der weibliche, zusammenziehende, aufnehmende Aspekt Gottes. Die Energie des MONDES
Thema:		Mystischer Glaube an die Schöpfung, Reinigung der Seele von allen karmischen Belastungen, geistige Heilung, Spiritualität leben, Dienen in Demut, Hingabe und Barmherzigkeit, sich erkennen als wichtiger Aspekt des einen, ewigen Geistes
Typus:	+ + +	Tiefverwurzelter Glaube an die schöpferischen Kräfte im Kosmos und dessen geistige Gesetze. Spirituelle Freiheit in materieller Unabhängigkeit als Mittler zwischen der spirituellen und der stofflich-materiellen Welt.
	– – –	Wird die kosmische Verbundenheit im Alltag nicht erreicht, folgen Engstirnigkeit, Dogmatik, Fanatismus, Despotismus und Aktivitäten als Schwarzmagier, Sektenführer und Weltverbesserer
Edelsteine:		Amethyst, Ametrin, Charoit, Fluorit, Silizium, Sugilith

Typische Eigenschaften:

Spirituell:		Autorität, „Flamme der Transmutation", „stoffliche Transformation, individuelles Wachstum, Reinigung auf allen Ebenen, Aktivierung eigener Heilfähigkeiten, Inspiration, Metaphysik, Mystik, Hemisphärensynchronisation
Mental:	+ + +	Fixierung des Lebenszieles, Erkennen und mentale Ausrichtung von Sinn und Ziel des eigenen Lebens im Einklang mit dem göttlichen Plan, überzeugende, umfassende Autorität
	– – –	Grübelei, Unstetigkeit, mangelnde Identifikation mit dem eigenen Selbst und Leben, gestörte mentale Beziehung zu materiellen Dingen, Selbstzerstörung, Festhalten an alten Gedankenmustern
Emotional:	+ + +	Identifikation mit dem eigenen Gefühlsbereich, Schutz des „inneren Kindes", neue emotionale Identitätsmuster, Ausgleich von Disharmonien, Aufarbeiten psychischer Unklarheiten, Neuorientierung in einer kriselnden Partnerschaft
	– – –	Trauer, Leiden, Geldprobleme, materielle Existenzangst, emotionale Isolation auch in der Partnerschaft, schwere Depressionen, mangelnde Eigenliebe, Freudlosigkeit, Frust
Energetisch:	+ + +	Ausgleichend, beruhigend
	– – –	Zerstörend, festklebend

Körperlich:

Organe:	Großhirnrinde, Scheitelbereich, Hirnplatten, Epiphyse, MILZ
Krankheiten:	**Unterstützung und Hilfe bei …** Vergiftungen, Schwermetallausleitungen, Blockaden und Staus in der Milz, schwere Depressionen, Überaktivität, Herzflattern, Überaktivität von Lymphdrüsen und Pankreas. Nervenüberreizung, Anämie, Epilepsie, Mentalstress, Kopfverletzungen, Schlaflosigkeit, Nervenschmerzen und mentalem Schock

Affirmation: „Licht ist in mir, ich bin heil"!

Königsblau

Ursprung:		Inkarnation der Göttlichkeit in der Welt, Verbindung zum Gottherrschertum der Pharaonen Ägyptens und zum alten Testament zur Zeit König Davids
Thema:		Ziel und Aufgabe des Lebens erkennen und ein sinnvolles Leben aufbauen
Typus:	+ + +	Bewusst und stark im Lebensprozess stehender Mensch, sehr sensitiv und spirituell veranlagt, Machtmensch im positiven Sinn
	– – –	Einzelgänger, Missbrauch der Macht zum eigenen Vorteil auf Kosten anderer
Edelsteine:		Lapislazuli, Achat (blau), Saphir (blau), Topas (blau)

Typische Eigenschaften:

Spirituell:		Spiritualität findet Sensibilität, Mystizismus, Geistheilung, Erleben des weiblichen Elementes Gottes (SHU)
Mental:	+ + +	Hervorragende Gruppenarbeit, anerkannte und überzeugende Führungspersönlichkeit, Konzentrationsfähigkeit, individuelle Sicherheit, gedankliche Umsetzung evolutionärer, seelischer Aspekte des Lebensweges, universale Autorität, mentaler Ausdruck innerer, seelischer Erkenntnisse, Bewusstheit, Entschlussfreudigkeit
	– – –	Starke Isolation, Einzelgängermentalität, Einsamkeit, schwere Depressionen, Bewusstseinsspaltung, in einer unrealistischen Traumwelt lebend
Emotional:	+ + +	Friede im eigenen Gefühlsbereich, Objektivität, Nüchternheit, Ehrfurcht
	– – –	Schwere Depressionen, psychische Isolation und Vereinsamung, nicht aufgearbeitete Vaterproblematik
Energetisch:	+ + +	Ruhe, innere Sammlung
	– – –	Unruhe, Fahrigkeit, Konzentrationslosigkeit

Körperlich:

Organe:	Zwischenhirn, Stirnhöhlen
Krankheiten:	**Unterstützung und Hilfe bei ...** Gehirn- und Nervenkrankheiten, Persönlichkeitsspaltung, Paranoia, Schizophrenie

Affirmation: „Ich beende das Notwendige und beginne von neuem"!

Indigo

Ursprung:		Mittler zwischen Himmel und Erde als Zusammenschluss aller Farben wie im Regenbogen
Thema:		Friedliche Kommunikation und Kooperation zwischen dem spirituellen Ursprung und der stofflichen Manifestation. Wahrheit und Sein als wichtige kosmische Aspekte. „Erkenne dich selbst", hilf dir selbst und anderen
Typus:	+ + +	Spirituell ausgerichteter, wahrheitsliebender Mensch. Potentielle Heiler, Seher, Schamanen und Weise. Fundiertes Wissen vermittelt Wahrheit und Weisheit
	– – –	Selbstzerstörung durch Depressionen und Suchtverhalten, halluzinative Wahnvorstellungen
Edelsteine:		Achat (blau), Chalzedon (blau), Lapislazuli, Saphir (blau), Opal

Typische Eigenschaften:

Spirituell:		Wahrheitsliebe, Erkennen kosmischer Zusammenhänge, Träger der Lichtenergie. Glaube an den göttlichen Ursprung, an die Lehre von Wiedergeburt und Inkarnation sowie an ein Leben nach dem Tod, LERNEN – LEHREN – HELFEN – HEILEN
Mental:	+ + +	Enge Verbindung zur eigenen Intuition und inneren Führung. Idealist, geborener Heiler, gutes Traumverständnis, originelle farbige Kreativität, Begabung zum farbigen Aurasehen, Interesse an Tantra, spiritueller Sexualität, Geheimwissenschaften, Mystik, dem geistigen Dienen und Heilen
	– – –	Opferrollenbewusstsein, mangelndes Selbstverständnis, mangelnde Bereitschaft zum Engagement
Emotional:	+ + +	Naturliebe, Stärkung der weiblichen Energie (Anima), Sinn für alles Schöne und Gute
	– – –	Isolation, Unsicherheit, Befangenheit, schwierige Vaterproblematik, Depressionen, Halluzinationen, Drogenabhängigkeit
Energetisch:	+ + +	Kraft für die innere Kommunikation und die Innenschau
	– – –	Selbstzerstörerische Anlagen

Körperlich:

Organe:	Augen, Ohren, Hypophyse, Thalamus
Krankheiten:	**Unterstützung und Hilfe bei …** Augenproblemen, Ohrenleiden, Tinnitus, Synergetik, Hormonstörungen

Affirmation: „Friede ist in mir und um mich"!

Braun

Ursprung:		Die Inkarnation des Schöpfungsgeistes in der stofflichen Dimension der Erde
Thema:		Der Mensch muss wieder zurück zu seinem physischen Ursprung gehen, zu seinen Wurzeln, um dort körperliche Geborgenheit zu finden, Fruchtbarkeit und Vermehrung
Typus:	+ + +	Ruhiger, besonnener Mensch mit starker Verwurzelung in Heimat, (Groß-)Familie und Natur, Führungspersönlichkeit, Natürlichkeit, Erdverbundenheit, Behaglichkeit
	– – –	Ausgeprägter Egoist, nur im Materiellen verhaftet und auf seinen eigenen, finanziellen Vorteil bedacht „Untertanenmentalität“, Eigenbrötler
Edelsteine:		Blutjaspis, Aragonit, Hyazinth, Rauchquarz, Zirkon-Hyazint, Magnetit

Typische Eigenschaften:

Spirituell:		Als Naturmensch Herstellung einer Verbindung zwischen der stofflichen Ebene der Erde und dem Schöpfergeist des Universums
Mental:	+ + +	Ruhe, Naturverbundenheit, Solidarität, Vertrauenswürdigkeit, Partnerschaft und Familie im Mittelpunkt, Schutzmentalität, Verbundenheit mit Tradition und Konvention
	– – –	Geistige Unbeweglichkeit, Starrheit, Rechthaberei, sehr starke Introvertiertheit, kleinkariertes Denken
Emotional:	+ + +	Natürlichkeit, Ruhe, sehr familien- und kinderlieb, Treue, Verantwortungsbewusstsein, Sorge für die Familie und den Partner, vermittelt Schutz, Geborgenheit und Behaglichkeit
	– – –	Hemmend auf die psychische Entwicklung des eigenen Ichs und der menschlichen Umgebung, z. B.. Partner und Kinder. Tendenzen zur Selbstisolation, sich in die eigene Traumwelt zurückzuziehen und die Realität nicht zu sehen. „Gluckenhafte Betreuung“ der gesamten Familie
Energetisch:	+ + +	Natürliche Erdverbundenheit und Sicherheit
	– – –	Schwere Bewegungen, Verlangsamung, Einengung

Körperlich:

Organe:	Skelett, Wirbelsäule, Knochen, Muskeln, Sehnen, Haut
Krankheiten:	**Unterstützung und Hilfe bei …** Knochenaufweichung, Splitterbrüchen, Skelettverkrümmung (Skoliose), chronischen Muskel- und Sehnenerkrankungen, mangelnder Hautdurchblutung, Ekzemen, Hautentzündungen

Affirmation: „Ich stehe mit beiden Beinen auf der Erde und lebe bewusst und achtsam im Hier und Jetzt“!

Schwarz

Ursprung:		Grenzenloses Sein ohne Begrenzung durch Raum und Zeit. Der Urzustand vor dem Erwachen und der Einleitung des Schöpfungsprozesses, gleichzeitig aber auch das Ende und der Tod in diesem Erdendasein
Thema:		Besinnung in der momentanen Lebenssituation, Abschirmung nach außen bei paralleler Absorption äußerer Einflüsse, Karmaaufbereitung und -auflösung. „Parkplatzsituation“
Typus:	+ + +	Besinnung auf die eigene Situation und Position im Lebensprozess, Bestimmung und evtl. Neuorientierung des persönlichen Lebenszieles und -weges.
	– – –	Chaotischer Konflikttyp, allgemein negative Lebenseinstellung, chronische Lebensangst, Machtmissbrauch, „Unglücksrabe“, Unklarheit, Atheist
Edelsteine:		Antimonit, Obsidian, Onyx, Perlen (schwarz), Turmalin (schwarz), Zoisit, Rauchquarz

Typische Eigenschaften:

Spirituell:		Leben in der Finsternis, Sehnsucht nach dem Licht
Mental:	+ + +	Absoluter Realist, der an nichts außer sich selbst und an greifbare Dinge glaubt. Bewusstheit, Besonnenheit
	– – –	Machtmissbrauch, Gewaltanwendung, absolut negative Lebenseinstellung, Überbewertung des Materiellen, Unklarheit, Unreinheit, Verdichtung des Stofflichen und Körperlichen, Erstarrung, Begrenzung
Emotional:	+ + +	Besonnenheit, Lernwille, psychische Neuorientierung
	– – –	Urängste, Furcht, Zwänge, Blockaden, schwere Depressionen, chaotische Albträume, chronische Lebensangst, starke Schmerzen, Konfliktsucht, verborgene Ängste, Missgunst, Todesahnungen, verborgene Spannungen, Lebensstillstand, Gier, Misstrauen, Machthunger, Beherrschung anderer auf allen Ebenen
Energetisch:	+ + +	Ruhe und Besonnenheit
	– – –	Blockaden, Energiestau und Kraftlosigkeit

Körperlich:

Organe:	Eventuell Milz, im Wechsel mit Weiß
Krankheiten:	**Unterstützung und Hilfe bei …** – **NICHTS** –

Affirmation: „Nach der Dunkelheit kommt das Licht“!

Silber

Ursprung:		Die weiblich aufnehmende Komponente (SHU), die zusammenziehende YIN-Energie
Thema:		Reinigung, Auflösung alter karmischer Muster. „Der silberne Strahl der Gnade“ kann mit Zustimmung des Hohen Selbst auch ohne Lernprozess zur Auflösung von negativem Karma führen
Typus:	+ + +	Sehr kontrolliert, oft undurchschaubar, nach innen gekehrt, klarer Denker, nicht gefühlsorientiert. Guter Zuhörer und aufnehmender Mensch
	– – –	Skeptiker, Zweifler, absolut introvertierter Mensch, schlechter Diplomat
Edelsteine:		Mondstein, Opal, Perlen, Silber, Silizium, Hemimorphit

Typische Eigenschaften:

Spirituell:		Aufnehmender, aufrichtiger Wille zur Karmaaufarbeitung und inneren Reinigung
Mental:	+ + +	Kontrollierter Verstand mit gleichzeitiger, starker Sensitivität und Intuition. Reinigende Gedankengänge und Überlegungen führen zur eigenen Wandlung und Evolution. Sachliches, pragmatisches Denken und Vorgehen
	– – –	Verdrängung unangenehmer Gedanken, Blockaden und Mentalstrukturen
Emotional:	+ + +	Auflösung alter Gefühlsmuster, Reinigung im psychisch-seelischen Bereich, gute Gefühlskontrolle, emotionale Karmaaufarbeitung
	– – –	Nichtzulassung von Gefühlen. Verdrängungsproblematik. Psychische Hemmungen, Blockaden, Ängste, Zwangsvorstellungen, überstarke Introvertiertheit
Energetisch:	+ + +	Reinigung, Erfrischung
	– – –	Hemmungen, Blockaden

Körperlich:

Organe:		Haut, Knochen, Muskeln, Gelenke, Kopf, Nervensystem
Krankheiten:		**Unterstützung und Hilfe bei …** Hautkrankheiten, Depressionen, Störungen des Zellerneuerungssystems, Knochen- und Gelenkleiden, Gicht, Rheuma, Krämpfen, Kopfschmerzen, Kehlkopfentzündungen

Affirmation:		„Ich öffne mich dem silbernen Strahl der Gnade“!

3. Licht und Farben

3.1 Aufnahmemechanismen von Licht und Farben

3.1.1 Wichtige Pflanzenfarbstoffe

Pflanzenfarbstoffe stellen lebende und mit den Lichtphotonen der Sonne kommunizierende Systeme dar. Sie stehen in permanentem Kontakt und Austausch mit der Strahlung der Sonne. Sie vermitteln lebensnotwendige Informationen und ermöglichen letztendlich erst den Vorgang, den wir Leben nennen. Im Rahmen anthroposophischer Steigbilder ergeben Pflanzenfarbstoffe aufstrebende und lebendige Formen, Industriefarbstoffe bleiben als tote Materie am Boden bewegungslos haften. Dies wird insbesondere bei der Farbe Indigo deutlich.

Die wichtigsten Pflanzenfarbstoffe sind in den folgenden Bäumen, Sträuchern, Blüten, Stängeln, Knollen und Wurzeln enthalten:

Lichtbeständig

Gelb (hell)	4	(Reseda)
Gelb	5	(Gutti-Harz)
Gelb (dunkel)	6	(Gutti-Harz)
Orange	2	(Kamaia)
Rot (gelblich)	4	(Krappwurzel)
Rot	6	(Krappwurzel)
Rot (bläulich)	7	(Krappwurzel)
Violett	2	(Alkannawurzel)
Blau	5	(Indigo-Pflanze)
Blau (hell)	5	(Indigo-Pflanze)
Grün	6	(Reseda))
Grün	6	(Spinat)
Braun	5	(Krappwurzel)
Braun	5	(Katechu-Akazie)
Schwarz	5	(Blauholz)
Lasurweiß	8	(Mineralisch)

Bilder wichtiger natürlicher Pflanzenfarbstoffe

Sie sind u. a. anderen zu erwerben beim PFLANZENLABOR am GOETHEANUM, CH 4143 Dornach/Schweiz, beim FARBENATELIER W. J. ZASTROW, Hasenweg 17, D 89518 Heidenheim/BRD und FARGBYGGE FRITZ FÜCHS, S 15300 Järna/Schweden

3.1.2 Die Photosynthese der Pflanzen gibt originäre Lebensenergie

Im Rahmen des universalen Schöpfungsprozesses haben Pflanzen in Bezug auf Lichtdurchdringung und -umwandlung durch die Photosynthese den niedrigsten Ordnungsgrad. So wie die Pflanzen brauchen alle biologischen Systeme, auch höher entwickelte Tiere und der Mensch, Sonnenlicht zum Leben. Dabei werden alle biochemischen Reaktionen im biologischen System sowie alle Reizübertragungen zwischen den Nervenzellen und den Synapsen neben den bekannten chemischen Botenstoffen Hormonen, Neuro- und Biotransmittern vor allem durch Biophotonen gesteuert. Physikalisch gesehen handelt es sich hierbei um reine Quantenaustauschprozesse mit und ohne Masse.

Das LICHT ist der wichtigste Grundbaustein für die menschliche Ernährung.

Über die PHOTOSYNTHESE der Pflanze ernähren sich die Tiere und auch wir Menschen. Dies geschieht direkt über das Sonnenlicht, durch die Aufnahme pflanzlicher Nahrung und indirekt über das Essen von Fisch und Fleisch.

Alle Menschen ernähren sich direkt und indirekt über Biophotonen vom Sonnenlicht und nehmen damit die darin enthaltenen Informationen und Ordnungskriterien gemäß dem kosmischen Schöpfungsplan auf, um ihren eigenen Weg zu gehen, zurück zum Licht der Urquelle zu GOTT!

Für alle lebenden Systeme ist der Prozess der Glykolyse, der Umwandlung von Wasser und Kohlendioxid in Traubenzucker, das Hauptnahrungsmittel der Zellen. Im Rahmen der Photosynthese der Pflanzen entsteht mit Hilfe des Pflanzenfarbstoffes CHLOROPHYLL als „Antenne“ durch Einlagerung von Sonnenlicht aus Wasser und Kohlenstoff nach der chemischen Formel

Licht und Chlorophyll

$$6 \text{ x } H_2O + 6 \text{ x } CO_2 = C_6 H_{12} O_6 + 6 \text{ x } O_2$$

das Polysaccharid (Vielfachzucker) Stärke und daraus Traubenzucker (Glukose).

Sobald pflanzliche Nährstoffe in die Nahrungskette von Tieren und Menschen gelangen, werden die durch die PHOTOSYNTHESE aufgebauten Stärke- und Zuckermoleküle im Rahmen des Verdauungsvorganges wieder in Wasser und Kohlendioxyd aufgespalten. Das Kohlendioxid wird dann über die Atmung durch Lunge und Haut, das Wasser über Atem, Haut und Urin ausgeschieden und damit in den Ausgangszustand vor Eintritt der Photosynthese zurückgeführt. Was bleibt, ist die über das Chlorophyll von den Pflanzen aufgenommene Sonnenenergie als Träger von Information und Ordnung, welche den zellulären Steuermechanismus regelt. Der Mensch ist auf Nahrung in Form der darin gespeicherten Informationen und Ordnungskriterien des Lichtes angewiesen.

Das Sonnenlicht stellt die eigentliche Essenz (des Lebens) in den Nährstoffen des Menschen dar.

Durch die Photosynthese werden also aus relativ energiearmem Kohlenstoff und Wasser mit Hilfe des Sonnenlichtes vergleichsweise energiereiche Vielfachzucker bzw. Kohlehydrate und Sauerstoff aufgebaut. Der lichtabsorbierende Pflanzenfarbstoff Chlorophyll bildet die „Antenne“, über welche die Biophotonen des Lichtes angezogen und aufgenommen werden. Dieser grüne Pflanzenfarbstoff reflektiert die grünen Spektralbereiche des Sonnenlichtes und absorbiert die roten, blauen, vor allem aber violetten und ultravioletten Spektralanteile, also genau jene, die sich beim Durchdringen der Lichtwellen durch die verschiedenen Schichten der Erdatmosphäre am wenigsten verändern.

Reflektiert werden durch das Chlorophyll Infrarotschwingungen des Sonnenlichtes, sodass eine Überhitzung des gesamten Systems vermieden wird. Der beschriebene Prozess funktioniert auch bei bewölktem Himmel und in den oberen Schichten des Wassers in Seen und Meeren. Beispielgebend dafür sind Blau- und Grünalgen. Insbesondere die in leicht alkalischen Seen in Höhenlagen zwischen 1200 und 1800 Metern vor allem in Amerika und Taiwan gewonnene Mikroalge Spirulina Platensis ist ein empfehlenswerter natürlicher Eiweiß-, Vitamin- und Mineralstofflieferant. Die Algen enthalten zahlreiche, leicht verdauliche Nährstoffe, nahezu alle lebensnotwendigen Vitamine, Mineralstoffe und Spurenelemente, u. a. wichtige B-Vitamine, Vitamin E und Provitamin A, Selen, essentielle Aminosäuren, wenig Nukleinsäure und sind nahezu hefefrei.

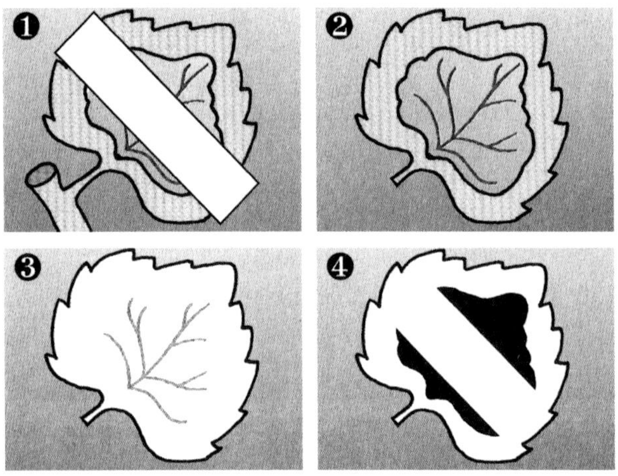

Überklebt man ein Pelargonien-Blatt mit einem lichtdichten Streifen (1) und kocht dieses in Wasser und Alkohol, löst sich das in den grünen Blattteilen enthaltene Chlorophyll (2 und 3). Eine Jod-Lösung zeigt, wo sich durch die Photosynthese Stärke gebildet hat (4).

Im Molekülaufbau des Chlorophylls zeigt sich, dass die vier Fünfecke des Tetrapyrolringes gleichmäßig um ein zentrales Magnesium-Atom angeordnet sind. Dieses wirkt als das eigentliche Antennensystem des Chlorophyll-Moleküls, das in spiralförmige Proteinketten eingebunden ist, welche die Biophotonen des Sonnenlichtes aufnehmen und an die Antennen des Magnesiumatoms weitergeben.

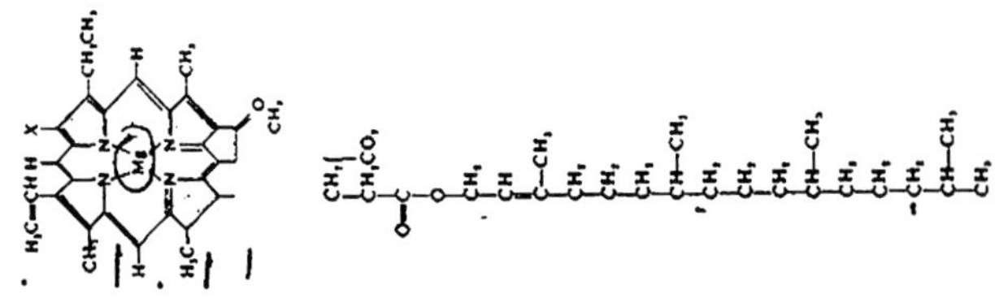

Bild des Chlorophyllaufbaus

Ziel der Glukose ist es, die im Traubenzucker eingelagerte Sonnenenergie in den von den „Stromkraftwerken der Zellen“, den Mitochondrien, direkt zu verwertenden Kraftstoff und eigentlichen Lebensenergieträger Adenosontriphosphat (ATP) umzuwandeln. Das ATP besteht in seiner Molekularstruktur aus zwei fünfeckigen und einem sechseckig aufgebauten Phosphatring. Bricht einer davon an der instabilen Endkette ab, so wird Energie freigesetzt und es entsteht Adenosinmonophosphat (AMP) oder Adenosinbiphosphat (ABP). Das freie Phosphatatom geht wieder eine neue chemische Verbindung ein und der gesamte, rhythmische Prozess der Erzeugung von menschlicher Vital- und Lebensenergie in den Mitochondrien der Zellen beginnt von neuem. Sowohl das basische Adenin als auch die verschiedenen Phosphatgruppen sind im übrigen elementare Bausteine der DNS.

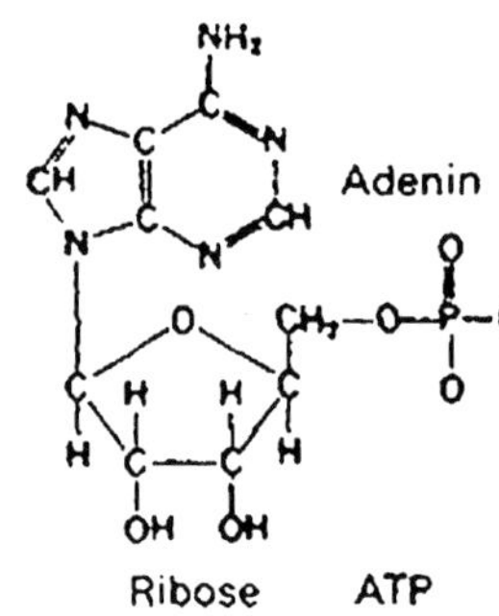

Bild des Aufbaus von Adenosinmonophosphat (AMP)

Pflanzen sind nicht mobil wie Tiere und Menschen. Sie benötigen Sonnenlicht und beziehen ihre Energie aus der Glukose der Photosynthese. Tiere und Menschen, welche sich bewegen und ihren Standort zum Licht beliebig ändern können, in der Nahrungskette aber nachgeordnet sind, vermögen dieses Energiekonzentrat in ihrem Organismus nicht selbst zu produzieren und sind deshalb von direkter und indirekter pflanzlicher Ernährung und ebenfalls vom Sonnenlicht abhängig.

Mit langen Stielaugen ans Tageslicht.
Die Keime der Kartoffel, die so genannten Augen, wachsen in der Dunkelheit mit hoher Geschwindigkeit (links) und benötigen viel Energie. Bei Tageslicht dagegen haben sie es nicht so eilig (rechts).

Interessant ist die Wirkung unterschiedlich farbiger Lichtquellen auf das Pflanzenwachstum, wie es nachfolgendes Bild zeigt.

Bild Pflanzenreaktionen

Lebensquelle Licht.
Ein Sonnenblumenkeimling richtet sich bei diesem Versuch im Verlauf einer Stunde immer zuerst nach der Lichtquelle aus. Erst dann setzt die Photosynthese ein, bei der Wasser und Kohlendioxid in Zucker umgewandelt werden.

Am schlechtesten wachsen Pflanzen ohne Licht. Dunkelheit führt zu ihrem sicheren Tod. Aber ein sehr beschränktes Wachstum zeigen auch grüne Lichtquellen, da sie die aufbauende Wirkung des Chlorophylls neutralisieren. Das beste Wachstum ergibt sich bei (weißem) Sonnenlicht und blauen Farben, da hier die bereits eingangs beschriebene Kommunikation der Zellen im UV-Bereich angeregt wird.

Finsternis ermöglicht Platz an der Sonne.
Neigt sich die Pflanze zum Hellen hin, so wird das Längenwachstum nicht durch Licht beschleunigt. Allein schnelleres Wachstum auf der Schattenseite sorgt für die richtige Neigung zum Licht.

Der einzige Weg für die Pflanzen zum natürlichen Sonnenlicht führt über schnelles Wachstum. Sie haben keine Mobilität. Dafür ist jede pflanzliche Zelle mit einer Art „Auge“ ausgestattet, einem Pflanzenfarbstoff namens PHYTOCHROM, welcher den Zellen mitteilt, ob Licht vorhanden ist, also Energieaufnahme und -verarbeitung auf dem Arbeitsprogramm stehen, Chlorophyll gebildet und die Photosynthese eingeleitet wird oder Dunkelheit herrscht, in welcher Energie für das Wachstum verbraucht wird. Phytochrome sind auch für das Öffnen der Blütenblätter bei Lichteinfall und ihr Schließen bei Eintritt der Dunkelheit verantwortlich.

Bestrahlt man beispielsweise eine Algenkolonie mit Sonnenlicht, so lässt sich sehr deutlich die Wanderung der Algen in den blauen Spektralbereich feststellen, in welchem eine effektivere Photosynthese durchgeführt werden kann.

Bestrahlung einer Algenkolonie mit Sonnenlicht. Tendenz der Wanderung in den blauen Spektralbereich mit besserer PHOTOSYNTHESE.

3.2 Nährstoffe und Farben

Zur Gewährleistung einer normalen, körperlichen Entwicklung des Menschen müssen bestimmte Substanzen in ausreichender Menge in Form von Nahrung aufgenommen werden. Neben der chemischen Zusammensetzung und dem energetischen Kraftpotential ist hierbei die Farbe der Nahrung mit ihrer spezifischen, lebensnotwendigen Schwingungsfrequenz von großer Bedeutung.

Proteine liefern die für das Wachstum unentbehrlichen Aminosäuren, für den Knochenaufbau werden *Calcium* und *Phosphor* benötigt. *Eisen* ist das zentrale Element im Hämoglobin, jenem Protein, welches für den Sauerstofftransport im Blut verantwortlich ist. *Zink* und *Selen* werden für das Nervensystem und das Wachstum benötigt, *Natrium* und *Kalium* für die Weitergabe von Nervensignalen, *Jod* für eine normale Schilddrüsenfunktion und den Stoffwechsel, die *Vitamine A, C, D* und der *Vitamin B*-Komplex fördern die laufende Regeneration von gesundem Gewebe und bremsen die Aktivitäten von freien Radikalen.

Proteine bestehen aus hochkomplizierten Aminosäure-Molekülen, die wiederum überwiegend aus Atomen von Sauerstoff (Blau), Wasserstoff (Rot), Kohlenstoff (Gelb), Stickstoff (Grün) sowie seltener auch Calcium (Orange), Phosphor (Limone) und Schwefel (Limone) bestehen. Auch hier gilt wieder „wie im Großen, so im Kleinen“. Eine fast gleichartige Situation ergibt sich ebenfalls für die gesamte chemische Zusammensetzung des physischen Körpers des Menschen.

3.2.1 Einteilung der Nährstoffe

Nährstoffe kann man einteilen in Kohlenhydrate, Fette, Eiweiße, Vitamine und Mineralstoffe. Sie sind mehr oder weniger energiereich in der Nahrung enthalten, auf deren Abwechslungsreichtum, Qualität, Energiepotential, Frische, Zubereitung, Lagerung und Bedeutung für den Körper jeder Mensch weitgehend selbst Einfluss nehmen kann.

Die Energiemenge, die der menschliche Körper bei völliger Bettruhe innerhalb von 24 Stunden zur Aufrechterhaltung aller notwendigen Körperfunktionen braucht, nennt man *Grundumsatz*. Dieser ist selbstverständlich je nach Alter, Geschlecht, Gewicht, Körpergröße und -beschaffenheit unterschiedlich. Er beträgt bei einem Kind von etwa 30 kg ca. 800 bis 1200 Kalorien. Bis zum zehnten Lebensjahr steigt er an und sinkt danach beständig ab. Im Alter von siebzig Jahren beträgt er nur noch 70 % des Grundumsatzes eines zehnjährigen Kindes.

Die bisher übliche allgemeine Berechnungsmethode des Normalgewichtes geht auf den französischen Arzt *Paul Broca* zurück und lautet:

Körpergröße in cm – 100 = Normalgewicht in Kilogramm.

Das Idealgewicht ergibt sich unter Abzug von 10 % vom Normalgewicht. Übergewicht ist gegeben, wenn das Normalgewicht um mehr als 10 % überschritten wird, bei mehr als 20 % beginnt gemäß Definition demzufolge bereits die Fettleibigkeit.

Um hier anhaltenden Erfolg zu haben, sind innere Einstellung, Bewusstsein des Übergewichtigen, Lebensstil und Essgewohnheiten grundlegend und auf Dauer zu verändern. Die Geschwindigkeit des Essens sollte während der Mahlzeit ab- und nicht zunehmen. Außerdem ist „Sattessen“ gesund, was nicht gleichbedeutend ist mit „Aufessen“! Als Geheimformel für anhaltendes Abnehmen gilt: „Bewegung verdoppeln, Essen halbieren.“

3.2.1.1 Eiweiß

Eiweiß setzt sich aus Aminosäuren zusammen. Der menschliche Organismus zerlegt die molekularen Bestandteile des zugeführten Eiweißes und wandelt diese in körpereigenes Eiweiß um. Besteht hierbei eine starke Gleichartigkeit, so ergibt sich eine hohe biologische Wertigkeit, wie beispielsweise bei in Fleisch, Fisch, Eiern und Milch enthaltenem tierischem Eiweiß. Die biologische Wertigkeit ergibt sich aus dem Teil des Körpergewichtes in Gramm, welcher durch 100 Gramm Nahrungsproteine gebildet werden kann. Obwohl pflanzliches Eiweiß keine so hohe biologische Wertigkeit hat wie tierisches, ergeben sich günstige wechselseitige Kombinationsmöglichkeiten zwischen beiden, wie beispielsweise:

- Getreidemüsli und (Schafs-) Milch
- Vollkornbrot und Hülsenfrüchte
- Kartoffeln und Eier bzw. Quark
- Weizenkeimprodukte und Hefe

3.2.1.2 Nahrungsfette

Zur Energieversorgung für das menschliche System ist die Aufnahme einer gewissen Menge an Fett absolut notwendig. Es dient als Wärmeschutz, Energielieferant und -speicher, als Aktivator von fettlöslichen Vitaminen (A, D, E, K), Lieferant essentieller Fettsäuren (z. B. der wichtigen Linolsäure), und als Schutzstoff für die Haut. Fett stellt ein wichtiges Element für den Stoffwechsel dar, wirkt als Regulator des Cholesterinspiegels, als Ausgangssubstanz hormonähnlicher Produkte sowie als bedeutende Substanz für die Erhaltung flexibler Zellmembranen.

Fette bestehen aus gesättigten und ungesättigten Fettsäuren. Erstere sind bei Zimmertemperatur in der Regel fest und tierischer Herkunft, letztere flüssig und aus Pflanzen gewonnen, mit Ausnahme von Geflügel und Fisch. Zu den mehrfach ungesättigten Fettsäuren gehören auch pflanzliche Öle wie Olivenöl, Distelöl, Leinsamenöl etc. Kokosnussöl gehört nicht dazu.

Die tägliche Fettzufuhr sollte 25 bis 35 % der notwendigen Energiezufuhr aus Nahrungsmitteln in Kalorien nicht übersteigen, also 500 bis 1000 Kalorien. Dieser notwendige Bedarf wird in der Regel immer und teilweise sehr deutlich überschritten, was zu Fettablagerungen und überhöhten Cholesterin-Blutfettwerten führt. Eine auf mehrfach ungesättigten Fettsäuren ausgerichtete Ernährung kann hier Abhilfe schaffen.

3.2.1.3 Kohlenhydrate

Neben Nahrungsfetten bilden Kohlenhydrate die maßgeblichen Energielieferanten. Pflanzen stellen diese organischen Stoffe mit Hilfe von Chlorophyll und Licht auch aus anorganischen Grundelementen her. Die einfachsten Kohlenhydrate sind natürliche Zuckerqualitäten, die aus Zuckerrohr, Zuckerrüben, Früchten oder Honig gewonnen werden und die über den Stoffwechsel schnell in den Blutkreislauf gelangen und Energie erzeugen (Beispiel: Traubenzucker gegen Müdigkeit beim Autofahren.)

Komplizierter aufgebaute Kohlenhydrate bestehen aus einer Vielzahl einfach aufgebauter Zuckermoleküle, beispielsweise in Form von Stärke und Zellulose. *Stärke* findet man in Getreide, Reis, weniger in Hülsenfrüchten, Kartoffeln, Obst und Gemüse. *Zellulose* ist vor allem in Vollkornprodukten, Pfirsichen, Weizenkleie, Pflaumen, Datteln, Feigen, Getreide und Bohnen enthalten. Zellulose kann im menschlichen Organismus nicht verdaut werden. Gerade diese Eigenart macht sie als Ballaststoff jedoch für den Stoffwechsel so überaus wichtig. Sie unterstützt die Darmentleerung und verhindert Verstopfung.

3.2.1.4 Vitamine

Vitamine führen dem Körper direkt keine Energie zu und dienen auch nicht als Bausteine für die Synthese körpereigener Elemente. Sie sind jedoch für eine optimale Verwertung der aufgenommenen Nahrungsbestandteile und einen gut funktionierenden Stoffwechsel im Körper unabdingbar. Eine Unterversorgung hat vielfältige Mangelerscheinungen zur Folge und kann zu schwer feststellbaren Krankheitsbildern führen. Sie greifen ähnlich wie Katalysatoren in die komplizierten chemischen Prozesse im Körper ein und bewirken die leichtere Nahrungszerlegung und Umwandlung von Nährelementen in Substanzen, welche für die unterschiedlichen Zellaktivitäten sowie den Abbau von Kohlenhydraten (Vitamin B1) und Aminosäuren (Vitamin B6) notwendig sind.

Vitamine bestehen aus komplizierten Molekularverbindungen, die in gewissen pflanzlichen und tierischen Produkten enthalten sind. Eine ausgewogene Ernährung garantiert eine normale Versorgung des menschlichen Körpers mit allen benötigten Vitaminen. Einseitige Ernährung und stressgeplagte Lebensweise führen jedoch aufgrund von Vitaminmangel (Avitaminose) zu Leistungsminderungen, Erschöpfung, Schwächung des körpereigenen Immunsystems und oft schweren gesundheitlichen Störungen.

Als Vorstufe der Vitamine entstehen vorwiegend in Pflanzen Provitamine, die später im tierischen und menschlichen Organismus erst ihren eigentlichen Aufgaben gerecht werden.

Die Vitamine werden eingeteilt in fettlösliche und wasserlösliche Substanzen.

Fettlösliche Vitamine (A, D, E, K) müssen dem menschlichen Körper nicht täglich zugeführt werden, obwohl sie laufend benötigt werden. Eine Überversorgung (Hypervitaminose) kann schädlich sein, da diese Stoffe im Körper gespeichert werden.

Wasserlösliche Vitamine (B, C) müssen täglich neu aufgenommen werden, da sie der Körper nicht speichern kann. Bei ihnen kann keine Überversorgung eintreten, da der Körper überschüssige Mengen durch die Nieren wieder ausscheidet. Eine regelmäßige Versorgung mit diesen Vitaminen ist für den Organismus des Menschen ebenfalls absolut notwendig.

Mikroorganismen können aus einer Reihe von Nahrungsmitteln im menschlichen Verdauungstrakt selbst Vitamine herstellen. Auch Tiere sind in der Lage, Vitamine im Fett, der Leber, im Fleisch und bestimmten anderen Organen zu speichern und über die fleischliche Nahrungsaufnahme an das menschliche Biosystem weiterzugeben. Darüber hinaus können Vitamine heutzutage auch weitestgehend synthetisch hergestellt werden.

Von allen derzeit bekannten Vitaminen erfüllt jedes einzelne im menschlichen Körper unterschiedliche Aufgaben. Deshalb benötigt der Mensch regelmäßig von jedem der lebensnotwendigen Vitamine eine bestimmte Menge. Fehlt nur ein Vitamin bzw. ist es nicht in ausreichender Menge vorhanden, treten als Folge Störungen und Krankheiten auf.

Fettlöslich	Name	chem. Bezeichnung	Funktionen	Mangelsymptome	Überversorgung, Toxizität	empfohlene Nahrungsmittel	Schädliche Medikamente
	**Vitamin A**	Retinol (in Pflanzen Vorstufen zum Vit. A, z. B. ß-Carotin), Axerophthol, Hautschutz-Vitamin	allg. „soziale“ Aufgaben, Bestandteil des Sehpurpurs Rhodopsin, notwendig für Regeneration von Haut und Schleimhäuten, wichtig für Fortpflanzung, Zelldifferenzierung, Wachstum v. Knochen, Haar, Zähnen und Sinneszellen im Innenohr; Schutz von Horn- und Bindehaut der Augen; Schutz der ob. Zellschicht von Magen, Darm, Bronchien; Beeinflussung des Eiweißaufbaus, Stärkung der Immunabwehr	Nachtblindheit (Hemeralopie), Wachstumsstörungen, Verhornung, Pustelbildung der Haut (Akne), Darmstörungen, Durchfall, Bronchitis, Schädigungen der Fortpflanzungsorgane, Knochenveränderungen, Gehör-, Gewichts-, Geruchs- und Geschmacksstörungen, Hornhauttrübung/-erweiterung, in schweren Fällen Erblindung; Sterilität, Krebs	Kopfschmerzen, Übelkeit, Erbrechen, Hautveränderungen, Haarausfall, Gelenkschmerz, Vergiftungen nach täglich 6–12 mg Retinol über längere Zeit (ß-Carotin ist ungiftig); Übererregtheit, Insomnia, Appetitlosigkeit, Leberschwellung, erhöhte Schweißsekretion	Spinat, Karotten, rote Beete, Grünkohl, Paprika, Tomaten, einige Fischarten, Leber, Butter, Käse, gelbe Gemüse und Früchte (z.B. Karotten, Aprikosen, Orangen, Kürbis und einige Blattgemüse, Hülsenfrüchte)	Appetitzügler, Abführmittel mit Paraffinöl, einzelne Antibiotika, Cortison; längeres Kochen
	**Vitamin D**	Calciferol, Ergocalcifurol, Cholecalcifurol	„Sonnenvitamin“ unterstützt bei Aufbau des Knochenskeletts, beim Calcium- und Phosphatstoffwechsel, der Muskulatur und des Nervensystems, reguliert Calcium- u. Phosphatgehalt im Blut, steuert Einbau von Calcium und Phosphat in die Knochen, fördert Calcium- und Phosphataufnahme im Darm	bei Kindern Rachitis (O- oder X-Beine, Zahnschäden, Neigung zu Knochenbrüchen), bei Erwachsenen Osteomalazie (Wirbelsäulenverkrümmung, Knochenbrüche, Knochenerweichung), Tetanie (Gesichtskrämpfe, Schreckhaftigkeit, Bewusstlosigkeit)	Vergiftung ab 1,2 mg; Appetitlosigkeit, Übelkeit, Erbrechen, Kopfschmerz, Darmstörungen, Kalkablagerungen in Blutgefäßen und Nieren; Leberschädigung, Störung von Harnausscheidungen, Harnvergiftung	(gedünstete) Pilze, Kakao, Leber, Eidotter, Fischleber, Milch	Cholestyramin, Abführmittel auf Paraffinölbasis, Epilepsiepräparate, magnesiumhaltige Magensäurebinder
	Vitamin E	Tocopherol, Tocotrienol	Schutz der Zelloberfläche, Regulierung von Nähr- und Abbaustoffen, Oxidationsschutz, Anregung der Eiweißsynthese, der Blutgefäße und bestimmter Enzymreaktionen, krebshemmend	Funktionsstörung der Skelettmuskulatur, Blutarmut, Tendenz zur Zersetzung der roten Blutkörperchen, Arteriosklerose, Blutverklumpung, Beinkrämpfe, Gesichtsfeldausfälle, Rückenmarksdegeneration, Muskelabbau, (Dystrophie), Gewebeerschlaffung	Seh- und Hormonstörungen, Verstärkung blutgerinnungshemmender Stoffe, Muskelschwächen	Spinat, Rosenkohl, Broccoli, Grünpflanzen, Blattgemüse, Mais, Reis, Weizen, Getreidekeimlinge, Hafer, Vollkornprodukte, Fleisch, Fett, Innereien, Butter, Nüssen, Eier, Soja (wenig gekocht), ungesättigte Fette und Öle	Digitalpräparate, Neomycin, Cholestyramin, paraffinölhaltige Abführmittel
	Vitamin K	K1 = Phytomenadion, K2 = Menachinon, Phyllochinon	Kontrolle von ausgewogenen Fließeigenschaften des Blutes, sorgt für schnellere Blutgewinnung, verhindert Blutungen	Darmentzündung, Gallenerkrankungen, Blutungen, Leberschädigungen, Netzhaut- und Gehirnblutungen, verzögerte Blutgerinnung	Zerstörung der roten Blutkörperchen, Erbrechen, Gefahr von Thrombose	grünes Blattgemüse, Soja, Spinat, Kohl, Alfalfa, Kartoffeln, Hagebutten, Erdbeeren, Tomaten, Sauerkraut (frisch zubereitet, wenig kochen, etwas Öl zufügen), Huhn (bes. Leber und Herz), Rinderleber	Marenmar, Salizylate, Aspirin, Antibiotika, Sulfonamide, paraffinölhaltige Abführmittel

wasserlöslich	Name	chem. Bezeichnung	Funktionen	Mangelsymptome	Überversorgung, Toxizität	empfohlene Nahrungsmittel	Schädliche Medikamente
	Vitamin B1	Thiamin, Aneurin	unentbehrlicher Enzymbestandteil im Kohlenhydratstoffwechsel, wichtig beim Abbau des Blutzuckers und der Bereitstellung von Energie; besondere Bedeutung für Nervensystem, wichtig für Herz, Nerven, Gehirn, Muskeln, Verdauung	Appetitlosigkeit, Gewichtsverlust, Muskelkrämpfe, Herzbeschwerden, Müdigkeit, Reizbarkeit, Depressionen, bei gleichzeitigem Eiweißmangel: Beriberi (niedriger Blutdruck, Herzveränderungen, Ödeme, Gedächtnisverlust, Lähmungen), Bewegungsstörungen, Verwirrtheit, Sehstörungen, Verstopfung,	bei Dosen über 500 mg können Hitzegefühl, Schweißausbrüche, Übelkeit, Herzklopfen u. allergische Reaktionen auftreten	Weizen- u. Roggenkeime, Vollkorn, Haferflocken, Kartoffeln, Artischocken, Hülsenfrüchte, Erdnüsse, Fenchel, Spargel, Schweinefleisch, Innereien, roher Fisch, einige Beerenfrüchte, schwarze Kirschen	Magensäurehemmende Medikamente, Alkohol
	Vitamin B2	Riboflavin, Lactoflavin	Bestandteil zahlreicher Enzyme, besondere Bedeutung für Energiegewinnung, wichtig für Haut, Auge, Nägel, Blutfarbstoff, Nerven, Embryo-Entwicklung, Wachstum, Blutbildung	entzündliche Veränderungen der Haut, spröde Fingernägel, Trübung der Hornhaut des Auges, Wachstumshemmungen, Anämien; Herpes, Glossitis, Dermatitiden, Hautverhornung, Blutarmut, Nervenstörungen	Fälle von Vergiftungen unbekannt; hohe Dosen können zu Brennen u. Kribbeln auf der Haut führen	Milch, Eier, Käse, Innereien, Getreide, Obst, Gemüse	keine
	Vitamin B3	Nikotinsäureamid, Niacin, Niacinamid	Bedeutung für Haut, Gehirn, Blutgefäße, dem Darm-Verdauungstrakt, Regulierung der UV-Strahleneinwirkung auf die Haut, der Pigmentbildung und der Feuchtigkeitsregulierung; Wirkstoff gegen Peleagra („Vitamin PP“), wichtig für Mundschleimhaut und Gehirnstoffwechsel, Erweiterung der Blutgefäße	Verhornung der Haut, Hautrötungen, Schuppen, Zungenrötung, -brennung, Blähungen, Erbrechen, Durchfall, Depressionen, Angstzustände, Halluzinationen, Erschöpfung, Bewusstseinsstörungen	keine Mängel bekannt	Innereien, Fleisch, Hefe, Fisch, Leber, Geflügel, Eier, Milchprodukte, Getreide, Kaffee	Zytostatika, Blutdruckhemmende Medikamente
	Vitamin B5	Panthenol, Pantothensäure	Erneuerung der Hautoberfläche, Heilung tiefer Wunden, Schutz für Schleimhaut, Mund, Rachen, Atemwege, Erkältungen, Aktivierung, entgiftungsfördernd, Stärken des Schutzgewebes, wichtig für die Bildung von Steroiden (Cholesterin, Sexualhormone, Galle)	Verdauungsstörungen, Gallensäuremangel, Nebennierenhormonmangel, Darmlähmung	keine Mängel bekannt	Innereien, Hirn, Fleisch, Eidotter, Fisch, grünes Gemüse, Hülsenfrüchte, Weizenkleie, Reis, Hefe (nur wenig kochen)	keine

	**Vitamin B6**	Pyridoxin, Adermin	Bestandteil zahlreicher Enzyme des Eiweiß-, Fett- und Kohlehydratstoffwechsels, Bedeutung für Wachstum, Immunsystem, Blutbildung, Zentralnervensystem, Schwangerschaft, Entgiftung	Appetitlosigkeit, Durchfall, Erbrechen, Hautveränderungen, Anämie, Krämpfe, Schädigungen der Nerven, Depressionen; wenig Abwehrsubstanz, mangelnde Zellerneuerung, Verringerung der Sauerstoffversorgung	Gang- und Nervenstörungen	Niere, Leber, Gehirn, Fleisch, Eidotter, Milch, Hefe, Getreide, Kartoffeln, Grünes Gemüse, Karotten, Bananen, Avocados, (nicht zu heiß kochen, nicht zu viel wässern)	Antibabypille, Antituberkulosemittel (INH, Cycloserin), Antibiotika (Penizilline), Zytostatika
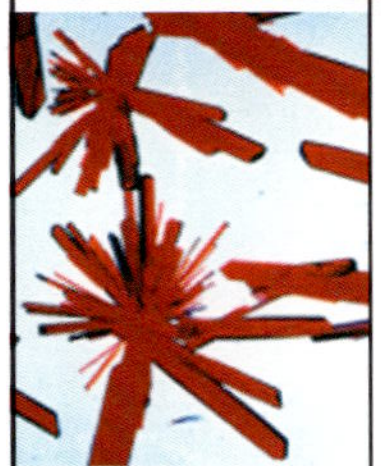	**Vitamin B12**	Cobalamin (Kobalt), Cyancobolamin Antiperniziosafaktor	Bestandteil wichtiger Enzyme, wichtig für Bildung von Blutzellen u. Regeneration anderer Zellen, für Folsäure-Stoffwechsel und Bildung von Nukleinsäuren (DNA-Synthese); wichtig für die Blutbildung in Knochenmark, Aufbau des Nervensystems, Gehirnstoffwechsel	perniziöse Anämie, Hämolyse, Herzbeschwerden, Veränderungen der Schleimhäute von Mund, Rachen, Magen, Darm, Vagina, Störungen des Nervensystems, Durchfall, Appetitlosigkeit, Bewegungsstörungen, Rückenmarksschädigung, Depressionen	keine Fälle von Vergiftungen bekannt; 5–15 mg können zu allergischen Reaktionen führen; bei hoher Dosis Akne und Psoriasis	Innereien, Eidotter, Fisch, Hefe, Herz (vor Licht schützen, garen statt kochen)	Cholestyramin, Antibiotika, Salizylsäure, Antirheumatika, Alkohol, Magensäurehemer, Antibabypille, Antidiabetika
	Vitamin BC (Folsäure)	Folacin	Bestandteil zahlreicher Enzyme, wichtig für DNA-Synthese u. Aminosäure-Stoffwechsel, Baumaterial für Zellkern, Zellaufbau, Stärkung des Immunsystems, Schleimhautaufbau	Anämie (Blutarmut), Schleimhautveränderungen, Sterilität, Pigmentbildung der Haut; möglich sind Embryomissbildungen, Wachstumsstörungen bei Kindern u. Nervenschäden, Magen- und Darmstörungen, Durchfall	bei Aufnahme von 15mg: Magen-Darmstörungen, Schlafstörungen, Nierenschäden, bei Epileptikern Krämpfe möglich	Leber, Fleisch, Fisch, Erdnüsse, Vollgetreide, Hefe; (nur garen auf niedriger Temperatur)	Barbiturate, Antibabypille, Schlafmittel, Salizylsäurepräparate, Alkohol
	**Vitamin H**	Biotin	Bestandteil wichtiger Enzyme, wichtig für Fettsäure-, Kohlehydrat-, Eiweißstoff- u. Cholesterinstoffwechsel, für Blutzellen, Talgdrüsen, Nervengewebe, Haut, Haar; Energielieferant, Muskelaufbau	Hautausschlag, Haarausfall, Müdigkeit, Appetitlosigkeit, Übelkeit, Muskelschmerzen, nervöse Störungen	Rohes Hühnereiweiß, Vergiftungserscheinungen bisher nicht bekannt	frisches Gemüse, Leber, Soja, Erdnüsse, Ei, Haferflocken, Weizenkeime, Hefe	Antibiotika, schwere Abführmittel
	**Vitamin C**	Ascorbinsäure	aktiviert viele Enzyme, vermindert Oxidation, wirkt mit bei Bild. von Binde- und Stützgewebe und best. Hormonen; wichtig für Immunsystem, Wundheilung und Eisenaufnahme, Stressabbau, Gemütsverfassung, Entgiftung, Senkung des Cholesterinspiegels, Unterstützung der Schilddrüse, krebshemmend	Mindestbedarf: 30 mg, 10 mg verhindern Skorbut, Depressionen, Müdigkeit, Arteriosklerose, Herzinfarkt, Anämie	Schwäche, Schmerzen an Knochen, Mund- und Zungenschleimhaut; bei schwerem Mangel Skorbut: Blutungen, Zahnausfall, schlechte Wundheilung, Knochen- und Gelenkveränderungen	frisches Obst u. insbesondere grünes Blattgemüse, Hagebutten, Johannisbeeren, Paprika, Kiwi, Petersilie, Zitrusfrüchte, Sauerkraut, Tomaten, Salate, Spinat, Kartoffeln, Milch, Leber, Sanddorn, Sauerkirschen (kühl lagern), nur kurz waschen, Kartoffeln nicht schälen	Kortison, Antibabypille, Salizylate, Kalzitonin, Tetrazyklin, Barbiturate, Azetylsalizylsäure

3.2.1.5 Mineralstoffe

Mineralstoffe liefern wie Vitamine keine Energie, aber sie sind mit anderen Nährstoffen zusammen maßgeblich am Aufbau von Knochen, Muskeln, Haut, Zähnen, Fingernägeln, Haaren, Zellwänden etc. beteiligt. Benötigt werden vom Körper in der Hauptsache sechs unterschiedliche Mineralstoffe und etwa zwölf Spurenelemente.

Mineralstoffe kommen aus dem Gestein und dem Ackerboden und sind auch im Quellwasser sowie in den Meeren vorhanden. Von den verschiedenen derzeit bekannten Grundelementen, die im menschlichen Körper vorhanden sind, werden etwa zwanzig als essentielle Mineralstoffe bezeichnet. Sechs von diesen wiederum werden als Hauptmineralstoffe angesehen, weil von ihnen jeweils mehr als fünf Gramm in einem gesunden Körper vorhanden sind:

Calcium	mit Spektralfarbe Orange
Kalium	mit Spektralfarbe Rot
Natrium	mit Spektralfarbe Orange
Magnesium	mit Spektralfarbe Gelb
Chlor	mit Spektralfarbe Grün
Phosphor	mit Spektralfarbe Limone

Wegen ihrer großen Bedeutung für den menschlichen Organismus werden neuerdings auch die Elemente

Schwefel	Limone
Germanium	Limone

den essentiellen Mineralstoffen zugeordnet.

Von den verbleibenden Mineralstoffen werden nur kleine Mengen benötigt. Man nennt sie deshalb Spurenelemente, weil sie im menschlichen System nur in Mengen unter 0.01 % bzw. weniger als fünf Gramm vorkommen. Insgesamt befinden sich im Menschen Spurenelemente in einer Gesamtmenge von zehn Gramm. Trotzdem sind sie lebensnotwendig – ohne sie könnten wir nicht leben. Die wichtigsten Spurenelemente sind:

Chrom	Türkis
Eisen	Limone
Fluor	Türkis
Jod	Limone
Kobalt	Violett
Kupfer	Orange
Mangan	Scharlachrot
Molybdän	Gelb
Nickel	Türkis
Selen	Orange
Silicium	Limone
Zink	Türkis
Zinn	Limone
Lithium	Magenta

Die Spurenelemente werden eingeteilt in lebensnotwendig-essentielle und in giftig-toxische. Zur ersten Gruppe rechnet man Chrom, Eisen, Fluor, Jod, Kobalt, Kupfer, Mangan, Molybdän, Nickel, Selen, Geranium, Silicium, Schwefel, Lithium, Vanadium, Zinn und Zink. Zu den giftigen gehören Aluminium, Arsen, Blei, Kadmium, Nickel, Quecksilber und Thallium.

Alle Mineralstoffe zusammen machen lediglich vier Prozent des menschlichen Körpergewichtes aus, haben jedoch außerordentlich wichtige Aufgaben zu erfüllen. Wie Vitamine liefern sie keine Energie, wirken aber mit anderen Nährstoffen zusammen als Bausteine für Zähne, Knochen und das gesamte Skelettsystem, als Bestandteile und Aktivatoren zahlreicher Enzyme, als Auslösungselemente für die meisten Stoffwechselprozesse, das Nervensystem, die Nervenimpulsübertragung, den Sauerstofftransport zu den Zellen, den Zell- und Muskelaufbau sowie das Immunsystem. Mineralstoffe sorgen für ein Funktionieren des Wasser-Elektrolyt-Haushaltes und für ausgeglichene, osmotische Druckverhältnisse im menschlichen System. Ihre vielfältigen Aufgaben führen sie in enger Koordination mit Vitaminen und anderen wichtigen Nährstoffen durch.

Der geniale indische Arzt und Elektroingenieur DINSHAH P. GHADIALI stellte die für die einzelnen Elemente typischen Farben (s. nächste Seite) in ihrer Spektralverteilung wie folgt fest:

Es ist interessant, die Häufigkeit einzelner Farben bei der Einordnung der wichtigsten Mineralstoffe anzuhalten. Es sind dies bei den *erweiterten Hauptmineralstoffen*:

3x	Limone
2x	Orange
je 1x	Rot, Gelb, Grün

also alles Farben des magnetischen, warmen Bereiches in Wellenlängen zwischen 550 und 800 Nanometern bzw. Frequenzen zwischen 545 und 375 Billionen Hertz.

Bei den wichtigsten *Spurenelementen* sind dies:

5x	Limone
4x	Türkis
2x	Orange
je 1x	Scharlachrot, Magenta, Gelb und Violett.

Spektralfarblinien wichtiger Elemente
nach Dinshah P. Ghadiali

Rot	Kadmium	Wasserstoff	Krypton	Neon
Orange	Aluminium Kalzium Silizium	Antimon Kupfer Xenon	Arsen Helium	Bor Selen
Gelb	Beryllium Molybdän Rhenium Zinn	Kohlenstoff Osmium Rhodium Wolfram	Iridium Palladium Ruthenium	Magnesium Platin Natrium
Gelbgrün- Limone	Zer Jod Phosphor Skandium Titan Zirkonium	Germanium Eisen Praseodym Silber Uran	Gold Lanthan Protaktinium Schwefel Vanadium	Hafnium Neodym Samarium Thorium Yttrium
Grün	Barium Tellur	Chlor Thallium	Stickstoff	Radium
Türkis	Chrom Niobium	Fluor Tantal	Quecksilber Zink	Nickel
Blau	Zäsium	Indium	Sauerstoff	
Indigo	Wismut	Ionium	Blei	Polonium
Violett	Aktinium	Kobalt	Gallium	Radon
Purpur	Brom	Europium	Gadolinum	Terbium
Magenta	Lithium	Kalium	Rubidum	Strontium
Scharlachrot	Argon Lutetium	Dysprosium Mangan	Erbium Thulium	Holmium Ytterbium

Es fällt auf, dass die Basisheilfarben nach Dinshah P. Ghadiali Limone für chronische insgesamt achtmal und Türkis für akute Krankheiten insgesamt viermal am häufigsten vorkommen, wieder ein Hinweis auf die außergewöhnlichen Selbstheilungskräfte des menschlichen Organismus.

Besonders Menschen in Industrieländern leiden an Mineralstoffmangel, was als Folge zu einem Anwachsen sog. Zivilisationskrankheiten wie Diabetes, Rheuma, Bluthochdruck, Arteriosklerose, Herzinfarkt, Krebs, Immunsystemkrankheiten, Haarausfall und schweren Verdauungsstörungen führt. Die Ursache hierfür ist besonders im Fehlen bestimmter Mineralstoffe wie Calcium, Magnesium, Zink, Selen, Germanium, Jod und Fluor zu suchen. Dieser Mangel verbunden mit Stress, Medikamentenmissbrauch, Alkohol, Zigaretten, Drogen, negativer Lebenseinstellung und einer fehlenden, regelmäßigen körperlichen Betätigung führt zu schweren Gesundheitsstörungen, die in der Vergangenheit weitgehend unbekannt waren.

Die meisten Menschen in der heutigen, schnelllebigen und hektischen Zeit essen zu schnell, zu unkonzentriert, zu viel, zu unregelmäßig die falschen, denaturierten und damit auch mineralstoffarmen Nahrungsmittel, also auch meist zu fett, zu süß und zu eiweißreich.

Hinzu kommt, dass unsere Erde in weiten Bereichen ausgelaugt oder gar verseucht ist und über pflanzliche und tierische Nahrung dem Menschen nicht mehr die Menge an Mineralstoffen zugeführt wird, wie eigentlich zu erwarten sein müsste.

Es wurde festgestellt, dass die Nahrung der Naturvölker, gewonnen aus unbehandelten, ungedüngten und nicht ausgelaugten Böden viermal mehr an Mineralstoffen enthält als jene der hochindustrialisierten Zivilisationsländer. Letztere produzieren im Gegenteil im Rahmen der derzeit vorliegenden Umweltverschmutzung eine Reihe giftiger Schwermetalle wie Blei, Cadmium und Quecksilber, welche im menschlichen System ebenso wie Rauchen, Alkohol- und Drogenkonsum zur vermehrten Bildung von „*Freien Radikalen*", d. h. außer Kontrolle geratenen Molekülen, führen und weitgehend im Organismus nicht abgebaut werden können.

Um das menschliche Immunsystem arbeitsfähig zu erhalten, ist eine regelmäßige und ausreichende Versorgung mit bestimmten Vitaminen und Mineralstoffen unabdingbar. Hierzu gehören vor allem Eisen, Zink, Kupfer, Selen, Magnesium und Germanium neben ungesättigten Fettsäuren und Vitaminen wie C, E, B6 und B12. Die notwendigen Mengen an Phosphor, Chrom und Natrium werden normalerweise über die Nahrung ohne Probleme aufgenommen.

Vitamine und Mineralstoffe ergänzen und bedingen sich wechselseitig und arbeiten bei ihren körpernotwendigen Funktionen eng zusammen. Zu viel Zucker, Fett, Oxalate, Phosphate, Alkohol, Nikotin, Kortison, Diuretika, Abführmittel, aber auch Kaffee, Tee und die Antibabypille entziehen dem Körper wertvolle Mineralstoffe, besonders Kalium, Zink und Magnesium.

Eine gesunde Ernährung in Form einer normalen Mischkost aus Gemüsen, Salaten, Obst, Fleisch, Getreideprodukten, Säften und viel Mineralwasser würde diesen Mangel beheben und unserer Gesundheit sowie dem allgemeinen Wohlbefinden zugute kommen.

Wie bei allen Stoffen, Substanzen und Elementen, die uns umgeben, sind auch im Bereich der Mineralstoffe die Farben und die von ihnen ausgehenden Schwingungen und Energien, neben der atomaren und molekularen Zusammensetzung, für den menschlichen Organismus von großer Bedeutung. Dies zeigt beispielsweise die REM-Vergrößerung von aus verdunstetem Mineralwasser gewonnenen Mineralstoffen (s. Abb.).

3.2.2 *Die Bedeutung von Licht und Farben für die Ernährung*

Eine außerordentlich große Bedeutung auf körperlicher, energetischer und psychischer Ebene haben die FARBEN DER NAHRUNG. Sie beeinflussen auf biochemische Weise, als Träger farbspezifischer Informationen und Ordnungskriterien den gesamten Stoffwechsel, die Zellregeneration, die Steuerungssysteme, den Hormonhaushalt, die Funktion einzelner Organe, den Ausgleich körperlicher Fehlfunktionen sowie das gesamte mentale, emotional-psychische und energetische Verhalten.[19]

Allgemein bekannt ist, dass Speisen und Getränke auf dem Tisch visuelle Schwingungen über das Auge an das Gehirn weitergeben und dort bestimmte positive oder negative Reaktionen auslösen. Der Mensch „isst mit den Augen!“. Der bloße Anblick von bestimmten Farben der Gerichte aktiviert bereits diejenigen Verdauungssekrete, die nach dem Essen für die Weiterverarbeitung der Nährstoffe benötigt werden. Auch die Speichelproduktion wird angeregt („mir läuft das Wasser im Munde zusammen!“) und damit aufgrund der Abgabe des Verdauungsenzyms PTYALIN in der Speichelflüssigkeit ebenfalls bereits vor der eigentlichen Nahrungsaufnahme die Verdauung vorbereitet. Verstärkt wird dieser Effekt noch, wenn man beispielsweise das Hineinbeißen in eine saftige, farbige Frucht, z. B. einen roten Apfel, visualisiert.

Von großer Bedeutung für die individuelle Farbaufnahme von Speisen ist deren Beleuchtung. Violette Kunstlichtquellen führen bei der Bestrahlung von frischem Gemüse, Salaten, Spargel, grünem Obst oder farbigen Säften zu völliger Appetitlosigkeit. Dasselbe gilt für rohes Fleisch oder Wurst. Der gegenteilige Effekt tritt bei Verwendung von warmem Glühlampenlicht mit niedriger Lichtintensität (gemessen in LUX-Werten) ein. In einer derartigen Umgebung wirkt alles warm, frisch, behaglich und einladend, auch die menschliche Haut und die Haare.

Wichtig für die Nahrungsaufnahme ist auch die farbliche Ausgestaltung der Speiseräume. Die für das visuelle, menschliche Farbempfinden wichtigen Parameter BUNTTON, also Farbe, HELLBEZUGSWERT, also Grauabstufung, und BUNTKRAFT, damit Intensität, Klarheit und Sättigungsgrad der Farben, spielen eine sehr große Rolle. Wichtig ist auch die allgemeine Raumaufteilung und die Proportionierung des farbigen Bereichs im Verhältnis zu seiner Umgebung. Vermieden werden sollten im Essbereich grundsätzlich die folgenden Farbkombinationen:

- Gelb und Schwarz
- Weiß, Grau und Schwarz
- Violett und Lavendel sowie
- giftiges Grün und grelles Gelb

Aprikot-, Orange- und Rottöne wirken animierend, aktivieren die Produktion von Verdauungsenzymen, bewirken dadurch aber auch ein hastigeres Essen und ein schnelleres Verlassen des Lokales (oft festzustellen bei „Fast-Food-Ketten“ und zahlreichen China-Restaurants).

Vergleicht man die Farbzonenverteilung im menschlichen Körper mit der spezifischen Farbe frischer und nährstoffreicher Speisen, so kann man ableiten, für welchen Körperbereich und welche Organe diese Nahrungsmittel energetisch besonders gut geeignet sind. Die mit einer bestimmten Nahrungsmittelfarbe zugeführte Schwingungsenergie des Sonnenlichtes unterstützt die Harmonisierung und Aktivierung der gleichfarbigen Körperzone und der darin liegenden Gewebestrukturen. Der menschliche Organismus ist so konstruiert, dass er die Farben bestimmter Nahrungsmittel, die er als Lichtenergie für bestehende Energiedefizite und Aufgaben braucht, aufnimmt und verarbeitet, andere aber, die er nicht benötigt, unverbraucht wieder ausscheidet.

Mit Hilfe der in den USA entwickelten Methode VASCULAR AUTONOMIC SIGNALS (VAS) kann exakt der Energetisierungsgrad bestimmter Farben von Nahrungsmitteln für Farbzonen, für die zuständigen Chakras sowie die damit verbundenen Zellen, Gewebeverbände und Organe festgestellt werden. Hieraus ergibt sich je nach Körperbeschaffenheit und gesundheitlicher Situation ein gewisser Zwang zur Aufnahme bestimmter Nährstoffe in erster Linie unter dem Aspekt Farbe und erst in zweiter Linie unter dem Gesichtspunkt von Qualität und Energiegehalt. Der Energiegehalt und Nährwert aller Lebensmittel und Getränke steht in direktem Zusammenhang zur Lichtqualität und -quantität, die sie aufgenommen und verarbeitet haben. Diese werden in Form verschiedenfarbiger Nährstoffe an den Menschen weitergegeben. Hierbei gibt es

19 Ausführlich hierzu: STELZL, Diethard: „Über die Lichtkraft der Farben in der Nahrung“, Verlag Via Nova, Petersberg 2004.

große Unterschiede. In ökologisch-dynamisch-biologisch angebautem Obst und Gemüse findet man in der Regel die größte Menge an lebenserhaltender Lichtenergie. Dies trifft auch auf wichtige Knollenpflanzen wie Zwiebel, Knoblauch, Kartoffel und Karotten zu, die ihre Lichtenergie über verschiedenfarbige Blüten, Blätter und Pflanzenstängel unter die Erde leiten. Industrielle Massenbearbeitung, Raffinierung, Konservierung und Bestrahlung von Nahrungsmitteln, verringert demgegenüber deren Gehalt an Lebenskraft und Vitalenergie und damit ihren Nährwert für den Menschen. Nehmen wir hauptsächlich derart behandelte Nährstoffe zu uns, sind erhebliche körperliche Schäden langfristig die unausweichliche Folge.

Der amerikanische Arzt und Ernährungsforscher Dr. Gabriel Cousens[20] schlägt zusätzlich vor, Farben von Nährstoffen in Übereinstimmung mit dem menschlichen Tagesablauf und dem natürlichen Bewegungszyklus zu sich zu nehmen, um mehr in Ruhe und Harmonie zu kommen und präventiv gesundheitliche Störungen zu vermeiden. Er schlägt im Rahmen seiner **„Regenbogendiät“** die folgenden Ernährungsempfehlungen vor:

- **Morgens:** Rot-, orange- und gelbfarbige Säfte und möglichst vegetarische Kost in diesen Farben
- **Mittags:** Gelbe und grüne Speisen, vor allem Gemüsesuppen, gemischte Salate und Obst
- **Abends:** Nährstoffe und Säfte in den Farben Blau, Violett und Indigo.

Eine derartige Ernährung ist im Einklang mit den Rhythmen und Farbzyklen in der Natur, aktiviert und koordiniert die feinstofflichen Chakras harmonisch von ihrer niedrigsten bis zu ihrer höchsten Schwingungsfrequenz.

3.2.3 Wirkungen von Farben in Nahrungsmitteln auf den Menschen

Durch den gezielten Einsatz von Farben in der Nahrung und deren spezifischen Wirkungen auf den Menschen können Persönlichkeitsveränderungen vorgenommen, Mängel und Störungen auf allen Ebenen beeinflusst und sehr oft auch beseitigt werden.

Bestimmte Farben in der Nahrung haben insbesondere die nachfolgenden Wirkungen:[21]

Rot

Wirkt in allen Bereichen wärmend, anregend, belebend, vor allem auf die Herztätigkeit, den Blutkreislauf und bei niedrigem Blutdruck. Es vermittelt Erdverbundenheit, Selbstbewusstsein und Realitätssinn, stärkt Willenskraft und Durchsetzungsvermögen. Es beeinflusst positiv Empfindungen von mangelndem Selbstbewusstsein, Abgehobenheit, Entscheidungslosigkeit, Mattigkeit, permanenter Müdigkeit, Lustlosigkeit und Antriebslosigkeit.

Rot

Die roten Schwingungen haben zwar die größte Wellenlänge, die geringste Frequenz und damit die geringste Energie, aber trotzdem geht von ihnen die stärkste Reizwirkung aus. Rot steht für Lebenskraft, Energie, Tatkraft, Liebe und Hass.

Temperament:	Choleriker
Organzuordnung:	Mesoderm/Mesenchym, Herz und Kreislauf, Sexualorgane, Nieren.
Therapiewirkung:	Steigerung des Stoffwechsels, der Durchblutung und der Herzleistung. Wirkt hypertonisch, durchblutungsfördernd, erweiternd, diuretisch, entstauend.

In Nährstoffen sind rote Pflanzenfarbstoffe u. a. enthalten in:

Gemüse: Jamarillos, Tomaten, Chili, rote Paprika, Radicchio, Lolorosso, roten Rüben, Radieschen, roten Bohnen, rote Beete

Obst und Früchten: Mangostinos, Granatäpfel, Himbeeren, Erdbeeren, roten Johannisbeeren, Preiselbeeren, roten Äpfeln, Kirschen, Wassermelonen, Hagebutten, Litschi

Gewürze: Chili, Pfeffer

20 Cousens, G.: Spiritual Nutrition and the Rainbow Diet. San Rafael/USA 1986
Cousens, G.: Ganzheitliche Ernährung. Verlag Maurer. Frankfurt 1995

21 Quelle: Stelzl, Diethard: Über die Lichtkraft der Farben in der Nahrung. Verlag Via Nova, Petersberg 2004 Seite 51 bis 68

Coleriker, hyperaktive Menschen und solche mit einem hohen Blutdruck sollten rote Nahrungsmittel meiden.

Orange

wirkt heiter, aktivierend, lebenslustig, allgemein energetisierend, fröhlich, hell und freundlich. Orange fördert Verdauung und Stoffwechsel, Nieren- und Blasentätigkeit sowie die Produktion bestimmter Enzyme und Hormone. Es hilft bei tief sitzenden Ängsten, Phobien, Depressionen, negativen Gedanken und Gefühlen, bei fehlender Kreativität, übertriebenem Pessimismus, Genussunfähigkeit, mangelnder Kontaktfähigkeit, Freudlosigkeit, übertriebenem Pflichtgefühl, zwanghaften Vorstellungen, Existenzängsten, fehlender Toleranz und Offenheit sowie ganz allgemein mangelnder Lust am Leben.

Orange

Orange kommt dem natürlichen Sonnenlicht am nächsten und hat eine milde Reizwirkung.

Temperament:	Mischtyp zwischen Choleriker und Sanguiniker.
Organzuordnung:	Verdauungssystem.
Therapiewirkung:	Aufbauend, kräftigend, gesundheitsfördernd, stoffwechselfördernd, lymphatisch, wirkt mild, antidepressiv, antilethargisch.

In Nährstoffen sind orangene Pflanzenfarbstoffe u. a. enthalten in:

Gemüse: Kürbis, Karotten, orangefarbenen Paprika

Obst und Früchten: Orangen, Aprikosen, Nektarinen, Mangos, Limetten, Kumquats, Papaya, Pfirsiche und Marillen

Gewürze: Chili, Safran, Curcuma

Gelb

Als Sonnenfarbe wirkt Gelb warm, heiter, leuchtend, aufhellend und fröhlich auf Körper und Gemüt. Es stärkt die Nerven und regt sie an, fördert Nervenimpulse, Gehirnstoffwechsel, Verstandeskraft, Analysefähigkeit, mentale Konzentration und die Steuerung der Verdauungsorgane, aktiviert die Tätigkeit von Leber, Gallenblase, Magen und Bauchspeicheldrüse allgemein (ohne die so genannten Langerhans'schen Inseln, die für den Insulinhaushalt zuständig sind und auf Rosa positiv reagieren) sowie die Hormontätigkeit der Nebennieren (Cortison und Cortisol u. a.). Gelb empfiehlt sich bei Mutlosigkeit, Traurigkeit (manchmal auch ohne ersichtlichen Anlass), mangelnder Lebensfreude, Hoffnungslosigkeit, Depressionen, tief sitzenden Ängsten, mangelnder Kommunikationsfähigkeit, inneren Zwangsvorstellungen, Motivationslosigkeit, fehlendem Durchhaltevermögen, notwendigen (mentalen) Loslösungsprozessen und emotionaler Leere.

Gelb

Gelb ist biologisch eine der wichtigsten Farben, da seine Schwingungsenergie im Fett gespeichert wird und somit über einen längeren Zeitraum wirksam ist. Gelb steht für Leichtigkeit, heiter, aufmunternd, behaglich.

Temperament:	Sanguiniker.
Organzuordnung:	Entoderm, Leber, Galle, Pankreas, Magen, Darm, Bronchien, Lunge, Prostata, Schilddrüse.
Therapiewirkung:	Gelb wirkt stark stimulierend auf die Drüsenfunktion, ist schleimhautaktivierend, properistaltisch, sekretionsfördernd, nervenstärkend, verdauungsfördernd, magenanregend, Lymphfluss anregend im oberen Körperbereich.

In Nährstoffen sind gelbe Pflanzenfarbstoffe u. a. enthalten in:

Gemüse: Mais, Kürbis, gelben Erbsen, Chicoree, Pepinos, Spargel, Getreide, gelben Zucchini, gelbem Paprika, Pilzen

Obst und Früchten: gelben Äpfeln, Zitronen, Birnen, Zuckermelonen, Kaki, Mango, Bananen, Mirabellen, gelben Kirschen, Pomelos, Papaya, Karambole, Nashi, Physalis, Pitahaya, Granadillos, Mispeln und Ananas

Gewürze: Curcuma/Gelbwurz, Kümmel, Safran, Curry, Ingwer, gelber Pfeffer und Vanille

Hypernervöse, hektische und überreizte Menschen und solche mit Nervenreizallergien sollten gelbe Nährstoffe und vor allem gelbe Gewürze meiden. Curcuma wirkt krebsmindernd.

Grün

ist die Farbe der inneren Mitte, des (physischen) Herzens, der Harmonie und der Heilung. Aufgrund des in allen Pflanzen enthaltenen natürlichen grünen Farbstoffes CHLOROPHYLL ist es die in der Natur am weitesten verbreitete Farbe. Sie fördert die Regeneration von Körper, Seele und Bewusstsein, vermittelt innere Sicherheit, Zufriedenheit, Ruhe, Naturverbundenheit, Stabilität und inneren Frieden. GRÜN wirkt positiv bei allen Herz- und Lungenleiden, bei Störungen der Atmungsorgane und Bronchien. Es hilft bei Erschöpfung, innerer Unruhe, Unzufriedenheit, mentaler und emotionaler Enge, Unsicherheit, Reizbarkeit, Verkrampfung sowie bei der Reinerhaltung der Luft und der Desinfektion.

Grün

Die Schwingungsenergie von Grün ist eine Mischung von Gelb (warm) und Blau (kalt), hat aber trotzdem ihre spezifische Energie, die sehr kraftvoll und ausgleichend ist. Sie ist daher sehr gut zur Einleitung der Behandlung geeignet. Grün steht für Ruhe, Erholung, zum Kräftesammeln, bringt Regeneration. Mit dem neutralen Grün kann man die akute Stimmungslage zum Positiven hin beeinflussen.

Temperament:	Phlegmatiker
Organzuordnung:	Lunge, Bronchien.
Therapiewirkung:	Ausgleichend, besänftigend, Lymphfluss fördernd in unteren Körperregionen, beeinflusst stark das vegetative Nervensystem.

In Nährstoffen sind grüne Pflanzenfarbstoffe, vor allem Chlorophyll, u. a. enthalten in:

Gemüse: allen Salaten, Gurken, Bohnen, Erbsen, grünem Paprika, Babaco, Artischocken, Avocados, Zucchini, Chinakohl, Wirsing, Brokkoli, Spinat, Paksoi, Fenchel, Mangold, Ackersalat und Sellerie

Obst und Früchten: Guaven, Äpfeln, Birnen, Rhabarber, grünen Weintrauben, Stachelbeeren, Kiwis, Quitten, Maracuja und Curuba

Gewürze: Dill, Kerbel, Basilikum, Estragon, Minze, Melisse, Salbei, Petersilie, Schnittlauch, Kresse, Beifuß, Bohnenkraut, Liebstöckel, Rosmarin, Thymian, Eisenkraut und grünem Pfeffer

Türkis

Die Tätigkeit der Thymusdrüse und die körpereigene Immunabwehr werden durch die Farbe Türkis angeregt und gestärkt. Sie empfiehlt sich bei akuten körperlichen Störungen wie Infekten, Entzündungen, Viruserkrankungen, Verpilzungen, Vergiftungen und Verstrahlungen. Es ist eine gute Farbe der Desinfektion, Sauberkeit, Sterilität und im Strahlungsumfeld, beispielsweise in Arztpraxen. Mental wirkt sie bei geistiger Trägheit, mangelnder Inspiration und fehlender, geistiger Kreativität, bei Verschlossenheit, Unzufriedenheit, Angst vor Veränderungen und negativem Denken. Der gesamte Gefühlsbereich wird durch Türkis positiv beeinflusst, ebenso eine mangelnde Bereitschaft zur Bewusstseinserweiterung und fehlendes Lernen aus eigenen Fehlern, auch Verbitterung, mangelnde Offenheit und Kontaktfreudigkeit.

In Nährstoffen sind türkisfarbene Pflanzenfarbstoffe sehr oft als Mischung zwischen Grün und Hellblau in Salaten und verschiedenen Früchten enthalten.

Blau

fördert Ruhe, Entspannung, Sanftheit, Stille und seelische Tiefe auf allen Ebenen. Es hilft bei Schmerzen aller Art, Ohrenleiden, Augenproblemen, Kiefer- und Zahnschmerzen, Sinnesstörungen, Allergien, Nervenüberreizung, Hautkrankheiten, Verbrennungen, hohem Blutdruck, leichten Kopfschmerzen und Migräne, Halsleiden, Hormonstörungen, Schlafstörungen, Hitzewallungen und Schweißausbrüchen.

Blau empfiehlt sich bei entzündlichen Knochenleiden wie z. B. Arthritis, jedoch nicht bei degenerativen Erkrankungen wie Arthrose, Osteoporose, Gicht und Rheuma, bei welchen sich rote und orangene Farben anbieten würden. Blau wirkt kühlend, einengend, beschützend, unauffällig, in die Ferne gehend und macht „unsichtbar". Es empfiehlt sich auch bei Unruhe, Reizbarkeit, Verspannungen, Oberflächlichkeit, einengenden Gedanken und Gefühlen.

Blau

Die blaue Farbe hat zwar in unsere Farbskala die höchste Energie, wirkt aber sehr dämpfend auf den gesamten Organismus. blau steht für Ruhe, Erholung, Entspannung, Schlaf, Regeneration.

Temperament:	Melancholiker
Organzuordnung:	Ektoderm, Magen, Darm, Sinnesorgane, Nervenzellen, Gehirn, Rückenmark, Haut und Haare.
Therapiewirkung:	Stark sedierend, Gewebe straffend, Herabsetzung der Pulsfrequenz, hypotonisch, organisch und seelisch dämpfend. Cytostatische Wirkung (Hemmung der Mitose, dadurch geringeres Tumorwachstum), analgetische Wirkung, auch bei Herzneurosen und Herzangst angezeigt.

In Nährstoffen sind blaue Pflanzenfarbstoffe u. a. enthalten in:

Gemüse: Blaukraut, blauen Bohnen
Obst und Früchten: Blaubeeren, Johannisbeeren, Heidelbeeren, Pflaumen, Zwetschgen und blauen Weintrauben
Gewürze: Borretsch, Salbei und Thymian

Blaue Nährstoffe sollten gemieden werden von Menschen mit niedrigem Blutdruck und degenerativen Erkrankungen.

Violett

ist die Farbe der Spiritualität, der Inspiration, Mystik, Meditation und Kontemplation, der Versenkung nach innen. Violett wirkt sehr gut bei Gehirn- und Nervenleiden, Stoffwechselstörungen in Gehirn und Kopf, starken Kopfschmerzen und Migräne, bei Unregelmäßigkeiten der „inneren Uhr" und negativen Stimmungen. Es hilft bei Mangel an spiritueller Kreativität, Gefühlen von Begrenzungen, Fantasielosigkeit, Unruhe, mangelnder Lebensenergie und Unterstützung „von oben" sowie einem ausgeprägten Schutzbedürfnis. Es vermittelt innere Si-

Violett

Die Schwingungen des Violetts sind sehr harmonisch zwischen Rot und Blau und haben dadurch eine ausgleichende Wirkung. Violett steht für Erhabenheit, Optimismus, Lebensfreude, Toleranz, Sinnlichkeit.

Temperament:	Nerven
Therapiewirkung:	Wirkt vorwiegend auf das zentrale Nervensystem, fördert die Schlafbereitschaft, wirkt ausgleichend, harmonisch, entspannend. Zur Behandlung von Allergien in Verbindung mit Eigenblut.

cherheit und die Empfindung von Schutz, Wärme und Geborgenheit.

In Nährstoffen sind violette Pflanzenfarbstoffe u. a. enthalten in:

Gemüse: Auberginen, Zucchini, violette Paprika, rote Beete, Lolorosso, Blaukraut und diversen Salaten

Obst und Früchten: Feigen, Datteln, Heidelbeeren, Johannisbeeren, Brombeeren und Holunderbeeren

Gewürze: Heidekraut und Beinwell

Magenta

vermittelt umgewandelte, grenzen- und bedingungslose Liebe aus dem Kosmos, die Energie des „Christusbewusstseins“ als Potential. Es lindert innere Spannungen, hilft bei der Sehnsucht nach Geborgenheit, Mangel an Eigenliebe, übersteigertem Pflichtgefühl, inneren Zwängen, spiritueller, mentaler und emotionaler Erschöpfung sowie fehlendem Lebensziel und Lebenssinn. Es gibt Wärme, Zufriedenheit, positive Gedanken und Gefühle ab und führt zu mystischen Ekstasen sowie zur Kommunikation mit dem Übersinnlichen und Außerirdischen.

In Nährstoffen sind magentafarbene Pflanzenfarbstoffe relativ selten anzutreffen, oft nur als Mischungen zwischen Violett bzw. Blau und Rot, u. a. in:

Gemüse: Radicchio, Lollorosso, Rhabarber, Süßkartoffeln

Obst und Früchten: Himbeeren, Zwetschgen, Pflaumen, Kirschen und Passionsfrucht

Das LICHT ist der wichtigste Grundbaustein für die menschliche Ernährung.

Über die PHOTOSYNTHESE der Pflanzen und direkt vom Sonnenlicht ernähren sich die Tiere und auch wir Menschen. Dies geschieht direkt über das Sonnenlicht, durch die Aufnahme pflanzlicher Nahrung und indirekt über das Essen von Fisch und Fleisch.

Alle Menschen ernähren sich direkt und indirekt über Biophotonen vom Sonnenlicht und nehmen damit die darin enthaltenen Informationen und Ordnungskriterien gemäß dem kosmischen Schöpfungsplan auf, um ihren eigenen Weg zu gehen, zurück zum Licht der Urquelle – zu GOTT!

3.2.4 Der pH-Wert im Körper

Die Relation zwischen Lauge und Säure im Körper wird durch den pH-Wert gemessen. Ein ausgeglichenes Verhältnis zwischen beiden Zuständen ist für eine harmonische, chemische Prozessabwicklung im Körper und eine stabile Gesundheit unbedingt notwendig. Wird eine Base mit einer Säure gemischt, ergibt sich sofort eine chemische Reaktion, beide Stoffe verschwinden und es entstehen Wasser und Salze. Der Säuregehalt einer Flüssigkeit hängt von der Anzahl vorhandener positiv geladener Wasserstoffionen („H^+“) ab, der Basen- oder Laugengehalt von der Konzentration vorhandener negativ geladener Sauerstoff-Wasserstoffionen (OH^-). Eine der wichtigsten chemischen Eigenschaften von Wasser ist die Bildung von Ionen, die eintritt, wenn ein Atom Elektronen abgibt bzw. von einem anderen Atom Elektronen anzieht. Ohne diese ionenerzeugende Wirkung von Wasser sind keine chemischen Prozesse in unserem Körper möglich, was zwangsläufig den physischen Tod zur Folge hätte.

Der „richtige“ ph-Wert

Quelle: Stelzl, Diethard: „Über die Lichtkraft der Farben in unserer Nahrung“, Verlag Via Nova, Seite 137

Reines Wasser von 22 °C enthält auf 10 000 Liter Wasser ein Gramm ionisierten Wasserstoff, also eine Konzentration von $1/10^7$ oder 10^{-7}, auch als pH-Wert 7 bezeichnet. Ist der pH-Wert höher als 7, liegt eine Lauge vor – ist er niedriger als 7, ergibt sich eine Säure. Der Mittelwert des menschlichen Blutes liegt leicht basisch bei 7,4 und darf davon nur geringfügig abweichen.

Beim Mittelwert pH 7,4 (des Blutes) liegt auch der normale pH-Wert von gesundem Wasser. Darunter liegende Bereiche führen zur Übersäuerung des Organismus und damit zu tendenziellen körperlichen Störungen wie Blähungen, Schleimhautentzündungen (Gastritis), Magen- oder Darmgeschwüren, Rheuma, Gicht, Arthritis, Arthrose, Muskel- und Gelenkentzündungen. Aber auch zu extrem alkalische Zusammensetzungen der Körpersubstanzen sind schädlich. Mit Papiermessstreifen kann der eigene pH-Wert des Urins durch die Verfärbungsart des Papiers festgestellt werden. Auskunft erteilt jede Apotheke.

Neben dem bereits erwähnten pH-Wert des Blutes spiegelt auch der angegebene Säurewert des Urins Stoffwechselprozesse, Verdauungsrate und Resorptionsfähigkeiten des Körpers wider. Ein normaler Urinsäurewert liegt bei pH 6,2 bis 6,5.

Der Speichelwert reflektiert den Säurewert von Dünndarm, Dickdarm und Leber. Der optimale Wert liegt hier bei pH 7,2 bis 7,4.

Der richtige pH-Wert im gesamten Organismus hat dieselben Auswirkungen wie ein natürliches Konservierungsmittel. Er verhindert Fäulnis- und Zersetzungsprozesse im Magen und garantiert ein chemisches Gleichgewicht im Organismus. Denn Kohlenhydrate, Eiweiße und Fette geben im Rahmen des Stoffwechselprozesses anorganische Säuren ab, wobei Proteine Schwefel- und Phosphorsäure, Kohlenhydrate wie Fette Essig- und Milchsäure bilden. Alle sind giftig. Sie werden im Körper jedoch durch bestimmte Mineralstoffe zu gefahrlosen Salzen neutralisiert und danach über Darm und Nieren problemlos ausgeschieden. Die wichtigsten dieser alkalischen Mineralien sind Natrium, Calcium, Kalium und Magnesium.

Es ist sehr wichtig, diese Mineralien regelmäßig möglichst mit der Nahrung zu sich zu nehmen. Geschieht dies nicht, entsteht ein zunehmender Effekt von saurem Milieu der Körperflüssigkeit, was letztendlich zu den erwähnten körperlichen Störungen führen kann. Kenntnis und Studium des eigenen Säure-Basen-Gleichgewichtes sind deshalb genauso wie eine abgestimmte Ernährung für jeden Menschen buchstäblich lebensnotwendig.

So genannte saure und alkalische Nahrungsmittel kommen in saurer oder alkalischer Form an sich vor oder als säurebildende bzw. basenbildende Substanzen, wobei die chemische Fähigkeit der Nährstoffe, im Körper Säuren bzw. Laugen zu bilden, entscheidend ist. Organische Säuren wie Limonen- und Zitronensäfte bzw. Apfelessig sind mit einem pH-Wert von 1,9 bzw. 2,3 sehr sauer, gehören aber trotzdem über die Bildung des so genannten Zitronensäurezyklus im Körper zu den am stärksten basenbildenden Elementen im menschlichen Organismus.

- Zu den alkalisch wirkenden Nährstoffen gehören u. a.: Limonen, Zitronen und deren Säfte, Gemüse und rohe Salate, ausgereiftes Obst, Mandeln, Rettiche, Vollkornbrot, Ahornsirup, Sojasauce, Salz, Ingwer, Bananen, Möhren, Spargel, Sellerie, Kartoffeln, Erdbeeren, Kohl, Rettiche, Äpfel, Birnen, Gurken, Säfte aus Trauben, Äpfeln und Orangen, ferner Most, Milch, Datteln und Melonen.
- Säurebildende Nährstoffe sind u. a.: rohes und rotes Fleisch, Geflügel, Fisch und Meeresfrüchte, raffinierter weißer Zucker, weißes Mehl, weißer Reis, Schnäpse, erdige Rotweine, bestimmte Getreidesorten wie Weizen, Hafer, Roggen, Gerste, Hirse und Mais sowie unreifes Obst, Eier, Käse, Nussfette und -öle, Bohnen, Bier, Coca-Cola, Limonaden, Brot und Butter.

Im Allgemeinen ist (vor allem tierische) eiweißreiche Nahrung säurebildend, aber auch die meisten Getreidesorten. Hingegen wirken Früchte und die meisten Gemüse basenbildend. Sie enthalten neutralisierend wirkende chemische Elemente wie Kalium (K), Natrium (Na), Calcium (Ca) und Magnesium (Mg), die, wie erwähnt, organische Säuren im menschlichen Organismus durch Oxidation zu Kohlendioxyd und Wasser neutralisieren. Eiweiß und Getreide enthalten chemische Elemente wie Schwefel (S), Phosphor (P), Chlor (Cl) und Jod (J), welche während und nach dem Verdauungsprozess Säuren bilden, die im Körper danach ziemlich aufwendig von alkalischen Elementen neutralisiert werden müssen.

- Die Farben der genannten chemischen Elemente spielen durch ihre energetisierende Wirkung eine große Rolle im komplizierten menschlichen Organismus:

Säurebildend		Laugenbildend	
Schwefel (S)	Limone	Kalium (K)	Rot
Phosphor (P)	Limone	Natrium (Na)	Orange
Jod (J)	Limone	Calcium (Ca)	Orange
Chlor (Cl)	Grün	Magnesium (Mg)	Gelb

Die molekulare strukturelle Ausrichtung und die Anordnung des so genannten Spins beeinflussen bei identischer chemischer Formel die Polarisationsebene der einfallenden Lichtstrahlen, so dass diese nach rechts in eine positive Polarität oder aber nach links in eine negative Polarität abgedreht werden und sich dadurch beispielsweise bestimmte Nährstoffe linksdrehend, also negativ polarisiert, ausrichten oder rechtsdrehend positiv. Ein bekanntes Beispiel hierfür ist die links- bzw. rechtsdrehende Milchsäure. Bei gleicher Summenformel entscheiden die auf der Mittelachse liegenden H- bzw. OH-Gruppen über Rechts- bzw. Linksdrehung der einfallenden, polarisierten Lichtstrahlen und damit über Wertigkeit und chemische Eigenschaft der Nährstoffe. Diese Gesetzmäßigkeit gilt für die Molekularkonstruktion aller Nährstoffe.

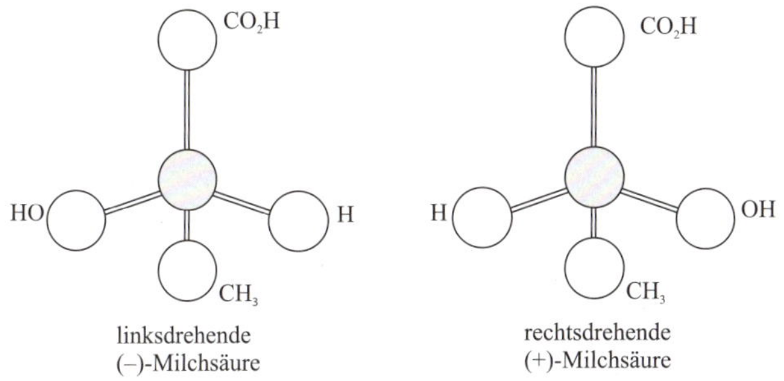

Quelle: Stelzl, Diethard: „Über die Lichtkraft der Farben in unserer Nahrung", Verlag Via Nova, Seite 140

Übrigens: Ein uraltes Getränk, morgens nach dem Aufstehen und/oder abends vor dem Zubettgehen in langsamen Schlucken getrunken, hilft sehr, den persönlichen Säure-Basen-Pegel auf einen harmonischen Mittelwert einzustellen. Es handelt sich dabei um ein großes Glas energiereiches, warmes, sauberes Wasser, in welchem ein Esslöffel guter, flüssiger Honig aufgelöst wird – zusammen mit einem Esslöffel biologisch gewonnenen Apfelessig und dem Saft von zwei ausgepressten Zitronen, möglichst ebenfalls aus ökologischem Anbau.

Dieser Trunk, regelmäßig eingenommen, bewirkt außerdem eine Stärkung der Thymusdrüse und des gesamten lymphatischen Systems. Ähnlich wirkt regelmäßig in kleinen Mengen getrunkener Kartoffelsaft.

Die meisten in Industrieländern lebenden Menschen leiden heutzutage unter mehr oder weniger starker Körperübersäuerung. Hetze, Stress, zu wenig Bewegung, Ärger, falsche Ernährung usw. führen zu einer verstärkten Säurebildung im menschlichen Organismus. Jeder muss für sich selbst entscheiden, wie er hier Abhilfe schaffen kann. Die richtige Kost kann jedoch besser helfen als synthetisch hergestellte Medikamente, die wiederum Schädigungen bei anderen Körperfunktionen nach sich ziehen.

Eine harmonische, individuell bewusst zusammengestellte Ernährung ist also der wirkliche und eigentliche Garant für eine gute Gesundheit und damit auch für ein wertvolles, positives und sinnvolles Leben.

3.3 Lichtnahrung: Traumvorstellung oder Alternative?

Aus zahlreichen alten Schriften ist bekannt, dass sich zu allen Zeiten Weise, Erleuchtete und Schamanen ohne feste Nahrung, oft auch ohne Flüssigkeit, nur vom natürlichen Sonnenlicht ernährt haben. Auch in diesem Jahrhundert gibt es belegte Zeugnisse von indischen Yogis und tibetischen Lamas, die so gelebt haben. Aus der neueren Zeit wurden die medizinisch vielfach überprüften Leben ohne feste Nahrungsmittel von Giri Bali, der Therese Neumann von Konnersreuth und von Maria Furtner, der „Wassertrinkerin von Frasdorf"[22], bekannt.

Der gezielte Einsatz psychologisch wirkender Symbole, wie sie z. B. in Indien oder in Hawaii in Form von Bildern, Bauwerken oder Textilmustern benutzt werden, um damit kosmische Energie zu kanalisieren, kann bei Lebewesen, aber insbesondere beim Menschen, Heilungsprozesse fördern.

Dies bedeutet offensichtlich, dass bestimmte geometrische Anordnungen, wie z. B. Mandalas (Sanskit: Kreis), gezielte Wirkungen auf die Psyche und damit auf die endokrine Stimulation des Menschen haben. Um diesen Gedanken weiter zu führen, ist es durchaus möglich, Selbstregulierungskräfte durch den gezielten Einsatz von Farben und Symbolen im Menschen zu kreieren, wie es seit Tausenden von Jahren in fast allen alten Hochkulturen tatsächlich mit Erfolg praktiziert wurde.[23]

Seit Mitte 1993 gibt es – von Australien und Neuseeland ausgehend – die Bewegung der „breathairians" und

22 Fanderl, W.: „Die Wassertrinkerin von Frasdorf", Ecora-Verlag, Prien 1984.

23 Ausführlich hierzu: Stelzl, Diethard: „Heilen mit kosmischen Symbolen", Schirner-Verlag, Darmstadt 2004.

der „liquidairians“, Gruppen von engagierten Menschen also, die sich monate- und jahrelang ohne feste Nahrung, erstere sogar ohne Flüssigkeiten, ernährt haben. Die „kosmische Telepathin“ JASMUHEEN beschreibt[24] detailliert den Weg, der zu diesem Stadium führt. Ab Juni 1993 haben bisher weltweit einige hundert Menschen den „21-Tage-Prozess" durchlaufen, in welchem sich der Körper auf die reine Ernährung durch Sonnenlicht und kosmische Lebensenergie Prana, Mana, Od oder Fluid einschwingt. Nach einer längeren Einstellungsphase von Bewusstsein, Gedanken, Gefühlen, Lebensenergie und Körperfunktionen hin zur Verbindung mit der Schöpfungsenergie, dem „Einssein mit der Ganzheit“, wird im Zeitraum der ersten sieben Tage nichts gegessen und getrunken, danach die folgenden sieben Tage nichts gegessen, aber etwas getrunken und die letzten sieben Tage wiederum nichts gegessen und getrunken, aber geruht und meditiert, möglichst alleine in der Einsamkeit und in enger Verbindung mit Natur, Mutter Erde und dem Vater im Himmel. 21 ist gemäß der kosmischen Zahlenmystik die Ziffer der Umpolung im Universum. 21 (oder 40+2) Tage zu fasten ist ein uralter Brauch, der u. a. auch in der Bibel mehrmals erwähnt wird.

JASMUHEEN ist der Meinung, dass es sich bei der Ernährung nur durch natürliches Sonnenlicht um nichts anderes als die ausschließliche Nutzung von Photonenenergie aus dem Kosmos handelt, zu vergleichen etwa mit einer Art „menschlicher Photosynthese“. Voraussetzung dafür sei eine absolute Meisterschaft über den eigenen Geist, um dem kosmischen Prinzip der Resonanz gemäß sich in Erwartungen und Visualisierungen auf eine reine Ernährung durch kosmische Schöpfungsenergie einstellen zu können.

Selbstvermehrungsfähige Molekülketten der Desoxyribonukleinsäure (DNS) bestehen aus Nukleinsäuren, die stets je ein Paar der chemischen Substanzen Adenin (A), Thymin (T), Cytosin (C) und Guanin (G) in beliebiger Reihenfolge einbauen, was für das menschliche Erbgut wichtig ist, da sie dadurch spezielle genetische Informationen erhalten. Die DNS ist der Träger von genetischen Codes. Die Ribonukleinsäure (RNS) als photochemischer Abdruck der DNS als Vorlagematrix vermittelt diese Informationen biochemisch weiter, damit die Proteine sie in die unterschiedlichen Zellfunktionen umsetzen können. Ähnlich wie die Nukleotide als elementare Bausteine der DNS besteht auch das vom Nobelpreisträger EARL SUTHERLAND entdeckte zyklische Adenosinmonophosphat (cAMP) als wichtiger Biotransmitter, Enzymaktivator, interzellulärer Botenstoff und Informationsträger aus dem Zusammenschluss einer Nukleinbase (Adenin), eines Zuckermoleküls (Ribose) und einer Säure (Phosphorsäure). Dieses unterscheidet sich von dem Hauptenergielieferanten der Zellen Adenosintriphosphat (ATP) durch einen Ringschluss der Phosphatgruppe an der Ribose, was die Andockung weiterer Phosphatgruppen verhindert. Zuführung von Energie allgemein führt zur Übertragung von Information und Ordnung, Zuführung von Wärmeenergie zu einer Verringerung des Ordnungsgrades. Wärmeabgabe schließlich ergibt eine Systemstrukturierung und Ordnungsstabilisierung.

Adenosintriphosphat (ATP) stellt den Kraftstoff der Zellen und gleichzeitig dessen Batterie dar, welche die Lebensenergie speichert und sie je nach Bedarf an die einzelnen Körperzellen dosiert und kontrolliert verteilt. Photonen als masselose Lichtquanten und Informationsträger der Lichtenergie der Sonne werden vom „Antennensystem“ des Hauptpigments Melanin, des Sehpurpurs Rhodopsin der Netzhaut und Iris der Augen, des Blutfarbstoffes Häm sowie dem ATP-Molekül der Zellen in deren membranreichen Organellen in den Mitochondrien im Zellinneren (diese entsprechen den Chloroplasten der Pflanzen) als lebensnotwendige Vitalenergie angezogen und teilweise gebunden. Bei diesem biochemischen und elektromagnetischen Vorgang, der ähnlich abläuft wie die Photosynthese der Pflanzen mit deren „Lichtantenne“ Chlorophyll, ergibt der laufende Elektronen- und Ionenaustausch von ATP, AMP, cAMP und Adenosinbiphosphat (ABP) den Prozess, den wir Leben nennen[25]. Dieser ersten Primär- oder Lichtreaktion des Verbrauches von Lichtenergie zur Bildung körpereigener Nucleosiddiphosphate (NDP), Nicotinamid-Adenin-Dinucleotid-Phosphate (NADPH) und Adenosintriphosphate (ATP) folgt eine zweite Sekundär- oder Dunkelreaktion, die ohne natürliches Sonnenlicht abläuft und bei welcher im menschlichen System, vor allem in bestimmten Leberzellen, NADPH und ATP wieder verbraucht und dadurch körpereigener Traubenzucker, die Glukose, gebildet wird. Diese ist der organische Grundbaustein, welcher durch die „kalte Verbrennung“ des Stoffwechsels zur Energiegewinnung und die weitere Abgabe als Wärme, zur Regelung von Motorik und für die Ankurbelung unzähliger Körperfunktionen verwendet wird und damit organische Prozesse im Menschen ermöglicht, die das erst beinhalten und sicherstellen, was wir als Leben bezeichnen.

Die menschlichen DNS sind „pulsierende Lichtpumpen“, welche Photonen des natürlichen Sonnenlichtes aufnehmen, den übermittelten Inhalt verarbeiten, speichern und an die einzelnen Zellen dosiert, koordiniert und kontrolliert weitergeben. In Zusammenarbeit mit der beschriebenen Energieversorgung über die Makromoleküle NADP, NADPH und ATP durch natürliches Sonnenlicht ist auch rein physisch-organisch, biochemisch und elektromagnetisch die Aufrechterhaltung der wichtigsten Körperfunktionen und damit menschliches Leben hauptsächlich aufgrund von Lichtnahrung denkbar.

24 JASMUHEEN: „Lichtnahrung“, KOHA-Verlag, Burgrain 1997.

25 VOET, D./VOET, J. G.: Biochemie. VCH-Verlagsgesellschaft, Weinheim 1992, Seite 404 ff. und Seite 767 ff.

Der beschriebene Wechsel des Adenosinphosphats in verschiedene chemische Verbindungen und die Versorgung mit Ursprungsenergie aus dem Sonnenlicht mit Hilfe der Glykolyse geht in rhythmischen Schüben vor sich. Die entsprechenden Biophotonen werden in Frequenzen im Minutenbereich aufgenommen, genau identisch mit Schwingungsperioden für Änderungen des Organellenvolumens der Mitochondrien, der Durchlässigkeit von Zellmembranen für Kaliumionen, der Aktivitäten diverser membrangebundener Proteine und der phasenverschobenen Ausschüttung des wichtigen Biotransmitters und Enzymaktivators ZYKLISCHES ADENOSINMONOPHOSPHAT (cAMP).

Voraussetzung für eine mögliche zukünftige Ernährung durch natürliches Sonnenlicht ist jedoch zu Beginn dieses Vorhabens eine gezielte Bewusstseinserweiterung, synchron-harmonische Schwingungsfrequenzerhöhungen aller stofflicher Ebenen und eine enge positive Resonanzbeziehung zu den Magnetstrukturen der Erde und den elektromagnetischen Feldpotentialen des Sonnenlichtes. Dieses muss jedoch in starker Lichtintensität und mit einem hohen Gehalt an kurzwelligen limonefarbenen, blauen und ultravioletten Schwingungen über längere Zeitspannen hinweg regelmäßig vom Menschen aufgenommen werden, damit Zellkommunikation, Glukoseaufbau und Energieumwandlung im notwendigen Rahmen durchgeführt werden können.

Schwaches Sonnenlicht bei wolkenverhangenem Himmel und niedriger Lichtintensität enthält viele langwellige Schwingungen im roten Spektralbereich, also vielleicht Wärme, aber wenig Informationen und Ordnungskriterien.

LICHTNAHRUNG benötigt als Voraussetzung langfristig starkes Sonnenlicht über größere Zeitspannen hinweg neben den beschriebenen mentalen, emotionalen, energetischen und physischen Erfordernissen einer gezielten Geisteshaltung vor Einleitung der Nahrungsumstellung. Notwendig ist eine Bewusstseinserweiterung, verbunden mit einer positiven, harmonischen Lebensführung, um so zu individuellen, koordinierten Frequenzerhöhungen zu kommen. Aber es ist eine denkbare und mögliche Alternative zur herkömmlichen Ernährungspraxis für die Zukunft. Wir müssen uns wieder konsequent und im praktischen täglichen Leben darauf besinnen, woher wir kommen, wohin wir gehen und was wir eigentlich sind: kondensierte, kosmische Energie und strahlendes Licht: LICHTWESEN eben.

Die Zellmembran bildet eine elektrische Doppelschicht, die das äußere Zellumfeld vom Zellinneren abschirmt. Zwischen beiden besteht ein starkes KALIUM-Ionen-Ungleichgewicht, welches zu einem Spannungspotentialunterschied von 100 Millivolt (mV) führt, was bei einer Membranstärke von 10^{-6} cm eine Feldstärke von 100 000 Volt/cm ergibt. Die fortwährenden, rhythmischen Schwankungen dieser hohen elektrischen Feldstärken führen zu punktuellen Vibrationen einzelner Membranbestandteile, die ähnlich elektrischen Dipolen im Mikrowellenbereich in Frequenzen zwischen 10^{11} und 10^{12} Hertz schwingen, nahe am sichtbaren Farbband der Spektralverteilung elektromagnetischer Lichtwellen.

Wie wir schon im 3. Kapitel darstellten, haben im Rahmen des universalen Schöpfungsprozesses die Pflanzen in Bezug auf Lichtdurchdringung und -umwandlung durch die Photosynthese den niedrigsten Ordnungsgrad. So wie die Pflanzen brauchen alle biologischen Systeme, auch höher entwickelte Tiere und der Mensch, Sonnenlicht zum Leben. Dabei werden alle biochemischen Reaktionen im biologischen System sowie alle Reizübertragungen zwischen den Nervenzellen und den Synapsen – neben den bekannten chemischen Botenstoffen Hormonen, Neuro- und Biotransmittern – vor allem durch Biophotonen gesteuert. Physikalisch gesehen handelt es sich hierbei um reine Quantenaustauschprozesse mit und ohne Masse.

Nach Meinung von Dr. DEEPAK CHOPRA[26] besteht jedes Atom zu mehr als 99,9 % aus leerem Raum, der in großer Geschwindigkeit von winzigen, bisher wissenschaftlich originär nicht nachweisbaren, masselosen, subatomaren Partikeln als Bündel schwingender Energie durchquert wird, die kosmische Informationen und einzigartige Codes mit sich führen und an – in Resonanz tretende – Schwingungen, Wellen und Masseteilchen weitergeben. Er bezeichnet diese Teilchen als „denkende Nichtmaterie" (thinking non-stuff) und den aus ihnen resultierenden Energiestrom als universelles Feld. Dieses ist mit „allem, was ist" im Universum wechselseitig verflochten. Alles Sein im Kosmos, auch Körper und Leben jedes einzelnen Menschen, sind Teil eines übergeordneten Ganzen, eines universellen Bewusstseins, der Urquelle – GOTT, und umgekehrt.

Jedes lebende Wesen im Kosmos ist ein Aspekt und Teil des Schöpfers und der Schöpfer ist ein Teil jedes lebenden Wesens im Universum!

In dem Moment, in dem der Mensch imstande ist, die unterschiedlichen Dichtegrade seiner Stofflichkeit wahrzunehmen, zu erfahren und synchron, in wechselseitiger Harmonie und in Übereinstimmung mit universalen Schwingungen und Rhythmen aufeinander abzustimmen, gezielt und kontrolliert zu erhöhen, ist er auch in der Lage, „kosmisches Bewusstsein" zu erlangen und universale Energiequellen auch für das physische Leben und den Erhalt organischer Körperfunktionen „anzuzapfen".

---

26 CHOPRA, D.: „Länger leben und jung bleiben", Frankfurt 1992.

Nach dem **Geistigen Gesetz der Veränderung und Transmutation** ist die einzige Konstante im Universum die permanente Änderung der Form und ihre unzerstörbare Natur, auf den Menschen bezogen dessen Individualität, Persönlichkeitsstruktur und seine unsterbliche Seele. Insbesondere durch bewusste Kontrolle und Polarisierung von Gedanken, Gefühlen, Worten und Taten wird die Schwingungsfrequenz des einzelnen Menschen sowie seine Resonanzbeziehungen zum Schöpfer, dem Universum, seiner Umwelt und seinem Umfeld festgelegt. Konzentriert er sich auf eine Ernährung nur durch kosmische Lichtenergie, löst er einen Prozess der Frequenzangleichung nach dem **Geistigen Gesetz der Resonanz** aus, welcher schließlich zu einer umfassenden Harmonisierung führt und damit zur Erfüllung seines Wunsches. Dieser bewusste Vorgang des persönlichen Einstimmens auf höhere und feinere Schwingungsebenen im Kosmos mit der Frequenzkonstante 33 führt auch zu einem überwältigenden, individuellen Gefühl der inneren Kraft, des Wirkens der Schöpfungsenergie, der Urquelle im Inneren des eigenen Selbst mit dem „göttlichen Pulsschlag 33".

Bei dem beschriebenen Evolutionsprozess spielen neben den kontrollierten und gezielt – polarisierten Bewusstseins- und Gefühlsaktionen regelmäßige Übungen der Atmung, Visualisierung, Meditation und Kontemplation eine große Rolle. Notwendig ist außerdem eine Schwingungserhöhung gewisser organischer Drüsen des endokrinen Systems wie Epiphyse, Hypophyse, Schilddrüse, Thymusdrüse und Keimdrüsen, die erhöhte körpereigene Herstellung bestimmter Hormone und Enzyme sowie eine Aktivierung der DNS-Helixsysteme. Verschiedene Quellen und gechannelte Botschaften[27] weisen darauf hin, dass der Mensch zu Zeiten von Atlantis und davor nicht nur zwei Helixspiralen in den Zellkernen besaß, sondern bis zu zwölf, was ihm natürlich weiterreichende Kommunikationsmöglichkeiten auch non-verbaler Art eröffnet hätte als heute.

Es gibt Anzeichen dafür, dass sich seit der „harmonischen Konvergenz" vom 16./17. August 1987 sowohl die Drüsentätigkeit als auch die hormonelle Versorgung und die Beschaffenheit der DNS im Menschen verändert und energetisch erhöht haben. Damals waren während dieser Vollmondnacht die sechs größten Planeten von der Erde aus gesehen in einer Reihe hinter der Sonne angeordnet und verstärkten deren Magnetkraft um das 16-fache gegenüber einer normalen Vollmondnacht. Dies veränderte die Molekularstruktur von menschlichen Zellen, Mineralien, Pflanzen und Tieren. Dies wurde später noch verstärkt durch die Radix eines Davidsternes am Sternenhimmel des 23./24. Januar 1997, gebildet von den drei am langsamsten und den drei am schnellsten laufenden Planeten unseres Sonnensystems.

Als wichtigstes Steuerungsorgan fungiert bei diesem Prozess die Epiphyse bzw. Zirbeldrüse und winzige in den DNS ihrer Zellen enthaltene Magnetitkristalle, die ein spiralförmiges Vortex-Energiefeld aufbauen[28]. Dabei treten aus Melatonin entstandene Pinoline als besondere Telepathie-Transmitter auf, was zu Veränderungen der elektrischen Leitfähigkeit hin zu genannten Superleitern und einer direkten Anbindung an den Hyperraum führt. Im Inneren der als Antennen wirkenden DNS ergibt sich somit unter Aufhebung jeglichen elektrischen Widerstandes eine Wurmlochwirkung, damit u.a. auch die Überwindung von Raum- und Zeitgrenzen und die Möglichkeit der direkten Kommunikation mit morphogenetischen Feldern des kosmischen Lichtgitternetzes. Eingeschlossen ist hierzu auch die Energieaufnahme direkt von den Lichtquanten des Netzes als Lebensenergie Prana oder Mana.

CHRISTUS – STERNTETRAEDER
Sonntag, 09.11. 2003, 02.20 Uhr, Graz

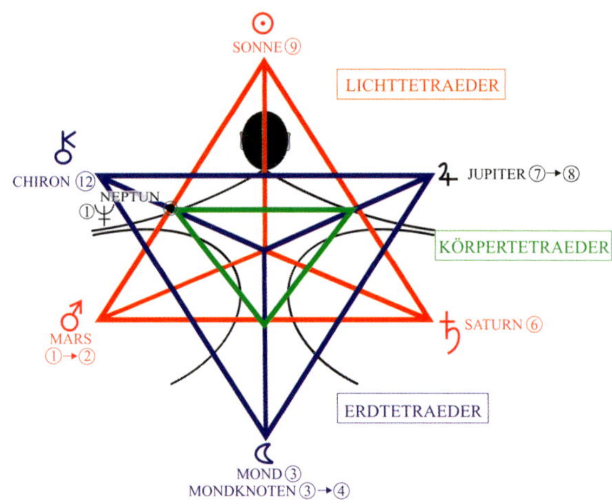

Samstag, 08.11. 2003, 12.20 Uhr, Graz

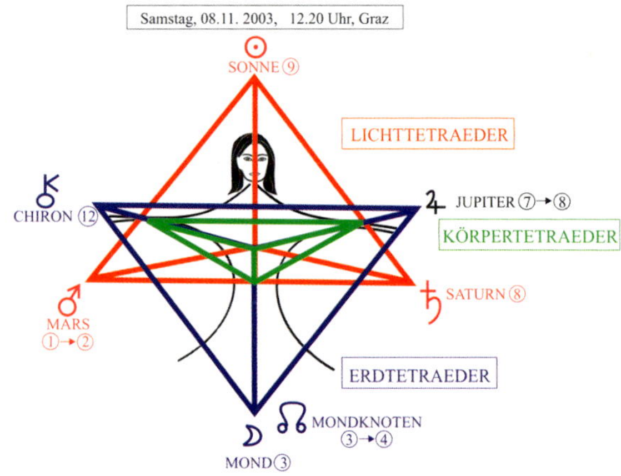

27 Cayce.: „Das Atlantis-Geheimnis", Heyne-Verlag, München 1988. Cayce.: „Rückkehr der Traumzeit", Heyne-Verlag, München 1992.

28 Vgl. hierzu: Morpheus: „Matrix-Code", Trinity-Verlag, Wien 2003. S. 210 ff.

Ein weiterer tiefer Eingriff in die Arbeit der DNS-Helixspiralen des Menschen ergab sich durch die Sternenkonstellation der „harmonischen Konkordanz“ vom 8./9. November 2003, als sich eine MERKABA am Sternenhimmel zeigte. Mit der Erde als Zentralpunkt bildeten zum einen Sonne, Mars und Saturn einen männlichen Lichttetraeder mit einer starken Spiegelung der jeweiligen persönlichen Situation im Außen sowie als Gegenpolarisierung Mond, Chiron und Jupiter, wiederum mit der Erde als Zentrum, einen weiblichen Erdtetraeder mit starker Innenorientierung.

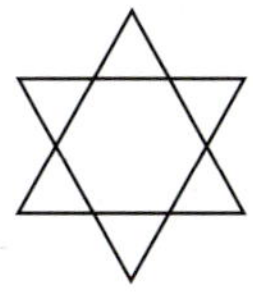

3.4 *Das Makromolekül Desoxyribonukleinsäure (DNS) als Antennensystem der Körperzellen*

Wie die moderne Biophotonenforschung um Prof. Dr. FRITZ-ALBERT POPP wissenschaftlich nachgewiesen hat, wirkt die DNS im Zellkern sowohl als universales Antennensystem – ausgerichtet auch auf den Empfang von Informationen aus dem Kosmos über Lichtimpulse, Farben und Formen – als auch als Energiespender, der permanent über elektromagnetische Wellen angeregt wird.[29] Leben ergibt sich dabei als Wechselspiel zwischen Protonen, Elektronen und Photonen innerhalb bzw. Positronen und Elektronen außerhalb der Zellen.

Die DNS im Zellkern nimmt Impulse von außen über den Energieaustausch zwischen Lichtphotonen und Elektronen auf, speichert kosmische Informationen und Ordnungskriterien, korrigiert den Ordnungszustand in den Zellen und gibt ihrerseits wieder eigene Impulse und Energieschübe nach außen ab. „Dissipative Systeme“ wie der menschliche Organismus sind in jedem Moment milliardenfach an diesem Prozess beteiligt und verändern ihre kohärenten Eigenzustände laufend. Das geschieht u. a. auch dadurch, dass sie auf morphogenetisch wirksame Reize auch von geringer Intensität reagieren, die beispielsweise über feine elektromagnetische Impulse übertragen werden. Diese wiederum werden stark von kosmischen Kommunikationssystemen wie speziellen Zahlenreihen, von Formen der sakralen Geometrie, alten Symbolen und von Farben in bestimmten Schwingungsfrequenzen und Wellenlängenbereichen geprägt. Daneben wirken die Träger der Erbanlagen und Gene im Riesenmolekül der DNS als Antennen für die raum- und zeitlose, universale Kommunikation im System menschlicher Zellverbände. Sie können eigene Informationen in das „Universale Internet“ eingeben, abrufen und in direkten Kontakt mit anderen Teilnehmern des Kosmischen Lichtgitternetzes treten.

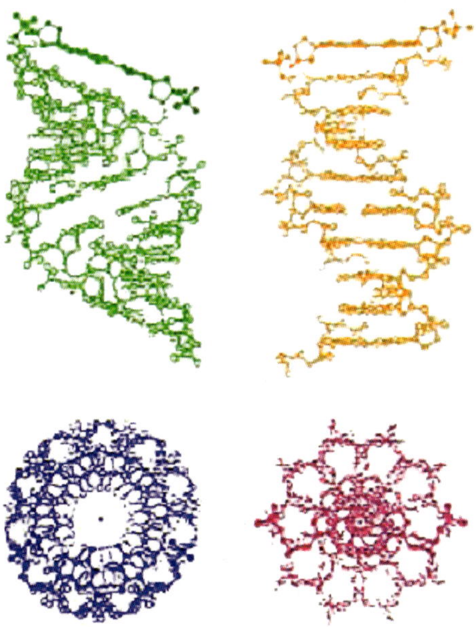

DNS-Formen

Nur etwa zehn Prozent der DNS bestehen aus Genen, die über die Eiweißsynthese der Zellteilung wie eine harmonisch vollkommene Blaupause zum organischen Kör-

29 Vgl. hierzu auch: STELZL, Diethard: „Im Einklang mit der universalen Ordnung“. Verlag Via Nova, Petersberg 2005, S. 285 ff.

peraufbau verwendet werden. Der verbleibende größere Rest der DNS wirkt als Informationsspeicher und Kommunikationsmedium über eine bestimmte Trägerfrequenz auch im Rahmen der Hyperkommunikation ohne Begrenzung durch Raum und Zeit. Die DNS stellt einen bedeutenden Träger von Lichtenergie und eine starke körperinterne Strahlungsquelle von Biophotonenenergie dar. Sie ist außerdem ein wichtiger organischer Supraleiter.

Mit 3 Gigabits Speicherfähigkeit kann die DNS elektromagnetische Informationen aus der Umwelt aufnehmen, verarbeiten, speichern und wieder abgeben. Dies gilt auch für die in masselosen Lichtquanten = Photonen enthaltenen, harmonischen Urinformationen des Universums und für vollkommen ausgerichtete kosmische Ordnungskriterien.

Die menschliche DNS hat eine Eigenfrequenz bis zu 150 Megahertz, welche im Bereich von Radar-, Telekommunikations- und Mikrowellenschwingungen liegen. Die 22. Oktavierung von 150 MHz führt zu Frequenzen im Spektralbereich des sichtbaren Lichtes im OPTISCHEN FENSTER entsprechend der Farbe Blau.

Lebendes Gewebe in Form der PHANTOM-DNS kann die Struktur des Vakuums verändern, indem sich Wurmlöcher an DNS-Teilstücke anheften und über die Hyperkommunikation Informationen vermitteln, die über lange Zeit als Essenz in ihrer Struktur erhalten bleiben, und dies auch nach Entfernen der entsprechenden Gewebeteile. Der physikalische PHANTOM-DNS-EFFEKT erklärt die Erhaltung gewisser Lichtspektralbereiche der DNS, auch wenn diese aus dem entsprechenden Frequenzbereich kohärenten Laserlichtes herausgenommen werden.

3.4.1 Aufbau, Erbinformation und Chromosomen

Die kleinste organische Einheit im lebenden Körper ist die Zelle. Diese verdankt im aktiven Zustand dem Zellkern die Existenz charakteristischer Zellfrequenzen. Der Zellkern ist in Protoplasmen eingebettet, der seinerseits von einer durchlässigen, beweglichen Hülle umgeben ist. Die gebundenen Zellfäden innerhalb des Zellkerns entsprechen einem einfachen, geschlossenen Stromkreis, wobei die mit Selbstinduktanz und Ladekapazität ausgestatteten Fäden den Strom- und Schwingungskreis darstellen. Der größte Teil der Energiegewinnung im lebenden System jeglichen Organismus erfolgt in den Zellen selbst durch ihre eigenen Stromkraftwerke, Mitochondrien genannt, welche in der Form von Organellen wie Turbinen konstruiert den Hauptenergieträger der Zellsubstanz Adenosintriphosphat (ATP) herstellen. Durch Sonnenlicht werden die Molekülfragmente von Kohlenstoff, Sauerstoff und Wasserstoff CO_2 und H_2O zu Glukose (Traubenzucker), dem originären Kraftstoff und hauptsächlichen Nahrungsmittel der Zellen, aufgebaut. Durch diesen Prozess der biologischen Oxydation im Körper wird, wie erwähnt, blauer Sauerstoff umgewandelt in Kohlendioxyd CO_2 (einmal gelb und zweimal blau = türkis) und H_2O (zweimal rot und einmal blau = Magenta). Mit Hilfe der Glykolyse durch Photosynthese wird nunmehr im lebenden System die entstandene und neu verfügbare Energie in den Mitochondrien zu ATP umgewandelt. Dies geschieht mit Hilfe des Durchganges von Kaliumionen durch die Membranen der Organellen sowie durch die Aktivität verschiedener, in den Membranen gebundener Proteine in bestimmten Rhythmen und Periodizitäten im Minutenbereich.

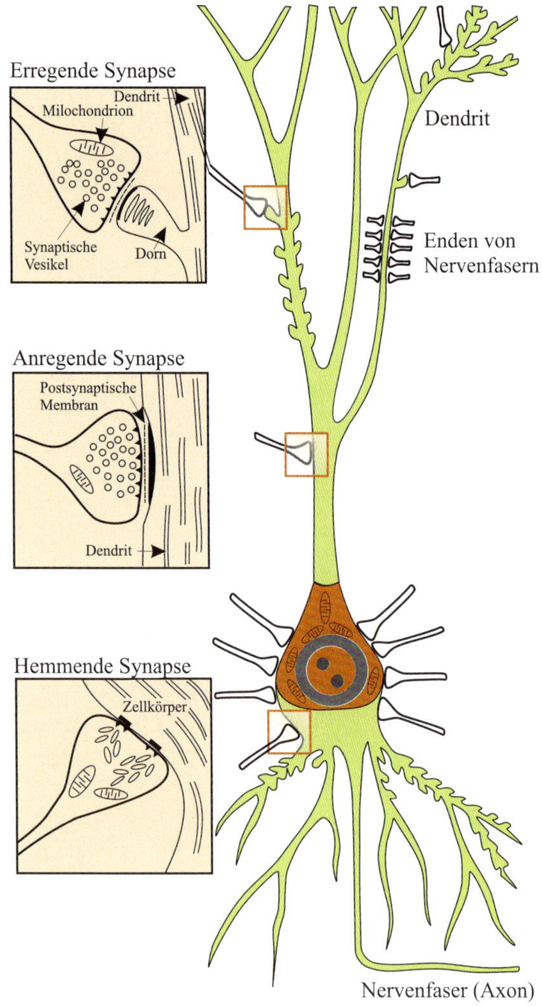

Eine wichtige Rolle bei diesem komplizierten, chemischen Umwandlungsprozess spielen Informationsträgersubstanzen, die, aufgeladen mit speziellen Frequenzmustern, bis zum letzten Zellkern hin den biophysischen Ablauf im gesamten Organismus auslösen, realisieren, steuern und kontrollieren. Im Rahmen der Aktivitäten dieser bereits beschriebenen Biotransmitter, Hormone, Enzyme etc. spielen bei der Zellatmung und dem Elektronentransport in der Zelle das Protein Cytochrom eine besondere Rolle. Dies gilt ebenfalls bei der Weitergabe der in Erbsubstanzen enthaltenen, genetischen Botschaften bzw. Codes für die Desoxyribonukleinsäure (DNS oder engl. DNA). Im Zellkern befinden sich als Träger der Erbsubstanz Chromosomen, die aus regelmäßig angeordneten Nukleosomen bestehen, in welchen wiederum in jeder Zelle einzeln die Erbsubstanz DNS als riesiges, fadenförmiges Molekül, aufgewickelt auf Spulen aus Eiweiß, enthalten ist.

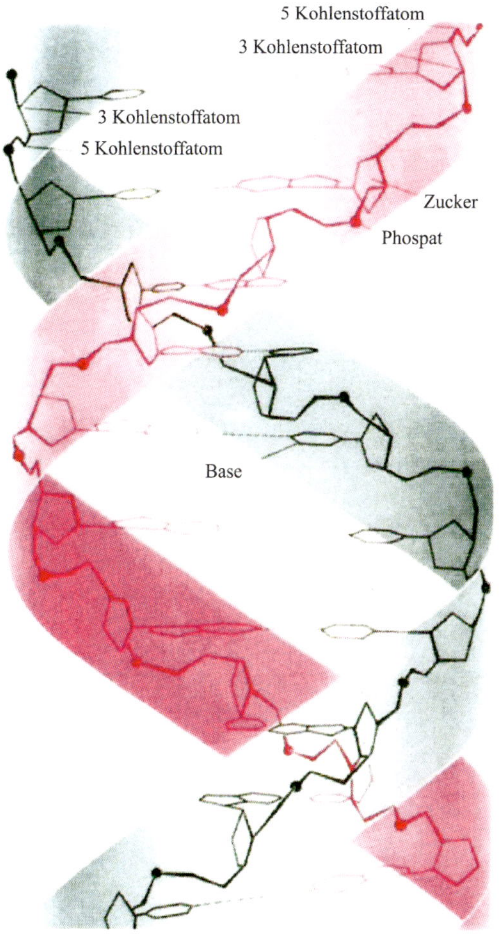

Die menschlichen Chromosomen, gebildet letztendlich aus DNS, schwingen in einem gesunden Körper bei einem Resonanzmaximum von ca. 350 Nanometern, was im Farbspektrum einem Violett entspricht. Durch vermehrte Eigenschwingungen kann der Mensch mit der Farbe Dunkelrot (ca. 750 Nm) seine individuellen Gene dynamisieren. Eine gewisse „Idealschwingung" des individuellen menschlichen Systems stellt der Wellenlängenbereich von ca. 635 Nm dar, äquivalent der Farbe Rot. Hier ist auch nach dem bekannten deutschen Physiker Fritz-Albert Popp die Photonenemission am stärksten.

3.4.2 Die DNS als Informationskanal

Die DNS baut als Folge ihrerseits magnetische Wurmlochstrukturen im Vakuum und damit mikroskopisch kleine Informationskanäle für die Hyperkommunikation auf. Die DNS fungiert also u. a. als kosmische Antenne, Supraleiter, Licht-Informationsspeicher und Hyperkommunikationskanal. Sie reagiert dabei u. a. auch auf Schwingungen des gesprochenen Wortes, der Töne, Symbole, auf Licht und Farben sowie Signale aus morphogenetischen Feldern und dem menschlichen Gruppenbewusstsein.

Der physikalische Aufbau des Riesenmoleküls DNS entspricht im Prinzip dem klassischen, von Faraday entwickelten Modell der Erzeugung von Induktionsstrom durch die Schaffung elektromagnetischer Felder, hervorgerufen durch die polare Wechselwirkung von Anziehung und Abstoßung elektrischer und magnetischer Ladungen. Üblicherweise wird ein derartiger Vorgang durch eine oder mehrere stromleitenden Spiralen, die meist als Spulen aufgewickelt sind, eingeführt oder ausgelöst. Das Induktionsfeld, welches eine derartige Spule durchschneidet, muss axial zu dieser stehen. Auch bei sehr kleiner Spannung und Kapazität kann somit ein starker Strom erzeugt werden, sofern die Frequenz sehr hoch ist. Bei Schwingungen von 380 bis 760 Billionen Hertz pro Sekunde ist sicherlich eine sehr intensive Frequenz und damit potentiell die Möglichkeit gegeben, hohe Stromstärken und gewaltige elektromagnetische Felder durch die einzelnen Zellen im menschlichen Körper aufzubauen. Laut Dr. Hans Nieper, Hannover, beträgt die durchschnittliche Spannung in einem Kubikzentimeter Körperzellen ca. 90 000 Volt.

Innerhalb der DNS entsprechen die aus Kohlenstoffatomen, Phosphat- und Zuckermolekülen zusammengesetzten einzelnen Spiralbänder den Spulenwindungen. Diese sind bei gleichem chemischem Aufbau durch polare Positionen in bipolarer Anordnung aufgebaut und geladen.

Das menschliche Gehirn mit 10^{10} = 10 Mrd. Nervenzellen hat eine Sendeleistung zwischen 50 und 10 Watt in Grundfrequenzen von 0,5 bis knapp 100 Hertz (Hz). Dabei sendet die linke Gehirnhälfte des EGO bis zu 10^4 = 10 000 Bits Informationsimpulse pro Sekunde, die rechte Gehirnhälfte des ICH aber dreimal so viel, nämlich 10^{12} = 1 Billion Bits pro Sekunde.

Die DNS steht in besonders starker Wechselwirkung mit Biophotonen in den Schwingungsbereichen des Lichtspektrums von:

- 200 bis 250 Nm = ca. 1.5 00 bis 1.200 Bio Hz = unterer UV-C-Bereich
- 260 bis 280 Nm = ca. 1.153 bis 1.071 Bio HZ = oberer UV-C-Bereich
- ca. 320 Nm = ca. 937.5 Bio Hz = UV-A-Bereich

Auffallend ist, dass diese Phänomene nicht im UV-Bereich auftreten, in welchem der Hauptanteil der Zellkommunikation stattfindet. Besonders schwach ist die Biophotonenaktivität der DNS im Bereich von:

ca. 400 Nm = ca. 750 Bio Hz
(entspricht der Farbe Dunkelviolett)

Über die Helixstruktur der DNS wird deren Expansion bzw. Ausdehnung von Lichtwellen zum „Aufsaugen" von Ordnungskriterien und zur Aufnahme von Lichtquanten aus dem Kosmos geregelt. Als Gegenbewegung geht damit die Kontraktion bzw. Zusammenziehung mit dem „Aufsaugen" chaotischer Faktoren im Stadium der Unordnung (Entropie), der Abgabe von Photonen und von Wellen aus dem eigenen System einher. Beide Vorgänge gemeinsam ergeben eine stabile Konstellation und gleich bleibende Umfeldbedingungen für die DNS. Tagsüber werden Photonen gespeichert, nachts werden sie abgegeben.

Eine der beeindruckendsten Besonderheiten der Schöpfung liegt darin, dass in lebenden Systemen in jedem Augenblick unzählige Zellen absterben (beim Menschen z. B.: etwa zehn Millionen pro Sekunde), diese aber – trotz wechselnder Versorgung des Organismus mit Nährstoffen und Sonnenlicht – zur rechten Zeit und in der richtigen Zusammensetzung wieder ersetzt werden. Dieses trotz hoher Zellverluste perfekte Reproduktionsvermögen des menschlichen Körpers liegt im System der Aufrechterhaltung seines Ordnungsgrades begründet. Lebende Systeme sind in der Lage, ihren eigenen Ordnungsstatus dadurch zu stabilisieren, dass sie Unordnungszustände (Entropien) selbst herbeiführen, wie beispielsweise durch Wärmeabgabe an die Umgebung. Eine Temperaturerhöhung um zehn Grad Celsius verdoppelt in etwa die Reaktionsgeschwindigkeit biochemischer Prozesse, von denen pro Sekunde etwa 100 000 in Wechselwirkung mit der körpereigenen Strahlung in jeder einzelnen menschlichen Zelle ablaufen.

Im permanenten „Aufsaugen von Ordnung aus Umwelt und Umfeld" liegt das Geheimnis aller Lebewesen, wie sie sich stationär und momentan einen hohen Ordnungsgrad erhalten können. Der Wiener Physiker und Nobelpreisträger Erwin Schrödinger beschrieb dies ausführlich in seinem 1945 erschienenen Buch „Was ist Leben?"[30] und stellte als fundamentale Gesetzmäßigkeit der Regelung von Aufbau und Ordnung mikroskopisch kleinster Materiepartikel die Schrödinger-Gleichung auf.

In unserem Planetensystem ist die Sonne die Urquelle unserer kosmischen Ordnung. Ihre Strahlen treffen nach dem so genannten „Van-Cittert-Zernike-Theorem" mit einer Kohärenzfläche von 0.019 Quadratmillimeter auf die Erde auf, was interessanterweise genau der durchschnittlichen Oberfläche einer menschlichen Zelle entspricht. Für die Vitalität des Menschen ist sein individuell-subjektiv empfundener Ordnungsgrad nach der Nahrungsaufnahme entscheidend und nicht etwa hauptsächlich jener des konsumierten Nährstoffes. Ist der einzelne Konsument zufrieden, hat er – nach Schrödinger – individuell einen Zustand hoher Ordnung erreicht. Jeder Mensch ist einmalig. Durch seine Individualität bestimmt er subjektiv, was gut und richtig für ihn ist.

Die Qualität von kosmischen Symbolen gemäß ihrem Schwingungsverhalten ergibt sich für den Menschen ausschließlich aus dem Lichtgehalt an Biophotonen, der Speicherfähigkeit von harmonischen Ur-Informationen und ihrem Ordnungsgrad, alles abhängig von der Anzahl der aufgenommenen Photonen des Naturlichtes der Sonne. Nach Popp ist der Mensch ein Lichtsäuger. Auch in unserer Nahrung essen wir vor allem eingelagertes Sonnenlicht, welches nachweislich auch bei Dunkelheit leuchtet und strahlt. Alles hat dann für den einzelnen Organismus individuell die größte Wirkung, wenn es in harmonischer Resonanz zu der körpereigenen Biophotonenschwingung der Zellen steht sowie viele Informationen und Ordnungskriterien überträgt. Alles dies ist bei jedem einzelnen Menschen verschieden. Er muss deshalb seinen eigenen Weg finden, seine persönlichen Entscheidungen auch und gerade hinsichtlich seiner Lebensgepflogenheiten treffen. Dadurch bestimmt er selbst in ureigenster Verantwortung über seine Gesundheit, seine Lebensqualität sowie seine äußere und innere Harmonie.

In der DNS ist nach derzeitiger wissenschaftlicher Ansicht die gesamte Erbsubstanz lebender Systeme enthalten. Dieses Riesenmolekül besteht aus zwei in Form einer Doppelhelix parallel angelegten Strängen aus Phosphat- und Zuckerverbindungen. Diese werden in regelmäßigen Abständen wie durch die Sprossen einer Leiter durch so genannte Basenpaare von drei Hundertmillionstel Zentimetern Länge quer verbunden. Diese Paare sind für die Erbinformation von entscheidender Bedeutung. Ihre Stickstoffverbindungen sind Adenin (A), Thymin (T), Cytosin (C) und Guanin (G), wobei in einem binären Doppelcode immer nur Adenin und Thymin bzw. Cytosin und Guanin eine Basenbrücke bilden können.

Beim Menschen befinden sich auf der Länge eines DNS-Moleküls von nahezu zwei Metern drei Milliarden Basenpaare in Form codierter Informationen. Wie eine Spiralfeder ist dieser nur etwa sieben Trillionstel Zentime-

---

30 Schrödinger, Erwin: „Was ist Leben?", Wien 1945.

ter dicke Strang wie ein extrem dichtes Knäuel im Kern jeder menschlichen Zelle auf nur etwa einem Milliardstel Kubikzentimeter Raum eingerollt. Die im Zellkern liegende DNS teilt sich dabei buchstäblich auf. Die Gesamtzahl aller Erbanlagen eines Organismus wird als GENOM bezeichnet.

Der heutige Mensch besitzt in jeder Zelle 46 Chromosomen, davon 22 paarweise vorliegende Autosomen und zwei geschlechtsspezifische Chromosomen X und Y. Chromosomen sind Träger der GENE als kleinste funktionale, genetische Einheit mit jeweils spezifischer Aufgabe. Im Rahmen der Vererbung ist es wichtig, dass alle Erbinformationen möglichst genau weitergegeben werden. Spezielle, von Bakterien hergestellte Restriktionsenzyme teilen die DNS-Stränge in Bruchstücke auf, deren Anfang und Ende sich überlappen, damit Verwechslungen unterbunden werden. Andere Enzyme sind im Rahmen der Polymerase-Kettenreaktion (PCR) für die Vervielfältigung der RIBONUKLEINSÄURE (RNS) zuständig, welche im Rahmen der Zellteilung die eigentliche Informationsübertragung durchführt.

Eine wichtige Rolle bei diesem komplizierten chemischen Umwandlungsprozess spielen Informationsträgersubstanzen, die mit speziellen Frequenzmustern aufgeladen im biophysischen und biochemischen Ablauf des gesamten Organismus Prozessabläufe auslösen, realisieren, steuern und kontrollieren, und zwar bis zum letzten einzelnen Zellkern. Im Rahmen der Aktivitäten dieser Biotransmitter, Hormone, Enzyme etc. spielt bei der Zellatmung und dem Elektronentransport in der Zelle das Protein Cytochrom eine besondere Rolle. Dies gilt ebenfalls bei der Weitergabe der in Erbsubstanzen enthaltenen genetischen Botschaften bzw. Codes für die DNS.

Je länger die Welle der jeweiligen Form und Farbe ist, desto tiefer und intensiver dringen Strahlung und Information in den Körper ein. Höherschwingende Frequenzen transportieren dabei größere Informationspotentiale. Die ultrasensitiven Nervenenden an den PLAQUES der Hautoberfläche reagieren außerdem in der wechselseitigen Kommunikation schneller als die normalen Körperzellen auf von außen einwirkende Informationsimpulse der Photonen, nämlich in der Regel nahezu mit Lichtgeschwindigkeit, also 300 000 km pro Sekunde. Auch dabei spielen geometrische Formen auf der Hautoberfläche eine absolute Schlüsselrolle. Sie wirken wie spezielle Antennensysteme bzw. wie Parabolspiegel für die extraterrestrische Nachrichtenübermittlung. Informationsimpulse des Lichtes werden von den äußeren Gewebeschichten der Haut so aufgenommen, dass blaues Licht 16 x intensiver übermittelt als rotes Licht. UV-Wellen mit 120 bis 280 Nanometer dringen etwa 0,1 bis 0,3 mm in die Haut ein, rotes Licht mit etwa 600 Nanometer ca. 0,55 mm tief und Infrarotwellen mit etwa 1000 Nanometer ca. 1,6 mm. Längere Wellen übertragen dabei vor allem Wärme, kürzere Wellen vor allem kosmische Informationen.

3.4.3 DNS, Farben und Gehirnfrequenzen

Den vier Basenpaaren der DNS kann man auch unterschiedliche Farben- und Gehirnfrequenzen zuordnen, welche auf den Bereich der Alpha-Frequenzen zwischen fünf und acht Hertz herunter zu transformieren sind. Entgegengesetzt zur Oktavierungsreihe können aus dem Frequenzbereich des sichtbaren Lichtes zwischen 350 und 780 Billionen Alpha-Ebenen berechnet werden. Die so errechnete Ziffer entspricht bekanntlich wieder der Anzahl der menschlichen Chromosomen (46). Einzelne Farben stehen dabei in Resonanz mit den nachfolgenden menschlichen Gehirnfrequenzen:

Farbe	Ton	Wellenlänge in Nanometern (Nm)	Frequenz in Billionen-Hertz (Hz)	Gehirnfrequenz in Hertz (Hz)	
Rot	G	690	435	6,2	THETA-Bereich
Orange	A	620	484	6,4	
Gelb	Ais	590	509	7,2	
Limone	H	550	545	7,83*	
Grün	C	520	577	8,2**	ALPHA-Bereich
Türkis	Cis	490	612	8,4	
Blau	D	460	652	9,56**	
Indigo	Dis	440	682	10,0***	
Violett	E	415	725	10,8	
Purpur	F	380	768	12,12	
Magenta	Fis	368	814	12,5****	

* 7,83 Hz entspricht dem untersten Wert der elementaren Schumann-Frequenzen.
** 8,2 Hz und 9,56 Hz sind weitere Werte von Schumann-Wellen.
*** 10,0 Hz entspricht der optimalen Weitergabe kosmischer Informationen.
**** 12,5 Hz stellt eine hohe Lebensenergiefrequenz dar.

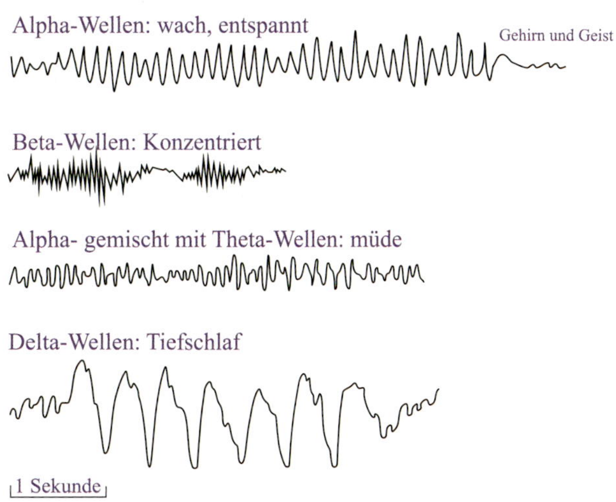

3.5 Das menschliche Auge

3.5.1 Der Sehvorgang

Sehen – das ist die wunderbare Fähigkeit des Menschen, Farben und Objekte zu unterscheiden und als Information zu nutzen. Sehen – das ist unter anderem auch ein erfahrungsabhängiger Entwicklungsprozess, der die strukturelle und funktionelle Organisation des Sehsystems, vor allem der ausgereiften Sehzentren ausmacht. Jeder Mensch hat unterschiedliche Sehfähigkeiten, die von psychologischen und sozialen Faktoren durchaus abhängig sind. Hierdurch haben Farbpsychologen festgestellt, dass die Fähigkeit zu sehen ein wichtiger Organisationsfaktor für die „Welt der inneren Bilder“ darstellt. Mit diesen inneren Bildern bilden wir Menschen das, was wir als unsere Ansicht nach außen repräsentieren. Dementsprechend nimmt der visuelle Sinneskanal einen großen Raum ein, mit dem wir unsere Wahrnehmungsmodelle gestalten. Immerhin lernen wir durch empfundene Bilder individuelle Wahrnehmungen, Perspektiven und innere Vorstellungen mit Gefühlen zu verbinden und zu beschreiben.

Die Funktion des Nervensystems dechiffriert das nötige Potential der Eindrücke und bildet hieraus Sprachstrukturen, mit denen wir die für uns typischen Ansichtsraster beschreiben.

Die stärkste Verbindung scheint zu bestehen zwischen der durch das Auge einfallenden Lichtenergie, erlebbar gemacht durch die entsprechende Farbe, und dem vegetativen, nicht dem Willen unterliegenden Nervensystem der endokrinen Drüsen mit körperinnerer Sekretion und der Psyche. Diese spiegelt den individuellen Seelen- und Gemütszustand wider und steuert damit alle automatisch ablaufenden Körperfunktionen, wie beispielsweise Atmung, Herz- und Kreislauf, Stoffwechsel usw.

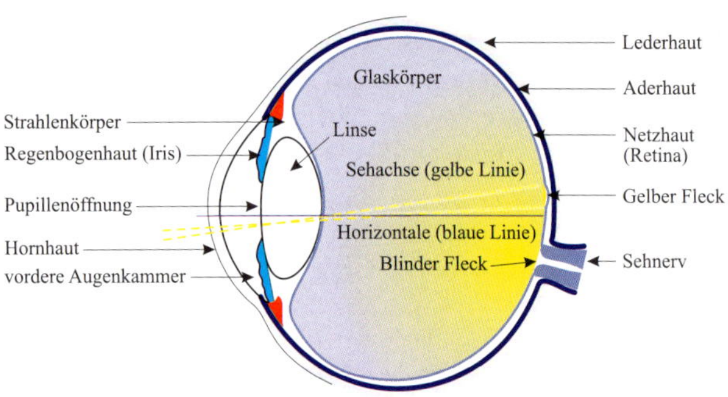

Die genannten Systeme sind mit allen Organen verbunden, sodass die über das Auge wirkenden Farbschwingungen sämtliche bewussten und über das Vegetativum auch unbewussten Bereiche des menschlichen Lebens berühren und damit die jeweils gültige augenblickliche Gesamtsituation des Individuums beeinflussen.

Das menschliche Auge kann Licht als Farben in Wellenlängen und Frequenzen sowie deren Klarheit, Helligkeit und Intensität differenzieren.

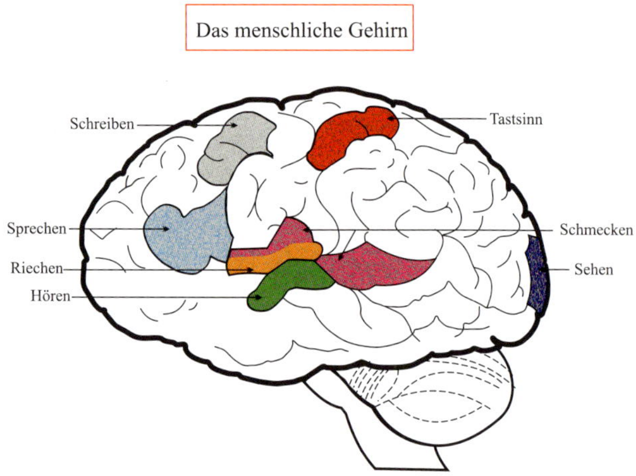

Die Verarbeitung von Sinneseindrücken

Lichtstrahlen fallen über die Augenoberfläche durch die Hornhaut des Auges auf der hierfür zur Verfügung stehenden Fläche in das Augeninnere über den „Sehpurpur“ Rhodopsin, welcher gemäß seiner chemischen Zusammensetzung aus dem eiweißhaltigen Opsin und einer Substanz ähnlich dem Karotin bzw. dem Vitamin A besteht. Bei Lichteinfall löst sich der Sehpurpur in seine einzelnen Bestandteile auf, bei Dunkelheit regeneriert er sich wieder vollständig. Für diesen Umwandlungsprozess werden dem Körper, vor allem dem Blut, dem lymphatischen System und bestimmten Bestandteilen der Haut Vitamin A und Karotin entnommen. Mangel an letztgenannten Stoffen führt deshalb zu mangelnder Regeneration des Sehpurpurs und somit zu beeinträchtigter Sehfähigkeit in der Dämmerung und im Extremfall zu Nachtblindheit. Die menschliche Netzhaut verfügt in ihrem Zentrum, an der Stelle ihrer optimalen Auflösungskapazität, über mehr als 150 000 lichtempfindliche Rezeptoren pro Quadratmillimeter.

Im menschlichen Auge nehmen lichtabsorbierende Pigmente – quasi als „Antennen“ – die Biophotonen des Sonnenlichtes auf. In den äußerst lichtempfindlichen Zellen der Netzhaut (Retina) sind es der Sehpurpur Rhodopsin, die ähnlich strukturierten Farbpigmente der so genannten Zapfen und die für Schwarz- Weiß-Unterscheidungen zuständigen Stäbchen, die durch den biochemischen Prozess der Zerstörung von Sehpurpur aufgrund einfallender

Darstellung der Netzhaut

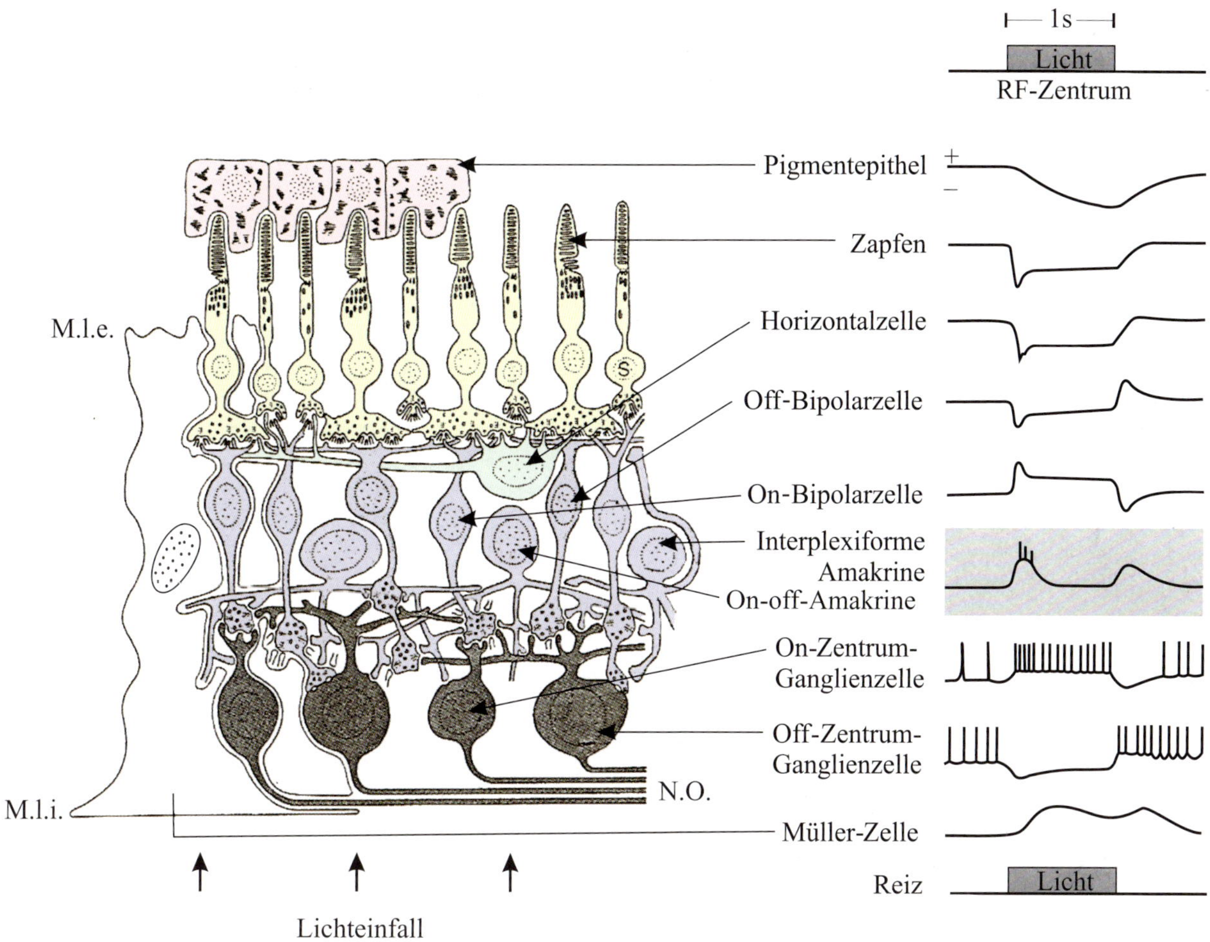

Schwingungen des Sonnenlichtes elektromagnetische Impulse auslösen, die über die so genannte energetische Sehbahn an den Hypothalamus und die Hypophyse einerseits sowie die Epiphyse andererseits weitergeleitet werden. Dies führt zu einer allgemeinen Energetisierung des gesamten Systems. Dabei reagiert die Epiphyse sowohl auf Helligkeitsveränderungen als auch auf die verschiedenen Farben der Spektralverteilung des Sonnenlichtes. Umgekehrt wirkt die Epiphyse aber auch auf die Aufnahme von Sonnenlicht über andere Sinnesorgane zurück, wie z. B. Augen und Haut, und beeinflusst u.a. auch den Abbau bzw. den Aufbau des wichtigen Pigmentes Melanin in der Haut.

Neben den spindelförmig gestalteten Stäbchen verfügt jedes einzelne menschliche Auge über ca. 7 Mio. Zapfen oder Kegel, aufgeteilt in drei verschiedene Kategorien, gemäß ihrer unterschiedlichen Empfindlichkeit gegenüber der Spektralverteilung der Lichtstrahlen. Diese sind für die Farbwahrnehmung, die Sehschärfe, Farbunterscheidung bei intensiver Beleuchtung und visuelle Feinabstimmung verantwortlich. Die drei verschiedenen Arten von Zäpfchen bzw. Kegeln, welche sich in der Ausstattung und Zusammensetzung ihrer Sehpigmente unterscheiden, haben wie beim Farbdrucken Rezeptorpartikel, die auf Lichtstrahlen des Spektralbereiches Blau, Grün oder Gelb reagieren. Die Farbempfindung Rot wird von den Sehpigmenten zweier Zapfenarten, nämlich von Blau und Gelb, ausgelöst. Je nach Schwingungscharakter der Lichtstrahlung von Farbabstufungen im Rahmen der Regenbogenspektralverteilung induzieren bestimmte Vibrationen die Resonanz spezifischer Rezeptoren in den beschriebenen Farbbereichen.

3.5.2 Farberfassung und Farbempfindung

Die Qualität und Intensität der photosynthetischen Farberfassung des menschlichen Auges wird zum einen bestimmt durch Ansprache und Reaktion der drei Rezeptorarten der Zäpfchen sowie durch die Umwandlung der von außen eindringenden optischen Reize mit Hilfe von Transmittern der Retina in elektrische Impulse, die mit einer Geschwindigkeit von 370 bis 400 km/h von nachgeschalteten Nervenzellen zu den einzelnen Körperregionen weitergeleitet werden. Die drei unterschiedlichen Rezeptoren zerlegen also die jeweiligen Farbwerte in drei Einzelkomponenten und geben die erhaltene Information an das Dach des Mittelhirns (CORTEX) als den für die Registration, Unterscheidung, Katalogisierung und Reaktion zuständigen Teil der Großhirnrinde weiter. Instinktive, reflexartige, einfachere und mehr intuitive Aspekte des Sehvorganges werden im älteren und primitiver konstruierten Mittelhirn verarbeitet. Physikalisch gesehen gibt es somit keine Farben, sondern nur bestimmte unterschiedlich aufgebaute Wellenkombinationen der Lichtstrahlen, welche der Mensch (und teilweise die Tiere) subjektiv – je nach Wellenlänge und Frequenz – als bestimmte Einzelfarben oder Farbkombination empfinden.

Wie fast überall im Nervensystem geschieht die Weitergabe von Reizen durch chemische Botenstoffe, so genannte Transmitter. Diese werden freigesetzt in den Kontaktstellen zwischen zwei Nervenzellen, den so genannten Synapsen. Ganglienzellen in der Netzhaut (Retina) empfangen diese Erregung und geben sie an ihre langen Nervenfasern, die Axone weiter, welche die Sehnerven bilden. Letztere bestehen für beide Augen aus der Bündelung von 2 x 6 Axonen. Von hier und durch sie können einzelne Licht- und Farbimpulse über den zweigeteilten Sehnerv und die Sehnervkreuzung an verschiedene Gehirnhemisphären weitergeleitet werden. Ein (kleiner) Teil gelangt also als eigentlicher Sehvorgang in Konstruktion, Reduktion und Umkehrung visueller Bilder zur Sehrinde mit gleichzeitiger Rückspiegelung an bestimmte, für das optische Erkennen zuständige Gehirnpartien des Sehzentrums im hinteren Teil des Stammhirns, wo sich auch die wichtigsten Gedächtnisspeicher befinden.

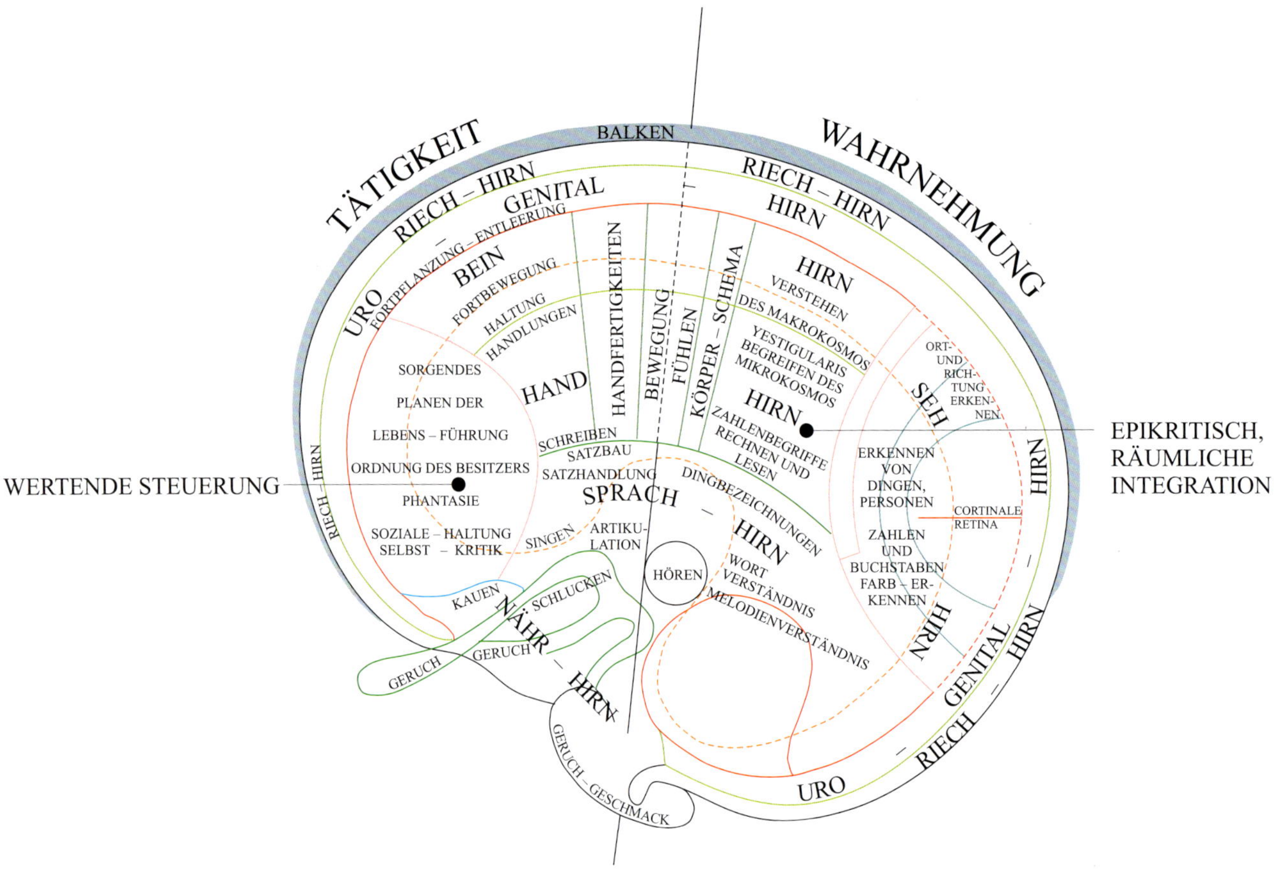

Sinneswahrnehmungen im Großhirnbereich

Die Sehbahn eines Erwachsenen bildet Axone (Nervenfasern), die sich in ihrer Anordnung räumlich trennen. Die Axone enden, von beiden Augen aus gesehen, im seitlichen Kniehöcker in unterschiedlichen Schichten. Benachbarte Netzhautzellen senden elektrische Impulse zu ähnlich gearteten Neuronen im Kniehöcker, deren Axone mit den Nervenzellen der Sehrinde synchron geschaltet sind. In obiger Abbildung ist die Tiefenwahrnehmung beidäugigen Sehens dargestellt.

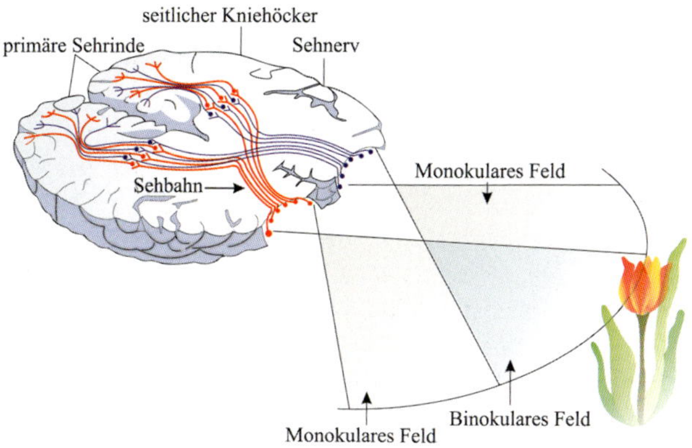

Durch das rechte Auge wird der in der (farbigen) Pupille gefilterte Schwingungsimpuls über die Netzhaut und den Sehnerv zur Sehnervkreuzung (CHIASMA OPTICUM) als zentraler Schaltstelle geführt, von wo aus jeweils sechs Sehnervenfasern den aufgenommenen Reiz an die jeweiligen Sehrindenzellen in der linken Gehirnhälfte weitergeben. Dort findet dann der chemische Prozess der Photosynthese und die Umwandlung von kinetischer und partikularer Energie von Licht und Farbe in elektromagnetische Energie mit entsprechender Informationsweitergabe durch Impulsanregung der Nervenzellen statt. Eindrücke, die über das linke Auge eintreten, werden entsprechend über die Sehrinde der rechten Gehirnhälfte weiterverarbeitet.

Allgemein ist festzustellen, dass der Mechanismus der Farbempfindung im menschlichen Auge dem Funktionsprinzip des Sehorgans folgt, nämlich einer effektiven Anpassung vorliegender Verhältnisse, um eine schnelle und sichere Orientierung zu erreichen. Diesem Prinzip folgt zunächst die mechanische Anpassung des Auges durch Öffnen und Schließen der Irisblende, wobei der innere Regelmechanismus des Systems immer dem „Weg der Mitte" zustrebt. Es ist davon auszugehen, dass die STÄBCHEN der Netzhaut diesen Anpassungsvorgang steuern. Sie sprechen auf Leuchtdichteunterschiede an und ermöglichen vor allem das Dämmerungs- und Nachtsehen. Demgegenüber sprechen die ZAPFEN der Netzhaut erst auf höhere Lichtintensitäten an.

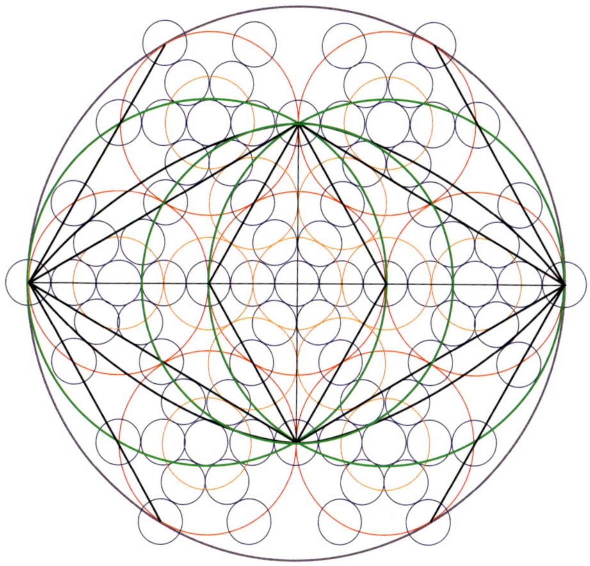

Die morphogenetische Struktur des Auges

Bei letzteren werden drei unterschiedliche Zapfentypen aktiv, die offensichtlich das Tagessehen bei Tag, Dämmerung und Nacht registrieren. Sie sind dabei auf unterschiedliche Wellenlängen- bzw. Frequenzbereiche des farbigen Lichtes ausgerichtet.

Zäpfchen und Stäbchen in der Retina

Die Hellempfindlichkeit wird offensichtlich durch die Anpassungsreaktion der Stäbchen gesteuert, welche auf die Lichtintensität, gemessen in Lux, reagieren. Die Zapfen sind wellenorientiert ausgerichtet und zeigen erst bei höherer Lichtintensität Wirkung.

Beim eigentlichen Sehvorgang gelangen Lichtimpulse von außen auf beide Augen und über diese über die Sehnerven auf bestimmte Netzhautbereiche der Sehrinde. Die Ganglienzellen der Netzhaut geben den Impuls über Nervenfasern des Sehnervs an den Hypothalamus und Thalamus im Zwischenhirn weiter. Kurz hinter der Eintrittsstelle überkreuzen sich dabei die Sehnervenfasern. Sie enden

- im Hypothalamus, der den Tag-Nacht-Rhythmus steuert
- im Mittelhirn, das für die visuelle Aufmerksamkeit zuständig ist und
- im Thalamus, wo die Sinneswahrnehmungen sortiert und verarbeitet werden

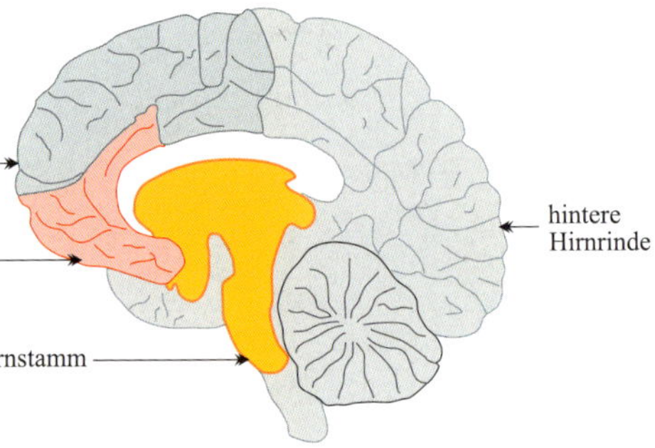

Aufbau des Gehirns

3.5.3 Der Hypothalamus als zentrale Schaltstelle des Gehirns

Der Hypothalamus empfängt von allen Sinnesorganen, vom autonomen Nervensystem und der Psyche sämtliche aufgenommenen, verarbeiteten und weitergeleiteten Informationen in Form spezifischer elektrischer Impulse. Er stellt die Befehlszentrale und wichtigste Schaltstelle im menschlichen Gehirn dar. Er kontrolliert ebenfalls durch Schwingungskontakt die Aktivitäten der Zirbeldrüse, Hypophyse und das wichtige System der sieben endokrinen Drüsen. Diese lösen alle biochemischen, metabolischen Prozesse im Körper aus und kontrollieren auch die Funktion von Hormonen, Enzymen und chemischen Botenstoffen. Die biologischen Transmitter übertragen im Rahmen des eng verzweigten Nervensystems bzw. des Blutkreislaufes und lymphatischen Konzeptes Informationen bis zu der kleinsten und entferntesten menschlichen Zelle.

Der weitaus größte Teil der als Reizimpuls über die Augen eingehenden Informationen dient jedoch nicht dem eigentlichen Sehvorgang und visuellen Funktionen, sondern der Feinsteuerung des gesamten menschlichen Organismus und aller vitalen, nichtvisuellen Funktionen des lebenden Körpers. Hierbei ist die linke Gehirnseite für die analytischen, rationellen und durch die Logik maßgeblich beeinflussten Aufgaben gekennzeichnet, während die rechte Gehirnseite mehr den musischen und intuitiven Anteil an Gehirnarbeit leistet. Die Sehnerven vernetzen diese lichtelektrischen Reize kreuzförmig mit dem Hypothalamus, in dessen Region und Einflusssphären die zwei wichtigsten Steuer- und Regulationsdrüsen des Gehirns, die Epiphyse und Hypophyse, zu finden sind. Von den genannten Drüsen verfolgen die Sehnerven weiter ihre Bahn in das Dach des Mittelhirns, welches für visuelle Aktivitäten zuständig ist. Von dort geht der Weg weiter zu den Schaltstellen des Hypothalamus, wo dann schließlich die Nervenfasern zur Sehrinde umgebildet sind und einen eigenen Teil des Stammhirns ausmachen.

Die Sehrinde befindet sich im ältesten Teil des menschlichen Gehirns, dem Stammhirn. Die Nervenfasern dieser Gehirnzone sind direkt mit den Nervenbündeln des Rückenmarks und der Wirbelsäule verbunden, diese wiederum mit den Nervenplexen, die sich durch den gesamten Körper ziehen. Das durchschnittlich etwa 5 kg schwere menschliche Gehirn besitzt nahezu 100 Milliarden Nervenzellen. Fast alle hochempfindlichen Nervenstränge sind in einer Schutzhülle (Myelinschicht) durch eine fettartige und aus Eiweißstoffen bestehenden Substanz geschützt, die neben der Schutzfunktion auch die Aufgabe übernimmt, Nervensignale besonders schnell mit einer Geschwindigkeit von etwa 100 Metern pro Sekunde durch den gesamten Körper zu leiten.

Obwohl Augen und Gehirn nur etwa zwei Prozent des Körpergewichtes ausmachen, benötigen sie jedoch 25 Prozent des gesamten Energieverbrauchs im menschlichen System. Die Funktionen der Augen alleine erfordern etwa ein Drittel der Sauerstoffmenge, die das Herz bedarf, und absorbieren 15 bis 20 mal mehr Vitamin C als der gesamte menschliche Bewegungsapparat. Sie verarbeiten darüber hinaus mehr von dem menschlichen Intelligenzelement Zink (Farbe: Türkis) als jedes andere Körperorgan, inklusive des Nervensystems und des Gehirns.

Die primären Gesundheitskontrollinstanzen des menschlichen Körpers sind, wie bereits angedeutet, das zentrale Nervensystem und das Netzwerk der endokrinen Drüsen. Beide reagieren besonders empfindlich auf Licht- und Farbimpulse.

3.5.4 Das autonome Nervensystem

Jener Teil des zentralen Nervensystems, welcher interne, endogene Körperfunktionen reguliert, wird autonomes Nervensystem (ANS) genannt. Es ist zuständig für Skelettmobilität, bestimmte Muskelbewegungen, Herzfunktionen und Drüsensekretion. Das ANS hat zwei, in Position und Aufgabe entgegengesetzt gestaltete, polare Teile: den Sympathikus und den Parasympathikus. Das sympathische System hilft dem Körper bei allen Bewegungsabläufen und -aktionen, das parasympathische System hilft bei Wiederaufbau, Regeneration sowie Überwachung und Erhaltung des gesamten Organismus. Je nach Dominanz des Sympathikus oder des Parasympathikus ergibt sich auch die Herztaktfrequenz des Menschen.

Das ANS führt in der Regel lediglich Anordnungen aus, die vom Hypothalamus weitergegeben werden. Dieser wiederum reagiert stark auf Licht- und Farbimpulse, die das Auge einfängt. Der Hypothalamus ist praktisch oberste Steuerungsinstanz und Befehlsleitstelle von Körper und Gehirn, denn er koordiniert, plant, organisiert, kontrolliert und reguliert nahezu alle wichtigen, lebensnotwendigen Funktionen und Abläufe des menschlichen Organismus und ist somit hauptverantwortlich für das generelle Wohlbefinden des Menschen. Der Hypothalamus besteht aus zwei größeren Zonen: Die eine kontrolliert das sympathische Nervensystem und ist verantwortlich für einen Großteil der Erzeugung von Hormonen, Enzymen und anderen chemischen Botenstoffen, den Biotransmittern. Die andere Zone des Hypothalamus kontrolliert das parasympathische Nervensystem und bremst als polar entgegengesetzte Instanz die Herstellung von Hormonen, Enzymen usw.

Alle chemischen Botenstoffe reagieren außergewöhnlich empfindlich auf bestimmte Lichtimpulse. Dabei wählen sie selbst Farben, die tonisierende oder sedierende Eigenschaften haben, aufgrund bestimmter Wellenlängen. Der Nobelpreisträger Albert Szent-Gyorgyi, Entdecker des Vitamin C, hat nachgewiesen, dass Enzyme und Hormone in Verbindung mit bestimmten Lichtimpulsen ihre Molekularstruktur, die chemische Zusammensetzung und ihre Eigenschaften verändern. Hiermit lösen sie im Körper dynamische Prozesse aus, die bis zu 500 mal effektiver sind als im ursprünglichen Ausgangszustand ohne Lichtanregung.

3.5.5 Endokrine Drüsen und chemische Botenstoffe

Die vom Hypothalamus, unter Vermittlung von Licht und Farbe mit elektromagnetischen Impulsen empfangenen, sortierten und weitergegebenen Informationen gelangen zu den sieben endokrinen Drüsen. Diese sind unter anderem für die Erzeugung von Hormonen, Enzymen und anderen chemischen Botenstoffen verantwortlich. Folgende Drüsen gehören zu dieser Gruppe: Hypophyse, Epiphyse, Schilddrüsen, Nebenschilddrüsen, Thymus, Nebennieren, Pankreas (Bauchspeicheldrüse), männliche Hoden bzw. weibliche Eierstöcke.

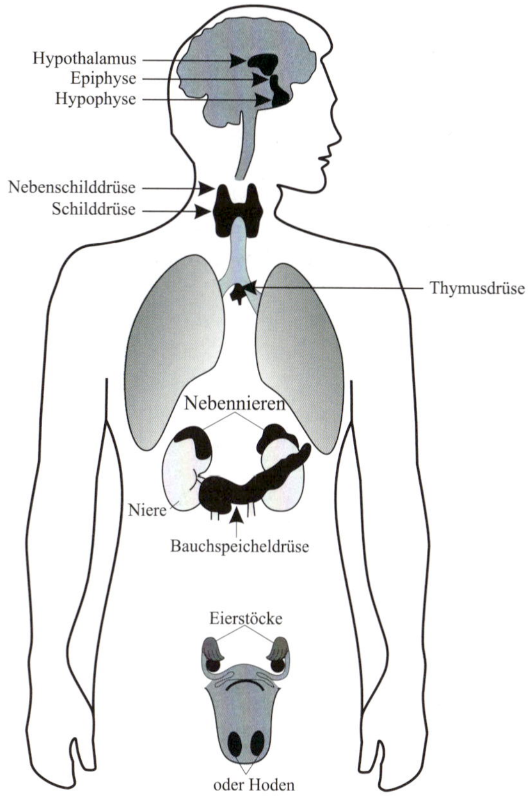

Transmitter wiederum steuern vielfältige, chemische Prozesse bis hinein in die einzelnen Zellen sowie darüber hinaus den gesamten Stoffwechsel des menschlichen Systems. Hierbei werden die genannten Botenstoffe entweder in die Nervenbahnen eingeschleust oder direkt über die Blutbahn in alle Körperteile, Organe, Gewebeverbände und Einzelzellen verteilt.

Bestimmte Gruppen von Nervenzellen im Hypothalamus regulieren auch die Ausscheidung bestimmter Hormone durch die Hypophyse. Diese sind, neben anderen Neurotransmittern, für die Weitergabe der Informationsimpulse und Frequenzmuster an die einzelnen Zellen verantwortlich. Von den derzeit bekannten ca. 50 Transmittern bestehen die meisten aus Monoaminen oder Aminosäuren, die wiederum in unterschiedlichen Molekularstrukturen gruppiert sind und ausschließlich in den angeführten Farben wirken:

• Sauerstoff	Blau
• Stickstoff	Grün
• Wasserstoff	Rot
• Schwefel	Limone
• Kohlenstoff	Gelb

Wiederum ist festzustellen, dass die Elementen- und Farbverteilung der Biotransmitter im Kleinen der gesamten chemischen Zusammensetzung des Menschen als biochemisches System im Großen genauestens entspricht.

Der Hypophysenvorderlappen kontrolliert die Tätigkeit von Schilddrüsen, Nebennierenrinden, Keimdrüsen, Brüsten sowie das Wachstum der Hauptskelettteile, der wesentlichen Muskeln und weiblichen inneren Organe. Der andere Teil der Hypophyse, der Hypophysenhinterlappen, beeinflusst unter anderem die Arbeit von Brustdrüsen und Nieren und von männlich angelegten Organen.

Die wichtigste, vom Hypothalamus gesteuerte Drüse des endokrinen Systems ist – neben der Hypophyse die Epiphyse oder Zirbeldrüse, deren Hauptaufgabe darin besteht, den Menschen mit dem gesamten Universum in einen rhythmisch-harmonischen Gleichklang zu bringen. Deshalb wird sie auch gerne direkt oder indirekt mit dem so genannten „dritten Auge“ in Verbindung gesetzt.

KOMMUNIKATIONSZENTREN UND SPEICHERZONEN DES MENSCHLICHEN GEHIRNS

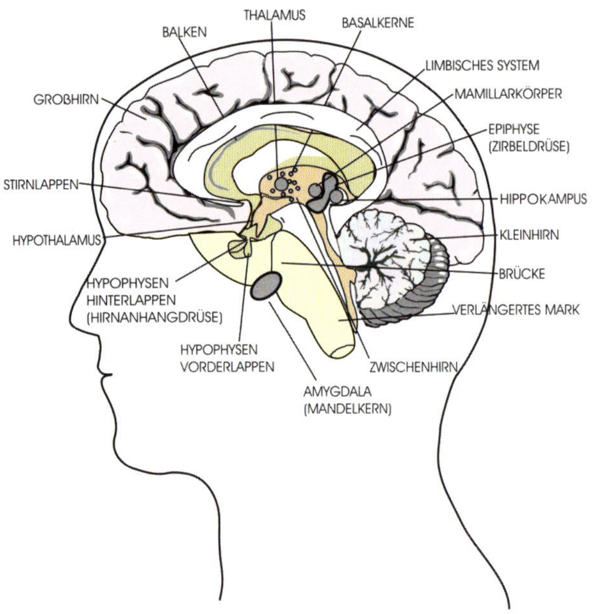

In der Form einem erbsengroßen Pinienzapfen ähnelnd, sitzt die Epiphyse tief und gut geschützt zwischen den beiden Gehirnhälften hinter und oberhalb der Hypophyse. Die Hauptaufgabe dieser wichtigen Drüse besteht in der Übertragung von Informationen, die mit Rhythmus, Dauer und Wechsel des Tageslichtes sowie den Jahreszeiten zu tun haben, um so den harmonischen Gleichklang zwischen Natur und menschlicher Biologie herzustellen. Darüber hinaus ist sie zuständig für feinste Messungen des Lichts, Empfang von Lichtinformationen über die Augen, Auswahl und Einstufung derartig empfangener Botschaften sowie generell für die Einordnung der elektromagnetischen Schwingungen des Kosmos, der Erde und aller lebenden und strahlenden Substanzen dieses Planeten.

Aufgrund der detaillierten Auswertung lichtbeeinflusster Frequenzmuster entscheidet dieses Organ auch über die Erzeugung, Ausschüttung und Verwendung des hochwirksamen Eiweißpigments Melatonin, welches mittelbar und unmittelbar durch den Blutkreislauf alle der mehr als 100 unterschiedlichen, mit der „inneren biologischen Uhr“ des menschlichen Systems gekoppelten Körperfunktionen steuert. Sie hat somit, über Licht und Farbe, einen bedeutenden Einfluss auf Fortpflanzung, Wachstum, Körpertemperatur, Schlaf- und Tagesrhythmus, Immunsystem, Gemütsverfassung, Stoffwechsel, Denkaktivitäten usw. Nachdem die Melatoninzufuhr des menschlichen Organismus mit zunehmendem Alter abnimmt, könnte dieses Hormon auch für den Alterungsprozess von entscheidender Bedeutung sein.

Neben dem Neurotransmitter Melatonin ist ebenfalls von großer Bedeutung das Hautpigment Melanin und sein Gegenstück im Nervensystem, das Neuromelanin. Beide Stoffe steuern, fast lautstark als Schlüsselmolekül in der Organisation lebender Systeme, eine große Vielzahl biologischer Prozesse. Beispielsweise besteht Melanin aus Neurotransmittern, die in der Lage sind, Lichtenergie in Geräusche, Töne und Klänge zu verwandeln und umgekehrt. Neuromelanin, ebenfalls ein Produkt unseres Gehirns, dient als Schlüssel zum Verständnis der Evolution, der embryonalen Entwicklung, der Geweberegeneration, der homöostatischen Regulation des Bewusstseins sowie allgemein als Auslösefaktor für unkontrollierbare Gemütszustände. In Zusammenarbeit mit speziellen Nervenzellen, den Glias, bildet das Neuromelanin eine subtil angelegte Matrix für die gesamte mentale Organisation der verschiedenen Gehirnpartien. Durch seine Vernetzung mit Neurotransmittern, den Gliazellen, seiner Verbindung zum Hypothalamus, dem autonomen Nervensystem sowie den endokrinen Drüsen ist es in der idealen Position, alle Selbststeuerungsprozesse im Körper, inklusive des Immunsystems, homöostatisch zu regeln. In der Lagerform Lippofuszin als ein eisenfreies, braunes Pigment schafft das Melanin darüber hinaus eine Art holografischen Film für langfristige Erinnerungen, indem es dünne Schichten von halbleitendem Material im Gehirn ablegt und lagert.

Durch die komplexe Reorganisation anderer Moleküle über das Melanin mit Hilfe seiner Zweiwegefähigkeit zur Umwandlung von Energie bietet das Melanin-Modell eine wissenschaftliche Basis für Therapie, die auf Licht, Farbe, Ton, Akupunktur, Bio-Feedback und andere Selbstregulierungstechniken des menschlichen Systems beruht.

3.5.6 Das Immunsystem

Wie das Nervensystem und die endokrinen Drüsen durchdringt auch das Immun- oder lymphatische System die meisten Teile des menschlichen Körpers. Alle Einzelbestandteile zusammen wiegen knapp ein Kilogramm. Dazu gehören etwa eine Billion Lymphozytenzellen sowie 160 Trillionen von diesen produzierte und über den Blutkreislauf im Körper freigesetzte spezielle Moleküle, welche quasi als Polizisten nach einem vorgegebenen Frequenzmuster mit detaillierter Informationsstruktur die Ausgewogenheit und den reibungslosen Funktionsablauf des menschlichen Organismus sicherstellen.

Im lymphatischen System werden die „Wächtermoleküle" über die Große Vene (VENA SUBCLAVIA) hinter dem Schlüsselbein in den Blutstrom eingeführt. Wichtige Schaltstellen sind auch das Knochenmark, der Thymus, die Milz und die Lymphknoten. Es findet ein ständiger Auf- und Abbau an verschiedenartigen Lymphozyten im System statt. Ihre spezifischen Strukturen, auf welche Antikörper reagieren, nennt man Epitope, bestimmte Formelelemente auf den entsprechenden Molekülen Antigene. Eingeschlossen hierbei sind zahlreiche Proteine, wie Enzyme, Hormone und weitere, chemische Botenstoffe. Jedes der zahlreichen Proteinmoleküle besteht wiederum aus Polypeptidketten mit Hunderten von Aminosäuren. Etwa zehn Aminosäuren bestimmen in der Regel die Struktur eines Epitops, wobei auch hier das für die Mitochondrien wichtige CYTOCHROM C als Epitop eine bedeutende Rolle spielt.

Das Immunsystem ist in der Lage, in diesem hyperkomplizierten Gefüge feinste Unterschiede bzw. Diskrepanzen auszumachen, verformte, „mutierte", kranke Zellen zu lokalisieren, zu isolieren und rettende Antikörper zu bilden.

Lymphozyten werden ursprünglich von entsprechenden Stammzellen im Knochenmark gebildet. Sie spalten sich auf in T-Zellen, die auf ihrem Weg in das Gewebe die Thymusdrüse durchqueren, sowie B-Zellen, die, in der Form identisch, den Thymus umgehen. Allein die B-Zellen produzieren Antikörper, aber T-Zellen sind in der Lage, Epitope zu erkennen, stark deformierte Tumorzellen abzutöten, Gewebetransplantate abzustoßen und die B-Zellen bei der Stimulation durch die Epitope zu unterstützen. Die Schwingungfrequenzen des lymphatischen Systems und der B-Zellen sind identisch mit der Farbe Limone und jene der T-Zellen in der wichtigen Thymusdrüse entsprechen denjenigen der Farbe Türkis.

Gefahren bestehen für Zellen, die mit schwächerer Energie versorgt werden. Die orthomolekulare Medizin bezeichnet die Gefahrenträger als so genannte „freie Radikale". Diese sind instabile Atome mit außer Kontrolle, Rhythmus, Ordnung und Synchronisation geratenen Elektronen, welche die Schutzmembran der Körperzellen bombardieren und zerstören können. Wegen ihres Zwanges zur chemischen Oxydation können sie sogar lebenswichtige Funktionen von DNS und Nervenzellen verändern. Diesem langsamen und anhaltenden Zerstörungsprozess kann durch die Aufnahme bestimmter Nahrungsmittel, Spurenelemente oder Vitamine entgegengewirkt werden. Farben repräsentieren bestimmte chemische Elemente und deren Schwingung, die einem Verlust orthomolekularer Ingredienzen vorbeugen, diese sogar neu bilden. Im Besonderen gilt dies für Betakarotin, die Vitamine A, B, C, D, die Elemente Selen (Farbe Orange), Zink (Farbe Türkis), Germanium (Farbe Limone), Sodium (Farbe Gelb), Calzium (Farbe Orange) und Magnesium (Farbe Gelb).

3.6 Die menschliche Haut

3.6.1 Haut und Head'sche Zonen

Die geeignetste Einwirkung auf diese Kraftlinien von außen und damit wiederum auch der gezielte Einsatz von heilenden Licht- und Farbenergien kann über die Haut erfolgen. Die Haut ist das flächenmäßig bei weitem größte Organ des Menschen. Je nach Körpergröße umfasst es zwei bis drei Quadratmeter und wiegt 10 bis 12 kg. Es grenzt den einzelnen ab, von innen nach außen und von außen nach innen.

Eine besondere Bedeutung kommt dabei den Head'schen Zonen zu, einer Aufteilung der Hautsegmente, die von dem englischen Neurologen Sir Henry Head (1861 bis 1940) vorgenommen wurde, um neuronale Zusammenhänge zwischen der Haut und den einzelnen Körperorganen sichtbar zu machen.

DIE „HEAD'SCHEN ZONEN" UND IHR ZUSAMMENWIRKEN MIT EINZELBEREICHEN DER WIRBELSÄULE

Im menschlichen Körpersystem erfolgt die Systemsteuerung über bestimmte Steuerzentren und Alarm- bzw. Energiepunkte. Diese sind vor allem zwischen dem Steiß und dem Scheitel verteilt, beispielsweise auf dem Kopf über dem Balken, dem Corpus Callosum in Verlängerung der Nasenwurzel, über der Nasenwurzel vor dem „3. Auge" auf der Stirn, an den Halswirbeln, über der Thymusdrüse; im Herzbereich, unterhalb der Schulterblätter auf dem Rücken und auf der Brust, über dem Solar Plexus oberhalb des Nabelbereiches, an den Handwurzeln, auf dem Rücken der rechten Hand, über dem Genitalbereich unterhalb des Nabels, über dem Steiß am Rücken, in den Handinnenflächen, im Innenbereich beider Knie und innerhalb der Fußsohlen. Sie haben einen direkten Bezug zu bestimmten Körperzonen zur Organsteuerung und über diese zu Einzelbereichen der Wirbelsäule. Letztere bezeichnet man nach ihrem Entdecker als „HEAD'SCHE ZONEN".

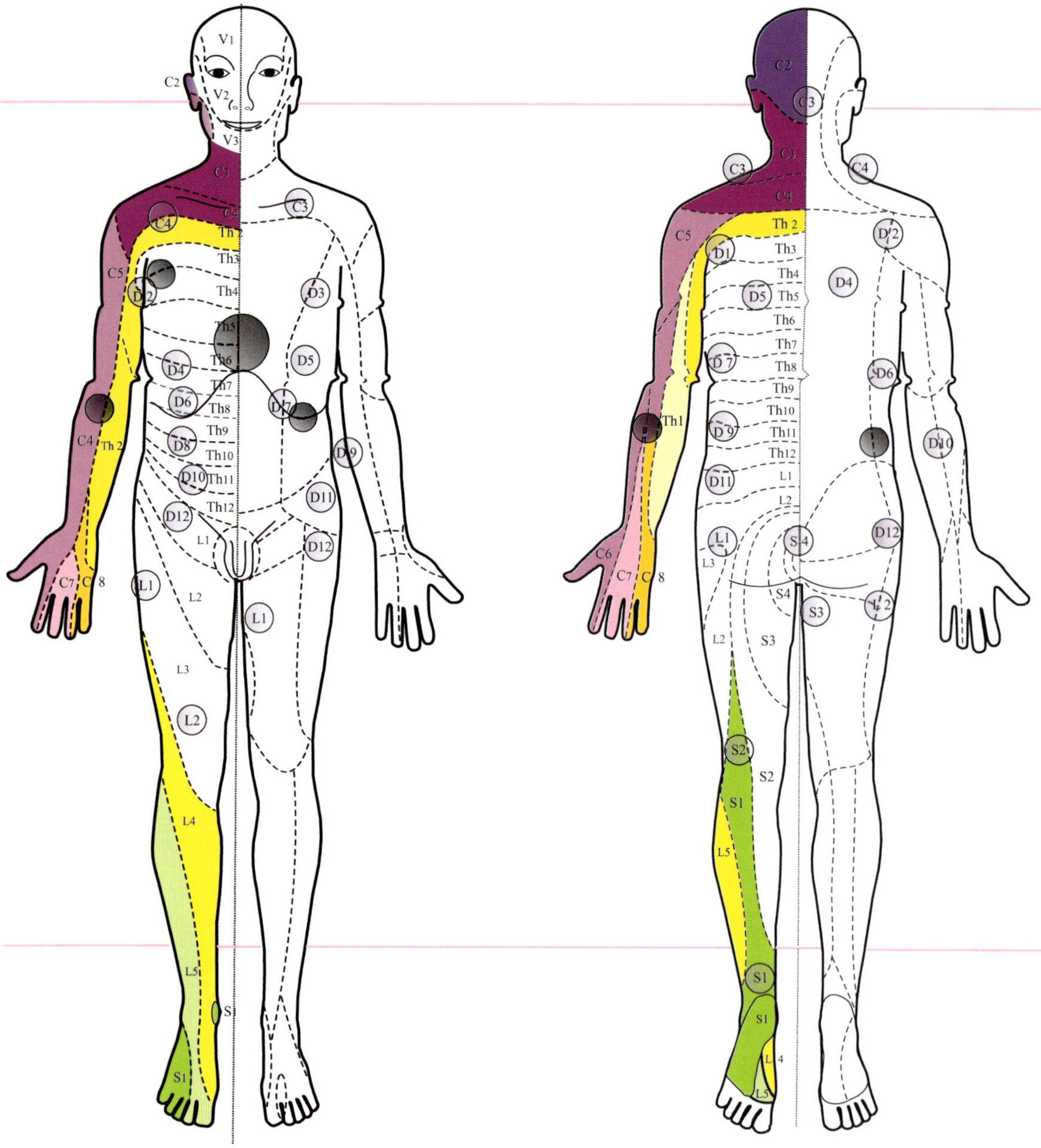

3.6.2 *Schwingungsfrequenzen auf der Hautoberfläche*

Der Mensch besitzt in jedem Quadratzentimeter Haut viele Millionen von aufgeladenen Magnetiten, daneben unzählige kleinste Quarzkristalle, die mit etwa 100 000 Hertz Frequenz schwingen – gegenüber Frequenzen von ca. 300 000 Hertz im psychisch-emotionalen Bereich und auf der Instinktebene sowie über 10 000 Impulsen pro Sekunde auf der Ebene von Bewegungsabläufen und Motorik.

Das bedeutet, dass wir über die Haut in einem permanenten Informationsaustausch mit unserem Heimatplaneten stehen. Interessant dabei ist, dass sich die wichtigste Frequenz der fundamentalen elementaren „Schumann-Wellen" von 7,83 Hz auf der Körperoberfläche im Bereich der linken Schulter (= emotionale Ängste), der Lymphdrüsensteuerpunkte unterhalb des rechten Ohres (= Loslassen alter Muster, starrer Gefühlsmuster), des Magenbereiches (= emotionaler Druck, Ohnmacht) sowie des linken Unterschenkels (= starre karmische Emotionalprogramme, Identitätsverlust) finden lässt. „Mutter Erde" versucht also, uns Menschen über die Haut in die physische und vor

SCHWINGUNGSFREQUENZEN DER MENSCHLICHEN KÖRPEROBERFLÄCHE (HAUT)
– IN HERTZ –

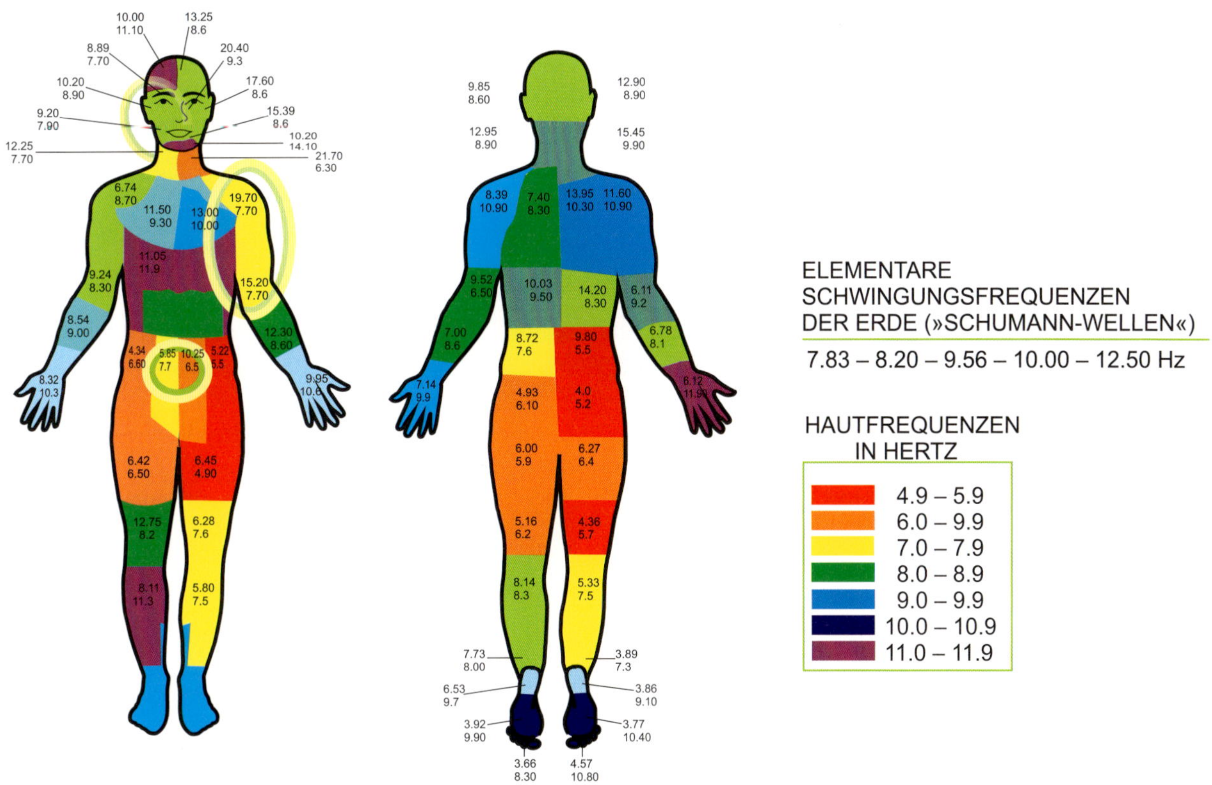

Auf der Hautoberfläche ergeben sich Schwingungsfrequenzen ähnlich jenen der Erde, im Bereich der elementaren SCHUMANN-WELLEN festzustellen, wie folgt:

7,83 – 8,20 – 9,56 – 10,00 und 12,50 Hz

allem emotionale Harmonie zu führen, indem wir alte, starre, negative Gefühlsmuster anschauen, annehmen und umpolen sollen.

Die Photonen als masselose Lichtquanten und Trägereinheiten der im Licht und den Farben enthaltenen universalen Lebenskraft treffen auch als kinetische Energiesubstanzen auf die Hautoberfläche auf und dringen in diese und das entsprechende Bindegewebe ein. Dies erfolgt in Form partikelenergietragender Reizfaktoren je nach Schwingungsstärke unterschiedlich tief, jedoch bis zu 15 Millimeter. Ein erwachsener Mensch hat, über den ganzen Körper verteilt, etwa 12 kg Haut. Eingedenk dessen kann leicht nachvollzogen werden, welche ungeheure Vielzahl von Einzelimpulsen und welche bedeutende Mannigfaltigkeit wesentlicher biophysikalischer und chemischer Prozesse von diesem flächenmäßig größten Organ des Menschen mit entsprechenden Resonanzwirkungen laufend aufgenommen werden und von ihm ausgehen. Dies ist besonders für die Behandlung so genannter psychosomatischer Krankheiten durch Licht und Farbe über die Haut von Bedeutung.

Als Kommunikationsträger dienen dabei sowohl die Lymphkanäle als auch die Blutgefäße und ein spezielles neuronales Netz knapp unterhalb der Hautoberfläche. All diese unabhängig voneinander zirkulierenden Systeme durchziehen den gesamten Körper. Sie übertragen die von außen durch Licht und Farbe empfangenen Impulse innerhalb des gesamten, organischen Verbandes und geben sie in Form von Informationsimpulsen über das Rückenmark an die entsprechenden Gehirnregionen weiter. Dort werden sie katalogisiert, dekodiert und als Frequenzmuster – also als quantitativ aussagekräftige und richtungsgebende Informationsparameter – an die entsprechenden Nervensysteme und Zellverbände weitergeleitet. Diese folgen sodann der erteilten Anweisung und führen sie aus, was wiederum Rückwirkungen auf den Gleichgewichtszustand des gesamten Organismus hat, d. h. die dynamische Ausbalancierung von Gesundheit und Krankheit.

Jede stoffliche Molekularstruktur, d. h. jedes Material welcher Art auch immer, hat im hohen Frequenzbereich von Milliarden und Billionen Hertz gewisse elektrische Leitfähigkeiten und baut bestimmte elektromagnetische Felder auf. Diese werden entsprechend exakten geometrischen Formen und aufgrund von durch diese einwirkenden Informationen, beispielsweise über Photoneneinheiten oder Elementarteilchen des Lichtes und der hieraus resultierenden Schwingungsenergie, abhängig vom Einfallswinkel (Spin) polarisiert. Sodann lösen sie eine gewisse Abstrahlung stehender kohärenter Wellen im Wechselspiel mit entsprechenden elektromagnetischen Feldern aus. Von jeder Farbe und von jeder geometrischen Form geht je nach Informationsaussage und -potential ein für diese Struktur typisches Ladungsmuster aus, welches dann entsprechend ab- und ausgestrahlt wird und identische, harmonische Resonanzen sucht. Es besteht im Rahmen dieses Vorganges sowohl quantitative als auch qualitative Kommunikation. Eine bedeutende Rolle bei diesem für den menschlichen Organismus lebensnotwendigen Austausch von Kommunikationen und Informationen durch Schwingungen in einem bestimmten Rhythmus kommt speziellen Antennensystemen auf der Haut, den PLAQUES, zu, welche die Gestalt exakter geometrischer Formen haben.

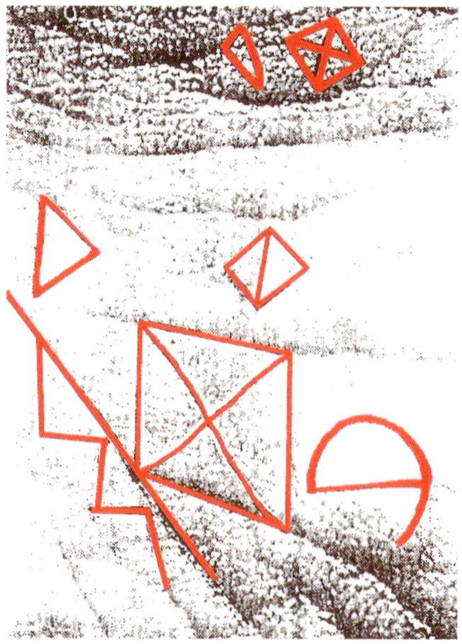

Der gezielte Einsatz von heilenden Licht- und Farbenergien kann und sollte über die Haut erfolgen, um eine optimale Wirkung zu erzeugen. Das Bindegewebe der Haut und das Zytoplasma der einzelnen Zelle haben einen ähnlich strukturierten Aufbau. Zwischen beiden besteht ein spezifisches Kommunikationssystem in direktem Kontakt zur Umwelt. Jeder Reiz von außen, insbesondere über Licht und Farben, löst eine Reaktion im Bindegewebe der Haut aus. Diese wird letztlich gemäß dem UMKEHRPRINZIP DER SYSTEMINFORMATION als gegenwirkende Informationseingabe über diverse Trägereinheiten an die entsprechenden Gehirnpartien, insbesondere den Hypothalamus, weitergegeben.

Das Bindegewebe der Haut ist deutlich strukturiert. Transitstrecken im Bindegewebe dienen dem Abtransport von „Zellschlacken“. Werden diese blockiert oder gar zerstört, so treten Stoffwechselstörungen bis hin zum Zelltod auf.

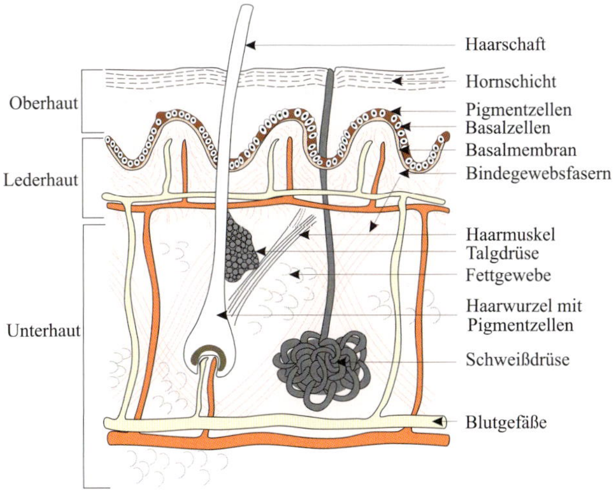

Als Kommunikationsträger dienen dabei sowohl die Lymphkanäle als auch die Blutgefäße. Beide unabhängig voneinander zirkulierenden Systeme durchziehen den gesamten Körper, alle Organe, Gewebe- und einzelnen Zellverbände. Sie übertragen die von außen durch Licht und Farbe empfangenen Impulse innerhalb des gesamten organischen Verbandes und geben sie ausschließlich in Form von Informationen über das Rückenmark an die entsprechenden Gehirnregionen weiter, wo sie katalogisiert, dekodiert und als Frequenzmuster und damit als qualitativ aussagekräftige und richtungsgebende Informationsparameter an die in Frage kommenden einzelnen Nervensysteme und Zellverbände weitergegeben werden. Diese folgen sodann der erteilten Anweisung und führen sie aus, was wiederum Rückwirkungen auf den Gleichgewichtszustand des gesamten Organismus hat, d. h. der dynamischen Ausbalancierung zwischen Gesundheit und Krankheit dient.

Die Photonen als Trägereinheiten der im Licht und der Farbe enthaltenen universalen Lebenskraft treffen als kinetische Energiesubstanzen auf die Hautoberfläche auf und dringen in diese und das entsprechende Bindegewebe als partikel-energiegeladene Reizfaktoren, je nach Schwingungsstärke unterschiedlich weit, jedoch bis zu 15 mm tief ein.

Insgesamt 6 + 6 = 12 Hauptmeridiane sowie 12 Nebenmeridiane und 8 Sondermeridiane durchziehen den menschlichen Körper als Energiekanäle und lassen die universale Vitalenergie dadurch in alle Körperteile, Organe, Zellen und Gewebe fließen. An bestimmten Kreuzungsstellen bzw. Akupunkturpunkten (insgesamt ca. 354 bedeutenden sowie 1100 wirksamen) können die unterschiedlichen Energieflüsse am geeignetsten lokalisiert und wechselseitig beeinflusst werden.

Der physische Körper des Menschen besteht – wie alle materiellen Manifestationen des Kosmos – aus einer bestimmten Zusammensetzung chemischer Elemente, also nicht teilbarer atomarer Ursubstanzen, die alle energetisch bestimmten Farben entsprechen, nämlich:

72,0 %	Sauerstoff	=	Blau
13,4 %	Kohlenstoff	=	Gelb
9,1 %	Wasserstoff	=	Rot
2,5 %	Stickstoff	=	Grün
1,3 %	Calcium	=	Orange
1,2 %	Phosphor	=	Limone
0,5 %	Schwefel, Spurenelemente		
100,0 %			

Jedes chemische Element gibt in angeregtem Zustand elektromagnetische Schwingungen ab, die im Rahmen des Spektrums bestimmte schwarze Linien und farbige Bänder, so genannte Spektralemissionen – oder nach ihrem Entdecker „Fraunhofer'sche Linien“ genannt, sichtbar machen lassen. Für jedes spezifische Element der derzeit bekannten etwa 108 verschiedenen Elemente sind diese Linien eindeutig unterschiedlich strukturiert und deshalb genau spezifizierbar. In Verbindung mit Licht absorbiert außerdem jedes Element vom Licht und den Farben genau jede Schwingung, die es vorher abgegeben hat.

BOHRSCHES ATOMMODELL und SPEKTRALANALYSE

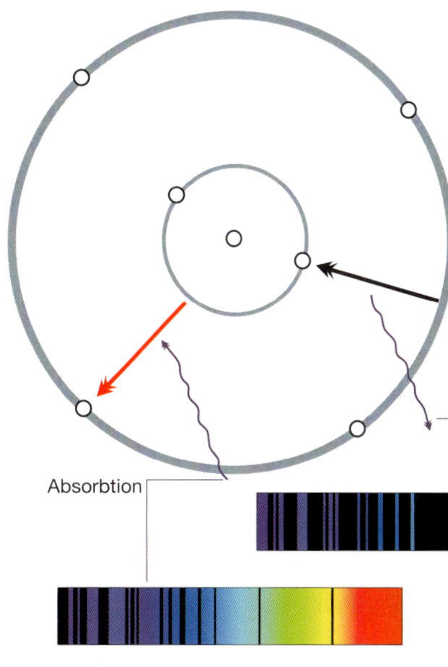

Im Bohrschen Atommodell umkreisen Elektronen den Kern auf festen Bahnen. Die maximale Anzahl von Elektronen ist auf jeder Bahn im ersten Fall auf zwei begrenzt, im zweiten Fall beträgt sie acht. Je höher die Bahn eines Elektrons liegt, desto größer ist seine Energie. Ein Elektron kann zu einer freien Position auf einer anderen Bahn überwechseln, indem es eine Strahlung der Energiemenge aussendet oder aufnimmt, die den Unterschied zwischen diesen Bahnen entspricht.

Wellenlängen, die ein heißes Gas aussenden, erscheinen in einem Spektrum als helle Linien (oben) das kühle Gas absorbiert die gleichen Wellenlängen (links)

Alle Impulse und Schwingungen werden an das Gehirn geleitet, wo bewusste Ausgangsreaktionen in einer Leistung von bis zu 50 Bits pro Sekunde ausgelöst werden.[31] Die etwa 100 Milliarden Nervenzellen des menschlichen Gehirns geben nach Prüfung unterschiedlich sortierte Speicherinformationen und entsprechende reduzierte Einzelimpulse an nachfolgende Kommunikationsträger und einzelne Organe weiter.

Head'sche Zonen verkörpern dabei genau definierte einzelne Hautbereiche, welche aufgrund von Metameren und des exakt gegliederten Körperaufbaus des Menschen durch spezielle Nervenbahnen mit bestimmten inneren Organen (ähnlich Meridianen und Akupunkturpunkten) verbunden sind und durch Farbimpulse beeinflusst werden können. (Vgl. hierzu auch die Ausführungen auf den Seiten 116ff.)

31 Vgl. W. Hauss, G. Junge-Hülsing, U. Gerlach: „Die unspezifische Mesenchymreaktion.“ Georg-Thieme Verlag, Stuttgart, 1968

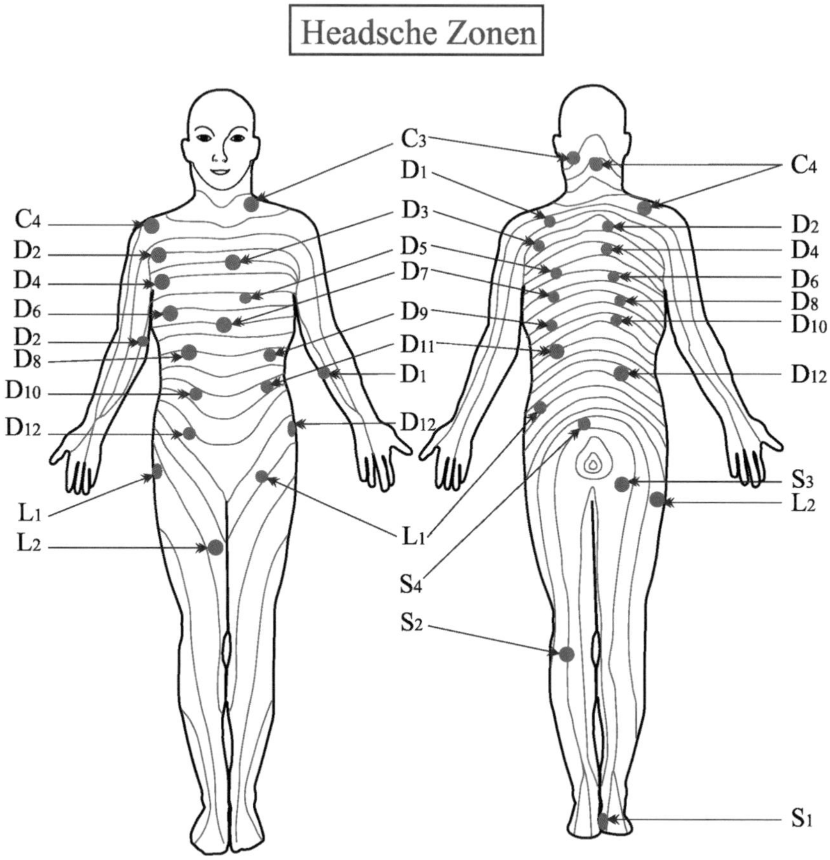

3.7 *Farben, Materialien und Formelemente von Textilien*

Schon von Anfang seiner Existenz an hat sich der Mensch mit farbigen Textilien umgeben als Kleidungsstück, Geschenkartikel, Tauschmittel, Sakralobjekt, Bodenbelag, Wandbekleidung, Möbelausstattung, Bettbezug usw. Bis zur heutigen Zeit ist dies nicht anders. Gleichgültig, wo wir uns aufhalten und was wir tun, Textilien sind immer dabei und haben einen außerordentlichen großen Einfluss auf unser alltägliches Leben. Aber vermitteln Textilien immer positive Lebensqualität? Wirken sie vielleicht auch negativ – insbesondere über den Fluss der biologischen Funktionen des Menschen und sein Unterbewusstsein?

Wie alle materiellen und immateriellen Substanzen bestehen auch Textilien aus Schwingungen, welche durch Wellenlängen (Amplituden) und Frequenzen (Schwingungen pro Sekunde) charakterisiert sind.

Physik und Biochemie messen diese Wellenlängen und Frequenzen durch das elektromagnetische Feld, das jeder Materieform eigen ist. Diese Schwingungsenergien stehen in ständigem Kontakt und Resonanz zu allem, was existiert. Die neuzeitliche Forschung spricht in diesem Zusammenhang auch von der Aura als einem *Energiekörper lebender Materie*: Mineralien, Pflanzen, Tiere und Menschen. Lebewesen strahlen in Form von biolumineszenter Strahlung elektromagnetische Schwingungen aus, die als regulierendes Kraftfeld den Organismus umgeben und offensichtlich sämtliche biochemischen Vorgänge im Körper bilden und steuern. Alle Substanzen der Umwelt, auch in geringsten Mengen, haben als spezifische Schwingungen Einfluss auf die Lebensfunktion in der Natur, am Arbeitsplatz oder im eigenen Heim. Nur wenn das polare Gleichgewicht dieser elektromagnetischen Kraftfelder in uns erhalten wird und bleibt, ist auch die Harmonie von Körper, Geist und Seele sowie ein positives Verhältnis zur Umwelt gewährleistet. Farbige Textilien spielen hierbei eine bedeutende Rolle.

ENERGETISCHE WIRKUNG von FARBEN auf den MENSCHLICHEN ORGANISMUS

%	SKALA	ORIGINAL	FARBE	KOMPLEMENTÄRFARBE	
100					
	1	Weiß		Schwarz	
	2	Orange		Blau	
90					
	3	Rosa		Lindgrün	
	4	Lindgrün		Rosa	
80					
	5	Scharlachrot		Grünblau	
	6	Rot		Grün	
	7	Purpur		Hellgrün	
70					
	8	Grünblau		Scharlachrot	
	9	Grün		Rot	
60					
	10	Hellgrün		Purpur	
	11	Gelb		Violett	
50					
	12	Gelborange		Indigo	
	13	Ocker		Blaugrau	
	14	Hellgrau		Dunkelgrau	
40					
	15	Blau		Orange	
	16	Beige		Natur	
30					
	17	Violett		Gelb	
	18	Indigo		Gelborange	
20					
	19	Dunkelgrau		Hellgrau	
	20	Braun		Lilagrau	
	21	Schwarz		Weiß	
10					
0					

DIE ENERGETISCHE WIRKUNG VON FARBEN AUF DEN MENSCHEN

%	①	② Biophotonen		③ Energetische Wirkung auf den Stoffbereich des Menschen					④ Kirlianfotographie				⑤ Pflanzenwachstum		⑥ Befragung USA 1990	%		
	Lichtreflexion	*Lichtspeicherfähigkeit*	*Ordnungsgrad*	*Physisch*	*Emotional*	*Mental*	*Spirituell*	*alle Ebenen*	*alle Ebenen*	*Flächenwirkung*	*Ordnungsgrad (+)*	*Energiefluss (+)*	*Kirlian*	*Vers.*		*M*	*W*	*E*
	Weiß	Weiß	Weiß				Orange											
100	Goldgelb					Orange	Peach Rot	Orange	Schwarz	Schwarz		Dunkelblau		Weiß	1 Blau	16.66	17.0	33.66
90	Gelb Rot		Violett	Helle Komb. Limone Rot Orange	Helle Komb. Orange	Rot	Helle Komb. Violett Grün Türkis	Helle Komb. Türkis Rot	Dunkelblau	Dunkelblau	Schwarz	Schwarz	Rot	Blau				
80	Orange Graublau	Violett Rot Beige	Gelb Grün	Grün Weiß	Rot Limone Grün Türkis	Grün Helle Komb. Limone Türkis		Grün Limone Türkis Weiß			Dunkelblau	Türkis			2 Rot	8.33	8.5	16.83
70		Grün Gelb	Beige Rot	Türkis Peach	Weiß Peach Graublau Hellgrau	Weiß Hellgrau Beige Graublau	Weiß Beige Hellgrau Graublau	Graublau Beige Grau Peach	Türkis	Türkis	Türkis	Orange	Blau	Rot	3 Grün	5.33	7.5	12.83
60		Orange	Dunkelblau	Hellgrau Graublau Gelb Ocker	Gelb Ocker	Gelb Natur Ocker	Gelb Ocker	Gelb Ocker	Gelb	Grün Orange	Grün	Grün	Gelb		4 Gelb 5 Orange	4.66 4.16	4.5 4.33	9.16 8.5
50			Orange	Natur	Natur	Dunkelblau	Natur Dunkelblau	Natur Dunkelblau Dunkelgrau	Grün Rot Violett	Gelb	Orange Gelb Rot	Gelb			6 Violett	2.66	3.5	6.16
40	Grün	Dunkelblau		Dunkelblau Dunkelgrau	Dunkelblau Dunkelgrau	Dunkelgrau	Dunkelgrau		Rot Orange	Rot Violett	Weiß	Rot	Grün		7 Türkis	0.5	3.33	3.83
30				Braun	Braun	Braun Schwarz	Braun Schwarz	Braun	Weiß	Weiß	Violett	Weiß			8 Schwarz 9 Braun	1.66 1.16	1.13 0.83	2.83 2.00
20	Dunkelblau	Schwarz	Schwarz		Schwarz			Schwarz				Violett		Schwarz	10 Weiß 11 Silber	0.5 0.16	0.66 0.5	1.16 0.66
10	Schwarz			Schwarz											12 Gold	0.66	0	0.66
0																		

Die wichtigsten Komponenten textiler Erzeugnisse wie Fasermaterial, Oberflächenstruktur, Designelemente und Farbkompositionen haben alle auch nach Auffassung der modernen Biophysik eigene elektromagnetische Kraftfelder mit entsprechenden Auswirkungen auf das lebende Biophotonenfeld. Krankheiten haben ihre Ursache in Disharmonien auf dieser Ebene, die durch spezielle Techniken der Hochspannungs- oder Niederfrequenzphotographie wie dem *Kirlian*-Verfahren bzw. *Colorplate* und *Plasmaprint* (Bioplasmaforschung Dr. Dieter Knapp, Fürth/Odenwald) sichtbar gemacht werden können.

Im gesamten Zustand zeigt das Biophotonenfeld der Zellen eine stabile Ordnungsstruktur zwischen Innen und Außen, Chaos und Ordnung, wobei die entsprechenden Strahlen wie beim Laserlicht eine starke, intakte Bündelung (Kohärenz) der einzelnen Elemente haben und damit die Fähigkeit, auf alle negativen Einflüsse von außen flexibel und positiv zu reagieren und diese zum harmonischen Idealzustand hin auszugleichen.

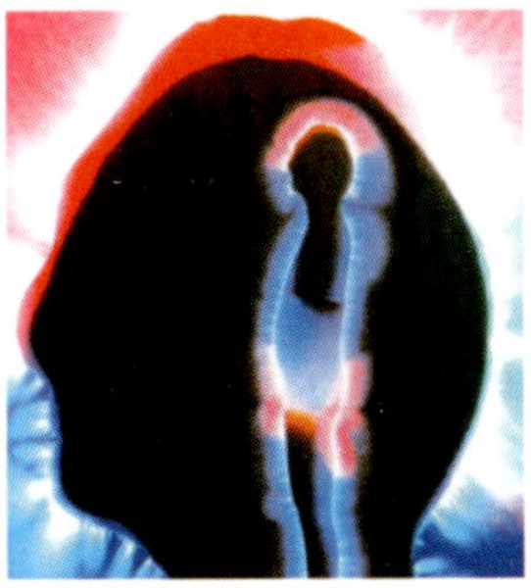

Garne als notwendige Bausteine zur Herstellung von Textilien bestehen aus natürlichen Materialien oder aus synthetischen Komponenten. Naturfasern haben ihren Ursprung in Mineralien (Asbest-, Kupfer-, Glasfasern), Pflanzen (Hanf, Leinen, Baumwolle, Zellulose) oder werden von Tieren gewonnen (Seide, Kaschmir, Vicuña, Angora, Mohair, Wolle). Entsprechend ihrem Ursprung haben alle diese Fasern eine unterschiedliche molekulare Struktur, individuelle Schwingungspakete und Frequenzmuster und damit abweichende elektromagnetische Felder und technische Eigenschaften.

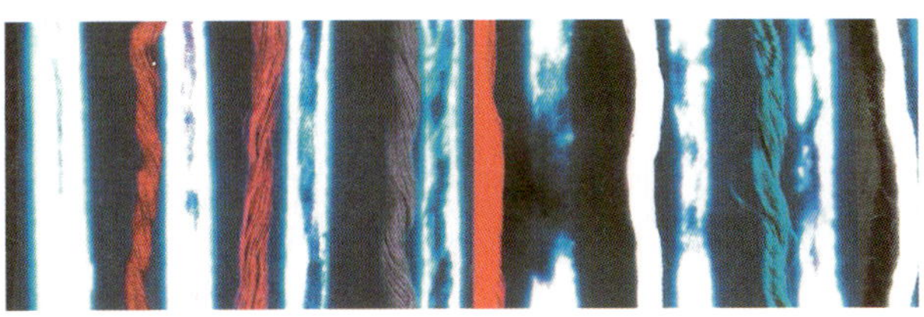

Je nach Gestaltung, Form, Frequenz und Informationsmuster des Individuums sind die festzustellenden Effekte und Trage-Eigenschaften positiv oder negativ. Hautallergien, negative Aufladungen, Müdigkeit, Unwohlsein haben ihre Ursache nicht zuletzt auch in Disharmonien der sich überschneidenden Energiekörper und elektromagnetischen Felder von Menschen und Material.

Kirlian-Aufnahmen

Gobelin-gewebte Möbelstoffe in identischem Design und Konstruktion, jedoch unterschiedlicher Materialzusammensetzung.

Aufnahmen Juli 1993

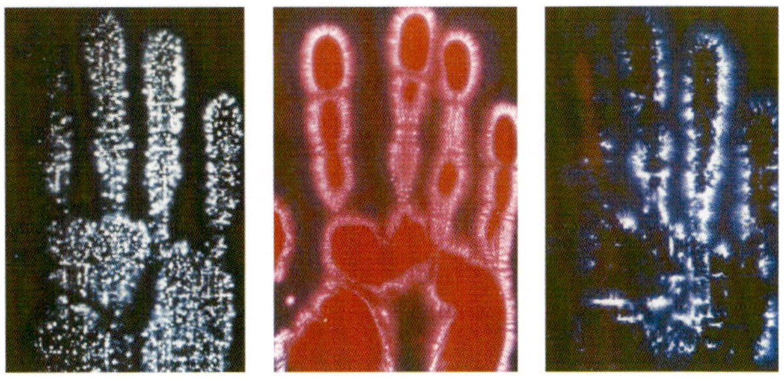

Hand mit Stoffunterlage Wolle | Hand ohne Stoffunterlage | Hand mit Stoffunterlage Baumwolle

Kirlian-Aufnahmen

Gobelin-gewebte Möbelstoffe in identischem Design und Konstruktion, jedoch unterschiedlicher Materialzusammensetzung.

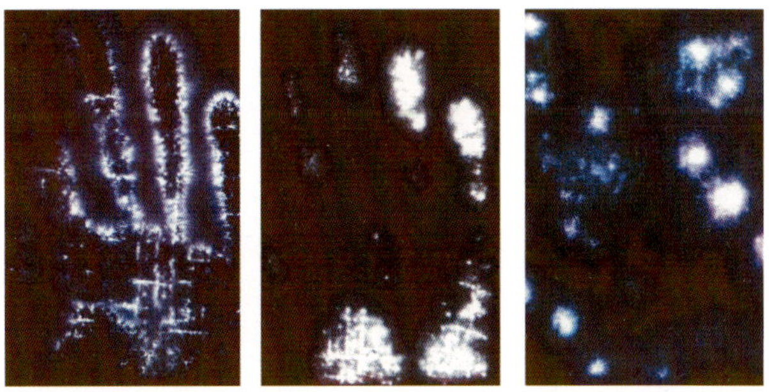

Hand mit Stoffunterlage Baumwolle/Polyester | Hand mit Stoffunterlage Polyester | Hand mit Stoffunterlage Polyester auf Schaumunterlage

Im allgemeinen haben – je nach Ursprung und Alter im Rahmen der Entstehungsgeschichte der Erde und ihrer Bewohner – die Materialien unterschiedliche molekulare Strukturen und Schwingungen mit den entsprechenden Auswirkungen auf das Biophotonenfeld der lebenden Zellen, d.h. Mineralfasern haben langsamere Schwingungsfrequenzen und größere Wellenlängen als pflanzliche oder gar tierische Fasern, wobei Seide die höchsten Frequenzen und kürzesten Wellenlängen zeigt noch vor Viskose und feinen Wollhaaren. Im nahezu harmonischen Mittel liegt die Baumwolle. Sie ist mit ihren magnetischen Kraftfeldern neutral ausgeglichen und wirkt auf alles positiv, wenn auch nicht stimulierend und energetisierend. Es gibt deshalb auch kaum jemanden, der auf unbehandelte Baumwollgewebe allergisch ist oder mit Haut- oder Organreizungen reagiert.

Energetische Wirkung von textilen Materialien auf den Menschen

%	Lichtreflexion	Biophotonenanalyse		Radionik-Messungen der Energiefelder				Kirlian-Aufnahmen	Gesamt
		Lichtspeicherfähig	Ordnungsgrad	Physisch	Emotional	Mental	Spirituell		
100				Seide	Seide	Seide	Seide		
90		Baumwolle Leinen/Chenille	Leinen/Chenille Baumwolle	Wolle	Wolle	Wolle	Wolle	Viskose	
80	Polyester Baumwolle/ Polyester	Baumwolle/ Chenille	Baumwolle/ Chenille	Baumwolle/ Chenille	Leinen Leinen/ Chenille	Leinen Leinen/ Chenille	Polyester		Seide
70	Seide Baumwolle	Leinen Wolle	Leinen	Leinen	Polyester Baumwolle/ Polyester	Polyester		Wolle	Wolle Polyester
60	Wolle Leinen	Seide Polyester	Wolle Seide	Baumwolle Leinen/ Chenille			Leinen Leinen/ Chenille	Baumwolle	Leinen
50		Baumwolle/ Polyester	Polyester	Polyester Baumwolle/ Polyester	Baumwolle/ Chenille Baumwolle		Baumwolle/ Polyester	Baumwolle/ Polyester	Baumwolle/ Chenille Baumwolle
40						Baumwolle/ Chenille		Leinen	Baumwolle/ Polyester
30						Baumwolle		Polyester	
20									
10							Baumwolle		

Dieses Material fühlt und bewertet nahezu ausnahmslos jeder als körperangenehm, flüssigkeitsabsorbierend, wärmeausgleichend, lufttransparent und elektrostatisch neutral durch alle Jahreszeiten hindurch.

Synthetisch hergestellte Fasern haben meist bessere technische Eigenschaften als Naturmaterialien (Scheuerwerte, Lichtechtheit, Reibechtheit, Verschmutzungsgrad etc.), ihre energetischen Auswirkungen auf lebende Substanzen sind in der Regel jedoch deutlich negativ. Die nachfolgenden Bilder versuchen dies zu veranschaulichen:

Polyester

Baumwolle

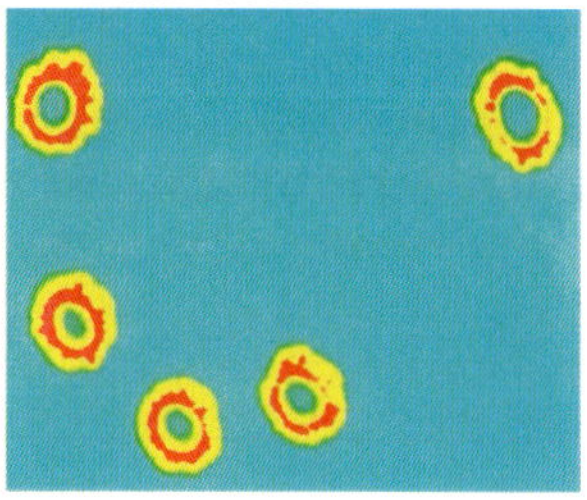

Standardisierung des Plasmaprintverfahrens zum routinemäßigen Einsatz in der naturheilkundlichen Praxis

Strahlungscharakter

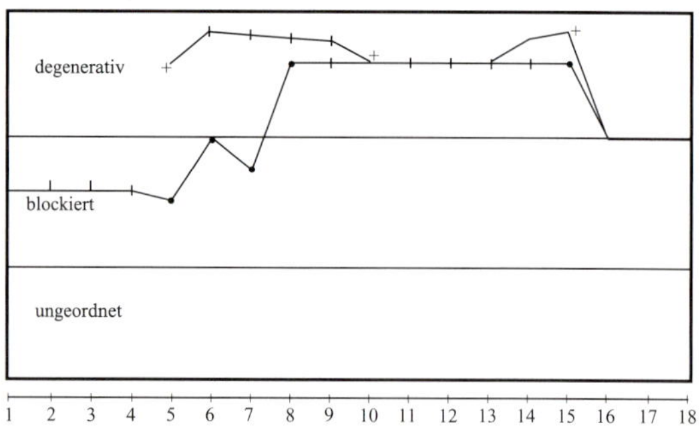

POLYESTER

PLASMAPRINT – ORGANZONEN
– vor Abkühlung + nach Abkühlung

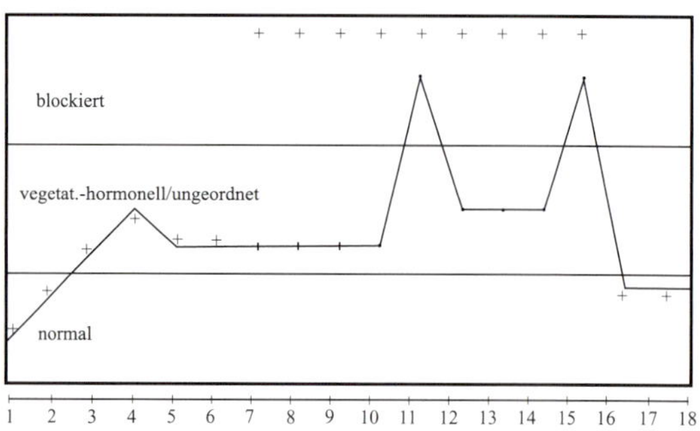

BAUMWOLLE

PLASMAPRINT – ORGANZONEN
– vor Zufuhr + nach Zufuhr

Verfahren Dr. Dieter Knapp, Fürth/Odw.

Gewebestrukturen, hervorgerufen durch unterschiedliche Bindungen zur Fixierung von Kett- und Schusssystemen, spielen ebenfalls von alters her eine große Rolle bei der Schaffung ausgeglichener, harmonischer Schwingungen bzw. der Erzeugung gewollter Polaritäten zur Herstellung künstlicher, gegensätzlicher, energetischer Kraftfelder. Die neutralste und am meisten Harmonie verbreitendste Bindungsstruktur ist die Leinwandbindung: ein Faden oben – ein Faden unten, danach folgt der Panama: zwei Fäden oben – zwei Fäden unten. Eine deutliche Polarität geht jedoch bereits schon vom Doppelpanama aus: vier Fäden oben – vier Fäden unten. Eine gewisse, wenn auch in Querrichtung verlaufende Ausgeglichenheit ist auch dem 1:1-Köper oder 2:2-Köper nicht abzusprechen, wohingegen extreme Kett- bzw. Schussatlasbindungen wie beispielsweise 5 Fäden unten – ein Faden oben (oder umgekehrt), bzw. 7 Fäden unten, ein Faden oben (oder umgekehrt) sowie 11 Fäden unten – ein Faden oben (oder umgekehrt) starke Polaritäten und damit gegensätzliche magnetische Kraftfelder mit entsprechenden Vibrationen erzeugen. Verstärkt werden kann dieser Effekt noch durch den Einbau kleinster Designelemente, hervorgerufen fast ausschließlich durch die Verwendung unterschiedlicher, meist komplizierter Gewebestrukturen.

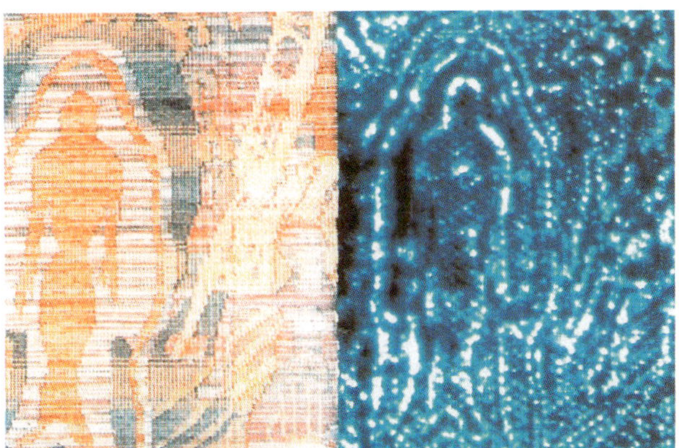

Die optisch und natürlich auch sensitiv leichter und schneller wahrnehmbaren Gewebeteile, die quasi „auf einen zugehen“, d. h. bereits auf den ersten Blick deutlich in Erscheinung treten, stellen aggressivere, aktive Schwingungen mit langen Amplituden und niedrigeren Frequenzen dar, wohingegen ruhig im Hintergrund verbleibende Flächen die passiveren, zurückweichenden, quasi in den Fonds eintauchenden Schwingungen mit kürzeren Amplituden und höheren Frequenzen widerspiegeln. Im Energiefeld der KIRLIAN-Photographie werden diese unterschiedlichen Spannungseffekte deutlich sichtbar.

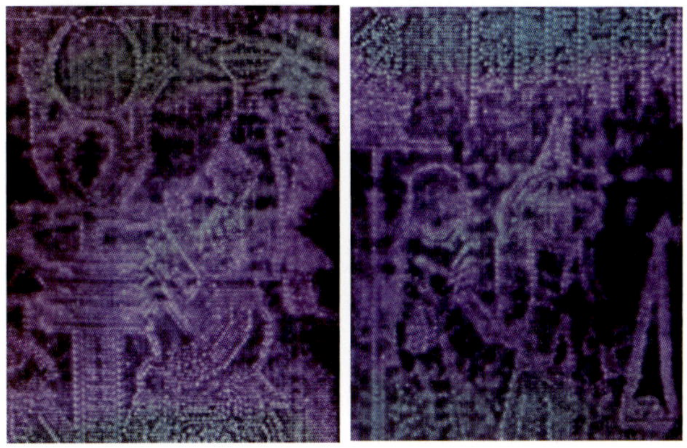

Kirlianaufnahmen von Möbelstoffen
Motive aus der ägyptischen Mythologie

Formen im Allgemeinen, unterschiedliche Designelemente im Besonderen, haben ebenfalls eine eigenständige Existenz und erzeugen gleichfalls unterschiedliche energetische Kraftfelder. Grob unterschieden werden kann hier zwischen:

- einfachen, kosmischen, geometrischen Formen, archetypischen Symbolen
- alten ethnischen Symbolen
- aus der Natur entnommenen Designelementen
- fraktalen Konstitutionen
- gewissen Kunstrichtungen oder der Folklore entlehnten typischen Elementen
- Fantasiebewegungen
- sonstigen, nicht einzuordnenden Designelementen und Formelementen

Besonders deutliche Kraftfelder ergeben sich bei einfachen kosmischen Formen und alten ethnischen Symbolen. Die ausgeglichenste und neutralste harmonische Wirkung hat der Kreis, geschlossen wirken ebenfalls das Dreieck, mit Abstrichen das Quadrat.

3.8 Aura und Chakras

Im Bereich der Energieversorgung, Steuerung und Verteilung der Ätherebene sind bereits vor Hunderten von Jahren hellsichtigen Menschen Schwingungsfrequenzen aufgefallen, die quasi wie Räder Energie anziehen und abgeben. Die Lehre einer flächenbezogenen Betrachtungsweise der Aura mit Chakras als feinstofflichen Energietransformatoren hat sich vor allem im asiatischen Raum (Indien, China, Tibet) verbreitet. Je schneller der Fluss der Energie ist, desto schneller drehen sich die Räder. Für sie wurde bereits vor Jahrtausenden die Bezeichnung Chakra geprägt (Sanskrit für: Rad). Man unterschied diese Energieverteilersysteme in links- und rechtsdrehende. Aus der Sicht des Körpers wird Energie an das universale Lichtgitternetz abgegeben, wenn sich die Chakras im Uhrzeigersinn nach rechts drehen. Drehen sie sich, vom Körper aus gesehen, gegen den Uhrzeigersinn nach links, so werden dem System Energien aus dem kosmischen Lichtgitternetz zugeführt.

Jedes Chakra stellt ein feinstoffliches Energiezentrum dar, wobei man in der klassischen indischen Lehre sieben Haupt- und fünf Neben-Chakras kennt. Störungen in den Bewegungen der Chakras zeigen Ungleichgewichte im Gesamtsystem der Energieversorgung bis hin zu Energieblockaden an. Grundsätzlich gesehen ist es nicht von so großer Bedeutung, in welche Richtung sich diese Chakras drehen, ausschlaggebend ist vielmehr, ob sie überhaupt in Bewegung sind oder stillstehen. Stillstehende Chakras zeigen Energieblockaden an.

Nachfolgend eine Aufstellung der sieben Haupt-Chakras, die eng mit Drüsen des endokrinen Systems verbunden sind. Sie sind vom Damm aus gesehen bis zum Scheitel vor der Wirbelsäule angeordnet:

- Wurzel-Chakra: am Damm zwischen Genitalbereich und Anus
- Sakral- bzw. Milz-Chakra: im Bereich der Sexualorgane und des Unterbauchs
- Solarplexus oder Nabel-Chakra: oberhalb des Nabels
- Herz-Chakra: im Herzbereich
- Hals-Chakra: in der Mitte der Kehle
- Drittes Auge oder Stirn-Chakra: in der Mitte der Stirn oberhalb der Augenbrauen
- Scheitel- oder Kronen-Chakra: in der Mitte des Kopfes oberhalb des Scheitelpunktes und der Fontanelle

3.8.1 Die Funktionsweise der Chakras

Jede Sekunde laufen im menschlichen Körper ca. 40.000 biochemische Reaktionen mit der entsprechenden Farbaktivierung ab. Chemische Reaktionen können also auch in Form von Farbkompositionen dargestellt und selbstverständlich von außen energetisch auch durch Zufluss bzw. Abzug bestimmter Farben und der durch sie bildhaft dargestellten energetischen Schwingungsfelder als Trägersubstanz der universalen Vitalenergie beeinflusst werden.

Der physische Körper wird umgeben von weiteren energetisch differenziert zusammengesetzten Körpern unterschiedlicher materieller Dichte und damit voneinander in Wellenlänge und Frequenz abweichender Schwingungen. Gemeinhin werden diese wohl fühlbaren, aber nicht sichtbaren Energiefelder als **AURA** bezeichnet. Die im Licht (und als Ausdrucksform: der Farbe) manifestierte universale Lebens- und Vitalenergie dringt an bestimmten Stellen in diesen Energiekörper ein und aus und durchströmt in feinsten Schwingungen den gesamten physischen Leib.

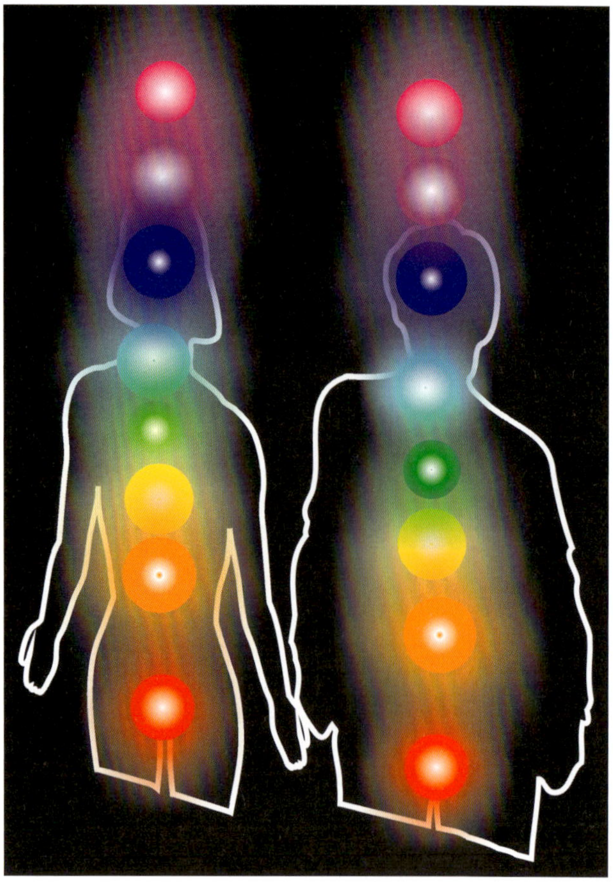

Die wie Trichter geformten Ein- und Ausgangsstellen der AURA im Ätherbereich werden **C H A K R A S** genannt (Sanskrit: Rad). Diese Chakras sind ähnlich konstruiert wie Turbinen. Je nach Anzahl der Speichen in den sich drehenden, kreisförmigen Eingangsöffnungen erhöht sich in Verbindung mit der steigenden Geschwindigkeit der Rotationsbewegung Feinheit und Intensität des Kraftfeldes. Es wird dreimal verstärkt bearbeitet: Generiert, kondensiert und transformiert, wie im vorliegenden Falle Wellenlänge und Frequenz der Schwingung bestimmter Farben durch Reflexion und Absorption.

Namen der Chakras in der Übersicht:

Indisch/Sanskrit	Körperregion
1. Muladhara	Basis oder Wurzelzentrum, Perineum
2. Svadisthana	4 Finger breit unter dem Nabel … Milz oder Sexualzentrum
3. Manipura	Solarplexus
4. Aftahata	Herz-Zentrum (Thymus)
5. Visuddha	Hals-Zentrum
6. Ajna	Stirn-Zentrum zwischen den Augenbrauen
7. Sahasraca	Scheitel-Zentrum

Aktivierungsvarianten:
durch das natürliche Farbspektrum
durch Auflegen der Hände, (leichter Druck)
Konzentration und Visualisierung auf das Chakra,
Atmung (Zunge an den hinteren Teil des oberen Gaumens gepresst → Himmelspforte)
Klänge, Töne, Frequenzen, Summen,
Energieyoga, homöopathische Medikamente,
Bachblüten, kalifornische Blüten, Orchideenblüten
Symbole und deren geometrische Form und Farbgebung
Architektur, Design, Baustoffe,
geographische Umgebung, soziales Umfeld, usw.

Immer ist die Aktivierung eines Chakras verbunden mit einer entsprechenden einhergehenden Erhöhung des Bewusstseinszustandes. Ungleichgewichtiges menschliches Handeln zeigt sehr deutlich, wie wenig wir unsere Chakras benutzen, geschweige denn, wie sie bewusst aktiviert sind, weil oft nur aus einseitigen, egoistischen Prinzipien gehandelt wird. Dies zeigt sehr deutlich der Anstieg psychosomatischer Unbefindlichkeiten in westlichen Kulturkreisen.

Da die Chakras auch als psychische Zentren bezeichnet werden, (zum einen, weil sie psychisch erweckt werden müssen, zum anderen, weil sie sehr deutlich mit der Welt unserer Wahrnehmung korrespondieren) könnte man auch von feinstofflichen Resonanzorganen sprechen, deren (Puls-)Rhythmus unsere Wahrnehmungs- und Repräsentationsmuster bildet.

CHAKREN UND VERBINDUNGEN ZUM NERVENSYSTEM

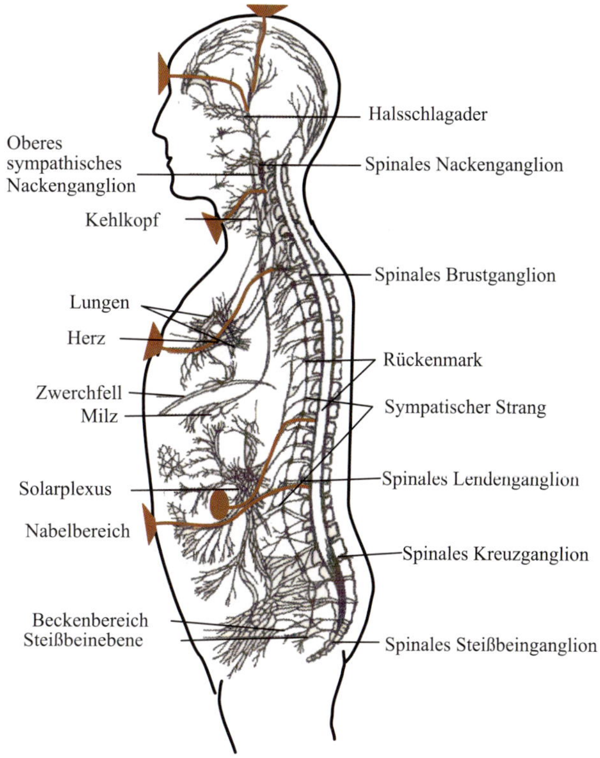

Chakras und Verbindungen zum Nervensystem

Durch die Erweckung der Chakras integrieren sich selbstständig die Energien höherer Bewusstseinsoktaven. In diesem Sinne benennen wir ein aktiviertes Chakra als „erlöst“, ein nichtaktiviertes Chakra dagegen als unerlöst.

Die Chakras sind in ständiger Bewegung und ändern je nach Energiepolung ihre Drehrichtung. Ihre Frequenz richtet sich nach der Anzahl der Organellen (=Speichen) sowie nach der Energieebene. Das heißt: Je höher die Ebene, desto feiner die Energie und desto schneller die Drehgeschwindigkeit.

Die Chakras öffnen sich zudem bei positiven Impulsen (Lebensenergie, Gedanken, Gefühlen, Taten und Worten) und schließen sich bei negativen. Eine langfristige Schließung führt zu Blockaden und Brüchen im Energiestrom von unten nach oben.

Die Chakras haben bestimmte grundsätzliche Körperfrequenzen, wie nachfolgend auf Seite 126 dargestellt:

Wie alle lebenden Systeme sind auch die Chakras durch ein anscheinend ökologisches Prinzip miteinander verbunden, das ganzheitlich und äußerst kohärent agiert.

Es könnte folgendermaßen funktionieren:

Mit kosmischen Informationen angereicherte Lichtpartikelchen – nennen wir sie an dieser Stelle Lichtenzyme, die auf Erinnerungs- und colorisierten Formenhologrammen reisen und, von den Chakras umgesetzt und transformiert, als Zellbotschafter tätig werden.

Gegenseitige Durchdringung und Synergie ist eine Äußerungsform dieser biologischen Funktionsweise. Ist ein Chakra einmal erweckt, werden auch die anderen Chakras tätig, es ist, wie wenn ein Stein auf eine glatte, ruhige Wasseroberfläche geworfen wird. Es bilden sich konzentrische Kreise, die sich gegenseitig durchdringen und dadurch Informationen weitergeben.

EBENE	CHAKRA	FREQUENZ	AUSDRUCK
Spirituell	7 – Kronen-Chakra	100	Licht, kosmische Energie
Mental	6 – Drittes Auge	95	Ziffern, Buchstaben, Mantras
Emotional-seelisch	5 – Kehl-Chakra	90	Farben, Düfte, Musik
Psychisch	4 – Herz-Chakra	85	Bedingungslose menschliche Liebe
Energetisch-austauschend	3 – Solarplexus	70	Mandalas
Energetisch	2 – Sakral-Chakra	55	Atmung, Nahrung, Bewegung, Tantra
Physisch	1 – Wurzel-Chakra	45	Sport, Muskeltraining

3.8.2 Die Bedeutung der endokrinen Drüsen

Über die Flüssigkeitssysteme des Körpers versorgen die endokrinen Drüsen den gesamten Organismus mit Informationen. Dies geschieht über Botenstoffe, die auch als Hormone bezeichnet werden. Sie wirken als Katalysatoren, das heißt, sie nehmen an bestimmten biochemischen Prozessen im Rahmen des Stoffwechsels nicht direkt teil, doch ohne ihre passive Anwesenheit würden diese Prozesse nicht stattfinden. Die Arbeit der Chakras, der endokrinen Drüsen und des hormonellen Systems ist für die gesamte Informationsversorgung des Organismus von großer Bedeutung.

ENDOKRINE AKTIVITÄT DER WICHTIGSTEN DRÜSEN

Drüsen	Hormone	Auswirkungen
Hypophysenvorderlappen oder Adenohypophyse	thyreotropes Hormon **(TSH)** oder Thyreotropin	stimuliert die Hormonaktivität der Schilddrüse
	adrenocorticotropes Hormon **(ACTH)**	aktiviert die Hormonsekretion der Nebennierenrinde
	Prolan **A** oder follikelsimulierendes Hormon **(FSH)**	bewirkt die Reifung der Eifollikel und überwacht die Spermatogenese
	Prolan **B** oder luteinisierendes Hormon **(LH)**	löst die Ovulation aus, bewirkt die Gelbkörperbildung und die Produktion von Gameten; Synthese und Ausschüttung von Testosteron
	Prolactin (luteotropes Hormon, **LSH** oder **LTH**)	fördert die Milchbildung
	somatotropes Hormon (**STH** oder **GH**) oder Wachstumshormon oder Somatotropin	regt das Wachstum von Knochen- und Muskelgewebe an
	melanozytenstimulierendes Hormon (**MSH**)	regt die Melanozyten, die durch ultraviolette Strahlung oder von den Sexualhormonen aktiviert wurden, zur Melaninproduktion an
Hypophysenhinterlappen oder Neurohypophyse	Oxytocin	stimuliert die Muskelkontraktion (vor allem der Gebärmutter während der Geburt) und die Milchproduktion
	antidiuretisches Hormon **(ADH)** oder Vasopressin	reguliert über die Nieren die Wasserausscheidung
	prolactinhemmendes Hormon **(PIF)**	Neurohormone (eventuell Dopamin), die die Sekretion von Prolactin hemmen
Epiphyse oder Zirbeldrüse	Melatonin	beeinflusst den Hypothalamus, ist an der Regelung des Schlaf-Wach-Rhythmus und des Entspannungs-Aktivitäts-Rhythmus beteiligt, beeinflusst den Zyklus der Frau
Schilddrüse	Thyroxin (T_4)	wirkt sich durch die Steigerung des Grundstoffwechsels auf den Energiestoffwechsel, die Thermoregulation, das Wachstum usw. aus
	Trijodthyronin (T_3)	regt den Stoffwechsel, hält die Homöothermie aufrecht und beeinflusst das Wachstum
	Calcitonin	reduziert als Gegenspieler des Parathormons (**PTH**) den Calciumgehalt im Blut
Nebenschilddrüse	Parathormon (PTH)	erhöht den Calciumgehalt im Blut
Bauchspeicheldrüse	Insulin	senkt den Glucosespiegel im Blut
	Glucagon	erhöht den Glucosespiegel im Blut
Nebennierenrinde Corticosteroide	Glucocorticoide (Hydrocortison, Cortisol, Cortison, Dehydrocorticosteron)	steuern den Protein- und Kohlenhydratstoffwechsel
	Mineralcorticoide (Aldosteron und Desoxycorticosteron)	steuern den Elektrolyt- und Wasserstoffwechsel (Flüssigkeitskonzentration in den Geweben)
Nebennierenmark	Adrenalin oder Epinephrin	aktiviert die Muskulatur der Blutgefäße
	Noradrenalin	beschleunigt den Atem- und Herzrhythmus, mobilisiert die Energiereserven (Fluchtreaktion)
männliche Geschlechtsdrüsen	androgene Steroidhormone (Testosteron, Androsteron, Androstendion, Dyhydroandrosteron)	steuern die Entwicklung der männlichen Keimdrüsen und der sekundären Geschlechtsmerkmale
weibliche Geschlechtsdrüsen	Progesteron oder Lutein	unterstützt die Einnistung des befruchteten Eis durch die Anpassung der Gebärmutterschleimhaut
	Östrogene Steroidhormone oder Follikelhormone wie z.B. Östradiol, Östron, Östriol und das Follikelhormon	bewirken die Veränderung vor, während und nach dem Zyklus, bereiten die Gebärmutter auf die Einnistung des befruchteten Eis vor, steuern die Entwicklung der sekundären Geschlechtsmerkmale

ORGANE MIT ENDOKRINER AKTIVITÄT

Drüsen	Hormone	Auswirkungen
Nieren	Erythropoetin	aktiviert die Reifung der roten Blutkörperchen im Knochenmark
Magen	Gastrin	regt die Magendrüsen zur Produktion von Magensäften an
Hypothalamus	Releasing-Hormon **(RH)**	stimuliert die Aktivität der Hypophyse
Peptidhormone	Releasing-Faktor **(RF)**	regt die Adenohypophyse zur Produktion und/oder Ausschüttung bestimmter Hormone an
	Thyreotropin-Releasing-Hormon **(TRH)**	überwacht die Freisetzung des Hormons Thyreotropin (TSH) durch die Adenohypophyse
	Releasing-Inhibiting-Hormon **(RIH)**	hemmt die Hypophysenaktivität (z.B. Somatostatin)
	Wachstumshormon-Releasing-Faktor **(GHRF)** oder Somatotropin-Releasing-Faktor **(SRF)**	steuert die Aktivität der Adenohypophyse
	luteinisierendes Hormon-Releasing-Faktor (**LRF** oder **LHRH** oder **GN-RH**)	sorgt für die Synthese und die Freisetzung des luteinisierenden Hormons (LH) in der Adenohypophyse
Antrum des Magenpförtners	Gastrin	regt vorwiegend die Sekretion von Salzsäure im Magen an
Zwölffingerdarm	Sekretin	regt die Bauchspeicheldrüse zur Produktion von Bicarbonaten und Wasser an, hemmt die Gastrinproduktion
	Pankreozymin	stimuliert die Sekretion der Bauchspeicheldrüsenenzyme
	Cholezystokinin	regt die Sekretion der Bauchspeicheldrüsenenzyme an, unterstützt die Kontraktion der Galle und die Darmbewegung
Zwölffingerdarm	gastrisches inhibitorisches Polypeptid **(GIP)**	hemmt die Magenbewegung und die Sekretion von Peptiden, stimuliert die endokrine Darm- und Bauchspeicheldrüsensekretion
und Leerdarm	vasointestinales Peptid **(VIP)**	wirkt stark gefäßerweiternd, fördert die Sekretion von Wasser und Elektrolyten im Darm
Plazenta	somatotropes Chorionhormon (human chorionic somatotropic hormon, **HCS**)	Wachstumshormon
	Choriongonadotropin (human chorionic gonadotropin, **HCG**)	aktiviert das Wachstum der Plazenta
	laktogenes Plazentahormon oder somatotropes Plazentahormon (human placentar lactogen, **HPL**)	beeinflusst die Milchbildung, sorgt für die Reifung des Follikels und seine Umwandlung zum Gelbkörper, fördert das Wachstum des Fötus

Quelle: Neuer Kaiser Verlag Ges.m.b.H, Klagenfurt

DARSTELLUNG DER WICHTIGSTEN DRÜSEN

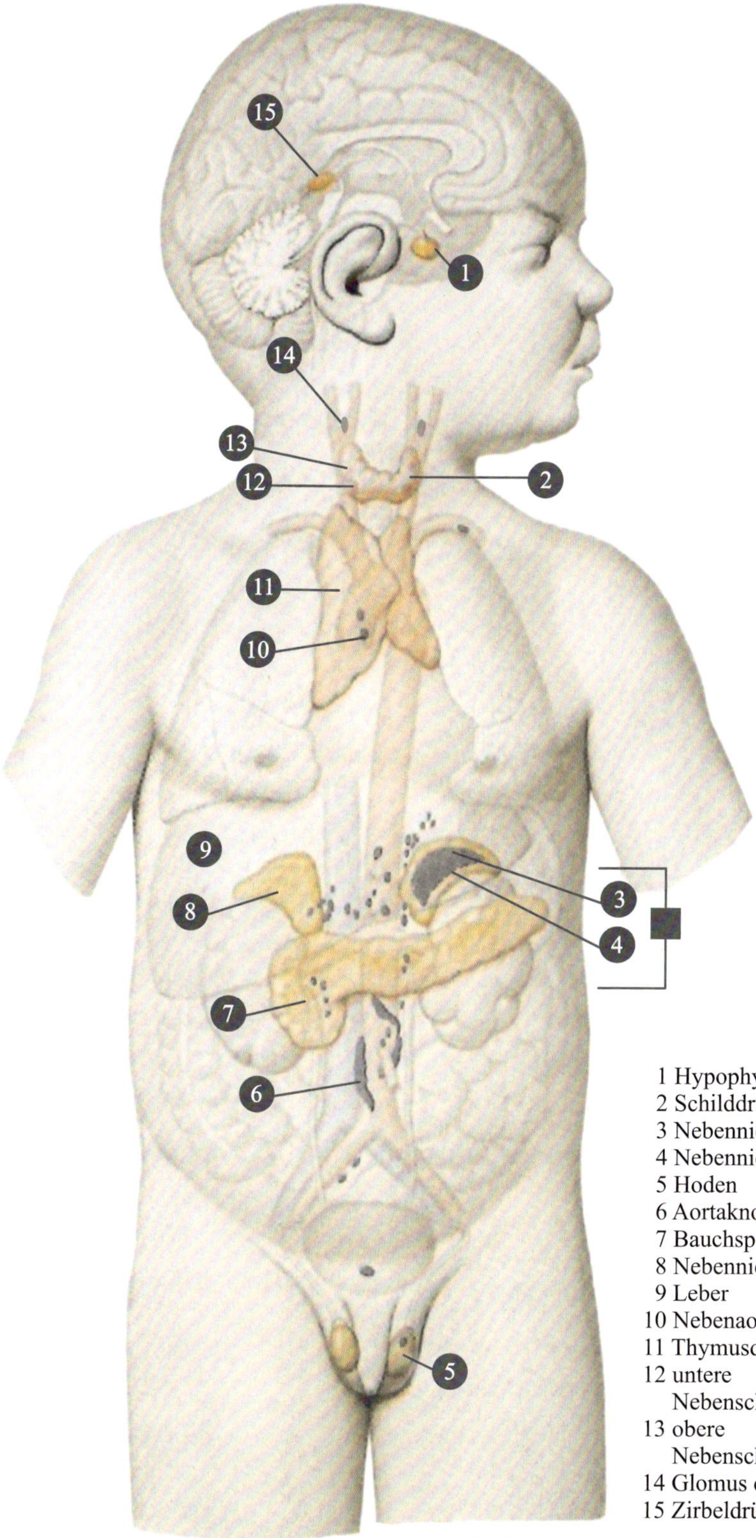

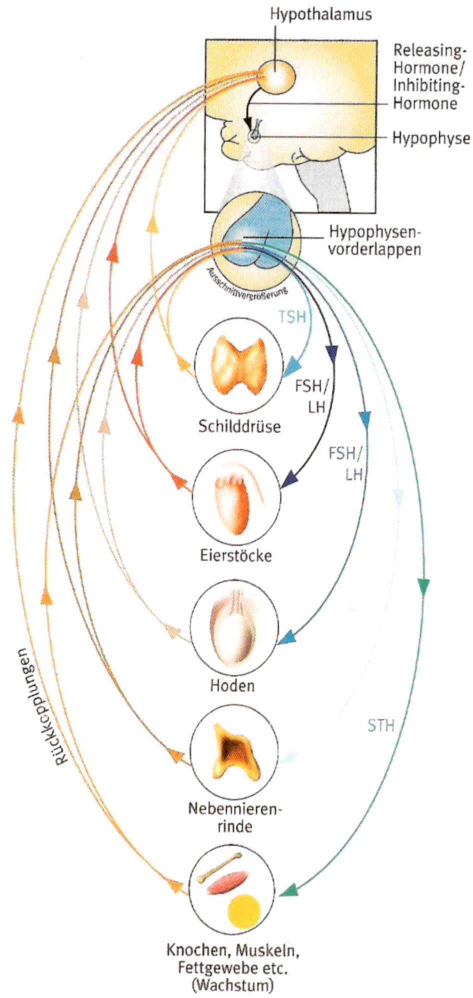

1 Hypophyse
2 Schilddrüse
3 Nebennierenmark
4 Nebennierenrinde
5 Hoden
6 Aortaknoten
7 Bauchspeicheldrüse
8 Nebenniere
9 Leber
10 Nebenaortacorpus
11 Thymusdrüse
12 untere Nebenschilddrüse
13 obere Nebenschilddrüse
14 Glomus caroticus
15 Zirbeldrüse = Epiphyse

Quelle:
Neuer Kaiser Verlag Ges.m.b.H, Klagenfurt

3.8.3 Der Aufbau der Aura

Die feinstoffliche menschliche Aura um den grobstofflich-physischen Körper herum hat die Form einer Kugel bzw. eines Eies, welches – ähnlich einer Zwiebel – aus unterschiedlichen Schichten aufgebaut ist. Diese ergeben sich aufgrund voneinander abweichender Schwingungsfrequenzen als Folge der Aufgabenstellung und Entstehung der einzelnen Ebenen. Obwohl innerhalb der einzelnen Bereiche – je nach Resonanzverhalten und Speicherung – im permanenten Wechsel der individuell ausgesandten Gedanken- und Gefühlsimpulse unterschiedliche Farben und Formen vorkommen, sind jedoch die eigentlichen Grenzen der einzelnen Aura-Ebenen durch bestimmte Farben definiert. Sie stellen praktisch die Grobabstimmung der einzelnen Schwingungsfrequenzen des Menschen gemäß seiner individuellen Entwicklung dar – zu vergleichen in etwa mit den unterschiedlichen Sendefrequenzen eines Radios, z. B. in Lang-, Mittel-, Kurz- und Ultrakurzwellenbereiche.

AUFBAU DER AURAKUGEL

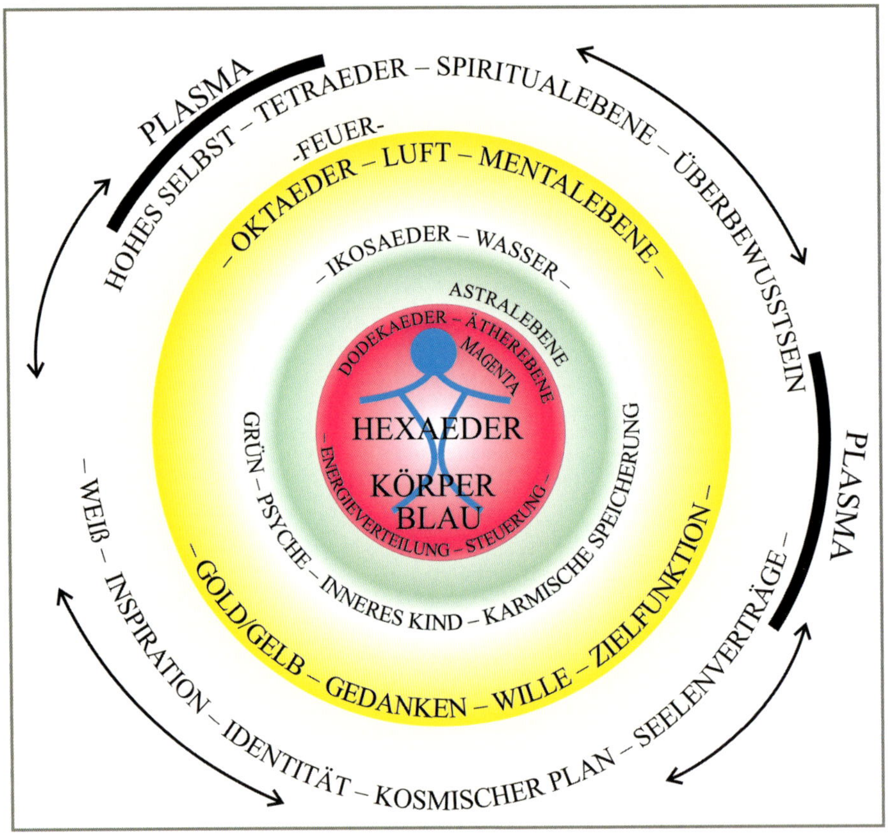

Die Farben der einzelnen Auraabgrenzungen und damit auch deren Definition sind:

- Weiß für die Spiritualebene, Überbewusstsein und Hohes Selbst
- Gold für die Mentalebene, Wachbewusstsein und Mittleres Selbst
- Grün für die Astralebene, Unterbewusstsein und Unteres Selbst bzw. Inneres Kind
- Magenta für die Ätherebene der Energiesteuerung und -verteilung.

Die Auraschichten können sich durch starke negative Einwirkungen und Schwingungsimpulse von innen und außen in jedem Moment verändern und im Extremfall sogar zusammenbrechen. Damit verschwindet ihre Definition, die speziellen Funktionen der einzelnen Ebenen und Steuerinstanzen sind geschwächt oder gar vollständig aufgehoben und massive mentale, psychische und energetische Auswirkungen sind die Folge. Aus diesem Grunde sollte der individuelle Zustand der eigenen Aura regelmäßig, d. h. zwei- bis dreimal täglich, abgefragt werden, insbesondere auch in Augenblicken unerklärlicher plötzlicher Schwächezustände.

AUFBAU DER AURAEBENEN DES MENSCHLICHEN KÖRPERS

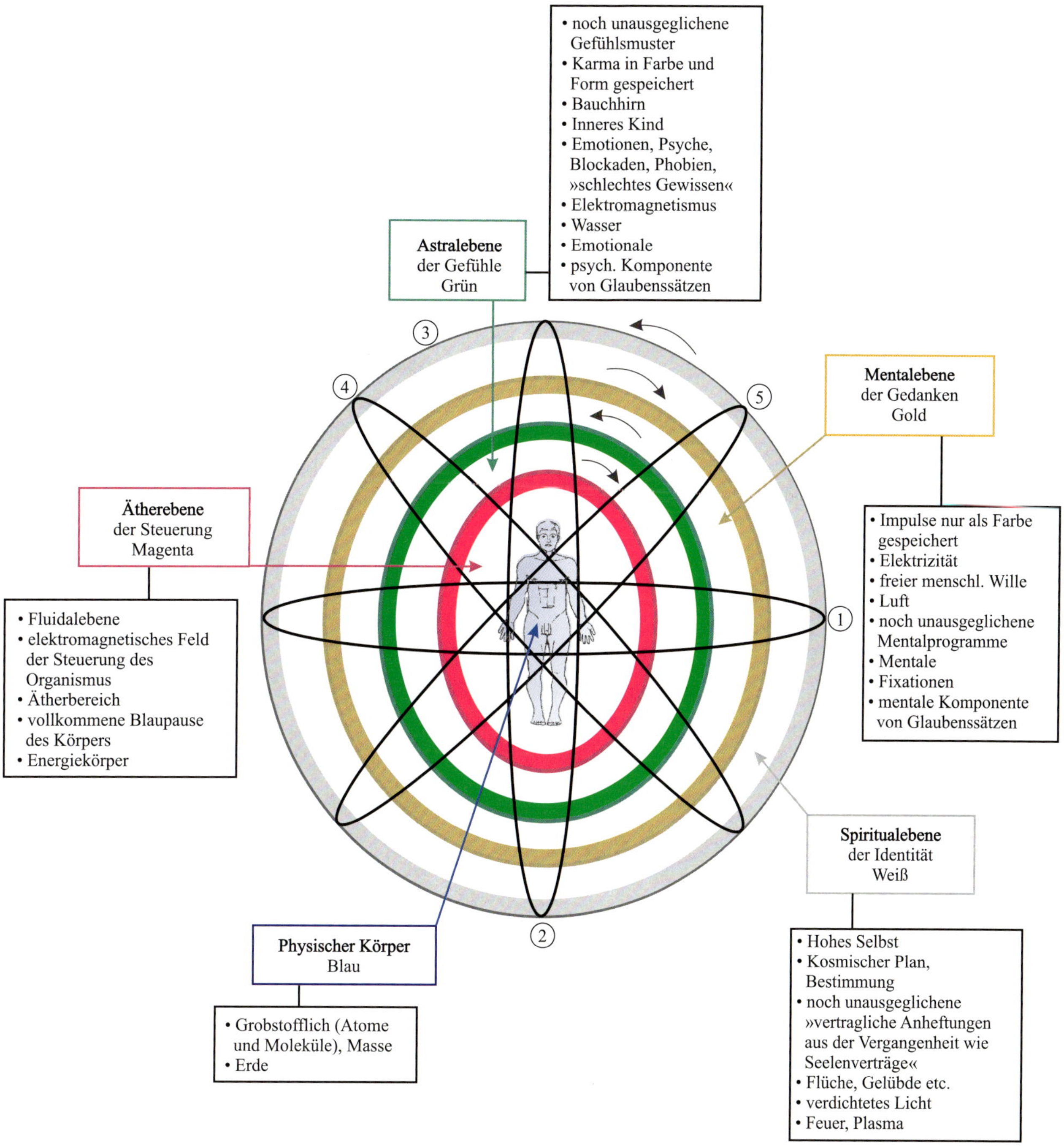

I. AUFGABEN, EIGENSCHAFTEN UND BEEINFLUSSUNGSMÖGLICHKEITEN DER FEINSTOFFLICHEN AURA-EBENEN DES MENSCHEN				
	UNTERBEWUSSTSEIN		WACHBEWUSSTSEIN	ÜBERBEWUSSTSEIN
Physische Ebene	*Energetische Ebene*	*Psychische Ebene*	*Mentale Ebene*	*Spirituelle Ebene*
Sichtbarer physischer Körper	Unsichtbare Ebene der Lebensenergie und Vitalkraft	Unsichtbare Ebene der SPEICHERUNG in Form und Farbe von Emotionen, Gefühlen, Psyche, emotionalen Komplexen, Phobien, Blockaden	Unsichtbare Ebene der SPEICHERUNG in Form und Farbe von Gedanken, Impulsen, mentalen Komplexen, Phobien, Blockaden	Unsichtbare Ebene des reinen Geistes in Licht und Farbe
	Ätherkörper	Astralkörper	Mentalkörper	Spiritualkörper
- Knochen - Muskeln, Sehnen - Haut und Plaques	- Meridiane - Chakras - Autonome Körperfunktionen	SPEICHERUNG von Karma und emotionalen Glaubensmustern	SPEICHERUNG von mentalen Fixationen und Glaubensmustern	SPEICHERUNG von Seelenverträgen, Gelübden, Flüchen, (rit.) Selbstmord
II. TYPISCHE FUNKTIONEN UND EIGENSCHAFTEN				
Mental beeinflussbare Körperfunktionen. Beeinflussung des Bewegungsapparates	Aufbau und Speicherung von Lebensenergie und Schutz vor Energieraub von außen	Sitz und Speicherort - von langlebigen Charaktereigenschaften - der praktischen Umsetzung des psychischen Potentials - von üblichen Gefühlen aus dem derzeitigen, täglichen Leben - von Kindheitstraumata - von Blockaden, Phobien, starken emotionalen Belastungen, auch aus früheren Leben - des ªsc hlechten« Gewissens	Gehirnfunktionen 1. Links vorn: ERFASSUNG, KONTROLLE in diesem Leben Ziffern, Schrift, analytisches Denken, Logik, Planung, Zielsetzung 2. Links hinten: SPEICHERUNG, AKTION, REALISATION in diesem Leben Zielverfolgung, aktiver Einsatz bestimmter Körperpartien im Bewegungsablauf 3. Rechts vorn: INTUITION, ERFORSCHUNG, UMSETZUNG geniale Begabungen, Kreativität, Erfassung von Farben, Düften, runden Formen, Klängen, Tanz, Gefühlen 4. Rechts hinten: SPEICHERUNG, ERHALTUNG, BEWAHRUNG aus diesem und früheren Leben Bewegung, Licht, Sonne, Naturnähe, Zielfunktion: Harmonie in der Mitte	Kontakt zum Schöpfer. Aufhebung individueller, körperlicher, mentaler und psychischer Limitationen. Schutz bei Lebensgefahr= »Schutzengel«, Intuition, Kreativität
III. NOTWENDIGE UND EMPFEHLENSWERTE EIGENAKTIVITÄTEN				
Muskeltraining, Sport, Massagen, viel Bewegung an frischer Luft und Sonne in der Natur. Optimierung von Atmung, Trinken, Essen, Energietraining	Erarbeitung von Schutzsymbolen, Yoga, autogenes Training, Lichtarbeit, spezielle Atmungstechniken, Chakra-Arbeit	Kontrolle, Erkennen, Annahme, Auseinandersetzung und Transformation negativer Gefühle, regelmäßige Kommunikation zwischen Wach- und Unterbewusstsein	Kontrolle von Gedanken, Worten, Taten, Mentaltraining, Hemisphärensynchronisation. Positives Denken, mentales Aufarbeiten von Phobien, Blockaden, Trieben, Suchtverhalten, Drogen und negativen Charaktereigenschaften	Meditation, Kontemplation, Versenkung nach Innen/Innenschau
IV. BEHANDLUNGSMÖGLICHKEITEN				
		Visualisierungsübungen, Aromatherapie, Affirmationen		
Individuell »richtige« Farben im Umfeld einsetzen: Kleidung, Raumdekoration. Calligaris (Plaques), Astromedizin, Irisdiagnose, Reflexzonen	Akupunktur, Bindegewebs- und Energiemassagen, Chi Gong, Shiatsu, Tao Chi, Wu Chi Tao, Neuraltherapie	Licht- und Farbbehandlungen, rhythmischer Tanz, Psychotheraphie, Musik- und Gestalttheraphie	Coué- Verfahren = positive Affirmationen, Mentaltraining, Hemisphären-synchronisation	Lichtarbeit, Geistheilung, Lichtmeditation
Homöopathie – Bachblüten – Aura Soma – Radionik				

3.8.3.1 Die Spiritualebene

Die SPIRITUALEBENE als stoffliche Verdichtung des Überbewusstseins ist die am weitesten vom physischen Körper entfernte, feinste und am höchsten schwingende Aura-Ebene des Menschen. Sie ist kugelförmig und liegt unterhalb einer schützenden Plasmaschicht von ionisierten Gasen. Die Farbe der Spiritualebene ist durchsichtig weiß mit einzelnen dunklen Bereichen. In dieser äußersten Schicht der gesamten Aurakugel des Menschen sind die kosmischen Pläne und sämtliche Energieverdichtungen, welche mit diesen im jetzigen Leben noch in Verbindung stehen, gespeichert. Hierzu gehören unausgeglichene Energiepotentiale, auch solche aus früheren Leben, die auf Magieprogramme und Seelenverträge zurückgehen.

Derartige Seelenverträge spielen auch heute noch eine große Rolle, auch Flüche und noch nicht eingelöste Gelübde. Die wichtigsten noch wirksamen Gelübdethemen sind Schweigen, Keuschheit, Armut und Gehorsam (gegenüber Papst und Kirche) sowie Treue (gegenüber Abt, Großmeister und Orden). Dabei stellen Gottes- und Selbstverfluchungen das dichteste negative Energiepotential dar. Sehr stark wirken sich bis heute auch noch Sippenhaftung und unaufgelöste Familienflüche aus.

Starke Selbstzerstörungstendenzen beinhalten auch karmische Programme um bewusste Lebensbeendigung von (rituellem) Selbstmord. Im übertragenen Sinne handelt es sich hierbei um noch nicht erfüllte kosmische Verträge. Sie werden automatisch immer wieder in den kosmischen Plan für jede Inkarnation übernommen, quasi als noch unerledigter karmischer Übertrag auf spiritueller Ebene. Formulare von Ritualen zur Auflösung dieser alten Negativprogramme können der Webside des Autors www.huna-seminare.at unter Formulare entnommen werden.

Noch wirksame Gelübde und unaufgelöste Fluchenergien zeigen sich in der hellen Spiritualebene eines Menschen als dunkle Verdichtungen. Durch ihre größere Dichte drücken sie von außen auf die innen liegenden anderen Aura-Ebenen und erzeugen so ganzheitliche Störungen im gesamten Aurabereich. Dies kann sogar so weit gehen, dass einzelne Aura-Ebenen in bestimmten Zeiträumen nicht mehr definiert sind und damit ihre Aufgaben nicht mehr oder nur noch unvollständig wahrgenommen werden.

3.8.3.2 Die Mentalebene

Als nächste Verdichtung unterhalb der Spiritualebene in Richtung des physischen Körpers finden wir die golden leuchtende MENTALEBENE, in welcher sich der freie menschliche Wille durch seine Gedankenimpulse zeigt. Diese sind nur als Farben, quasi in Lichtblitzen, Farbzonen und Farbspritzern wahrnehmbar, jedoch nicht eindeutig als Form definiert. Die hier vorliegende Energieform ist größtenteils elektrisch, die entsprechenden Wellen sind vertikal ausgerichtet.

In der Mentalebene sind alle noch wirksamen Gedankenformen eingebaut. Sind diese negativ ausgerichtet, dreht sich die gesamte Schicht der Mentalebene gegen den Uhrzeigersinn nach links, was dazu führt, dass die parallel ausgerichtete Ätherebene ebenfalls nach links dreht und dem gesamten System Energie abgezogen wird.

Negative Gedanken zeigen sich im Bereich der Farben als dicht, schwer, schmutzig, schwarz oder grau. Positive Gedanken sind in ihren Farben klar, licht, rein und sauber. Durch sie wird die gesamte Ebene im Uhrzeigersinn nach rechts gedreht, damit auch die parallel ausgerichtete Ätherebene, was zu Energieaktivierung führt. Aus diesem Grunde führen positive Gedanken zu einem Energieaufbau, negative Gedanken zu einem Energieabbau.

3.8.3.3 Die Astralebene

Nach der Mentalebene des Elementes Luft ergibt sich die ASTRALEBENE der Gefühle, Emotionen, der Psyche und der karmischen Speicherung. Die Farbe der Astralebene in ihrer Abgrenzung nach außen ist Grün. In dieser Ebene sind Farben und Formen als verdichtete Gefühlsimpulse zu erkennen. Weibliche Formen sind rund, sofern sie harmonisch ausgerichtet sind. Männliche Formen sind eckig. Negative männlich ausgerichtete Formen sind zackig wie Blitze, weiblich negativ polarisierte Formen sind amorph und schwammig.

Auch im Bereich der Astralebene sind negativ polarisierte Farben schmutzig, dicht und schwer, positiv ausgerichtete Farben hell, klar, rein, sauber, intensiv und licht. Schwingungsfrequenzen von Gedanken- und Gefühlsimpulsen sowie von Worten und Aktionen verdichten sich als Formen und Farben und sind auch als Karma in der Astralebene der Gefühle gespeichert.

Nachdem es sich beim menschlichen Körper und seinen Zellen um Hohlraumresonatoren handelt, entsprechen die Schwingungsfrequenzen einzelner Körperzonen genau jenen bestimmter Gedanken- und Gefühlsmuster. Sie können deshalb sowohl von Form und Farbe als auch von Duft und Klang genau bestimmten Körperbereichen, Organzonen, Gewebeverbänden und Einzel-Organen zugeordnet werden.

ASTRALEBENE
ENERGIEKONZENTRATIONEN VON EMOTIONEN
ALS FARBEN

CHARAKTER angeborene Eigenschaften Farben sind: klar – licht – hell – aktiv – leuchtend – intensiv – voller Energie – explodierend	REALISATION Farben sind: rein – sauber – geschlossen – harmonisch	GEFÜHLE derzeitige Blockaden Farben sind: dumpf – trübe – unscharf (Wolken) – passiv – energielos – ohne Leben
Reine Liebe, Schutz mit Liebe verbundene Frömmigkeit	Kreativität, Sensivität, Kunst, Intuition	
Liebevolles Wesen, gebende Menschenliebe	Liebe zur Natur, Liebe zum Leben	Habsucht, Gier
Emotionale Erregung	»Harmonie« Zone der Mitte und des Ausgleichs, manuelle Aktivität, Tätigkeit, Beruf, praktische Anlagen	Eifersucht
Sinnlichkeit, Erotik	Reinheit, emotionale Begabungen	Egozentrik, Egoismus oberflächliche Selbstsucht
Gesunde Selbstsicherheit, Stolz, intellektuelle Arroganz	Reinigung der Gefühle	Totale emotionale ICH-Bezogenheit
Geistige Ideale		Minderwertigkeitsgefühle, Furcht, Täuschung, Verschlagenheit
Verstandeskraft, Intellekt, logisches Denken		Verwirrung der Gefühle
Selbstlose - intellektuelle Kraft, reine Erkenntnis		Niedergeschlagenheit, Unterdrücktheit, Hoffnungslosigkeit, Krankheit, Angst
Jugendliche Frische, geistige »Sauberkeit« in Harmonie mit sich selbst		Leiden, Schmerzen, Sorgen
Einfühlungsvermögen, Mitgefühl		Bosheit
Innere Harmonie, Vitalenergie, Anpassungsfähigkeit		Magie, selbstisches, religiöses Denken
Kreativität, künstlerische Tätigkeit		Fehlen jeglicher Lebensenergie, keine positiven Gefühle
Religiosität		
Willenskraft, starkes Wunschdenken		
Überanstrengung im Gefühlsbereich		
Interesse an Kunst und Ästhetik, spirituelle Wünsche, rituelles Denken in Schemata		
Spiritualität, geistige Ergebenheit, kosmische Energie		
Verbindung zur geistigen Welt und Herkunft		

ASTRALEBENE
ENERGIEKONZENTRATIONEN VON EMOTIONEN
ALS FORMEN UND FARBEN

FORM	BEDEUTUNG	FORM	BEDEUTUNG
	Das ICH ruhe in sich	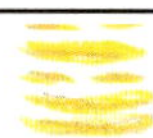	Weisheiten ähnlich dem I Ging
	Wachstum von Charaktereigenschaften		Tiefe Bindung an bestimmte Personen
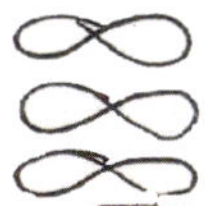	Anlagen der Gefühlsebenen beim Kleinkind		Beschäftigung mit dem Transzendenten
	Mögliche ernste Probleme in der Zukunft	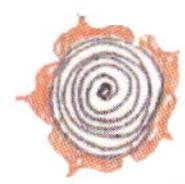	Idealisierte, platonische Beziehungen zu einer Person
	Schmerzliche, emotionale Spannungen mit Eltern	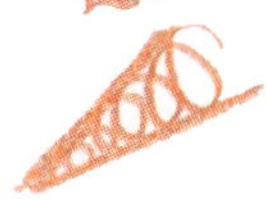	Spannungen, Angst, (Geld)- Sorgen materielle Probleme
	Nervliche Anspannungen, emotionale Barrieren	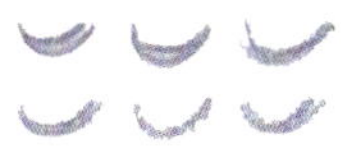	Gefühlsmäßiges Streben nach Ordnung
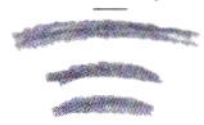	Unterdrückte Spannung		Probleme mit der religiösen Erziehung
	Erinnerungen an die Vergangenheit		Spirituelle Hingabe
	Trennung von der Familie als ehemalige Belastung	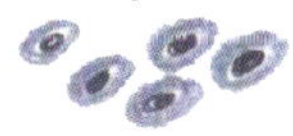	Suche nach Harmonie
	Psychische und emotionale Belastungen und Anstrengungen		Ausbrechen aus gegebenen Zwängen
	Tiefe Verbindung zur Natur		Sebstzufriedenheit
	Angenehme, idealisierte Gefühlsbindung		Emotionale Spannungen in der Familie, daraus Wut, Hass
	Auflehnung, Empörung aus emotionalen Spannungen		Egozentrik, eigene intellektuelle Arroganz
	Rebellische Aktivität auch in Form der Anwendung von Gewalt		Emotionale Probleme bei der Unterordnung
	Albtraumsymbol		Gefühl von bedrückenden Pflichten
	Emotionale Konsequenz des Missbrauchs von Drogen und Medikamenten		Emotionale Probleme und Schwierigkeiten, Gereiztheit, Störungen im täglichen Umfeld

3.8.3.4 Die Ätherebene

Die Verbindung zwischen der Astralebene der Gefühle und dem physischen Körper mit grobstofflichen Atomen, Molekülen und Zellverbänden bildet die so genannte ÄTHER-EBENE der Energie, die Farbe dieser Ebene ist Magenta. In der Außenabgrenzung ist es ein bläulich schimmerndes Neonlicht. Die eigentliche Ätherebene ist noch einmal aufgeteilt.

„Schwarze Magie" kann von außen über entsprechend ausgebildete Menschen oder Gruppen durch bestimmte Rituale ausgeübt werden. Sie trifft einen anderen jedoch nur dann, wenn von diesem eine oft unbewusste mentale und emotionale Bereitschaft ausgeht, sich auch treffen zu lassen. Dies kann aufgrund von negativ polarisierten Gedanken- und Gefühlsmustern wie Schuld, Angst, Ohnmacht, Druck, Manipulation mit Wissen usw. geschehen. Letztgenannte Programme wirken jedoch oftmals auch

AUFBAU DER ÄTHEREBENE

MAGNETISCHE VITALENERGIE

1. FLUIDALEBENE: (MAGNETISCH)
   1. MAGIEPROGRAMME
   2. SELBSTVERFLUCHUNG
   3. BASISPROGRAMME
   4. SCHOCKERLEBNISSE
   5. FAMILIENPROGRAMME
   6. SIPPENHAFTUNG
   7. SELBSTMORD IN FRÜHEREN LEBEN

2. ELEKTROMAGNETISCHE ÄTHERENERGIE DER ENERGIESPEICHERUNG UND -VERTEILUNG

3. »ÄTHERISCHES DOUBLE« = »VOLLKOMMENE BLAUPAUSE«

4. ENERGIEKÖRPER (ELEKTRISCH)

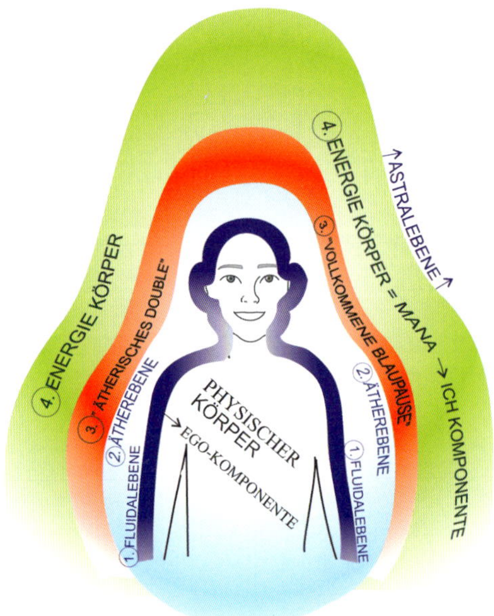

VITAL- UND LEBENSENERGIE (KI + MANA)

ohne Einwirkung von außen quasi eigenverursacht selbstzerstörerisch. Sie sind dann die Ursachen schwerer Störungen, Disharmonien und Krankheiten auf allen Ebenen, letztlich auch der physisch-materiellen.

Direkt oberhalb und unterhalb der Haut des physischen Körpers befindet sich die so genannte ***Fluidalebene***, die größtenteils magnetisch ausgerichtet ist. Dieser Bereich stellt den gröbsten noch feinstofflichen Bereich dar. Hier befinden sich Verdichtungen, die zurückzuführen sind auf energetische Ungleichgewichte aus früheren Leben und karmische Negativprogramme. Hierzu gehören Selbstzerstörungstendenzen, Selbstverfluchungen, negative Basisprogramme, Schockerlebnisse, negative Familienprogramme wie Schuld, spezielle Ängste und Fluchenergien. Außerdem sind hier dichte Schwingungen aufgrund von Selbstzerstörungsprozessen und Selbstmord in früheren Leben zu finden, die sich programmatisch in der Spiritualebene, energetisch-feinstofflich in der Fluidalebene niederschlagen.

Die nächstfeinere Ebene im Ätherbereich ist die eigentlich elektromagnetisch ausgerichtete ätherische Steuerzone der Energiespeicherung und Energieverteilung. Hier werden die elektromagnetischen Energiepotentiale über die Haut auf die einzelnen Körperbereiche verteilt. Gibt es in diesen Bereichen jedoch energetische Verdichtungen, so werden die darunter liegenden grobstofflichen Körperzellen nicht genügend mit kosmischer Ur-Information und universalen Ordnungskriterien versorgt, sodass es zu einem Bruch in der Verbindung zum kosmischen Umfeld kommt. Dies in Verbindung mit Energiedefiziten führt zu grobstofflichen Auswirkungen, Schmerzen und Krankheiten.

Über der elektromagnetischen Ebene der Energiespeicherung und Energieverteilung befindet sich die so genannte „ätherische vollkommenen Blaupause". In diesem ätherischen Double gibt es quasi als göttliche, architektonische Planzeichnung ein perfektes Bild jedes Atoms, jedes Moleküls und jeder Körperzelle im harmonischen Zustand. Können diese Informationen auf die disharmonischen und gestörten Körperzellen aufgebracht werden, sind Harmonisierungs- und Heilungserfolge denkbar und möglich. Nach diesem Prinzip, sozusagen als Systembrüche in dissipativen Strukturen, wirken Farben und Formen.

Über der Ebene der vollkommenen Blaupause befindet sich noch im Bereich der Ätherebene der so genannte Energiekörper, das eigentliche „ätherische Double", welches weitestgehend gefüllt ist mit elektrischer Licht- und Liebesenergie sowie Lebensenergie in hohen Schwingungen. Wie bereits erwähnt, dreht sich die Kugel des Ätherbereiches synchron zu jener der Mentalebene.

Positive Gedanken lassen also die Mentalebene aktiv nach rechts drehen und damit auch die synchron-parallel geschaltete Ätherebene der Lebens- und Vitalenergie. Sie führen also automatisch zu einer oft sehr starken Zunahme an Energie, negative Gedanken schwächen diese. Es gibt die im Außenbereich der verschiedenen Kugelformen verschiedenfarbigen Ebenen, wie auf Seite 131 ausführlich dargestellt:

- magentafarbene ÄTHEREBENE der archetypischen Basisprogramme, individuellen Lernthemen sowie der Energiesteuerung, -speicherung und -verteilung;
- grüne ASTRALEBENE der Gefühle, psychischen Blockaden, der karmischen Speicherung von Karma und des „schlechten Gewissens";
- goldene MENTALEBENE des freien menschlichen Willens, des individuellen Wachbewusstseins von Verstand, Intellekt und Vernunft sowie der persönlichen Gedankenimpulse;
- weiße SPIRITUALEBENE des Überbewusstseins oder Hohen Selbst, des Bereiches von Seelenverträgen und des individuellen kosmischen Planes.

Es ist sinnvoll, die auf der CD vorgestellte Meditation „Ich bin geschützt" einige Male auszuführen, und zwar wie angegeben mit den entsprechenden Armbewegungen. Danach reichen meist entsprechende bildhafte Vorstellungen und Visualisierungen. Die Meditation sollte regelmäßig wiederholt werden, um einen stabilen und anhaltenden Auraschutz gewährleisten zu können.

Viel Erfolg dabei!

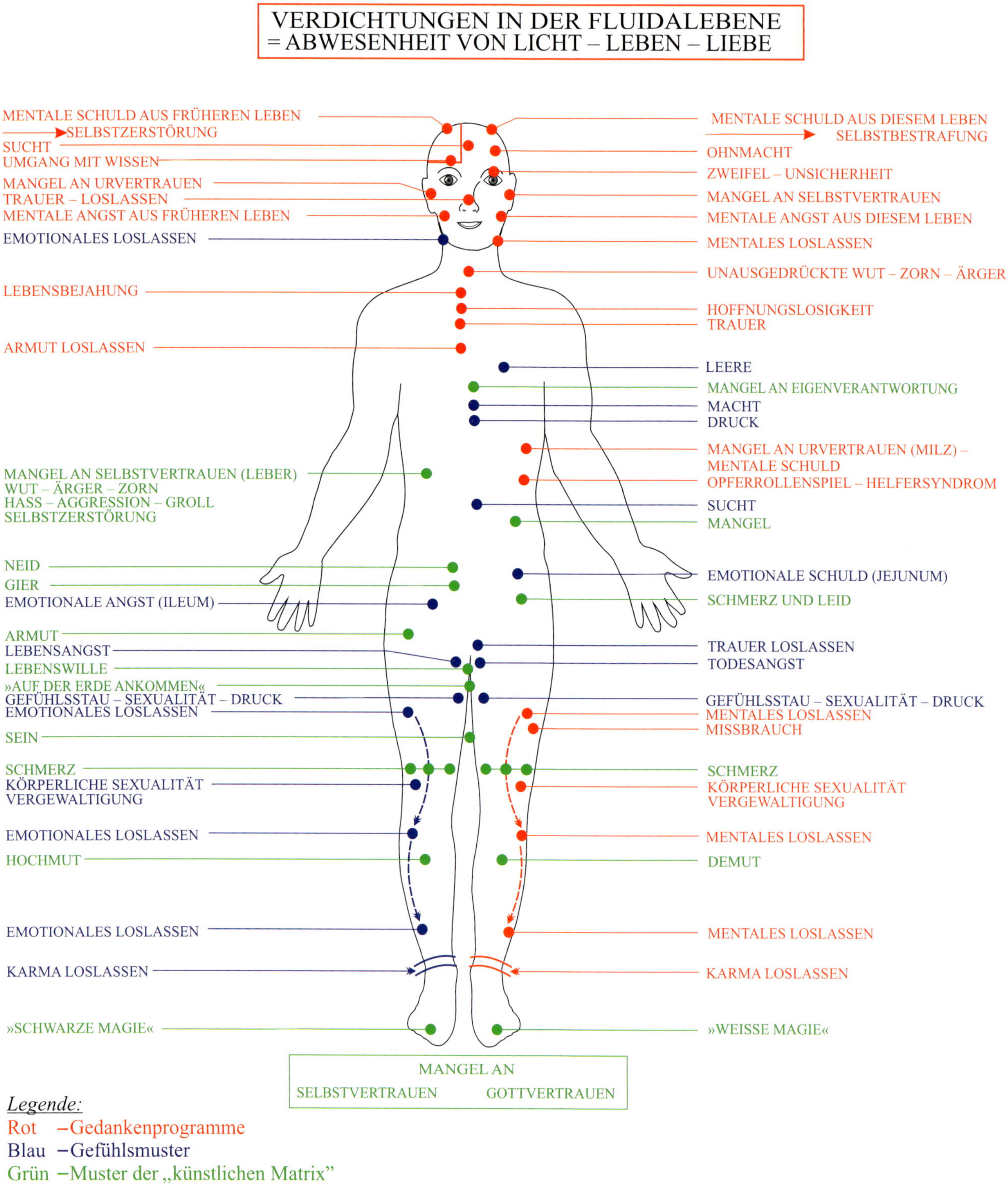
VERDICHTUNGEN IN DER FLUIDALEBENE
= ABWESENHEIT VON LICHT – LEBEN – LIEBE
MENTALE SCHULD AUS FRÜHEREN LEBEN
→ SELBSTZERSTÖRUNG
SUCHT
UMGANG MIT WISSEN
MANGEL AN URVERTRAUEN
TRAUER – LOSLASSEN
MENTALE ANGST AUS FRÜHEREN LEBEN
EMOTIONALES LOSLASSEN
LEBENSBEJAHUNG
ARMUT LOSLASSEN
MANGEL AN SELBSTVERTRAUEN (LEBER)
WUT – ÄRGER – ZORN
HASS – AGGRESSION – GROLL
SELBSTZERSTÖRUNG
NEID
GIER
EMOTIONALE ANGST (ILEUM)
ARMUT
LEBENSANGST
LEBENSWILLE
»AUF DER ERDE ANKOMMEN«
GEFÜHLSSTAU – SEXUALITÄT – DRUCK
EMOTIONALES LOSLASSEN
SEIN
SCHMERZ
KÖRPERLICHE SEXUALITÄT
VERGEWALTIGUNG
EMOTIONALES LOSLASSEN
HOCHMUT
EMOTIONALES LOSLASSEN
KARMA LOSLASSEN
»SCHWARZE MAGIE«
MENTALE SCHULD AUS DIESEM LEBEN
→ SELBSTBESTRAFUNG
OHNMACHT
ZWEIFEL – UNSICHERHEIT
MANGEL AN SELBSTVERTRAUEN
MENTALE ANGST AUS DIESEM LEBEN
MENTALES LOSLASSEN
UNAUSGEDRÜCKTE WUT – ZORN – ÄRGER
HOFFNUNGSLOSIGKEIT
TRAUER
LEERE
MANGEL AN EIGENVERANTWORTUNG
MACHT
DRUCK
MANGEL AN URVERTRAUEN (MILZ) –
MENTALE SCHULD
OPFERROLLENSPIEL – HELFERSYNDROM
SUCHT
MANGEL
EMOTIONALE SCHULD (JEJUNUM)
SCHMERZ UND LEID
TRAUER LOSLASSEN
TODESANGST
GEFÜHLSSTAU – SEXUALITÄT – DRUCK
MENTALES LOSLASSEN
MISSBRAUCH
SCHMERZ
KÖRPERLICHE SEXUALITÄT
VERGEWALTIGUNG
MENTALES LOSLASSEN
DEMUT
MENTALES LOSLASSEN
KARMA LOSLASSEN
»WEISSE MAGIE«
MANGEL AN
SELBSTVERTRAUEN
GOTTVERTRAUEN
Legende:
Rot – Gedankenprogramme
Blau – Gefühlsmuster
Grün – Muster der „künstlichen Matrix"

3.8.4 Die Neue Aura

Während der „Harmonischen Konvergenz“ vom 16. und 17. August 1987 standen in diesen zwei Tagen und Nächten von der Erde aus gesehen die sechs größten Planeten unseres Sonnensystems Helios genau hinter der Sonne. Dadurch vervielfältigten sich deren Kraftfelder auf die sechzehnfache Wirkung einer normalen Vollmondsituation. Dies führte zu Veränderungen in der Molekularstruktur von Mineralien und organischen Systemen, möglicherweise auch in der Wirkungsweise der DNS – Helixspiralen als menschliche Antennen für den Kosmos.

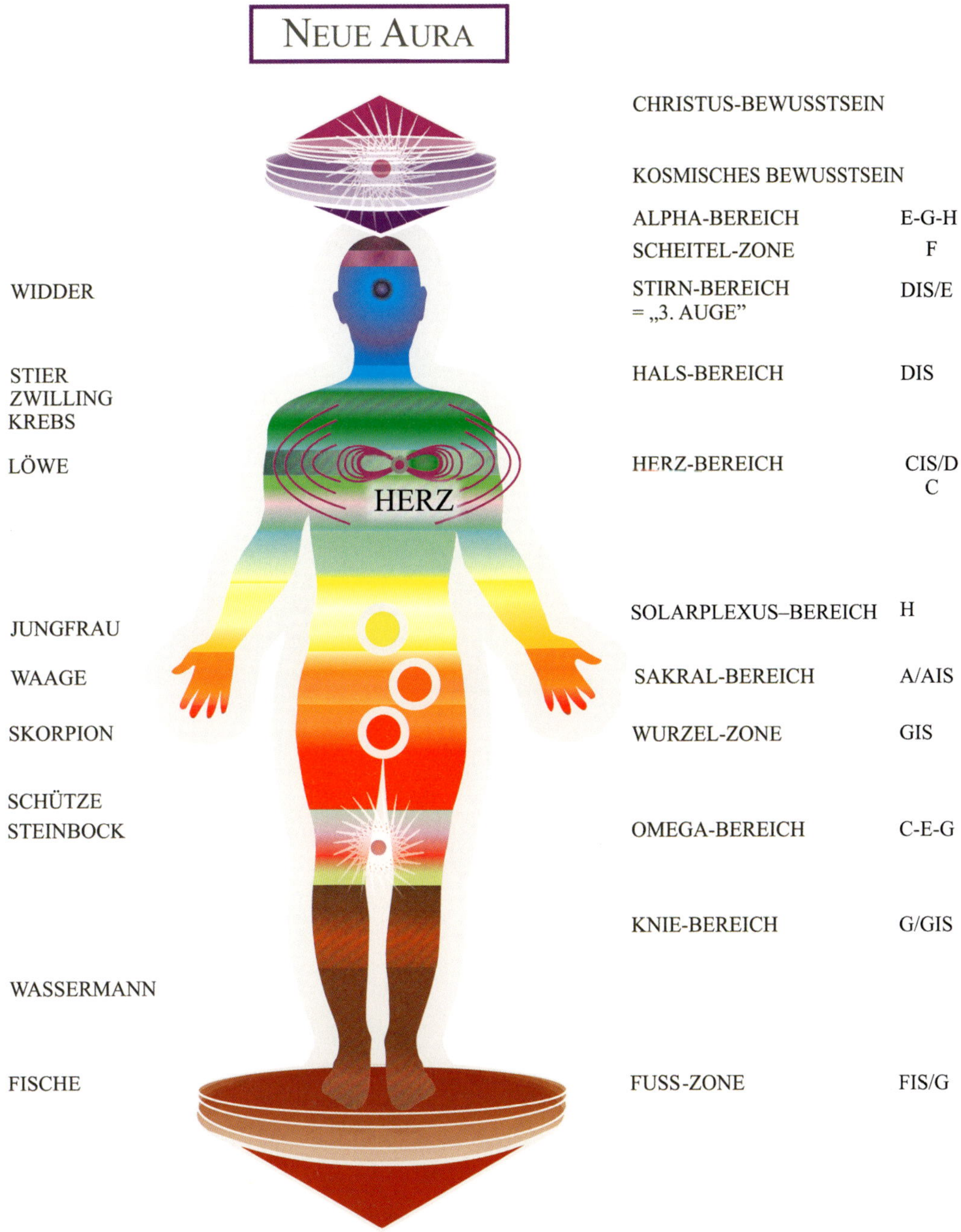

So genannte Indigokinder, meist geboren nach dem 16. und 17. August 1987, der sog. „Harmonischen Konvergenz“, haben nur die Ätherebene der Energieverteilung und Energiesteuerung in der Farbe indigo-blau. Für hellsichtige Menschen hat ihre Aura eine bläuliche Farbe, daher kommt der Begriff Indigokinder. Nachdem die Schutz- und Steuerungsfunktion der Zwischenebenen in der Aura wie Astral- und Mentalebene fehlen, sind diese Kinder besonderen Anfechtungen ausgesetzt. Sie fühlen sich unter Druck von außen gebracht, können jedoch nicht genau definieren, welches hierfür die eigentlichen Ursachen sind, was zu unkontrollierten Reaktionen von ihrer Seite aus führt. Dies kann verändert werden, wenn man sie anweist, durch entsprechende Malübungen und Meditationen selbst Eigenverantwortung zu übernehmen und ihre Auraebenen aufzubauen, beispielsweise der CD: „Die wunderbaren Seifenblasen – Eine Traumreise für Kinder“ von Barbara Seiler, Kolpingstraße 31, D-86551 Aichach-Oberbernbach.

Neben der Aufteilung der einzelnen Auraschichten innerhalb der Kugel gibt es zusätzlich noch eine Feinabstimmung in horizontal-waagrechten Schichten gemäß der Schwingungsfrequenzen und dem Resonanzverhalten einzelner Körperzonen bzw. Kraftzentren, bei den Kahunas Hawaiis auch als *Kahiki* bezeichnet. Diese Auffassung findet sich u. a. auch im alten Ägypten und in Tibet.

Wie Schwungkreise in Form von unterschiedlich farbigen Reifen unterteilen diese horizontalen Schichten die Aurakugel in zwölf (+ einer) Zonen, beginnend unterhalb der Füße und endend oberhalb des Kopfes. Man spricht in diesem Zusammenhang auch von der NEUEN AURA, obwohl diese Konstruktion von Anfang an bestand. Die Zahl Zwölf stellt im Rahmen der Zahlenmystik die vollkommene Zahl des Universums dar, mit welcher ein vollständiger Schöpfungszyklus abgeschlossen wird. Diese zwölf Querzonen können der chromatischen Tonleiter, damit Klängen und Tönen, den Tierkreiszeichen, Farben, Düften, Organzonen, Kraftzentren und Ausgangspunkten der MER-KA-BA, dem feinstofflichen Mechanismus und Energiefeld des Menschen im Lichtkörperprozess zugeordnet werden, in der Bibel auch als „Himmelsgefährt des Hezechiel“ beschrieben (vgl. auch Seite 141).

DIE MENSCHLICHE MER - KA - BA DES STERNTETRAEDERS

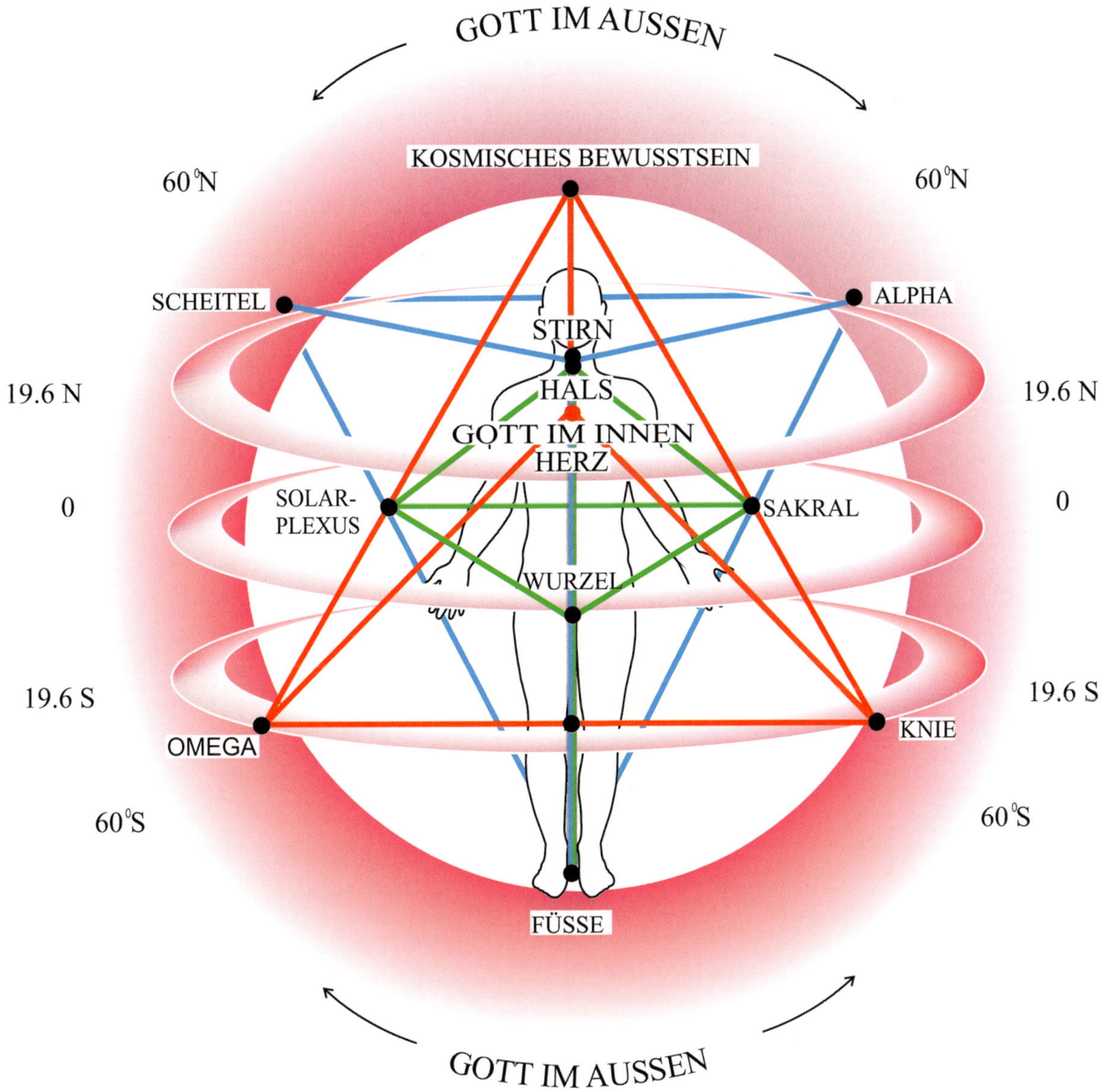

STERNTETRAEDER				
LICHTTETRAEDER:(+) = ELEKTRISCH/MENTAL	HERZ –	OMEGA – (3)	KNIE – (6)	KOSMISCHES-BEWUSSTSEIN (9)
ERDTETRAEDER:(-) = MAGNETISCH/EMOTIONAL	FÜSSE – (1)	ALPHA – (4)	STIRN – (7)	SCHEITEL (10)
KÖRPERTETRAEDER:(+/-) =ELEKTROMAGNETISCH	SOLAR-PLEXUS (2)	SAKRAL (5)	WURZEL (8)	HALS (11)
				CHRISTUS-BEWUSSTSEIN (12)

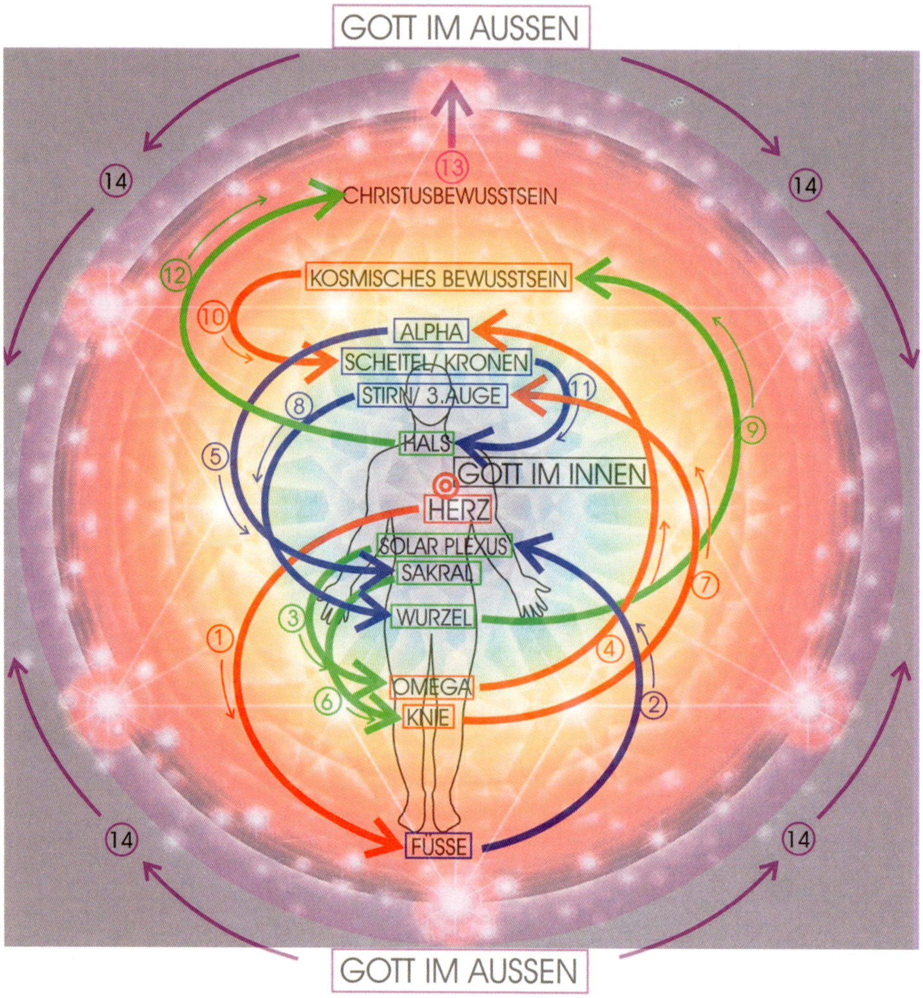

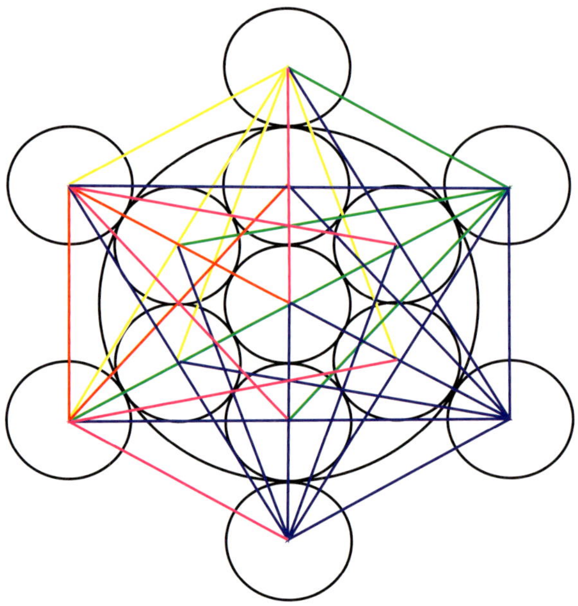

»METATRON`S WÜRFEL«
stellt die Kommunikation im Universum dar

Dieser gesamte spirituelle Entwicklungsweg kann über eine vom Autor besprochene Meditations-CD mit dem Titel

„Der Lichtkörperprozess“[32]

nachvollzogen werden. Die genannte CD ist die bisher einzige, die nicht im Studio, sondern life in der Zeit zwischen 12.15 und 13.00 Uhr am Samstag, dem 08. November 2003, zum Beginn der so genannten „Kosmischen Konkordanz“ aufgenommen wurde. Die besondere Schwingung der damals vorherrschenden Sternenkonstellation einer MER-KA-BA – Konstruktion der Erde mit Sonne und Mond in konträren Oppositionspositionen ist während der Meditation noch deutlich zu spüren.

Am Wochenende des 8. und 9. November 2003 ergab sich mit der „Harmonischen Konkordanz“ am Sternenhimmel der Nordhalbkugel der Erde eine seltene Konstellation, die flächig einen Christus- bzw. Davidstern und räumlich, unter Einschluss der Erde im Zentrum, eine weiblich ausgerichtete Merkaba ergab.

Im Rahmen einer Mondfinsternis befanden sich Sonne und Mond in Opposition. Im roten Lichttetraeder stand die Sonne im 9. Haus von Sinnfindung, Evolution, Horizonterweiterung und ideellem Streben. Mars hielt sich im 1. Haus von Ego, Besitz, Außenspiegelung und persönlicher Durchsetzung auf, Saturn im 6. Haus von Pflichterfüllung, Spiegelung und Kräfteeinteilung. Im blauen Erdtetraeder bewegte sich der Mond nahe an Mondknoten und Lilith im 3. Haus von Geistorientierung, Eigenliebe, Alltag und notwendigen Lernprozessen. Jupiter stand im 7. Haus von Begegnung, Partnerschaft und Harmonie und Chiron im 12. Haus von Transzendenz, Stille, Versenkung, Heilung, Auflösung, Vergebung und Seelenorientierung.

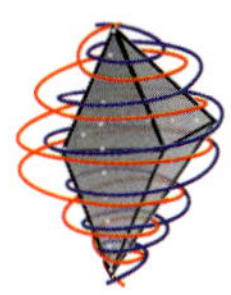

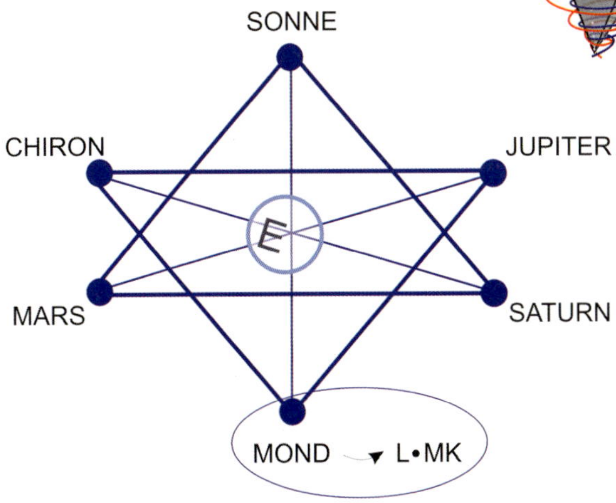

Erd-Merkaba vom 8./9.11.2003

Die sich daraus ergebende Aufgabenstellung für jeden einzelnen Menschen war, negative Muster anzunehmen, noch unerledigte Hausaufgaben anzuschauen, zu erledigen, bewusst zu erfahren und alles durch Vergebung gegenüber sich selbst und anderen in Licht, lebender Bewegung und Liebe loszulassen.

Über Photonengürtel und Lichtgitternetz strömte damals die Kraft von Christusbewusstsein und -energie in das Herz eines jeden Menschen und vergegenwärtigte ihm seine göttliche Herkunft und die „Harmonische Eintracht“ des All-Eins-Seins. In der auf der CD vorgestellten Meditation ergibt sich in der bewussten Verbindung aller Bewusstseinsebenen die Erfahrung des Einsseins mit Gott und allem Sein in Licht, Leben und Liebe. Zu diesem Zweck wird aus der Lichtkugel am Rande der äußersten Auraschicht eine spiralförmige, linksdrehende Bewegung von außen nach innen visualisiert, die im Herzen endet, dem „Gott im Innen“. Im bewusst erfahrenen Lichtkörperprozess wird die Verbindung des Gottes im eigenen Innen und Außen hergestellt und das individuelle Merkaba-Energiefeld aktiviert, um die eine und einzige universale Botschaft aufzunehmen und zu leben:

Innen und außen sind eins –
in Wahrheit ist es nur Liebe!

Im menschlichen Evolutionsprozess muss jede der zwölf Ebenen bzw. Kraftzentren energetisch ausgeglichen werden. Nur so lässt sich eine reibungslose Weiterleitung von universalen Informationen und kosmischen Energiepotentialen über die von oben nach unten durch die Aurakugel führende Licht-/Lebensenergie- bzw. Pranaröhre erreichen. Sind einzelne Zonen noch polarisiert und energetisch unausgeglichen, ist dieser ungestörte Fluss und damit die Feinabstimmung der einzelnen Senderfrequenzen, um auf unser Radiobeispiel zurückzukommen, auf einer bestimmten Welle nicht gegeben und damit ein klarer Empfang unmöglich. Es gibt unter diesen Umständen auch keinerlei Aktivierung der eigenen Merkaba, auch wenn die vorgeschriebenen Atemübungen genau eingehalten und genügend oft wiederholt werden.

32 Erhältlich bei: Schirner Verlag, Zerninstraße 7, D-64297 Darmstadt, Tel: 0049 (0)6151 29 39 59, www.schirner.com.

HEILSTEINE, FARBZONEN UND CHAKRAS DER NEUEN AURA

	Christusbewusstsein	Diamant
12	Kosm. Bewusstsein	Selenit, Bergkristall
11	α	Feueropal, Sonnenstein
10	Krone	Pyrit, Amethyst, Ametrin, Charoit, Sugilith, Zoisit, Lepidolith, Opalith, Rhyolith, Tigerauge
9	3. Auge	Rubin, Smaragd, Kunzit, Edeltopas, Saphir, Sodalith, Zitrin, Aquamarin, Fluorit, Lapislazuli, Indigolith, blauer Achat
8	Hals	Chalzedon, Apatit, Coelestin, Larimar, Türkis, Dumortierit
7	Herz 1- grün: 2-rosa:	Jade, Olivin-Peridot, Verdelit , Aventurin, Skoleszith, Alexandrit, Amazonit, Moosachat, DIOPTAS Rosenquarz, Rhodochrosit, Rubbelit, Elbait, Rhodonit, Perle, Heliotrop
6	Solar-Plexus	Bernstein, gelber Calcit, gelber Saphir, Tigereisen, gelber Topas
5	Milz Sakral	Karneol, Orangen-Calcit, Brekzienjaspis, Feuerstein, Muskovit, Nephrit, Sardonyx, Sternjaspis
4	Wurzel	Granat, Blutjaspis, roter Achat, Koralle, Hämatit, Morganit, Sandrose, Thulit
3	Ω	Buntkupfer, Mondstein, Opal
2	Knie	Dolomit, Howlith, Aragonit, Calcit, Magnesit, Labradorith
1	Füße	Turmalin/Schörl, Magnetit, Obsidian, Onyx, versteinertes Holz

Nach dem Ausgleich der zwölf Kraftzonen und der Erreichung des kosmischen Bewusstseins der All-Einheit ist dieser umfassende Polaritätsausgleich in den menschlichen Energiefeldern, damit die Aufhebung und Verschmelzung der eigenen doppelten Polarität notwendig. Erst danach kann man den Weg zur 13. Stufe des Christusbewusstseins und des Gottmenschentums finden und durch sie jenen zur 14. Ebene der GOTTHEIT IM AUßEN. Diese spiegelt sich sodann im Nullpotential des Herzzentrums der GOTTHEIT IM INNEN und führt damit zur absoluten Verschmelzung, der „chymischen Hochzeit" der Alchimisten, also letztlich zur unaufhörlich angestrebten individuellen Rückkehr ins Licht der Urquelle, der „UNIO MYSTIKA", die in der Zahlenmystik durch die Ziffer 37 definiert ist.

3.9 Akupunkturmeridiane und Energieeinfluss

3.9.1 Die 12 Energiekreisläufe

Die Traditionelle Chinesische Medizin (TCM) ist bereits mehrere tausend Jahre alt und arbeitet aufgrund eines umfangreichen empirischen Wissens ganzheitlich, also auch mit feinstofflichen Methoden. Eines von diesen Systemen ist der Umgang mit Energie- und Nervenimpulsbahnen. Letztere werden auch NADIS genannt, und es gibt davon im Körper – vor allem unterhalb der Hautoberfläche – fein verteilt, angeblich mehr als 300 000. Diese leiten direkt unterhalb der Oberhaut bis zu 0,5 mm Tiefe spezielle neuronale Impulse auch über bestimmte Botenstoffe, Endorphine genannt, weiter. Deren Ausgangspunkte sind sehr oft entsprechende Steuerdrüsen im Zwischenhirnbereich, insbesondere die Zirbeldrüse oder Epiphyse.

Nach dieser altasiatischen Lehre fließt auch die Vitalenergie KI (Qi) oder Chi über zwölf Hauptmeridiane durch den menschlichen Körper. Meridiane sind keine physisch wahrnehmbaren Systeme, sondern Energiekanäle zur Weiterleitung kosmischer Informationen. In sechs positiv gepolten, elektrisch ausgerichteten, männlich-aktiven und warmen Systemen, bezeichnet als YANG-Meridiane, fließt dabei die Energie im Organismus von oben nach unten. Erreicht werden hierbei Dünndarm, Blase, Gallenblase, Magen, Dickdarm und Dreifacher Erwärmer. Nachdem die genannten Energiekreisläufe gepolt sind, gibt es nach dem Polaritäts- und Komplementärprinzip auch entgegengesetzt ausgerichtete, so genannte YIN-Meridiane. Diese letztgenannten Kreisläufe – es sind ebenfalls sechs – sind negativ gepolt, weiblich passiv ausgerichtet, kalt und verlaufen von unten nach oben. Sie sind verbunden mit dem Herzen, den Nieren, der Leber, der Lunge, Milz/Pankreas/Bauchspeicheldrüse und dem Kreislauf- und Sexualitätssystem. Die Yin-Meridiane führen, aus der Verbindung mit der Erdenergie kommend und damit magnetisch ausgerichtet, nach oben hinauf zum Himmel, die Yang-Meridiane, elektrisch energetisiert, vom Himmel kommend und damit geistig ausgerichtet, von oben hinunter zur Erde. Der Mensch als energetische und vom Göttlichen Geist erschaffene Wesenheit, ausgestattet mit dem freien Willen und einem von ihm bewusst gesteuerten System, verbindet auch im Rahmen der Meridiane Vater Himmel mit Mutter Erde.

Die zweimal sechs Meridiane sind auf jeder Körperseite spiegelbildlich angeordnet und immer paarweise miteinander verbunden. In der Körpermitte befinden sich außerdem noch zwei Sondersysteme. Im Zentral- oder Konzeptionsgefäß auf der Bauchvorderseite werden die Energiepotentiale aller YIN-Meridiane gesammelt, um vom Kopf in Richtung Damm zu fließen und an der Oberlippe zu enden. Im Gouverneurs- oder Lenkergefäß werden die Energiepotentiale aller YANG-Meridiane aufgenommen und entlang der Wirbelsäule an der Körperrückseite, von unten nach oben fließend, vom Steiß über den Kopf zur Unterlippe geführt. Beide Sonderkreisläufe sind nur im Rachenraum getrennt. Legt man die Zunge im oberen Rachenraum an den Gaumen, so werden beide Energiesysteme miteinander verbunden, und ein Ausgleich der Potentiale mit dem Effekt einer entsprechenden Harmonisierung findet statt. Man nennt die entsprechende – auch für bestimmte Meditationen wichtige – Stelle im Rachenraum „Himmelspforte". An den jeweiligen Endpunkten der Meridiane wandeln sich die Energiepotentiale jeweils entsprechend um.

Bestimmte Meridiane arbeiten besonders stark. Für den YIN-Bereich gilt dies für den Lebermeridian, welcher auch den Motor des Vitalenergiekreislaufs darstellt. Im YANG-Bereich ist besonders der Gallenblasenmeridian sehr aktiv. Herz- und Dünndarmmeridian arbeiten demgegenüber relativ neutral, nämlich ersterer beispielsweise nahezu ausgeglichen mit 40 % YIN und 60 % YANG. Farben wirken beruhigend oder anregend auf bestimmte Meridiane und Organkreisläufe.

ANREGUNGSFARBEN

DIE AKUPUNKTURMERIDIANE
Energiekreislauf
Psychologische Entsprechung
Maximalzeit

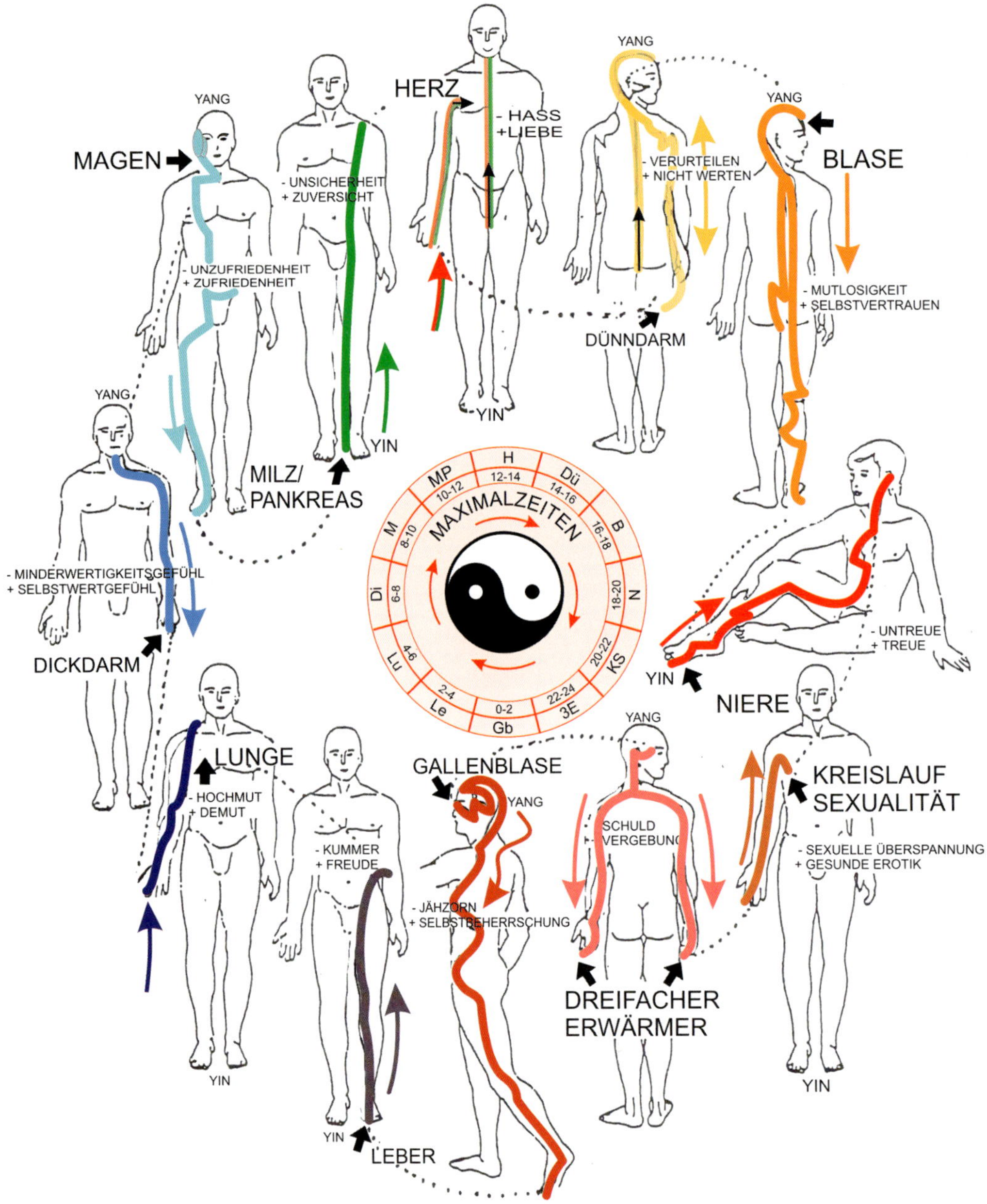

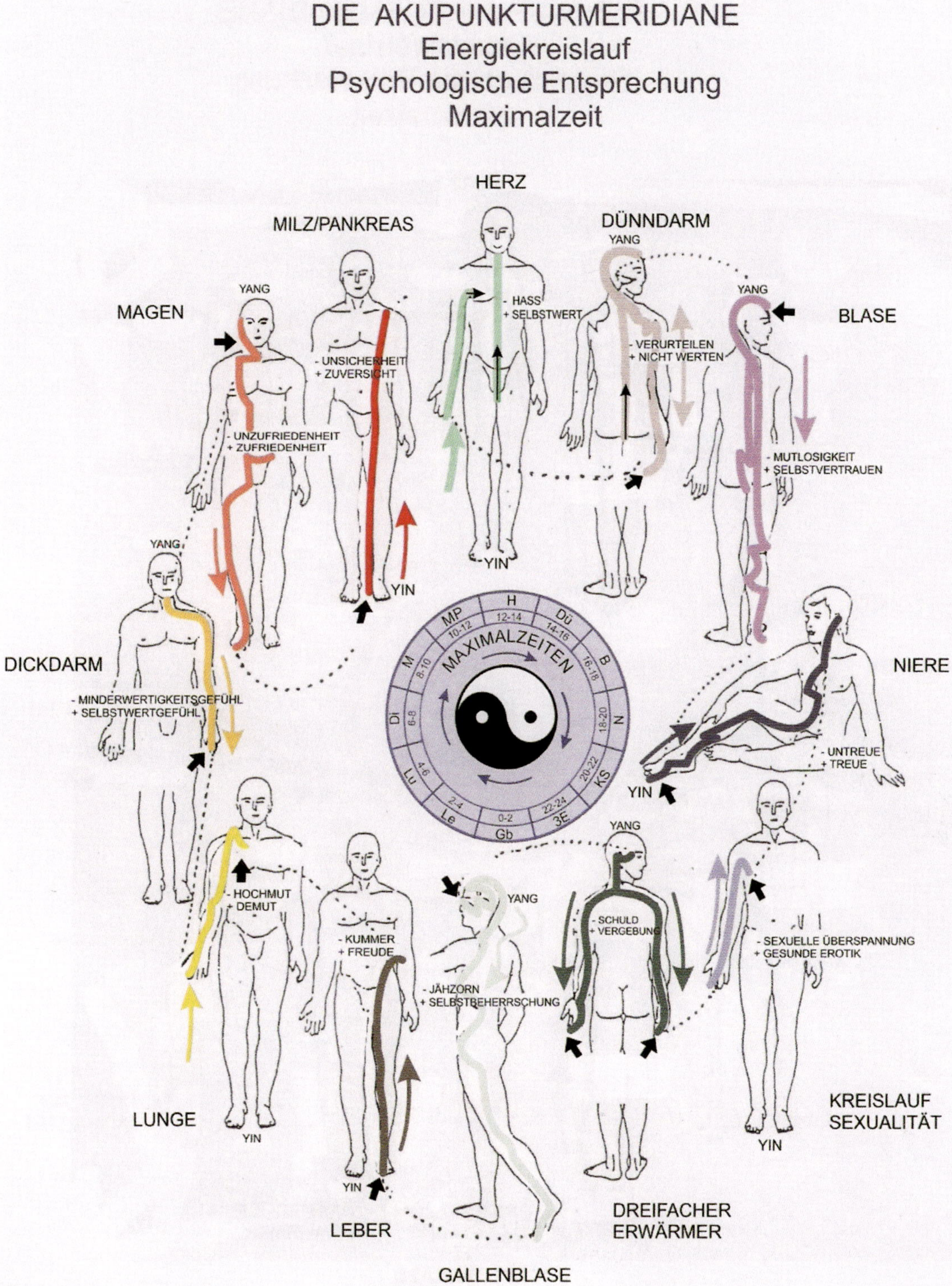
DIE AKUPUNKTURMERIDIANE
Energiekreislauf
Psychologische Entsprechung
Maximalzeit
HERZ
- HASS
+ SELBSTWERT
YIN
MILZ/PANKREAS
- UNSICHERHEIT
+ ZUVERSICHT
YIN
DÜNNDARM
YANG
- VERURTEILEN
+ NICHT WERTEN
MAGEN
YANG
- UNZUFRIEDENHEIT
+ ZUFRIEDENHEIT
BLASE
YANG
- MUTLOSIGKEIT
+ SELBSTVERTRAUEN
DICKDARM
YANG
- MINDERWERTIGKEITSGEFÜHL
+ SELBSTWERTGEFÜHL
NIERE
- UNTREUE
+ TREUE
YIN
MAXIMALZEITEN
MP 10-12
H 12-14
Dü 14-16
B 16-18
N 18-20
KS 20-22
3E 22-24
Gb 0-2
Le 2-4
Lu 4-6
Di 6-8
M 8-10
LUNGE
- HOCHMUT
+ DEMUT
YIN
LEBER
- KUMMER
+ FREUDE
YIN
GALLENBLASE
YANG
- JÄHZORN
+ SELBSTBEHERRSCHUNG
DREIFACHER
ERWÄRMER
YANG
- SCHULD
+ VERGEBUNG
KREISLAUF
SEXUALITÄT
- SEXUELLE ÜBERSPANNUNG
+ GESUNDE EROTIK
YIN

Jedes Meridiansystem wird im Rahmen einer so genannten „Maximalzeit“ zwei Stunden lang besonders stark durchströmt. Dann befindet es sich in seiner größten Aktivierungs- und stärksten Leistungsphase. Festgehalten sind die einzelnen Hochleistungsphasen der Meridiane in der Organuhr. Während dieser Phase sind feinstoffliche Therapien besonders sinnvoll. Treten regelmäßig innerhalb bestimmter Tages- und Nachtzeiten dieselben Beschwerden auf, lässt dies über die entsprechenden Organkreisläufe Rückschlüsse zu auf die hierfür in Frage kommenden Ursachen. Jeder Meridian steht im Rahmen der Körperbotschaften und der Organsprache auch für gewisse Gedankenmuster und Gefühlsprogramme. Auch diese können beispielsweise über Symbole, geometrische Formen und Farben beeinflusst werden.

3.9.2 Energetische Bedeutung der Hände und Finger

Allgemein

Linke Hand:	Wirkung auf die rechte Gehirnhälfte und harmonische, gedankliche Urmuster und deren Neuprogrammierung.
Rechte Hand:	Wirkung auf die linke Gehirnhälfte, auf individuelle Gedankenmuster auch aus früheren Leben; oft Sitz von elementaren und negativen Störpotentialen.

Speziell

Daumen:	Element Wasser – beeinflusst Gemütsstimmungen und deren psychosomatische Folgen, Depressionen etc.; fördert Schmerzlinderung. Am Nagelbett … hin zu den Fingern: Ansatzpunkt des Meridians für Lunge und Bronchien … weg von den Fingern: Ansatzpunkt des Meridians der Lymphe
Zeigefinger:	Element Feuer – beeinflusst das Nervensystem, die Haut sowie die Verdauung und den Stoffwechsel. Am Nagelbett … hin zum Mittelfinger: Ansatzpunkt des Meridians für Nerven, Degeneration und Störungen des Zellerneuerungssystems … hin zum Daumen: Ansatzpunkt für den Dickdarm Absteigend an der rechten Hand, aufsteigend an der linken Hand

Kontrollmesspunkte an den Füßen

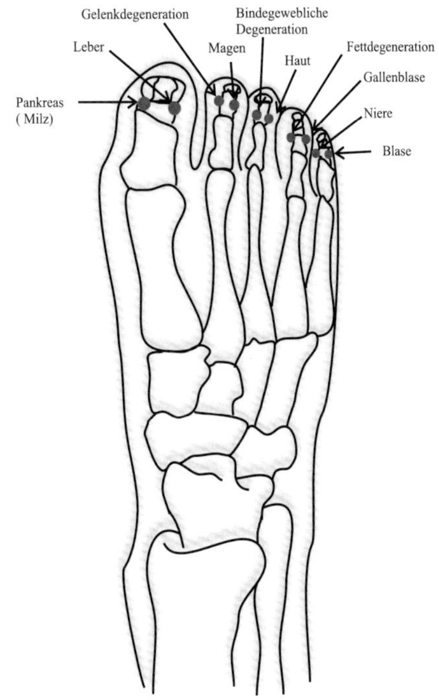

Kontrollmesspunkte an den Händen

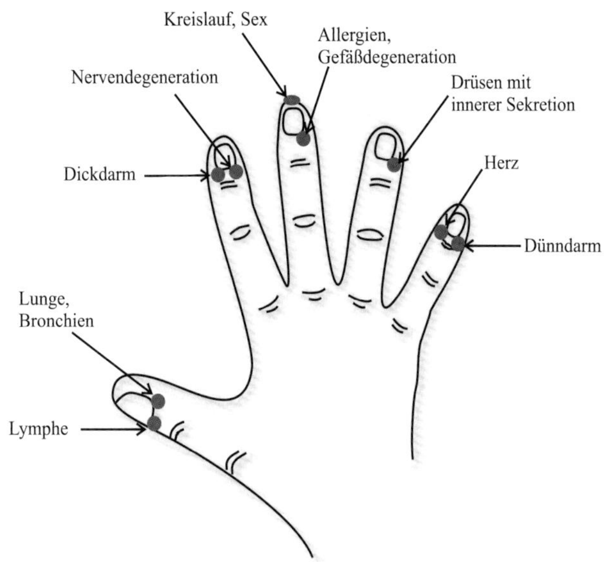

Auch die Hände verfügen über Energiepunkte für jedes Organ. Dabei entsprechen die Glieder von Händen und Füßen einander, und zwar der Daumen dem großen Zeh, der Zeigefinger dem zweiten Zeh, der Mittelfinger der mittleren Zehe, der Ringfinger der vierten Zehe und der kleine Finger dem kleinen Zeh.

Mittelfinger: Element Äther – beeinflusst Herz und Kreislauf sowie Knochen, Muskeln und Sehnen
An der Fingerkuppe: der Hellsehpunkt sowie der Ansatzpunkt des Herz-Kreislauf-Sexual-Meridians
Am äußeren Nagelbett hin zum Ringfinger: Kontrollmesspunkt für Allergien und Gefäßdegeneration

Ringfinger: Element Erde – beeinflusst stark Lebensenergie und Vitalkraft
Am Nagelbett
… in Richtung Mittelfinger: Ansatzpunkt des Parenchym-Bereichs
… in Richtung kleiner Finger: Ansatzpunkt der endokrinen Drüsen

Kleiner Finger: Element Luft – beeinflusst stark Blutbild und Kreislauf sowie die Zellinformation und die Programmierung der DNS
Am Nagelbett
… innen in Richtung Ringfinger: weiterer Ansatzpunkt des Herzbereichs
… außen: Ansatzpunkt des Dünndarmsmeridians

DIE AKUPUNKTURPUNKTE
der Finger in Anregungs- und Beruhigungsfarben

Anregungsfarbe +
Beruhigungsfarbe –

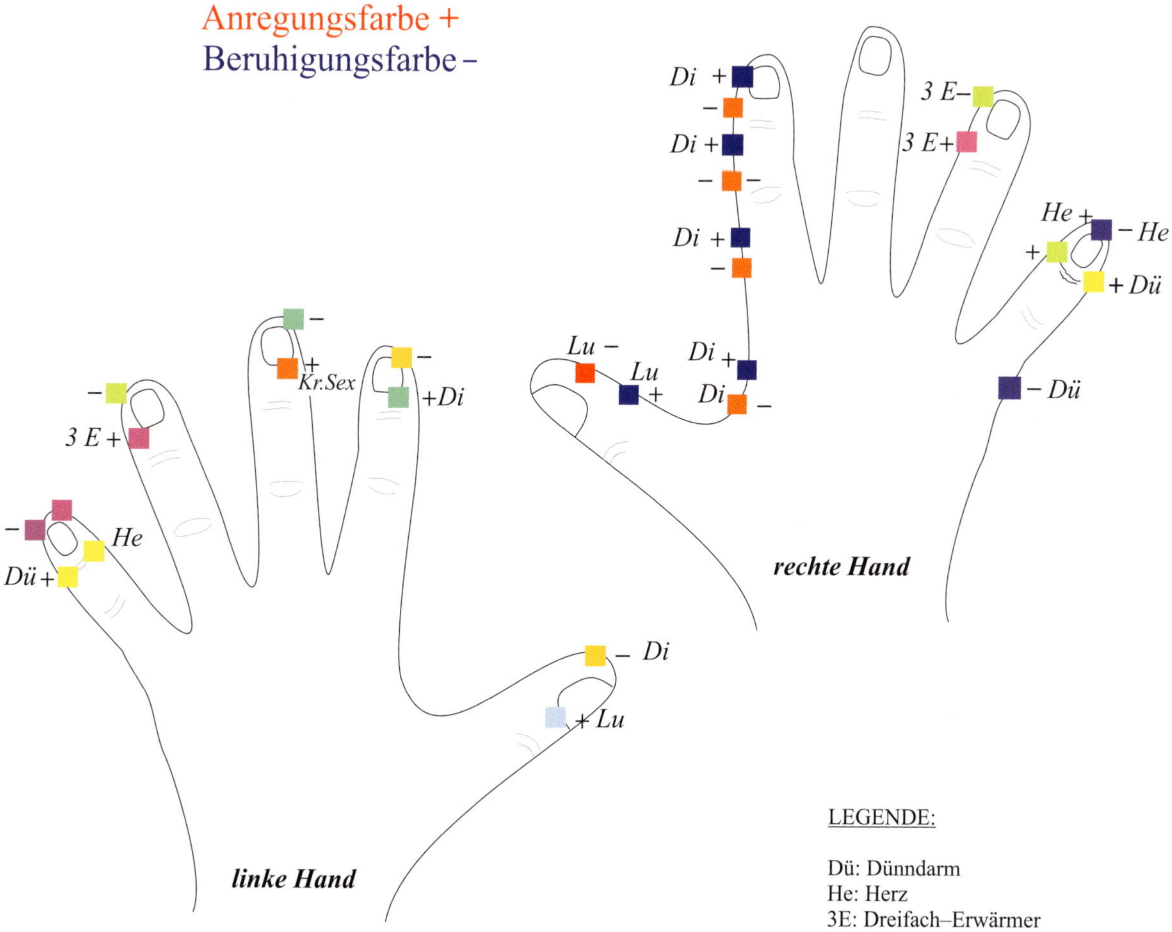

LEGENDE:

Dü: Dünndarm
He: Herz
3E: Dreifach–Erwärmer
Kr. Sex: Kreislauf/Sex
Di: Dickdarm
Lu: Lunge

3.9.3 Alarm- oder Energieübertragungspunkte

Auf jedem Meridian befinden sich Akupunkturpunkte, über welche der Energiekreislauf des jeweiligen Organs besonders gut angesprochen werden kann. Tonisierungspunkte verstärken die Energie des entsprechenden Meridians, Sedierungspunkte reduzieren die Wirkung. Lo-Punkte gleichen die Potentiale zwischen verschiedenen Meridianen aus. Mit Zustimmungspunkten wird ein Organ direkt angesprochen, Alarmpunkte zeigen akute Störsituationen an. Offiziell gibt es 354 besonders wichtige und insgesamt 1100 wirksame Akupunkturpunkte.

Die genannten Steuerpunkte der Akupunkturmeridiane stellen auf der Oberhaut des Menschen die bis zu etwa einem Quadratzentimeter großen Punkte bzw. Zonen dar, auf welchen besonders viele winzig kleine Magnetite und Quarzkristalle angebracht sind. Sie wirken als Antennensysteme für vom Licht über das Higgs-Feld und nachfolgende elektromagnetische Hologramme und Interferenzmuster übertragene, harmonische kosmische Urinformationen. Von ihnen ausgehend werden diese Informationen über Biophotonen unterhalb der Hautoberfläche zwischen 0,1 und 0,5 mm tief über spezielle Übertragungssysteme des menschlichen Organismus wie Lymphatisches System, Blutgefäße und Nervenenden in Geschwindigkeiten knapp unter, in und über Lichtgeschwindigkeiten weitergeleitet. Sie aktivieren in der Folge auch die polar ausgerichteten Leitsysteme der Meridiane, die unter der Haut in einer Tiefe zwischen 0,5 und 2,5 mm verlaufen. Es gilt dabei die Regel, dass Alarmpunkte auch Akupunkturpunkte, aber nicht alle Akupunkturpunkte auch Alarmpunkte sind.

ALARMPUNKTE

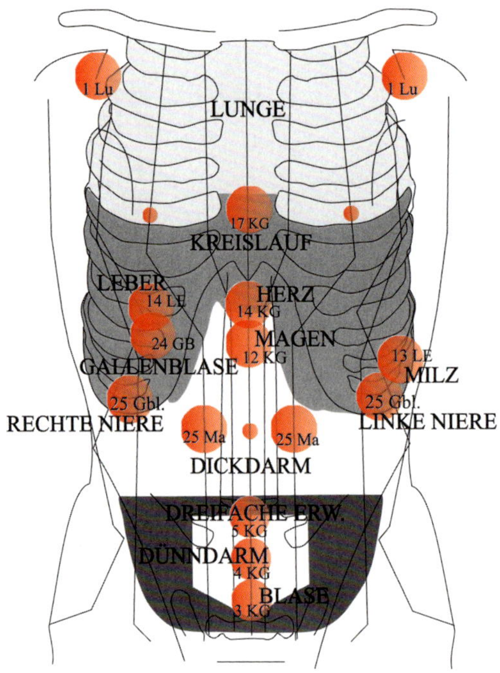

LUNGEN Lu 1: Auf der Brust 6 Daumen seitwärts der Mittellinie	HERZ KG 14: 2 Daumen unter dem Brustbeinrand	MILZ LE 13(links): Vor dem Ende der 12. Rippe	DREIFACHER ERWÄRMER KG. 5: 2 Daumen unter dem Nabel
KREISLAUF KG 17: Mitten zwischen den Brustwarzen	GALLENBLASE GBL. 24 (rechts): zwischen 7. Und 8. Rippe gerade unter der Brustwarze	LINKE/RECHTE NIERE Gbl. links/rechts 25: Vor dem Ende der 12. Rippe	BLASE KG. 3: 4 Daumen unter dem Nabel, 1 Daumen über dem Schambeinrand
LEBER LE 14(rechts): Gerade unter der Brust- warze zwischen 6. und 7. Rippe	MAGEN KG 12: Mitten zwischen Brust- beinrand und Nabel	DICKDARM MA.25: 2 Daumen seitlich des Nabels	DÜNNDARM KG. 4: 3 Daumen unter dem Nabel

Spezielle Alarmpunkte regeln u.a. folgende Körperfunktionen:

- HYPOTHALAMUSPUNKT: oben hinter der Ohrmuschel (= 3 E 20), regelt Hormone
- NASENNEBENHÖHLENPUNKTE: oberhalb der Nasenwurzel (= B12), oberhalb des linken Nasenflügels (= Di 20), außerhalb beider Nasenflügel (= Ma 5)
- LUNGENPUNKTE: links und rechts unterhalb des Schlüsselbeins und neben dem obersten Brustwirbel vorn
- KREISLAUFPUNKT: in der Mitte vorn zwischen den beiden Brustwarzen
- LEBERPUNKT: vorn unter der rechten Brustwarze zwischen der 6. und 7. Rippe
- HERZPUNKT: zwei Daumen unter dem Brustbeinrand in der Mitte vorn direkt unterhalb des Kreislaufpunktes
- GALLENBLASENPUNKT: vorn unter der rechten Brustwarze zwischen 7. und 8. Rippe, leicht schräg rechts unterhalb des Leberpunktes
- MAGENPUNKT: vorn in der Mitte zwischen Brustbeinrand und Nabel, direkt unterhalb des Herzpunktes
- MILZPUNKT: vorn links vor dem Ende der letzten, der 12. Rippe
- NIERENPUNKT: links und rechts vor dem Ende der 12. Rippe
- BLASENPUNKT: vorn in der Mitte vier Daumen breit unterhalb des Nabels bzw. einen Daumen breit über dem Schambeinrand
- DICKDARMPUNKTE: zwei Daumen breit entfernt vorn rechts und links des Nabels
- DÜNNDARMPUNKT: vorn in der Mitte, drei Daumen breit unterhalb des Nabels
- DREIFACHER-ERWÄRMER-PUNKT: vorn in der Mitte, fünf Daumen breit unterhalb des Nabels

FARBEN EINZELNER AKUPUNKTURMERIDIANE

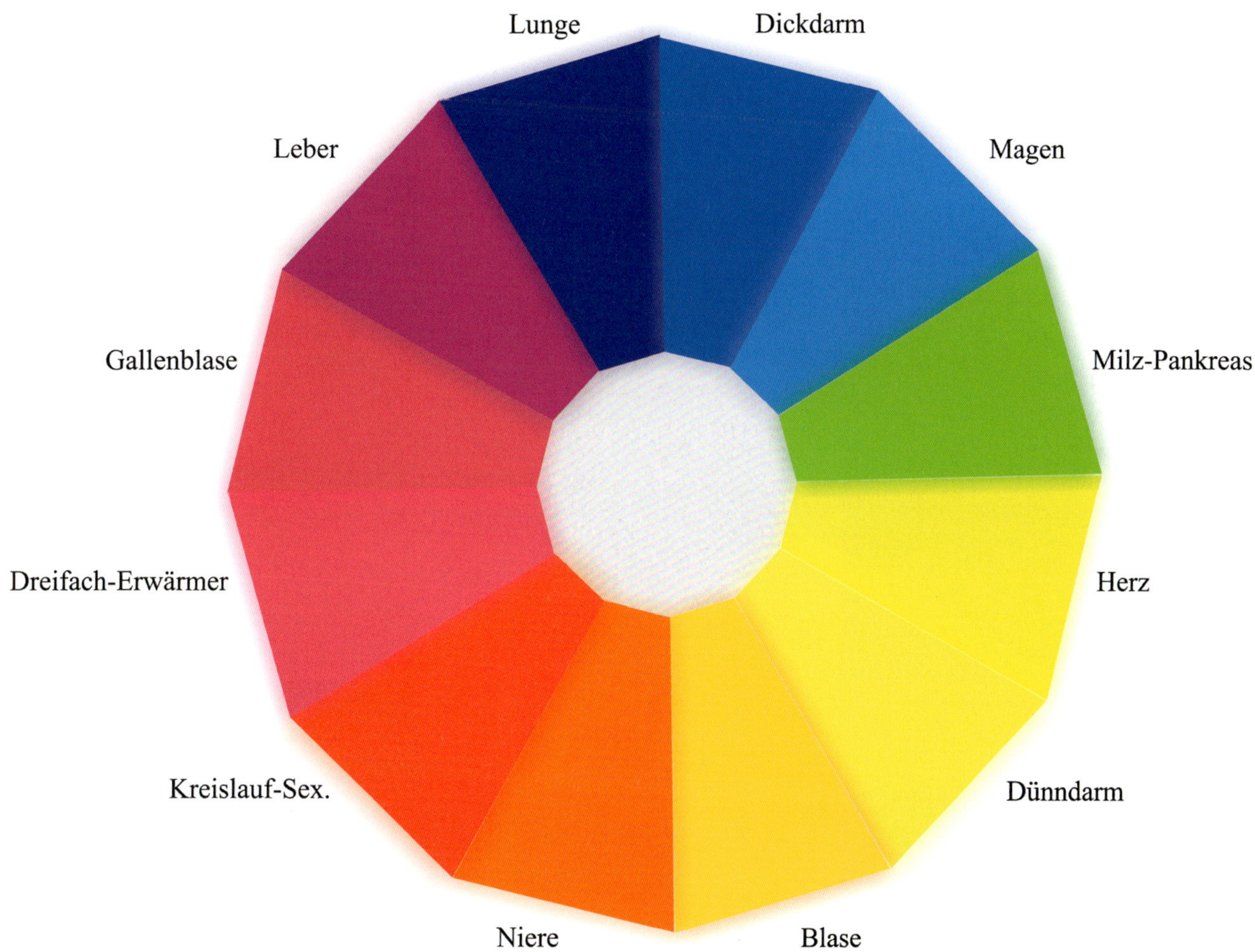

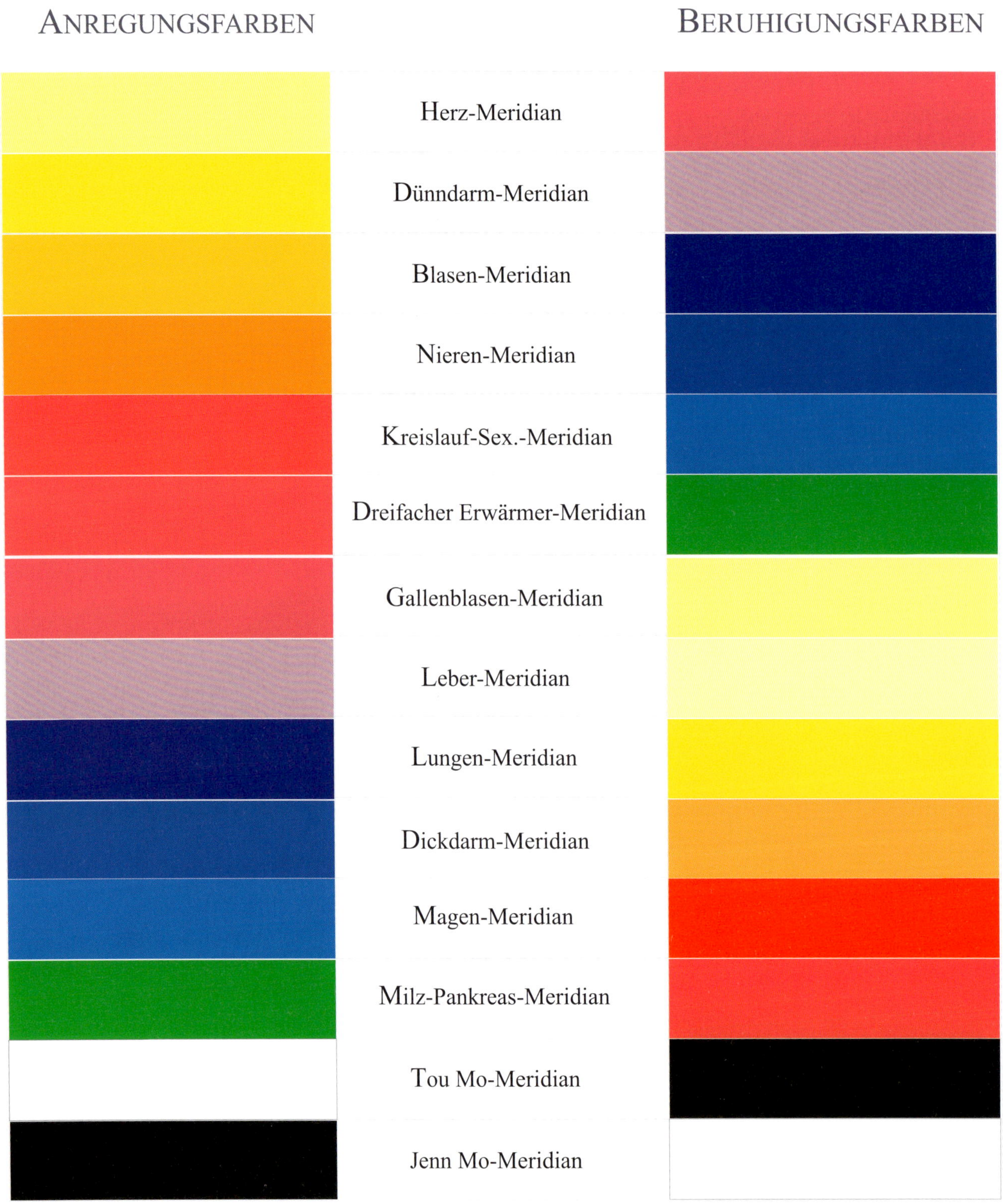
ANREGUNGSFARBEN
BERUHIGUNGSFARBEN
Herz-Meridian
Dünndarm-Meridian
Blasen-Meridian
Nieren-Meridian
Kreislauf-Sex.-Meridian
Dreifacher Erwärmer-Meridian
Gallenblasen-Meridian
Leber-Meridian
Lungen-Meridian
Dickdarm-Meridian
Magen-Meridian
Milz-Pankreas-Meridian
Tou Mo-Meridian
Jenn Mo-Meridian

Teil B

Elemente, Sternzeichen und Persönlichkeiten

I. Die vier Elemente und ihre Verbindung zu Licht und Farben

„WELTFORMEL DER UNSTERBLICHKEIT“

3 x 3 + 1 = 10

PHYSISCHER KÖRPER

PHYSISCHER KÖRPER = ERDE

LICHT = WEISHEIT= BEWUSSTSEIN

LEBEN = WILLE = BEWEGUNG = EINERGIE

LIEBE = AUSDRUCK IM STOFF

FEINSTOFFLICH ——→ AURA

ÜBERBEWUSSTSEIN HOHES SELBST KOSMISCHER PLAN »GOTT IN UNS«	LIEBESENERGIE LICHT ATMAN REI MANA LOA	SPIRITUAL WEIß FEUER SEELENVERTRÄGE DOPPELTE POLARITÄT FLÜCHE GELÜBDE SELBSTMORD KOSMISCHER PLAN LICHT
WACHBEWUSSTSEIN VERSTAND »KOPFHIRN« EGO | ICH MATERIE | GEIST »KÜNSTLICHE MATRIX« | + AUSSEN | INNEN	WILLENSENERGIE MANA MANA	MENTAL GOLD LUFT FREIER MENSCHLICHER WILLE GEDANKENIMPULSE FARBEN
UNTERBEWUSSTSEIN GEFÜHL SPEICHERUNG »BAUCHHIRN« INNERES KIND DUNKEL | LICHTE »MATRIX« | + – | AUSSEN | INNEN	LEBENSENERGIE PRANA MANA OD – FLUID	ASTRAL GRÜN WASSER SPEICHERUNG KARMA EMOTIONEN FARBE UND FORM
FLUIDAL ENERGIEVERDICHTUNG	VITALENERGIE KI – CHI – QI	ÄTHER MAGENTA 1. FLUIDAL 2. ENERGIESTEUERUNG 3. VOLLKOMMENE BLAUPAUSE 4. ENERGIEKÖRPER

PHYSISCHER KÖRPER

ERDE

PHYSISCHER KÖRPER

Auf seinem Weg zum „Abstieg“ in die Materie, aus dem Licht kommend, verdichtete der Mensch seine Stofflichkeit, was sich in jeweils niedrigen Schwingungsfrequenzen niederschlug und in unterschiedlichen Farben zeigte, die wiederum typisch für diverse Elemente waren. Damit verkörperte sich das 4. Geistige Gesetz der „Vier Gesichter Gottes“, der Realisation der grenzenlosen Liebe Gottes zu und in seiner Schöpfung.

DIE VIER GESICHTER GOTTES

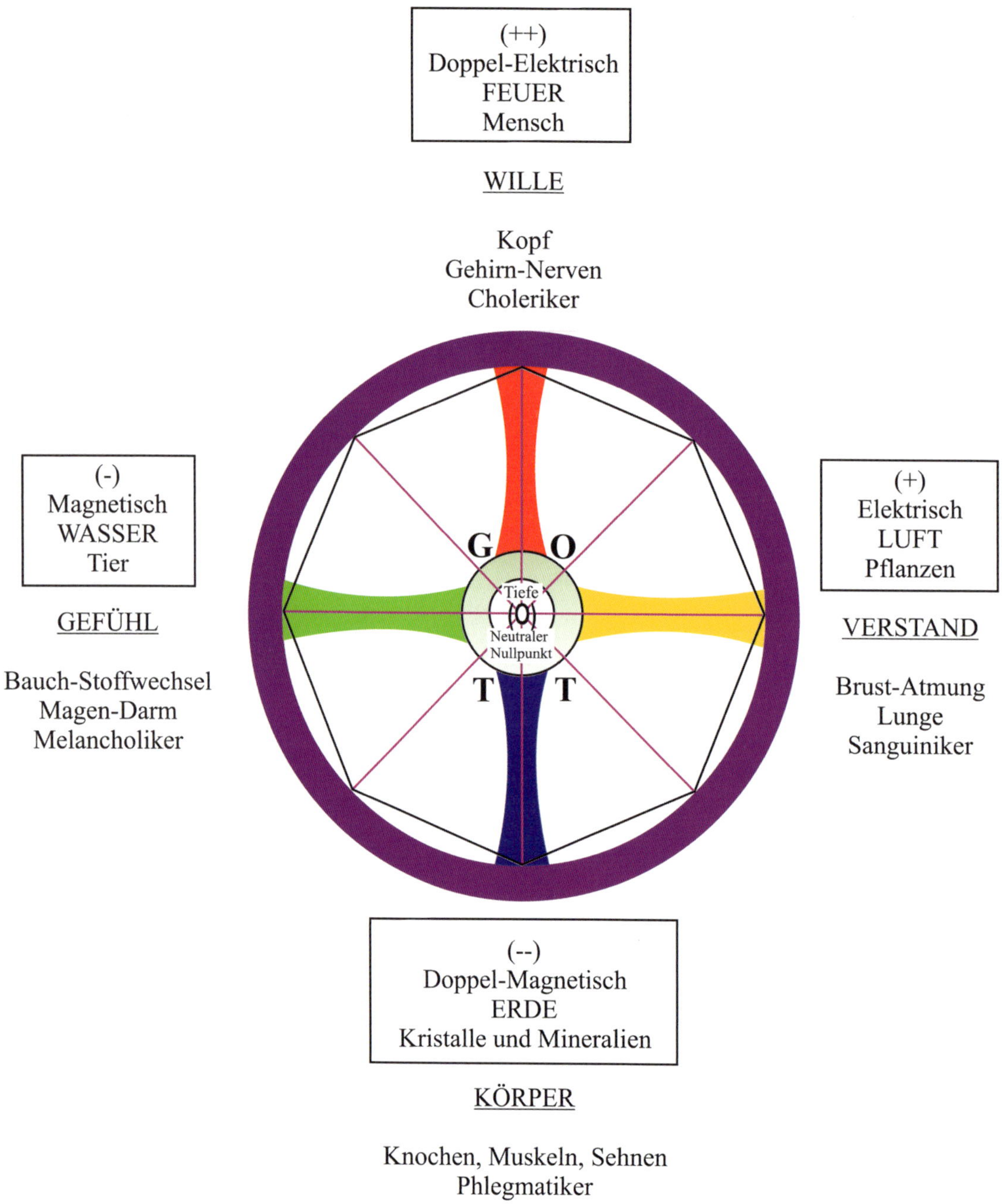

Im „Astralen Seelenspiegel“ zeigten und zeigen sich in den verschiedenen Elementen die entsprechenden Bewusstseinsebenen als fein- und grobstoffliche Verdichtungen; gleichzusetzen sind auch dafür typische Charaktereigenschaften auf den unterschiedlichen Schwingungsebenen.

Der „Astrale Seelenspiegel“

Element **FEUER**:

+ + +	Aktivität, Begeisterung, Mut, Tapferkeit, Kühnheit, Entschlossenheit
– – –	Zorn, Wut, Hass, Jähzorn, Eifersucht, Rachsucht, Ärger, Aggressivität, Ungeduld

Element **LUFT**:

+ + +	Fleiß, Freude, Gewandtheit, Diplomatie, Ausgeglichenheit, Harmonie, Gerechtigkeitssinn, Optimismus, Charisma
– – –	Leichtsinn, Prahlerei, Kritikunverträglichkeit, Selbstüberschätzung, Verschwendung, Klatschsucht

Element **WASSER**:

+ + +	Bescheidenheit, Inbrunst, Mitgefühl, Ruhe, Vergebung, Zartheit, Liebesfähigkeit, Loslassen
– – –	Gleichgültigkeit, Phlegma, Kaltherzigkeit, Nachgiebigkeit, Wankelmütigkeit, Nachlässigkeit, Trotz, Unbeständigkeit, Schüchternheit, Egozentrik

Element **ERDE**:

+ + +	Achtung, Ausdauer, Gewissenhaftigkeit, Gründlichkeit, Nüchternheit, Pünktlichkeit, Verantwortungsbewusstsein, Verlässlichkeit
– – –	Faulheit, Beleidigtsein, Gewissenlosigkeit, Schwerfälligkeit, Schwermütigkeit, Starre, Unbeweglichkeit, Unregelmäßigkeit, Überheblichkeit, Irrealität, Egoismus, im Mittelpunkt stehen müssen, mangelnde Erdung

1. Die Farben der Elemente und die Entwicklung der Bewusstseinsebenen[33]

1.1 Das rote Element FEUER: Überbewusstsein, Hohes Selbst und Inspiration

Das **Hohe Selbst** bringt Gott in unsere Reichweite. Es ist der göttliche Aspekt in uns Menschen als Führer, Begleiter und immer anwesender Beschützer. Es vermittelt uns den Schutz Gottes und seine unbegrenzte Kraft, das Wissen, dass es Gott wirklich gibt und er jederzeit für uns ansprechbar und erreichbar ist. Wir sind deshalb nie alleine. Gott ist immer in uns und mit uns in Gestalt des Hohen Selbst.

Das Hohe Selbst liebt uns immer, gleichgültig, wer wir sind und was wir tun. Es hilft uns immer, wenn wir es um Hilfe und aktives Eingreifen bitten („bitte" – „danke").

Kinder haben automatisch Zugang zu ihrem jeweiligen Hohen Selbst, dem persönlichen Schutzengel, dem „Weißen Freund", verlieren aber später diesen Kontakt äußerlich und müssen ihn sich als Erwachsene durch entsprechendes Handeln, Denken und Wünschen wieder neu erarbeiten.

Das Hohe Selbst ist Träger und Verwalter unseres eigenen Lebensplanes im Rahmen des globalen kosmischen Planes. Es verfügt über hochfrequente Gedankenmuster, die es ihm erlauben, sowohl in die Vergangenheit (auch früherer Leben) zu sehen als auch in gewisse Zukunftsebenen, die sich bereits nach dem Kausalitätsprinzip von Ursache und Wirkung grob herausstrukturiert haben, nachdem die Zukunft zumindest teilweise bereits von Gedankenmustern der Gegenwart als „kristalline Zukunft" gestaltet wird. Das Wachbewusstsein (= Mittleres Selbst) als Steuerinstanz unserer Identität, unserer individuellen Persönlichkeit, hat jedoch jederzeit die Möglichkeit, diese „kristalline Zukunft" zu verändern, wenn es aus freiem Willen in der Lage ist, das Denken zu wechseln.

33 Vgl. hierzu auch: ZAJONC, Arthur: „Die gemeinsame Geschichte von Licht und Bewusstsein." Rowohlt-Verlag, Reinbeck bei Hamburg 1994

HOHES SELBST

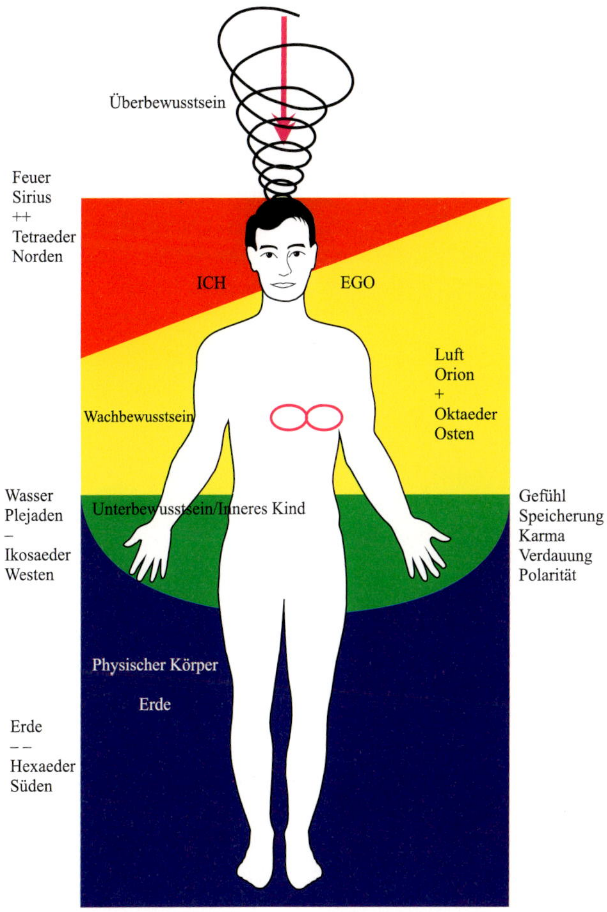

Als spirituelles Lichtwesen (in und über dem Kopf des physischen Körpers) hat und verkörpert das Hohe Selbst höchste Weisheit, Urteilskraft, Macht, Güte, Liebe und Gnade ohne Beschränkungen durch Raum und Zeit.

Wach- und Unterbewusstsein (= Unteres Selbst) denken, fühlen, lernen, hoffen und glauben, das Hohe Selbst weiß. Das Hohe Selbst ist immer gegenwärtig und möchte mit dem Unteren und Mittleren Selbst kommunizieren, aber nur, wenn es von diesen ausdrücklich dazu aufgefordert wird, das Wachbewusstsein hierzu die Initiative ergreift und sich intensiv auch um Kontakt bemüht.

Das Hohe Selbst verwaltet den eigenen kosmischen Plan, kennt unseren Lebensplan deshalb genau und versucht, diesen nach Aufforderung durch das Wachbewusstsein mitzugestalten. Es ist verpflichtet, auf den freien Willen und die Entscheidungen des Mittleren Selbst keinen Einfluss zu nehmen, es sei denn, es besteht akute Lebensgefahr oder das Mittlere Selbst bittet das Hohe Selbst ausdrücklich um Hilfe.

Das Hohe Selbst verkörpert den höchsten, spirituellen Aspekt im Menschen, der Liebe ist. Es wirkt ausschließlich positiv, reinigend, klärend und erhebend auf das Mittlere Selbst ein, so, wie dieses es seinerseits auf das Untere Selbst tun sollte.

Dies führt zu folgenden Erkenntnissen auch auf der Ebene des Wachbewusstseins, die unter anderem im Gedankengut der althawaiianischen HUNA-Weisheit enthalten sind:

- Gott ist immer in uns, nicht irgendwo in der Ferne und nicht nur über Mittelsmänner wie Klerus, Priester, Schamanen etc. erreichbar.
- Das Hohe Selbst ist als Botschafter Gottes unser innerer Schutzengel, der immer am besten weiß, was gut für uns ist, und der uns immer nur so viel zumutet, wie wir auch ertragen können.
- Gott in uns, das Hohe Selbst, rächt nicht, straft nicht, vergibt nicht unsere Sünden, da diese es gar nicht erreichen können, es handelt immer nur im Geiste der Liebe.
- Wenn wir lernen, durch richtiges Denken und Handeln des Wachbewusstseins Einschränkungen, Angst, Sorgen und Leid zu überwinden, machen wir die innere Harmonie des Hohen Selbst zu einer Offenbarung auf allen Ebenen unseres Seins.
- Das Reich Gottes ist in uns in Gestalt des HOHEN SELBST. Aus der rechten Tat kommen die Erkenntnis, das Wissen und die Wahrheit. Innere Harmonie, ein erfülltes Leben sind uns gegeben durch bedingungslose, ausstrahlende Liebe, wenn wir nur stille sind, bereit und willens, nach innen zu gehen, um auf sie zu hören.

Im Bereich des Überbewusstseins ist eine erste Verdichtung des Lichtes im Element FEUER entstanden, wofür bildlich ein rotes Dreieck steht.

Das Hohe Selbst als Steuerungsinstanz des Überbewusstseins ist ein selbstständiges Geistwesen, welches quasi als Lichtfunken und großer Schutzengel mit dem Menschen, seiner Identität und seinem Körper durch eine Silberschnur verbunden ist, die aus dem Zwischenhirn herausführt. Sitz des Hohen Selbst ist neben wichtigen Drüsen des Zwischenhirns wie Zirbeldrüse = Epiphyse bzw. Hirnanhangdrüsen = Hypophysenlappen auch das Herz.

Das Hohe Selbst ist der Botschafter Gottes in uns selbst und stellt die direkte Spiegelung des Geistes Gottes in uns dar. Es ist die innere Gottheit, der Gott in mir, der Geist Gottes, der sich in mir niederschlägt. Das Hohe Selbst ist die Quelle höchster Intelligenz von unbegrenzter Kraft und Energie, somit der Ausdruck von individueller schöpferischer Kreativität des Universums. Es stellt die Brücke zwischen dem materiellen und spirituellen Aspekt des gesamten eigenen Bewusstseins in Form von INSPIRATION dar. Es verbindet als höchste Instanz das Wachbewusstsein mit dem Unterbewusstsein. Eine seiner wichtigsten Aufgaben ist die Verwaltung des kosmischen Planes für dieses Leben, welcher Lebensziel und Lebenssinn festlegt und auch als BESTIMMUNG bezeichnet wird. Das Hohe Selbst kommuniziert über Visionen, ekstatische Zustände, Geistesblitze, plötzliche Erkenntnisse und Weisheitserfahrungen sowie über Träume mit der Ebene des Wachbewusstseins. Es ist ein weiser Lehrer, hat Zugang zur kosmischen Kreativität und dem universalen Wissen, kann Einblick in das morphogenetische Feld der Menschheit nehmen, stellt die Verbindung zu Spiritualberatern, Geistführern, Engeln, Erzengeln und anderen Wesenheiten himmlischer Hierarchien her. Das Hohe Selbst vermittelt Lichtenergie und wirkt als spiritueller Führer für Wach- und Unterbewusstsein. Nach deren Gedankenformen und Potentialen an Willensenergie erschafft es Lebensbedingungen, grobstoffliche Wirklichkeiten und formt auch den physischen Körper. Es ist ein liebevoller Freund, Führer und Beschützer für das Gesamtsystem Mensch. Das Hohe Selbst kann erreicht werden über Gebete, Meditationen und Kontemplation.[34]

Das Hohe Selbst ist der Impuls und die Verkörperung des Ursprungs in uns, der „Botschafter der Urquelle". Es bringt Gott in unsere Reichweite, einen liebenden, um uns besorgten Gott, der nicht wertet oder straft, da man sich als Mensch gegenüber Ihm nicht versündigen kann. Es ist der Göttliche Aspekt in uns Menschen als Führer, Begleiter, Verwalter des individuellen Göttlichen Planes und immer anwesender Beschützer und großer Schutzengel. Es vermittelt uns die Bekanntschaft Gottes und das Wissen, dass es Gott wirklich gibt und dieser jederzeit für uns ansprechbar und erreichbar ist. Er liebt uns ebenso wie unser Hohes Selbst, immer und bedingungslos: Er und das Hohe Selbst sind nur reines Licht, grenzenlose und bedingungslose Liebe, Schutz, Führung, Kraft und Geborgenheit.

Der Weg zum Hohen Selbst führt nach der HUNA-Lehre immer und unabdingbar über das Untere Selbst, wo alle eigenen Muster und Informationen über alle Leben hinweg gespeichert sind und von wo die einzige Verbindung zum Hohen Selbst über eine zweite interne Kommunikationsleitung, eine andere „AKA-Schnur", aktiviert werden kann. Es gibt keine direkte „AKA-Verbindung" zwischen dem Mittleren und dem Hohen Selbst, nur Kontakte vom Hohen Selbst über Träume, Fügungen, Spontanaktionen und den „Regen des Segens"[35] zum Mittleren Selbst. Ist der Kontakt zwischen dem Mittleren und dem Unteren Selbst über die erste interne Leitung, die erste „AKA-Schnur", gestört, ist damit automatisch auch die Verständigung zwischen dem Mittleren und dem Hohen Selbst zumindest stark behindert.

Das Überbewusstsein ist Träger unseres eigenen Lebensplanes im Rahmen des globalen kosmischen Planes. Es ist verpflichtet, auf unseren freien Willen keinen Einfluss zu nehmen, es sei denn, es besteht akute Lebensgefahr mit „schlechtem" Ausgang, der in unserem kosmischen Plan eigentlich nicht vorgesehen ist.

Der Kontakt zu unserem Überbewusstsein führt von uns, das heißt von unserem Wachbewusstsein aus, nur über das Unterbewusstsein. Gemäß dem Gedankengut der HUNA-Lehre gibt es keinen direkten Weg vom Wach- zum Überbewusstsein, nur sporadische Direktkontakte in Notsituationen, Träumen, Inspirationen und Visionen. Vom Wachbewusstsein zum Überbewusstsein gibt es keinen direkten Weg laut der Lehre des Huna. Das macht die ganze Sache so „schwierig", denn meistens ist der Kontakt vom Wach- zum Unterbewusstsein etwas gestört und somit auch der Kontakt zum Überbewusstsein behindert. Wir können unserem Unterbewusstsein auch etwas auf die Sprünge helfen, damit wir mit unserem Hohen Selbst in Verbindung treten können. Mit der Imagination nach erfolgter Reinigung in einem See und anschließender Besteigung eines hohen Berges finden wir am Gipfel eine Hütte vor, in der ein alter, weiser Mann, eben unser Hohes Selbst, wohnt. Jetzt können wir ihm alle Fragen stellen, die wir auf dem Herzen haben. Manche wird er beantworten, manche wie ein leeres Blatt Papier unbeantwortet lassen. Für diese sind wir zum gegebenen Zeitpunkt noch nicht reif, oder wir könnten die Antwort nicht verkraften. Im Allgemeinen müssen wir (das Mittlere Selbst) das Hohe Selbst bitten einzugreifen. Grundsätzlich geht jedes Gebet zuerst zu ihm.

Eigenschaften und Aufgaben des Hohen Selbst

- Weiser Lehrer
- Botschafter Gottes im Menschen
- Zugang zu kosmischer Kreativität, universalem Wissen und dem kosmischen Gitternetz
- Zugang zum morphogenetischen Feld der Menschheit
- Verbindung zu Spiritualebenen und anderen Hohen Selbsten

34 Beispielsweise über eine vom Autor besprochene Meditations-CD „Der Weg zum Hohen Selbst". Schirner-Verlag, Darmstadt 2004

35 Ausdruck aus der HUNA-Lehre

- Verwaltung des kosmischen Planes als Bestimmung für das persönliche Lebensziel und den Lebenssinn
- Schutz und Führung
- Aktiviert und vermittelt Lichtenergie
- Erschafft Lebensbedingungen
- Inspiration als Kommunikationsmittel
- Existiert außerhalb von Raum und quantitativer Zeit

Zum Hohen Selbst gehört feinstofflich die SPIRITUALEBENE DER AURA. Das entsprechende Archetypensymbol ist zweidimensional ein mit der Spitze nach oben gerichtetes gleichschenkeliges Dreieck, dreidimensional ein Tetraeder. Die Symbolfarbe ist ROT.[36]

DAS ÜBERBEWUSSTSEIN = HOHES SELBST

- … verwaltet den eigenen individuellen kosmischen Plan.
- … ist mit dem Wachbewusstsein (Mittleres Selbst) und dem Unterbewusstsein (Unteres Selbst) durch eine Silberschnur verbunden.
- …ist unser persönliches göttliches Lichtwesen, besteht nur aus Licht und Liebe – es bringt Gott in unsere Reichweite – es hat ebenfalls einen Namen.
- … hat kein quantitativ-lineares Raum- und Zeitgefühl.
- … greift nur ein, wenn man ausdrücklich darum BITTET oder der eigene kosmische Plan in Gefahr ist.
- … wird vom Mittleren Selbst über Gebete kontaktiert (der Kontakt läuft aber immer – bis auf wenige Ausnahmen – über das Untere Selbst).
- … realisiert Pläne und Wünsche des Mittleren Selbst, wenn
  a) genügend Willensenergie eingesetzt wird und
  b) der Wunsch im Einklang mit der eigenen persönlichen Entwicklung und dem kosmischen Plan ist und eine gewisse Realitätsnähe besteht.
- … lässt eine Direktverbindung vom Hohen Selbst zum Mittleren Selbst nur im Ausnahmefall zu (z. B. Eingebungen).
- … stellt Verbindung her zu höheren Hierarchien (z. B. (Erz-)Engeln, Aufgestiegenen Meistern, Geistführern usw.).
- … ist mit dem Hohen Selbst anderer Menschen in engem Kontakt.
- … arbeitet als Energieform mit Lichtenergie (Atman, Rei, Mana Loa).
- … liebt uns immer, egal, was wir tun – es (ver)urteilt uns nicht!

36 Die heute noch wirksame Erfahrung des zuständigen Elements FEUER kann in einer vom Autor besprochenen Meditations-CD mit dem Titel „ELEMENT FEUER“ nachempfunden werden. Schirner-Verlag, Darmstadt 2004

„Ich glaube,
dass wir einen Funken jenes ewigen Lichtes in uns tragen,
das im Grunde des Seins leuchten muss
und das unsere schwachen Sinne nur von ferne ahnen können.
Diesen Funken in uns zur Flamme werden zu lassen
und das Göttliche in uns zu verwirklichen, ist unsere höchste Pflicht.“

„Sobald man die reine Lehre und Liebe Christi,
wie sie ist, begriffen und in sich eingelebt hat,
wird man sich als Mensch groß und frei fühlen
und auf ein bisschen So oder So im äußeren Kultus
nicht mehr sonderlichen Wert legen.

AUCH WERDEN WIR ALLE NACH UND NACH AUS EINEM CHRISTENTUM DES WORTES UND GLAUBENS IMMER MEHR ZU EINEM CHRISTENTUM DER GESINNUNG UND TAT KOMMEN“.

– Johann Wolfgang von GOETHE – (Februar 1832)

ELEMENT FEUER

Körperbereich:	Kopf
Wahrnehmung:	Auge und 3. Auge
Sinn:	Gesichtssinn = Sehen
Aktivität:	Stoffwechsel, Metabolismus (kalte Verbrennung), Wärmeregulierung, Inspiration
Psychosomatische Verbindung:	Wut, Zorn, nicht ausgelebte Aggression, Hunger und Durst, Leber, Hüften, Solar-Plexus
Finger:	Zeigefinger
Zehen:	2. Zehe
Funktionen:	Verdauungsförderung, Energetisierung, Wärmeregulierung, Außensehen und Innenschau, Abbau und Umwandlung von Nahrungsmitteln, Appetitanregung, Schlafförderung, Wirkungskraft der inneren Reife, Erfahrung von Gesamtzusammenhängen, holistisches Denken, mitfühlende Weisheit
Begehren:	Macht, Glück, Langlebigkeit, spirituelle Erkenntnis
Organe:	visuelle Sinneswahrnehmung der Augen wird umgesetzt in Verdauung und Stoffwechsel, also Leber, Magen, Milz, Gallenblase, Bauchspeicheldrüse, Blutkreislauf, und Herz
Eigenschaften:	warm, scharf, trocken, rau
Kräuter:	Ingwer, Knoblauch, Zwiebel, Pfeffer, Zimt, Basilikum, Rosmarin, Ysop, Kalmus, Arnika, Fenchel, Anis

Edelsteine: Rubin, roter Turmalin, Karneol, rote Koralle, Katzenauge, Feueropal
Metalle: Kupfer
Blumen: Mohn, Rosen, Hibiscus
Therapieform: Chromo- und Colortherapie (Dinshah Ghadiali, Theo Gimbel, Dr. Bara Fischer)

1.2 Das gelbe Element LUFT: Wachbewusstsein, Mittleres Selbst, Verstand, Vernunft, Intellekt und Imagination

Nach dieser ersten Erfahrung von Überbewusstsein/Hohem Selbst, Lichtenergie und Spiritualebene der Aura folgte im Rahmen der individuellen Evolution, möglicherweise nach einem Durchgang durch einen Raum-Zeit-Tunnel im Bereich des Sternbildes ORION, die Entwicklung der Ebene von WACHBEWUSST-SEINS-/Ich-Komponente und Mittlerem Selbst, von Willensenergie und der MENTALEBENE der Aura als Verdichtung des Elementes Feuer in jenes der LUFT in der *dritten Raumdimension*.[37]

Hier bildete sich ebenfalls sehr langsam und prozesshaft die Entscheidungsebene des freien menschlichen Willens mit der Festlegung der individuellen Lebensaufgaben, Aktivitäten und Tätigkeiten aus, welche auch für spätere Existenzen und Inkarnationen im Rahmen des jeweiligen kosmischen Plans, Lebensziels und Lebenssinns verbindlich wurde. Auch hier schlugen und schlagen sich sowohl positive als auch negative Gedankenimpulse sowie Charaktereigenschaften in Resonanz mit der „künstlichen Matrix“[38] nieder. Der freie menschliche Wille als kreativ-schöpferische Wahl- und Entscheidungsinstanz, ausgedrückt in einer Vielzahl von Gedankenblitzen als elektrische Impulse, zeigte sich in der Mentalebene als Farbzonen und -spritzer ohne feste Formelemente.

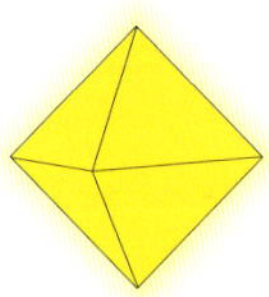

Das Wachbewusstsein ist das „denkende, sprechende“ Wesen in uns.

Es ist aufnahmebereit ab dem 3./4. Lebensjahr und dann vorbelastet durch Umfeld, Umwelt, Eltern, Erziehung, Kindergarten, Schule, Kirche, soziale Bedingungen, Religionen, Gesetze, Dogmen, Lebensumstände, Krieg, Gesellschaftszwänge, Traditionen, Machtstrukturen u. dgl.

Aufgaben des Wachbewusstseins

Das Mittlere Selbst als Steuerinstanz

- ist Führer, Beschützer, Lehrer, Berater und Tröster des Unterbewusstseins. Es muss das Untere Selbst führen und kontrollieren (nicht umgekehrt).
- trägt die alleinige und absolute Verantwortung für das gegenwärtige Leben. Aufbauend wirken klare, positive Ziele, Initiative, Willensstärke und Fleiß. Positives Denken muss die eigene Zukunft bestimmen. Man muss Verantwortung für sich selbst und das eigene Leben übernehmen, für alles, was man tut, aber auch für alles, was man nicht tut, aufgrund eigener Fähigkeiten aber tun könnte.

---

37 Die Bedeutung dieses Elements auch noch im heutigen Leben kann in einer vom Autor besprochenen Meditations-CD mit dem Titel „ELEMENT LUFT“ selbst erfahren werden.

38 Vgl. hierzu: Morpheus – „MATRIX-CODE“, Trinity-Verlag, Wien 2003 und
FOSAR, Grazyna/BLUDORF, Franz: „FEHLER IN DER MATRIX“, Michaelis-Verlag, Peiting 2003.

- hat (größtenteils) die Verantwortung für Gesundheit und Gesunderhaltung des physischen Körpers (Atmung, Bewegung, Sport, Stress, Angst, Depression).
- hat die Pflicht, mit Hilfe von Umwelt, Umfeld, Sinnesorganen bis zur Speicherung im Gehirn und Gedächtnis zu lernen.
- entscheidet über Form, Initiative, Quantität und Qualität der Beziehung zum Hohen Selbst.
- arbeitet mit Selbstsuggestion – Imagination – Telepathie – Entspannung – Lockerung – Meditation und Kontemplation.
- ist verantwortlich für den sorgfältigen Umgang mit Lebens- und Willensenergie.
- gestaltet aktiv ein harmonisches Verhältnis und eine positive, immerwährende Kommunikation zwischen Mittlerem – Unterem – und Hohem Selbst.
- bestimmt durch Liebe die eigene Evolution. Durch permanente, positive Arbeit, Denken, Fühlen, Affirmationen und aktiv aufbauende Handlungen werden die eigenen Schwingungen feiner, höherwertig, intensiver, und das Mittlere Selbst wird irgendwann zum Hohen Selbst.

Die eigentliche kreativ-schöpferische Komponente im Menschen stellt das Wachbewusstsein dar. In diesem Bereich des verantwortungsvollen, individuellen Denkens wird der freie menschliche Wille umgesetzt. In der Mentalebene der Gedanken sind alle derartigen Impulse quasi als Lichtpunkte und Farbspritzer vorhanden. Im Laufe eines Tages hat jeder Mensch Tausende von Gedankenimpulsen, von denen jedoch nur wenige festgehalten und von diesen wiederum auch nur ein kleiner Teil letztlich realisiert werden. Durch seinen freien menschlichen Willen wirkt der Mensch quasi als verlängerter Arm Gottes und idealerweise als kreativer Schöpfer an dessen Stelle.

Die Ebene des Wachbewusstseins hat sich nach dem Entstehen des Überbewusstseins und der Verdichtung der Spiritualebene in einer langen Evolution im Bereich der Orionsterne gebildet. Dort wurden feinstofflich bereits im Rahmen der persönlichen Individualität die Weichen für bestimmte Aufgaben und Tätigkeiten gestellt, die auch heute noch einen bestimmten Rahmen für den kosmischen Plan und damit auch das jetzige Leben abgeben. Durch die Verdichtung des Elementes Feuer im Element LUFT entstanden Verstand und Vernunft sowie als feinstoffliche Kondensation die Mentalebene der Aura.

Im Rahmen der heutigen Ebene des Wachbewusstseins haben wir es in unserem Gehirn mit zwei Hälften zu tun, die unterschiedlich aufgebaut sind und auch verschiedene Aufgaben haben. Der Teil von uns, der sich in einer langen Evolution über viele Lichtexistenzen und Inkarnationen entwickelt und heute noch bei uns vorhanden ist, stellt die rechte Gehirnhälfte als so genannte lichte ICH-Komponente des Wachbewusstseins dar. Diese ist im Erfahrungsbereich dreidimensional angelegt, hält engen Kontakt zum Inneren Kind und zum Hohen Selbst und hat, zumindest teilweise, Daten aus der früheren Evolution im rechten Hinterkopfbereich gespeichert.

Im Laufe unseres individuellen Abstieges in die Materie sind wir immer stärker in die Grobstofflichkeit hineingegangen und letztlich in einem physisch-materiellen Körper gelandet. Um die Aufgaben von Entwicklung durch Erfahrung und der Spiegelung der Polarität besser erfüllen zu können, haben wir im Rahmen von Inkarnationen eine zweidimensional ausgerichtete, grobstoffliche Gehirnhälfte entwickelt, die materiell aufgebaut ist und ebenfalls unsere physischen Sinnesorgane beinhaltet. Die **linke Gehirnhälfte** steuert die rechte Körperhälfte mit einer gewissen Ausnahme des Bereiches von Augen und Nase und hat die Aufgabe, uns das Außen grobstofflich erfahrbar vor Augen zu führen. Diese so genannte EGO-Komponente ist ganz auf das jetzige Leben und das materiell-erfahrbare Außen festgelegt. Dies ist seine Aufgabe.

Demgegenüber ist die **rechte Gehirnhälfte**, auch als ICH-Komponente bezeichnet, schon immer im Bereich des Wachbewusstseins in uns vorhanden gewesen. Die rechte Gehirnhälfte des passiven, intuitiven Erfahrens und Aufnehmens steuert die linke Körperhälfte. Sie ist im Erfahrungsbereich dreidimensional ausgerichtet. In der rechten Gehirnhälfte sind ebenfalls Sinnesorgane vorhanden, jedoch schwingen diese auf einer wesentlich höheren Frequenz als jene der linken Gehirnhälfte. Den grobstofflichen Sinneswahrnehmungen von Geschmack, Geruch, Gefühl, Gehör und Sehvermögen entsprechen, oft auch als außersinnliche Wahrnehmungen bezeichnet, im Bereich der rechten Gehirnhälfte die Sinneswahrnehmungen Hellschmecken, Hellriechen, Hellfühlen, Hellhören und Hellsehen. Letztere sind wieder in enger Verbindung mit der lichten Seite des Inneren Kindes und dem Hohen Selbst zu sehen.

Die linke Gehirnhälfte ist im Erfahrungsbereich zweidimensional immer nach vorne gerichtet aufgebaut, verarbeitet in Folge Einzeleindrücke und verkörpert die nach außen orientierte EGO-Komponente von Intellekt, Logik, Analytik und Verstand. Die rechte Gehirnhälfte ist dreidimensional ausgerichtet und sieht immer den Gesamteindruck über den Details. Es ist identisch mit der nach innen gerichteten ICH-Komponente von bildhafter, nonverbaler Kommunikation, Imagination, Intuition und Inspiration.

Das Wachbewusstsein ist also ein soziales, dualistisches Wesen mit zwei Bewusstseinsaspekten:

- mentale Reaktion auf äußere Ereignisse: Entscheidungsfindung, Zielsetzung, Zukunftsplanung, Intellekt, logisches Denken, Analyse, Induktion. Es ist manifestiert in unserer linken Gehirnhälfte (EGO-Aspekt);
- gefühlsmäßige, ständig veränderte Reaktion auf jeweilige Lebenserfahrungen;

- Innenschau, Intuition, Kreativität, Gefühlsausdruck; Manifestation in unserer rechten Gehirnhälfte (ICH-Aspekt)

Die linke Gehirnhälfte kontrolliert die rechte Körperseite und umgekehrt (Ausnahme sind Augen und Nase, die von beiden gesteuert werden). Sie ist heutzutage – besonders beim Mann – überbetont. Bei der Nutzung der rechten Gehirnhälfte sind die gefühlsbetonten und emotionalen Frauen im Vorteil. Fühlen ist Leben – Gefühle ausdrücken und ausleben ist Lebensfluss. Weinen und Lachen sind die besten Heiler. In der heutigen Gesellschaft wird Weinen oft als Schwäche angesehen und daher unterdrückt.

Mit dem Herzen denken und mit dem Verstand fühlen!

Daher ist es wichtig zu trainieren, mit beiden Gehirnhälften zu denken. Dieses Denken mit beiden Gehirnhälften wird auch als „Holistisches Denken" bezeichnet. Die beiden Gehirnhälften sind in ihrer Länge durch den Balken, Corpus callosum, oder wie die Chinesen sagen: „das Tor des Himmels", miteinander verbunden bzw. voneinander getrennt.

Schwachpunkte des Wachbewusstseins:

- Mangel an Imagination, Visualisierung, Umwandlung von Gedanken und Worten in klare, einfache Bilder und Symbole für das Untere Selbst.
- Das Untere Selbst wird verwirrt, da keine klaren Zielvorstellungen bestehen, zu viele Kompromisse gemacht werden, ein ständiges Durcheinander widersprüchlicher Wünsche, Pläne, Befürchtungen und Hoffnungen an das Hohe Selbst vorhanden ist.
- Eigen gemachte und eigen zu verantwortende Schuldgefühle verletzen das Untere Selbst, bauen Blockaden auf, fressen von innen her auch den physischen Körper auf (Krebs, Asthma, Angina pectoris).
- Es besteht kein fester Wille und kein klares Konzept zur Sühne und zur Vergebung auch sich selbst gegenüber (Täter-Opfer-Syndrom).
- Es gibt keinen Willen zur Besserung, z. B. zur Kontrolle von negativen Gedanken, Gefühlen, Worten und Taten.
- Negatives Denken: nicht, nie, niemals, wahnsinnig, unheimlich, unglaublich, unsinnig, irrsinnig, furchtbar – derartige Worte sollten kontrolliert und vermieden werden.
- Hass, Angst, Furcht, Depression, Neid, Geiz, Misstrauen, Interesselosigkeit, Eifersucht, Rachegelüste, Missgunst und weitere negative Gedanken- und Gefühlsmuster müssen positiv umgepolt werden.
- Schuldgefühle des Mittleren Selbst blockieren den Weg zum Hohen Selbst, da das Untere Selbst nicht mehr handelt, welches normalerweise die telepathische Kommunikation zu diesem aufrechterhält.
- Der einzelne Mensch und sein Wachbewusstsein können gegenüber Gott und dem Hohen Selbst nicht sündigen, nur gegenüber sich selbst und dem Unteren Selbst. Sühne muss deshalb immer zuerst vom Mittleren Selbst durch Kompensationen eingeleitet werden, die aus der Sicht des Unteren Selbst wehtun, sowie zusätzlich durch Leistungen, welche die Vergebung des Opfers oder dessen Familie zur Folge haben.
- Fehlender Wille zu Entscheidungen, Aktionen und Handeln
- Das Mittlere Selbst kontrolliert eigene Sinnesempfindungen, Worte, Töne, Gefühle, Gedanken zu wenig, die starke emotionale Auswirkungen haben. Das Untere Selbst beherrscht deshalb mit seinen Emotionen das Mittlere Selbst (Hass, Furcht, Angst, primitiver Sex, Depressionen, Gewalt, etc.)

Negative Gedanken durch das EGO des Mittleren Selbst nur zu meiden, reicht nicht aus. Es entsteht ein Vakuum. Negative Aspekte müssen willentlich und permanent in positive, liebende, glückliche, erfolgreiche, vertrauensvolle Energien und Schwingungen umgewandelt werden.

Das Wachbewusstsein hat seinen Sitz im Kopf. Dabei werden die beiden Gehirnhälften durch den so genannten Balken (Corpus callosum) als Verlängerung des Hirnstammes (Pons) und der sog. Medula Oblongata in ihren Funktionen getrennt.

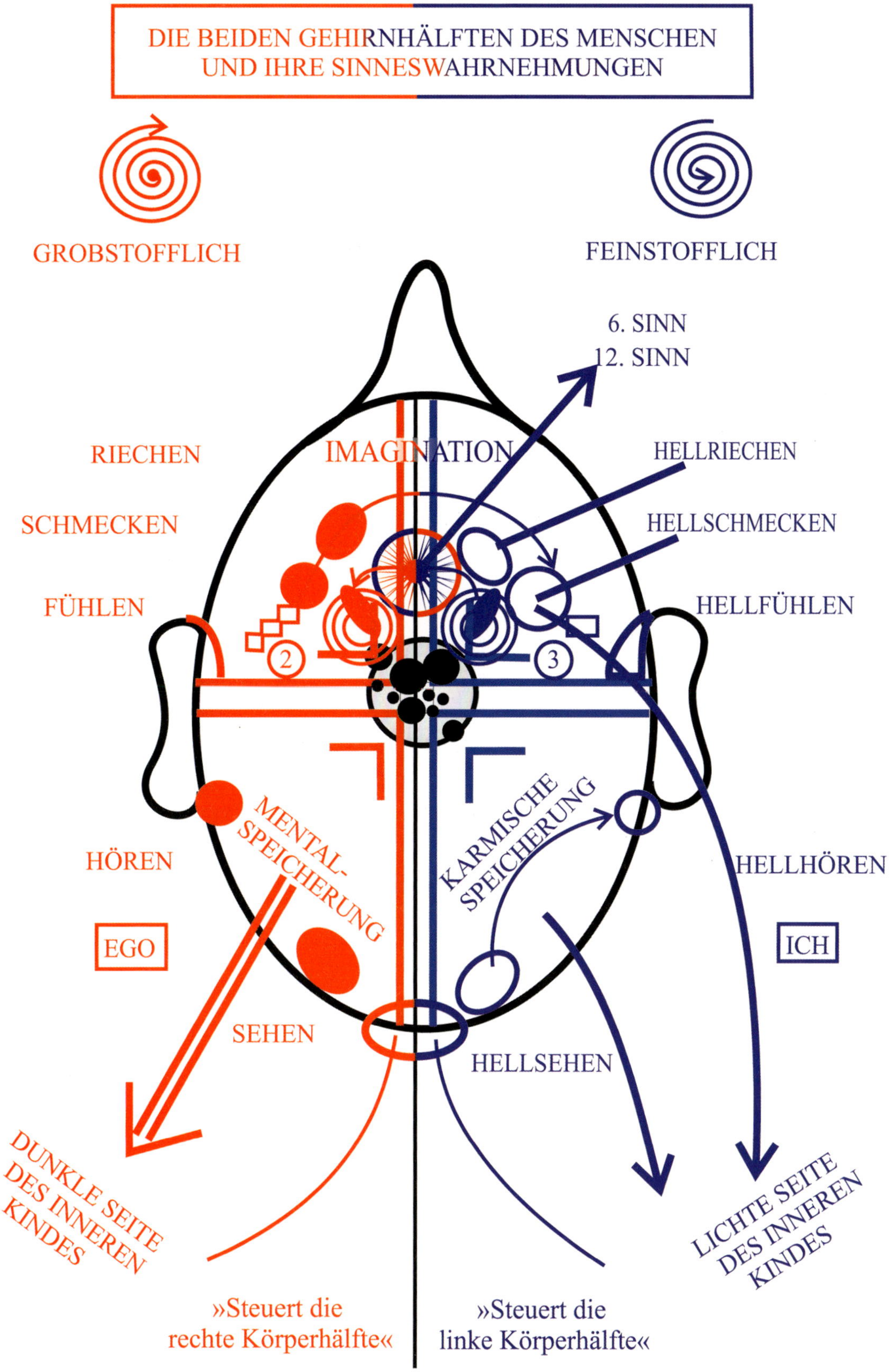
DIE BEIDEN GEHIRNHÄLFTEN DES MENSCHEN
UND IHRE SINNESWAHRNEHMUNGEN
GROBSTOFFLICH
FEINSTOFFLICH
6. SINN
12. SINN
IMAGINATION
RIECHEN
SCHMECKEN
FÜHLEN
HÖREN
SEHEN
HELLRIECHEN
HELLSCHMECKEN
HELLFÜHLEN
HELLHÖREN
HELLSEHEN
2
3
MENTAL-SPEICHERUNG
KARMISCHE SPEICHERUNG
EGO
ICH
DUNKLE SEITE DES INNEREN KINDES
LICHTE SEITE DES INNEREN KINDES
»Steuert die rechte Körperhälfte«
»Steuert die linke Körperhälfte«

Aufgaben und Funktionen der beiden Gehirnhälften im Bereich des Wachbewusstseins

Polar aufgebaut als:

EGO	und	ICH
die linke Gehirnhälfte		**die rechte Gehirnhälfte**
Arbeit mit der zweidimensionalen linken Gehirnhälfte von Logik und Analytik durch Imagination		Arbeit mit der dreidimensionalen rechten Gehirnhälfte von Inspiration und Intuition
Verarbeitet Informationen nacheinander		Verarbeitet Informationen gleichzeitig
Hält sich an eine Reihenfolge		Geht simultan vor. Erfasst ein komplexes Bild
Registriert Einzelheiten		Erfasst das Ganze, nicht einzelne Details
Zergliedert die Welt in überschaubare benennbare Ausschnitte und Teile		Verbindet die Welt zu einem Gefüge von Ganzheiten
Ist logisch, sieht Ursache und Wirkung		Ist analog: sieht Entsprechungen und Ähnlichkeiten
Spricht auf quantitativ verifizierbare Aspekte der Welt an, z. B.: 2 x 2 = 4		Spricht auf qualitative, nicht quantitative Aspekte der Welt an: z. B. auf Gefühlszustände
Zeichnet informative Bereiche von Umfeld und Umwelt auf		Verzeichnet emotionale Aspekte des Denkens: „Mit dem Herzen denken und mit dem Verstand fühlen."
Begriffliches Denken Denkt linear in regelgeleiteter Ideenbildung. Hält sich an vorgegebene, festliegende Strukturen. Ist weitgehend abhängig von gespeicherter, organisierter Information und in der Vergangenheit gemachten Erfahrungen		Bildhaftes Denken Denkt bildhaft in transformativer, offener Ideenbildung. Hält sich an qualitative, nicht quantifizierbare Strukturen, die nicht in eine bestimmte Reihenfolge gebracht werden, sondern sich um stark gefühlsbesetzte Bilder gruppieren
Ist syntaktisch aufgebaut, d. h. verknüpft Wörter nach grammatischen Regeln		Hat nur eine begrenzte Syntax, reagiert aber auf den Bildgehalt von Wörtern oder ruft Sätze als geschlossene Einheiten ab: den Wortlaut eines Liedes, Gedichte oder Reime
Zerlegt: wichtig sind Unterscheidungen		Fügt zusammen: wichtig sind Verbindungen
Kann komplexe Bewegungsfolgen erinnern		Kann komplexe Bilder erinnern
Redet und redet und redet		Ist stumm – benutzt Bilder und keine Worte
Bewusst, *was* ich bin		Bewusst, *dass* ich bin
Nach außen strebend		Nach innen gehend
Materiell verhaftet in atomaren Strukturen mit Masse und Ladung		Ideell verhaftet ohne Masse mit Ladung
Gibt Verantwortung ab		Übernahme von Verantwortung
Lebt im Mangel, in der Spaltung, Disharmonie, in Ungleichgewicht und Krankheit im Rahmen negativer Basisprogramme und der „künstlichen Matrix"		Im Einklang mit der Struktur Gottes, geistigen Gesetzen, kosmischen Plänen und positiven Basisprogrammen
Negativprogramme im Denken und Fühlen		Ohne Widerstand zu suchen positives Denken, positive Mantras und Affirmationen, regelmäßiges Beten
Sieht nur das Außen, nicht das Innen		Sieht hinter der äußeren Fassade den inneren Kern
Altes weiterbildend und nur dadurch Neues schaffend		Kreativ-schöpferisch Neues schaffend
Trennung und Isolation von Außen und Innen		Hält den Kontakt zum Inneren Kind und dem Hohen Selbst
Beeinflussung durch alte karmische Negativspeicherungen von Schuldkomplexen, Phobien, Blockaden, Glaubenssätzen, Traditionen und Gewissenkonflikten		Streben nach Verschmelzung im kosmischen Bewusstsein

Starke Manipulation durch die „dunkle Seite des Inneren Kindes" und alte „Splitter-Egos"	Führung der „lichten Seite des Inneren Kindes". Kontrolle des Ego
Leben in der Dunkelheit Freier Wille wird nur eingesetzt im Außen, um sich vergängliche materielle Werte zu schaffen und sich in diesen zu spiegeln (oft auf Kosten anderer)	Enge Verbindung zum Licht und der Liebe Gezielter, positiver Einsatz des freien Willens als Wahlmöglichkeit
Ohne Vertrauen Ohne Vertrauen zu sich und anderen	Urvertrauen, Liebe, Freude
Leben in Spaltung, Trennung, Selbstisolation, Angst, Sorgen	Harmonie und Gleichgewicht
Disharmonie, Ungleichgewicht, Krankheit, Depressionen	Anhaltende Gesundheit
Starke Abhängigkeit und Beeinflussung durch die negativen Basisprogramme der „künstlichen Matrix"	Leben im Einklang mit den geistigen Gesetzen und der universalen Ordnung
Leben im Mangel, materiellen Sorgen und Ängsten	Fülle und Gottesglaube
Nur grobstofflich	Fein- und Grobstoffbereich

Die wichtigste Aufgabe des Ich ist es,
das Ego zu kontrollieren und liebevoll zu führen.

Gott ist Geist
Der Mensch ist Geist vom Geiste Gottes
Gott wirkt durch den Menschen

durch dessen freien menschlichen Willen

- im Rahmen der geistigen Gesetze
- im Rahmen der kosmischen Pläne
  ohne jeglichen Eingriff von außen in dessen
  ausschließlicher,
  eigener Verantwortung

Denke mit dem Herzen
und fühle mit dem Verstand,
dann wirst du eins in dir!

1.3 Das grüne Element WASSER: Unterbewusstsein, Unteres Selbst = Inneres Kind, Gefühl und Intuition

Die nächstfolgende, einschneidende Evolutionsstufe, möglicherweise ebenfalls nach Durchschreiten eines so genannten Raum-Zeit-Tunnels, „Wurmlochs“ bzw. einer „Einstein-Rosen-Brücke“ erreicht, schloss sich im Bereich des Sternbildes der PLEJADEN an. Dort entwickelte sich ebenfalls allmählich und prozesshaft die Ebene des UNTERBEWUSSTSEINS *in der 2. Raumdimension* mit der Steuerinstanz des Unteren Selbst bzw. Inneren Kindes und der ASTRALEBENE der Aura.

Dieser Bereich umfasste das gesamte emotionale, psychische und gefühlsmäßige Feld mit entsprechenden positiv und negativ ausgerichteten und gepolten Charaktereigenschaften und dies sowohl im jeweiligen momentanen Ausdruck als auch in der karmischen Speicherung. Dies geschah und geschieht permanent in elektromagnetischen Schwingungen, verdichtet in Form und Farbe und an Stellen in dieser Auraebene, die dem jeweiligen Resonanzverhalten entsprachen und auch heute noch entsprechen. Diese dritte Ebene stellte eine weitere Verdichtung, nunmehr des Elementes Luft zum Element WASSER, dar. In der Archetypensymbolik steht hierfür als Form zweidimensional der Kreis, dreidimensional die Kugel und als Farbe GRÜN.[39]

Wie bei einem Eisberg stellen die Arbeit und das Aufgabengebiet des Wachbewusstseins nur dessen Spitze dar. Die eigentliche Arbeit und der größte Teil des gesamten Eisblockes sind von außen nicht sichtbar. Dies entspricht Arbeit und Aufgaben des Unterbewusstseins des Menschen, der das Bauchhirn steuert.

Im Rahmen der Neurogastroenterologie wurde in den letzten Jahren festgestellt, dass im Bereich der Körperkommunikation etwa 95 % der Impulse vom Bauchhirn zum Kopfhirn und nur etwa 5 % vom Kopfhirn zum Bauchhirn gehen. Wir denken also größtenteils mit dem Bauch und nicht mit dem Kopf.

Einige wichtige Hormone werden ebenfalls im Bauch hergestellt und verteilt. Besonders wichtig in diesem Zusammenhang ist das Glückshormon Serotonin, welches zu etwa 95 % im Dickdarm und nur etwa zu 5 % in der Epiphyse des Zwischenhirns hergestellt wird.[40]

Das Unterbewusstsein wird gesteuert vom Unteren Selbst bzw. dem Inneren Kind, welches man sich als Eselsbrücke und zur besseren Kommunikation als einen kleinen Jungen bzw. ein kleines Mädchen im Alter zwischen 3 und 7 Jahren vorstellen kann. Dieses Innere Kind hat seinen eigenen Evolutionsweg, entwickelt sich und altert gemäß seinen Lernerfahrungen quasi bis zur Großjährigkeit.

Das Innere Kind hat im Rahmen seiner praktischen Arbeit eine so genannte lichte Seite, die den Positivspeicher im Bauchbereich bedient und kontrolliert, sowie eine dunkle Seite, die alle negativ gepolten Gefühlsprogramme und Informationen abspeichert und verwaltet. Die *lichte Seite des Inneren Kindes* ist stark verbunden mit der rechten Gehirnhälfte des Ichs, die *dunkle Seite des Inneren Kindes* entsprechend mit der linken Gehirnhälfte des Egos.

Der Sitz des Inneren Kindes ist wie jener der Steuerungsinstanzen der anderen beiden Selbste, des Hohen Selbst und des Mittleren Selbst im Herzen. Daneben gibt es jedoch auch die Möglichkeit der Identifikation des Unteren Selbst mit bestimmten Bereichen des Bauchhirns. Man kann in diesem Zusammenhang die dunkle Seite des Inneren Kindes mit dem Dickdarm in Verbindung bringen, die lichte Seite des Inneren Kindes mit dem Dünndarm. Das Untere Selbst hat wichtige Aufgaben zu erfüllen und verbindet den Menschen instinktiv und intuitiv mit Umwelt und Umfeld. Es sollte niemals die Kontrolle über das Wachbewusstsein erhalten, sonst führt dies zu krankhaften Erscheinungen im psychischen und mentalen Bereich mit den entsprechenden physischen Auswirkungen.

Gedanken haben als Impulse eine feinere, höhere und damit stärkere Schwingungsenergie als Gefühle. Die 5 % der von der Neurogastroenterologie festgestellten Gedankenimpulse müssen also die 95 % der Gefühlsregelungen liebevoll führen und kontrollieren. Gedanken sollten also immer über Gefühle herrschen, nicht umgekehrt.

In der Kommunikation zwischen Wach- und Unterbewusstsein können viele Fragen beantwortet und zahlreiche Aufgaben optimal erfüllt werden, da nur das Untere Selbst den Zugang zu Datenspeichern und Langzeitgedächtnis

39 Auch dieses Element kann persönlich in der sensitiven Erfahrung einer vom Autor besprochenen Meditations-CD mit dem Titel **„Element Wasser“** nachempfunden werden. Zu beziehen über: Schirner Verlag, Zerninstraße 7, D-64297 Darmstadt, Telefon: 00 49 (0)61 51 29 39 59, www.schirner.com, verlag@schirner.com

40 Vgl. hierzu u. a.: GERSHON, Michael: „Der kluge Bauch – Die Entdeckung des zweiten Gehirns“, München 2001.

hat. Das Untere Selbst ist zuständig für Fragen in die Vergangenheit, jedoch nicht für solche in die Zukunft, ebenfalls nicht für Entscheidungen, die eindeutig auf der mentalen Ebene des Wachbewusstseins zu treffen sind. Die Kommunikation zwischen Wach- und Unterbewusstsein entscheidet letztlich über innere und äußere Harmonie. Eine enge Zusammenarbeit und ein liebevolles Vertrauensverhältnis sind unabdingbare Voraussetzungen für Gleichgewicht und Gesundheit im Innen und Außen. Deshalb sollte die Kommunikation zwischen diesen beiden Bewusstseinsebenen besonders gepflegt werden und zwischen beiden Ebenen ein inniges, herzliches, liebevolles und vertrauensvolles Verhältnis wirken.[41]

Max Freedom Long, der Wiederentdecker der Huna-Lehre von Hawaii, hat die eigenständige Wesenheit des Unteren Selbst Unihipili, der „fühlende Geist", auch liebevoll „George" genannt, was im deutschen Sprach- und Verständnisbereich am ehesten der Funktion des Johann in früheren Herrschaftshäusern entsprechen würde, der Person, die „alles weiß und alles kann".

Nach der Huna-Lehre besteht der Mensch als Ausdruck der „Zehn Aspekte Gottes" aus drei Bewusstseinsebenen, die unterschiedliche Aufgaben für die Gesamt-Persönlichkeit haben und idealerweise im Interesse der eigenen Identität sehr eng und vertrauensvoll miteinander in Harmonie, Achtung und Liebe zusammenarbeiten.

Die Ebene des Unterbewusstseins entspricht als eigenständige Wesenheit dem „Inneren Kind", einem kleinen Jungen oder Mädchen, welches in der vorliegenden Meditation besucht und nach seinem Namen gefragt wird. Im Rahmen der gesamten Identität des Selbst ist es u. a. zuständig für alle Gefühle, Emotionen, Triebe, Begierden, Phobien, Blockaden, für das gesamte Gedächtnis, das Gewissen, das Erfahren von Sünde, die Speicherung von Schuldkomplexen, die Verarbeitung aller vom Mittleren Selbst des Wachbewusstseins weitergegebenen Sinnesinformationen gemäß deren Bearbeitungshinweisen, für den Energieaustausch zu Umwelt und Umfeld sowie für sämtliche autonomen Körperfunktionen. Das Untere Selbst kennt keinen Schlaf. Es kommuniziert nachts mit dem ruhenden Mittleren Selbst oft in symbolhaften Traumbildern. Es arbeitet rein deduktiv und führt, so gut es dies irgend kann, die Anweisungen und Bitten des Mittleren Selbst aus. Es freut sich über Lob und Anerkennung.

Zwischen dem Mittleren Selbst Uhane, dem „denkenden, sprechenden Geist", und dem Unteren Selbst besteht eine Kommunikationsverbindung, im Huna-Sprachgebrauch Aka-Schnur genannt, ebenso wie eine zweite unabhängig von der ersten zwischen dem Unteren und dem Hohen Selbst. Es gibt keine direkte Aka-Schnur zwischen dem Mittleren und dem Hohen Selbst.

Eine enge, vertrauensvolle Zusammenarbeit zwischen dem Mittleren und dem Unteren Selbst, dem Wach- und dem Unterbewusstsein jeder Persönlichkeit, ist die Voraussetzung für Erfolg, Glück, Harmonie und Gesundheit im Leben, denn

gemeinsam schaffen wir alles!

Das Unterbewusstsein = Unteres Selbst (US) = Inneres Kind

Die lichte Seite des Inneren Kindes

- Man kann es sich vorstellen als ein kleines Kind (Mädchen oder Junge) im Alter von ca. 3 bis 7 Jahren, eine Art „menschlichen Computer" – aber mit Eigensinn und oft einem kleinen Dickkopf!
- Es hat einen eigenen Namen (Spitzname „George").
- Es verwaltet unser gesamtes Gedächtnis (mit Ausnahme des Kurzzeitgedächtnisses) mit Erinnerungen an dieses und auch an alle vergangenen Leben.
- Es ist der Sitz und der Ursprung aller Gefühle und Emotionen (!) (Freude, Angst, Traurigkeit, Hass etc.), samt unseren Phobien, Schuldgefühlen, Blockaden, Neurosen und Psychosen.
- Es speichert Daten und handelt nach unseren individuell geformten Glaubenssätzen, Meinungen und Ritualen.
- Das Untere Selbst ist der *Sitz des Gewissens*!
- Ihm obliegt die Verwaltung und Kontrolle der autonomen Körperfunktionen.
- Es hat kein Raum- und Zeitempfinden.
- Es kann Kontakt aufnehmen zu anderen Unteren Selbsten.
- Es nimmt auf Bitte des Mittleren Selbst Kontakt zum Hohen Selbst auf.
- Es ist verantwortlich für den Empfang, das Speichern, Verteilen und Übertragen der Vitalenergie KI (Chi), über welche wir bzw. unser Mittleres Selbst bewusst Energie mit Nahrung, durch Bewegung, Sport und Atmung aufnehmen.
- Es speichert Lebensenergie und produziert daraus Willenskraft, welche es auf Bitten des Mittleren Selbst für bestimmte Zwecke „freisetzt".
- Es benötigt liebevolle Kontrolle und Führung für seine dunkle Seite.
- Es kann sich vom physischen Körper lösen und auf Astralreisen gehen, z. B. in Träumen, und nimmt über Träume Kontakt zum Mittleren Selbst auf.
- Es stellt die Verbindung zu Naturgeistern her, wie Elfen, Devas, Elementarwesen, Erdenergien, Wolken o. ä.
- Sein Element ist das Wasser.

41 Der Zugang zum eigenen Inneren Kind kann meditativ über eine vom Autor besprochene Meditations-CD mit dem Titel „*Mein Weg zu George*" bzw. „Die drei Ebenen meines Bewusstseins" gefunden werden. Zu beziehen über: Schirner Verlag, Zerninstrasse 7, D-64297 Darmstadt, Tel: 00 49 (0)61 51 29 39 59, www.schirner.com, verlag@schirner.com.

- Als menschlicher, nicht materieller, lebender Computer…
  …verwaltet es die positiven archetypischen Basisprogramme;
  …bearbeitet es Informationen nach Anweisung des Wachbewusstseins (Ich-Komponente);
  …empfängt und verarbeitet es Sinnesimpulse, auch aus dem Bereich außersinnlicher Wahrnehmungen;
  …lernt es passiv, durch Gewohnheit;
  …stellt es die Verbindung her zur animalischen Welt; dazu gehören Instinkte, Triebe und Begierden;
  …aktiviert es Energien, insbesondere Lebens- und Vitalenergie;
  …verteilt und steuert es die Vorgänge des physischen Körpers;
  …ermöglicht es die telepathische Kommunikation auch zum Hohen Selbst

Die Ebene des Unterbewusstseins mit der Steuerinstanz des Unteren Selbst oder Inneren Kindes hat folgende

Aufgaben:

- Steuerung der autonomen Körperfunktionen wie Atmung, Herzschlag, Blutdruck, Kreislauf, Stoffwechsel und Verdauung, Entgiftung, Zellerneuerung.
  Die Ursachen aller psychosomatischen Krankheiten liegen im Unteren Selbst. Dieses ist ausschließlich für das physische und psychische Wohlergehen zuständig.
- Abspeicherung aller Informationen in den positiven (Alpha), den negativen (Beta) und den „Weiß-nicht"-Speicher. Gespeichert wird nach (mentaler und emotionaler) Priorität, die vom Mittleren Selbst vorgegeben wird, bzw. nach Gefühlsintensität (Angst, Stress).
- Liebe, Licht, Freude, Urvertrauen usw. stärken die „lichte Seite des Inneren Kindes" (Alpha-Speicher). Angst, Zorn, Leid, Selbstmitleid, Sorge, Trauer, Aggression, Zweifel usw. stärken die „dunkle Seite des Inneren Kindes"[42] (Beta-Speicher). Worte und Gedanken wie „wahnsinnig schön" kommen in den „Weiß-nicht"-Speicher, da sie nicht eindeutig dem Alpha- bzw. Betaspeicher zugeordnet werden können.
- Auf Wunsch und Veranlassung des Mittleren Selbst können Programmteile (individuelle Software) verändert, ausgetauscht oder gelöscht werden, z. B. bei der Reinigung von Blockaden sowie der Änderung und Stornierung von überholten, persönlichen Gedanken- und Gefühlsmustern.
- Das Untere Selbst ist darauf aus, Schmerz zu vermeiden sowie Lebenslust und Lebensfreude zu gewinnen. Es nimmt freiwillig auch Schmerz auf sich, wenn das neue, zu erzielende Ergebnis für das Untere Selbst subjektiv positiver und besser erscheint als das vorher erduldete Leid.
- Es ist Träger aller animalischen Triebe, Süchte und übersteigerter Lustgefühle, von Instinkten, Abhängigkeiten, Unbeherrschtheit, Wut und Jähzorn.
- Es kennt keinen Schlaf. Es kommuniziert nachts mit dem ruhenden Mittleren Selbst oft in symbolhaften Traumbildern. Im Traum führt es Astralreisen durch.
- Das Untere Selbst tritt als Verbindungsglied zwischen dem Mittleren und dem Hohen Selbst auf.
- Negative Vorgaben des Mittleren Selbst wie Angst, Zweifel, Kleinmut, Sorgen, Selbstzweifel, Unsicherheit, mangelnde Eigenliebe und Hoffnungslosigkeit mindern die Energie des Unteren Selbst und belasten es schwer.
- Es hat ein eigenes Wachstum und eine individuelle Evolution. Es lernt dabei unter der liebenden Führung des Mittleren Selbst. Nach Beendigung seiner Entwicklung als Unteres Selbst transformiert das Innere Kind nach seinem Weggang in der Anderswelt zu einem Mittleren Selbst und kommt als solches wieder in einem physischen Körper auf die Erde.
- Es freut sich über Lob und Anerkennung. Eine enge, vertrauensvolle Zusammenarbeit ist die Voraussetzung für Erfolg, Glück, Harmonie und Gesundheit im Leben, denn „gemeinsam schaffen wir alles!"

42 Vgl. hierzu: WOLINSKY STEPHEN: „Die dunkle Seite des Inneren Kindes", Verlag Alf Lüchow, Freiburg 1997.

Übersicht der drei Bewusstseinsebenen oder Selbste

(weitestgehend aus dem HUNA-Gedankengut entnommen)

Das Überbewusstsein/Hohes Selbst

= „Heiliger Geist“, Lichtenergie, „Gott in uns“
kosmischer Plan
Inspiration
Nonverbale, telepathische Kommunikation mit:
Erzengeln, Engeln, Sternengeschwistern, Geistführern,
spirituellen Beratern, etc.
Verwaltung und Überwachung des individuellen kosmischen Planes

Das Wachbewusstsein/Mittleres Selbst

= „Denkender, sprechender Geist“
Willensenergie „Was will ich?“
Imagination
Sinneswahrnehmung, Kontrolle, Führung und Leitung von EGO
und Unterem Selbst, Lebensplanung und -sinn,
Zielsetzung und Willensausrichtung

linke Gehirnhälfte	**rechte Gehirnhälfte**
Verstand, Logik begriffliches Denken nach außen gerichtet Kontakt zur „dunklen Seite des Inneren Kindes“ EGO ohne Eigenverantwortung Mangeldenken negative Programme, Spaltung , Trennung Depression ohne Vertrauen, „innerer Saboteur“ „ICH BIN NICHTS WERT“ „DIE ANDEREN SIND NICHTS WERT“ grobstofflich negative Gedankenprogramme	ganzheitliches Erfassen bildhaftes Denken nach innen gerichtet Kontakt zur „lichten Seite des Inneren Kindes“ ICH Eigenverantwortung kreativ-schöpferisch positives Denken, Affirmationen freier menschlicher Wille, Wahl Liebe, Freude, Urvertrauen Gebet, Meditation Glaube an Gott Ganzheit, Bewusstheit, Fülle feinstofflich positive Gedankenprogramme

Das Unterbewusstsein/„Inneres Kind“ / Unteres Selbst

„Fühlender Geist“, Lebens- und Vitalenergie
Intuition
Regelung autonomer Körpervorgänge, Gewissen, Gedächtnis, Gefühle, Speicherung
Nonverbale, telepathische Kommunikation mit: Naturgeistern, Elementarwesen,
Mineralien, Pflanzen, Tiere, etc.
Gefühle, Emotionen, Psyche

„dunkle Seite des Inneren Kindes“	**„lichte Seite des Inneren Kindes“**
- (Beta)-Speicher verbunden mit dem EGO des Wachbewusstseins Phobien, Neurosen, Psychosen Schuldkomplexe Schmerz und Leid, Selbstmitleid, Angst, Blockaden, Mangelbilder, Zweifel, Unsicherheit, Ungleichgewicht, emotionale Starre, Trennung, Spaltung, Selbstisolation, Wut, Trauer, alte Muster, Dogmen, Traditionen, religiöse Ethik, Familienmoral, Flüche, Gelübde	+ (Alpha)-Speicher verbunden mit dem ICH des Wachbewusstseins Freude Fröhlichkeit Glück, Fülle Harmonie, Zufriedenheit Vertrauen Fülle, Erfolg, Gleichgewicht, emotionale Beweglichkeit, Geborgenheit, Licht, All-Einssein

2. Das blaue Element Erde und die materielle Verdichtung des grobstofflich-physischen Körpers

2.1 Allgemeines

In der allgemeinen Evolution folgte als letzter Schritt des so genannten „Abstiegs des Menschen in die Materie" die Verdichtung des Elementes Wasser in das Element ERDE.[43]

Dieses steht für die Grobstofflichkeit, den materiellen Bereich und atomare Strukturen der *1. Raumdimension*, damit auch für den physischen Körper und menschliche Inkarnationen (lat. in carnere = „ins Fleisch gehen").

43 Auch dieses Element kann persönlich intuitiv und sensitiv durch das Anhören der vom Autor besprochenen Meditations-CD mit dem Titel „ELEMENT ERDE" erfahren werden. Zu beziehen bei: Schirner Verlag, Zerninstrasse 7, D-64297 Darmstadt, Tel: 0049 (0)6151 29 39 59, www.schirner.com.

Störungen auch im physischen Bereich haben ihre Ursachen grundsätzlich immer in negativen Gedanken- und Gefühlsmustern. Diese führen zu Widerstand, Starre, Bewegungsmangel und Lebensverneinung bis hin zur Selbstzerstörung, damit zu einem Rückgang der Resonatorgüte und zu einer Isolation der Atomkerne von Körperzellen gegenüber harmonischer universaler Ordnung und Information. Um derartige negative Potentiale bereits in der Ursache neutralisieren und umwandeln zu können, ist unabdingbar die Veränderung einschränkender, starrer Gedankenprogramme und Gefühlsmuster notwendig. Sehr oft liegen diese jedoch in früheren Leben begründet und sind bewusst dem betreffenden Menschen nicht zugänglich. Es gibt medial veranlagte Personen, die über die Beschaffenheit der Formen und Farben in der Aura ihre energetischen Potentiale sowie über Karmareadings und eine Ursachensuche in der Vergangenheit helfen können.

Es ist hilfreich, über bestimmte Meditationen einen Energieausgleich durch Farbatmung sowie eine Energiezuführung durch bewusste Hinlenkung von Aufmerksamkeit auf bestimmte Körperorgane und Gewebezonen zu erreichen.[44]

2.2 Farbzonen des menschlichen Körpers

Der menschliche Körper ist schwingungsmäßig in unterschiedliche Farbebenen und Polarisationsbereiche untergliedert.

- Die dichten, langsam schwingenden Wellen beginnen im Bereich von Füßen, Beinen, Hüften, Beckenboden, Steiß und Genitalbereich mit der Farbe **ROT**.
- An diese schließt sich auf der Ebene von Stoffwechselorganen, Darm, unterem Leberbereich, Harnröhre, Blase, Lendenwirbel und unterem Rückenbereich die Farbe **ORANGE** an, welche ebenfalls für die individuelle Polarität im Innen und Außen sowie für die Sexualenergie steht.
- Die nachfolgende Farbe **GELB** bestimmt in ihrem Resonanzverhalten den Bereich von Bauchspeicheldrüse, Magen, Solarplexus, Gallenblase, Leber, unteren Brustwirbeln, Nieren und Nebennieren sowie den mittleren Rückenpartien. Sie steht ebenfalls für Intellekt, Logik, Lebensbejahung, Freude, die Aufnahme und (oft ungewollte) Abgabe von Vitalenergie KI und Lebensenergie MANA.
- Im energetischen Nullpotential von Herz, Lunge, Bronchien, der Psycho-Harmonisierungsebene sowie dem oberen Brustwirbel- und Rückenbereich dominiert **GRÜN**. Diese Farbe symbolisiert auch die Mitte, ebenso Hoffnung, Ausgeglichenheit, Harmonie und Heilung.
- Über **TÜRKIS** im Bereich der Thymusdrüse, zuständig für die Immunabwehr und die Behandlung akuter Krankheiten, führt die Skala der Spektralfarben zum **HELLBLAU** der Halsebene, von Kehlkopf und Stimmbändern, der verbalen und nonverbalen Kommunikation.
- Der gesamte Kopfbereich entspricht schwingungsmäßig der Farbe **BLAU**, wobei sich diese vom Kinn bis zur Stirn hin verdunkelt und dort zu **INDIGO** wird, der Farbe des „Dritten Auges", der inneren Kommunikation und Innenschau, der außersinnlichen Wahrnehmungen und des Aurasehens.
- Kopfhaut und Großhirnrinde entsprechen dem **VIOLETT**, der Farbe von Reinigung, Spiritualität, Meditation, Kontemplation und der kosmischen Kommunikation.
- Als feinste und schnellstschwingende Farbzone des Regenbogenspektrums schließt sich über dem physischen Kopfbereich als letztes **MAGENTA** an, die Farbe von Christusenergie und kosmischem Bewusstsein.

Diese letzte, vierte und diesmal für uns als grobstofflich erfahrbare Ebene ergibt sich als abschließende Verdichtung des Elementes Wasser zum Element ERDE. In der Archetypensymbolik steht hierfür zweidimensional als Form das Quadrat, dreidimensional das Hexaeder bzw. der Kubus oder Würfel und als Farbe BLAU.

Der gesamte, hier geschilderte Erfahrungsprozess durch die Auseinandersetzung mit der immer dichter werdenden Stofflichkeit wird auch als „Abstieg in die Materie" bzw. der Weg der Vier Gesichter Gottes (siehe nächste Seite) bezeichnet.

44 Meditations-CD besprochen vom Autor (Dr. Diethard STELZL) „Das innere Lächeln": Energieausgleich durch Farbatmung. Zu beziehen bei: Schirner Verlag, Zerninstrasse 7, D-64297 Darmstadt, Tel: 0049 (0)61 51 29 39 59, www.schirner.com.

2.3 Organentsprechungen und Steuerpunkte

2.3.1 „Alles ist Schwingung“

Sinneswahrnehmungen durch Schwingungen zeigen sich im System der kosmischen Kommunikation in der 2. Dimension von Länge x Breite, also der Fläche. Zwischen der ersten und der zweiten Dimension liegt der große Sprung von Grobstofflichkeit zu Feinstofflichkeit. Im Rahmen der Masseverhältnisse der Erde ist diese Grenze abhängig von der jeweiligen Magnetfeldstärke des Ortes, definiert durch eine Wellenlänge von 0.0025 mm, was einer Schwingungsfrequenz von 2.1 Gigahertz entspricht. Dies ist die durchschnittliche Frequenz der Zirbeldrüse = Epiphyse, unserem Verbindungsorgan zum Universum und den höheren himmlischen Hierarchien, einschließlich unserem Hohen Selbst.

SCHWINGUNGSEBENEN UND KRISTALLE

Ebenen	Chakra-Nr.	Physisch/ KÖRPER	Energetisch/ ÄTHER	Psychisch/ ASTRAL	MENTAL
1	Wurzel	Granat	Rubin	roter Jaspis	Karneol
2	Sakral	Dolomit	Sardonyx	rosa Mondstein	Heliodor
3	Solar Plexus Nabel	Pyrit	Bernstein	Citrin	gelber Topas
4	Herz	Moosachat	Aventurin	Smaragd	Beryll
5	Hals Kehlkopf	Türkis	Larimar	Aquamarin	Prehnit
6	Stirn 3. Auge	blauer Achat	Lapislazuli	Falkenauge	Chalzedon
7	Kronen Scheitel	Azurit	Amethyst	Sugilith	Ametrin
8	kosmisches Bewusstsein	Rhodonit	Rosenquarz	rosa Turmalin	Bergkristall

Die 2. Dimension steht für Gefühle, Emotionen und Psyche, also für die Welt unseres Bauchhirns, welches von unserem Inneren Kind gesteuert wird. Wie bereits erwähnt, gehen nach neuesten Erkenntnissen der schulmedizinischen Sparte der Neurogastroenterologie durchschnittlich 95 % aller Impulse vom Bauchhirn zum Kopfhirn und nur etwa 5 % in umgekehrter Richtung. Da wir also weitestgehend „aus und mit dem Bauch denken“, ist die Bedeutung der 2. Dimension klar erkenntlich. Der Sitz des Langzeitgedächtnisses ist ebenfalls hier zu finden.[45]

45 Ausführlich hierzu: GERSHON, Michael: „Der kluge Bauch“, Knaur-Verlag, München 2001.

46 Quelle: SCHMIDT, Paul: „Sinfonie der Lebenskräfte.“ Lennestadt 1992, 2002, und HEIMES, Dietmar: „Bioresonanz nach Paul Schmidt.“ Lennestadt 2004.

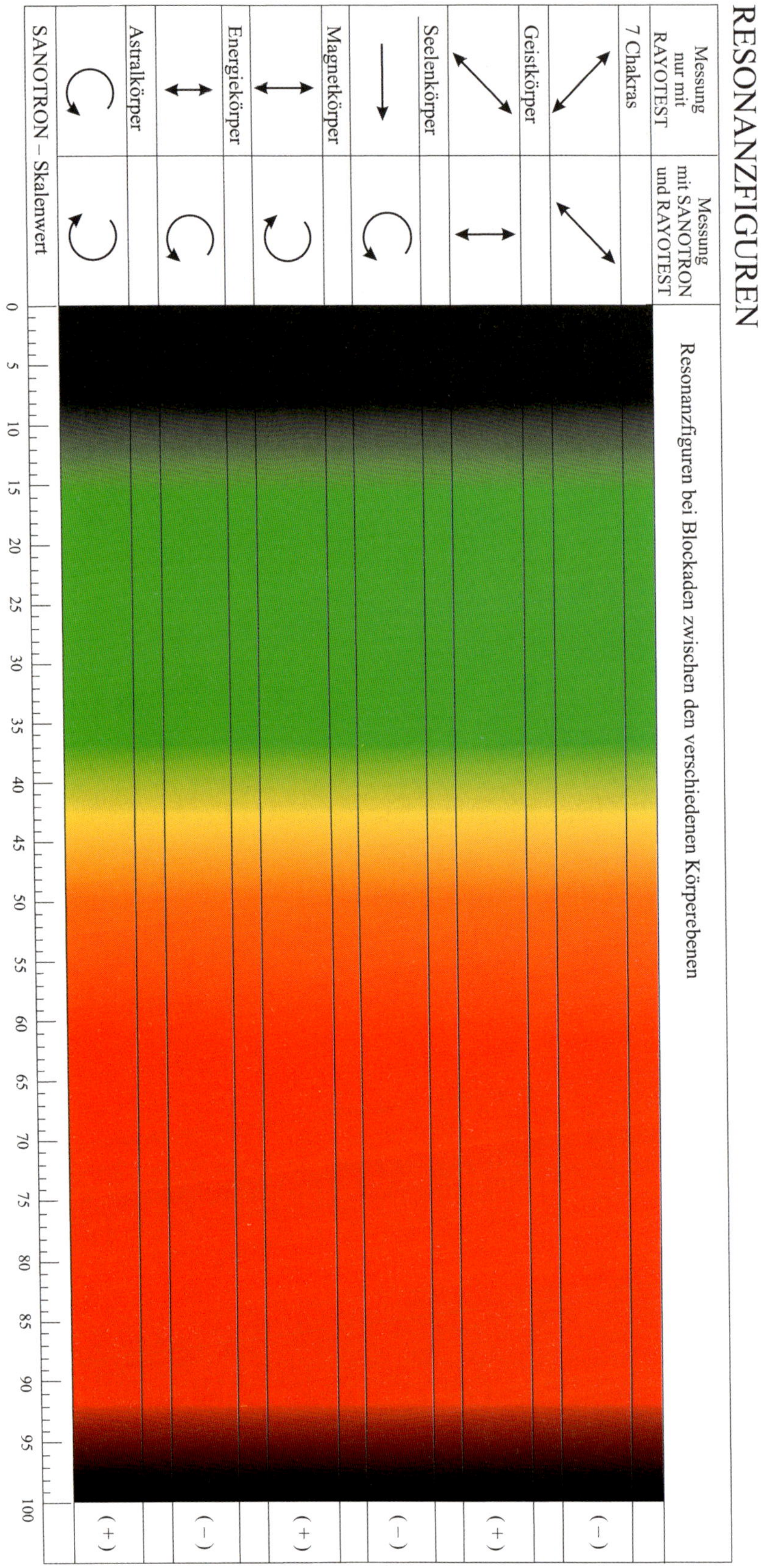

Die Steuerhauptzentren
Die Steuerunterzentren

Knochengerüst
Wachstumssteuerung
Schlafzentrum
Zentrum für Inspiration
Nervenzentrum
Heilungszentrum
Sonnengeflecht
Zentrum der Freude
Halszentrum
Zellerneuerung (Tumor)
Verdauungszentrum
Selbstsicherheit
Gleichgewichtszentrum
Brechzentrum
Empfindungszentrum
Wärme- und Kälteempfinden
Herzzentrum
Ernsthaftigkeit
Bewegungszentrum
Zentrum des Denkens
Blutversorgung
Kunstsinn
Sexualzentrum
Kreativität
Hörzentrum
Sinn für Musik
Sympaticus und Vagus
Sprachzentrum
Sehzentrum
Zentrum der Trauer
Atmungsorgane
Tapferkeit
Konzentrationszentrum
Nächstenliebe
Hautzentrum
Gutmütigkeit
Erinnerungsvermögen
Lebensmut
Lymphsystem
Traumzentrum
Knochengerüst

Körperzellen haben ein eigenes Bewusstsein und speichern als Hohlraumresonatoren Daten als Impulsverdichtung in Zellen der Schleimhäute und des Bindegewebes, vor allem im Darmbereich. Hier befinden sich in der entsprechenden, feinstofflichen Auraebene des Astralbereiches auch die karmischen Speicherungen noch unausgeglichener Energiepotentiale aus früheren Leben, die gerade im Heute sehr wichtig für die Behandlung von Ursachen aus der 2. Dimension und Wirkungen in der physischen 1. Dimension sind. Erkenntnisse der Psychosomatik kommen aus dieser Ebene. Wir befinden uns hier im Bereich des Unterbewusstseins, welches auch auf die Steuerung und Versorgung des Organsystems mit elektromagnetischer LEBENSENERGIE aus der 2. Dimension von großer Bedeutung ist.

Die 2. Dimension stellt auch die Ebene der Kommunikation über Sinneswahrnehmungen dar. Elektromagnetische Schwingungen von Tönen, Klängen und Geräuschen werden über Ohren und Haut in Frequenzen zwischen 20 und 20.000 Hertz im so genannten „akustischen Fenster“ wahrgenommen. Geschmacks-, Geruchs- und Tastempfindungen befinden sich hier. Schließlich nehmen wir elektromagnetische Schwingungen von Farben in den hohen Frequenzen zwischen 350 und 780 Billionen Hertz im so genannten „optischen Fenster“ ebenfalls in und über die 2. Dimension auf. Dabei kann rein rechnerisch nach der Oktavierungsreihe jedem Ton eine entsprechende harmonische Farbe zugeordnet werden, wie aus einer späteren Tabelle ersichtlich und auf den Seiten 299 ausführlich beschrieben ist.

Aufgrund dieser kosmischen Gegebenheiten kann also u. a. auch mathematisch jedem Ton eine Farbe zugeordnet werden und umgekehrt. Nachdem auch der menschliche Körper horizontal von entsprechenden Körperzonen und Kraftzentren durchzogen ist (wie auf Seite 180 zu sehen), die sich schwingungsgemäß in harmonischer Resonanz zu bestimmten Farben, Tönen, Düften, Kristallen, Formen usw. befinden, können hierdurch gestörte Körperstellen wieder harmonisiert werden. Es sind nur die gleichgelagerten Medien aufzubringen. Mit derartigen traditionellen Heilmethoden wurde rund um den Erdball in den bedeutendsten Kultur- und Naturvölkern bereits vor Jahrtausenden gearbeitet. Dies geschah intuitiv.

In dieses System gehören auch die verschiedenen Tonarten Johann Sebastian Bachs in seinem „Wohltemperierten Klavier“, die entsprechend wieder in Verbindung gebracht werden können mit harmonischen Farben und deren Sternzeichen.

Glenn Gould:
Bach – Das Wohltemperierte Klavier

Tonart			Farbe	Sternzeichen
A-DUR:	3 – 19 +	2 – 19		Löwe R
A-MOLL:	3 – 20 +	2 – 20		
AS-DUR:	2 – 17 +	3 – 17		
B-DUR:	2 – 21 +	3 – 21		Zwillinge R
AS-MOLL:				
B-MOLL:	3 – 22 +	2 – 22		Steinbock A
C-DUR:	2 – 1 +	1 – 1		
C-MOLL:	1 – 2 +	2 – 1		Stier R Venus MS
CIS-DUR:	1 – 3 +	2 – 3		Waage R
CIS-MOLL:	1 – 4 +	3 – 3		
D-DUR:	1 – 5 +	2 – 5		
D-MOLL:	1 – 6 +	2 – 6		Stier R (Erde)
E-DUR:	1 – 9 +	3 – 9		Wassermann A
E-MOLL:	1 – 10 +	3 – 10		Krebs A R
ES-DUR:	2 – 7 +	1 – 7		
ES-MOLL:	2 – 8 +	1 – 8		Skorpion R
F-DUR:	1 – 11 +	3 – 11		
F-MOLL:	1 – 12 +	3 – 12		
FIS-DUR:	1 – 13 +	3 – 12		Schütze
FIS-MOLL:	1 – 14 +	3 – 15		
G-DUR:	1 – 15 +	3 – 15		Widder R
G-MOLL:	1 – 16 +	3 – 16		
GIS-MOLL:	2 – 18 +	3 – 18		Fische A
H-DUR:	2 – 23 +	3 – 23		
H-MOLL:	2 – 24 +	3 – 24		Jungfrau A

2.3.2 Informationen im Körper wiederholen sich

Auch Informationen sind Impulse in Form von Schwingungen. Bestimmte Muster setzen sich deshalb in Form von feinstofflichen Interferenzmustern in den verschiedenen Auraebenen ab und verdichten sich danach in der Fluidalebene des Ätherbereiches und im grobstofflichen, physischen Körper. Das zeigt sich dann in den Körperzonen und Organen als unterschiedliche Frequenz in Farben, Düften und Tönen. Das war bereits im Altertum bekannt und bildete u. a. die Grundlage des altägyptischen Einweihungsweges wie folgt:

Altägyptische Einweihungsstätten – Arbeitsthemen, Körperzonen, Kraftzentren und Negativprogramme

Einweihungsstätten Gottheit	Nr.	Auraschicht	Thema	Negativprogramm	Prüfungen	Kraftzentrum	Farben	Töne
Abu Simbel AMUN	1	Fußbereich	Erdung, Sein, Urvertrauen, positive Lebenseinstellung	Aufnahme von (magn.) Negativenergien, Mangel an (Gott-, Ur- und Selbst-) VERTRAUEN und ERDUNG, Trennung von Innen und Außen, Isolation	Gott in allem, Erfahren der Gottheit, Ankommen auf Erden, Inkarnation	beide Füße	dunkelrot	Fis
Kalabschah OSIRIS	2	Kniebereich	Bewegung, Demut, intuitives Annehmen in aktives Tun umsetzen	SCHMERZ UND LEID, Starre, Hochmut	Männliches Prinzip, Annehmen der vier Elemente	beide Knie	rostrot	G
Edfu HORUS-SETH	3	Omega-Bereich	Lebensglück, Merkaba-Aktivierung	TRAUER, Isolation, mangelndes Loslassen, Leere	Hoffnung, Vereinigung, Pharao als Sohn des Horus Licht siegt über Dunkelheit	10 bis 20 cm unter dem Damm in der Mitte zwischen den Oberschenkeln	bunt: warme Farben	C-E-G-H
Philae ISIS-NEPHTHYS-HATHOR	4	Wurzelbereich	Lebenswillen, Lebensfreude	ABWESENHEIT VON LICHT, LEBEN, LIEBE, mangelnde Erdung, Lebensablehnung, Karmaspeicherung, Depressionen	Weisheit als weiblicher Aspekt Gottes, Weltenmutter, Priesterin, Demut, Annahme	Beckenboden, Damm, Steiß	rot	Gis
Komombo, Esna HORUS-HATHOR-CHNUM	5	Sakralbereich	Bauchhirn, Stoffwechsel, Speicherung	ANGST, Dunkelheit, Neurosen	Mut und magische Kräfte, Überwindung von Ängsten, Licht und Dunkelheit, erfüllte Sexualität, Lebensweitergabe und Wiedergeburt, Kontrolle des Ego durch das Ich, Körperkontrolle, Atmung, Wasser- und nochmalige Geburtserfahrung	Unterbauchbereich bis Milz, Blase und Nieren	orange	A

Einweihungsstätten Gottheit	Nr.	Auraschicht	Thema	Negativprogramm	Prüfungen	Kraftzentrum	Farben	Töne
Karnak, Luxor West-Theben AMUN 1. INITIATION	6	Solar Plexus	Energieaustausch, (Blut-) Reinigung, Entsäuerung	Vergiftung, DRUCK, SUCHT, Machtmissbrauch, Manipulation TOD UND AUFERSTEHUNG	Prüfung der Elemente, Gottvertrauen	Oberbauch, Magen- und Nabelbereich	gelb	Ais
Abydos OSIRIS-ISIS	7	Herz – physisch	Eigenliebe, Liebe zum Inneren Kind	SCHULD, Selbstzerstörung	Wiederverkörperung, Auferstehung	Herz	lindgrün	C
2. INITIATION		Herz – spirituell	Eigenliebe, Liebe zum Hohen Selbst	IDENTITÄTS-Verlust		Herz	rosa, pink	C
Abydos OSIRIS-ISIS	8	Hals	Kommunikation, Verbindung von Kopf- und Bauchhirn	WUT, Stau, Widerstand, Mangel an Loslassen, Starre	Geburt des Kopfes im jetzigen Sein durch den Leib des vergangenen Lebens	Hals	hellblau, graublau	D C
Dendera HATHOR-ISIS-NEPHTHYS	9	Stirn, 3. Auge	Innenschau, Außersinnliche Wahrnehmungen (ASW)	Nichtannahme der Polarität und GESCHLECHTLICHKEIT	Kontrolle der Willenskraft, astrologische Vergangenheit, Geburt im Tierkreiszeichen, physische, psychische, mentale und spirituelle Sexualität, Leben der eigenen Weiblichkeit, Aktivierung von Lichtkräften	Stirn	indigoblau, Regenbogenfarben	Dis
Abusir TOTH	10	Scheitel	Zentralsteuerung, Körperinformation	falscher Umgang mit WISSEN	Prüfung der 22 Bilder des Buches Toth, 12 Einweihungsreisen. Lebensziel und -sinn	Scheitelbereich	violett	E
Heliopolis ISIS-HATHOR-TOTH	11	Alpha-Bereich	Immunsystemaktivierung, Merkaba-Antrieb	MANGEL, Armut	Klang, Licht und Farben. Prüfung des Charakters, Schwingung und individuelle Resonanz	ca. 10 bis 30 cm über dem Scheitel	bunt: kalte Farben	C-E G-H
Gizeh Königskammer Sarkophag	12	kosmisches Bewusstsein	All- Einssein, Lichtkörperaktivierung	Verstoß gegen den ind. KOSMISCHEN PLAN	mentale Überwindung des physischen Todes.	ca. 30 bis 50 cm über dem Scheitel	purpur	F
Gizeh Königskammer 3. INITIATION	13	Christusbewusstsein	Gottmenschentum	(Gott- und Selbst-) VERTRAUENS-mangel, Identitätslosigkeit	Erreichen der Unsterblichkeit und des All- Einseins	50 bis 100 cm über dem Kopf	weiß – magenta	Fis

FARBZONEN DES MENSCHLICHEN KÖRPERS

WELLENLÄNGE (Nm)	FARBE	FREQUENZ (BILLIONEN-HZ)
400	MAGENTA	750,00
410	PURPUR	731,71
440	VIOLETT	681,89
450	KÖNIGSBLAU	666,67
460	INDIGO	652,17
470	BLAU	638,30
480	HELLBLAU	625,00
500	TÜRKIS	600,00
510	DUNKELGRÜN	588,24
530	GRÜN	566,04
540	HELLGRÜN	555,56
550	LIMONE	545,45
560	ZITRONENGELB	535,71
570	HELLGELB	526,32
600	GELB	500,00
610	GOLDGELB	491,80
620	GELB-	483,87
630	ORANGE	476,19
633	ORANGE	472,00
660	KORALLE	454,55
680	HELLROT	441,18
730	ROT	410,96
750	SCHARLACHROT	400,00
780	DUNKELROT	384,62
800	MAGENTA	375,00

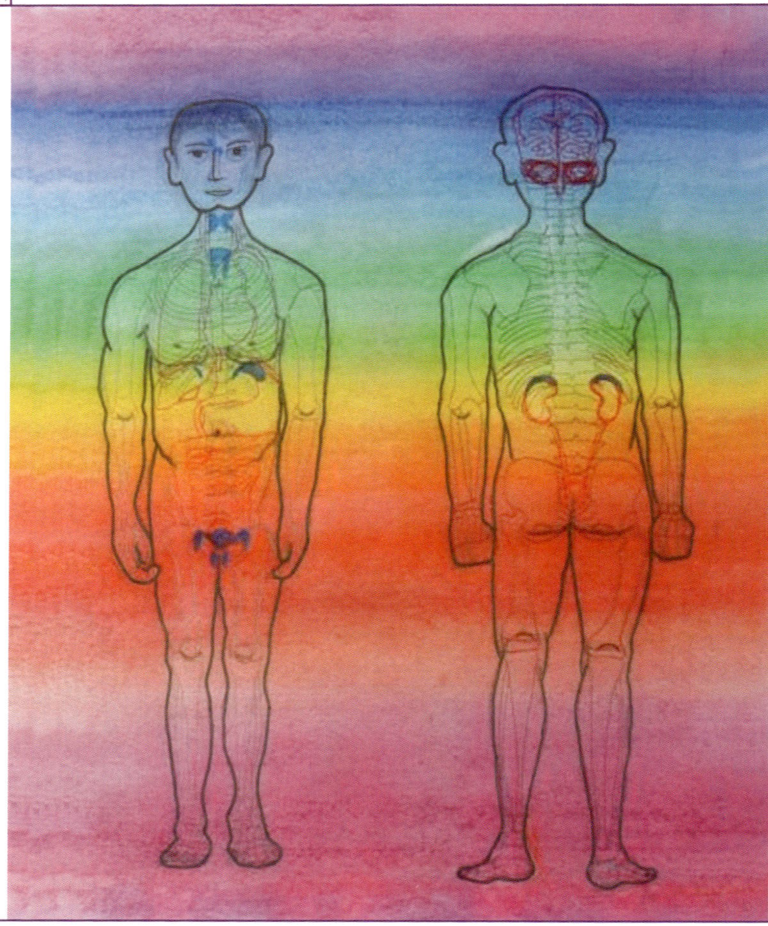

Scheitel, Großhirnrinde, Corpus callosum = Balken Limbische Region Zwischenhirn = Thalamus, Hypothalamus Zirbeldrüse = Epiphyse Hirnanhangdrüse = Hypophyse, Hippocampus Medulla oblongata, Kleinhirn, Ohren, Augen, Nase	Koordinationsstörungen Migräne, Nervenleiden Störung von Sinneswahrnehmungen »Innere Uhr«/Neurotransmitter Hormonproduktion, Steuerung Urinformation, Instinkte, Triebe
Zähne, Kiefer, Schilddrüsen, Nebenschilddrüsen	Schmerzen, Hormonproduktion
Stimmbänder, Kehlkopf, Schultern, Nacken, Rachen	Halsschmerzen, Entzündungen
Thymusdrüse Bronchien, Speiseröhre, Luftröhre	Immunabwehr, Infektionen Grippale Effekte, Husten, Asthma
Obere Herzkammern, Herzkranzgefäße, obere Lungen Untere Herzkammern, Herzkranzgefäße, untere Lungen Brustkorb und Brustraum, Nieren, Nebennieren Leber, Blutregeneration, Solarplexus Gallenblase und Gallengänge	Herzleiden, Atmungsprobleme Infarkte, Embolien Entzündungen, Hormone, Schmerz Entgiftung, Verdauungssteuerung Vorverdauung, Verdauung, Stoffwechsel,
Magen, Bauchspeicheldrüse = Pankreas, Milz Querliegender Dickdarm, Zwölffingerdarm Dickdarm, Lymphatisches System, Dünndarm Harnleiter und Harnblase, unterer Bauchbereich Ovarien, Eileiter, Gebärmutter, Hoden, Prostata	Stoffwechselvorgänge Entschlackung Wasserentsorgung Weibliche Hormonsteuerung
Geschlechtsorgane = Genitalien Ischiasnerv, Hüftgelenke, untere Wirbelsäule Kreuzbein, Mastdarm, Anus, After, Gesäß	Männliche Hormonsteuerung Nervensteuerung, Lymphozytenproduktion Ausscheidungen
Oberschenkelknochen und -muskeln	Muskeln, Knochen, Sehnen
Knie	Gelenke, Meniskus
Unterschenkel, Waden	Muskeln, Knochen, Sehnen
Sprunggelenke, Achillessehne	Gelenke und Sehnen
Füße	Knochen, Muskeln, Akupunktur

Die zwölf Sinne des Menschen

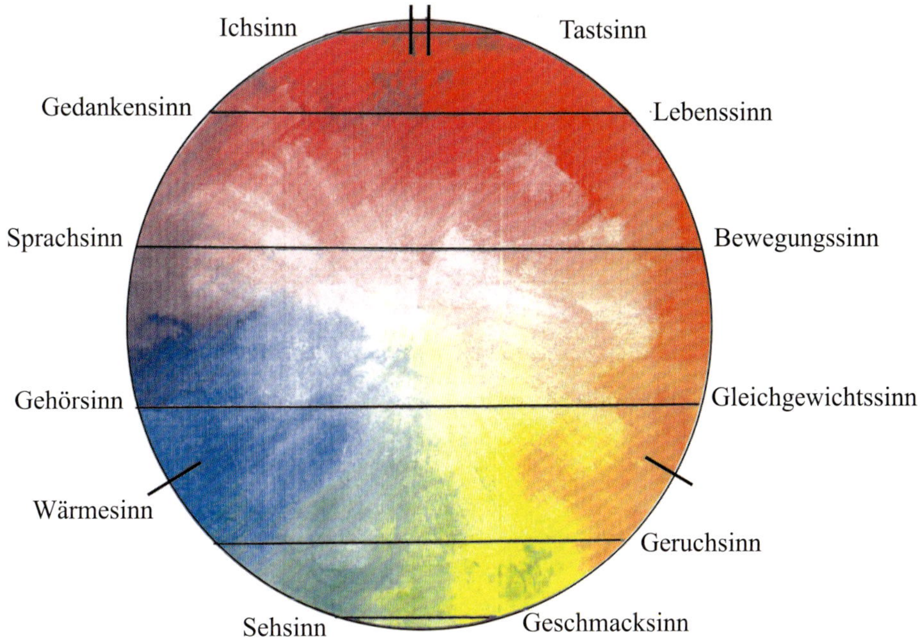

IRISDIAGNOSE

Als Beispiel der Entsprechung von Mikrokosmos und Makrokosmos

Farben und Organe im Rahmen der Irisdiagnose

RECHTES AUGE

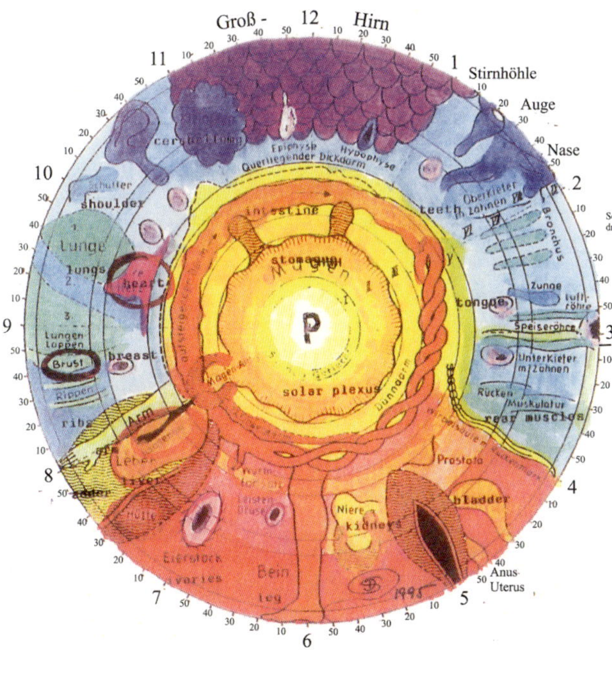

LINKES AUGE

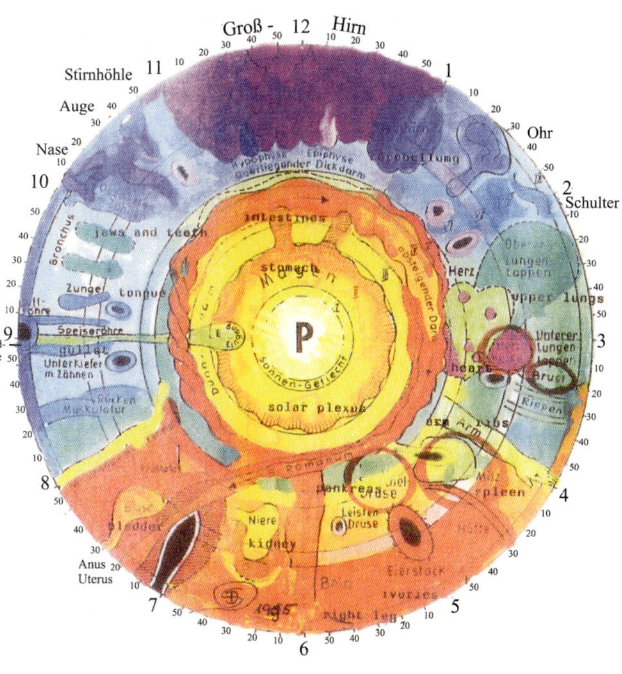

Motorische und Sensorische Gehirnrindenzentren

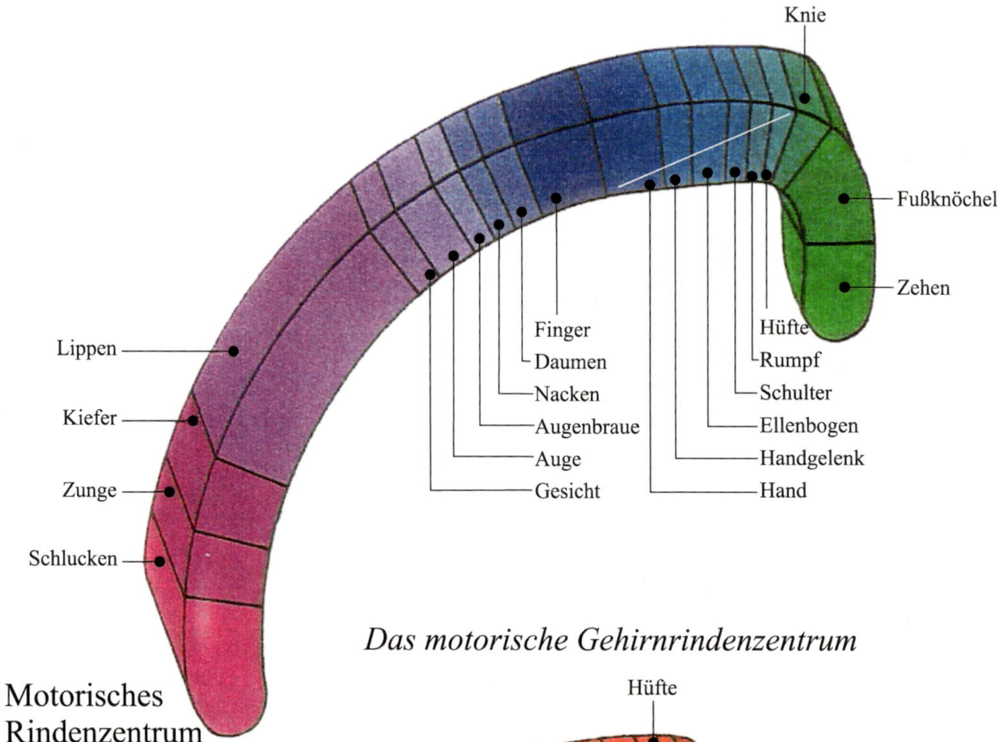

Das motorische Gehirnrindenzentrum

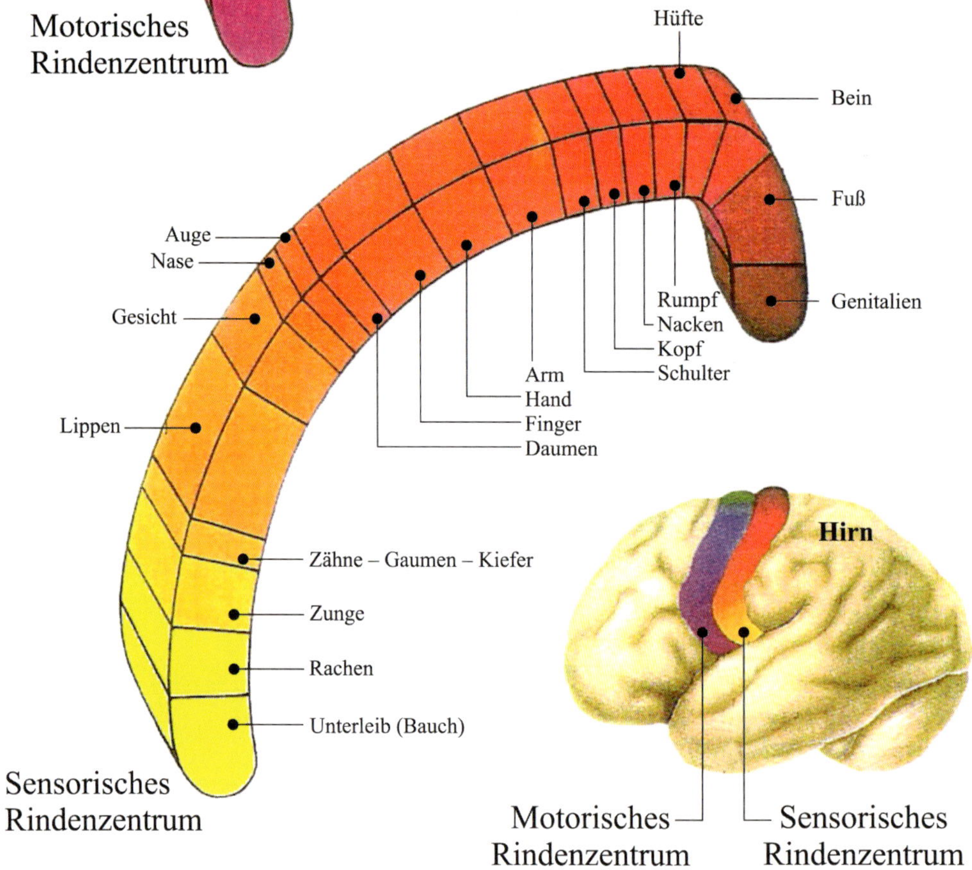

Das sensorisch-motorische Gehirnrindensystem

NASE UND RIECHVORGANG

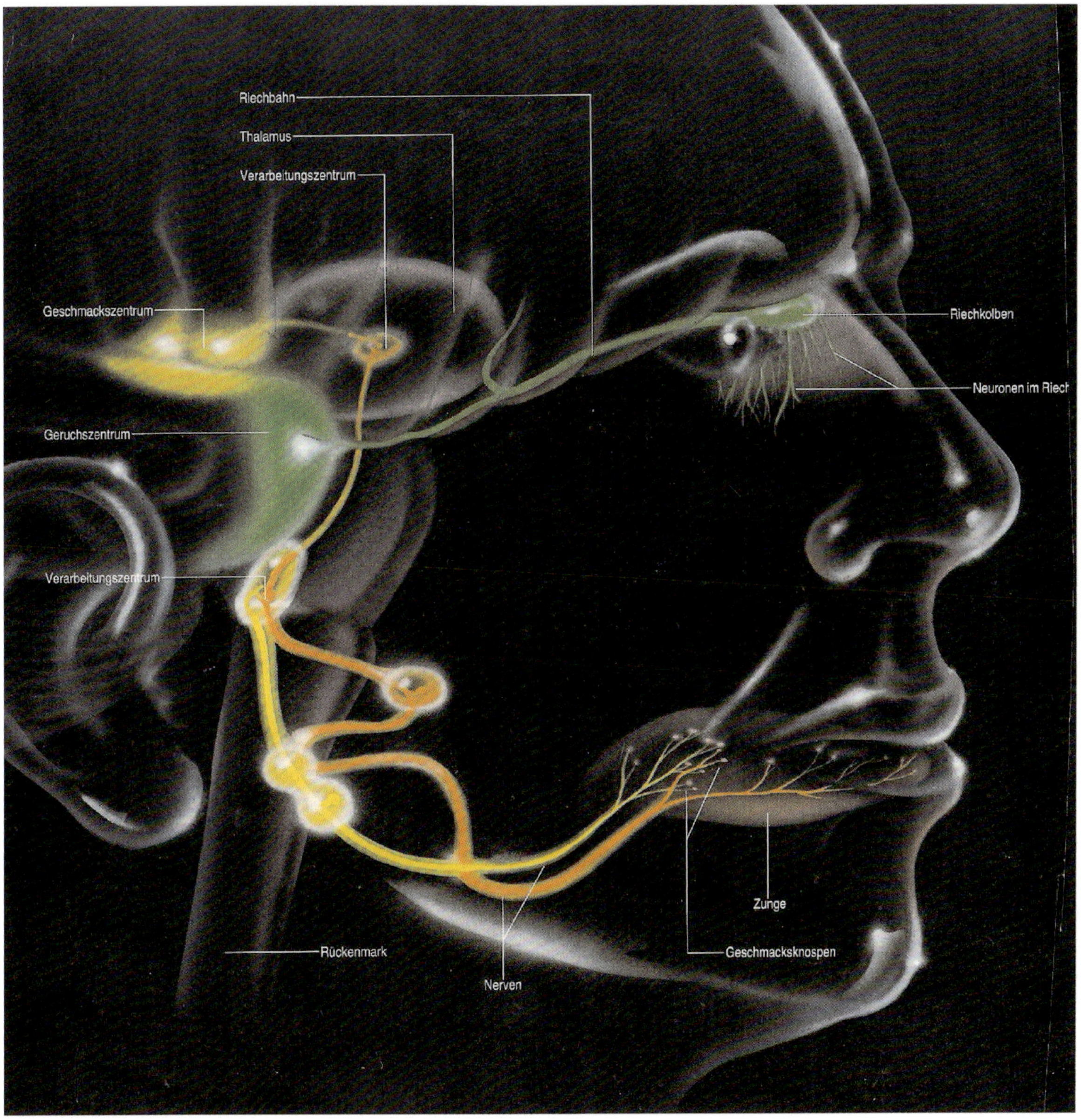

Quelle: Der Mensch, GEO, Hamburg 1992

OHR UND HÖRVORGANG

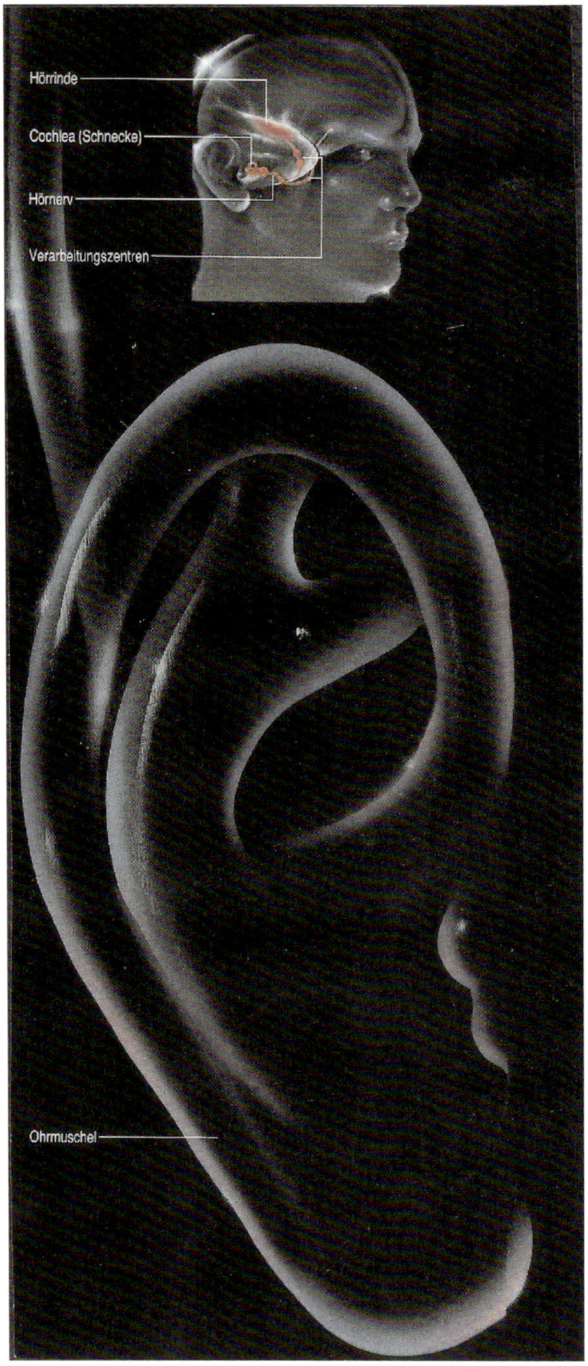

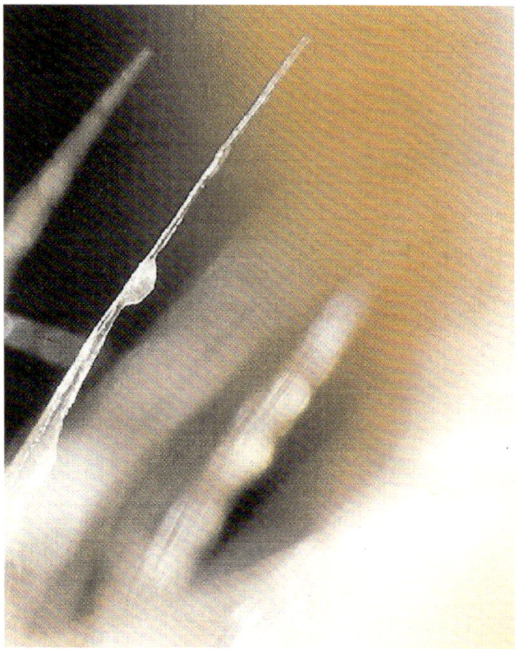

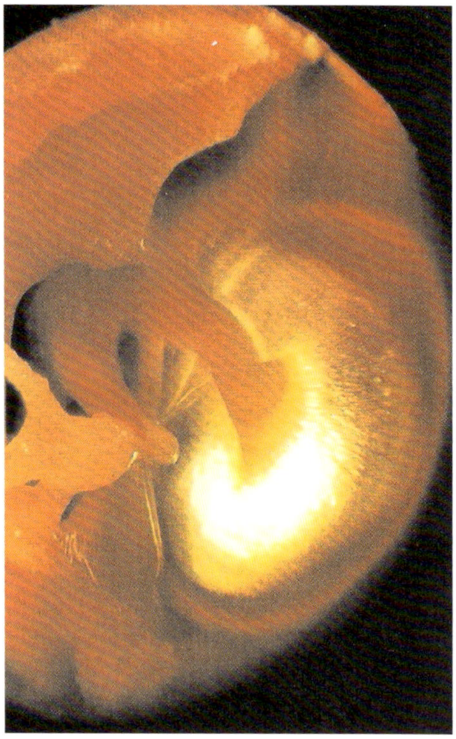

Quelle: Der Mensch, GEO, Hamburg 1992

FARB- und ORGAN- ENTSPRECHUNGEN im GESICHT

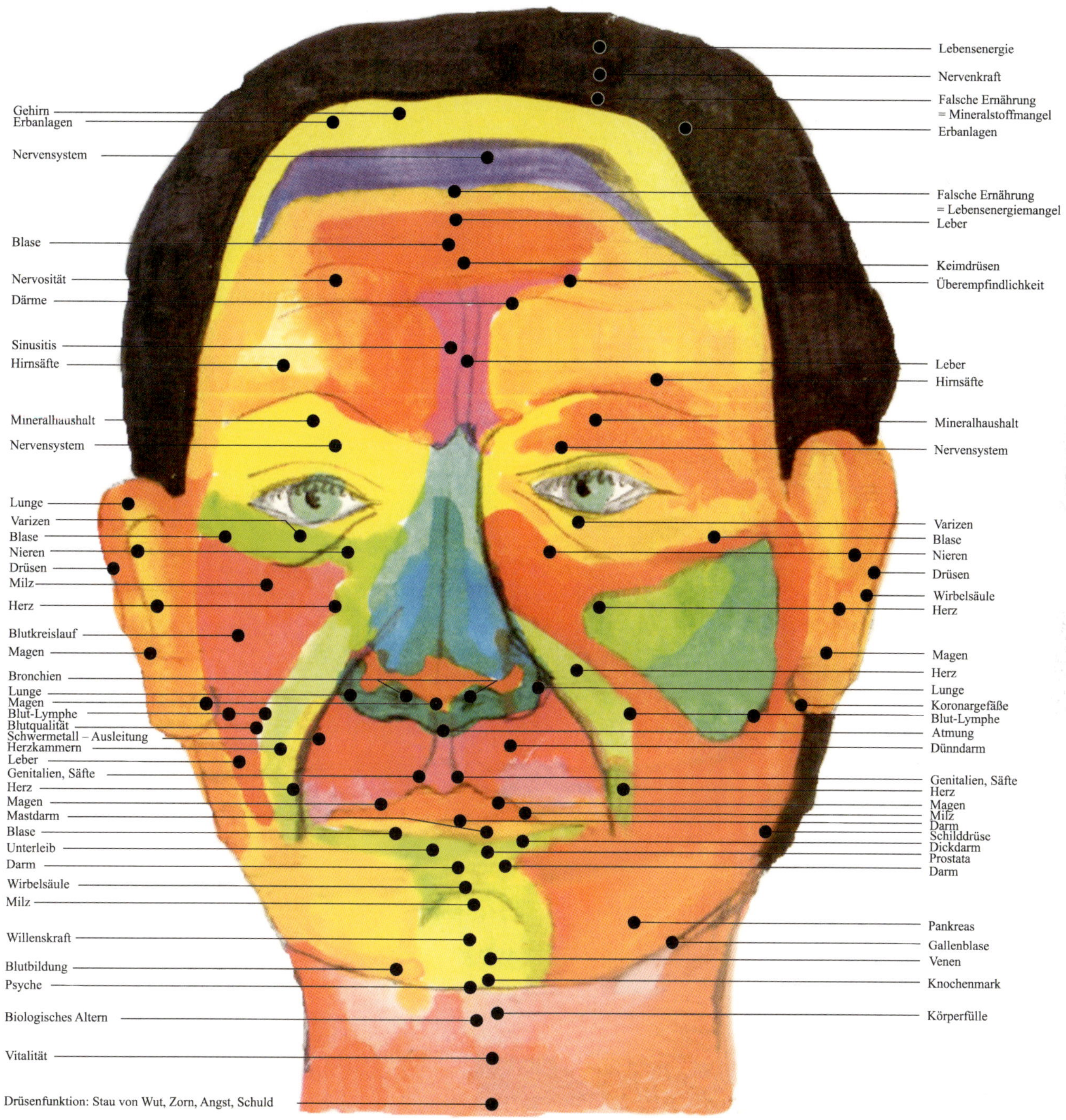

Handmassage

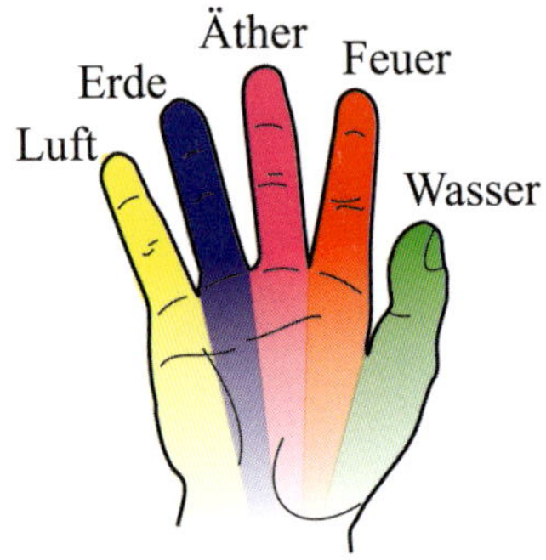

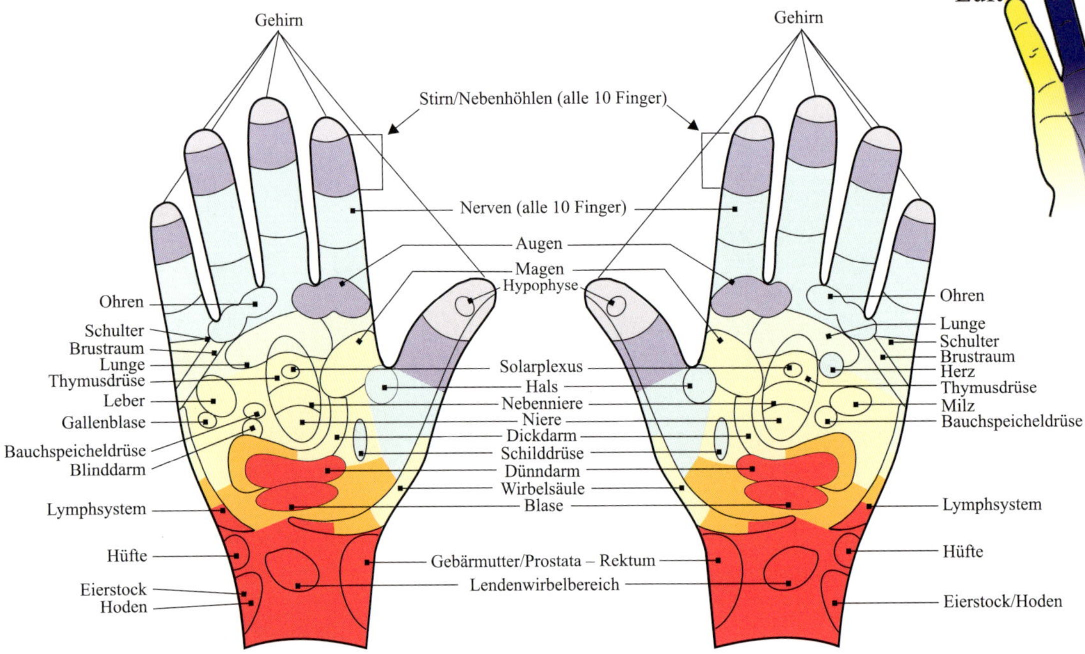

rechts links

Fussmassage

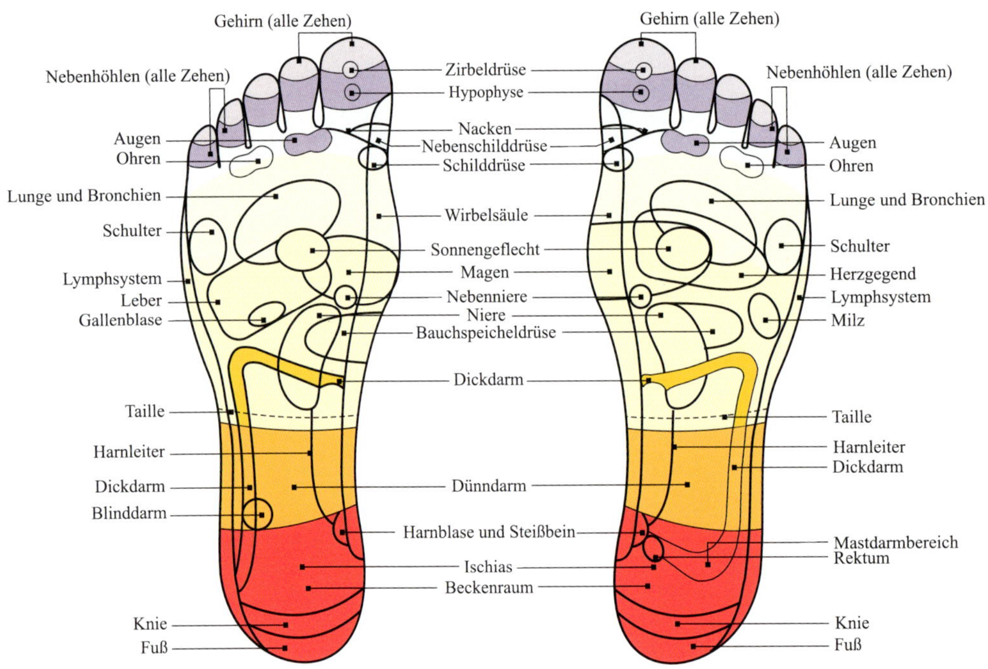

rechts links

Wirbelsäule und Fußreflexzonen

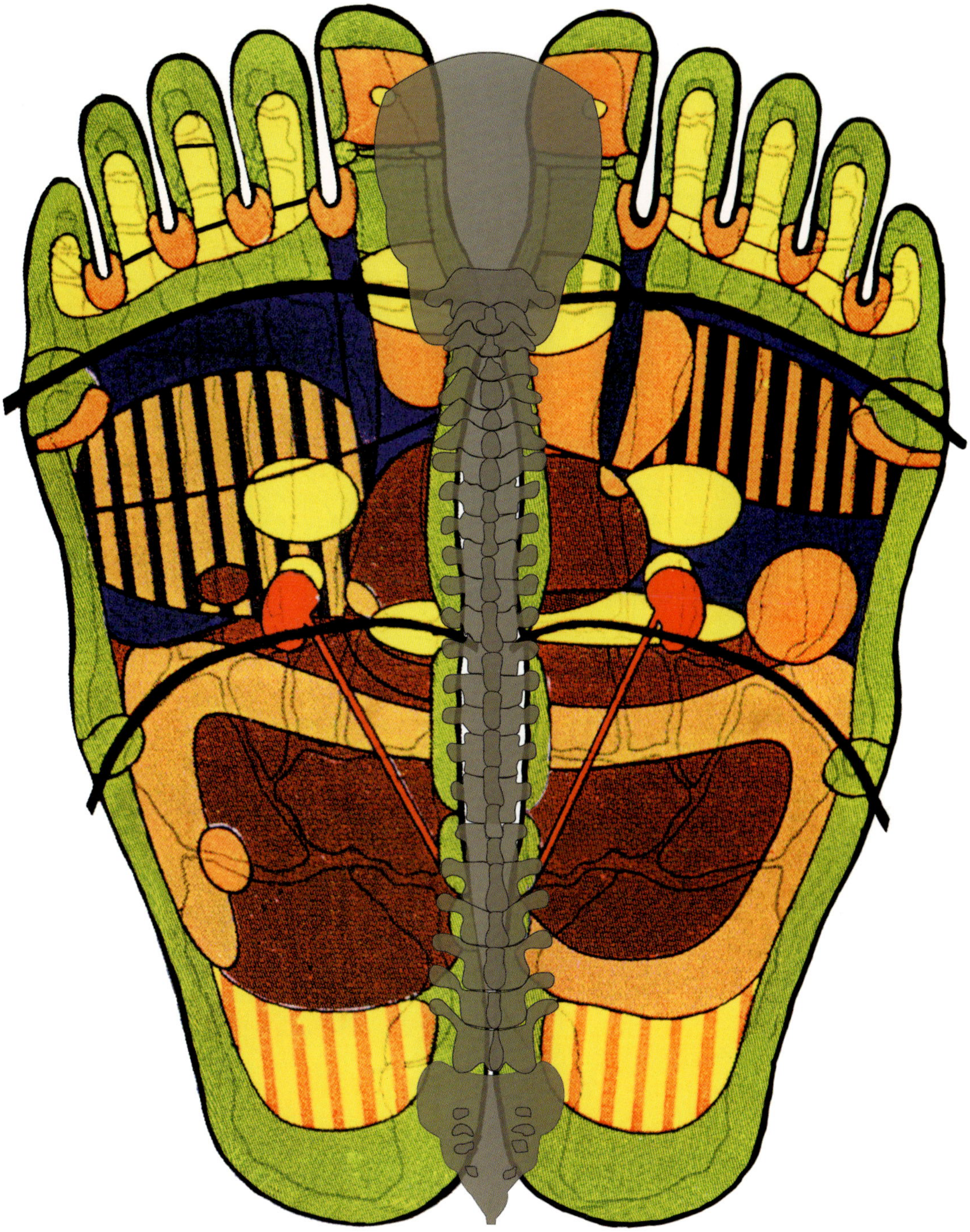

ENERGETISCHE VERDICHTUNGEN

1 Stirn – Kieferhöhle – Zähne
2 Albträume
3 Angst vor der Technik
4 Angst vor der Wirklichkeit
5 Appendix, Bauhin`sche Klappe
6 Ärger
7 Auge
8 Bauchraum, Beckenraum
9 Bauchspeicheldrüse
10 Beckenraum (Bezugszone)
11 Bitterkeit
12 Brustwirbel
13 Dickdarm absteigend
14 Dickdarm aufsteigend
15 Dickdarm querliegend
16 Dünndarm
17 Eifersucht
18 Eigenliebemangel
19 eigene Schuldzuweisung
20 Engstirnigkeit
21 Ekel
22 Ellenbogen
23 emotionale Erstarrung
24 emotionale Existenzangst
25 emotionale Macht
26 emotionale Schuldkomplexe
27 emotionale Schuldzuweisung
28 emotionale Wachstumsprobleme
29 Enttäuschungen
30 Eustachische Röhre
31 Feigheit
32 Fruchtbarkeit
34 Furcht
35 Gefühlsmanipulation
36 Gewalt
37 Gewinnstreben
38 Gier – Habsucht
39 Groll
40 Großhirn
41 Große innere Leere
42 Halswirbel
43 Gallenblase
44 Herz
45 Herz (Bezugszone)
46 Hypophyse
47 Identitätsverlust
48 Ignoranz
49 Individualitätsproblem
50 innere Isolation
51 Introvertiertheit
52 Kleinhirn
53 Kritiksucht
55 Kreuzbein
56 Lampenfieber
57 Launenhaftigkeit
58 Lebensablehnung
59 Lebenswille
60 Leber
61 Leber (Bezugszone)
62 Lendenwirbel
63 Leid und Schmerzübernahme
64 Luft und Speiseröhre – Bronchien
65 Lunge
66 Lymphe (obere)
67 Lymphknoten und Achsel

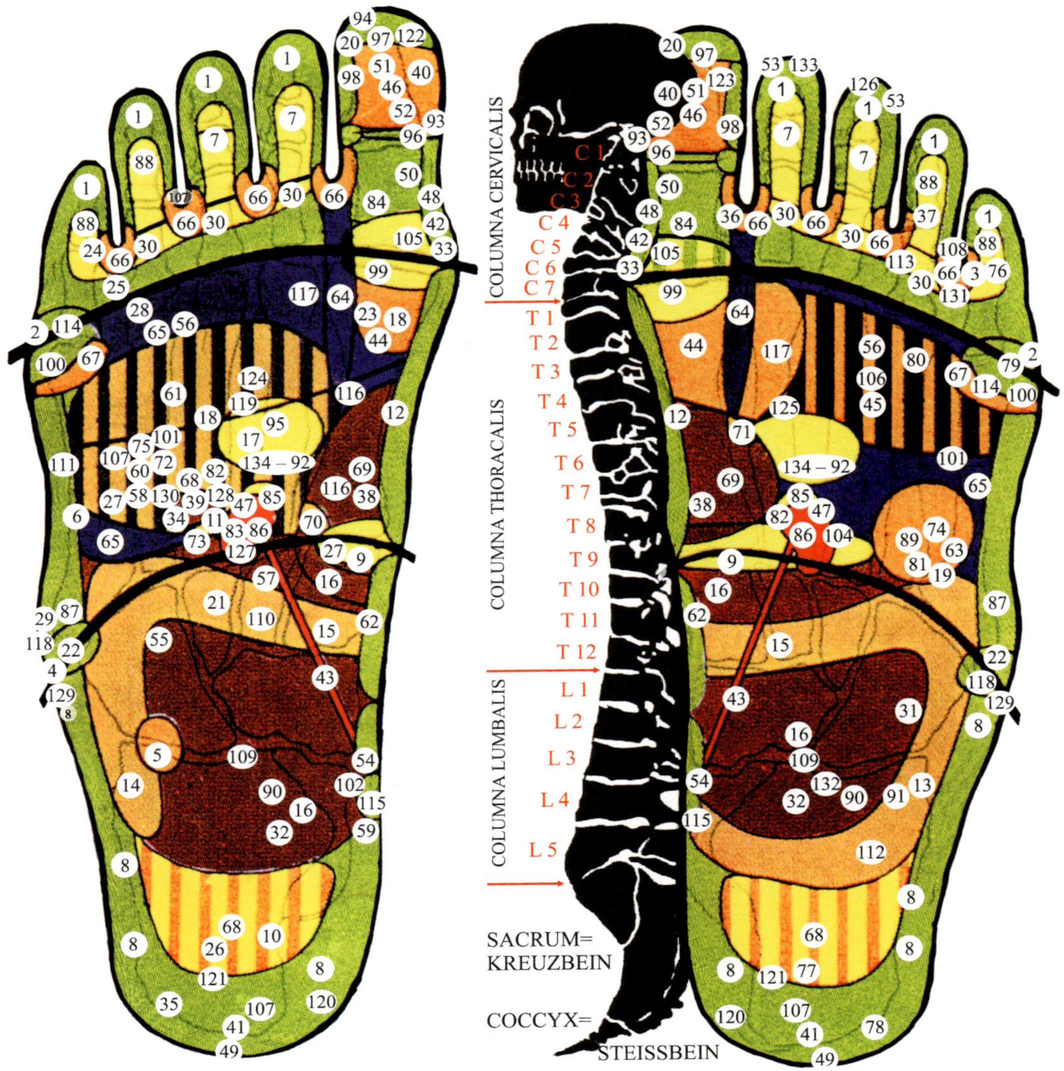

rechte Fußsohle

linke Fußsohle

68 Machtmissbrauch
69 Magen
70 Magenausgang
71 Mageneingang
72 Mangelnder Lebenswille
73 Mangel an Gottvertrauen
74 Mangel an Mitgefühl
75 Mangelndes Selbstvertrauen
76 Materielle Existenzangst
77 Materielle Macht
78 Mentalmanipulation
79 Mentale Selbstablehnung
80 Mentale Wachstumsprobleme
81 Milz
82 Misstrauen
83 Mutterkomplex
84 Nacken
85 Nebenniere
86 Niere
87 Oberarm
88 Ohr – Tonsille seitliche Lymphstränge
89 »Opferrolle« – Helfersyndrom
90 Physische Verdauung emotionaler Probleme
91 Physische Verdauung mentaler Probleme
92 Plexus Solaris
93 Proc. Mastoideus
94 Probleme mit der Religiosität
95 Psychische Einengung
96 Schädelbasis
97 Schädeldach
98 Schläfen
99 Schilddrüse
100 Schultergelenk
101 Schultergürtel
102 »Schwarze Magie«
103 Schuldzuweisung
104 Selbstbetrug
105 Selbstbestrafung
106 Selbstzweifel
107 Selbstzerstörung
108 Selbstzerstörung – Rache
109 Sexuelle Besessenheit
110 Selbstüberschätzung
111 Selbstisolation
112 Sigmoid
113 Starrsinn
114 Sturheit
115 Steißbein – Rectum
116 Stolz
117 Sprachlosigkeit
118 Tiefe Traurigkeit
119 Todesahnungen
120 Todesangst
121 Überlebensängste
122 »Überflieger-Syndrom«
123 Übertriebene Selbstdarstellung
124 Unerledigte Mutterproblematik
125 Unerledigte Vaterproblematik
126 Unsicherheit
127 Unterdrückung sensitiver Fähigkeiten
128 Unterdrückte Wut und Zorn
129 Untere Rippenwand
130 Unzufriedenheit
131 Wahnsinn
132 Wankelmütigkeit
133 Zynismus
134 Zwerchfell

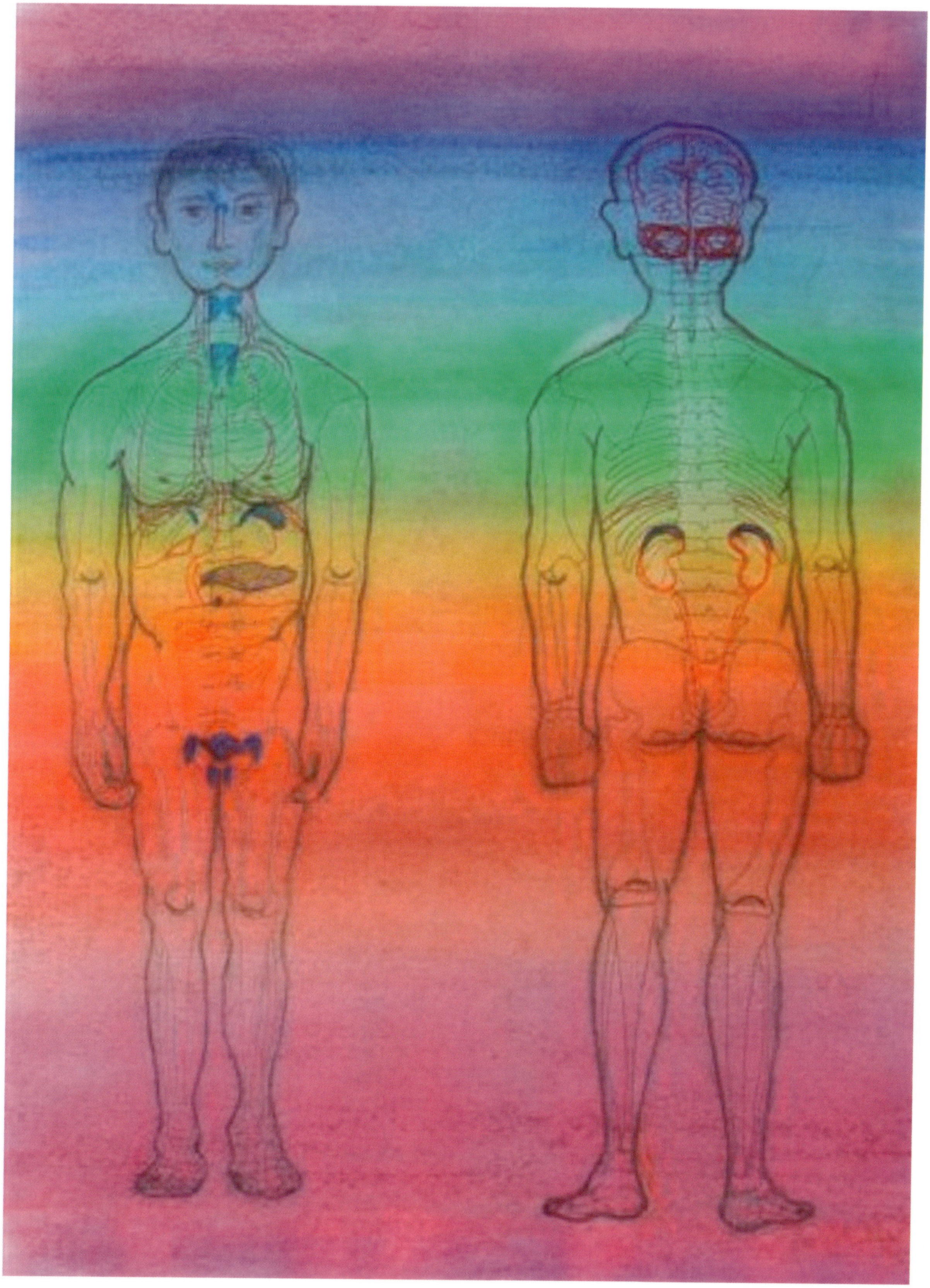

WIRBELSÄULENZUORDNUNG

WIRBELSÄULE	BEZ.	FARBE	FREQUENZ in Hz	STEUERZENTREN für ORGANZUORDNUNG	FREQUENZ in Hz	AUSDRUCKSBEREICH für ORGANZUORDNUNG	CHAKRA	STEUERZENTREN für ORGANZUORDNUNG
HALSWIRBEL	C 1 ZERVIKAL	hellblau	92.5	Lebensmut	90	Erinnerung	Hals	Gehirndurchblutung, Zentralsteuerung, Epiphyse,
	C 2	hellblau	97.5	Träume	95	Lymphatisches System	Stirn	Innen- und Mittelohr, Hypophyse
	C 3	hellblau	2.5	Wachstumssteuerung	100	Knochen, Muskeln, Sehnen	Scheitel	Augen, Nebenhöhlen, Zunge
	C 4	türkis	7.5	Inspiration, Intuition	5	Schlafvermögen		
	C 5	türkis	12.5	Heilungsenergie	10	Nervenzentrum		
	C 6	dunkelgrün	17.5	Lebensfreude	15	Solar Plexus		
	C 7	dunkelgrün	22.5	Zellerneuerung (Tumore, Krebs)	20	Halsbereich		
BRUSTWIRBEL	TH 1 THORAKAL	grün	27.5	Selbstsicherheit	25	Verdauung		
	TH 2	lindgrün	32.5	Brechen, sich Übergeben	30	Gleichgewicht		
	TH 3	limone	37.5	Wärme- und Kälteempfinden	35	Empfindung		
	TH 4	limone	42.5	Ernsthaftigkeit	40	Herzbereich		
	TH 5	hellgelb	47.5	Denkprozesse	45	Mobilität	Wurzel	
	TH 6	gelb	52.5	Kunstverständnis	50	Blutversorgung	Milz	
	TH 7	gelb	57.5	Kreativität	55	Sexualität	Sakral	
	TH 8	goldgelb	62.5	Musikbegabung	60	Hörzentrum		
	TH 9	orange	67.5	Sprachbegabung	65	Sympathikus und Vagusnerv		
	TH 10	orange	72.5	Trauer	70	Sehzentrum	Solar Plexus	
	TH 11	orange	77.5	Tapferkeit	75	Atmung		
	TH 12	hellrot	82.5	Nächstenliebe	80	Konzentration		
LENDENWIRBEL	L 1 LUMBAL	hellrot	97.5	Träume	95	Lymphatisches System	Stirn	
	L 2	rot	87.5	Gutmütigkeit	85	Haut und Bindegewebe	Herz	
	L 3	rot	92.5	Lebensmut	90	Erinnerung	Hals	
	L 4	rot	2.5	Wachstumssteuerung	100	Knochen, Muskeln, Sehnen	Scheitel	
	L 5	rot	7.5	Inspiration, Intuition	5	Schlafvermögen		
KREUZBEIN = SACRUM	1	weinrot	12.5	Heilungsenergie	10	Nervenzentrum		
	2	weinrot	17.5	Lebensfreude	15	Solar Plexus		
	3	weinrot	22.5	Zellerneuerung	20	Halsbereich		
	4	weinrot	27.5	Selbstsicherheit	25	Verdauung		
	5	weinrot	32.5	Brechen, Migräne, sich übergeben müssen	30	Gleichgewicht		
STEISSBEIN = COCCYX	1	dunkelrot	37.5	Wärme- und Kälteempfinden	35	Empfindung		
	2	dunkelrot	42.5	Ernsthaftigkeit	40	Herzbereich		
	3	dunkelrot	47.5	Denkprozesse	45	Mobilität	Wurzel	
	4	dunkelrot	52.5	Kunstverständnis	50	Blutversorgung	Milz	
	5	dunkelrot	57.5	Kreativität	55	Sexualität	Sakral	

34 = »Geheimzahl Gottes«

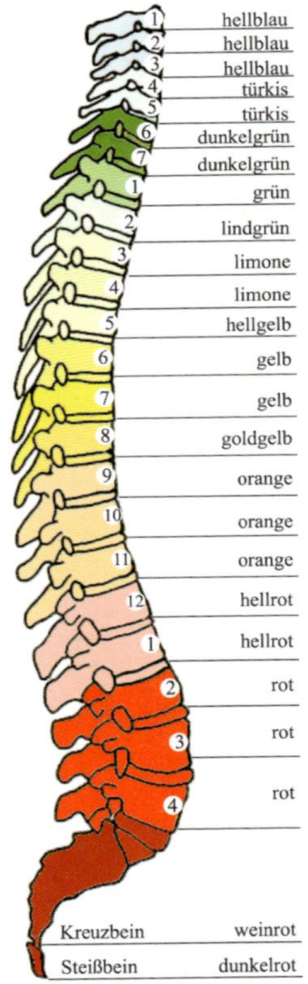

2.4 „Gott in unseren Zellen“

Die beschriebene menschliche Evolution in der Verdichtung der Elemente ergibt aus dem Licht kommend dessen so genannten Abstieg in die Materie. Aus der (notwendigen) Erfahrung der Dunkelheit heraus bewegt er sich als „aufstrebender“ Mensch langsam wieder dem Licht entgegen, um schließlich als „vollkommener Mensch“ seine eigene Identität aufzugeben und wieder mit der Urquelle zu verschmelzen.

In der althebräischen Schriftensammlung der KABBALA wird in ihrem ältesten Teil, dem SEPHER JEZIRA, der Schöpfungsprozess beschrieben. Der amerikanische Forscher *GREGG BRADEN* hat in seinem kürzlich erschienenen Buch, „The God Code“[47] dargelegt, dass es eine direkte Beziehung zwischen den Buchstaben des hebräischen Alphabets und den chemischen Elementen gibt, die in der DNS enthalten sind. Er weist auch darauf hin, dass der so genannte Abstieg in die Materie an bestimmte Elemente gebunden ist.

Feuer

wird in unserem 3. Universum in Verbindung gebracht mit der Sonne und als deren Brennstoff. Dieser besteht zu 71 % aus Wasserstoff (Ordnungszahl 1, Symbol H, Atommasse 1.008) und zu 27,1 % aus Helium (Ordnungszahl 2, Symbol HE, Atommasse 4.003).

Luft

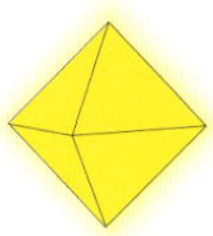

besteht nach neuesten Forschungen[48] zu etwa 75 % aus Stickstoff (Ordnungszahl 7, Symbol N, Atommasse 14.01), zu etwa 21 % aus Sauerstoff (Ordnungszahl 8, Symbol O, Atommasse 16) und als Rest aus Argon, Kohlendioxid und Spurenelementen.

Wasser

enthält zwischen 85 und 89 % Sauerstoff (Ordnungszahl 8, Symbol O, Atommasse 16) und als verbleibenden Rest Wasserstoff und Spurenelemente.

Erde

besteht im grobstofflichen Bereich vor allem aus Silikon, Sauerstoff, Wasserstoff und Aluminium. Wasserstoff und Sauerstoff bilden auch den Hauptanteil des menschlichen Körpers. In diesem wird Silikon durch die Elemente Kohlenstoff (Ordnungszahl 6, Symbol C, Atommasse 12.01) und Stickstoff (Ordnungszahl 7, Symbol N, Atommasse 14.01) ersetzt.

Die Grundbausteine der Alchemie entsprechen überwiegend den nachfolgenden chemischen Elementen, aus denen auch der Mensch erschaffen ist. Dies zeigt sich vor allem im Rahmen der Gematria der Zahlenmystik im so genannten kosmischen Wert einer Ziffer, der „theosophischen Addition“. Der so genannte kosmische Wert einer Ziffer ergibt sich nach der Zahlenmystik durch Addition der Quersummen zu einer einstelligen Zahl, also wird 14 für Stickstoff zu 5,16 für Sauerstoff zu 7.

Element	Chem. Zusammensetzung	Ordnungszahl	entsprechender hebräischer Buchstabe
FEUER	Wasserstoff	1	J
LUFT	Stickstoff	5	H
WASSER	Sauerstoff	6	W
ERDE	Kohlenstoff	6	W (G)

Dem hebräischen Alphabet, welches seit über 3000 Jahren in einer heute noch lebenden Sprache und deren Schrift verwendet wird, können den nachfolgenden 22 Buchstaben nach der altjüdischen Tradition die angegebenen Zahlenwerte zugeordnet werden:

Symbol	Name	Klang	Wert	Symbol	Name	Klang	Wert
א	Alef	Still	1	ל	Lamed	L	30
ב	Beth	B/W	2	מ	Mem	M	40
ג	Gimel	G	3	נ	Nun	N	50
ד	Daleth	D	4	ס	Samech	S	60
ה	He	H	5	ע	Ajin	(kehlig)	70
ו	Waw	W	6	פ	Peh	P/F	80
ז	Zajin	Z	7	צ	Sade	Z	90
ח	Chet	Ch	8	ק	Quof	Q	100
ט	Tet	T	9	ר	Resch	R	200
י	Jod	J	10	ש	Schin	S	300
כ	Kaph	K	20	ת	Taw	T	400

In der SEPHER JEZIRA ist geschrieben, dass Gott aus den drei Buchstaben seines Namens die wichtigsten Bausteine allen Lebens erschuf:

***„Und Er wählte drei Buchstaben…
und stellte sie in Seinen großen Namen…
ein großes, verborgenes, mystisch erhabenes
Geheimnis, aus dem Feuer, Atem und Wasser
hervorgehen, alles, was erschaffen wurde.“***

Sephir Jezira

47 BRADEN, Gregg: The God Code. Koha-Verlag, Burggrain 2004

48 Vgl. u. a. die IGY – Studie von Juli 1997 bis Dezember 1998.

Von vielen Wissenschaftlern werden heute Genom und DNS als genetische Blaupause des Lebens mit einer „Sprache verglichen, in der Gott das Leben erschuf“.[49] Wie bereits erwähnt, sind die Grundbausteine des Lebens einfach aufgebaut, da sie nur aus vier chemischen Bestandteilen bestehen. Diese sind Adenin (A), Thymin (T), Guanin (G), und Cytosin (C), wobei Guanin mit Cytosin und Adenin mit Thymin verbunden sind. Als leiterähnliche Form bilden sie quasi die querliegenden Sprossen der DNS-Doppelhelixspiralen.

Der persönliche Name Gottes wird in der altjüdischen Thora mit den Buchstaben JHWH angegeben. Setzt man diese über den Zahlencode mit den entsprechenden chemischen Elementen in Verbindung, so ergeben sich für den Namen Gottes und des Menschen als dessen Ebenbild folgende Gemeinsamkeiten:

Y	JOD	Wasserstoff	10	Y	JOD	Wasserstoff	10
H	HE	Stickstoff	5	H	HE	Stickstoff	5
W	(V) WAW	Sauerstoff	6	W	(V) WAW	Sauerstoff	6
H	HE	Stickstoff	5	G	GIMEL	Kohlenstoff	3
	Gottesname 26 → 8				Menschenname 24 → 6		

H, der letzte vierte Buchstabe des Gottesnamens ist als einziger im Menschennamen durch G ersetzt. Also hat der Mensch auch über seine chemischen Bestandteile und seinen Namen eine starke Beziehung zu Gott. Die Quersummen ergeben dabei für den Gottesnamen als kosmischen Wert die Zahl Acht, welche für die Unendlichkeit, die Auferstehung und die mentale Überwindung der Grobstofflichkeit und des physischen Todes steht, sowie für den Menschennamen die Zahl Sechs, welche die dichteste Materie in der Dunkelheit und die grobstoffliche Masse charakterisiert. Demzufolge entwickelt sich der „aufstrebende Mensch“ von der Sechs über die Sieben zur Acht, indem er die eigene Göttlichkeit in sich annimmt, bewusst lebt und im Innen und Außen ausdrückt.

Die Botschaft des Lebenscodes in den DNS unserer Zellen gibt also in etwa zu Zweidritteln den alten Gottesnamen JHWH = „Gott, das Ewige“ wieder. Das verbleibende etwa eine Drittel ist mit „das Innere im Körper“ zu übersetzen, was den einzelnen Menschen wiederum als Spiegelung der Urquelle beschreibt.

Die Vercodung des alten jüdischen und christlichen Gottesnamens in den DNS unserer Zellen zeigt unsere Einbindung in Kosmos und Universum, unabhängig von Hautfarbe, Religion, Stand und ethnischer Zugehörigkeit. Vor Gott sind alle Menschen gleich, im Außen und im Innen. Darüber hinaus ist Er nicht nur geistig – spirituell ein Teil von uns, sondern auch grobstofflich – physisch. Wir selbst sind die Einheit allen Seins.

49 Clinton, Bill: „Announcing the Completion of the First Survey of the Entire Human Genome., Pressekonferenz des Weißen Hauses vom 26. Juli 2000.

Der Name Gottes als JHWH*. In den DNS jeder Körperzelle des Menschen als JHWG**

(nach dem hebräischen Alphabet)

DNS-BASE	CHEM. ELEMENT	HEBRÄISCHER BUCHSTABE	ANZAHL DER ATOME	POLUNG	ELEMENT	EBENE
1. ADENIN (A) → JOD (J)	WASSERSTOFF (H) Stickstoff (N) Sauerstoff (O) Kohlenstoff (C)	JOD (J) HE (H) WAU (W)	5 JJJJJ 5 HHHHH 0 - 5 GGGGG	+ + POSITIV MÄNNLICH	FEUER ∆ rot	SPIRITUAL ÜBER- BEWUSSTSEIN
			Summe A= 15			
2. CYTOSIN (C) → HE (H)	Wasserstoff (H) STICKSTOFF (N) Sauerstoff (O) Kohlenstoff (C)	JOD (J) HE (H) WAU (W) GIMEL (G)	6 JJJJJJ 3 HHH 1 W 4 GGGG	+ - NEGATIV MÄNNLICH	LUFT □ gelb	MENTAL WACH- BEWUSSTSEIN
			Summe C = 14			
3. THYMIN (T) → WAU (W)	Wasserstoff (H) Stickstoff (N) SAUERSTOFF (O) Kohlenstoff (C)	JOD (J) HE (H) WAU (W) GIMEL (G)	6 JJJJJJ 2 HH 2 WW 5 GGGGG	- + POSITIV WEIBLICH	WASSER □ grün	EMOTIONAL- ASTRAL UNTER- BEWUSSTSEIN
			Summe T = 15			
4. GUANIN → GIMEL (G)	Wasserstoff (H) Stickstoff (N) Sauerstoff (O) KOHLENSTOFF (C)	JOD (J) HE (H) WAU (W) GIMEL (G)	5 JJJJJ 5 HHHHH 1 W 5 GGGGG	- - NEGATIV WEIBLICH	ERDE □ blau	PHYSISCH MATERIELLER KÖRPER
			Summe G = 16			

*JH = 10 + 5 = 15 Summe A + T = 15 + 15 = 30 bzw. Summe C + G = 14 + 16 = 30 → zeigt den ewigen Aspekt des Gottesnamen
JHWH = 10 + 5 + 6 = 21 → 3
JHWH = 10 + 5 + 6 + 5 = 26 → 8 steht für „den Unaussprechlichen“
**JHWG = 10 + 5 + 6 + 3 =24 → 6 steht für „Gott im Menschen“
WG = 6 + 3 = 9 steht für den „vollkommenen Menschen“

II.
Licht und Farben im Tierkreis

1. Die Elementen-Dreiecke im Zodiak

Im Tierkreis des Zodiak verbinden sich seit Tausenden von Jahren das Wissen der Drei und der Vier aus der Zahlenmystik sowie die Weisheit der entsprechenden Geistigen Gesetze zur vollkommenen Zahl der Zwölf (12 = 3 x 4). Im 3. Geistigen Gesetz der Trinität bzw. der permanenten Dreiheit ist festgehalten, dass im Kosmos jeglicher Seinszustand aufgebaut ist, und zwar aus drei Komponenten, die gleichzeitig auch unterschiedliche Dimensionen darstellen, nämlich

- Bewusstsein, Weisheit, Kosmischer Plan, Information und Ordnungsstruktur
- Energie, Kraft, Bewegung, Leben, Wachstum, Wille, Sinnesempfindungen (Ton, Farbe, Duft, Geschmack usw.), Dynamik, Macht im Ausdruck, Weisheit in Bewegung
- Stoff, Materie, Physischer Körper, organische Form, Realisation und Ausdruck in Liebe (Buchstabe, Schrift, Wort etc.)

Von allem Anfang an war in der Grenzenlosigkeit des Seins ohne Beschränkung durch Raum und Zeit nur das eine Bewusstsein, der eine göttliche Geist, vorhanden, welcher das gesamte Universum in einem „kristallinen Gitternetz" durchflutete: mehrdimensional, subatomar, allumfassend, selbstlos, wertungsfrei als Struktur und als Essenz, in Licht und Liebe. Sein Geist wurde zum Geiste allen Seins im Kosmos. Sein Bewusstsein zeigte sich im objektiven Nullpotential des kleinsten Sonnensystems als Neutron, Neutrinos oder Quarks im zentralen Kern jedes Atoms. Deshalb hat jedes Atom Bewusstsein, jede Zelle und jedes Organ, alles ist mit allem vernetzt und wechselseitig verbunden.

Gemäß der „Weltformel der Unsterblichkeit" spiegelt sich die Urquelle im Menschen in den „Zehn Aspekten Gottes". Die erwähnten drei Grundsäulen: Licht – Leben – Liebe bzw. Bewusstsein – Energie – Stoff werden im rechten Winkel der Dimensionswechsel noch einmal unterteilt, wobei der physische Körper als zeitlich-begrenzte Rahmenbedingung eng verbunden mit dem Bereich der Vitalenergie (KI oder CHI) die 1. Dimension darstellt. Diese geht mit dem physischen Tod verloren, die nachfolgenden Dimensionen bleiben jedoch in der Essenz erhalten und werden im Falle von Wiedergeburt und Reinkarnation reaktiviert.

Die Dimensionen des Menschen[50]

1. DIMENSION	2. DIMENSION	3. DIMENSION	4. DIMENSION
– grobstofflich –	– feinstofflich –		
BEWUSSTSEIN PHYSISCHER KÖRPER VITALENERGIE	Unterbewusstsein Lebensenergie Astralebene – Gefühle	Wachbewusstsein Willensenergie Mentalebene – Gedanken	Überbewusstsein Lichtenergie Spiritualebene

Das 4. Geistige Gesetz der Vier Gesichter Gottes in der Spiegelung von Elementen und Quintessenz nimmt insbesondere auf die grobstoffliche Verdichtung von Energie in Materie auf der Erde Bezug; wie bereits ausführlich auf den Seiten 179 beschrieben.

In der Kombination beider Sachverhalte ergibt als 3 x 4 = 12 die „vollkommene Zahl des Universums" das Ende unseres Schöpfungszyklus. Ausgehend vom Element Feuer ergibt sich in Mitteleuropa mit der dortigen keltischen Tradition am Frühlingsbeginn im Sternzeichen Widder die Spitze des nach oben (Norden) gerichteten gleichseitigen Roten Dreiecks mit den Sternzeichen Löwe und Schütze als Grundlinie. Genau entgegengesetzt davon befand sich als nächste Verdichtung und entsprechende ausgleichende Polarität das Gelbe gleichseitige Dreieck des Elementes Luft mit dem Sternzeichen Waage unten (Süden) und den Tierkreiszeichen Wassermann und Zwilling als obere Ecken der Grundlinie. Beide Dreiecke bildeten einen so genannten Davidsstern als harmonisch-ausgeglichenes Nullpotential. Als nächste Verdichtung auf dem evolutionären „Abstieg in die Materie" folgte das Element Wasser mit dem Sternzeichen Krebs als Spitze eines querliegenden Grünen gleichseitigen Dreiecks im Osten und den Zeichen Fische und Skorpion an den linken Grundlinien. Die letzte grobstofflich – materielle Kondensation war mit dem Element Erde gegeben und dem Tierkreiszeichen Steinbock als Spitze eines Blauen gleichseitigen Dreiecks im Westen und den Zeichen Stier

50 Hierzu ausführlich: Stelzl, Diethard: Im Einklang mit der universalen Ordnung. Verlag Via Nova, Petersburg 2005, Seite 45 ff.

und Jungfrau als Grundlinie an der rechten Seite. Auch die letztgenannten beiden Dreiecke bildeten ein sich ergänzendes, harmonisches, zweites Nullpotential als querliegender Davidsstern. Alle vier gleichseitigen Dreiecke gestalteten nunmehr das „Rad des Zodiak“ mit der Ausrichtung auf das Nullpotential Gottes im Zentrum.

Die Elementendreiecke im alten Ägypten der Pharaonen waren auf das Sternbild Löwe als Feuerdreieck ausgerichtet, in welchem während der so genannten Hundstage die lebensnotwendigen Nilüberschwemmungen einsetzten. Bei ihnen ergab sich darauf aufbauend dann die folgende Aufteilung:

Sternzeichen, Farben und die vier Elemente

Die vier Elemente

Feuer	(rot)
Luft	(gelb)
Wasser	(grün)
Erde	(blau)

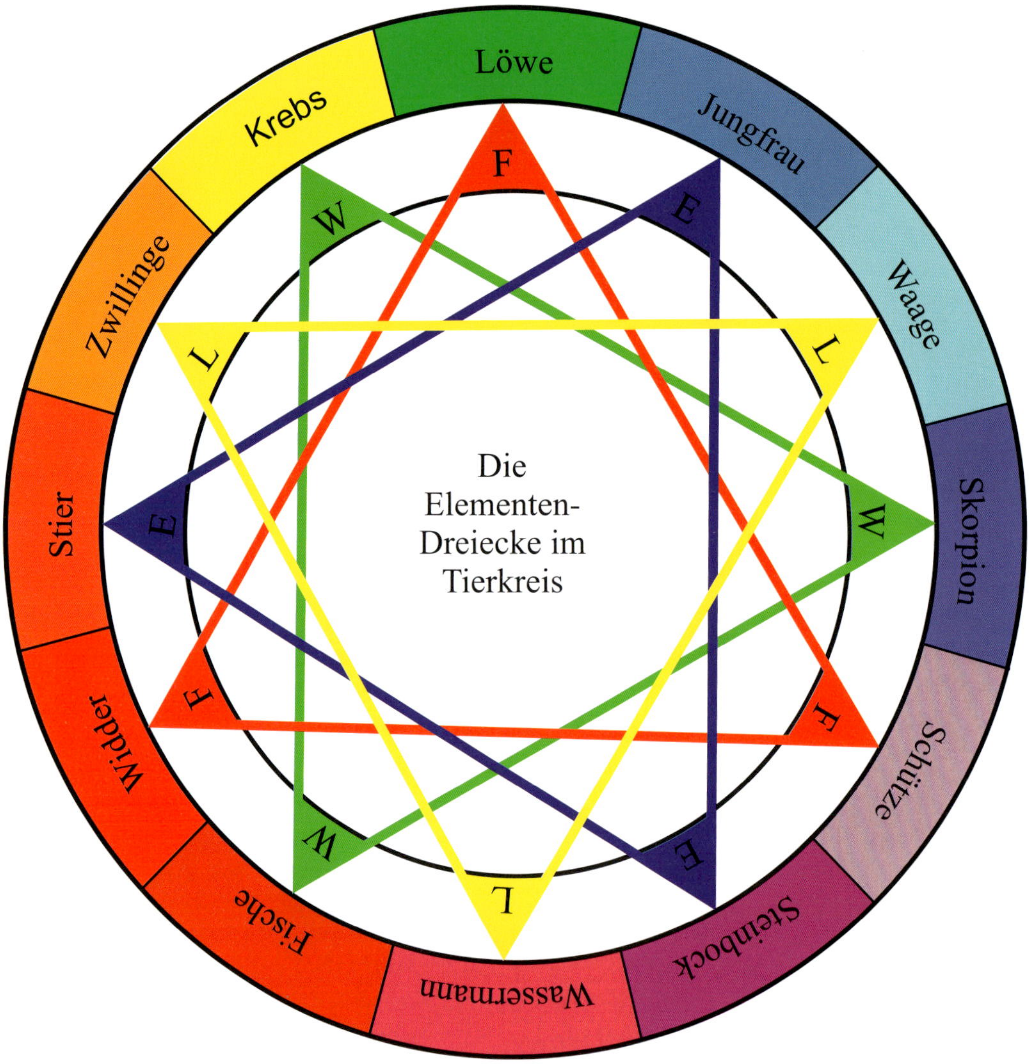

2. Sternzeichen und Farben

STERNZEICHEN und FARBEN

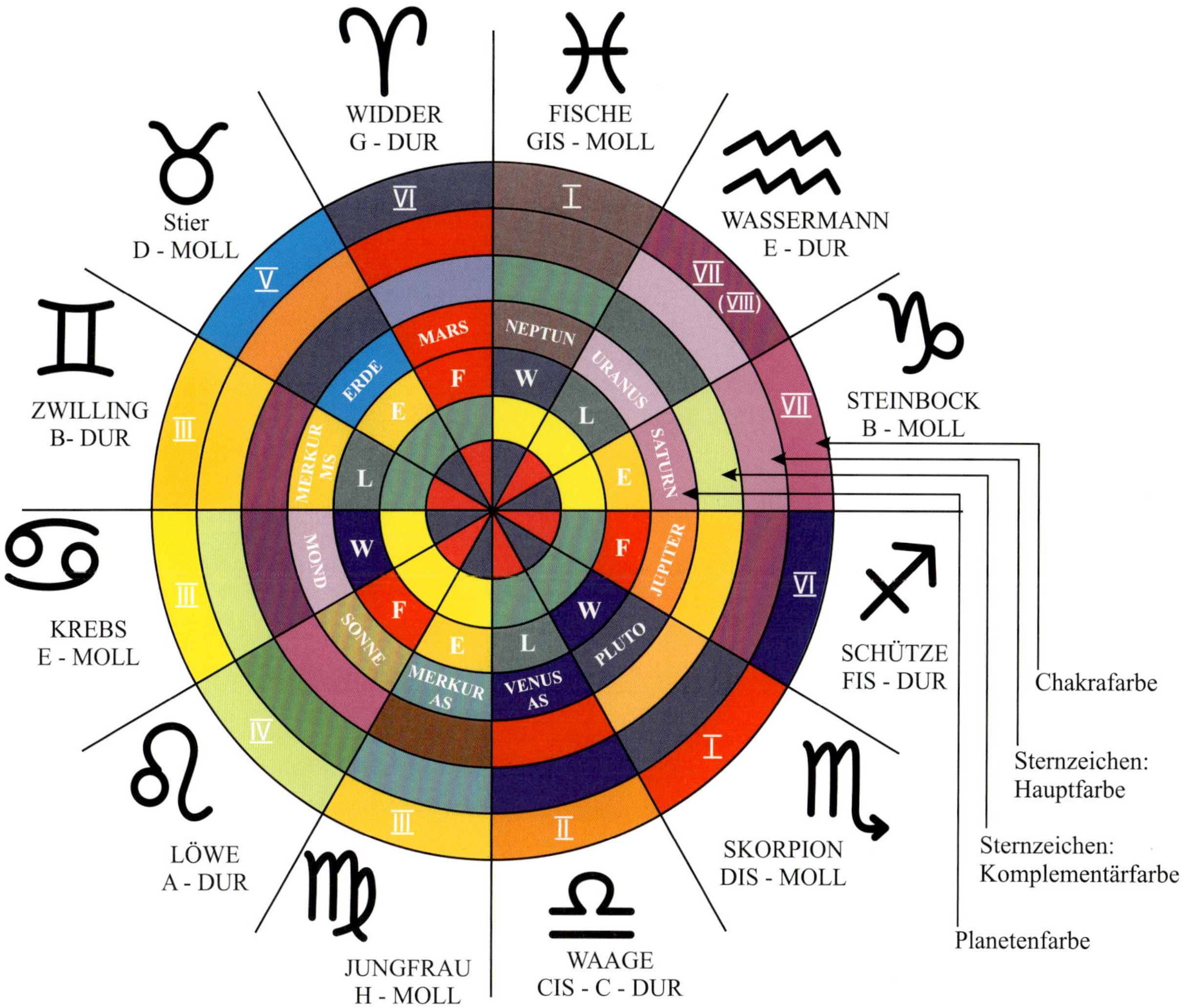

	Aktivfarbe – DUR	Element Feuer	
	Passivfarbe – MOLL	Element Luft	
	Beruhigungsfarbe	Element Wasser	
	Anregungsfarbe	Element Erde	

2.1 Widder: 21.03. bis 20.04.

Widder

Mars

21.03. – 20.04. ± 110 khz

♂

± 60 khz

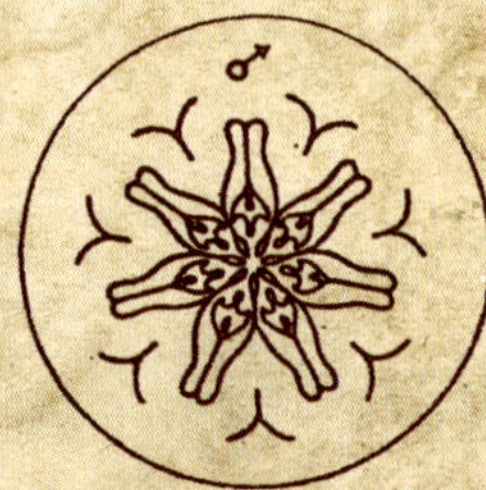

Planet: Mars	**Wochentag:** Dienstag
Planetenfarbe: Rot	**Chakra:** V–VI = blau-indigo
Organ: Pankreas 9–11 h, Magen 7–9 h	**Zahl:** 3
Therapiefarbe: Blaugrün	**Element:** Äther-Radium-Feuer
Metall: Eisen (Fe)	**Tier:** Mensch
Baum: Eiche	**Edelsteine:** Feueropal, Blutjaspis, Granat, Karneol, Rubin, Koralle, Rose, Jasmin, Hämatit, Karfunkel, Turmalin
Getreide: Gerste	**Düfte:** Pfefferminz, Rosmarin, Nelken, Thymian
Pflanzenteil: Frucht	**Nahrungstyp:** Eiweiss
Vokal: E	**Tagtyp:** Wärme
Ton: Es, Eis/His, Ascendent C	**Bachblüten:** Clematis, Vervain, Hornbeam, Holly, Red Chestbut
Organsystem: Sinnesorgane	
Phys. Schwachpunkte: Kopf, Gehirn, Migräne, Augen, Ohren, Nase, Schwindel, Sinnesorgane	

Typische Farben

Yang Magen-Meridian

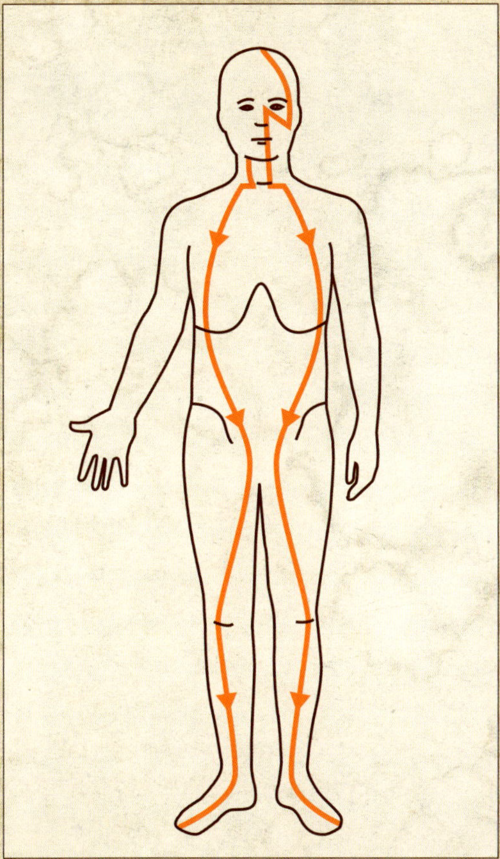

Yin Pankreas-Meridian

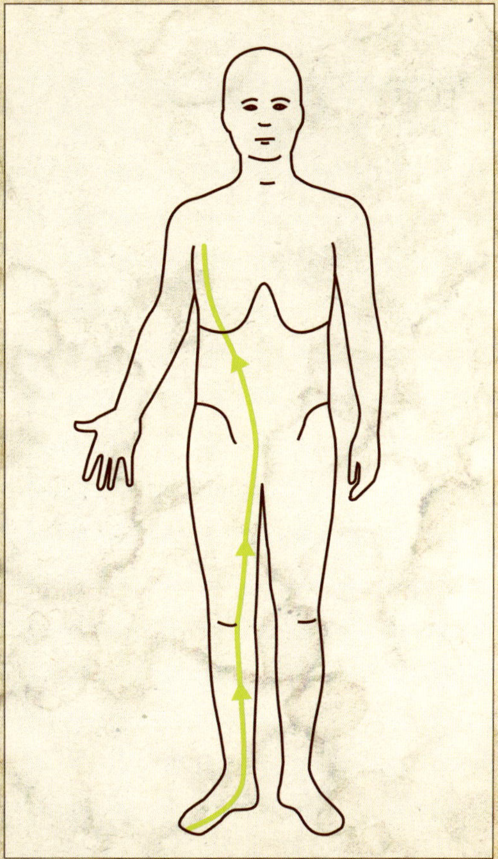

Beruhigungsfarbe:
M36, M41, B21, Pulsatilla, Argentum, Nitricum

Anregungsfarbe:
M42, KG12, M45, B21, Nux Vomica

Beruhigungsfarbe:
MP6, MP3, B20, Chinawurz

Anregungsfarbe:
MP4, KG6, MP5, B20, MP15, Plumbum, Merc. Solub.

Widder Mars

21.03. – 20.04. ±110 khz

2.2 Stier: 21.04. bis 20.05.

Stier

Venus

Morgenstern

21.04. - 20.05. ±40 khz

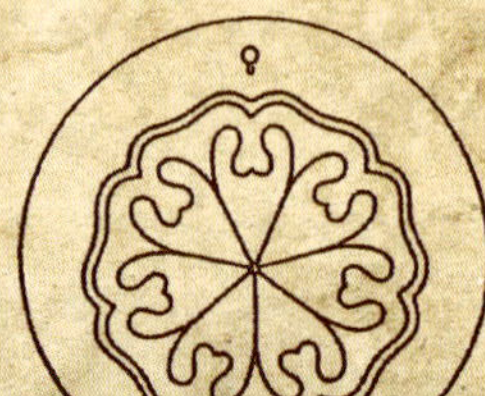

±100 khz

Planet: Venus
Planetenfarbe: Grün
Organ: Niere 17–19 h, Blase 15–17 h
Therapiefarbe: Orange, Terrakotta
Metall: Kupfer (Cu)
Baum: Birke
Getreide: Hafer
Pflanzenteil: Wurzel
Vokal: A
Ton: F, Ais, Ascendent Cis
Organsystem: Blutkreislauf
Phys. Schwachpunkte: Schultern, Nacken, Hals, Kehlkopf, Ohren, Kiefer, Zähne, Mandeln

Wochentag: Freitag
Chakra: V türkis
Zahl: 20
Element: Erde-Äther
Tier: Mensch
Edelsteine: Aventurin, Achat, Goldtopas, Gelber Saphir, Karneol, Rosenquarz, Chrysokoll
Düfte: Geranium, Rose, Jasmin
Nahrungstyp: Salz
Tagtyp: Kälte
Bachblüten: Larch, Crab Apple, Cherry Plum

Typische Farben

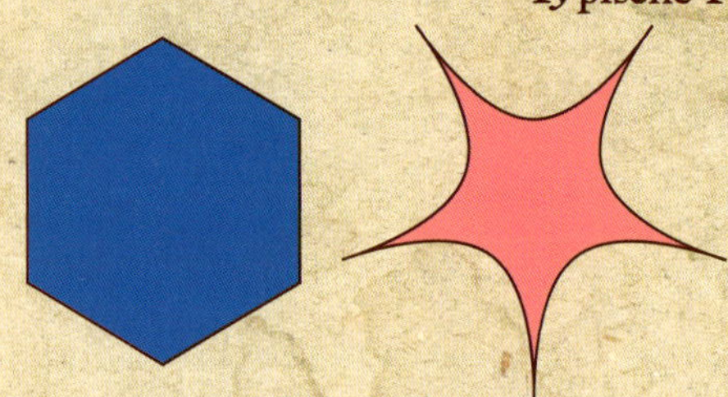

Mandala

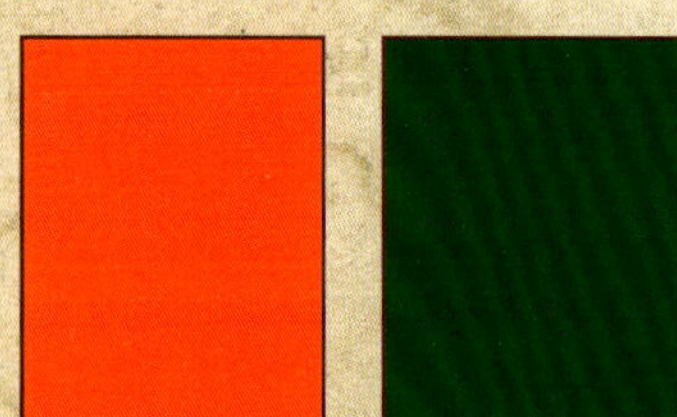

Yang Blasen-Meridian

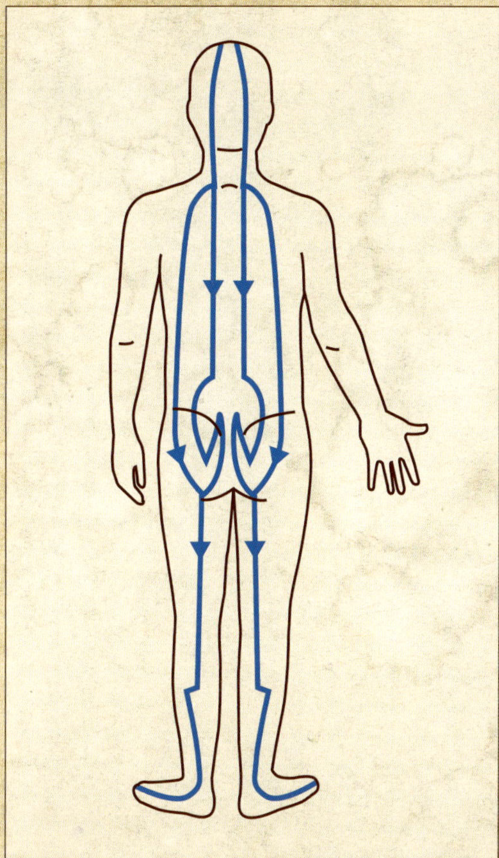

Yin Nieren-Meridian

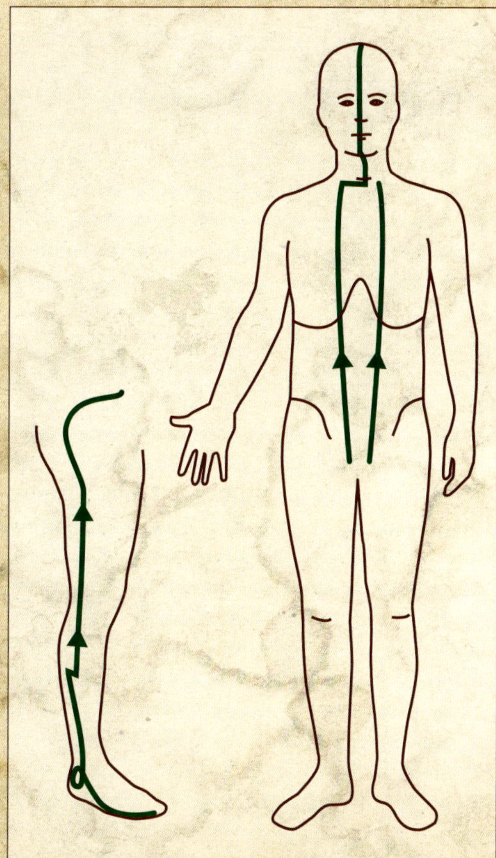

Beruhigungsfarbe:
B65, B28, KG3, Cantharis

Anregungsfarbe:
B67, B28, KG3, KG6, Plantago, Major

Beruhigungsfarbe:
G25, B23, N2, Berberis

Anregungsfarbe:
N7, B23, N4, KG12, Equisetum

Stier · Venus Morgenstern
21.04. – 20.05. ±40 khz

2.3 Zwillinge: 21.05. bis 21.06.

Merkur

Zwillinge

21.05. – 21.06. ±120 khz

+ 30 khz

Planet: Merkur

Planetenfarbe: Gelb

Organ: Lunge 3–5 h, Dünndarm 5–7 h

Therapiefarbe: Blau, Grünblau

Metall: Quecksilber (Hg)

Baum: Ulme, Rüster

Getreide: Hirse

Pflanzenteil: Blüte

Vokal: I

Ton: D, Fis, Ascendent D

Organsystem: Drüsen

Phys. Schwachpunkte: Atmung, Lungen, Drüsen, Bronchien, Schultern, Oberarme, Glieder, Nerven, Hände

Wochentag: Mittwoch

Chakra: IV = grün

Zahl: 4

Element: Luft

Tier: Vogel

Edelsteine: Goldtopas, Karneol, Zitrin, Bernstein, Bergkristall, Aquamarin, Chalzedon

Düfte: Lavendel, Melisse, Iris, Magnolie, Myrrhe

Nahrungstyp: Fett

Tagtyp: Luft-Licht

Bachblüten: Aspen, Elm, Impatiens, Honeysuckle, Mimulus, Water Violet

Typische Farben

Mandala

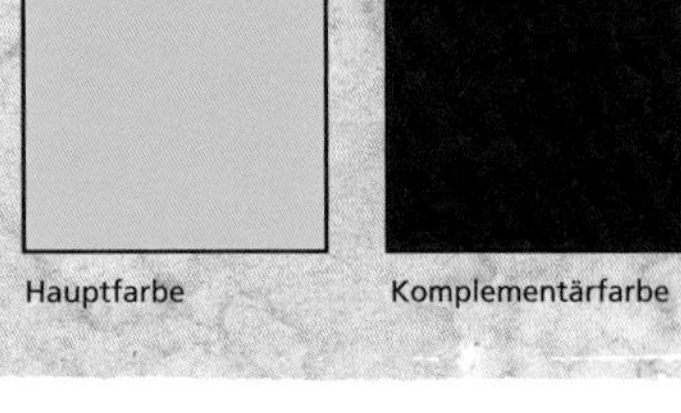

Hauptfarbe Komplementärfarbe

Yang Dickdarm – Meridian

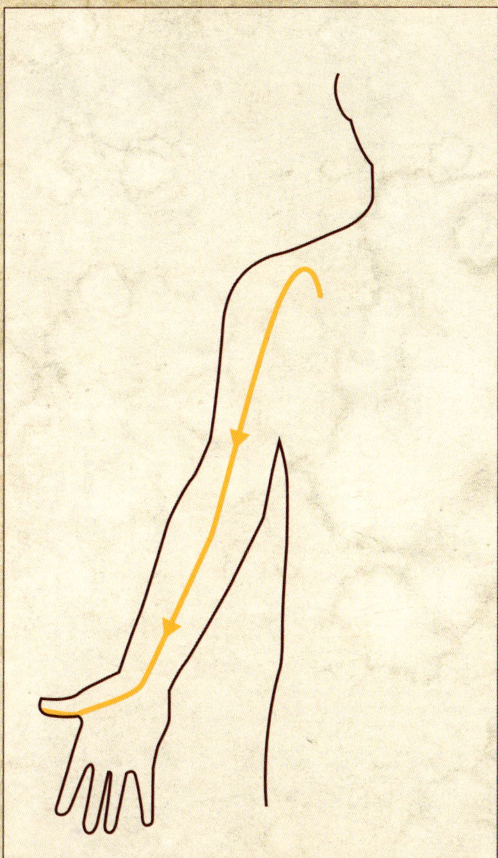

Beruhigungsfarbe:
DI11, B25, Graphites

Anregungsfarbe:
DI4, KG12, DI2, DI3, B25, M25, Carbo Vegetabilis, Pyrogenium

Yin Lungen – Meridian

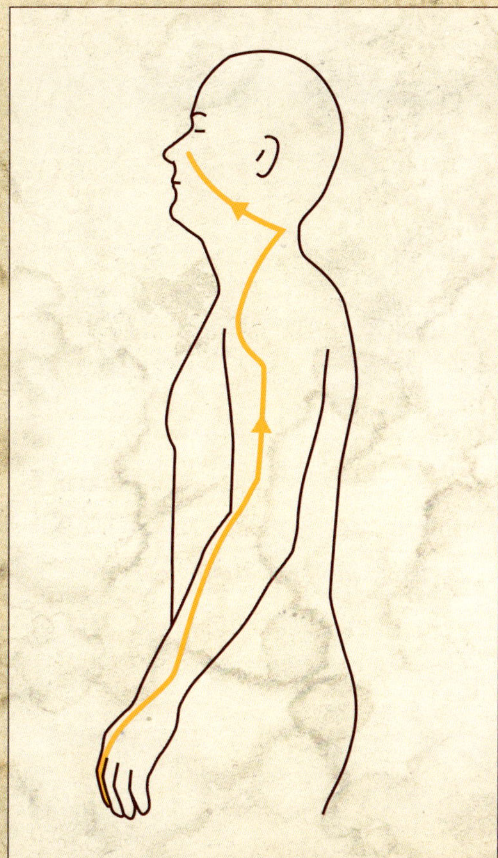

Beruhigungsfarbe:
LU9, B13, B39, Acid Phos., Ferrum Metallicum

Anregungsfarbe:
LU5, B13, LU1, LU7, KG17, Ferrum Phosphoricum, Magnesium Phosphoricum

Merkur

Zwillinge

21.05. – 21.06. ±120 khz

2.4 Krebs: 22.06. bis 22.07.

Krebs

Mond

22.06. – 22.07. ±160 khz

– 20 khz

Planet: Mond

Planetenfarbe: Violett

Organ: Kreislauf 19–21 h, (Blut), Dreifacher Erwärmer 21–23 h

Therapiefarbe: Gelbrot, Blaurot

Metall: Silber (Ag)

Baum: Rosengewächse, Kirschbaum

Getreide: Reis

Pflanzenteil: Blatt

Vokal: Ei

Ton: E-Moll

Organsystem: Bronchien, Atemwege

Phys. Schwachpunkte: Brust, Bronchien, Atemwege, Verschleimungen, Nerven, Leber, Magen, Lunge, Galle

Wochentag: Montag

Chakra: IV = grün, V = hellblau

Zahl: 8

Element: Wasser

Tier: Vogel

Edelsteine: Smaragd, Perle, Karneol, Opal, Mondstein, Jade, Jaspis, Aventurin, grüner Turmalin (Verdellit)

Düfte: Maiglöckchen, Flieder, Veilchen, Lilie, Jasmin, Fichtennadeln

Nahrungstyp: Kohlenhydrate

Tagtyp: Wasser

Bachblüten: Rockwater, Willow, Star of Bethlehem

Typische Farben

Mandala

Yang Kreislauf-Meridian

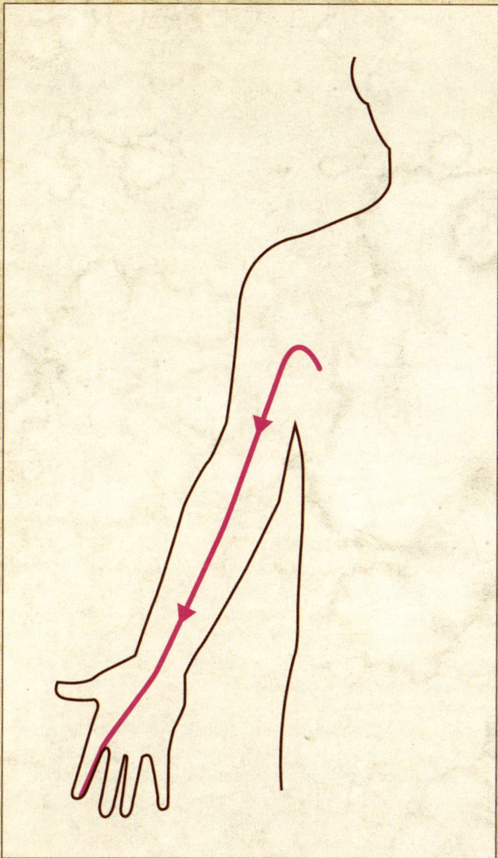

Yin Dreifacher Erwärmer-Meridian

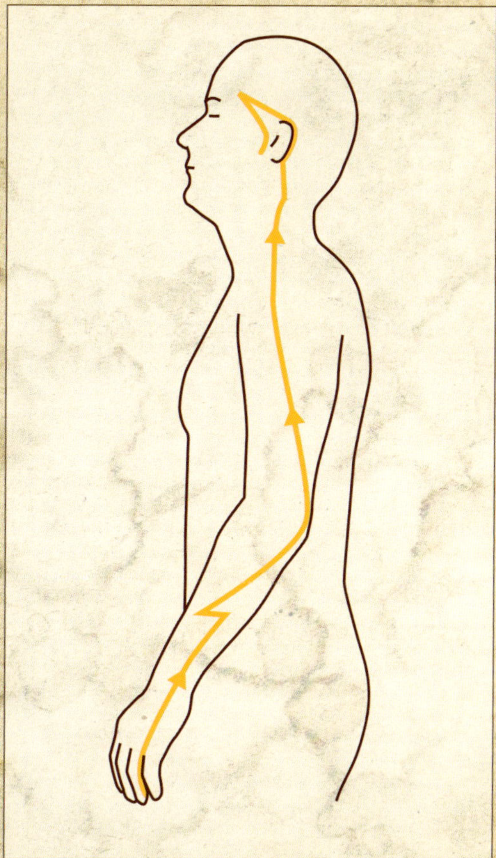

Beruhigungsfarbe:
KG17, B14, KS6, Convallaria, Kalium Carbonicum

Anregungsfarbe:
KS7, B14, KS6, Viscum Album, Cactus

Beruhigungsfarbe:
3E3, B22, Chinin, Arsenicum

Anregungsfarbe:
3E3, B22, LG16, KG17, 3E10, 3E5, B22, Chinin, Jodium, Lycopus, Arsen Jod, Sanguinaria

Krebs
Mond

22.06. – 22.07. ±160 khz

2.5 *Löwe: 23.07. bis 23.08.*

Löwe

Sonne

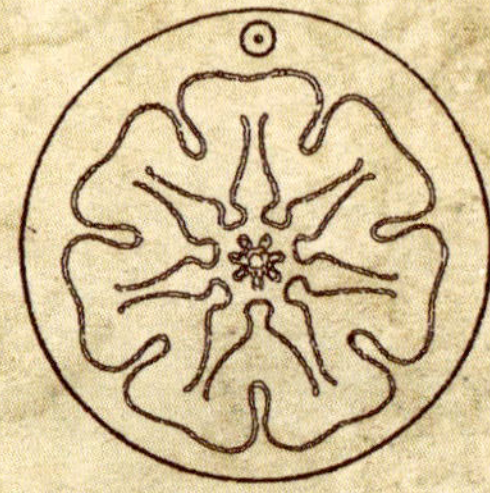

23.07. – 23.08. ± 225 khz

♌

☉

+ 200 khz

Planet: Sonne	**Wochentag:** Sonntag
Planetenfarbe: Weiß	**Chakra:** IV = grün
Organ: Herz 11–13 h, Dünndarm 13–15 h	**Zahl:** 7
Therapiefarbe: Hellgelb, Zitronengelb, Lin n	**Element:** Feuer
Metall: Gold (Au)	**Tier:** Vierbeiniges Säugetier
Baum: Esche	**Edelsteine:** Bernstein, Tigerauge, Zitrin, Goldtopas, Bergkristall, Rhodochrosit, Aventurin, Heliodor
Getreide: Weizen	**Düfte:** Oleander, Rose, Safran, Hibiscus, Weihrauch
Pflanzenteil: Frucht	**Nahrungstyp:** Eiweiss
Vokal: Au	**Tagtyp:** Wärme
Ton: C, Ascendent E	**Bachblüten:** Centaury, Mustard, Rock Rose, Wild Rose, Wild Oak
Organsystem: Sinnesorgane	
Phys. Schwachpunkte: Herz, oberer Rücken, Kreislauf, Zwerchfell, Schlagader	

Typische Farben

Mandala

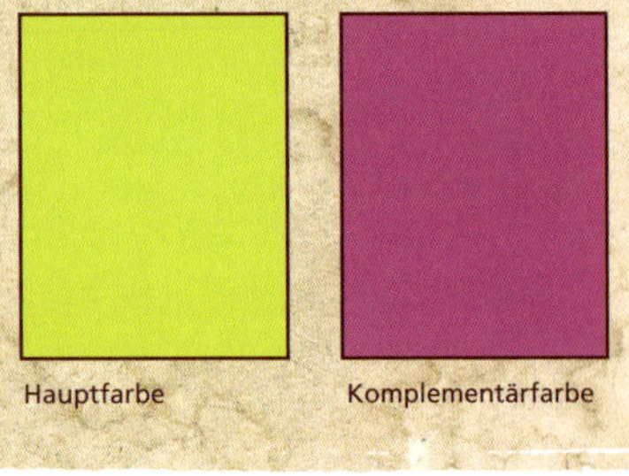

Yang Dünndarm-Meridian

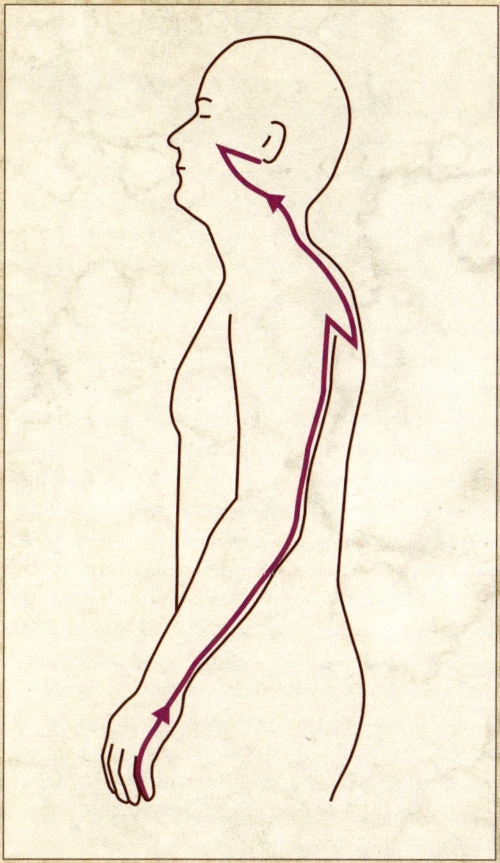

Beruhigungsfarbe:
DÜ3, B27, KH12,
Lycopodium

Anregungsfarbe:
DÜ7, B27, KG4, DÜ8,
Staphisagria, Colocynthis

Yin Herz-Meridian

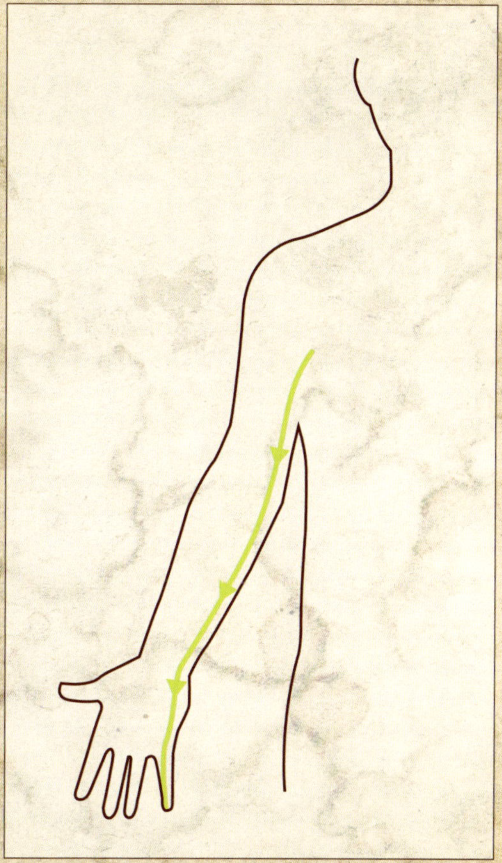

Beruhigungsfarbe:
H3, Convallaria

Anregungsfarbe:
H9, H5, H1, B15, KG14, H7,
KG17, Aurum, Aconti,
Crataegus

Sonne

Löwe

23.07. – 23.08. ± 225 khz

2.6 *Jungfrau: 24.08. bis 23.09.*

Merkur

Abendstern

Jungfrau

24.08. – 23.09. ± 210 khz

♍

♀

+ 20 khz

Planet: Merkur als Abendstern	**Wochentag:** Mittwoch
Planetenfarbe: Türkis	**Chakra:** III = gelb
Organ: Lunge 3–5 h, Dickdarm 5–7 h	**Zahl:** 5
Therapiefarbe: Blau, Grünblau	**Element:** Erde
Metall: Bronze, Quecksilber (Hg)	**Tier:** Vogel
Baum: Ulme, Rüster	**Edelsteine:** Topas, blauer Saphir, Jaspis, Karneol, Sodalith, Zirkon,
Getreide: Hirse	**Düfte:** Salbei, Lavendel, Fichtennadeln
Pflanzenteil: Wurzel	**Nahrungstyp:** Salz
Vokal: I	**Tagtyp:** Kälte
Ton: F, Fis, Ascendent F	**Bachblüten:** Aspen, Elm, Mimulus, Honeysuckle, Impatiens, Water Violet
Organsystem: Blutkreislauf	
Phys. Schwachpunkte: Nervensystem, Milz, obere Verdauungsorgane, Bauchspeicheldrüse	

Typische Farben

Mandala

Hauptfarbe

Komplementärfarbe

Yang Lungen – Meridian

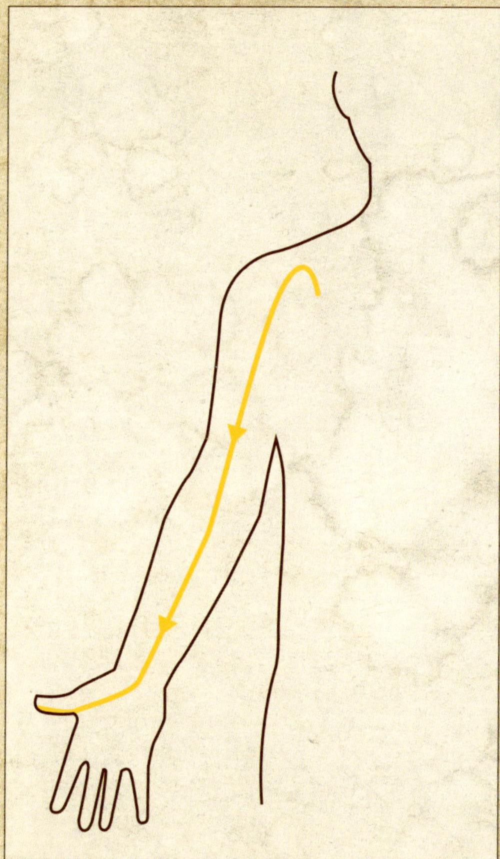

Yin Dickdarm – Meridian

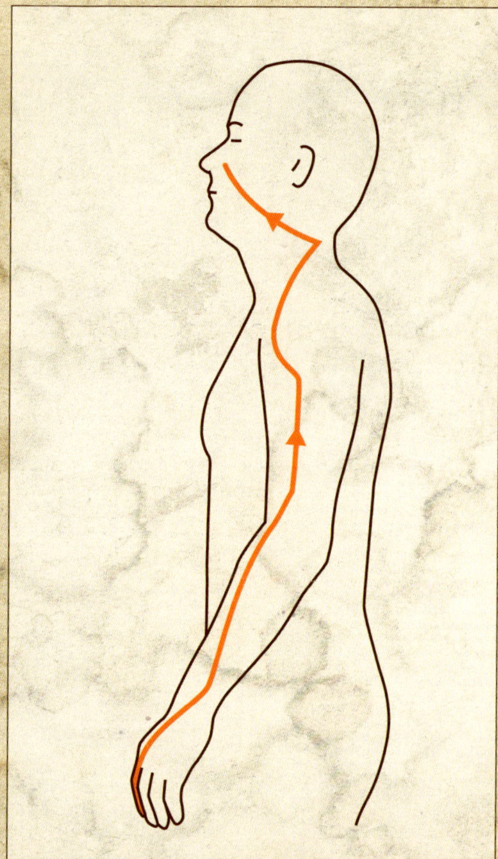

Beruhigungsfarbe:
LU5, B13, B39, Acidum Phosphoricum, Ferrum Metallicum

Anregungsfarbe:
LU5, B13, B39, Ferrum Metallicum, Magnesium Phosphoricum

Beruhigungsfarbe:
DI11, B25, Graphites

Anregungsfarbe:
D14, KG12, D12, D13, B25, M25, Carbo Vegetabilis, Pyrogenium

Merkur
Abendstern
Jungfrau
24.08. – 23.09. ± 210 khz

2.7 Waage: 24.09. bis 23.10.

Venus

Waage

24.09. – 23.10. ±130 khz

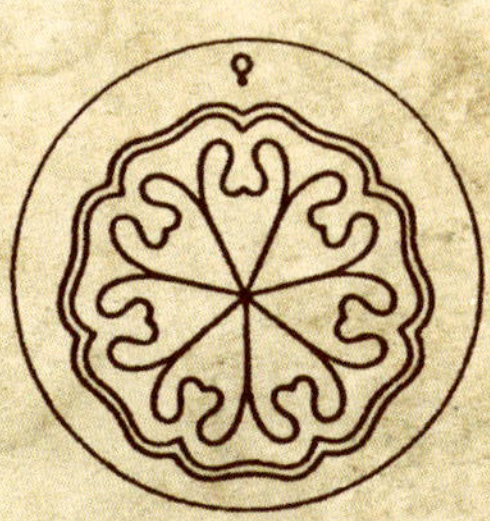

♎

♀

- 40 khz

Planet: Venus

Planetenfarbe: Grün

Organ: Niere 17–19 h, Blase 15–17 h

Therapiefarbe: Orange, Goldgelb

Metall: Kupfer (Cu)

Baum: Birke

Getreide: Dinkel

Pflanzenteil: Blüte

Vokal: A

Ton: F, Ais, Ascendent Fis

Organsystem: Drüsen, Flüssigkeitssysteme

Phys. Schwachpunkte: Nieren, Blase, Harnwege, Gallenblase, Rücken, Hüfte, Kreislauf, Blutdruck

Wochentag: Freitag

Chakra: II = orange

Zahl: 6

Element: Wasser

Tier: Fische

Edelsteine: Aquamarin, Rosenquarz, Koralle, rosa Turmalin, Diamant

Düfte: Rose, Veilchen, Narzissen, Jasmin, Sandelholz

Nahrungstyp: Fett

Tagtyp: Luft-Licht

Bachblüten: Crab Apple, Larch, Cherry Plum

Mandala

Typische Farben

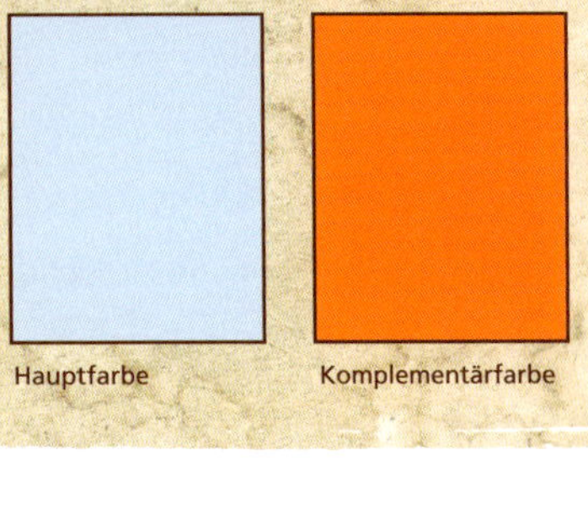

Hauptfarbe Komplementärfarbe

Yang Blasen-Meridian

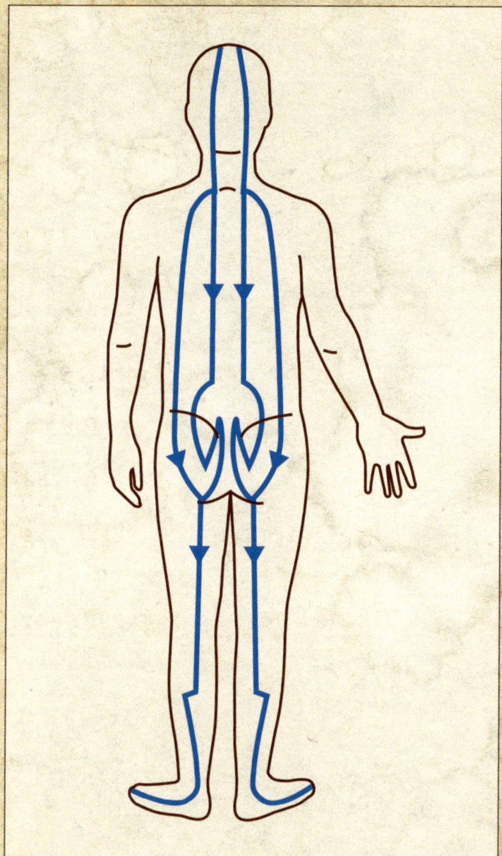

Yin Nieren-Meridian

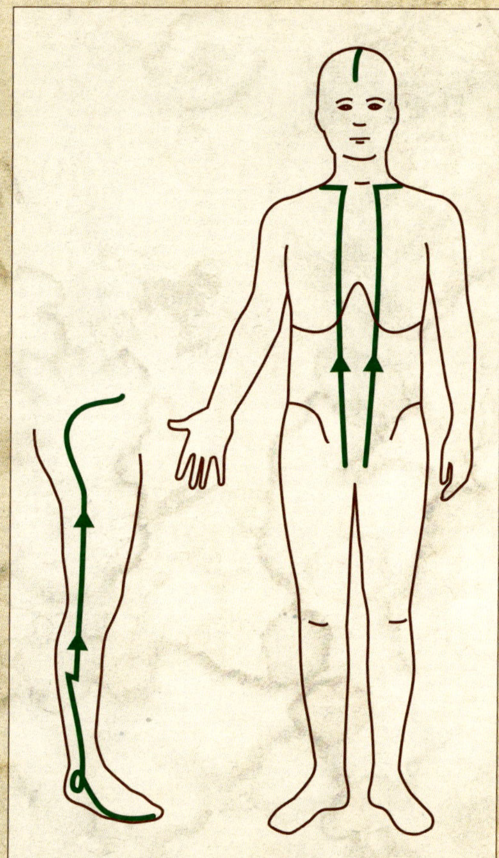

Beruhigungsfarbe:
B65, B28, KG3, Cantharis

Anregungsfarbe:
B67, B28, KG3, Plantago Major

Beruhigungsfarbe:
G25, B23, N2, Berberis

Anregungsfarbe:
N7, B23, N4, KG12, Equisetum, Soil

Venus
Waage
24.09. – 23.10. ±130 khz

2.8 Skorpion: 24.10. bis 22.11.

Mars • Pluto

Skorpion

24.10. – 22.11. ±150 khz

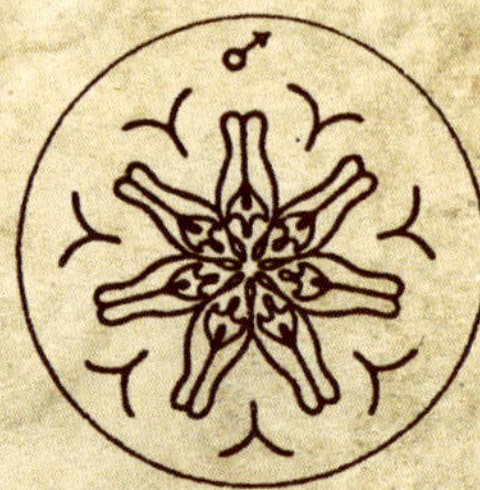

♂

±60 khz

Planet: Mars

Planetenfarbe: Rot

Organ: Pankreas 9–11 h, Blase 7–9 h

Therapiefarbe: Königsblau, Blau, Indigo

Metall: Eisen (Fe)

Baum: Mistel, Eiche

Getreide: Gerste

Pflanzenteil: Blatt

Vokal: E

Ton: Dis-Moll

Organsystem: Keimdrüsen, Genitalien

Phys. Schwachpunkte: Unterleib, Darm, Magen Geschlechtsorgane, untere Verdauungsorgane, Hormonsystem, Gallenblase, Keimdrüsen, Nebenhöhlen

Wochentag: Dienstag

Chakra: II Orange

Zahl: 3

Element: Erde, Wasser

Tier: Wassertiere

Edelsteine: Granat, Achat, Roter Turmalin, Topas, Rubin, schwarzer Opal

Düfte: Anemone, Oregano, Thuya, Thymian, Kornblume

Nahrungstyp: Kohlenhydrate

Tagtyp: Wasser

Bachblüten: Clematis, Holly, Hornbeam, Vervain, Red Chestnut

Typische Farben

Mandala

Hauptfarbe

Komplementärfarbe

Yang Magen-Meridian

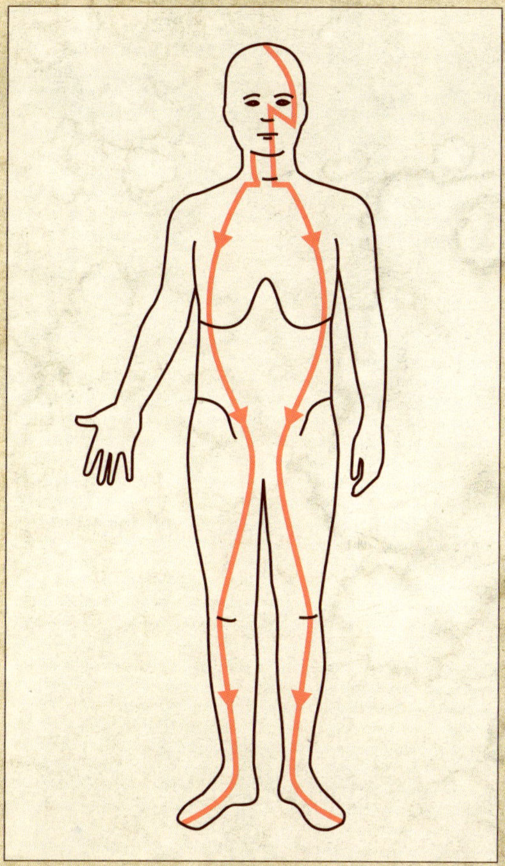

Beruhigungsfarbe:
M41, KG12, M45, B21, Nux Vomica

Anregungsfarbe:
M36, M41, B21, Pulsatilla, Argentum, Nitricum

Yin Pankreas-Meridian

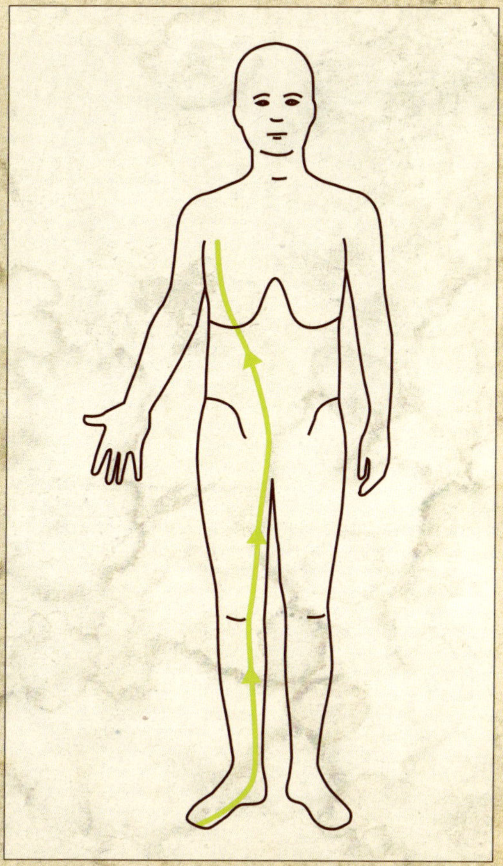

Beruhigungsfarbe:
MP6, MP3, B20, Chinawurz

Anregungsfarbe:
MP4, KG6, MP5, B20, MP15, Plumbum, Merc. Solub.

Mars • Pluto
Skorpion
24.10. – 22.11. ±150 khz

2.9 Schütze: 23.11. bis 21.12.

Schütze
Jupiter

23.11. - 21.12. ±235 khz

±60 khz

Planet: Jupiter
Planetenfarbe: Orange
Organ: Leber 1–3 h, Gallenblase 23–1 h
Therapiefarbe: Blauviolett, Rotviolett
Metall: Zinn (Sn)
Baum: Ahorn
Getreide: Roggen
Pflanzenteil: Frucht
Vokal: O
Ton: E, Gis, Ascendent Gis
Organsystem: Sinnesorgane
Phys. Schwachpunkte: Venen, Hüfte, Nervensystem, Oberschenkel, Rheuma

Wochentag: Donnerstag
Chakra: VI indigoblau
Zahl: 5
Element: Radium-Feuer
Tier: Archetypen
Edelsteine: Amethyst, Türkis, Blauer Saphir, Blauer Topas, Lapislazuli, Chalzedon
Düfte: Geranium, Neroli, Rosmarin, Ringelblüte
Nahrungstyp: Eiweiss
Tagtyp: Wärme
Bachblüten: Agrimony, Gorde, Sweet Chestnut, Walnut, White Chestnut, Chestnut Bud, Oak, Vine, Olive

Typische Farben

Mandala

Hauptfarbe Komplementärfarbe

Yang Milz-Pankreas-Meridian

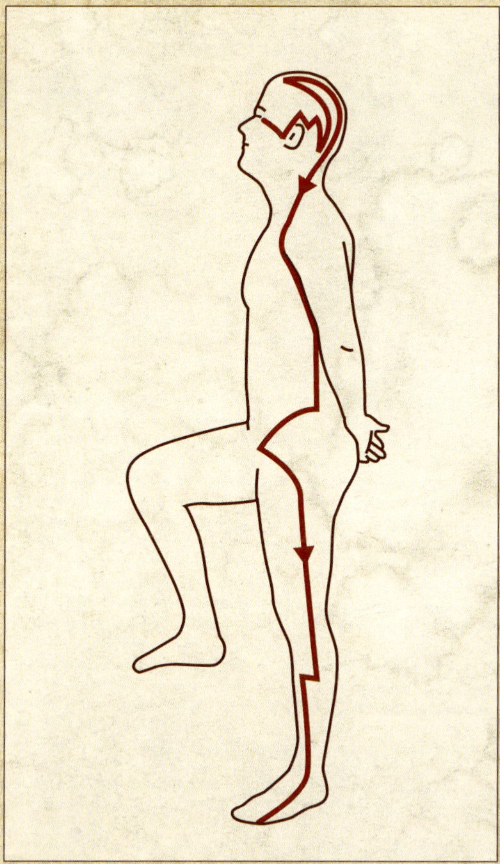

Beruhigungsfarbe:
GB43, B19, KG12, GB37,
Taraxicum, Chelidonium

Anregungsfarbe:
GB38, B19, GB23,
Belladonna, Atropin Sulf.

Yin Leber-Meridian

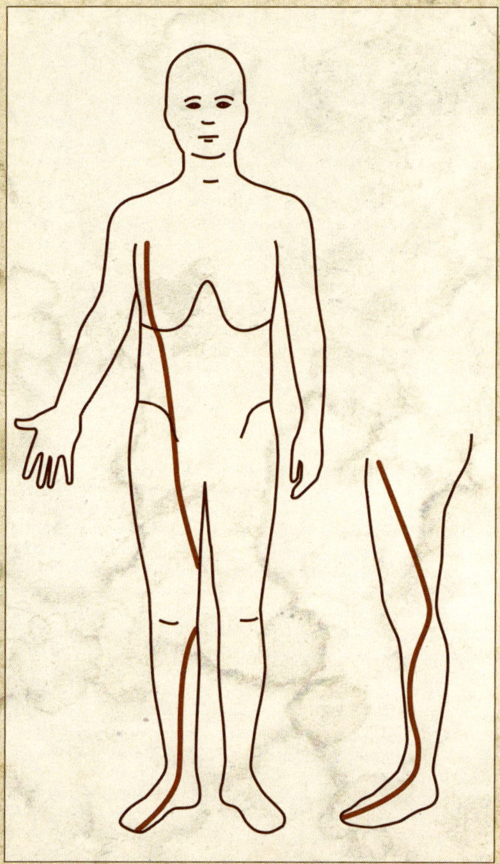

Beruhigungsfarbe:
B18, LE2, 3, LE14, Bryonia

Anregungsfarbe:
LE8, B18, LE6, KG6, Carduus,
Marianus, Phosphor

Jupiter
Schütze
23.11. – 21.12. ±235 khz

2.10 Steinbock: 22.12. bis 20.01.

Saturn

Steinbock

22.12. – 20.01. ±180 khz

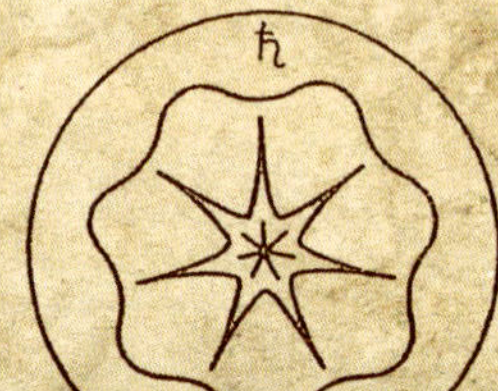

± 80 khz

Planet: Saturn

Planetenfarbe: Blau-Violett

Organ: Milz 9–11 h

Therapiefarbe: Weiß, Schwarz

Metall: Blei (Pb)

Baum: Pinie, Weißbuche

Getreide: Mais (Kukuruz)

Pflanzenteil: Wurzel

Vokal: U

Ton: G, Ascendent A

Organsystem: Blutkreislauf

Phys. Schwachpunkte: Knochen, Knie, Milz, Gelenke, Hüften, Oberschenkel, Haut

Wochentag: Samstag

Chakra: VII = violett

Zahl: 9

Element: Erde

Tier: Kachina

Edelsteine: Onyx, Mondstein, Turmalin, Beryll, Rauchquarz, Obsidian

Düfte: Wacholder, Latschenkiefer

Nahrungstyp: Salz

Tagtyp: Kälte

Bachblüten: Beach, Cerato, Chicory, Gentian, Pine, Heather, Scleranthus, Lavendel, Sal Ysop, Flieder, Patschuli

Typische Farben

Mandala

Hauptfarbe

Komplementärfarbe

Yang Gouverneur-Meridian

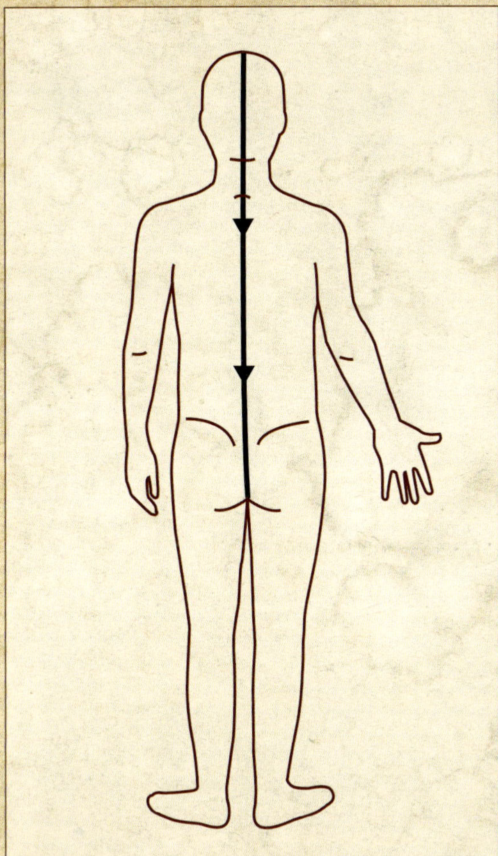

Yin Konzeptions-Meridian

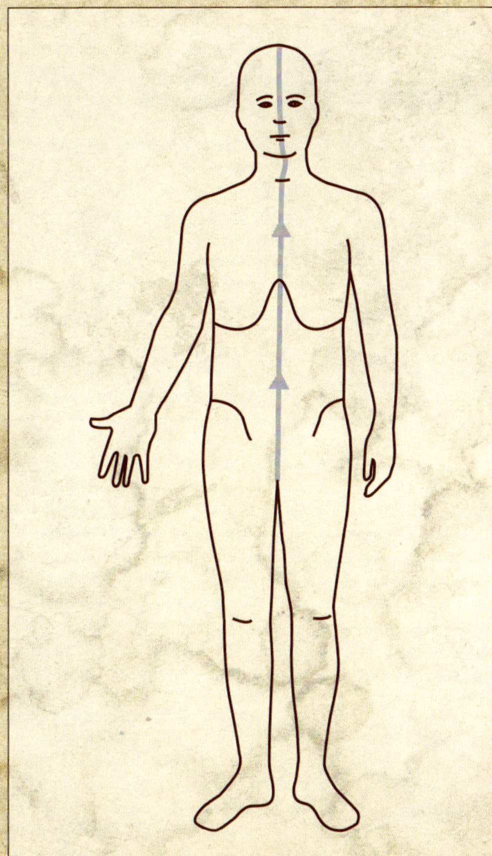

Beruhigungsfarbe:
KG24, Pulsatilla, Sepia

Anregungsfarbe:
KG6, Lycopodium, Apis

Beruhigungsfarbe:
KG6, Apis, Lycopodium

Anregungsfarbe:
KG24, Pulsatilla, Sepia, Lachesis

Saturn
Steinbock
22.12. – 20.01. ±180 khz

2.11 Wassermann: 21.01. bis 20.02.

Uranus

Wassermann

21.01. – 20.02. ± 200 khz

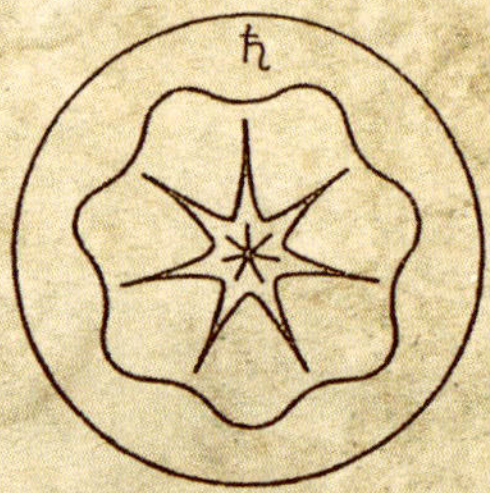

Planet: Uranus (Saturn)
Planetenfarbe: Magenta (Blau)
Organ: Milz
Therapiefarbe: Weiß, Schwarz
Metall: Blei (Pb)
Baum: Pinie, Tanne, Weißbuche
Getreide: Mais (Kukuruz)
Pflanzenteil: Blüte
Vokal: U
Ton: G, Ascendent AIS
Organsystem: Drüsen
Phys. Schwachpunkte: Venen, Knie, Drüsensystem (Überfunktion), Unterschenkel, Krampfadern, Thrombosen

Wochentag: Samstag
Chakra: VI–VII = blau-magenta
Zahl: 9
Element: Radium, Luft
Tier: Kachina-Archetypen,
Edelsteine: Amethyst, Opal, Saphir, Rhodonit
Düfte: Pfirsich, Alpenveilchen, Wildrose
Nahrungstyp: Fett
Tagtyp: Luft-Licht

Typische Farben

Mandala

Yang Gouverneur-Meridian

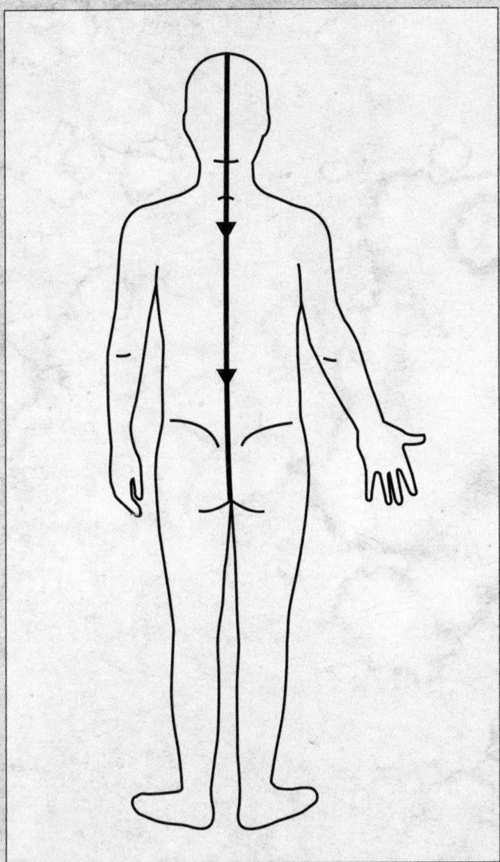

Beruhigungsfarbe:
KG 24, Pulsatilla, Sepia

Anregungsfarbe:
KG 6, Lycopodium, Apis

Yin Konzeptions-Meridian

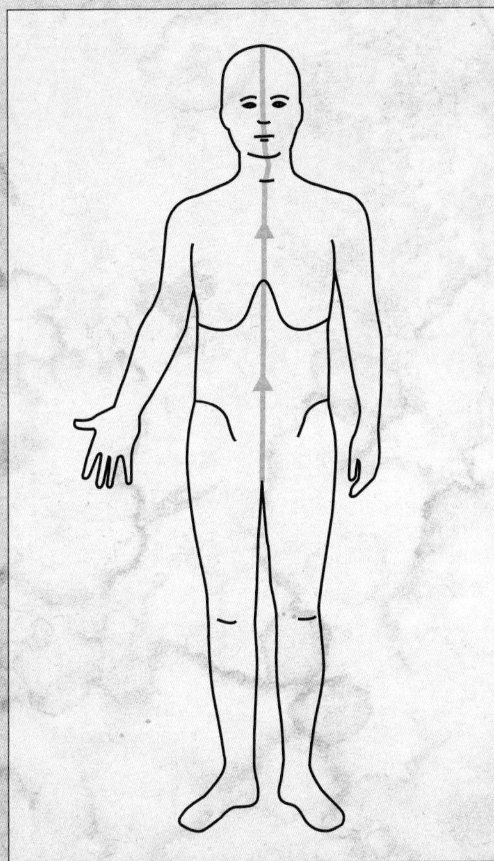

Beruhigungsfarbe:
KG 6, Lycopodium, Apis

Anregungsfarbe:
KG 24, Pulsatilla, Sepia

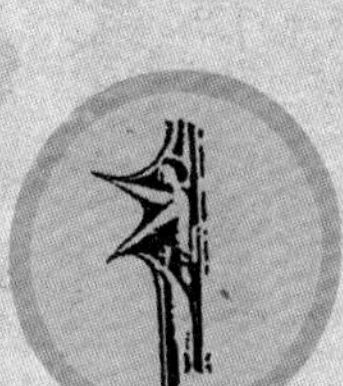

Uranus
Wassermann
21.01. - 20.02 ±200 khz

2.12 Fische: 21.02. bis 20.03.

Fische

Neptun

21.02. - 20.03. ± 275 khz

± 100 khz

Planet: Neptun (Jupiter)
Planetenfarbe: Scharlachrot
Organ: Leber 1–3 h, Gallenblase 23–1 h
Therapiefarbe: Blauviolett, Scharlach, Magenta
Metall: Zinn (Sn)
Baum: Ahorn
Getreide: Roggen
Pflanzenteil: Blatt
Vokal: O
Ton: E, Gis, Ascendent H
Organsystem: Nerven, Hormone
Phys. Schwachpunkte: Nervensytem, Füsse, Knöchel, Blut (Armut), Zehen, Waden, Hormone

Wochentag: Donnerstag
Chakra: I = rot
Zahl: 5
Element: Wasser
Tier: Schlange
Edelsteine: Opal, Jade, Koralle, Fluorit, Aquamarin, Amethyst, Kunzit
Düfte: Salbei, Lavendel, Magnolie, Amaryllis, Hibiskus, Rose
Nahrungstyp: Kohlenhydrate
Tagtyp: Wasser
Bachblüten: Star of Bethlehem, Pine, Elm, Larch, Crab Apple, Oak, Willow

Typische Farben

Yang Milz-Pankreas-Meridian

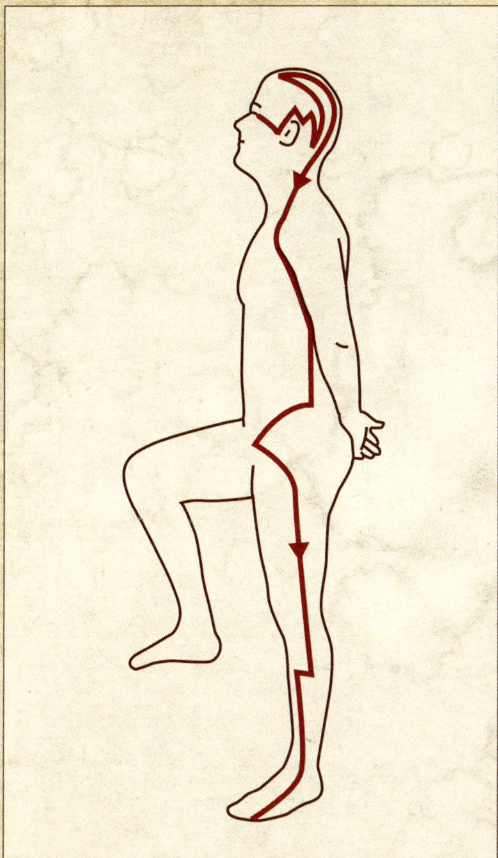

Yin Leber-Meridian

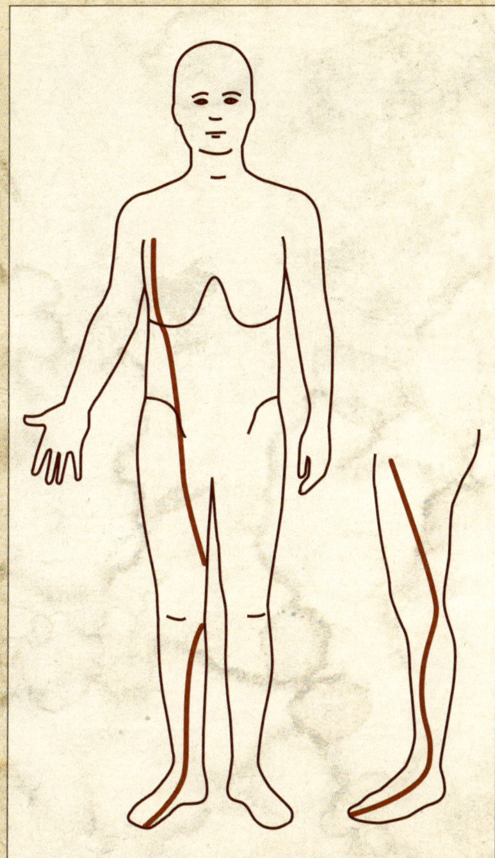

Beruhigungsfarbe:
GB43, B19, KG12, GB37, Taraxacum, Chelidonium

Anregungsfarbe:
GB38, B19, GB23, Belladonna, Atropin Sulfuricum

Beruhigungsfarbe:
B18, LE2+3, LE14, Bryonia

Anregungsfarbe:
LE8, B18, LE6, KG6, Carduus Marianus, Phosphor

Fische
Neptun

21.02. – 20.03. ±275 khz

POSITIVES RESONANZVERHALTEN ZWISCHEN TÖNEN – FARBEN – FORMEN – PLANETEN

Nr.	*Farbe*	*Billionen Hz*	*Nm*	*Ton*	*Hz*	*Körper*	*Fläche*	*Zahl*	*Planet*	*Form*
1	Magenta	383.9 767.9	781.5 390.7	F F	349.2 698.4	Dodekaeder	Fünfeck	5		
2	Purpur	724.8	413.9	E	659.24		Achteck	8		
3	Violett	684.16	438.5	DIS	622.24		Sechseck	6		
4	Königsblau	666.6	450.0	DIS	622.29		Strucktur-sechseck	16		
5	Indigo	652.2	460.0	D	587.32		12 Kreise	66		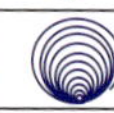
6	Braun	650.0	464.0	d-MOLL			Kreuz	13		
7	Blau	645.76	464.6	D	587.32	Würfel	Quadrat	4	Saturn	
8	Hellblau	625.0	480.0	CIS	554.36		6 Kreise	66	Mars	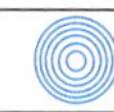
9	Türkis	609.5	492.2	CIS	554.36		Pentagramm	14	Merkur	
10	Dunkelgrün	588.2	510.0	C	523.26		Rundkreuz im Kreis	9	Pluto	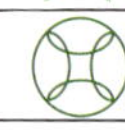
11	Grün	575.3	521.5	C	523.26	Ikosaeder	Kreis – Kugel	11	Erde	
12	Olivgrün	557.0	538.0	h-MOLL	494.9		Blatt im Quadrat	8		
13	Hellgrün	555.5	540.0	H	494.9		Dreifuß	33		
14	Limone	543.0	552.5	H	494.94	Halbkreis		22		
15	Zitronengelb	535.7	560.0	B	466.64	4 Dreiecke im Quadrat		24		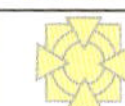
16	Gelb	512.5	585.4	B/AIS	466.64	Oktaeder	Spitzrhombus	2		
17	Goldgelb Gelborange	491.8 483.7	610.0 620.2	A A	440.0 440.0	Ankh-Kreuz		12	Venus	
18	Beige		634.4	a-MOLL		Geteiltes Quadrat		4		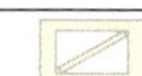
19	Koralle	468.7	640.0	GIS	415.3	Polare vier Kreise		44		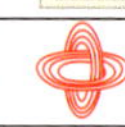
20	Orange	456.3	657.5	G	415.3			13	Uranus	
21	Hellrot	431.0	696.0	FIS	392.0	Dreistern		33		
22	Rot	406.8	737.5	FIS	370.0	Tetraeder	Dreieck	3	Jupiter	
23	Scharlachrot	400.0	750.0	FIS		Dreiblatt		23		
24	Rosa-Pink	750.0	399.5	f-MOLL		3 Kreise		51		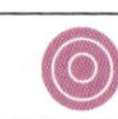
25	Silber	–	–	–	–	Einrollende Spirale		66	Mond	
26	Gold	–	–	–	–	Ausrollende Spirale		108	Sonne	
27	Weiß	–	–	–	–	Monade		1		
28	Schwarz	–	–	–	–	»Loch«		666		

Farben, Frequenzen und planetarisch-harmonikalische Tonvarianten

Planet u. Periodizitätenart	Periodendauer in Tagen	Frequenz in Hertz	Ton (Basis a'= 440 Hertz)	Oktavzahl	Chromatisches a'	Farbe	Wellenlänge, Farbe in Nanometer
Jupiter	4.332,588000	183,58	Fis	36	436,62	ca. Mittelwert Rot	743
Mondkulmination	1,035050	187,61	Fis	24	446,20	Rot - Orange	727
Mittlerer Sonnentag	1,000000	194,18	G	24	435,92	Rot- Orange	702
Sterntag	0,997270	194,71	G	24	437,11	Rot-Orange	700
Uranus	30.685,930000	207,36	Gis	39	439,37	Orange	658
Synodischer Mond	29,530588	210,42	Gis	29	445,86	Orange	648
Neptun	60.187,640000	211,44	Gis	40	448,02	leicht Orange Gelb	645
Venus	224,701000	221,23	A	32	442,46	Gelb - Orange	616
Siderischer Mond	27,321661	227,43	B	29	429,33	Gelb - Orange	599
Metonzyklus	6.939,688171	229,22	B	37	432,71	Gelb	595
Mondknoten- umlauf	6.793,395100	234,16	B	37	442,03	Gelb	582
Sarosperiode	6.585,321116	241,56	H	37	430,41	Gelb - Grün	564
Apsiden - umlauf	3.232,685400	246,04	H	36	438,39	Gelb - Grün	554
Sonne	3,582 E-10	126,22	H	-8	449,80	Grün mit wenig Gelb	540
Erdenjahr	365,242198	136,10	Cis	32	432,10	Türkis	501
Pluto	90.737,200000	140,25	Cis	40	445,26	Blau - Grün	486
Merkur	87,969000	141,27	Cis	30	448,51	Blau - Grün	483
Mars	686,980000	144,72	D	33	433,67	Blau	471
Saturn	10.759,210000	147,85	D	37	443,04	Blau	461
Platonisches Jahr	9.467.074,074000	172,06	F	47	433,56	Magenta Violett	396

Planetenanalogien zum energetischen, medizinischen und circadianen Umfeld

Planet *&.Geometrische Form*	**Metall**	**Chakraort** niedrigste Transformationsstufe	**Wochentage**	**Meridiane** & Organe	**Planetenfarbe**	**Therapeutische Farbe**	**Organuhr**	**Chakrafarben**
Sonne ***Siebeneck***	**Gold** **(Au)**	**Herz** **4**	**Sonntag**	**1 Herz 2** **Dünndarm**	**Weiß**	**Sonnen und Zitronengelb**	**1= 12- 14** **2= 14- 16**	**Gold**
Sonne ***Siebeneck***	**Gold** **(Au)**	**Thymus** **4a**	**Sonntag**			**Rosa** **Grün**		**Gold - Rosa**
Mond *Achteck*	**Silber** **(Ag)**	**Sacrum der Wirbelsäule** **Keimdrüsen** **Nebenniere** **1**	**Montag**	**1 Kreisl. Sexualität** **2 Dreifach Erwärmer**	Violett	**Gelbrot** **Blaurot**	**1= 20- 22 2= 22- 24**	**Feuriges** **Orangerot**
Merkur *Viereck*	**Quecksilber** **(Hg)**	**Milz und Keimdrüsen** **2**	**Mittwoch**	**1 Lunge 2** **Dickdarm**	**Gelb**	**Blau**	**1 = 4 - 6** **2 = 6 -8**	**glühendes Zinnoberrot**
Merkur Pluto		Die Handteller und Finger **5b**	Mittwoch	Energiezonen der Ohren	Gelb Purpur	Gelb Purpur	**ca. alle 25' ➔** (gilt für alle Chakren)	**wechselndes Spektrum v. rechts n. links**
Venus *Sechseck*	**Kupfer** **(Cu)**	**Solarplexus** **Pankreas** **3**	**Freitag**	**1 Niere 2** **Blase**	**Grün**	**Orange**	**1 = 18- 20** **2 = 16- 18**	Schattierungen von Rot bis leicht Gelbgrün
Mars ***Dreieck***	**Eisen** **(Fe)**	**Hals** **Schilddrüse** **5**	**Dienstag**	**1 Pankreas 2Magen**	**Rot**	**Gelbgrün** **Blaugrün**	**1 & 2= 8- 10**	**silbriges Blau mit zartrosa**
Mars **Venus** **Pluto**	**Eisen** **Kupfer** **Plutonium**	**Die Himmelspforte** **5a**	**Dienstag** **Freitag**	**Gaumen Zunge** **Medulla Oblongata**		**Magenta** **Indigo** **Gelbgrün**		**zart Indigo** **Cyan bis Magenta**
Jupiter *Fünfeck*	**Zinn** **(Sn)**	**Stirn** **Sehnervenkrzg.** **Epiphyse 6**	**Donnerstag**	**1 Leber** **2 Gallenblase**	**Orange**	**Blauviolett** **Rotviolett** **Magenta**	**1 = 2- 4** **2 = 24- 2**	**Indigo bis Purpur**
Jupiter **Uranus** **Neptun**	**Zinn** **Uran** **Neptunium**	**Stirn** **Sehnervenkrzg.** **Epiphyse** **1b**		**Reflexzonen der Füße**	**Perlmutt**	**Purpur**		Rechts: Braun Bordeaux Links: Braun u. Blauanteile
Saturn *Neuneck*	**Blei** **(Pb)**	**Scheitel 7** **Hypophyse** **Hypothalamus**	**Samstag**	**Milz**	**Dunkelgrün** **Indigo**	**Weiß/** **Schwarz** **Scharlach**	**10 - 12**	**Purpur Violett**
Saturn **Uranus**	**Blei** **(Pb)**	**Knie** **1a**		**Milz**	**Dunkelgrün** **Indigo**	**Weiß/** **Schwarz** **Scharlach**		**siehe Handteller**

3. Sternzeichen, Glückssteine und magische Zeichen

1	Widder		APH-RU-EL	**KARFUNKEL,** Bergkristall, Diamant, Blutjaspis, Amethyst, Rubin
2	Stier	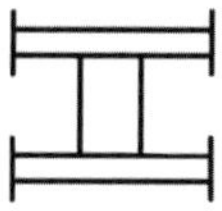	AV-MAH-HU-SAH	**KUPFER, SAPHIR,** Milchquarz, Pyrop, Karneol, Smaragd
3	Zwilling		EV-AG-EL	**BERGKRISTALL,** Chalzedon, Goldtopas, Tigerauge, Karneol, Achat, Chrysopras
4	Krebs	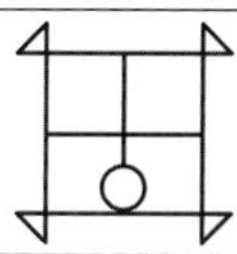	AMVRADEL	**SMARAGD,** Rauchquarz, Mondstein, Opal, Perle, Aventurin,
5	Löwe	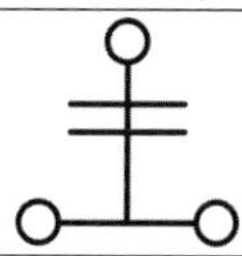	AUR	**GOLD,** Onyx, Honigcalcit, Goldtopas, Bernstein, Tigerauge, Turmalin, Bergkristall
6	Jungfrau	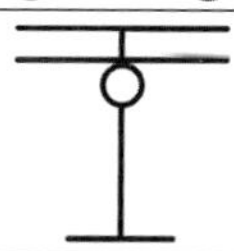	SOO-MAH-THU-EL DIVOO-MATH-EL	**TOPAS,** Magnetit, Jaspis, Karneol, Achat, Saphir, Jade, Zitrin
7	Waage		DIAMANT	**DIAMANT,** Opal, Koralle, Lapislazuli, Saphir, Rosenquarz
8	Skorpion	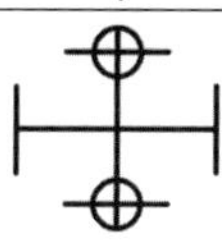	AR-HU-CAL	**GRANAT,** Sodalith, Rubin, Obsidian, Karneol, Topas
9	Schütze		HAR-VAL-AM	**TÜRKIS,** Chalzedon, Topas, Saphir, Chrysolith, Amethyst
10	Steinbock		DER-GAB-EL	**RUBIN,** Onyx, Chrysopras, Malachit, Lapislazuli
11	Wassermann	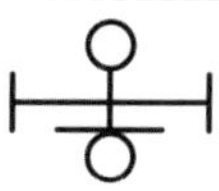	AVRUTHEL	**AMETHYST,** Türkis, Aquamarin, Zirkon, Granat
12	Fische	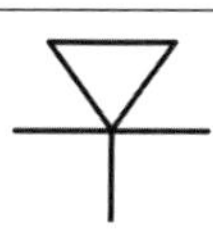	TROO-AY-AL	**SAPHIR,** Amethyst, Chrysolith, Mondstein, Aquamarin, Bergkristall

Runen und Sternzeichen

Nr.	Symbol	Element	Name	Entsprechung	Bedeutung	Sternzeichen
1	ᚠ	FEUER	*Fehu*	Vieh	Materie, Macht, Besitz	Stier
2	ᚢ	FEUER	*Uruz*	Auerochse	Ungezähmte Energie	Widder
3	ᚦ	FEUER	*Thurisaz*	Riese	Schutz, Erhaltung des Status Quo	Steinbock
4	ᚨ	FEUER	*Ansuz*	Weisheit	Zeitlose Weisheit, Sprache	Schütze
5	ᚱ	FEUER	*Raidho*	Wagen	Richtiges zum richtigen Zeitpunkt erledigen, Rad	Jungfrau
6	ᚲ	FEUER	*Kenaz*	Fackel	Regeneration durch Transformation	Wassermann
7	ᚷ	FEUER	*Gebo*	Gabe	Gegensatz, Polarität	Zwilling
8	ᚹ	FEUER	*Wunjo*	Freude	Harmonie im Chaos	Waage
9	ᚺ	WASSER	*Hagalaz*	Hagel	Ausdauer	Stier
10	ᚾ	WASSER	*Naudhiz*	Notwendigkeit	Evolution, Wachstum spirituell	Wassermann
11	ᛁ	WASSER	Isa	Eis	Trägheit	Skorpion
12	ᛃ	WASSER	*Jera*	Jahr	Zeit und Leben	Fische
13	ᛇ	WASSER	*Eihwaz*	Eibe	Kommunikation auf verschiedenen Realitätsebenen	Schütze
14	ᛈ	WASSER	*Perthro*	Würfelbecher	Freier Wille	Jungfrau
15	ᛉ	WASSER	*Elhaz*	Elch	Schutz vor Angriffen anderer Menschen	Krebs
16	ᛊ	WASSER	*Sowilo*	Sonne	Sieg, Haltung	Löwe
17	ᛏ	LUFT	*Tiwaz*	Kriegsgott	Kampfkraft	Widder
18	ᛒ	LUFT	*Berkano*	Birke	Geburt und Wiedergeburt, Reinheit und Läuterung	Waage
19	ᛖ	LUFT	*Ehwaz*	Pferd	Vertrauen, Verständnis	Fische
20	ᛗ	LUFT	*Mannaz*	Menschen	Vereinigung von Himmel und Erde	Steinbock
21	ᛚ	LUFT	*Laukaz*	Gewässer	Dunkle Mächte und Kräfte	Skorpion
22	ᛟ	LUFT	*Ingwaz*	Fruchtbarkeit	Häusliches Glück und Friede	Krebs
23	ᛟ	LUFT	*Dagaz*	Tag	Ablauf des Lebens	Löwe
24	ᛞ	LUFT	*Othala*	Erbe	Heimat, Elternhaus, Ort	Zwilling

III.
Farbe und Persönlichkeit

Wie aus den vorangegangenen Ausführungen hervorging, ist auch der Mensch in seinem Charakter und seinem gesamten Persönlichkeitsbild stark von Farben im Umfeld und seiner Umwelt abhängig. Selbstverständlich bestimmt jeder Mensch sein Leben in erster Linie durch seine Gedanken, denn

Für jeden Menschen gilt als oberste Maxime:

**„Achte auf deine Gedanken,
sie werden zu Gefühlen.**

**Achte auf deine Gefühle,
sie werden zu Worten.**

**Achte auf deine Worte,
sie werden zu Taten.**

**Achte auf deine Taten,
sie werden zu Gewohnheiten.**

**Achte auf deine Gewohnheiten,
sie bilden deinen Charakter.**

**Achte auf deinen Charakter,
er bestimmt dein Schicksal.“**

Aber trotzdem spielen Licht und Farben auch bei der Gestaltung des individuellen Persönlichkeitsbildes, für innere und äußere Harmonie, Gesundheit, Glück und Erfolg eine große Rolle. Folgende Kriterien haben sich dabei im Laufe der Zeit ergeben, wobei diese sehr oft nicht in reiner, sondern mehr in gemischter Form auftreten.

VENUS

1. GRÜN

„HARMONIE DER MITTE“

TYPUS:

Diese Menschen streben den Ausgleich zwischen Kopf und Bauch an. Opferbereitschaft und Hilfsbereitschaft liegen ihnen. Sie lieben keine Experimente, bevorzugen das Leben in der Gemeinschaft und im Verein mit Gleichgesinnten. Sie schätzen Bequemlichkeit, Gemütlichkeit, gutes Essen, Harmonie und Ausgeglichenheit, sind oft etwas fülliger veranlagt.

MUSIK:

Warme, harmonische Moll-Klänge

PARTNERSCHAFT:

Heirat und Familie sind wichtig. Sie sind keine Einzelgänger und fühlen sich in der Gemeinschaft wohl. Sie sind sehr kinderlieb und Frauen leben eine erfüllte Mutterschaft. Männer arbeiten auch gerne im Haushalt, kochen oft gut. Auseinandersetzungen und Streit sind die absolute Ausnahme. Oft bilden sie den ruhigen Gegenpol zum (lebhafteren) Partner. Eine gewisse Gefahr liegt in der möglichen Aufgabe der eigenen Identität. „Freunde und Partner fürs Leben.“

BERUF:

Ein Beruf mit viel Naturkontakt ist für den grünen Menschen wichtig, mehr Wald, Landschaft, Felder und Gärten. Solche Berufe sind Gartenarchitekten, Förster, Landwirt, Schreiner, aber auch Heilberufe, Kräuterverwendung bzw. Naturmedizin.
Sie haben Interesse an der Komplementärmedizin wie sanfte Massagen, Aromatherapie, Bachblüten, AURA SOMA, Edelsteinkunde etc.

FREIZEIT:

Sie lieben die Bewegung in freier Natur, Wandern, Radfahren, Reiten, möglichst in der Gruppe.

EDELSTEINE:

Achat, Chrysopras, Jaspis, Verdellit

AUSSEHEN:

Oft stämmiger, natürlicher Typus mit gut durchbluteter Haut und gesundem, sonnengebräuntem Aussehen. Sie legen Wert auf natürliche zweckmäßige Kleidung aus Naturfasern.

POTENTIELLE SCHWÄCHEN:

Oft wird aus übertriebener Mütterlichkeit Gluckenhaftigkeit und eine klammernde Liebesbeziehung. Die stark ausgebildete Opferbereitschaft kann masochistische Züge annehmen. Derartige Menschen können rührselig, schwermütig, melancholisch und auch depressiv sein.

2. TÜRKIS

„DISTANZ“

DIE SELBSTBEWUSSTEN KRITIKER UND SKEPTIKER

TYPUS:

Schutz, Abwehr, Organisation der Verteidigung und gewollt gezeigte Eigenständigkeit sind wichtig. Ebenso Eindruck machen: Zynismus, Kritik, Skeptik (übertrieben herausgestellt), bestimmende, von sich selbst ausgehende Kommunikation werden gut abgestimmt. Diese Menschen sind schwer zu überzeugen und nehmen ungern die Meinung anderer an, ohne daraus für die eigene Person Gewinn herausschlagen zu können. Sie geben sich (trotzdem) offen, unabhängig und freiheitsliebend. Typ „lonesome cowboy“ – CHE GUEVARA IMAGE –

MUSIK:

Klare Dur – Harmonien: Smetana, Dvorak

PARTNERSCHAFT:

Sie erwarten vom Partner Anpassung und Bewunderung, teilen ihn nicht gerne mit anderen, Besuche von Freunden und Bekannten sind nicht erwünscht. Geselligkeit und Vereinsmeierei sind ihnen zuwider. Sind sie beeindruckt oder mit einem individuellen Problem beschäftigt, so lösen sie dieses alleine.

BERUF:

Sie suchen im Beruf Eigenverwirklichung, Ausdruck, Extravaganz, sind „anders als die anderen“ und arbeiten gerne als Schriftsteller, Journalisten, Satiriker, Karikaturisten, Musiker, Maler, Detektive, Modedesigner, Spezialarzt mit eigener Praxis. Benötigen viel Freiraum und Annerkennung.
Sie beschäftigen sich gerne mit Astrologie, Tarot, Kabbalah und Edelsteinkunde.

FREIZEIT:

Sie bevorzugen auffallende Extrembeschäftigungen in der Freizeit wie Surfen, Bergsteigen, Klettern, Segelfliegen, Rennfahren, Bogenschießen, Reiten, Rafting usw.

EDELSTEINE:

Türkis, Aquamarin, Malachit, Opal, Turmalin, Olivin

AUSSEHEN:

Sie achten sehr auf Aussehen, ohne dabei zu ausgefallen und extravagant zu wirken. Sie sind selbstbewusst, wissen das und wirken so. Individualität wird auch nach außen gezeigt.

POTENTIELLE SCHWÄCHEN:

Unfreiheit, berufliche und finanzielle Abhängigkeit belasten den Türkis-Typ sehr. Die Angst, die eigene Selbstständigkeit zu verlieren, führt zu komplizierten Abwehrmaßnahmen und zur „Einigelung“. Sarkastischer Humor, Zynismus, sich auf kosten anderer lustig zu machen und zu profitieren sind die typischen Reaktionen. Sie besitzen oft eine spitze Sprache und sind scharfzüngige gute Rhetoriker. Die Schwächen anderer werden zum eigenen Vorteil gnadenlos ausgenutzt, auch in der Partnerschaft.

3. BLAU

„INNERE STÄRKE GIBT KRAFT“

TYPUS: **Analytisches Denken und Sprechen sind wichtig, ebenfalls Ernsthaftigkeit, Beweisbarkeit, konzentriertes Zuhören, positiver Umgang mit anderen Menschen. Geistige Probleme werden kompetent mit wachem Verstand gelöst. Sie sind mehr Einzelgänger als Partytypen. Kümmern sich jedoch um andere, helfen gerne in jeglicher Hinsicht und geben gerne.**

MUSIK: **Kräftige, klare und saubere Dur-Töne**

PARTNERSCHAFT: **Geistige und emotionale Kontrolle und Erziehung in der Partnerschaft sind wichtig. Ihr weites und tiefgründiges Wesen macht sie harmonisch, umgänglich, pflegeleicht und angenehm. Die geistige Auseinandersetzung mit dem Partner steht im Vordergrund, extreme Situationen werden gemieden.**

BERUF: Meer, Luft, Weite, geistige Freiheit und Unabhängigkeit lässt blaue Menschen sich beruflich wohlfühlen als Piloten, Reiseorganisatoren, Wissenschaftler, Forscher, Seeleute, Architekten, Ingenieure, Gesprächstherapeuten, Psychologen oder Ärzte.
Sie interessieren sich für Geisteswissenschaften, Weltreligionen, Antroposophie, Meditation und Joga.

FREIZEIT: **Sie lieben Bewegung an der frischen Luft, im Licht und am Meer, Schwimmen, Wandern, Segeln, Segelfliegen usw., treiben jedoch keinen Leistungssport und schätzen keine Vereinsaktivitäten.**

EDELSTEINE: Sodalith, Saphir, Opal, Lapislazuli

AUSSEHEN: **Sie sind oft groß, schlank und sportlich und bevorzugen korrekte, unauffällige Kleidung. Sie versuchen ihren Körper zu beherrschen, gesund zu leben und sich gesund zu ernähren.**

POTENTIELLE SCHWÄCHEN: In negativer Hinsicht kann der Verstand eine zu dominierende Bedeutung erlangen und alle anderen Aspekte im Gefühlsbereich und in spiritueller Hinsicht überlagern. Sie wirken dadurch oft gefühllos, eiskalt und übertreiben die Strenge gegen sich selbst und gegenüber anderen, z. B. Untergebenen, Partnern und Kindern.

4. BRAUN – TERRACOTTA

„NATURMENSCH“

TYPUS:	**Natürlichkeit, Erdverbundenheit, Fruchtbarkeit, in sich ruhend, Vertrauen, Behaglichkeit, starke Verbindung zur Natur, introvertiert**
MUSIK:	Warme Moll-Töne
PARTNERSCHAFT:	**Stetig, sesshaft, Familie als Lebenseinheit, Harmonie, Schönheit, Romantik, „Candlelight-Dinner“, der Tradition und Konvention verbunden, gluckenhafte Betreuung von Partnern und Kindern.**
BERUF:	Naturnahe Tätigkeit wie Gärtner, Förster, Landwirt, Tierarzt, Holzverarbeitung, Schreiner
FREIZEIT:	Reiten, Wandern, Joggen, Radfahren, Skilanglauf
EDELSTEINE:	Achat, Blutjaspis, Tigerauge, Bernstein
AUSSEHEN:	**Oft braune, natürliche Haare, gesunde, durchblutete Haut, natürliches Aussehen, bequeme Kleidung**
POTENTIELLE SCHWÄCHEN:	**Oft sehr unbeweglich, rechthaberisch, eigenbrötlerisch, schwerer Schritt, oft große, stattliche Figur, chronische Krankheiten, schwerwiegende Probleme**

5. INDIGO

„WAHRHEIT UND SEIN ALS TEIL DES UNIVERSUMS“

TYPUS:	**Indigo-Menschen sind spirituell ausgerichtet. Sie lieben die Wahrheit, kosmische Zusammenhänge, sind Seher und Heiler. Sie müssen anderen helfen. Sie glauben an den göttlichen Ursprung, die Seele und an ein Leben nach dem Tod. Sie haben oft meditative und heilerische Fähigkeiten, sind dankbar für alles Schöne, auch in der Natur. Schicksalsschläge und Krankheitssymptome werden analysiert und nach ihrem Sinn für das eigene Wesen abgefragt. Ihr fundiertes Wissen vermittelt Wahrheit und Weisheit.**
MUSIK:	Getragene Moll-Partien
PARTNERSCHAFT:	Zu enge Bindungen sind ihnen unangenehm, die ganze Menschheit ist eine Familie. Sie lieben freie Bindungen und leben eine entsprechend bürgerliche Globalvorstellung der Ehe und Familie. Diese sind für sie nicht bindend. Sie verkörpern geistige Unabhängigkeit in ihrem ganzen Wesen. Sexuelle Beziehungen erfüllen sie im Tantra, in der Hingabe der Vereinigung zu Gott. Sie interessieren sich für spirituelles Wissen und Weisheit, die Geheimwissenschaften und die Mystik.
BERUF:	Dienen, Helfen und Heilen stehen im beruflichen Vordergrund als Politiker, Lehrer, Arzt, Sozialtherapeut, Unternehmer, Künstler, Handwerker, Pfarrer, Kindergärtnerin usw. Sie interessieren sich für Meditation, HUNA, Reiki, Tantra, den „Sinn des Lebens“.
FREIZEIT:	**Sie lieben ruhigere Bewegungsformen in der Natur wie Wandern, Joggen, Radfahren, Spazierengehen, Gartenarbeit, Malen, Klavierspielen, Hausmusik und Lesen.**
EDELSTEINE:	Lapislazuli, Saphir, Achat
AUSSEHEN:	**Auf auffällige Äußerlichkeiten legen sie keinen Wert. Natürlichkeit, Bequemlichkeit, Qualität aus gutem, haltbarem Material sind wichtig, unabhängig von Modetrends.**
POTENTIELLE SCHWÄCHEN:	**Verläuft die spirituelle Entwicklung nicht zufrieden stellend, wirkt der Indigo-Mensch selbstzerstörerisch und fanatisch, verliert sich in Alkohol, Drogen und Depressionen bis zu halluzinativen Wahnvorstellungen.**

6. VIOLETT

„MYSTISCHER GLAUBE AN DIE SCHÖPFUNG“

TYPUS: **Diese Menschen sind beseelt von einem tiefen Glauben an die schöpferischen Kräfte im Universum und die geistigen Gesetze. Haben sie sich der geistigen Freiheit und der materiellen Unabhängigkeit verschrieben, sehen sie sich als Vermittler zwischen der spirituellen und der materiellen Welt, als Teil des einen, ewigen Ganzen.**

MUSIK: Harmonische Dur- und Moll-Harmonien im Wechsel

PARTNERSCHAFT: **Familienstrukturen erscheinen ihnen oft zu eng und zu weltlich. Sie suchen das Leben in der Gemeinschaft Gleichgesinnter. Ein wirklicher Lebenspartner muss die eigene Einstellung mittragen, damit eine enge Langzeitbeziehung Erfolg hat.**

BERUF: Die empfundene Verbundenheit zum spirituellen, kosmischen Schöpfungswirken muss sich auch im Beruf widerspiegeln als Schriftsteller, Musiker, Künstler, Philosoph, Lehrer, Schamane, Yogi, Guru, Freigeist, Geistlicher, Reisender, Fotograph oder Journalist.
Mystik, Geheimwissenschaft, Kabbalah, Anthroposophie, Theosophie usw. interessieren und verkörpern sie.

FREIZEIT: **Auch in der Freizeit beschäftigt sie ihre Berufung, beim Spazierengehen, Wandern Meditieren, Lesen, Musikhören usw.**

EDELSTEINE: Amethyst, Bergkristall, Diamant, Ametrin, Zoisit

AUSSEHEN: **In Weiß gekleidet, erscheinen sie mystisch, geheimnisvoll, aber angenehm, warm, hilfsbereit und freundlich, leicht abgehoben „von dieser materiellen dunklen Existenz“. Sie tragen oft Talismane, Runen, Kreuze und Symbole.**

POTENTIELLE SCHWÄCHEN: **Kann die kosmische Verbundenheit im Alltag nicht gelebt werden, wird der violette Mensch dogmatisch, engstirnig, fanatisch und despotisch, welcher die Macht über andere Menschen pervertiert als Magier, Sektenführer und Weltverbesserer auslebt.**

7. GOLD-MAGENTA

„DEN GÖTTLICHEN HEILSTRAHL ERLEBEN“

TYPUS: Als vergeistigte Wesen sind diese Menschen fast nicht mehr von dieser Welt, auf der Suche nach verkörperter Liebe im Leben, dem Gral des Christusbewusstseins und der Christusenergie. Sie versuchen selbstlos allem und jedem zu helfen.

MUSIK: Warme, harmonische Moll- und Dur-Klänge

PARTNERSCHAFT: Es ist schwierig, mit einem derartigen Partner über längere Zeit in einer engen Beziehung zu leben. Sie fühlen sich der gesamten Menschheit zugehörig und nicht einem einzigen Menschen. Sie sind Diener, Heiler und Vermittler auf dem Weg zu Liebe und Ursprung der Schöpfung.

BERUF: Schriftsteller, Vortragende, Redner, Seminarleiter, Heiler, Geistführer, Komponisten, meditative Maler und geistige Lehrer

FREIZEIT: Leben, Beruf und Freizeit sind eines. Im Ganzen ist das Einzelne, im Einzelnen das Ganze. Sie sind im ständigen Austausch mit der Natur, den einzelnen Lebewesen, Pflanzen, Bäumen, Tieren und Inkarnationen des Schöpfers.

EDELSTEINE: Bergkristall, Diamant, Turmalin

AUSSEHEN: Sie wirken vergeistigt, körperlos, asketisch, durchsichtig und legen auf besonderes Aussehen keinen Wert. Meist in Naturmaterialien wie Seide, Leinen und Wolle ohne Körperbetonung in Tunika, herabfallenden Gewändern gekleidet, bevorzugen sie orange oder weiße Kleidung.

POTENTIELLE SCHWÄCHEN: Werden die positiven Bestrebungen hin zu einer Verbesserung der Lebensumstände auf dieser Welt, der seelischen und geistigen Erneuerung nicht realisiert, können totale Abkapselung, Leben in der Einsamkeit und Isolation bis zum Freitod die Folgen sein. Andere Menschen werden in diesen Prozess nicht hineingezogen.

8. ROSA-LINDGRÜN

„ZARTE, BEDINGUNGSLOS-GEBENDE LIEBE UND ZARTHEIT“

TYPUS: Derartige Menschen sind zartgliedrig sensibel, sensitiv. Rosa ist die „Standesfarbe“ homosexueller Männer. Sie wirken ätherisch, märchen- und feenhaft und sind oft mimosenhaft empfindlich. Sie haben oft leise Stimmen, großes Interesse an Kunst, Malerei und klassischer schöner Musik. Sie gehen trotz ihrer Feinfühligkeit jedoch konsequent ihren eigenen Weg.

MUSIK: Weiche, harmonische und romantische Klänge

PARTNERSCHAFT: Existenzsorgen und finanzielle Probleme sind ihnen zuwider. Zu einer haltbaren Partnerschaft gehört eine langfristige, ausreichend abgesicherte ökonomische Existenz. Sie lassen sich lieber erobern, als dass sie in der Liebe selbst aktiv werden. Sie sind absolute Ästheten und haben Freude an schönen, kleinen Dingen. Mehr Geist als Körper.

BERUF: Der Umgang mit Kunstgegenständen und Antiquitäten sowie gestalterisch kreative Berufe sind ihnen am liebsten, z. B. Galerist, Kunst- und Antiquitätenhändler, Inneneinrichter, Designer, Architekten, Boutiquenbesitzer und Inhaber von Feinschmeckerlokalen.
Diese Menschen haben geistige und spirituelle Interessen wie transzendentale Meditation, Yoga, Silva Mind Control, Huna, Reiki oder gar Arbeit als Medien.

FREIZEIT: Sie haben Interesse an Ballett, Gymnastik, Turnen, Tanzen, Reiten, Tennis, Golf und Schwimmen.

EDELSTEINE: Rosenquarz, Diamant, Bergkristall, Rubin, Koralle, Fluorit und Aquamarin

AUSSEHEN: Sie kleiden sich gerne ätherisch, luftig in ausgesuchten, wertvollen Naturmaterialien wie Seide, feines Leinen, feine Wolle, Mohair, Angora, Kaschmir, etc. Sie sind meist grazil, schlank, zerbrechlich mit feinen Haaren und schlichten Frisuren.

POTENTIELLE SCHWÄCHEN: Oft wird die angebliche körperliche Schwäche als Waffe benutzt, um einen geliebten Menschen abhängig zu machen. Dies kann bis zur „Flucht in die Krankheit“ führen. Die Verantwortung für sich selbst und das eigene Leben wird oftmals auf andere abgewälzt.

9. ROT

„POWER-TYPEN“

TYPUS: Diese Menschen haben eine unerschöpfliche Energie. Sie wirken als starke Persönlichkeiten, Menschen der Tat, dynamisch, mit beiden Beinen auf der Erde stehend, EXTROVERTIERT, sehr kommunikativ, oft laut – immer im Mittelpunkt, spontan – impulsiv.

MUSIK: Bewegte, dynamische, strahlende Dur-Kompositionen

PARTNERSCHAFT: Sie übernehmen Verantwortung, aber sind keine häuslichen Typen. Sie legen Wert auf Ehrlichkeit und Führung. Sie schaffen an und entscheiden, sind sehr konsequent, sich selbst treu, oft sexuell sehr aktiv. Leben schnell und intensiv, immer extrem.

BERUF: Oft in leitender Position oder selbstständig. Schwierigkeiten mit der Unterordnung. Sie arbeiten meist als Berufssportler, avantgardistische Modeschöpfer oder Künstler. Sie haben im allgemeinen Interesse am Tarot, I GING und der Astrologie.

FREIZEIT: Es besteht Interesse für Mode, extreme Sportarten, Kunst, kreative Betätigung, Reiten, Segeln, Fliegen und Autofahren.

EDELSTEINE: Rubin, Saphir, Diamant, Hämatit, Turmalin, Bergkristall, Granat

AUSSEHEN: Oft auffallende kurze oder langwellige blonde Haare, tragen oft schwarze Kleidung, gewählt und modisch kombiniert, oft provokativ. Wollen auffallen, sich selbst darstellen.

POTENTIELLE SCHWÄCHEN: Geben sich nicht mit „Verlierern“ oder nichtssagenden Typen ab. Sehr EXTROVERTIERT, oft enthemmt, cholerisch, sehr bestimmend, oft herrschsüchtig, brutal und triebhaft.

10. ORANGE

„GELEBTE EROTIK“

TYPUS:	Hingebungsvoll, gefühlsbestimmt, verführerisch, erotisch, liebenswürdig nach dem Motto: leben und leben lassen. Sie bewegen sich meistens auf dem Boden der Realität.
MUSIK:	feurige, gefühlsansprechende, bewegte DUR-Kompositionen
PARTNERSCHAFT:	Diese Menschen sehnen sich als Frau nach eigenen Kindern, als Mann sind sie oft sehr aktiv im Haushalt. Sie lieben ihren Körper und zeigen ihn, bewegen sich gerne nackt vor sich selbst. Sie legen Wert auf Körperpflege, Hygiene und Sauberkeit , waschen und duschen sich oft.
BERUF:	Die auffallende Schwäche für schöne Körperformen lässt derartige Menschen oft Beschäftigungen wie Malerei, Tanz, Design, Bildhauerei, Graphik, Raumgestalter, Textilkreation, Massagen, Koch usw. nachgehen. Interesse an Tantra, TAICHI, WU CHI TAO, Kartenlegen, Runen etc.
FREIZEIT:	Tanz, Joggen, Wandern, Radfahren, Skilaufen, Bewegung in der Sonne
EDELSTEINE:	Achat, Bernstein, Feueropal, Goldtopas, Koralle
AUSSEHEN:	Oft rothaarig, lang gewellt. Strahlen mit der Kleidung Sinnlichkeit aus, oft sehr körperbetont, aber nicht zu stark aufreizend. Legen Wert auf Qualität und gute, nicht zu moderne Kleidung.
POTENTIELLE SCHWÄCHEN:	Derartige Menschen leben stark in ihrer eigenen Gefühlswelt, akzeptieren die Gefühle anderer nur an der Oberfläche, nicht in ihrem Inneren und aus Überzeugung. Die eigene Sensibilität kann zur Hysterie werden. Oft ergibt sich bei ihnen eine Überbetonung der Sexualität.

MERKUR

11. GELB

„INTELLEKTUELLE FLEXIBILITÄT“

TYPUS: Gehen mit offenem und wachem Geist durch die Welt, heiter und ohne Lebensangst. Probleme werden gelöst. Sie streben ein Gleichgewicht von Nehmen und Geben an. Sie brauchen Unabhängigkeit und haben ein gesundes Verhältnis zum Geld.

MUSIK: Hartes Dur-Stakkato

PARTNERSCHAFT: Diese Menschen interessieren sich nicht sehr für die Probleme anderer, sind keine guten Psychologen. Sie meiden einengende Beziehungen, lieben ihre individuelle Freiheit, sind sehr heiter und lebenslustig. Kein Familientyp. Brauchen Partner mit gleichgearteten, beruflichen und intellektuellen Interessen.

BERUF: Sie suchen eine intellektuelle Beschäftigung als Journalist, Drehbuchautor, Schriftsteller, Regisseur, Reiseorganisator, Unternehmer, Maler, oft mit Fremdsprachenanwendung und Reisetätigkeiten verbunden. Gute Diagnostiker, Ärzte und Therapeuten.

FREIZEIT: Sie lieben leistungsorientierten Sport, wie Body-building, Judo, Turnen, Schießen, Rudern usw.

EDELSTEINE: Citrin, Diamant, Goldtopas

AUSSEHEN: Meist schlank, sportlich und groß, bequem und locker-individuell gekleidet. Sie lieben unkomplizierte Frisuren, wirken natürlich und jugendlich. Sie legen Wert auf Qualität, Bequemlichkeit und modern neutrale Individualität in der Kleidung.

POTENTIELLE SCHWÄCHEN: Oft dreht sich ein Großteil der Anstrengungen um Geld, Leistung und Äußerlichkeiten. Sie können sehr zynisch sein, lehnen dann körperlich unansehnliche und einfache Menschen ab.

Teil C

Harmonisierung und Heilung durch Licht und Farben

1. Die Farben der Erzengel

Erzengel sind mächtige Lichtwesen aus der 4. Dimension, die Wesenheiten der 3. Dimension auf deren ausdrückliche Bitte hin unterstützen, anleiten und führen. Sie sind hierarchisch gegliedert, haben ein festes Aufgabengebiet, einen Namen, Symbole und Farben, die typisch sind für ihre Wirkungsweise.

Es gibt mindestens 72 Erzengel. Der oberste Erzengel, zuständig für das 3. Universum unserer Galaxis, der Milchstraße, ist METATRON. Man sagt, er war ein Aufgestiegener Meister, der vom Erzengel MICHAEL aufgrund seiner außerordentlichen Erfahrungen und Fähigkeiten zum Herrn der Erzengel unseres Kosmos geweiht wurde. Er wäre dann der einzige unter den uns bekannten Erzengeln, der am eigenen Leib die Polarität und Grobstofflichkeit im so genannten Abstieg in die Materie kennen gelernt hätte und damit die leidvollen Erfahrungen der Menschen verstehen würde. Metatron zur Seite steht SANDALPHON, um ihn gegen die dunklen Mächte, insbesondere aus der Welt der Dämonen, abzuschirmen.

Der Erzengel, in unserer Milchstraße zuständig für das so genannte Wintersechseck, in welchem die Evolution der Menschheit stattgefunden hat, ist MELCHIOR.

Der oberste Erzengel, herrschend auf dieser Lichtebene über den Bereich unseres Sonnensystems Helios und damit auch über den blauen Planeten Erde = Terra Gaia ist MICHAEL. Mit seinem blauen Schwert überwacht er kosmische Pläne und durchschneidet nicht (mehr) benötigte karmische Verbindungskanäle. Er wird gegen die dunklen Mächte und die Dämonen abgeschirmt durch den weniger bekannten Erzengel SARAHEL. Beide werden in unserer Welt unterstützt durch die restlichen Erzengel der „mächtigen Sieben“, die im Einzelnen folgende Farbschwingungen und Aufgaben haben:

DIE SIEBEN MÄCHTIGEN ERZENGEL

Nr.	Farbe	Name	Bedeutung	Eigenschaft	Tag	Planet	Metall	Ton	Edelsteine
1	blau-hellblau	Michael	Wer ist wie Gott?	Glaube, Schutz, Gottes Wille	Sonntag	Sonne	Gold	A/CIS	Saphir, Aquamarin, Coelestin
2	gold-gelb	Jophiel	Gott ist meine Wahrheit	Erleuchtung, Weisheit, Beständigkeit	Montag	Mond	Silber	H/DIS	Topas, Citrin, Mondstein, Bernstein
3	rot-rosa-grau	Chamuel – Camuel	Gott ist mein Ziel	Liebe, Hingabe, Mitgefühl, Mildtätigkeit	Dienstag	Mars	Eisen	C/HIS	Kunzit, Rubbelit, Rhodochrosit, Rosenquarz
4	gelb-weiß	Gabriel	Gottes Kraft	Reinheit, Klarheit, Hoffnung, Verständnis	Mittwoch	Merkur	Quecksilber	D/FIS	Herkimer Diamant, Bergkristall, Selenit
5	grün-rosa	Raphael	Gott heilt	Wahrheit, Heilung, Harmonie, Gleichgewicht	Donnerstag	Jupiter	Zinn	E/GIS	Smaragd, Peridot, Verdellit
6	dunkelrot, rot	Uriel	Feuer Gottes	Gnade, Freude, Dankbarkeit, Freiheit	Freitag	Venus	Kupfer	F/FIS	Rubin, Karneol, Hyazinth
7	violett, purpur	Zadkiel	Wohlwollen Gottes	Transformation, Vergebung, Erlösung	Samstag	Saturn	Blei	G/B	Amethyst, Sugilith, Fluorit, Zoisit

Sie stehen als himmlische Helfer immer zur Verfügung, sofern sie darum gebeten werden. Sonst dürfen sie in freie menschliche Willensentscheidungen nicht eingreifen.

2. Farbarbeit in und mit der Aura

2.1 Die Farben der Aura

Im Kapitel über die Bedeutung einzelner Farben für den menschlichen Organismus wurden bereits ausführlich die Qualitäten von Farben beschrieben. Eine Zuordnung und Interpretation von Farben ist nie statisch oder absolut. Energie verhält sich immer nach bestimmten Mustern und Gesetzmäßigkeiten, dabei können Ursache und Wirkung jedoch bei jedem Menschen unterschiedlich sein. Wenn es z. B. ein kraftvolles Gelb in der Aura gibt, bedeutet dies, dass das Solar-Plexus-Zentrum aktiv ist. Die Ursache, warum die persönliche Willensenergie und die eigene Persönlichkeit berührt werden, kann vielfältig sein. Vielleicht sind Sie Geschäftsführer einer Firma und müssen als Person die notwendige Selbstsicherheit und Stärke ausstrahlen. Oder Sie versuchen nur, Ihr mangelndes Selbstbewusstsein durch verstärkte persönliche Anstrengungen auszugleichen. Die Farbe Gelb in der Aura kann also durch vielerlei Ursachen entstehen. Für eine detailliertere und genaue Interpretation sind neben dem hier im Ansatz dargestellten Wissen ein gutes Einfühlungsvermögen und eine ausgeprägte Intuition hilfreich. Die persönliche Interpretation der Wirkung einzelner Farben geschieht oft intuitiv und individuell.

Die einzelnen Begriffe sind als eine neutrale Auslegung gedacht. So ist Aktivität, Leidenschaft oder Männlichkeit weder gut noch schlecht. Aktiv zu sein ist im Grunde eine gute Eigenschaft. Zu viel Aktivität kann jedoch auch in Stress und Anspannung ausarten. Ebenso verhält es sich mit Idealismus. Auf der einen Seite können uns Ideale eine Richtung und Ethik geben, andererseits kann Idealismus in Fanatismus und Starrheit übergehen. Alle Begriffe sind also in ihrer Grundform immer neutral. Es hängt immer vom Bewusstsein des Menschen ab, wie er Energie lenkt und lebt und seine Wahrnehmung ausdrückt.

Ebenso hat jeder Mensch subjektiv eine andere Beziehung zu Farben. Dadurch ist die Interpretation von Farben für jeden Menschen individuell und persönlich einzuschätzen. Wenn man einer Gruppe von Menschen sagt, sie solle sich die Farbe Rosa vorstellen, dann stellt sich jeder eine unterschiedliche Schattierung der Farbe Rosa vor und hat auch jeweils unterschiedliche Erfahrungen und Erlebnisse, die er mit der Farbe Rosa verbindet. Für einen Menschen hat die Farbe Rot eine so genannte positive, für einen anderen Menschen eine negative Bedeutung. Die Farbzuordnungen müssen also immer von einem subjektiven Ansatzpunkt her betrachtet werden.

Bildlich kann man sich die unsichtbare, aber oft fühlbare, feinstoffliche Aura vorstellen wie vier ineinander verschachtelte, unterschiedlich große Luftballons in den Farben Weiß (= Spiritualebene), Gold (= Mentalebene), Grün (= Astralebene) und Magenta (= Ätherebene) mit wichtigen Schutz-, Speicherungs- und Steuerungsfunktionen in jedem einzelnen Bereich. Sind einzelne Ebenen inaktiv, fehlt bildlich die Luft in den einzelnen Ballons, daher werden die Funktionen nicht mehr wahrgenommen, der einzelne Mensch fühlt sich schutz- und machtlos negativen Schwingungsimpulsen von außen ausgeliefert. Hat er selbst in sich noch entsprechende unausgeglichene Negativpotentiale durch entsprechende Gedankenprogramme und Gefühlsmuster laufen, geht er unweigerlich in Resonanz. Er spürt dann unter anderem negative Gedanken und Gefühle anderer Menschen in seinem Umfeld körperlich und energetisch, daher wird ihm unweigerlich wertvolle Willens- und Lebensenergie entzogen.

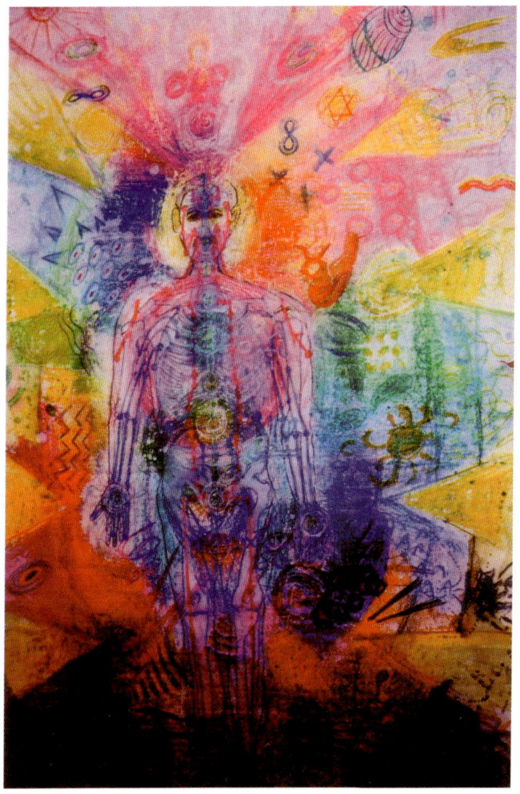

2.1.1 Negativverträge in der Spiritualebene

Speziell bei der Interpretation von Farben in der Aura ergibt sich folgender Sachverhalt:

In der SPIRITUALEBENE der Aura wird die Ebene des Überbewusstseins und damit das Element Feuer wiedergegeben. Als Steuerinstanz ist der Bereich des Hohen Selbst, eines androgynen Lichtwesens als „Botschafter Gottes", in uns, welches vor allem den eigenen kosmischen Plan verwaltet. Hier in diesem Bereich vorkommende Farben beschränken sich auf reine Schwarz-Weiß-Effekte, wobei – streng genommen – Schwarz und Weiß selbst gar keine Farben darstellen. Weiß ist die Zusammenfassung und Verschmelzung aller Farben im Licht. Schwarz ist die Darstellung der Dunkelheit als Abwesenheit von Licht und Weiß. Beide Polaritäten stellen die größten möglichen und vorstellbaren Gegensätze dar und haben deshalb auch die stärkste Wirkung auf die Stabilität der Gesamtaura.

Hier sind alle persönlichen „Vertragsbestandteile" gespeichert, die aus früheren Leben und kosmischen Plänen vorangegangener Existenzen übernommen wurden, da der Einzelne sie damals noch nicht eindeutig und zweifelsfrei aufgekündigt und gelöscht hat. Sie stellen also „unerledigte Hausaufgaben" dar, die teilweise z. B. in Form von Familienflüchen auch aus dem Bereich der individuellen Karmafamilie übernommen sein können. Im Einzelnen handelt es sich dabei um folgende übernommenen persönlichen Karmaprogramme als in Schwarz gespeicherte Flecken und Zonen in der Spiritualebene:

- Noch nicht vorgenommene Verzichtserklärungen
- Unaufgelöste Seelenverträge mit Menschen, Extremsituationen aus der Vergangenheit, Mächten der Dunkelheit und der eigenen negativen Polarität
- Noch wirkende Energien in früheren Leben: Gebrochene Gelübde wie Schweigen, Armut, Keuschheit, Gehorsam (gegenüber Papst und Obrigkeit), Treue (gegenüber Orden und Großmeister), Kampf gegen Ungläubige (bei Kreuzrittern)
- Noch nicht vollständig abgeschlossene Rituale aus früheren Leben gegenüber Göttinnen, Göttern, Naturgeistern, Elementarwesen usw.
- Noch wirkende Fluchenergien als Gottesverlust, -verneinung, -verfluchung, bewusste Selbstverfluchung, Familien- und Fremdverfluchung
- Bewusst vorgenommener Selbstmord aus früheren Leben ohne zwingenden, spirituellen Hintergrund
- Schwur, Eid, Bann, Verwünschung in starker mentaler, emotionaler und physischer Erregung aus früheren Leben.

Diese können durch entsprechende Rituale neutralisiert werden.

Nachdem es sich bei den genannten Negativpotentialen um die stärksten karmischen Restbestände auf höchster Energieebene aus früheren Leben handelt, haben diese die größten Wirkungen auch auf andere Auraebenen und sind oftmals die Ursache für eine komplett zusammengebrochene Gesamtaura. Sie können jedoch u.a. durch bestimmte Rituale[51], (3 bis 12-mal) öfter wiederholt, ausgeglichen werden.

2.1.2 Einschränkende Gedankenprogramme in der Mentalebene

Die MENTALEBENE der Aura zeigt die Mentalebene des Menschen mit seinem freien Willen, Intellekt, Verstand und Vernunft im Bereich des Wachbewusstseins. Hier wirken als Negativpotentiale mentale Traumata, energetisch verdichtete Gedanken – Mentale, „herumirrende Gedankensplitter", Fixationen als noch wirkende „fixe Ideen", starke mentale Verhaftungen in negativen Basisprogrammen der Menschheit[52] sowie Glaubensmuster mit ihrem Verstandesanteil. Gerade letzteres, also bisher noch unerledigte Glaubensmuster im mentalen und emotionalen Bereich, stellen heute eine außerordentlich große Belastung für einzelne Menschen dar, die ihr Denken und Handeln vollkommen leiten, ihre intellektuelle Beweglichkeit weitestgehend einschränken und ihre feinstoffliche Mentalaura zusammenbrechen lassen kann. Aber auch diese können durch entsprechende Rituale aufgelöst werden.[53]

Farben im Bereich der Mentalebene zeigen sich nur schwach und meist nicht klar als Formen definiert. Sie entsprechen mehr Farbzonen und -streifen ähnlich jenen, die bei Sonnenauf- und -untergängen zu beobachten sind.

---

51 Abrufbar über die Homepage des Autors unter: www.huna-seminare.at

52 Der Glaube manifestiert sich im Kopf- und Bauchhirn in entsprechend festgefahrenen Mustern und Programmen, also sowohl in der Mental- als auch in der Astralaura.

53 Die hierfür notwendigen Texte können unter der Rubrik Formulare von der Webseite des Autors (www.huna-seminare.at) heruntergeladen werden.

2.1.3 Karmaspeicherung und negative Gefühlsmuster in der Astralebene

Die ASTRALEBENE der Aura ist einer der wichtigsten Bereiche der Speicherung von Impulsen und Programmen in Form und Farbe und dies auch aus noch „unerledigten Hausaufgaben“ und noch nicht bewusst abgeschlossenen Lernaufgaben aus früheren Leben heraus. Dies zeigt sich sowohl negativ als auch positiv polarisiert. Negativpotentiale in der Aura erscheinen als bizarre, amorphe, schwammige und zackige Formen in dreckigen, dichten, unschönen, verschwommenen, unreinen, oft mit Schwarz, Grau, Oliv und Braun vermischten Farben. Positivpotentiale in der Aura ergeben sich als klare, schöne, harmonische, oft symbolhafte, abgegrenzte Formen aus der Natur, der Sakralen Geometrie und der so genannten Archetypensymbolik. Die Farben sind rein, sauber, klar, intensiv, hell, strahlend und oft mit Weiß „durchlichtet“.

AURAAUFNAHMEN DES AUTORS
IM SOMMER 1995

Im einzelnen ergeben sich unter anderen folgende positive und negative Hinweise:

Rot:	+++	Aktivität, Extrovertiertheit, Bewegung, Vitalität, Gesundheit, Emotionalität, Ausdehnung, Dynamik
	---	Aggression, Leidenschaft, Wut, Hass, Zorn, Gewalt, Ärger, Feuer, Cholerik, Überaktivität
Hellrot:	+++	Freude, Erotik, Sexualität, Leidenschaft, Sensibilität, Weiblichkeit, Liebe, Intuition, Aufrichtigkeit, Warmherzigkeit
	---	Unüberlegtheit, Probleme und Blockaden im Leben, mangelnde Aufarbeitung karmischer Frustrationen, Kindheitstraumata, unterdrückte Wut
Dunkelrot:	+++	Tatkraft, Wille, Männlichkeit, Führernatur, Mut
	---	Begierde, Bosheit, Zorn, mangelndes Vertrauen, Wollust, Wut, Ärger, Triebhaftigkeit, Überlebensängste, Lustlosigkeit
Dunkelbraun:	+++	Naturverbundenheit, Behaglichkeit, Ruhe, Vertrauenswürdigkeit, Treue, Verantwortungsbereitschaft
	---	Egoismus, Lieblosigkeit, Erdgebundenheit, Abhängigkeit (Drogen, Alkohol), Krankheit, Zerstörung, Einengung, Unbeweglichkeit, Rechthaberei
Orange:	+++	aktive Intelligenz, Selbstsicherheit, Lebenslust, Ausdrucksfreude, Heiterkeit, Wärme, Empfindung, Weltoffenheit, gesunder Egoismus, soziales Engagement, psychische Kreativität, Ausdauer
	---	sexuelle Abhängigkeit, Verhaftung, Egoismus, Selbstzweifel, Hysterie, Traumata, emotionale Schocks, Phobien
Orange-Rot:	+++	Genuss, Tatendrang, Idealismus
	---	Begehren, Antipathien, Melancholie, emotionale Verhaftung, Stolz, Eitelkeit, Unentschlossenheit, geistige Abhängigkeit
Orange-Gelb:	+++	scharfer Verstand, Selbstbewusstsein, Strebsamkeit, Achtung, Respekt, Lebensfreude, Spontaneität, Liebesannahme, Freude
	---	emotionale Isolation, Eigennutz, Laschheit, Müdigkeit
Gelb:	+++	Intellekt und Verstand, Organisationsfähigkeit, Disziplin, Offenheit, Persönlichkeit, positives Denken, Fröhlichkeit, Mitgefühl
	---	Zynismus, Verwirrung, übertriebene Vorsicht, Angst, Feigheit, Nervosität, Depressionen, Neid, Eifersucht, Stolz, Unsicherheit

Hellgelb:	+++	Offenheit, Leichtigkeit, klarer Verstand, starke Persönlichkeit, Frische, Intuition, Hemisphärensynchronisation
	---	innere Anspannung, Lähmungen, Müdigkeit, Manipulation
Ockergelb:	+++	Stabilität, Realität, Sparsamkeit, Fröhlichkeit, Offenheit, Aufrichtigkeit, Verlässlichkeit
	---	Verspannungen, Einengung, Kontrolle, Geiz, Egoismus, Wankelmütigkeit, Unsicherheit, Unpünktlichkeit, Unzuverlässigkeit
Limone:	+++	Sympathie, Mitgefühl, Kommunikation, Friedfertigkeit, Offenherzigkeit, Furchtlosigkeit, Freude, Selbstvertrauen
	---	Egozentrik, Unehrlichkeit, Angst, Furcht, Eifersucht, Neid, Gier, Starre, Blockaden
Grün:	+++	Wachstum, Veränderung, Natur, Hingabe, Ruhe, Neutralität, Liebe, Herzlichkeit, Harmonie, Heilung, Ausgeglichenheit, Offenheit
	---	Unruhe, Disharmonie, Unstetigkeit, Kontaktarmut, Neid, Missgunst, Ungeduld, Unzufriedenheit, Unruhe
Dunkelgrün:	+++	Ausdruck, Selbstdarstellung, Anpassungsfähigkeit, Lebenskraft, Ruhe
	---	Verschlagenheit, Betrug, Materialismus, Misstrauen, Fahrigkeit
Hellblau:	+++	Hingabe an Ideale, Weichheit, Religion, Einsamkeit, Zurückhaltung, Mitgefühl, innerer Friede, Ruhe, Zentriertheit
	---	negatives Denken, Helfersyndrom, Opferrollenspiel, Unruhe, Müdigkeit, Blockaden
Blau:	+++	Introvertiertheit, Ruhe, Vertiefung, Kühle, Einsamkeit, Wahrheit, Hingabe, Weisheit, Geradlinigkeit, Direktheit, Schnelligkeit, Intuition, Diplomatie, Sanftheit, Ergebung
	---	Unfriede, Isolation, Unruhe, Depressionen, Reserviertheit, mentaler Egoismus, innere Leere
Indigo:	+++	Heilfähigkeit, Güte, Ernsthaftigkeit, Vorsicht, Moral, gesundes Gewinnstreben, Idealismus
	---	Selbstzerstörung, Materialismus, Suchtverhalten, Verschlossenheit, Halluzinationen, Traumata, Wahnvorstellungen, Isolation, Unsicherheit, Vaterproblematik
Violett:	+++	Intuition, Kunst, Kreativität, übersinnliche Fähigkeiten, Ruhe, Autorität, Glaube, Lebenszielsetzung, Identitätsfindung, Ausgleich, Phantasie, Entkörperung
	---	Verschlossenheit, Grübelei, Unstetigkeit, Selbstzerstörung, Disharmonie, schwere Depressionen, mangelnde Eigenliebe, Frust, Festhalten an alten Gedankenmustern, Freudlosigkeit, Trauer, Leid, Geldprobleme, materielle Existenzangst
Lila:	+++	Mystik, Magie, Tiefgründigkeit, Führungseigenschaften
	---	Besessenheit, Intoleranz, Machtstreben, Manipulation, Einsamkeit, Unruhe, Konzentrationslosigkeit, Depressionen, Fahrigkeit
Rosa:	+++	Sensibilität, Feinfühligkeit, Emotionalität, Weiblichkeit, Feinheit, Sentimentalität, Sehnsucht, Weichheit
Weiß:	+++	entwickelte Geistigkeit, Spiritualität, Gottesschau, höheres Bewusstsein, Träumerei
	---	Energiestau, Schmerzen

Die Auflösung alter karmischer Muster kann ebenfalls über entsprechende Rituale erfolgen.[54]

Die Visualisierung von LICHT UND FARBEN in Verbindung mit konzentriertem, tiefen Ein- und Ausatmen in den ganzen Körperbereich, bestimmte Organzonen und Gewebeverbände hinein wirkt allgemein belebend, aktivierend und reinigend. Bewusstes Ausatmen bzw. Abgeben von Schadstoffen, Toxinen, Schwermetallbelastungen und energetischen Störpotentialen aus dem physischen Organismus und der feinstofflichen Steuerebene hinaus stellt eine schnell greifende, einfache und hochwirksame Methode der reinigenden Selbstbehandlung und Eigentherapie dar. Sie entspricht uralten Praktiken von Licht- und Farbbehandlungen zur Gesunderhaltung, Heilung und Harmonisierung von Körper, Seele und Geist aus der Tradition bekannter Kultur- und Naturvölker heraus. Sie ermöglicht es dem Menschen wieder, die volle und ausschließliche Verantwortung für seinen Körper, seine Gesundheit und damit sein Leben zu übernehmen.

2.1.4 Auswirkungen in der Ätherebene

Jeder lebende, elektromagnetische Körper strahlt Auraenergie von einer besonderen Farbfrequenz mit einer bestimmten Wellenlänge aus. Die Farbe Magenta dominiert bei Personen mit guter Gesundheit und gut ausgeglichenem Stoffwechsel. Magenta enthält zu gleichen Teilen die

54 Deren Text kann unter der Rubrik Formulare von der Webside des Autors (www.huna-seminare.at) heruntergeladen werden.

beiden Farben Rot und Violett, jene Farben, die sich an den jeweiligen Enden des Farbspektrums befinden.

Bei Fehlfunktionen eines Körperteils oder Organs und, wenn der Energiespiegel einer Person zu hoch oder zu niedrig ist, kommt die Aura aus dem Gleichgewicht und die vorherrschende Farbe verlagert sich entweder auf die rote oder die violette Seite des Farbspektrums. Bei Verlust an Energie kann die Aura sogar dunkle Flecken aufweisen, wie bereits eingehend erörtert wurde. Diese zeigen anschaulich die folgenden Beispiele:

Kirlian-Fotografien

von Händen verschiedener Personen, die unterschiedlicher Farbbestrahlung ausgesetzt waren

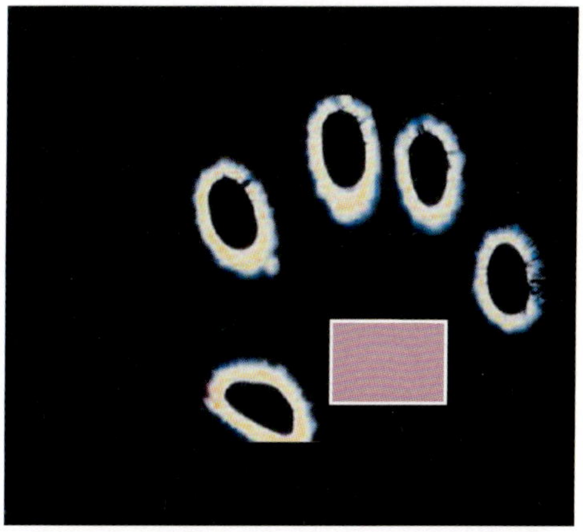

Hand von Yvonne, Bestrahlung mit Violett

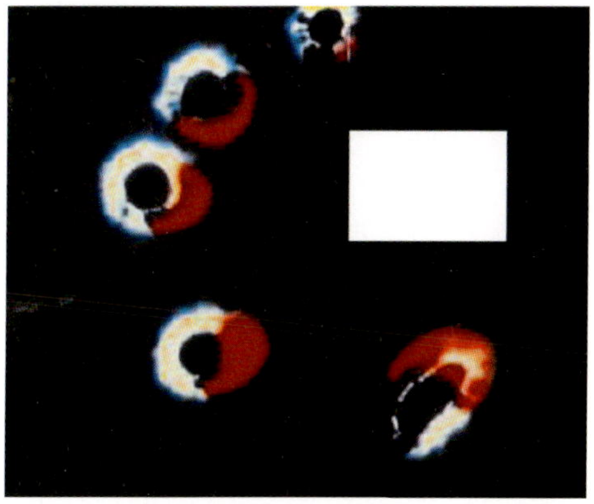

Hand von Herrn Grabfeld, mit Weiß bestrahlt

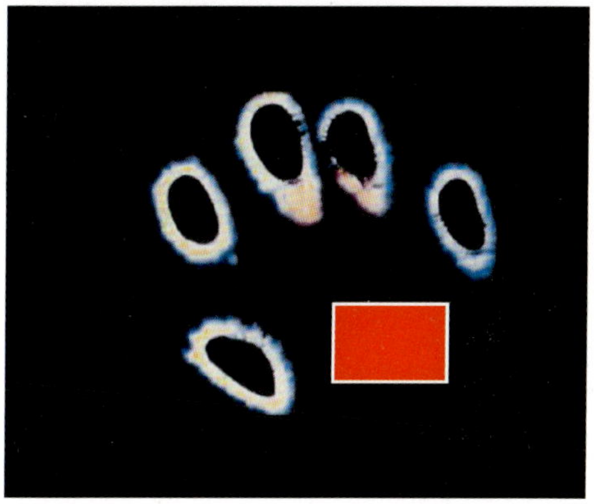

Hand von Yvonne, Bestrahlung mit Rot

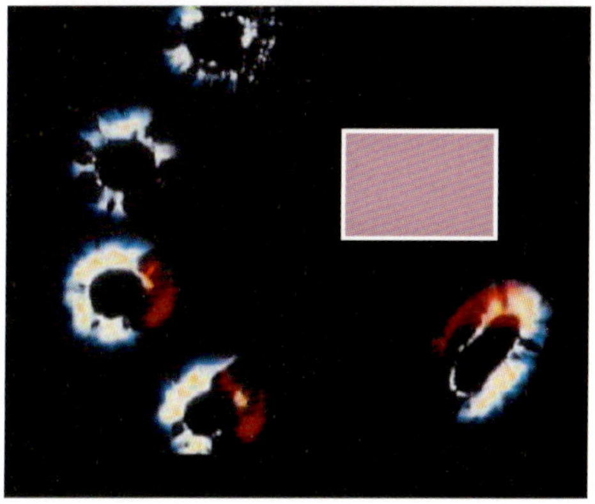

Hand von Herrn Grabfeld, mit Violett bestrahlt

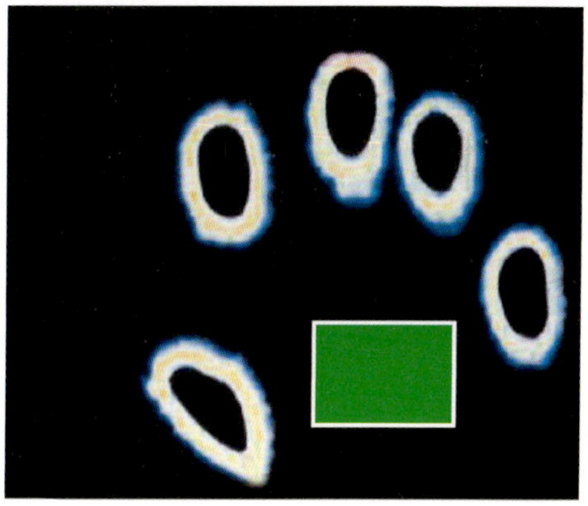

Yvonnes Hand unter grüner Farbbestrahlung

Kirlian-Fotografien
von Fingern der rechten Hand des Autors, die unterschiedlicher Farbbestrahlung ausgesetzt waren

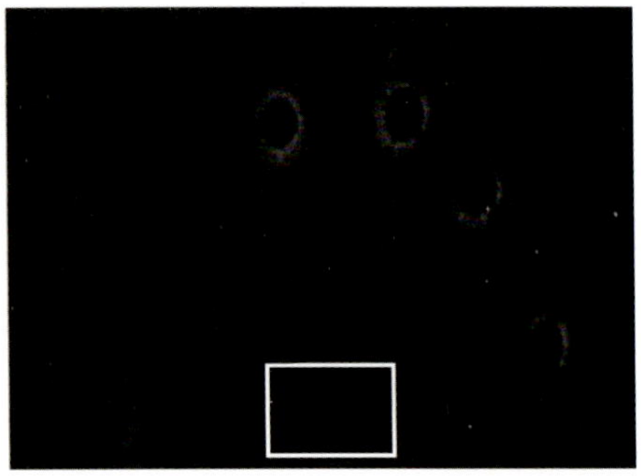

Bestrahlung mit Schwarz

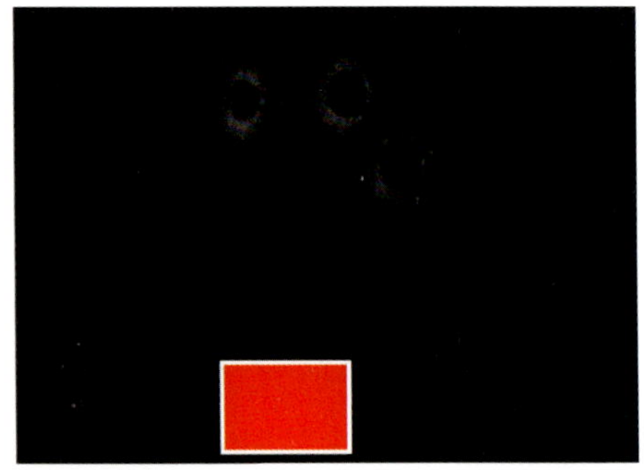

Bestrahlung mit Rot

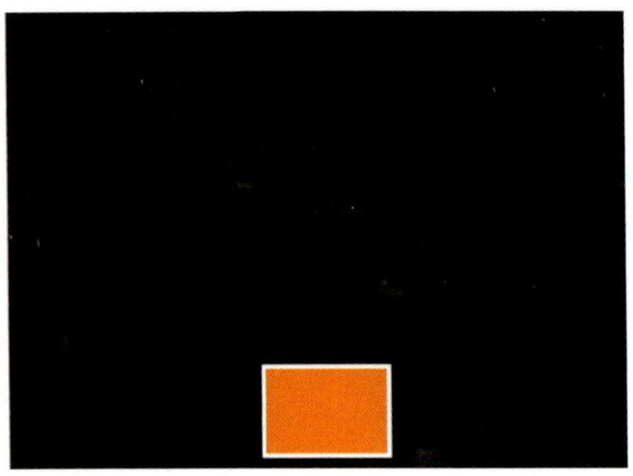

Bestrahlung mit Orange

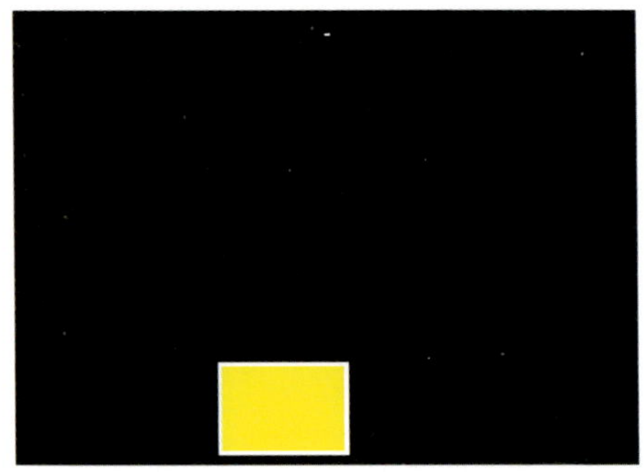

Bestrahlung mit Gelb

Bestrahlung mit Weiß

Bestrahlung mit Limone

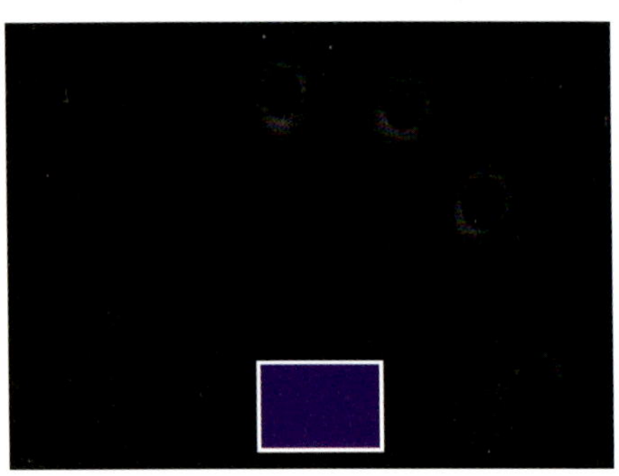

Bestrahlung mit Blau

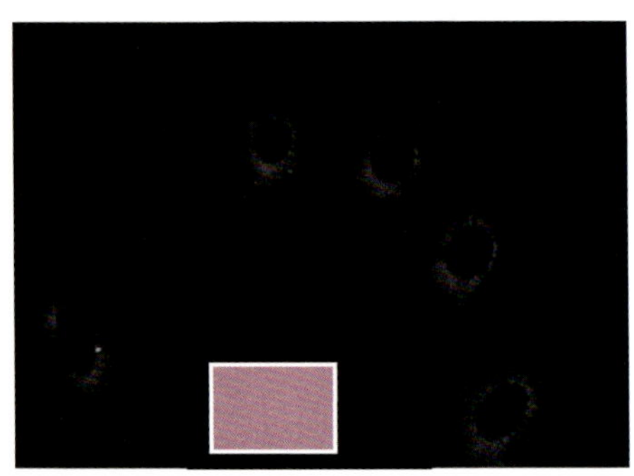

Bestrahlung mit Violett

Weiterentwickelte Verfahren der Kirlian-Fotografie

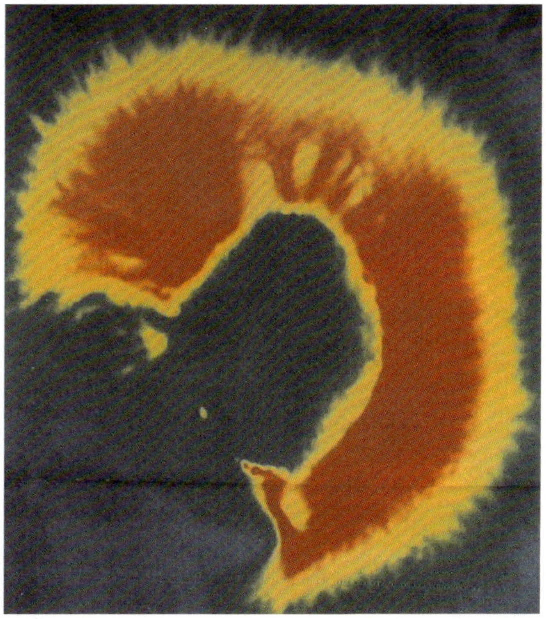

COLORPLATE-Verfahren nach Dr. Dieter KNAPP, Fürth

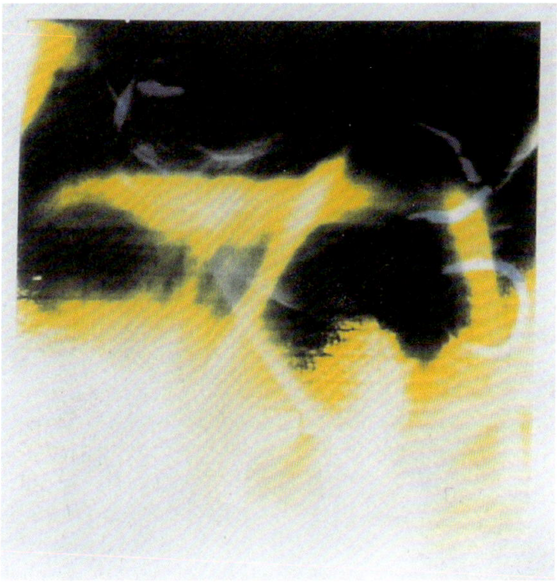

HFS-Verfahren von Christian SEIDL, München

3. Farblichttherapie

3.1 Allgemeine Grundlagen

Farblicht ist Teil des sichtbaren Lichts.

Das Wort Farblicht sagt aus, dass weißes Licht in verschiedene Farbwellenbereiche zerlegt wird. Farben und Farblicht sind, ob wir uns nun dessen bewusst sind oder nicht, ein Teil unseres täglichen Lebens.

Lichtschwingungen sind Informationsträger und ermöglichen somit kosmische Datenübermittlungen und Zellkommunikation.

Licht aktiviert und erhält den Fluss des Lebens, Licht ist essentiell für alles Sein.

Licht – Leben in Liebe.

Lichtenergie überschreitet alle gegenwärtigen Strukturen von Zeit und Raum und verbindet alle Dinge, alles Leben mit dem Kosmos. Licht dient der Information zwischen Atomen und Zellen, steuert somit alle Funktionsabläufe des Körpers.

Zellen sind nicht nur für Energieschwingungen empfänglich, die von innerhalb des Körpers einwirken, sondern auch für jede Energieveränderung von außerhalb. Die Wirkung von Lichtenergie auf uns ist oft indirekt, denn nur ein sehr geringer Teil der elektromagnetischen Energie ist durch unsere Augen wahrnehmbar. Wir werden nicht nur vom sichtbaren Licht der Sonne (LUX), dem Tageslicht und künstlichen Licht beeinflusst, sondern wir empfangen und nehmen fortlaufend Schwingungen des unsichtbaren elektromagnetischen Feldes um uns auf, des universalen Lichtes (LUMEN).

Wir brauchen in der heutigen Zeit einen natürlichen Weg, um dem negativen Einfluss von Strahlen und Wellen entgegenzuwirken und das Gleichgewicht und die Harmonie in unserem Körper wiederherzustellen.

Eine Möglichkeit ist, dies durch die Farblicht-Bestrahlung zu erreichen. Farblicht aktiviert beispielweise Vitamine, die unser Körper braucht.

Die Bestrahlung mit Farblicht ist einfach und praktisch und vermittelt zahlreiche Möglichkeiten der Anwendung ohne Nebenwirkungen. Sie ist ein höchst effektiver Weg der Heilung.

Die Farblichttherapie stellt die Anwendung gezielt ausgewählter Farben zur Erhaltung und Erreichung des energetischen und körperlichen Gleichgewichts dar. Dabei wird entweder der gesamte Körper oder werden nur bestimmte Körperregionen mit Farblicht bestrahlt.

Für diese Methode werden bestimmte geeignete Lichtquellen (z. B. Farblampen) und spezielle Farbfilter benötigt.

Zusätzlich sind gewisse Grundkenntnisse erforderlich, wie etwa die Farbfilter, die Dauer der Bestrahlung, der Abstand zur Lampe und das Umfeld während der Bestrahlung beschaffen sein müssen.

Da Farbschwingungen leicht vom menschlichen Gewebe aufgenommen und vom Körper verwertet werden können, kann uns die Farblichttherapie helfen, das innere und äußere Gleichgewicht zu erhalten oder wiederherzustellen.

Farblicht unterstützt auch die Bildung einiger Vitamine. Auch Vitamine werden von Licht und bestimmten Farben aktiviert. Ein sehr bekanntes Beispiel dafür ist die Bildung von Vitamin D, was nachweisbar durch die Einwirkung von Tageslicht und Sonnenlicht geschieht.

Vitamine sind chemische Verbindungen, die als Katalysator verantwortlich sind, wichtige chemische Vorgänge im Körper in die Wege zu leiten und abzuwickeln. Dies wurde bereits eingangs ausführlich beschrieben. Deshalb sind Vitamine von großer Bedeutung für unsere Gesundheit. Jeder von uns ist sich bewusst, dass die heutige Nahrung in der Regel Mängel an Vitaminen und Mineralstoffen aufweist. Farblicht kann helfen, diese Mängel zu beseitigen. Bestimmte Farbwellen aktivieren bestimmte chemische Elemente und daher bestimmte chemische Reaktionen.

Folgende Farbwellen regen die Vitaminproduktion im Körper an:

- Vitamin A wird aktiviert von Gelb
- Vitamin B wird aktiviert von Orange und Rot
- Vitamin C wird aktiviert von Gelbgrün/Limone
- Vitamin D wird aktiviert von Violett
- Vitamin E wird aktiviert von Scharlach und Magenta
- Vitamin K wird aktiviert von Indigo

Eine Fehlfunktion des Körpers und des Energiespiegels der Aura kann wieder normalisiert werden, wenn die Aura

Energetisch-feinstoffliche Bedeutung oktavierter Schwingungsfrequenzen elektromagnetischer Wellen der 2. Dimension

Nummer der Oktave	Frequenz in Hertz	Energetische Bedeutung
1	2	Niedrigster unhörbarer Ton
2	4	Niedriger unhörbarer Ton
3	8	Unhörbarer Ton
	vom Menschen hörbare TONFREQUENZEN	
4	16	Niedrigster hörbarer Ton
5	32	Großes C 3: Unterste Klaviertaste
6	64	Großes C 2
7	128	Kleines C
8	256	Mittleres C
9	512	C 2
10	1.024	C 3
11	2.048	C 4
12	4.096	C 5: Oberste Klaviertaste
13	8.192	Musikalischer Ultraklang
14	16.384	ÑEntomosisches Summen“
15	32.768	Nicht mehr hörbarer Ton
	ÄTHERBEREICH	
16	65.536	Niedrigster ätherischer Klang
17	131.072	Niedriger ätherischer Klang
18	262.144	Mittlerer ätherischer Klang
19	524.288	Hoher ätherischer Klang
20	1.048.576	Höchster ätherischer Klang
	ASTRALBEREICH	
21	2.097.152	Ka –Wellen
22	4.194.304	Kha – Wellen
23	8.388.608	Ga – Wellen
24	16.777.216	Cha – Strahlen
25	33.554.432	Ja – Wellen
26	67.108.864	Ta – Wellen
	MENTALBEREICH	
27	134.217.728	Tha – Wellen
28	268.435.456	Da – Wellen
29	536.870.912	Pa – Wellen
30	1.073.741.824	Fa – Wellen
31	2.147.483.648	Ba – Wellen
32	4.294.967.296	Bha – Wellen
33	8.589.934.592	Ma – Wellen
34	17.179.869.184	Ya – Wellen
35	34.359.738.368	Ra – Wellen
36	68.179.476.736	La – Wellen
37	137,438,953,472	Va – Wellen
38	274.877.906.944	Sha – Wellen
39	549.755.813.888	Sa – Wellen
40	1.099.511.627.776	Kshah – Wellen
41	2.199.023.255.552	Ina – Wellen
42	4.398.046.511.104	Längste Fotowellen
43	8.796.093.022.208	Niedrigste Wärmewellen
44	17.592.186.044.416	Niedrige Wärmewellen
	SPIRITUALBEREICH	
45	35.184.372.088.832	Hitzewellen
46	70.368.744.177.664	Destruktive Infrarotwellen
47	140.737.488.355.328	Infrarotwellen
48	281.474.976.710.656	Angenehme Infrarotwellen
49	562.949.953.421.312	Sichtbares Licht als Farbe: LINDGRÜN
50	1.125.899.906.842.624	Unsichtbares Licht: UV-Wellen
51	2.251.799.813.685.248	Unsichtbares Licht über dem UV-Wellenbereich
52	4.503.599.627.370.496	
53	9.007.199.254.740,992	
54	18.014.398.509.481.984	
55	36.028.797.018.963.968	Kürzeste Fotowellen
56	72.057.594.037.927.936	Zerstörende UV-Strahlen
57	144.115.188.075.855,872	Leichteste Röntgenstrahlen
58	288.230.376.151.711.744	Leichte Röntgenstrahlen
59	576.460.752.303.423.488	Harte Röntgenstrahlen
60	1.152.921.504.606.846.976	Starke Röntgenstrahlen
61	2.305.843.009.213.693.952	Radium-Austritt
62	4.611.686.018.427.387.904	Gamma-Strahlen
63	9.223.372.036.854.775.808	Delta-Strahlen
64	18.446.744.073.709.551.616	Magnetismus

mit dem geeigneten Farblicht bestrahlt wird. Farblicht wirkt zuerst auf die Aura durch Stärkung oder Schwächung der Aurafrequenz und danach durch die Aura auf unseren physischen Körper. Braucht eine Körperregion mit einer Unterfunktion eine Anregung, wird die Aura mit Farblicht bestrahlt, das in Resonanz mit dieser Körperregion ist. Braucht eine Körperregion mit einer Überfunktion eine Beruhigung, wird die Aura mit der Gegenfarbe bestrahlt, welche der Überfunktion entgegenwirkt, der so genannten Komplementärfarbe.

Die Energie- und Informations-Medizin nützt die natürlichen Energien von Licht und Farben, von Magnetismus, Elektrizität, homöopathischen Heilmitteln, Blütenessenzen oder Vitaminen, um Störungen des menschlichen Energiefeldes zu behandeln. Nach Identifizierung der Energieform, die sich mit dem Energiefeld einer Person in Resonanz befindet, wird diese Alternative eingesetzt, z. B. eine bestimmte Farbfrequenz, um Aura oder Chakras zu stärken oder zu normalisieren.

Es ergeben sich die folgenden Beziehungen der sieben Chakras zu Farbschwingungen und Drüsen:

Scheitel	Violett	Zirbeldrüse
Stirn	Indigo	Hirnanhangdrüse
Hals	Blau	Schilddrüse
Brust	Grün	Thymusdrüse
Solarplexus	Gelb	Bauchspeicheldrüse
Nabel	Orange	Nebennieren
Basis	Rot	Geschlechtsdrüsen

3.2 Spektrochrome – Die „Zwölf-Farben-Chromotherapie“ von Dr. Dinshah Ghadiali

Eine besondere Bedeutung im Rahmen der individuellen Evolution und einer positiven Lebenseinstellung kommt gerade in der heutigen Zeit der praktischen Anwendung und Arbeit dem ältesten Heilverfahren der Menschengeschichte, nämlich mit Licht und Farben, zu. Der in den USA lebende Arzt Dinshah P. Ghadiali erklärte bereits 1933 in seinem Buch „Spectrochrome“, dass Unwohlsein beim Menschen durch das Fehlen bzw. auch die übermäßige Präsenz gewisser Farben, wirkend auf den und im Körper, zu erklären seien, und entwickelte erfolgreich eine Therapietechnik der Harmonisierung und Heilung mit Licht und Farben, welche sein in New Jersey/USA lebender Sohn Darius Dinshah weiterführte. Diese Colortherapie wirkte auch bei blinden und farbenblinden Menschen. Darauf hat besonders der amerikanische Augenarzt Dr. Jacob Liberman ab 1974 in seinen Arbeiten hingewiesen.

Dieses wissenschaftliche und in sich geschlossene System wurde von Dinshah Ghadiali[55] (1873–1966) Anfang des letzten Jahrhunderts entwickelt, ab 1920 dort in zahlreichen Heilpraxen angewendet und durch mehr als 6000 schriftliche Fallbeispiele praktisch unterlegt. Aufgrund diverser Auseinandersetzungen mit der amerikanischen Gesundheitsbehörde AHO und AMO wurde die Anwendung der Chromotherapie jedoch zumindest stark behindert.

Die Wellenlängen des von Dinshah Ghadiali verwendeten Zwölffarbenkreises sind genau ausgerechnet und exakt aufeinander abgestimmt. Neben den drei Primär- und den drei Sekundärfarben werden noch weitere sechs Mischfarben eingesetzt, mit welchen systematisch regulierend auf den menschlichen Organismus eingegriffen wird. Dies geschieht vor allem über die Haut und die Zelloberfläche, gesteuert insbesondere vom Hypothalamus und Thalamus im Zwischenhirn und von dort weitergeleitet an den Organismus.

Wellenlängen der 12 Farben in Billionen Hertz
(nach Dinshah Ghadiali)

1.	ROT	436
2.	ORANGE	473
3.	GELB	510
4.	LINDGRÜN	547
5.	GRÜN	584
6.	TÜRKIS	621
7.	BLAU	658
8.	INDIGO	695
9.	VIOLETT	731
10.	PURPUR	621 reverse
11.	MAGENTA	584 reverse
12.	SCHARLACH	547 reverse

In der Chromotherapie wird mit einer Lichtquelle sowie mit diversen, farbigen und durchsichtigen Filtern gearbei-

55 Ausführlich hierzu: Ghadiali, Dinshah: „Spectro-Chrome Metry Encyclopaedia,“ Dinshah Health Society, 100 Dinshah Drive, Malaga NJ08328, USA 1992.
Darius Dinshah: „Es werde Licht“, Dinshah Health Society, Malaga, NJ08328, USA 1992.
Hackl, Monnica: „Farben-Chromotherapie nach Dinshah“, Sonntag-Verlag, Stuttgart 2003.

tet,[56] die auf die bloße, unbedeckte Hautoberfläche auftreffen. Zu verwenden sind hierfür entweder farbiges Quarzglas mit einem Siliziumdioxyd-Anteil (SiO_2) von über 80 % oder entsprechende Farbfilter aus Folien. Bestrahlt wird in der Regel eine Stunde lang.

Die 12 Heilfarben werden wie folgt verwendet:

1. Warme Farben = INFRAGRÜN	Rot Orange Gelb Limone-Lindgrün
2. Neutrale Harmoniefarben = MITTE	Grün
3. Kühle Farben = ULTRAGRÜN	Türkis Blau Indigo Violett
4. Blutkreislauffarben	Purpur Magenta Scharlach

Dinshah Ghadialis Spektro-Chrome-Zonentafel und Head'sche Zonen

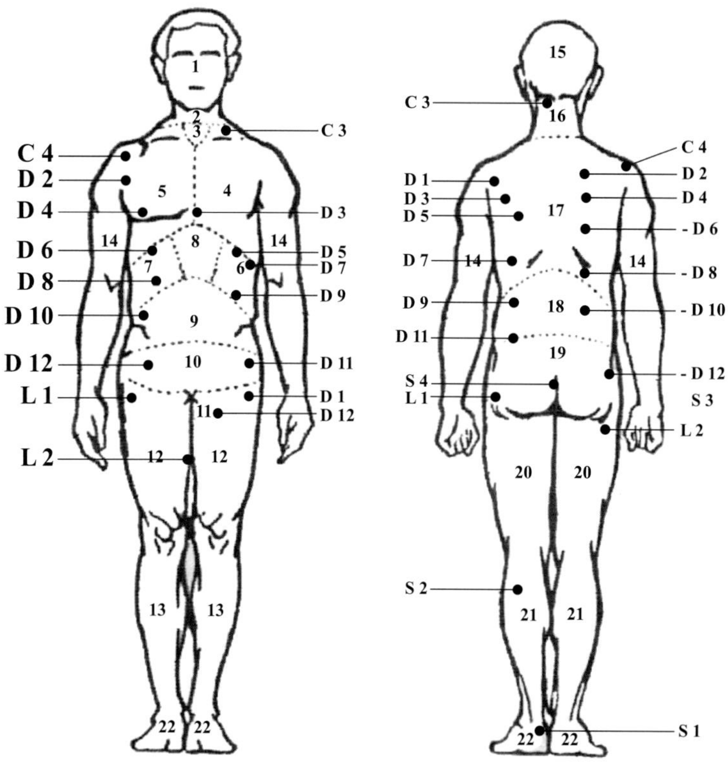

Angewendet werden sie auf die folgenden Organ- und Körperzonen:

Spektro-Chrome-Definition

ZONE #	KÖRPERORGAN
1	Hypophyse, Zirbeldrüse, Gehirn (Vorderhirn)
2	Hals
3	Schilddrüse, Nebenschilddrüsen
4,5	Lungen, Herz, Thymusdrüse (direkt unter Zone 3) (weiblicher Körper: Brustdrüsen)
6	Milz
7	Leber (ebenfalls Zone 8), Gallenblase
8	Magen (ebenfalls Zone 6), Pankreas (Vorderseite)
9	Gedärme (ebenfalls Zone 10)
10	Blase, Blinddarm, innere Geschlechtsorgane
11	Äußere Geschlechtsorgane
12	Oberschenkel
13	Schienbeine
14	Arme
15	Gehirn (Hinterhirn)
15 - 19	Rückgrat, Rückenmark
16	Nacken
17	Lungen (Rückseite)
18	Nieren, Nebennieren, Pankreas (Rückseite)
19	Mastdarm, Gesäß
20	Oberschenkel (Rückseite)
21	Waden
22	Füße

56 Diese sind u. a. zu beziehen bei: Alexander Wunsch, Bergheimer Straße 116, D-69115 Heidelberg, Tel: (00 49) 62 21-16 34 57.

HAUTZONEN-BESTRAHLUNG NACH DINSHAH P. GHADIALI
BEIM MANN

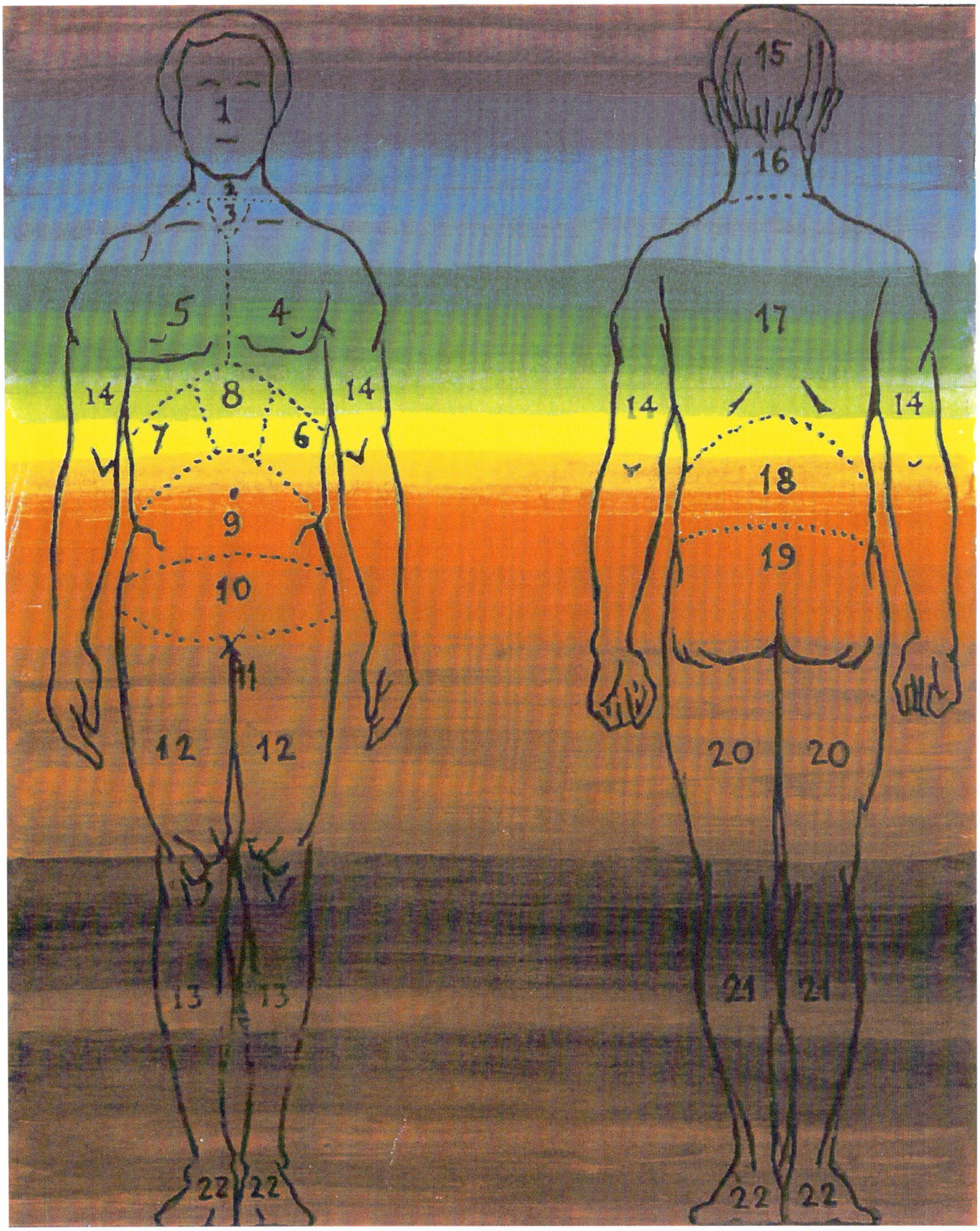

Während der normalen, einstündigen Farbbestrahlung auf die Haut bewegen sich die Licht- und Farbwellen über die Aura in den grobstofflichen Körper und die Organe hinein. Unterstützt werden kann diese Vorgehensweise durch die Einnahme von mit Farben bestrahltem Wasser oder einem, wo farbige Quarzglasscheiben auf oder unter dem Wasserglas liegen. Auf diese Weise kann die äußere durch eine innere Anwendung ergänzt werden.

Allgemein ergeben sich bei der Chromotherapie nach Dinshah Ghadiali folgende Wirkungen:

Farbnummern

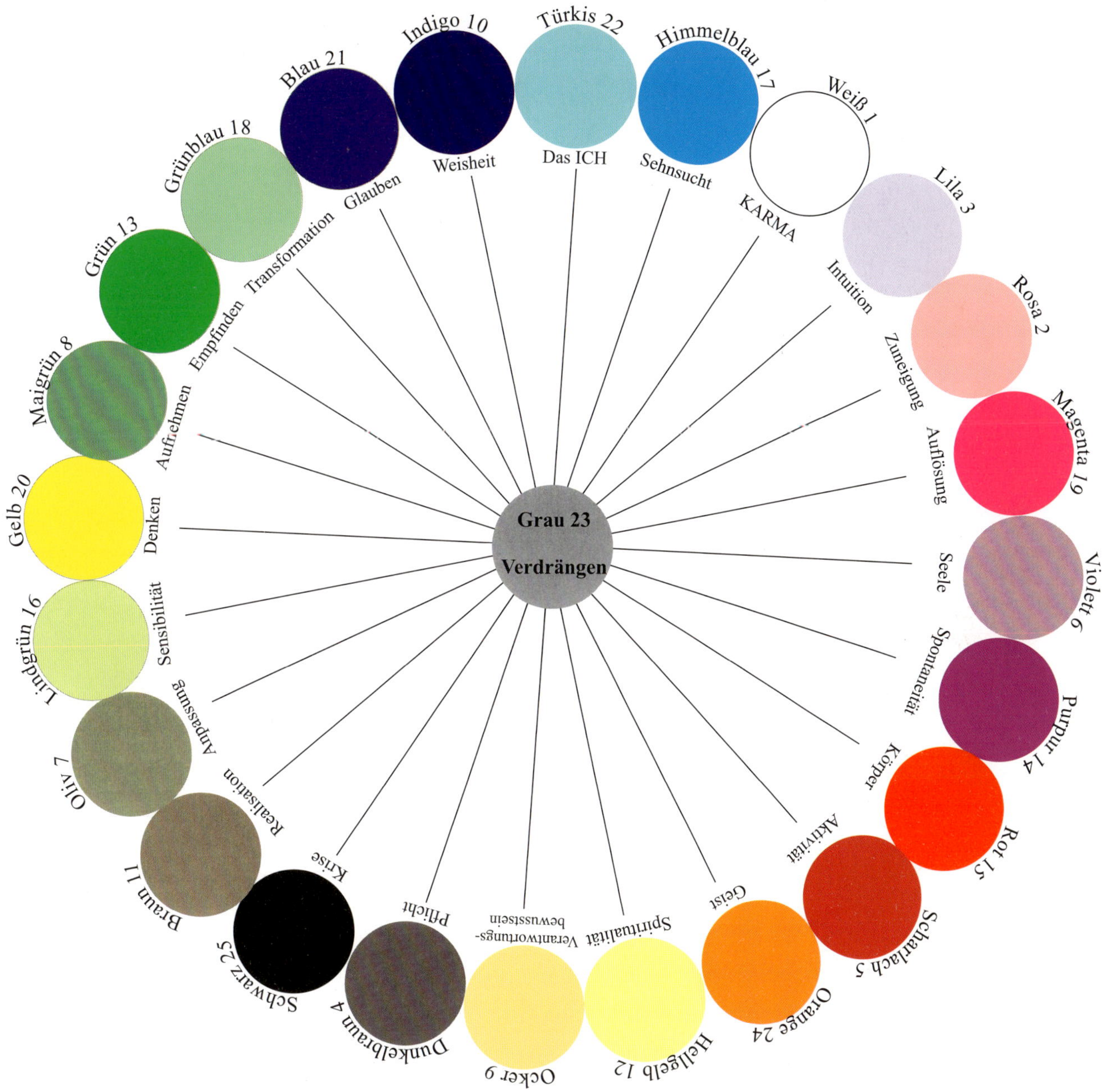

Wellenlänge und Frequenzen der 12 Heilfarben nach Dinshah P. Ghadiali

No.	Farbe Bezeichnung	Zusammensetzung	Rang*	Darstellung	Wellenlänge in 100/inch	Wellenlänge in Nanometern	Schwingungen pro Sekunde in Hertz	Sternzeichen
1	Rot	Rot	P		37.000	685	436.803.079.680.000	WIDDER
2	Orange	½ Rot + ½ Gelb ¾ Rot + ¼ Grün	T S		40.125	632	473.695.231.680.000	STIER
3	Gelb	½ Rot + ½ Grün	S		43.250	586	510.587.383.680.000	ZWILLING
4	Limone	½ Grün + ½ Gelb ¼ Rot + ¾ Grün	T S		46.375	547	547.479.535.680.000	LÖWE
5	Grün	Grün	P		49.500	512	584.371.687.680.000	JUNGFRAU
6	Türkis	½ Grün + ½ Blau ¼ Violett + ¾ Grün	T S		52.625	482	621.263.839.680.000	WAAGE
7	Blau	½ Violett + ½ Grün	S		55.750	455	658.155.991.680.000	SKORPION
8	Indigo	½ Violett + ½ Blau ¾ Violett + ¼ Grün	T S		58.875	431	695.048.143.680.000	SCHÜTZE
9	Violett	Violett	P		62.000	409	731.940.295.680.000	STEINBOCK
10	Purpur	½ Violett + ½ Gelb ½ Violett + ¼ Rot + ¼ Grün	TS		52.625	482	621.263.839.680.000	WASSERMANN
11	Magenta	½ Violett + ½ Rot	S		49.500	512	584.371.687.680.000	FISCHE
12	Scharlachrot	½ Rot + ½ Blau ½ Rot + ¼ Violett + ¼ Grün	TS		46.375	547	547.479.535.680.000	

* P = Primärfarbe, S = Sekundärfarbe, T = Tertiärfarbe

Wirkungen von FARBEN auf den menschlichen Organismus nach der Spectrochrome-Bestrahlungsmethode nach Dinshah P. Ghadiali

FARBE	+ AUFBAUEND/ANREGEND	- BERUHIGEND/HEMMEND
1 Rot	- sensorisches Nervensystem - Sinnesorgane - Leberfunktion (7 + 8) - Aufbau von Blutfarbstoff (Hämoglobin) - Entschlackung allgemein	- Verbrennungen durch Strahlen (UV, Röntgen-, Gammastrahlen)
2 Orange	- Lunge und Atmung (3-4-5-17) - Schilddrüsentätigkeit (3) - Milchbildung in weibl. Brustdrüsen (4-5) - Magentätigkeit (6-7-8) - Aufbau von Knochensubstanz (Rachitis) - Gewebebildung allgemein	- Nebenschilddrüse (3) - Krämpfe und Muskelzuckungen - Blähungen und übersteigerte Gasbildung im Verdauungs-System (6-7-8-9-10-18-19)
3 Gelb	- motorisches Nervensystem - Muskeln und Sehnen - Lymphatisches System - Darmtrakt - Produktion von Verdauungssäften (6-7-8-9-10-18-19) - Bauchspeicheldrüse / Pankreas - Verstopfung, Fettabbau - Melancholie und Depression	- Milz - Wurm- und Parasitenbefall

4 Gelbgrün-Limone	**- alle chronischen Krankheiten** - Stoffwechselprobleme - Aushusten von Schleim der Lunge und Luftwege (2-3-4-5-17) - Knochenaufbau - Gehirntätigkeit (1-15) - Thymusdrüse (4-5) - Rückenmark zum Aufbau von Lymphozyten - Stärkung des Immunsystems (4-5-18) - Verdauungssystem (6-7-8-9-10-18-19) - Bestrahlung - Auflösung von Blutgerinnseln und Thrombosen	
5 Grün	- cerebrales Gleichgewicht (1-15) - Hirnanhangdrüse/Hypophyse (1) - Muskel- und Gewebeneubildung - Reinigung allgemein **- Harmonisierung aller Körperzonen**	- Zerstörung von Bakterien, Mikroorganismen, Krankheitskeimen, Antiseptikum
6 Türkis	**- alle akuten Krankheiten** - Stoffwechselvorgänge allgemein - Hautprobleme - Hautverbrennungen, Sonnenbrand	- Gehirnaktivität
7 Blau	- Schweißbildung und Schwitzen - Zirbeldrüse/ Epiphyse (1) - allgemeine Vitalität	- Juckreiz - Schürfwunden und Quetschungen - Entzündungen aller Art - Fieber - Sedativum
8 Indigo	- Nebenschilddrüse (3) - Bildung von Phagozyten, Makrophagen/Freßzellen zur Unterstützung des Immunsystems	- Schilddrüse (3) - Atmung (3-4-5-17) - wirkt gewebe- und blutgefäßverengend - Abszesse, Eiterungen, Auswurf - Blutungen als Hämostatikum - Milchfluß der weibl. Brustdrüsen - Erregtheit und Überaktivität - Schmerzen aller Art
9 Violett	- Milz (6) - Förderung des Aufbaus weißer Blutkörperchen und Leukozyten	- Herztätigkeit - Muskeln und Sehnen - Lymphdrüsenaktivität (1-11) - Bauchspeicheldrüse (8-18) - Nervensystem allgemein - Sedativum
10 Purpur	- Entspannung allgemein - Schlafstörungen - Venenfunktion - Erweiterung der Blutgefäße - Senkt den Blutdruck	- Nieren und Nebennieren (18) **- Schmerzen aller Art** - zu hoher Blutdruck - Herzfrequenz (4-5) - Körpertemperatur (Fieber) - Malaria und Wechselfieber - Geschlechtstrieb - Blutdruck zwischen Herz und Lunge (4) - Lungenblutungen
11 Magenta	**- wirkt positiv auf die Aura** **- hat generelle Schutzfunktion** - ausgleichend im Gefühlsbereich - Herzfunktion (4-5) - Blutkreislauf - Nieren und Nebennieren (18) - Fortpflanzungsorgane (10-11)	
12 Scharlachrot	- Nieren und Nebennieren (18) - Stimulanz für Arterien - Erhöht den Blutdruck - beschleunigt Herzfrequenz (4-5) - wirkt geburtsbeschleunigend - wirkt anregend im Gefühlsbereich - Impotenz: baut Geschlechtskraft auf - Menstruation (10-11) - Fortpflanzungsorgane (10-11-19)	- verengt Blutgefäße - erhöht Blutdruck

Hautzonenbestrahlungen mit Spectrochrome nach Dinshah P. Ghadiali

Allgemeine Hinweise und praktische Vorgehensweise

I. Allgemein

- keine Ablenkungen während der Bestrahlung (Radio, TV)
- Dauer der Bestrahlung in der Regel 15 bis 20 Minuten möglichst einmal am Tag und einmal bei Dunkelheit
- im Liegen Kopfrichtung und Blick nach Norden
- im Sitzen Kopfrichtung und Blick nach Süden
- Bestrahlungsraum sollte angenehm warm sein, ca. 25 Grad Celsius und möglichst dunkel
- Bestrahlung nur auf bloßer Haut
- zwischen Mahlzeiten und Bestrahlungen mindestens eine Stunde Pause
- einen Ausgleich zwischen Infra- und Ultragrünfarben anstreben
  ULTRAGRÜN: nachts: Türkis – Blau – Indigo – Violett – Purpur – Magenta – Scharlachrot
  INFRAGRÜN: tags: Rot – Orange – Gelb – Limone – Grün
- das Verhältnis zwischen Herzschlag und Atemfrequenz sollte zwischen 4 – 5: 1 liegen
- das Erdmagnetfeld wirkt von Nord nach Süd, die Elektrizität rechtwinklig zum Magnetfeld von Ost nach West

II. Spezielle Farbanwendungen

- GRÜN zur allgemeinen Reinigung immer zuerst, dann
- TÜRKIS auf Vorderseite Zone 1 – 11 und 22 bei akuten Krankheiten,
- LIMONE/GELBGRÜN bei chronischen Krankheiten
- MAGENTA zur allgemeinen Anregung der Blutzirkulation auf Zone 4 – 5 – 18 (Nieren)
  danach ohne feste Reihenfolge z. B.

- bei schwachem Puls und abnehmender Herzfrequenz SCHARLACH auf Zonen 4 – 5 – 18
- bei hohem Puls und steigender Herzfrequenz PURPUR auf Zonen 4 – 5 – 18
- ORANGE bei flachem Atem auf Zonen 3 – 4 – 5 – 17
- TÜRKIS zur allgemeinen Krankheitsvorbeugung und für die Rekonvaleszenz
- LIMONE bei chronischen Lähmungen
- GELB bei Nervenleiden, plus zusätzlich
- ORANGE zur Kräftigung des sensorischen und motorischen Nervensystems
- ROT zur Stimulanz des sensorischen Nervensystems
- INDIGO bei Schmerzen, Eiterungen, Blutungen, Abszessen
- BLAU bei zu hohem Fieber
- SCHARLACHROT erhöht den Blutdruck
- PURPUR senkt den Blutdruck

Hautzonen

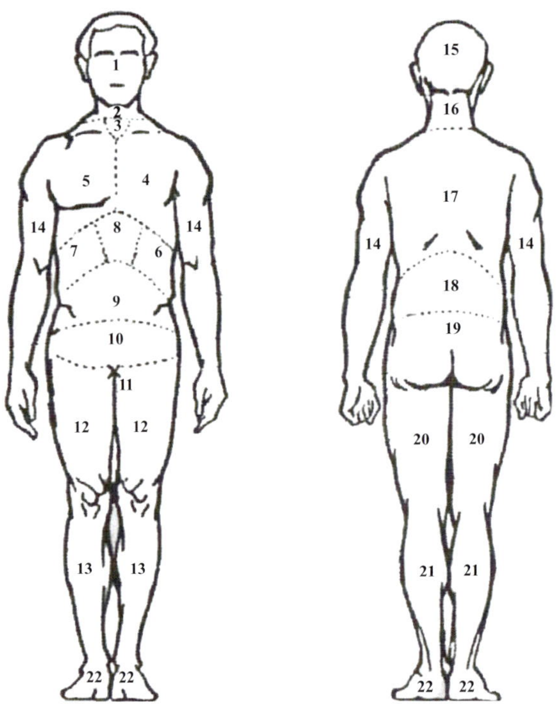

Alphabetische Gliederung von Farbanwendungen

Krankheit	Farbe	Minuten	Bemerkungen
Abmagerung	Rot/Grün	30 + 30	Magengegend wechselweise bestrahlen
Absterben von Gliedern	Rot	60	beliebig oft
Abszesse	Blau	60	sobald eiterfrei, mit Rot
Appetitlosigkeit	Rot/Gelb	60	Magengegend wechselweise bestrahlen
Arterienverkalkung der Herzgegend	Blau	60	2 x täglich Herzgegend
Arterienverkalkung des Gehirns	Blau	60	2 x täglich Herzgegend
Asthma	Grün/Rot	60	Brust und Schulter
Augenentzündung	Blau	30 (60)	bei geschlossenen Augen
Ausschlag	Rot	60	2 x täglich
Bartflechten	Blau/Rot	60	2 x täglich
Beinleiden	Blau/Rot	60	2 x täglich, erst wenn eiterfrei, mit Rot
Bleichsucht	Rot	60	3 x täglich Ganzbestrahlung, sehr förderlich
Blutandrang	Blau	60	3 x täglich
Bronchialkatarrh	Grün	60	Brust und Rücken
Darmkatarrh	Gelb	60	2 x täglich, Diät empfehlenswert
Eiterungen	Blau	60	2 x täglich
Epilepsie	Gelb/Rot?	60	vor dem Schlafengehen, Farblicht
Fettsucht	Blau	60	blaue Schwitzbäder, sehr förderlich und unschädlich
Flechten	Rot	60	2 x täglich
Gelenkentzündungen	Grün	30	3 x täglich
Gemütsleiden	Rot	30	Ganzbestrahlung
Gicht	Grün	60	2 x täglich
Haarausfall	Rot	30	2 x täglich
Hämorrhoiden	Blau	60	2 x täglich, gelb auf Unterleib, Stuhl regeln!
Hautleiden	Rot	60	beliebig oft
Herzleiden	Blau	30	Ganzbestrahlung sehr förderlich
Hexenschuss	Rot/Grün	30 + 30	2 x täglich
Ischias	Rot/Grün	30 + 30	2 x täglich
Kehlkopfleiden	Rot	30 (60)	beliebig oft
Keuchhusten	Grün	30 (60)	3 x täglich
Knochenhautentzündung	Blau	30 (60)	2 x täglich
Kopfschmerzen	Blau	60	beliebig, Grundursache ermitteln
Kropf	Blau	60	beliebig oft
Lähmung der Glieder	Rot	60	beliebig oft
Leberleiden	Gelb	60	2 x täglich
Magenkatarrh	Gelb	30 (+ 30)	3 x täglich bei Schmerzen Blaulicht
Masern	Rot	60	2 x täglich Krankenzimmer mit roten Tüchern abblenden. Noch besser ist, den Patienten in rote Tücher einwickeln
Nasenentzündung	Blau	30 (60)	2 x täglich
Nervenleiden	Grün	60	2 x täglich Rücken und Magengegend
Nierenleiden	Blau	30 (60)	3 x täglich
Ohrenleiden	Grün/Blau	30 + 30	3 x täglich. Bei schweren Fällen Facharzt nötig
Rheumatismus	Blau	60	beliebig oft, Ganzbestrahlung nötig
Rückenschmerzen	Blau/Grün	60	2 x täglich
Rippenfellentzündung	Grün/Rot	30 + 30	2 x täglich
Scharlach	Rot	30 (60)	2 x täglich Krankenzimmer mit roten Tüchern abblenden. Patienten in rote Tücher einwickeln
Schlaflosigkeit	Blau	30 (60)	Ganzbestrahlung, blaue Tapete, blaue Beleuchtung, Darmreinigung, Tiefatmen. Bei Herzklopfen und kalten Füßen ist außerdem Rotbestrahlung der Füße, besonders der Fußsohlen, sehr gut.
Schnupfen	Blau	30 (60)	verschwindet nach einigen Bestrahlungen (D.P.G. nimmt Rotstrahlung)
Warzen	Blau	30 (60)	verschwinden nach mehreren Bestrahlungen
Wassersucht	Grün/Blau	30 + 30	beliebig oft. Herz und Nieren werden günstig beeinflusst.
Wunden, frisch	Rot	30 (60)	3 x täglich
Wunden, entzündet	Rot	30 (60)	3 x täglich
Wunden, chronische	Blau/Grün	30 + 30	sobald eiterfrei, mit Rot
Zahnschmerzen	Blau		kürzere Bestrahlungen lassen den Schmerz rasch verschwinden

Hautzonen – Bestrahlung nach DINSHAH P. GHADIALI ERKRANKUNGEN

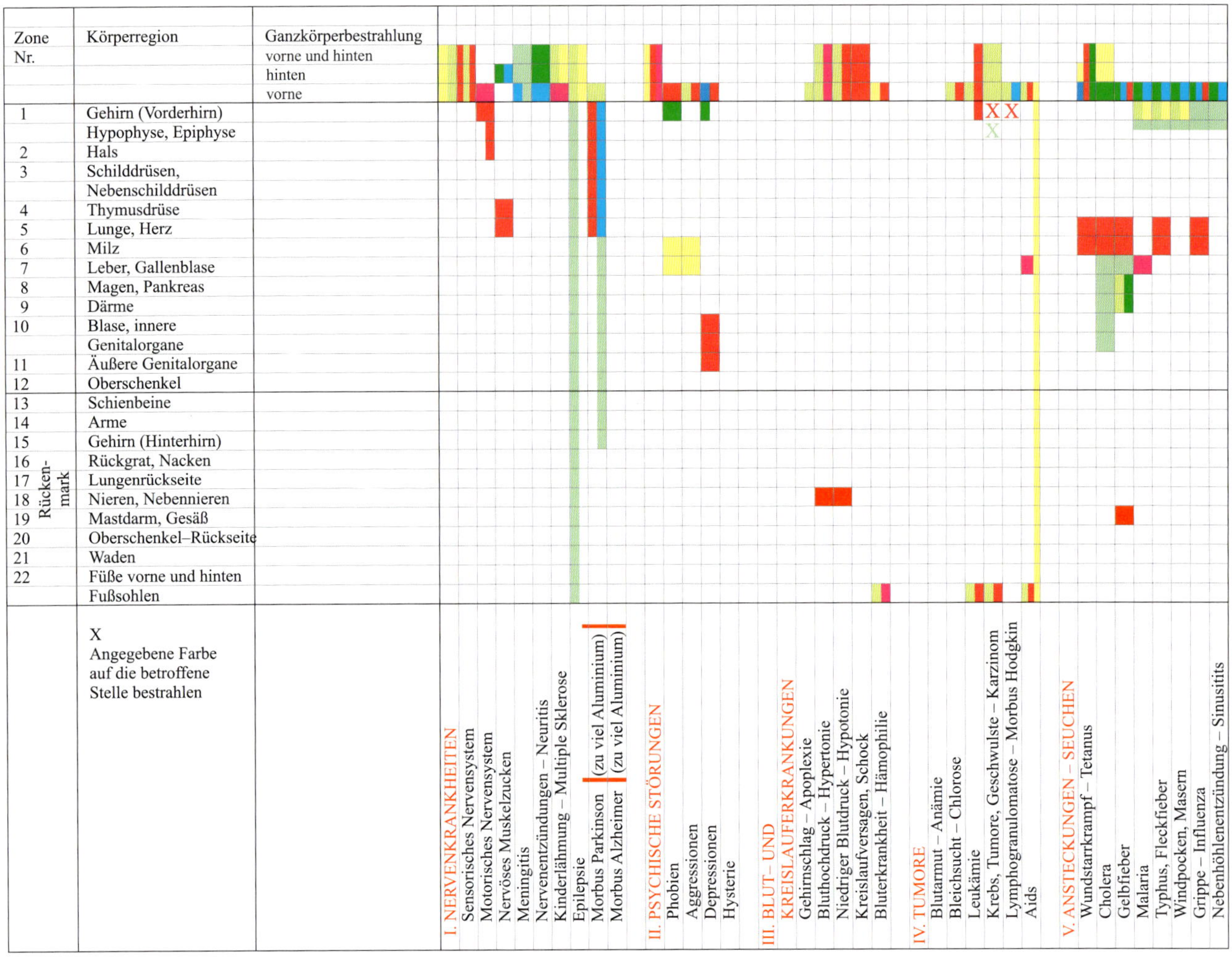

Hautzonen – Bestrahlung nach DINSHAH P. GHADIALI

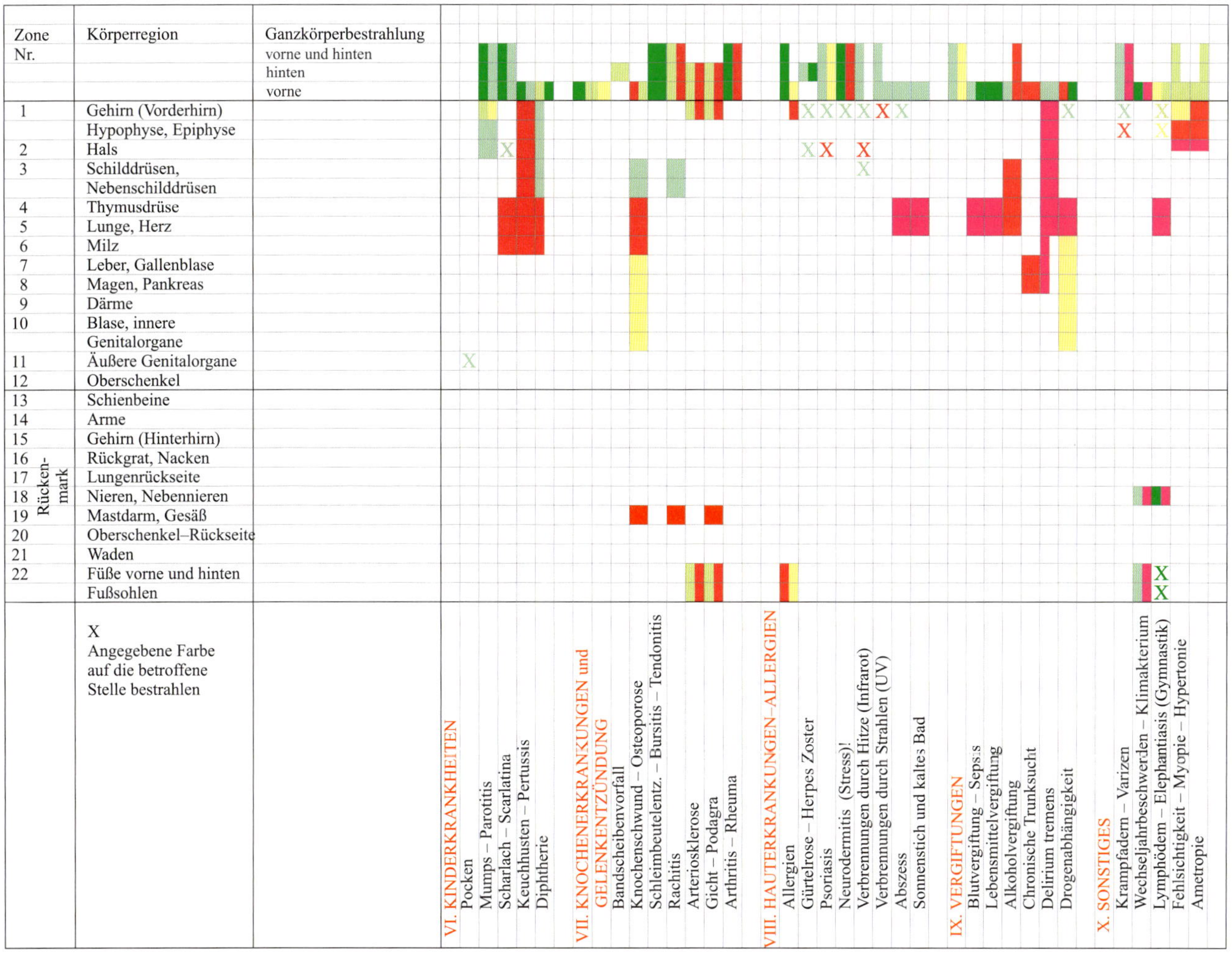

3.3 Farbtherapie nach Theo Gimbel

Der deutschstämmige Anthroposoph, Farbforscher und -therapeut Theo Gimbel lebt seit über 50 Jahren in England und hat dort 1968 das Hygeia College of Colour Therapy gegründet:

Sein ganzes Leben hat er sich in tiefgehenden und fundierten Studien mit dem Thema HEILEN MIT FARBEN beschäftigt[57] und dabei ein eigenes System der Verbindung von Farben, Formen und Tönen mit dem menschlichen Organismus entwickelt. Er ist dabei auf die folgenden Zusammenhänge gestoßen:

FARBE OHNE FORM		FARBE MIT FORM	
	Dies ist die Farbe mit der reinsten spirituellen Energie, die Farbe der Erlösung, der Befreiung von Sorgen und Nöten und der Überwindung der Grenzen von männlich und weiblich.		Symbolisiert das Streben nach Ganzheit, Symbol der Vollkommenheit.
	Diese Farbe verstärkt Selbstachtung und Würde, sie gibt ein Gefühl für das Unfassbare. Die Farbe besitzt weibliche Energie.		Schützt die noch nicht ganz geöffnete Blüte, die nach Erfüllung strebt.
	Blau vermittelt Frieden, Entspannung und Offenheit. Seine Energie ist weiblich.		Blau im nach oben geöffneten Quadrat bringt sich – wie in einem Kelch – zur Entspannung dar. Es ist bereit, Energie in Bewegung zu setzen.
	Die Farbe der Frische und Sauberkeit, kühl und frühlingshaft entspricht sie den Tönen der Blätter von Frühlingsblumen. Ihre Energie ist weiblich.		Das abwärtsgerichtete Dreieck will sich mit der Energie des aufwärtsstrebenden gelben im grünen Kreis verbinden.
	Vermittelt das Gefühl der Freiheit. Grün ist die Farbe des Gleichgewichts, sie liegt in der Mitte des Spektrums. Die männlichen und weiblichen Qualitäten sind ausgeglichen.	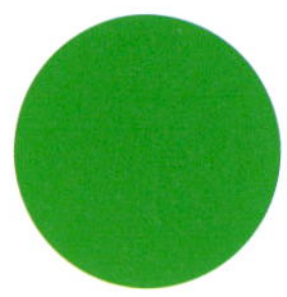	Der Kreis verstärkt das Gefühl von Ausgeglichenheit. Die Spannung ist gleichmäßig auf die Form verteilt, ohne Zusammenziehung oder Ausdehnung.
	Gelb entzieht Sicherheit. Da es zum »Abheben« verleitet, verstärkt es das Bedürfnis nach Verankerung. Gelb erhöht die Fähigkeit zu kritischer Beurteilung. Seine Energie ist männlich.		Die aufwärts zeigende Form, die vom Festen fortstrebt, unterstreicht das Gefühl der Unsicherheit.
	Ausgewogenheit von Rot und Gelb, Farbe der Freude, der Bewegung und des Tanzes. Orange besitzt männliche Energie.		Die Form gibt das Gefühl des Tanzes wieder, sie hat die Tendenz abzuheben, nur die Visualisation erhält sie im Gleichgewicht.
	Rot steht für Wachheit, Energie, lässt den gegenwärtigen Moment bewusst werden. Es besitzt die männliche Energie der »Zusammenziehung«.		Vermittelt Genauigkeit, Sicherheit, logisch Erfasstes, eine zu erfüllende Aufgabe. Der 90-Grad-Winkel ist der Winkel der Logik.

57 Ausführlich hierzu: GIMBEL, Theo: „Heilen mit Farben", AT-Verlag, Aarau/Schweiz. 1994.

BEHANDLUNGSFARBEN UND IHRE KOMPLEMENTÄRFARBEN NACH THEO GIMBEL

GRÜN
Das Schlüsselwort für GRÜN ist Gleichgewicht.

MENTAL
Verwenden Sie GRÜN wenn Sie zwischen Arbeit und häuslichen Angelegenheiten nicht genügend trennen können, wenn Ihre Gedanken aus dem Gleichgewicht sind und wenn der eine oder andere Gedanke überhand nimmt.

GELB
Das zentrale Thema der Farbe GELB ist die Ablösung.

MENTAL
GELB hilft, wenn Sie sich nicht von den Aktivitäten anderer abgrenzen können, keine eigenen Gedanken fassen können oder bestimmten Vorstellungen übermäßig verhärtet sind.

ORANGE
Das Schlüsselwort zur Farbe ORANGE ist Freude.

MENTAL
ORANGE ist angebracht bei Menschen, die sich an ihren eigenen mentalen Vorgängen nicht freuen können oder keine Lust verspüren, ihr Hirn zu gebrauchen.

ROT
Das Schlüsselwort zur Farbe ROT ist Energie.

MENTAL
ROT stärkt Ihre intellektuellen Fähigkeiten.

BEHANDLUNGSFARBE Orange

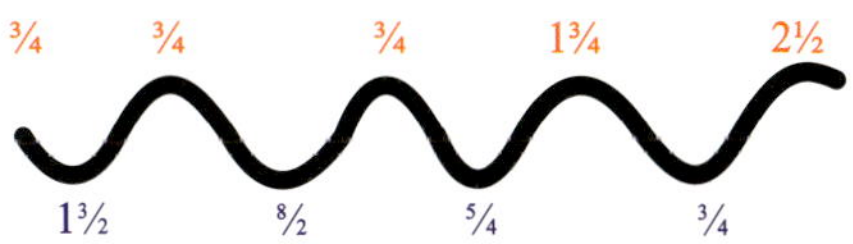

Minuten Bestrahlung

KOMPLEMENTÄRFARBE Blau

Minuten Bestrahlung

BEHANDLUNGSFARBEN

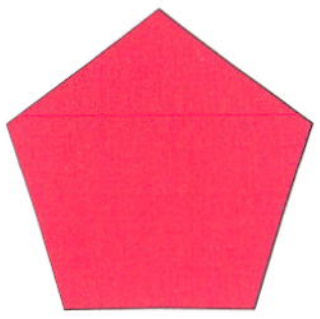

MAGENTA
MAGENTA hat mit Loslassen zu tun. Verwenden Sie sie, wenn Veränderungen anstehen. Magenta fördert die Spiritualität und die Beachtung spiritueller Energie.

MENTAL
Verwenden Sie Magenta, wenn Sie sich von alten Denkmustern oder Erinnerungen befreien wollen.

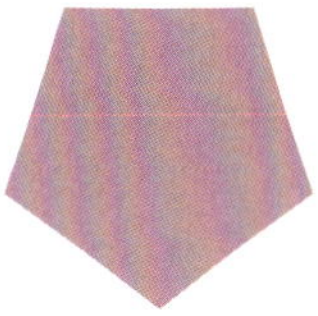

VIOLETT
Das Schlüsselwort in der Anwendung von Violett ist Würde.

MENTAL
Violett fördert Ihr Selbstwertgefühl, Ihre Würde und Ihre Selbstachtung. Wenden Sie es an, wenn Sie dazu neigen, sich selber geringzuschätzen, und wenn Sie oft das Gefühl haben, andere können alles besser als Sie.

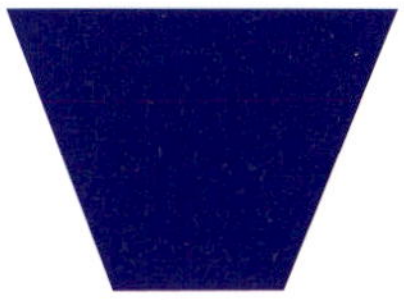

BLAU
Das Schlüsselwort für Blau ist Entspannung

MENTAL
Verwenden Sie Blau, wenn Sie keinen klaren Gedanken fassen können, wenn Sie mit sich selbst ungeduldig und ständig in Eile sind.

TÜRKIS
Die Farbe Türkis hat mit Immunität zu tun.

MENTAL
Verwenden Sie Türkis, wenn Sie durch andere dominiert werden, wenn Sie Ihren eigenen Gedanken weniger trauen und Sie sich geringer schätzen als die anderen. Türkis hilft gegenüber den Gedanken anderer immun zu werden.

RESONANZ ZWISCHEN FORM UND FARBE NACH THEO GIMBEL

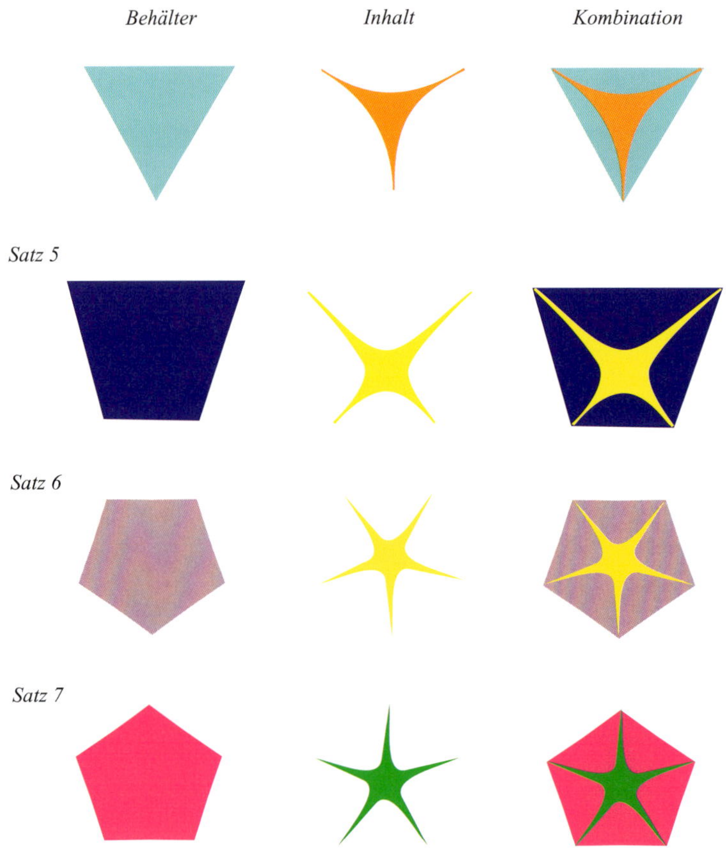

SCHWINGUNGSENTSPRECHUNGEN ZWISCHEN FORMEN – FARBEN – ORGANEN – EIGENSCHAFTEN – STERNZEICHEN – CHAKREN nach RAYOMETER-FREQUENZMESSUNGEN (0–100)

Lfd. Nr.	Frequenz (0–100)	MANDALAS			Sternzeichen	Chakra	Nr. Organ	Eigenschaften, Krankheiten
		Form	Inhalt	Kombination				
1	10.75				Fische			
2	11.0			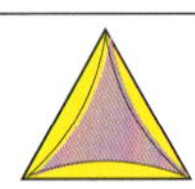			Tränendrüse	
3	13.0	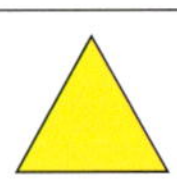					Kehlkopf	

4	13.5							
5	15.75				Waage			
6	16.0				Krebs		Herz (Steuerung)	
7	21.0				Wassermann			Heiserkeit
8	23.0	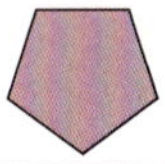			Steinbock		Nerven, motorisches System	Wundfieber
9	27.5				Löwe		Bindegewebe	Selbstsicherheit
10	32.5						Bronchien	Erbrechen
11	37.5				Stier		Wärme- und Kälteregulation	Lebensmittel-allergie
12	40.0						Herz (Zentrum)	
13	42.0				Skorpion		Muskulatur	Menstruation
14	45.0	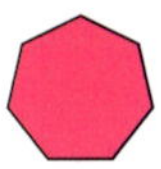					Kreislauf	Kreislauf-beschwerden
15	50.0						Schultergelenke	Krampfadern
16	55.0			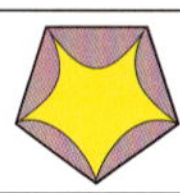		Nr. II Milz	Magen, Pankreas	
17	57.5				Schütze		Speiseröhre, Gebärmutter	Kreativität
18	60.0				Jungfrau		Magennerven	Gehörprobleme
19	80.0		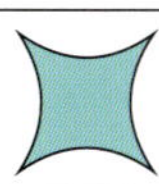	 	Zwilling			Konzentration, Nächstenliebe
20	85.0	 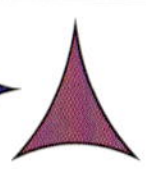				Nr. IV Herz	Luftröhre, Haut	Haarausfall, Hautkrankheiten, Krampfadern
21	90.0	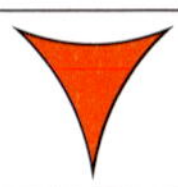			Widder	Nr. III Solar Plexus	Kehlkopf, Klein-hirn, Rippenfell-entzündung	Erinnerung

In der feinstofflichen Feststellung verdichteter Energiepotentiale entwickelte er eine Methode des Erspürens von blockierten Energieströmen über die Wirbelsäule mit dem Zeige- bzw. Mittelfinger der linken Hand (bei Linkshändern mit der rechten Hand). Inaktive, blockierte Wirbel ergaben dabei keine Reaktion bzw. die Wahrnehmung von Kälte, Enge oder Druck, aktive Wirbel die Empfindung von Wärme, Fluss und Harmonie, überaktiv-entzündete Zonen jene von Hitze und Strom. Diese Werte wertete er gemäß nachfolgendem System aus:

Spiritueller Bereich
Die Schädelknochen empfangen Botschaften vom höheren, spirituellen Selbst. Sie werden nicht für diagnostische Zwecke verwendet, da die Interpretation schwierig ist.

Mentalbereich
Die Farben stehen in Bezug zum Ego, zu Gedanken, Erinnerungen und dem Intellekt.

Emotionalbereich
Diese Wirbel geben Aufschluss über die Astralebene, den Bereich des Seelenlebens und der Beziehungen, Gefühle wie Freude, Liebe, Liebeskummer, Hass und Wut, emotionale Erschütterungen und unsere persönliche Reaktion auf die Umwelt.

Stoffwechselbereich
Diese Wirbel stehen in Beziehung zum Bereich der physisch-ätherischen Lebenskraft, der häuslichen Umgebung, den täglichen Abläufen, den Stoffwechselvorgängen einschließlich der Verdauung und des Abbaus von Nahrungs- und Schlackenstoffen.

Physischer Bereich
Dieser Bereich gibt Aufschluss über das körperliche Befinden, Sexualität, Gewohnheiten und Suchtneigungen, Gebrechen und Krankheiten, sportliche und andere körperliche Aktivitäten.

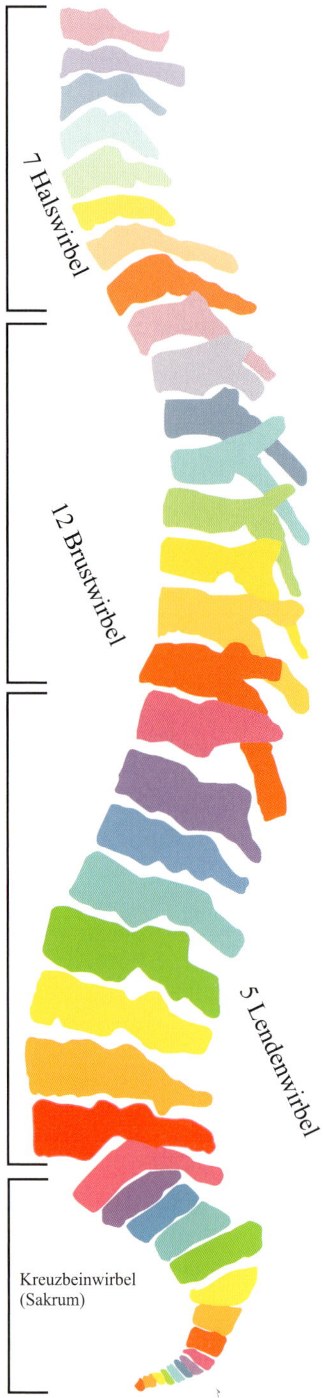

Wirbelsäulendiagnose
Aufgrund der Analyse der Farbenergien der Wirbelsäule lässt sich auf den Zustand von Körper und Geist schließen und die entsprechende Farbe zum Zweck der Heilung auswählen.

Die Reihenfolge der Farben
Innerhalb jedes Abschnittes folgen die Farben jeweils derselben Reihenfolge, jener des Regenbogens, von oben nach unten von Magenta (Bläulichrot) zum Rot.

Farbintensität
Die Intensität der Farben nimmt zum unteren Ende der Wirbelsäule hin zu. Dieser Bereich repräsentiert die körperlichen Funktionen, die Farben sind hier entsprechend dichter.

Dabei verwendete er das beigefügte Testblatt:

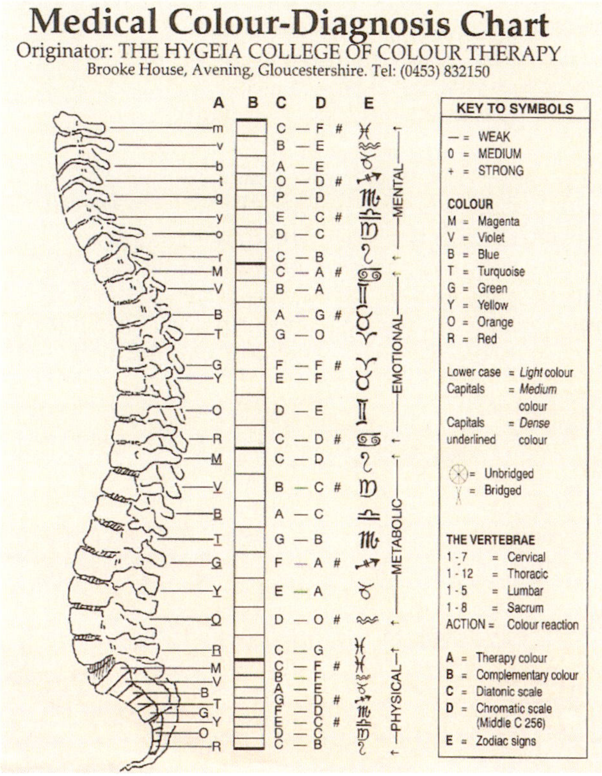

und notierte die erzielten Ergebnisse, z.B. bei einem an dem Autor am 29. 9. 1993 durchgeführten Test:

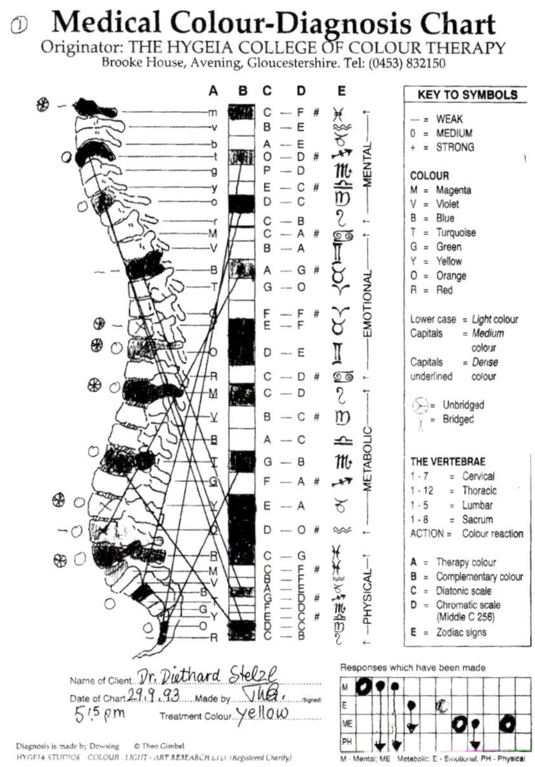

Er stellte fest, dass bei einem gesunden Menschen sich die auftretenden Farben in einem Achterzyklus wiederholten. Dabei ergaben sich Wechselwirkungen mit den jeweiligen Komplementärfarben. Fehlten diese, ergaben sich Ungleichgewicht und Störungen im Organismus.

Die Farben der gesunden Wirbelsäule definierte er wie folgt:

MAGENTA

mental	emotional	stoffwechselbezogen	physisch
Loslassen, Veränderung. Ich bemühe mich um Veränderung und löse mich von alten Vorstellungen.	Ich lasse alte Gefühle los und erlaube mir, meine Gefühle zu ändern.	Es gelingt mir, überholte Gewohnheiten abzulegen und mein Essverhalten (Trink-, Rauchverhalten usw.) zu verändern.	Ich bemühe mich, nicht mehr angemessene Tätigkeiten zu unterlassen und mich in meiner Lebensweise vom Einfluss anderer frei zu machen.

VIOLETT

mental	emotional	stoffwechselbezogen	physisch
Würde. Ich erweise meinem Denken den gebührenden Respekt.	Ich anerkenne und würdige meine Gefühle.	Mein Heim ist ein würdevoller Ort. Ich behandle mein Zuhause und meine Nahrung mit Achtung.	Ich achte meinen Körper und seine Würde.

BLAU

mental	emotional	stoffwechselbezogen	physisch
Entspannung. Mein Geist ist entspannt und friedlich.	Ich fühle mich friedlich und gelöst.	Mein häusliches Leben ist entspannt, ich lasse mir Zeit für meine Mahlzeiten.	Ich verrichte meine Arbeit und andere Aktivitäten entspannt.

TÜRKIS

mental	emotional	stoffwechselbezogen	physisch
Immunität. Ich bin unabhängig und unbeeinflussbar gegenüber den Gedanken anderer Menschen.	Ich schaffe es. Die Gefühle anderer bringen mich nicht von meinem Weg ab.	Ich versorge mein Immunsystem mit genügend Energie, damit es gesund ist und gut funktioniert.	Ich bewege mich frei und ungezwungen, ohne Rücksicht auf die Erwartungen anderer.

GRÜN

mental	emotional	stoffwechselbezogen	physisch
Gleichgewicht. Ich bin im Gleichgewicht, mein Arbeits- und Privatleben ergänzen sich harmonisch.	Ich habe ein ausgewogenes Verhältnis zu meinem Partner und meinem sozialen Umfeld.	Mein häusliches Leben ist stabil. Aktivität und Ruhe wechseln einander ab.	Ich bin fähig, in der angemessenen Art und im richtigen Moment zu handeln.

GELB

mental	emotional	stoffwechselbezogen	physisch
Loslösung. Ich kann klar denken und besitze ein gesundes Urteilsvermögen.	Ich kann mich von meinen eigenen Gefühlen und denen anderer lösen und sie objektiv betrachten.	Ich sehe mein Zuhause objektiv, erkenne seine Vorzüge und Unvollkommenheit.	Ich bin fähig, entsprechend den Bedürfnissen des Augenblicks zu handeln.

ORANGE

mental	emotional	stoffwechselbezogen	physisch
Freude. Meine Gedanken sind voller Freude und Glück.	Mein Herz ist offen, voller Freude und macht einen beglückenden emotionalen Austausch möglich.	Häusliche Freude und Genuss fördern meine Verdauung und kräftigen den ganzen Körper.	Ich bin fähig, die von mir verlangten körperlichen Tätigkeiten zu genießen.

ROT

mental	emotional	stoffwechselbezogen	physisch
Kraft. Ich habe die Energie zu denken und alle geistigen Aufgaben zu erfüllen.	Ich habe die Kraft, meine Gefühle offen zu zeigen.	Ich halte mein Zuhause sauber und ordentlich. Meine Körperfunktionen und meine Verdauung sind in Schwung.	Meine täglichen, körperlichen Aktivitäten schaffe ich gut.

Für wichtige körperliche Beschwerden empfahl er den Einsatz folgender Hilfsmittel:

Techniken und Hilfsmittel

BESCHWERDEN	Farbige Kleidung	Farbige Seidentücher	Sonnenbestrahltes Wasser	Nahrungsmittel	Farbatmen	Farbvisualisation	Augenstärkende Übung	Farbbewusstseins Übung	Farbiges Licht
Migräne						●			●
Asthma									●
Ekzem	●	●		●					●
Schlaflosigkeit			●		●			●	
Zwangsvorstellungen						●			
Gedächtnisverlust								●	
Depression		●				●			●
Verdauungsstörungen		●		●					
Lethargie	●								●
Fehlsichtigkeit							●		
Erkältung				●	●				●
Entzündungen	●	●							●
Hoher Blutdruck	●	●				●			●
Niedriger Blutdruck	●	●				●			●
Angina pectoris	●					●			●
Arthritis/Rheuma			●	●		●			●
Krebs	●								●
Aids	●								●

3.4 *Aura-Soma: Die Heilkraft von Farben, Pflanzen und Edelsteinen*

3.4.1 *Allgemeines*

Dieses kombinierte Heilsystem wurde ab 1984 von der blinden englischen Kabbalistin Vicky Wall aufgrund ihrer Eingebungen entwickelt.

Der Begriff „Aura" kommt aus dem Lateinischen und bedeutet Hauch, Ausstrahlung bzw. Fluidum, „Soma" ist griechischer Herkunft und bezeichnet den Körper in seiner Gesamtheit.

Trotz oder vielleicht gerade wegen ihrer Erblindung entwickelte Vicky Wall Öle und Essenzen, die in ihrer Farbigkeit am ehesten mit funkelnden Kristallen zu vergleichen waren.

Aura-Soma ist deshalb eine Kombination von Farb-, Aroma- und Edelsteintherapien. Die Wirkstoffe und Schwingungen sind in 94 verschiedenen, zweifarbigen „Balance-Ölen" und 28 farbigen, duftenden Essenzen, den „Pomandern" und „Quintessenzen" enthalten.

Aura-Soma ist eine ganzheitliche Heilmethode, die unser feinstoffliches Energiefeld (Aura) sowie unseren Körper (Soma) unterstützt. Die Farbe ist hierbei der Schlüssel, der ein Tor zu einem tieferen Kontakt zu uns selbst öffnet und unsere Selbstheilungskräfte aktiviert.

Aura-Soma ist für Menschen aller Altersstufen geeignet. Auch Kleinkinder, Tiere, sogar kranke Pflanzen können Gewinn aus der Anwendung ziehen.

Wer sich auf die „Geister in Flaschen“ einlässt, wird nicht darum herumkommen, für sich selbst und sein Leben hundertprozentige Verantwortung zu übernehmen. Das Ziel von Aura-Soma ist wirkliche Freiheit und Stärke durch Selbstverantwortung.

3.4.1.1 Die 94 „Balance-Set-Flaschen“

Aura-Soma wirkt auf die ganze Person mit all ihren Komplexitäten und Disharmonien, die Krankheiten verursachen können. Bei Aura-Soma geht es um Regeneration, Revitalisierung und Ausbalancierung der menschlichen Aura. Dadurch, dass Aura-Soma der Aura fehlende Farben zurückgibt, stellt es das Gleichgewicht wieder her und ermöglicht es dem Körper, zu seinem normalen Rhythmus zurückzukehren.

Deshalb gibt es für dieses Mittel keinen besseren Namen als „Balance“. Auf der Grundlage von kosmetischen Ölen, Heilkräutern und ätherischen Ölen ist „Balance“ eine einzigartige Methode, das Wesen in seiner Ganzheit zu stärken und zu heilen.

Während einer Aura-Soma-Beratung wählen Sie aus den 94 „Balance-Set-Flaschen“ jene vier aus, die Sie am meisten ansprechen. Jede Farbkombination sowie die Reihenfolge Ihrer Wahl erlaubt dem Berater, Hinweise zu geben über Lebensaufgabe, Potential und Anlagen des Klienten, über Hindernisse und energetische Einflüsse aus der Vergangenheit sowie über die Gegenwart und die mögliche Zukunft. Auf diese Art lässt sich eine Art grundlegende „Lebensdiagnose“ erstellen.

Das Thema lautet dabei immer: „Erkenne dich selbst“.

Bei AURA-SOMA „bist du die Farbe, die du wählst!“[58]

Sämtliche grob- und feinstofflichen Ebenen werden bei der AURA-SOMA-Beratung angesprochen. Dafür gibt es unterschiedliche Wirkstoffe.

[59]

0 Königsblau/Tiefmagenta Spirituelle »Erste Hilfe«

1 Blau/Tiefmagenta Körperliche »Erste Hilfe«

2 Blau/Blau Friedens–Flasche

3 Blau/Grün Herz–Flasche

4 Gelb/Gold Sonnen–Flasche

5 Gelb/Rot Sonnenaufgangs–Flasche Sonnenuntergangs–Flasche

6 Rot/Rot Energie–Flasche

7 Gelb/Grün »Der Garten von Gethsemane«

8 Gelb/Blau Anubis

9 Türkis/Grün »Das Herz im Herzen«

10 Grün/Grün »Geh, umarme einen Baum«

11 Klar/Pink Essener Flasche I

12 Klar/Blau »Friede in der neuen Zeit«

13 Klar/Grün »Veränderung in der neuen Zeit«

14 Klar/Gold »Weisheit des neuen Zeitalters«

15 Klar/Violett »Heilung im neuen Zeitalter«

16 Violett/Violett »Das violette Gewand«

17 Grün/Violett Troubadour–Flasche I Hoffnung

18 Gelb/Violett »Ägyptische Flasche I Turning Tide«

19 Rot/Violett »In der materiellen Welt leben«

20 Blau/Pink Kinder »Erste Hilfe«

21 Grün/Pink »Neubeginn für Liebe«

22 Gelb/Pink Flasche der Rebirther

23 Rosenpink/Pink »Liebe und Licht«

---

58 MAURER Elsbeth D.: „AURA-SOMA FARBLEXIKON,“ Verlag Via Nova, Petersberg, S.331.

59 BILDQUELLEN von: AURA-SOMA-GERMANY, Kalkstraße 26b, D-40489 Düsseldorf, Telefon: 0211-408 00 08, 0211-479 02 12.

24 Violett/Türkis
»Neue Botschaft«

25 Rot–Violett/Magenta
Rekonvaleszenz–Flasche

26 Orange/Orange
Schock–Flasche
Ätherische »Erste Hilfe«

27 Rot/Grün
Robin Hood–Flasche

28 Grün/Rot
Maid Marion–Flasche

29 Rot/Blau
»Steh auf und wandle«

30 Blau/Rot
»Den Himmel auf die Erde bringen«

31 Grün/Gold
Die Fontäne

32 Königsblau/Gold
Sophia

33 Königsblau/Türkis
Delphin

34 Pink/Türkis
Die Geburt der Venus

35 Pink/Violett
Freundlichkeit

36 Violett/Pink
Nächstenliebe

37 Violett/Blau
»Der Schutzengel kommt auf die Erde«

38 Violett/Grün
Troubadour–Flasche II
Scharfsinn

39 Violett/Gold
Ägyptische Flasche II
Der Puppenspieler

40 Rot/Gold
»Ich bin«

41 Gold/Gold
Weisheits–Flasche

42 Gelb/Gelb
Die Ernte

43 Türkis/Türkis
Kreativität

44 Lila/Blassblau
Der Schutzengel

45 Türkis/Magenta
Atem der Liebe

46 Grün/Magenta
Der Wanderer

47 Königsblau/
Zitronengelb
»Alte Seele«

48 Violett/Klar
Flügel der Heilung

49 Türkis/Violett
Neuer Bote

50 Blassblau/Blassblau
El Morya

51 Blassgelb/Blassgelb
Kuthumi

52 Blasspink/Blasspink
Lady Nada

53 Blassgrün/Blassgrün
Hilarion

54 Klar/Klar
Serapis Bey

55 Klar/Rot
Der Christus

56 Blassviolett/
Blassviolett
St. Germain

57 Blasspink/Blassblau
Pallas Atheme und Aeolus

58 Blassblau/Blasspink
Orion und Angelika

59 Blassgelb/Blasspink
Lady Portia

60 Blau/Klar
Lao–Tse und Kwan–Yin

61 Blasspink/Blassgelb
Sanat Kumara

62 Blasstürkis/
Blasstürkis
Maha Chohan

63 Smaragdgrün/Blassgrün
Djwal Khul und
Hilarion

64 Smaragdgrün/Klar
Djwal Khul

65 Violett/Rot
»Den Kopf im Himmel und die
Füße auf der Erde haben«

66 Blassviolett/Blasspink
Die Schauspielerin

67 Magenta/Magenta
Göttliche Liebe, »Liebe in
den kleinen Dingen«

68 Blau/Violett
Gabriel

69 Magenta/Klar
Klingende Glocke

70 Gelb/Klar
Vision von Herrlichkeit

71 Pink/Klar
Essener–Flasche II
»Das Juwel im Lotus«

72 Blau/Orange
Der Clown

73 Gold/Klar
Chang–Tsu

74 Blassgelb/Blassgrün
Der Triumph

75 Magenta/Türkis
»Mit dem Fluss gehen«

76 Pink/Gold
Vertrauen

77 Klar/Magenta
Der Kelch

78 Violett/Tiefmagenta
Kronen »Erste Hilfe«

79 Orange/Violett
Die Strauß–Flasche

80 Rot/Pink
Artemis

81 Pink/Pink
Bedingungslose Liebe

82 Grün/Orange
Calypso

83 Türkis/Gold
»Sesam öffne dich«

84 Pink/Rot
Kerze im Wind

85 Türkis/Klar
Titania

86 Klar/Türkis
Oberon

87 Koralle/Koralle
Die Weisheit der Liebe

88 Grün/Blau
Der Jade–Herrscher

89 Rot/Tiefmagenta
Energie »Erste Hilfe«

90 Gold/Tiefmagenta
Weisheits »Erste Hilfe«

91 Olivgrün/Olivgrün
Weibliche Führerschaft

Alle Materie ist verdichtete Energie und damit Schwingung als kondensiertes Licht auf unterschiedlichen Schwingungsebenen.

- **Die 14 Pomander**
  Es gibt 14 Pomander. Sie dienen Schutz- und Heilungszwecken. Pomander werden verwendet, indem drei Tropfen auf die Handinnenfläche gegeben und diese dann über den Kopf und die Aura eingefächelt werden. So entsteht ein wirksamer Schutz des individuellen elektromagnetischen Feldes und der Chakras.
  Die Pomander beinhalten eine Kombination von 49 Kräuterextrakten und essentiellen Ölen: Jeweils sieben Kräuter und ihre Farbe sind mit der eines jeden Chakras verbunden. Die Grundfunktion des Pomanders ist der Schutz der Aura. Während die Balance-Flaschen direkt im physischen Bereich wirken, finden die Pomander in erster Linie im elektromagnetischen Feld, das den physischen Körper umgibt, ihren Einsatz.

- **Die 14 Meister-Quintessenzen**
  Die so genannten 14 Meister-Quintessenzen können eine spirituelle Brücke bilden, um mit Energien in Berührung zu kommen, die bestimmten spirituellen Meistern zugeordnet werden. Die Quintessenzen öffnen die Wahrnehmung, sie sensibilisieren und spiritualisieren. Sie wirken auf einer höheren Ebene als die Pomander. Man trägt sie auf den Puls der Handgelenke auf und fächelt den Duft dann ebenso in die Aura, wie dies bei den Pomandern gemacht wird.
  Die derzeit 14 Meister-Quintessenzen öffnen den Weg zu tiefen persönlichen Erkenntnissen, insbesondere während Meditationen.
  Die Quintessenzen bringen eine noch feinere Energie in das AURA-SOMA-System. Sie wirken durch das astrale und ätherische Feld. Ihre Funktion ist es, die positivsten Energien des Farbstrahles, dem sie innerhalb der Aura zugeordnet sind, zu verstärken.

3.4.2 Die 94 „Balance-Set-Flaschen“[60]

Derzeit gibt es 94 Flaschen.

Die so genannten BALANCE-Öle sind zweischichtig aufgebaut. Es gibt in der oberen Schicht das rein pflanzlich aufgebaute (leichtere) Träger-Öl sowie in der unteren Schicht das (schwerere) Quellwasser. In beide eingearbeitet sind ätherische Öle, Edelsteinenergien und natürliche Pflanzen- und Mineralfarben. Vicky Wall kreierte die meisten Balance-Öle selbst und unterstützte ihren Nachfolger MIKE BOOTH, der nach ihrem Tode im Jahre 1991 die Verantwortung für das Unternehmen übernahm.

60 Zu beziehen über: DEV AURÀ, Little London, Tetford, Lincs. LN9 6QL England, Tel.: 0044/507 533 781, Fax: 0044/507 533 412

3.4.2.1 Wirkungen auf der PHYSISCHEN EBENE = Kontrolle der Materie

3.4.2.1.1 Die spezielle Bedeutung der Farben

„UR“-KRANKHEIT: Nichtwissen um den Platz und den Sinn in diesem Leben.
ZIEL: FINDEN und ERFÜLLEN DER EIGENEN LEBENSAUFGABE
Innerstes Wesen = die Essenz des Menschen hat mit Farbe zu tun = individuelle Schwingung des Energiekörpers

„Erste Hilfe“-Codes = Informationsübertragung über einzelne Farben:

Tiefmagenta:
Magen, Leber, Nieren, Bauchspeicheldrüse, Darm, Durchfall, Ischias, Kopfschmerzen, akute Migräne, Rückenschmerzen, Altersflecken, Schlaflosigkeit, Verbrennungen, Quetschungen, sexuelle Probleme, stärkt Immunsystem, Bronchitis, Nervosität, wirkt antiseptisch

Indigoblau:
überaktive Schilddrüse, endokrines System, Stimmprobleme, Sprachstörungen, Hals, gut und beruhigend für Kinder, z.B. auch als Kinderzimmerfarbe

Türkis:
Bauchschmerzen, Epilepsie, Asthma, Brust
TITANIA: Bronchitis, Angina pectoris, Herzleiden, Lunge
OBERON: Bindegewebsleiden, Hautausschläge, Gürtelrose
JADE: Thymusdrüse, Sprachstörungen, antiseptisch

Grün:
Leberberuhigung, Adrenalinspiegelausgleich, Stoffwechsel, Verdauung, Magenschwäche, Muskel- und Gewebeaufbau, zelluläre Probleme, Bronchitis, Asthma, Ekzeme, Epileptiker, Krebs

Limone:
Nervensystem, Thymus, Herzrhythmus, Verstopfung CHRONISCH, Gehirnstimulanz

Goldgelb:
Brüche, Rheuma, Arthritis, Magersucht, Bulimie, Diabetes, Verdauung, Stoffwechsel

Zitronengelb:
Morbus Alzheimer, mentale Herz- und Rückenleiden

Gold: „Chang-Tsu"
balanciert Solar Plexus, ebenso die Adrenalinsekretion und Leberfunktion, Diabetes, Morbus Parkinson, Verdauung, Haut, leichte Vergiftungen, Nieren, Wirbelsäule, die eigene Körperlichkeit akzeptieren

Orange:
Vertrauen, Schilddrüsenprobleme (unteraktive Schilddrüse), Gallensteine, Schocks, Traumata, vor Operationen, Hormonsystem, Adrenalin, Psoriasis, Leber, mentale Hautprobleme, Verdauungsprobleme, Durchfall, Darm, sexuelle Probleme (Schuld), niedriger Blutdruck

Magenta:
physische Ebene, Herzprobleme, Verstopfung, schlechter Atem, Hormonsystem, stimuliert Adrenalin, klingende Glocke wirkt leicht wassertreibend, Impotenz, Frigidität, extreme Kurz- oder Weitsichtigkeit, Nacken, Arthritis, Rheuma
Nervenprobleme, M. E. = myalgische Enzeptalomyelitis

Pink: „Juwel im Lotus"
lindert Allergien, Drüsenfunktion, Frauenleiden, stärkt die Zärtlichkeit in der Sexualität, wirkt beruhigend auf Epileptiker, Migräne, nervöse Kopfschmerzen

Blasspink:
reinigt, entgiftet, balanciert das Hormonsystem, Ohrleiden von Kindern, unterer Rückenbereich

Blassviolett: „Lila"
wirkt entgiftend bei Pilzbefall, Kiefer, Hormonhaushalt, Probleme im unteren Rückenbereich und Nacken, Stabilisation nach Kranio-Sakraler Hirntherapie, Schilddrüse, Hypophyse, psychosomatische Krankheiten, Legasthenie, Sprachprobleme, Wirbelsäule bei Kindern, Menstruation, Schlaflosigkeit

Scharlachrot:
Frigidität, Impotenz, Diabetes, Menstruationsprobleme, Nieren

Tiefrot:
unterer Rückenbereich, Energie für Beine und Füße

Rot: Artemis „Kerze im Wind"
Muskelkrämpfe, Eisenmangel, Blutarmut, Frostbeulen, sexuelle Probleme, Schulter, Hautentzündung, stressbedingte Magenprobleme, bringt Energie, Hormonsystemausgleich, Adrenalin anregend

Dunkelrot:
Frigidität, Impotenz, allgemeiner Energiemangel, niedriger Blutdruck, Fußprobleme und Fußschmerzen

Hellrot:
bei sexuellen Problemen, Energiemangel, wirkt entgiftend

Violett: „Der Clown"
Multiple Sklerose (MS), Morbus Parkinson, vermindert Überaktivität, Kopf und Halsschmerzen, Epilepsie, Stottern, Stirnhöhlenvereiterung, Legasthenie, hilfreich bei akuten Schmerzen, Schlaflosigkeit, Migräne, Schocks, Nervenschmerzen, Schulterprobleme (rechts bes.), „Tennisarm", Polypen, Thymus, Schilddrüse, Kopfverletzungen, Knie und Hüftprobleme, sexuelle Probleme, Frigidität, Impotenz

Tiefviolett:
Kopfschmerzen, Schilddrüse, Kiefer, Nacken, Halsprobleme

Indigo:
empfehlenswert in der Schwangerschaft, beim Zahnen von Babys, bei Kindern bis 12 Jahren, bei Verbrennungen, Fieber, Schürfwunden, Quetschungen

Königsblau:
Herz und 3. Auge, 4–5–6 Gabriel
Augenprobleme, Halsbeschwerden, beruhigend

Gelb (42):
balanciert Solar Plexus, zentrales Nervensystem, Leber, Diabetes, Übersäuerung der Haut und der Verdauung, Esssucht, Magersucht

Blasse Koralle: (61)
chronische Hautkrankheit, Nervenkrankheit, Morbus Parkinson und Morbus Alzheimer

Blasses Pink: (52) auch: Lady Nada
reinigt, entgiftet, balanciert das Hormonsystem, Ohrleiden bei Kindern, unterer Rückenbereich, Magersucht, Wechseljahre

Blasses Blau: (60) Laotse (Kehlkopf)
beruhigt und kühlt bei Infekten, lindert Sprachprobleme, („Wolfsrachen")

Grün:
lindert Hautprobleme, Ekzeme, Krebs, Herzleiden, Asthma, Bronchitis bei Kindern, Brust, Schmerzen im oberen Rückenbereich, entgiftend (bei Wut, Angst), Schulterprobleme, Schilddrüse, Kreislauf,

Oliv: (Grün/Gold 31) Grün über Orange „Calypso"
Herz, Leber, Bauchspeicheldrüse, Bronchitis, Nieren, körperliche Traumata, Stottern, Asthma, chronische Hautkrankheiten, Allergien, Ekzeme, Examensangst, Vergiftungen

Dunkelgrün:
Schulterprobleme, Schilddrüse, Kreislauf

Tiefgrün:
Herz, psychosomatische Krankheiten, Arthritis, Nervenschmerzen in der Schulter, Nieren, Rheuma

Blasses Blau: (Wedgewood) El Morya (50)
balanciert Schilddrüse, Halsentzündungen von Kindern

Blasses Türkis: (62) Maha Cohan
(Herz – Typus)
balanciert THYMUSDRÜSE, beruhigt Herz, Asthma, Bronchitis, Sprach- und Sprechprobleme

Blasses Gelb: (51) Kuthumi
bei Magersucht, Esssucht, Bulimie, bei chronischen Hautleiden, Ekzemen, Ekel, Verdauungsproblemen, Nahrungsaufnahme

Blasses Gold: (59) Lady Portia
Darm, Blase, Hautprobleme in der Pubertät

Blasses Grün: (53) (74) „Triumph"
gut bei Brustbeschwerden, Asthma, Bronchitis, gut bei Schocks, Krämpfen, Haut, Verdauung, Nerven

Marmor Klar: (54) Serapis Bey
wirkt reinigend, hilft bei Fasten, Wasser und Schleimausscheidungen

Blasses Olivgrün: (83) Sesam öffne dich = Türkis über Gold
Solar Plexus in Harmonie bei zu hohem und zu niedrigem Blutdruck

Koralle: (87) 2.
Kreislaufprobleme, Verdauung, Galle, Adrenalinproduktion anregend, SCHOCK

Olivgrün: (81) 3.+4.
Krämpfe, Schmerzen im mittleren Rückenbereich, Angina Pectoris, Herzprobleme, Nierenfunktionsstörungen

3.4.2.1.2 Aura-Soma-Farben und ihre allgemeine Bedeutung

Nr.	FARBE	Wichtigste Bedeutung	Symbol für:
1	Rot	Energie, Erdung, Überlebensfragen	BLUT, LEBEN
2 3	Rosenpink, PINK	Transformation der „roten Energie"	bedingungslose Liebe
4 5	Blasspink Koralle (87)	Streben nach Licht Unerwiderte Liebe	Glück im Heim
6 7	Blasskoralle, Orange	Schock, Traumata, Einsicht,	Harmonie, Schönheit, spielerischer Sex
8 9	Blassorange, Gold	Weisheit und tiefe Angst	TRANSMUTATION
10 11	Blassgold, Gelb	Erworbenes Wissen	Sonne, Licht
12 13 14	Zitronengelb, Blassgelb Marmor-Klar	Verstehen von Leiden	Mondenergie, materielles Licht
15	Oliv	Raum für Klarheit und Weisheit	Hoffnung, Tod und Wiedergeburt
16	Grün	Raum, Wahrheitssuche, Mitte des Ichs, Wachstum	Kreativität, Geld, Harmonie
17 18 19	Smaragdgrün, Blassgrün, Türkis	Intuition, Massenkommunikation, Kunst, Kreativität	ATLANTIS, Wassermannzeitalter, Meer, Delphine
20 21	Blasstürkis, Blau	Friede und Kommunikation	Ruhe, Friede, Sicherheit, „Maria"
22 23	Blassblau, Königsblau	Geradlinigkeit, Wissen um sein Hiersein	Weiblichkeit, Mystizismus
24 25	Rotviolett, Violett	Spiritualität, Demut, Dienen	spirituelle Autorität geistliches Wachstum
26 27 28	Blassviolett, Magenta, Tiefmagenta	dienende Liebe und Schutz des Kosmos	eigener Lebenssinn

3.4.2.2 Wirkungen auf der Ätherebene

Zwischenglied von oben nach unten
Durchzugsstation für kosmische Energie zum physischen Körper
KI/CHI-LEBENSENERGIE

ÄTHEREBENE = elektromagnetisches Feld

12 Meridiane – ~120
+ ~ 72000 Nadis/Akupunktur
= Antennen nach außen zur Weiterleitung kosmischer Energie in einzelne Zellverbände des physischen Körpers und in
7 bis 12 CHAKRAS aufgeteilt

Milz – 2. Chakra – Macht, Überleben, Sexualenergie

3.4.2.2.1 Die Bedeutung der Farben

Tiefmagenta: Orange – Koralle
„OUT-OF-BODY" – Erfahrungen, Heiler, Charisma

Magenta:
Nervenprobleme, energetische Folgen schwerer Operationen, Müdigkeit, Lähmung

Blau:
hilft bei „Rebirthing"-Methoden und stark weiblichen Aspekten, Mondeinfluss

Türkis:
Probleme mit Nieren, Therapeut, Künstler, liebt die Wahrheit, selbstlos, Affinität zu den Sternen

Dunkelgrün: (TROUBADOUR)
Kreislauf, Schilddrüse, Spiritualität, Freude gibt Energie, Einheit, Fühlen, löst Schuldgefühle aus früheren Leben auf, Wahrheit

Grün:
Energieaustausch beim Stoffwechsel, stabilisiert Herz und Kreislauf, Liebe geben und annehmen, Metamorphose, Überwindung von „spirituellem Materialismus", tiefe Verbindung zur Natur

Goldgelb:
Wissen und Weisheit,
Solar Plexus – (S.P.) Gold: Multiple Sklerose (MS), Morbus Parkinson, Kanal für Weisheit gibt PRANA, Inspiration, persönliche Harmonie und tiefe Freude

Solar Plexus – (S.P.) HELLGOLD:
Drüsen wurden ausbalanciert, Liebe ohne Abhängigkeit, „geerdete" Spiritualität

Dunkelrot:
gegen Poltergeister und andere negative Wesenheiten, Aufbau neuer Energie, auch sensitive Fähigkeiten, hilft bei Poltergeistern, Loslassen von materiellen Verhaftungen
gibt viel Energie und Freude, Lebenslust und Dynamik

Rot:
Energiefluss

Hellrot:
Kundalini-Kraft, sexuelle Probleme, Groll aus der Vergangenheit, hilft bei Transsexualität

Violett:
Nahtoderfahrungen, Schocks, Kreativität, Hellsichtigkeit, Rhythmusgefühl, spirituelles geerdetes Leben, nimmt Angst, Heiler gibt Energie

Pink:
Allergien, Drüsenbalance, Selbsterkenntnis, akzeptiert Schicksale, Harmonie mit dem Leben und sich

Tiefviolett: (37)
Ausbalancierung des 3. Auges
stimuliert sensitive Fähigkeiten

Blassviolett: (44) (48) (56)
alte Seele, Heiltätigkeit, Besetzungen, feminine Intuition, CO-KREATION, kreativer Intellekt, positiver Katalysator

Gelb: (42)
gibt Energie, Bewegung, Tanzen

Zitronengelb:
fördert außersinnliche Wahrnehmungen (ASW), Verbindung zu Höherem Selbst

Blassblau: EL MORYA (50)
Schicksal und Seele im Einklang, Gottvertrauen

Blassgelb: KUTHUMI (51)
stellt Kontakt her zu Erdgeistern, DEVAS, KUPUAS und Engeln, führt zur Kommunikation mit ihnen im
– Mineral- und Pflanzenreich

Blasskoralle: (61)
Venusenergie, Zugang zu Mysterien

Blasses Pink: LADYNADA (11) (52)
bei Regressionsanalysen und Reinkarnationstherapie hilfreich
– 3. Auge und MUSIK
Wärme, Zärtlichkeit, Heiler, Selbstliebe

Blasses Blau: (60) LAOTSE
stärkt psychische Ebene, guter Energieausgleich

Blasses Grün: HILARION (53)
praktischer Wissenschaftler, gutes Erinnerungs- und Unterscheidungsvermögen, Neid, Eifersucht, Misstrauen

"the light made manifest"

(= emotionaler Stress), gut bei Rolfing, Alexander-Technik und Feldenkrais-Methode

Blasses Türkis: (62) Marmor/Klar Serapis Bey (54)
kreativ, inspiriert, intuitiv – Quarz
balanciert Chakraenergie, Zugang zu universellem Wissen, EXTREMES LEIDEN

Orange: (26)
ätherische 1. Hilfe
auch bei Schock und Folgen, liebt Tiere, Harmonie, Aktion statt Reaktion, bringt Aura in Ausgangsposition
– = schnelle Gesundung

Tiefgrün: Herz- und Kronenchakra
verbindet Sensitivität und Spiritualität
Probleme mit weiblicher Energie

Olive: (31) = Herz und Solar Plexus (S.P.)
beruhigend, Angst loslassen, tiefer Glaube an das Göttliche
liebt die Natur, Devas, Kupuas und Erdgeister

Königsblau: (63) (68)
Intuition, Zugang zu anderen Dimensionen
liebt Natur
Kontakt zu höherem Selbst
Vaterkomplex

3.4.2.3 Der Umgang mit den Aura-Soma-Balance-Set-Flaschen

„Nur auf die Stimme hören!"

3.4.3.3.1 Praktische Vorgehensweise

1. Chakra-Chart 7+1 → 12+1
   – (physische und Ätherebene)
   – Sternzeichen
2. Intuitiv, Flaschen vor Augen, im Licht heraussuchen
3. Tarotkarte oder I-GING oder Numerologie
   22 + (64) 1.10.1942 (18) = Quersumme bilden
   Jahresflasche 1.10.1995 = (26) = Quersumme bilden
4. Nur eine einzige Flasche heraussuchen
   1. Flasche: = Lebensaufgabe = („Seelenflasche") aus vorherigen Leben gepeichert
   2. Flasche: = größte Schwierigkeiten
      größtes Geschenk des Ich an die Schöpfung
   3. Flasche: = Wie weit bin ich auf meinem individuellen Weg gekommen?
   4. Flasche: = mögliche Zukunftsperspektiven
5. Vier Flaschen heraussuchen:
   Unten = Vergangenheit, Seelenthema, wahre Aura, Lebensaufgabe, innerstes Wesen → ICH

1. Flasche:
OBEN = MILIEU, PERSÖNLICHKEITSSTRAHL — Geburt und Kindheit
\+ = Lernaufgaben, Begabungen, Ziele
– = VERDRÄNGTES ANS LICHT BRINGEN:
auch aus früheren Leben, negative Erfahrungen der Mutter oder Blockade aus der Kindheit

2. Flasche: „THERAPIE“ = Fortschritt, (10), Entwicklungsprozess
Wichtig: Betrachtung der Farbkombination beider Schichten
Wichtig – negativer Aspekt
– zusammen geschüttelt = bisherige überwundene Blockaden, Probleme, größte Schwierigkeiten
+ größte Wachstumsmöglichkeiten
= positives Geschenk → Auswirkung der Anwendung

3. Flasche: „GEGENWART“ = Hier und Jetzt
Wie weit bin ich bis heute gekommen? Selbstkritik!!!
BEIDE HÄLFTEN ZUSAMMEN VERSCHÜTTELT
zeigen, wie weit der eigene Weg bis heute zurückgelegt werden konnte. Fragen:
– neues Verhalten notwendig?
– neues Lebensumfeld notwendig?
– Lebensumstände harmonisieren?

4. Flasche: „ZUKUNFT“
Gegenwart beeinflusst durch zentrale Energien
Wir müssen individuell, aktiv, willentlich und wissentlich unsere Zukunft gestalten. Wir sind Schöpfer unserer Zukunft
– ans Bett stellen
– visualisieren
– auf bestimmte Körperstellen auftragen
Wichtige und positive Aspekte permanent aufbauen, im Denken, Fühlen und Handeln

3.4.2.3.2 Zeitliche Folge bei der Anwendung

1. zuerst 2. Flasche
2. 2–3 Wochen später 1. Flasche
   auf 3. Auge legen, Licht hindurch lassen
3. 1–2 Wochen später 3. Flasche
4. 1–2 Wochen später 4. Flasche
5. 1. Flasche

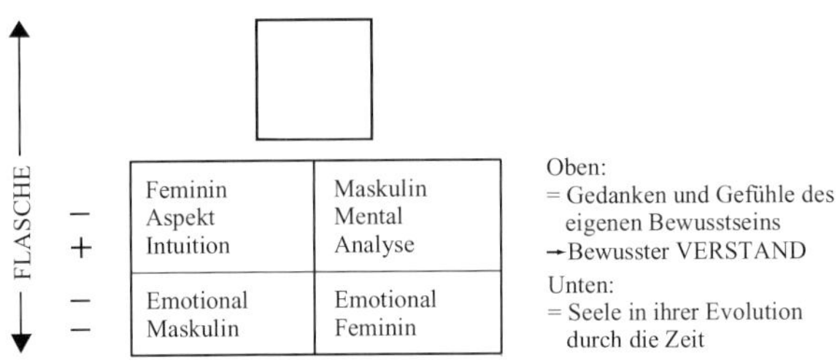

3.4.2.3.3 Symbolbedeutung der sich in den Flaschen ergebenden Verdichtungen

1. Streifen-Linien: = nach oben streben
2. Blasen = Gegensätze, unentschlossener Verstand, TRENNUNGEN
3. Wolken = Weggabelung im Leben
UNTEN: Zeit der Entscheidung
karmische Gewalt und AGGRESSION
Oben: PHYSISCHES oder MENTALES Problem
→ inneres Trauma
4. Gewölbter Bogen = OBEN: = Störung im Brustkorb
5. Graphische Muster = Zeitregressionen und karmische Störungen
6. Fünfeck: = Heiler, Weiser des Ostens
7. Ellipse = Schwangerschaft[61]

3.4.2.3.4 Wichtige praktische Hinweise

1. Flaschen immer *am Verschluss* mit der *linken Hand* anfassen
– Ringfinger auf Schulter der Flasche
– Mittelfinger über Verschluss
– Zeigefinger auf andere Schulter der Flasche
– Daumen trägt Flasche
2. Schütteln = elektromagnetisches Feld und rechte Gehirnhälfte des Probanden wird übertragen
3. in rechte Hand auftragen und verteilen,
als breites Band um den Körper und die Wirbelsäule einfächeln

morgens nach dem Duschen
abends direkt vor dem Schlafengehen

3.4.2.3.5 Reinigung der Flaschen

1. 12 Stunden auf Amethyst
oder in Amethyst legen
2. 24 Stunden in Meersalz bis zur Schulter hineinstellen
3. 36 Stunden in Meersalz-Wasser-Lösung bis zur Schulter hineinstellen

SUBSTANZEN VERDERBEN NICHT!!!
JEDE FLASCHE STELLT EIN UNIVERSUM IN SICH DAR!
Blasen = Unruhe und Aufgewühltsein

3.4.2.3.6 Beratungen auf drei Ebenen

A) SEELEN- oder Geistesebene

1. Flasche:	Wahre Aura, Ursprung, Potential, Lebensbestimmung
2. Flasche:	Bisheriger Fortschritt der Seele
3. Flasche:	Gegenwärtiger Entwicklungsstand der Seele in Richtung auf ihre Bestimmung
4. Flasche:	Bewegung der Energie aus der Zukunft

61 Vgl. hierzu auch: STELZL, Diethard: „Heilen mit kosmischen Symbolen“, Schirner-Verlag, Darmstadt 2004.

B) Mental- und Gefühlsebene

1. Flasche: Unten – Unterbewusstsein
   Oben – bewusster Verstand, Wachbewusstsein
2. Flasche: emotionale und mentale Probleme aus Vergangenheit und Gegenwart
3. Flasche: oben: gegenwärtige emotionale Situation
   unten: vergangene emotionale Situation
4. Flasche: voraussichtliches emotional/mentales Ereignis der Gegenwart im Hinblick auf zukünftige Energien

C) Körper:

unten: Torso und Beine
oben: Oberkörper, Arme, Kopf

2. Flasche: (6 x) schütteln
   = bestimmende Faktoren der Gegenwart
4. Flasche = „Schlüssel"
   → Heilungsprozess in Bewegung

Das Tor zur Heilung ist Hingabe und Mitgefühl.
Der Schlüssel zum Tor ist Liebe.

3.4.2.3.7 Die Grundausstattung

A) Chakra-Set

1 ------ 6
2 ------ 5
3 ------ 4
4 ------ 3
5 ------ 1
26 ------ 2
20 ------ 7

→ Massage

B) Kinder-Set

Alter
11 – 1.– 9. Monat → und bewusste Zeugung
12 – 9.–12. Monat
13 – 1.–3. Jahr
14 – 3.–6. Jahr
15 – 7 Jahre – 14 Jahre
55, 77, 86, 20 } nach der Pubertät
34 – bei Gefühl der Bedrohung durch das Kind

C) Notfall-Set

1 – körperliche 1. Hilfe
20 – Krisensituationen mit Kindern
26 – Schock (ätherische 1. Hilfe)
25 – Rekonvaleszenz
78 – tiefe Trauer bei Todesfall
27, 28 } Trennung oder Scheidung
20, 58 } Arbeit mit dem „Inneren Kind"

3.4.2.3.8 Behandlung körperlich-energetischer Störungen

				Pomander		**Balance-Öle**	
Nr.	Unter-Nr.	ORGANBEREICH	STÖRUNG	Farbe	Nr.	Farben	Nummern
		HERZ					
	1.		Herzschwäche			Pink, Türkis, Oliv, Grün	3-9-10-21-24-31-34-38-47
	2		Angina Pectoris			Türkis, Oliv	64-67-85-86-88-3-91
		KREISLAUF		Rot	4		
	1.		Herzrhythmusstörungen, Regulierung			Limone, Grün, Türkis, Koralle	7-10-17-43-87
	2.		Bluthochdruck-Hypertonie			Tiefmagenta	1
	3.		Niedriger Bluthochdruck – Hypotonie			Dunkelrot	19
	4.		Schlaganfall			Rot	6
		KREBS					
	1.		Leukämie, Lymphdrüsenkrebs				
	2.		Gehirntumor			Limone, Türkis, Grün	

				Pomander		Balance-Öle	
Nr.	**Unter-Nr.**	**ORGANBEREICH**	**STÖRUNG**	**Farbe**	**Nr.**	**Farben**	**Nummern**
		KREBS					
	3.		Gebärmutterkrebs			Pink	3-9-10
	4.		Brustkrebs (Mammakarzinom)				
	5.		Bindegewebegeschwulst				
		VERDAUUNG – STOFFWECHSEL		Orange	5		
	1.		Darmverpilzung-Candida Albicans			Grün, Magenta, Blassviolett	46-48
	2.		Dickdarmprobleme			Magenta, Gelb, Blassgold	32-42-59
	3.		Dünndarmstörungen			Magenta, Gelb, Blassgold	32-42-59
	4.		Magenprobleme			Grün, Magenta, Rot	8-32-40-90
	5.		Milz				
	6.		Leber	Gelb	7	Grün, Gold, Oliv, Magenta	8-14-31-32-39-82-90
	7.		Bauchspeicheldrüse (Pankreas)	Gelb	7	Oliv, Magenta	31-32-90
	8.		Gallenblase			Orange, Koralle	26-87
	9.		Prostata				
	10.		Durchfall			Tiefmagenta, Orange	1-37-79
	11.		Blähungen			Orange, Goldgelb, Gelb	4-22-39-42-45-51-70-81
	12.		Verstopfung			Limone, Dunkelrot, Magenta, Violett	7-19-22-30-39-73-77
	13.		Magersucht-Bulimie			Pink, Violett, Goldgelb, Orange, Gelb	4-22-39-42
	14.		Diabetes			Blassoliv, Gold, Gelb, Scharlach	4-5-14-42/45-51-70-81-83
		FLÜSSIGKEITS- und REINIGUNGSSYSTEME					
	1.		Nieren	Gelb, Gold	7	Oliv, Dunkelgrün, Gold, Scharlachrot, Magenta	5-31-32-38-41-59-91
	2.		Harnblase			Dunkelgrün	38
	3.		Lymphdrüsen				
	4.		Endokrine Drüsen			Blau, Gold, Pink	2-22-23
	5.		Schilddrüsen-Überfunktion			Blau, Orange, Dunkelgrün	2-12-17-26-30-37-44-49
			Schilddrüsen-Unterfunktion	Hellblau	11	Blau, Orange, Dunkelgrün, Violett, Blassviolett, Blassblau	2-12-17-26-30-37-44-49
		ATMUNGSSYSTEM – Sauerstoffaufnahme					
	1.		Lungen	Smaragd	8	Oliv, Blau, Türkis	2-9-13-21-43-53-62-82-85
	2.		Asthma-Bronchitis	Türkis, Limone	9-10	Grün, Blassgrün, Blasstürkis	88
		BRUST-VERSCHLEIMUNG					
	1.			Violett, Pink,Gelb	2-7-13	Gelb, Violett, Magenta, Limone, Dunkelgrün, Gold	4-7-16-25-36-38-42-90

		BRUST-VERSCHLEIMUNG					
	2.			Violett	13	Magenta, Violett	1-15-16-30-35-47
	3.			Magenta, Gelb	7-14	Magenta, Violett, Pink	67-35-36-37-56-66-78
	4.					Gelb, Violett, Goldgelb	18
	5.					Blasskoralle	18-61
	6.					Blasskoralle, Königsblau, Zitronengelb	47-61
	7.					Violett, Türkis, Violett, Oliv	15-24-31-37-43-57-60-62
	8.					Orange	16
VIII.		SINNESORGANE					
	1.	AUGEN					
	1.1.		Sehstörungen			Königsblau, Magenta	33-69
	1.2.		Glaskörpertrübungen			Magenta	69
	2.	HAUT: Allergien		Gold	6	Orange, Rot, Gold	
	2.1.		Akne			Grün, Oliv, Magenta	
	2.2.		Psoriasis			Pink, Türkis, Orange	
	2.3.		Allergien			Pink, Oliv	23-31
	2.4.		Ekzeme			Oliv	31
	3.						
		OHREN:		Königs-blau	12	Blasspink	11
IX.		Thymusdrüse und Immunsystem		Smaragd, Türkis, Limone	8-9-10	Limone, Violett, Rot, Türkis, Blasstürkis, Magenta, Tiefmagenta, Blassviolett	7-24-27-28-43-49-62-89
			Erkältungen – Grippe – Fieber				1-3-56
			AIDS				3
X.		KNOCHEN-SKELETT – WIRBELSÄULE – BLUTZIRKULATION		Dunkelrot	3	Blassviolett, Gold	4-36-41-58
	1.	Venenleiden – Krampfadern – Hämorrhoiden				Goldgelb, Violett	
	2.	Ischias				Tiefmagenta	1
	3.	Arthritis – Rheuma – Gicht				Goldgelb, Dunkelgrün, Magenta	4-38-75
	4.	Osteoporose		Rot	2-4		
XI.		HORMONSYSTEM – UROGENITAL-BEREICH					
			Hormonprobleme			Violett, Tiefmagenta	1-16
			Frigidität – Impotenz			Rot, Orange, Oliv, Grün	6-26-74-91
			Praemenstruelles Syndrom (PMS)			Klar, Hellrot, Oliv	54-55-82
			Klimakterium – Genitalbereich			Tiefmagenta, Blau	1-20
XII.		SONSTIGES					
			Schmerzen			Magenta, Dunkelrot, Scharlach	
			Muskelkrämpfe			Rot, Pink, Violett, Hellrot	34-80-84-89
			Vergiftungen			Scharlach, Rot, Magenta	5-6-11-19-35-48-55-69-71-72-76-77-5-6-11-19-29
			Verbrennungen – Quetschungen – Schürfwunden			Rot, Pink, Blasspink	
						Rot, Dunkelrot, Magenta	

3.4.3 Die 14 Pomander

3.4.3.1 Das Einsatzgebiet

Diese beinhalten Informationen und DÜFTE für Schutz- und Heilungszwecke
= grobstoffliche, niedrige Potentiale wirken auf den Ätherkörper, die Vitalenergie und das elektromagnetische Feld des Menschen
Schutz- und Wachstums-Potential
Umpolung negativer Energie

- auf Akupressurpunkte auftragen
- einen Tropfen auf Nabel geben
- Effekt der Öle wird unterstützt, in Aura verteilen mit den Händen (zuerst auf Hände auftragen)
- Schütteln nicht notwendig
- für jeden verwendbar
- in Plastikflaschen abgefüllt
- Dufterlebnis WICHTIG

3.4.3.2 Anwendungsmöglichkeiten

- drei Tropfen auf Innenfläche der linken Hand geben
- mit rechter Hand verreiben
- Arme ausbreiten
- Heilkraft visualisieren
- in gesamte Aura von Kopf bis Fuß verteilen
- 3 x tief Hände vor Nase und einatmen
- ausatmen und Negativenergien loslassen
- entspannen → INNEREN FRIEDEN AUFBAUEN

3.4.3.3 Das Gesamtangebot

POMANDER

Nr.	Farbe	Duft	Öle	Edelsteine	Körperteile	Wirkung
1.	**Weiß**	medizinisch warm, stimulierend	Kajepent, Lorbeer	Morganit, Quarz, Selenit	Nase, Kehle, Körper, Nasennebenhöhlen	Heuschnupfen, schließt Wunde, schützt Aura, Wespenstiche, stillt Blutung
2.	**Pink**	blumig, süß	Rosengeranie	Rosenquarz, rosa Turmalin, Morganit	Hormonsystem Adrenalin Urogenitalbereich Gebärmutter Kranio-Sakral-Bereich	Löst Spannungen „THINK PINK“
3.	**Dunkelrot**	holzig, erdig, würzig	Zeder, Lorbeer	Granat, Rubin, Blutstein, Neptunit, Karnelie, Erdbeerquarz	Skelett, Wirbelsäule (1)	Stress, Erdung, Harmonie im Basischakra (1) aktiviert rechte Gehirnhälfte, Phobien, Poltergeistphänomene
4.	**Rot**	fruchtig, würzig, erdig	Sandelholz, Nelken, Wacholder	Granat, Rubin	Kreislauf Hormonsystem	Harmonie bei Sexualproblemen, Erde, Schutz vor negativen Erdstrahlen
5.	**Orange**	fruchtig, frisch, würzig	Mandarine, Zimt	Topas, Kalzit, Sonnenstein, Jaspis, Tigerauge	Urogenitalbereich, Verdauung Ausscheidungs-Organe (2)	(2.) Chakra, heilt Ätherbereich, SCHOCK, Albträume, Süchte, Drogen, Reinkarnation, Bettnässen

Nr.	Farbe	Duft	Öle	Edelsteine	Körperteile	Wirkung
6.	**Gold**	fruchtig, blumig, Wald	Melisse	Amber, Gold, Zinkit, Zitrin	Haut und Verdauung (2) und (3)	Stoffwechsel-Balance, Kontakt mit „innerem Lehrer“, → spirituelle Demut
7.	**Gelb**	fruchtig, zitronig, Wald	Zitronella, Lemongras, Sandelholz	Amber, Fluorit, Topas, Citrin, gelber Quarz	Nervensystem Leber Nieren BSD, Solar Plexus (3)	Probleme der Nahrungsaufnahme, Bulimie, Balance des Solar Plexus, Depressionen, sinnliche Freude
8.	**Olivgrün (Limone?)**	frisch, Kräuter, Wald	Lavendel Himalaya-Kiefer	Adanit, Evit, Jade, Olivin, Epidot	Zwerchfell, Lungen, Solar Plexus (4)	IMMUNSYSTEM Scheideweg, stimulierende Selbsterkenntnis, weibliche Führungsqualitäten
9.	**Smaragdgrün**	warm, Wald	Rosmarin, Kiefer	Jade, Malachit, Smaragd, Moldavit	Herz, Lungen, Immunsystem, Herz (4) (4/5)	Gleichgewicht, Harmonie, beruhigt, Atemarbeit, Asthma, Bronchitis „Ich bin“
10.	**Türkis**	süß, würzig, frisch	Zeder	Aquamarin	Atemwege, Herz (4) – (7) Immunsystem (4/5)	Immunsystem, Aids, Bronchitis, Asthma, löst kreative Blockaden
11.	**Himmelblau**	süß Wald	Zeder, Myrrhe, Maiglöckchen	Aquamarin, blauer Achat, Saphir, blauer Kalzit	Hals, Kehle, Schilddrüse (5)	Toleranz, Inspiration, Immunsystem, Schutz allgemein, lindert extremes Leiden
12.	**Königsblau**	süß Wald	Maiglöckchen, blaue Kamille	Fluorit, Lapislazuli	Hypophyse, 3. Auge (6)	verstärkt sinnliche Wahrnehmung, hilft beim Überwinden von Isolation, Mitgefühl, Einfühlungsvermögen
13.	**Violett**	fröhlich, leicht, beschwingt	Veilchen, Rose, Lavendel, Rosengeranie	Amethyst, Diamant, Quarz	CRANIO-SAKRAL-THERPIE Gehirnplatten, Nervensystem (7)	befreit Denkprozesse, wirkt beruhigend, Respekt, Migräne, Kopfschmerzen, MS, Alzheimer, Morbus Parkinson
14.	**Magenta**	fruchtig	Lavendel	Amethyst, Granat, Rubin, Sugilith	gesamter Körper, alles	Selbsterkenntnis, eigene Lebensaufgabe, Indohologramm, Einklang von Instinkt und Intellekt, Depressionen, Rekonvaleszenz

3.4.3.4 Bedeutung der Pomander-Farben von AURA-SOMA

Nr.	Farbe	Spirituell +	Mental +/-	Emotional +/-	Physische Organe/Krankheiten
1	ROT	Flamme, Reinigung, Hl. Geist, Opfer, spirituelle Wiedergeburt und Erwachen, spirituelle Energie und Stärke	Extraversion, Dominanz, Autorität,materielle Seite des Lebens, Stress, Chaos	Leidenschaft, Temperament, Hitze, Feuer, Ärger, Aggression, Gewalt, Frustration, Mut, Wagnis, Flatterhaftigkeit	Sexualität und Zeugung, Potenz, Impotenz, Hormonsystem, Blut, Eisen, Blutkreislauf, Zellstruktur, Fieber, Schwellung – ITIS
2	KORALLE	höhere Intuition, Christusenergie	Übertragung von Eigenschaften auf andere, Selbstüberprüfung, Abhängigkeit, Co-Abhängigkeit eigene Interdependenz	unerlöste bzw. erlöste Beziehungen, Akzeptanz von Liebe, Einsamkeit, All-Eins-Sein	Drüsen, Sexualorgane, Ausscheidungsorgane, PSYCHOSOMATISCHE Krankheiten, Schocks, Skelett
3	ORANGE	Einsicht, Hingabe, Göttlichkeit, Verzicht	Weisheit, Ausdauer, tiefe Einsicht, Mangel an Selbstwertgefühl	Weisheit des Inneren Kindes, Sex aus Lust und Freude, Depression, Erregung, Schock, Trauma, Freuden, Entzücken	Eierstöcke, Dick- und Dünndarm, MILZ, Galle und Gallenblase Nahrungsassimilation
4	GOLD	Weisheit der Unterscheidung, Gerechtigkeit, Heiligkeit, Reinheit, Ewigkeit, Glanz und Herrlichkeit, ERLEUCHTUNG	Weisheit, Unterstützung, Selbstgerechtigkeit, falsche Bescheidenheit, Täuschung, Verblendung MATERIELLE MACHT	Sehnsucht, Frieden, Trost, Ekstase, Zuverlässigkeit, ANGST, SICHERHEIT, Gier, Verwirrung, Nervosität	NERVEN, Rückgrat, Darm, Eingeweide, HAUT, Gelbsucht, Ekel, Drogen, Übelkeit
5	GELB	Licht, Wille, erworbenes gelerntes Wissen	Stimulation, Zynismus, mentale Verwirrung, Unsicherheit, INTELLEKT	Wärme, Lachen, Freude, Entzücken, Ehrgeiz, ANGST, Feigheit, Vertrauensmangel, DEPRESSION, Verwirrtheit	Solar Plexus-Bereich, LEBER, NIEREN, HAUT Zentralnervensystem, Rheuma, Gelbsucht, Arthritis, endokrines Nervensystem, Entgiftung
6	OLIV (LIMONE)	Freude und Lachen Erdung, Klarheit auf dem Weg, Erdung von spirituellen Inhalten	HARMONIE und Ausrichtung	Selbstliebe, Führungsqualitäten, Qualitäten des Herzens	Gallenblase, Dickdarm, Lunge, THYMUS, Krampfberuhigung, PHOBIEN
7	GRÜN	Heilung, Regeneration, Mitgefühl, Harmonie mit den kosmischen Gesetzen, Raum und Platz spirituell	Ausgeglichenheit, Harmonie, Großzügigkeit, Unterscheidungsfähigkeit, Lichtbewusstheit, Gleichgewicht, DEPRESSION, PHOBIEN	Offenheit, Ruhe, Freiheit, Herzensenge, Neid, Eifersucht, Zufriedenheit	Herz, Lunge, Geschwüre, Vergiftung, KREBS, SCHOCK, AIDS
8	TÜRKIS	Transdimensionalität, „neue Zeit", VISIONEN	Vertrauen auf Intuition, Idealismus, Utopismus, Kommunikation, kreative Kunst, technische Begabung	Gefühlsmäßige Intuition, Mitgefühl, Gefühlsausdruck, Optimismus	Herz, Kehle, Thymusdrüse Lungen, oberer Rücken, (rechte) Schulter, Bronchitis, Augen, Asthma, Regeneration, Heuschnupfen, Verspannungen, Schwellungen, EPILEPSIE
9	BLAU	Erzengel Michael, Vishnu, Krischna, Göttlichkeit, Wasser, Schutz	Intuition, Diplomatie, Wille, Autorität, Freiheit, Intraversion, FRIEDEN	Heiterkeit, Ruhe, Sanftmut, Intuition, Leere, Frigidität, Depression, Vaterproblematik (-)	Schilddrüse, Kehle, Hypophyse, Krämpfe, Verstauchung, Infekte, Nackenprobleme, Sonnenbrand – OSE Halsentzündung

Nr.	Farbe	Spirituell +	Mental +/-	Emotional +/-	Physische Organe/Krankheiten
10	**KÖNIGS-BLAU**	Kommunikation aus der Seele, 3. Auge, Hellsehen, Hellhören, Hellfühlen	Autorität, Effektivität, innere Kommunikation, Depression, Isolation, PARANOIA	Nüchternheit, Objektivität, Ehrfurcht, Distanz, Einsamkeit, Depression	Augen, Ohren, Nase, Stirnhöhlen, HYPOPHYSE PARANOIA, Nervenkrankheit, (B 18, B 23, B 35)
11	**VIOLETT**	Transmutation, Negativität, Individualismus, Demut, spirituelle Heilung, Lebenssinn erkennen	zu viel Grübelei, Schwierigkeit mit materiellen Dingen	Leiden, Trauer, Süchte, innere Ruhe, Heilung der Seele, RESCUE-Notfallmischung	Schleimproduktion,Hirnplatte Hypophyse, Epiphyse Schlaflosigkeit, Stress, Überaktivität, Kopfschmerzen, beruhigend, Quetschungen, Schmerzen
12	**MAGENTA (0) (67)**	Liebe zu kleinen Dingen, dienende Liebe, Sinn des eigenen Lebens erkennen	Kooperation	opferbereite Liebe	Hormonsystem, Geschlechtsorgane, Energiefluss, endokrines System, Übelkeit, Nervenberuhigung, Stimulanz, Anämie, Leukämie, Schutz vor Poltergeistern
13	**PINK**	Rot im Licht, verfeinerte sexuelle Liebe zur bedingungslosen Liebe und spirituellen Sexualität, „wahres Selbst“	kollektive Lernaufgaben, NEUBEGINN	sich selbst lieben, weibliche intuitive Energie, bedingungslose Liebe und Fürsorge, Sucht und gibt Liebe	Hormonsystem, Krebs, Geschlechtsorgane, PHOBIEN, Taubheit, Magersucht
14	**KLAR**	Karmisches Vergehen, Quelle des Lichts, Klarheit, Reinheit, Transparenz	Wahrheit, Ehrlichkeit, Klarheit, Leere, Weite, Einfachheit	„Quelle der unvergossenen Tränen“	Reinigung, Entgiftung, Vergiftungen

3.4.4 Die 14 Quintessenzen

3.4.4.1 Anwendungsbereiche

- Duft wichtig
- ermöglichen großes, inneres Wachstum
- Kontaktmöglichkeit zu feinstofflichen, geistigen Welten
- verknüpft mit eingeweihten Persönlichkeiten der Vergangenheit, z. B.
  → Blavatsky Theosophie (7 Strahlen, Bereiche, Meister)
- Zugang zu Archetypen, = Urbilder menschlicher Psyche
- SYMBOLE
- EVOLUTION UND UNIVERSELLE LIEBE
- Hierarchie der Meister soll der Menschheit auf dem geistigen Weg helfen, idealistisch oder realistisch
- Meditation bei Vollmond und Neumond
- sich unterordnen unter einen höheren Plan
  → Pastellfarben
- ASTRALEBENE: kosmische Energien
- Meister als Bindeglied zwischen Gott und Menschheit
- Strahlen = Vitalenergie der Meister

Öle Nr.	Meister QE	Pastellfarbe	Name des Meisters	hochpotenzierter, feinstofflicher Bereich
50	1	Pastellblau	EL MORYA	
51	2	Pastellgold	KUTHUMI	Aufgestiegene Meister
52	3	Pastellpink	LADY NADA	Aufgestiegene Meister
53	4	Pastellgrün	HILARION	Aufgestiegene Meister
54	5	KLAR	SERAPIS BEY	Aufgestiegene Meister
55	6	Tiefrot	CHRISTUS	Aufgestiegene Meister
56	7	Pastellviolett	SAINT GERMAIN	
57	8	PINK	ORION und ANGELIKA	
58	9	Rosenpink	PALLAS ATHENE und AEOLUS	Kosmische Meister
59	10	Gold	LADY PORTIA	Kosmische Meister
60	11	Pastellorange	LAOTSE und KWANYIN	Kosmische Meister
61	12	Pastellkoralle	SANAT KUMARA	Kosmische Meister
62	13	Pastelltürkis	MAHA CHOHAN	Meister der Meister
63	14	SMARAGD	DJWAL KUL	jüngster Meister

= direkte Energie der Strahlen

3.4.4.2 Praktische Vorgehensweisen

1. Öffnen und drei Tropfen auf Puls des linken Arms geben
2. Flasche schließen
3. Substanz mit Puls des rechten Arms verreiben
4. Arme mit Handflächen außen über Kopf streichen
5. Visualisierung: Alle Energie der Welt wird abgegeben
6. Energie um Aura herum verteilen, von Kopf bis Fuß inkl. Rückenbereich
7. Arme über Energiezentren kreuzen
8. Duft mit drei tiefen Atemzügen einatmen
9. Meditation beginnen

3.4.4.3 Beschreibung der Wirkungsweise

Nr. Öle	Nr. QE	Farbe	Duft	Thema	Name	Effekte	Anwendungs-bereiche
50	1	Pastellblau	blumig	Dein Wille geschehe = Wille Gottes	EL MORYA	beruhigt, bringt Frieden und Schutz	Dein Wille geschehe → Schutzmethode
51	2	Blassgold	süß, würzig	Verbindung zwischen Engeln und Menschen herstellen	KUTHUMI	Bewusstsein als Wesenheit wahrnehmen	Verb. zu Engeln, Kreativität, Lebensgefühl, Spirituelle Ängste, Meditation mit Pflanzen
52	3	Pastellpink	Rosen	Aggressionen abbauen, YIN und YANG-Ausgleich	LADY NADA	verändert negative in positive Energien, Schutz allgemein	Vollmond-Meditation Töne und Farben erleben
53	4	Pastellgrün	frisch, Wald	eigenen Weg und Wahrheit verfolgen	HILARION	schafft innerlich Raum, Zugang zur eigenen Weisheit und Wahrheit	Stressabbau
54	5	KLAR	würzig, blumig	Reinigung und Neuanfang	SERAPIS BEY	Aurareinigung Ausdruck der Aura, Med. Reinigung	Kontakt mit Bergkristall
55	6	Tiefrot	Wald	opferbereite Liebe	CHRISTUS	Lebensaufgabe lösen	Christusenergie einsetzen ICH BIN ICH
56	7	Pastellviolett	blumig (AMETHYST)	Heilung	SAINT GERMAIN	verändert innere energetische Verfassung, bringt YING YANG – Aspekte in Harmonie	hilft bei Überlebensfragen beruhigt
57	8	Pink	blumig, zitronig	innere und äußere Reisen	ORION und ANGELIKA	Hilfe bei Visualisierung	JET – LAG neue Projekte
58	9	Rosenpink	blumig	TRAUMARBEIT	PALLAS ATHENE und AEOLUS	unterstützt luzides Träumen	mat. Wohlstand, Lösung von Blockaden und Problemen durch luzides Träumen (Huna)
59	10	Gold	blumig und sommerlich	SICH SELBST VERGEBEN, GNADE	LADY PORTIA	Mitgefühl, Vergebung	Atemmeditation: Loslassen = Ausatmen
60	11	Pastellorange	orange, würzig	INFO aus vergangenen Zeiten erhalten WEISHEIT und MITGEFÜHL	LAO TSE und KWAN YIN	Informationen kommen energetisch	Befreiung von alten Problemen und Blockaden
61	12	Pastelkoralle	würzig	SYNTHESE wie oben – so unten	SANAT KUMARA	Blick „hinter die Kulissen“	Verbindung zu allen Meistern
62	13	Pastelltürkis	süß und tief (AQUAMARIN)	Gefühlsbeziehungen aufbauen, Wassermann – Zeitalter	MAHA CHOHAN	Kontakt zum inneren Lehrer	Kontakt zu feinstofflicheren Ebenen
63	14	Smaragdgrün	frisch, Wald	Raum	DJWAL KHUL	Gleichgewicht im feinstofflichen Bereich	Klarheit und Eigenliebe, Phobien, rituelle Tänze, Kontakt zu Mutter Erde

Folgende feinstoffliche Verbindungen können aufgebaut werden:

El Morya	Q 4 Blau	B 50 Hellblau/Hellblau
Kuthumi	Q 7 Zitronengelb	B 51 Hellgelb/Hellgelb
Lady Nada	Q 13 Hellrosa	B 52 Hellrosa/Hellrosa
Hilarion	Q 6 Grün	B 53 Hellgrün/Hellgrün
Serapis Bey	Q 1 Klar	B 54 Klar/Klar
Christus	Q 14 Rot	B 55 Klar/Rot
Saint Germain	Q 2 Violett	B 56 Hellviolett/Hellviolett
Pallas Athene	Q 10 Pfirsich	B 57 Hellrosa/Hellblau
Orion und Angelika	Q 12 Pink	B 58 Hellblau/Hellrosa
Lady Portia	Q 8 Gold	B 59 Hellgelb/Hellrosa
Kwan Yin und Lao Tse	Q 11 Hellpfirsich	B 60 Blau/Klar
Sanat Kumara	Q 9 Topas	B 61 Hellrosa/Hellgelb
Maha Chohan	Q 3 Türkis	B 62 Helltürkis/Helltürkis
Djwal Khul und Hilarion	---	B 63 Smaragdgrün/Hellgrün
Djwal Khul	Q 5 Smaragdgrün	B 64 Grün/Klar

3.5 Bach'sche Blütenessenzen

Die Bach'schen Blütenbehandlungen werden seit über 80 Jahren angewendet und eignen sich ausgezeichnet für Eigen- und Fremdbehandlungen auf der physischen und allen feinstofflichen Ebenen.

Dr. Edward Bach *MB., BS., MRCS., LRCP.,* erhielt seine Ausbildung am University College in London und erhielt 1913 in Cambridge das *Diploma of Public Health*. Er starb 1936.

Während seiner medizinischen Ausbildung stellte er fest, dass sein Interesse nicht so sehr in der Behandlung körperlicher Symptome lag, sondern dass er sich eher für die Patienten selbst interessierte, für ihre Persönlichkeit und ihren emotionalen Zustand. Er wurde sich darüber klar, dass der Körper vor allem den psychischen Zustand widerspiegelt. Darum braucht der Leidende eine Hilfe, um sein negatives Denken, die grundlegende Ursache seiner Krankheit, zu überwinden. Dazu war eine neue und praktische Behandlung nötig, denn es nützte wenig, wenn man zu einem Menschen voller Sorgen sagte: „Mach dir keine Sorgen, sei glücklich!".

Während der nächsten sieben Jahre isolierte er achtunddreißig heilsame wilde Blumen, um den psychischen Zuständen zu begegnen, an denen Menschen leiden könnten. Er benutzte nur die Blumen, die über der Erde in Luft und Sonnenlicht wuchsen und in ihrer Mitte die Samen trugen, das kontinuierliche Leben der Pflanzen. Diese Blumen präparierte er an der Stelle, an der sie wuchsen, indem er die Blütenköpfe in vollem Sonnenlicht drei Stunden lang in einem klaren Glasgefäß in Wasser tauchte. Das Übrige besorgte die Natur ohne weiteres menschliches Eingreifen. Die Wärme der Sonne zog die Lebenskraft der Blumen in das Wasser, das schäumte und viele kleine Blasen warf – es war lebendes Wasser. Dann wurden die Blumen sanft entnommen und das Wasser in Flaschen gefüllt und aufbewahrt. Für früh blühende Pflanzen, hauptsächliche Baumblüten, verwendete er eine andere Methode. Er legte sie in einen sterilisierten Kochtopf, brachte sie rasch ins Haus, bedeckte sie mit Wasser und ließ sie eine halbe Stunde lang leicht kochen. Dann wurden die Blüten entfernt, das Wasser wurde gefiltert, in Flaschen gefüllt und konserviert, indem etwas Brandy beigegeben wurde. Die Bach'schen Arzneien wurden stets auf diese Weise zubereitet.

ZUORDNUNG DER BACHBLÜTEN NACH PLANETAREN EINFLÜSSEN

PLANET	STERN-ZEICHEN		STÄRKERER EINFLUSS	SCHWÄCHERER EINFLUSS	PLANETEN-FARBE	TON (ASZENDENT)
SATURN	STEINBOCK		BEECH CERATO CHICORY GENTIAN HEATHER PINE <u>SCLERANTHUS</u>	CLEMATIS HONEYSUCKLE HOLLY LARCH ROCK WATER WILD OAT	PURPUR	AIS A
JUPITER	SCHÜTZE		AGRIMONY CHESTNUT BUD GORSE OAK OLIVE SWEET CHESTNUT VINE WALNUT WHITE CHESTNUT	BEECH CHERRY PLUM CHICORY MIMULUS MUSTARD RED CHESTNUT	ORANGE	A GIS
MARS	WIDDER SKORPION	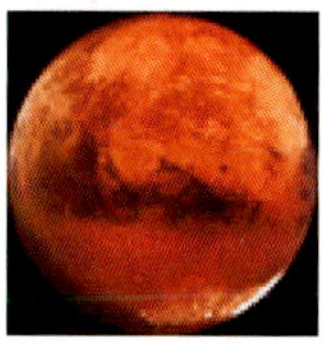	CLEMATIS HOLLY HORNBEAM RED CHESTNUT VERVAIN	CENTAURY GENTIAN HEATHER OAK PINE <u>SCLERANTHUS</u> WHITE CHESTNUT WILD OAT WILD ROSE	ROT	G – C G HIS
SONNE	LÖWE	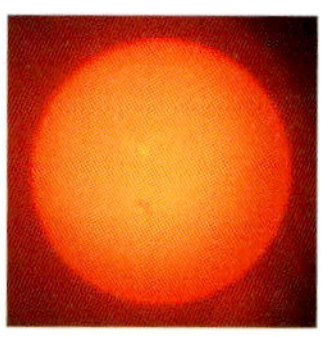	CENTAURY MUSTARD ROCK ROSE WILD OAT WILD ROSE	GORSE HOLLY VINE WALNUT	HELLGELB – WEISS	A CIS E
VENUS	STIER WAAGE	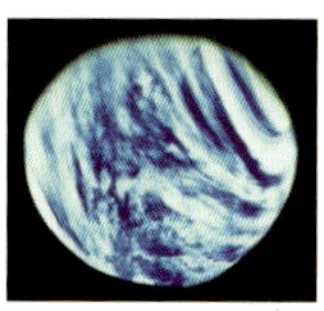	CRAB APPLE CHERRY PLUM LARCH	VERVAIN WILD ROSE	GRÜN	G – F CIS FIS
MERKUR	ZWILLING JUNGFRAU		ASPEN ELM HONEYSUCKLE <u>IMPATIENS</u> MIMULUS WATER VIOLET	HORNBEAM STAR OF BETHLEHEM	GELB	AIS D F
MOND	KREBS		ROCK WATER STAR OF BETHLEHEM <u>WILLOW</u>	CHERRY PLUM CHESTNUT BUD CLEMATIS VINE WATER VIOLET	VIOLETT	E DIS

Die nach dieser Methode gewonnenen achtunddreißig Bachblütenessenzen wurden in sieben Untergruppen wie folgt zusammengefasst:

1. Angst
   Felsenrose, Mimulus, Prunus cerasifera, Espe, rote Kastanie
2. Unsicherheit
   Cerato, Scleranthus, Enzian, Stechginster, Weißbuche, wilder Hafer
3. Ungenügendes Interesse an gegenwärtigen Umständen
   Clematis, Geißblatt, wilde Rose, Olive, weiße Kastanie, Senf, Kastanienknospen
4. Einsamkeit
   Wasserveilchen, Balsamine, Erika
5. Überempfindlichkeit gegenüber Einflüssen und Ideen
   Agrimonia, Tausendgüldenkraut, Walnuss, Stechpalme
6. Verzagtheit oder Verzweiflung
   Lärche, Fichte, Esskastanie, Ornithogalum umbellatum, Weide, Eiche, Holzapfel
7. Übertriebene Sorge um das Wohlergehen anderer
   Zichorie, Eisenkraut, Wein, Buche

Indikation der 38 Bachblütenkonzentrate

lfd. Nr.	BACHBLÜTE		Indikation	stärkere Frequentierung	schwächere Frequentierung
1.	AGRIMONY		Man versucht, quälende Gedanken und innere Unruhe hinter einer Fassade von Fröhlichkeit und Sorglosigkeit zu verbergen.	Jupiter	
2.	ASPEN		Unerklärliche, vage Ängstlichkeiten, Vorahnungen, geheime Furcht vor irgendeinem drohenden Unheil.	Merkur	
3.	BEECH		Kritiksucht, Arroganz, Intoleranz. Man verurteilt andere ohne jedes Einfühlungsvermögen.	Saturn	Jupiter
4.	CENTAURY		Schwäche des eigenen Willens, Überreaktion auf die Wünsche anderer, seine Gutmütigkeit wird leicht ausgenutzt, kann nicht nein sagen.	Sonne	Mars
5.	CERATO		Mangelndes Vertrauen in die eigene Intuition.	Saturn	
6.	CHERRY PLUM		Angst davor, innerlich loszulassen; Angst, den Verstand zu verlieren; Angst vor seelischen Kurzschlusshandlungen; unbeherrschte Temperamentsausbrüche	Venus	Jupiter, Mond

lfd. Nr.	BACHBLÜTE		Indikation	stärkere Frequentierung	schwächere Frequentierung
7.	CHESTNUT BUD		Man macht immer wieder die gleichen Fehler, weil man seine Erfahrungen nicht wirklich verarbeitet und nicht genug daraus lernt.	Jupiter	Mond
8.	CHICORY		Besitzergreifende Persönlichkeitshaltung, die sich übermäßig einmischt und manipuliert. Man erwartet von seiner Umgebung volle Zuwendung und bricht in Selbstmitleid aus, wenn man seinen Willen nicht bekommt.	Saturn	Jupiter
9.	CLEMATIS		Tagträumer; mit den Gedanken immer ganz woanders; zeigt wenig Aufmerksamkeit für das, was um ihn vorgeht.	Mars	Saturn, Mond
10.	CRAB APPLE		Man fühlt sich innerlich oder äußerlich beschmutzt, unrein oder infiziert. Detailkrämer. »Die Reinigungs-Blüte«	Venus	
11.	ELM		Das vorübergehende Gefühl, seiner Aufgabe oder Verantwortung nicht gewachsen zu sein.	Merkur	
12.	GENTIAN		Skeptisch, zweifelnd, pessimistisch, leicht entmutigt.	Saturn	Mars
13.	GORSE		Ohne Hoffnung, völlig verzweifelt, »Es hat doch keinen Zweck mehr« – Gefühl.	Jupiter	Sonne
14.	HEATHER		»Selbstbezogen, völlig mit sich beschäftigt, braucht ständig Publikum, »das bedürftige Kleinkind«	Saturn	Mars
15.	HOLLY		Eifersucht, Misstrauen, Hass- und Neidgefühle auf allen Ebenen.	Mars	Saturn, Sonne

lfd. Nr.	BACHBLÜTE		Indikation	stärkere Frequentierung	schwächere Frequentierung
16.	HONEYSUCKLE		Sehnsucht nach Vergangenem; Bedauern über Vergangenes; lebt nicht in der Gegenwart.	Merkur	
17.	HORNBEAM		Müdigkeit –, mentale Erschöpfung, als vorübergehender oder länger andauernder Zustand.	Mars	Merkur
18.	IMPATIENS		Ungeduldig, leicht gereizt, überschießende Reaktionen.	Merkur	
19.	LARCH		Erwartung von Fehlschlägen durch Mangel an Selbstvertrauen, Minderwertigkeitskomplexe.	Venus	Saturn
20.	MIMULUS		Spezifische Ängste, die man benennen kann; Scheu, Furchtsamkeit; Angst vor der Welt.	Merkur	Jupiter
21.	MUSTARD		Perioden tiefer Melancholie kommen und gehen plötzlich ohne erkennbare Ursachen.	Sonne	Jupiter
22.	OAK		Der niedergeschlagene und erschöpfte Kämpfer, der trotzdem tapfer weitermacht und nie aufgibt.	Jupiter	Mars
23.	OLIVE		Völlig erschöpft, extreme Ermüdung von Körper und Geist.	Jupiter	
24.	PINE		Selbstvorwürfe, Schuldgefühle, Mutlosigkeit.		Mars
25.	RED CHESTNUT		Übertriebene Sorge und Angst um andere.	Mars	Jupiter

lfd. Nr.	BACHBLÜTE		Indikation	stärkere Frequentierung	schwächere Frequentierung
26.	ROCK ROSE		Terror- und Panikgefühle; äußerst akute Angstzustände.	Sonne	
27.	ROCKWATER		Strenge und starre Ansichten, unterdrückte Bedürfnisse, man ist zu hart zu sich selbst.	Mond	Saturn
28.	SCLERANTHUS		Unschlüssig; sprunghaft; innerlich unausgeglichen. Meinung und Stimmung wechseln von einem Moment zum anderen.	Saturn	Mars
29.	STAR OF BETHLEHEM		Nachwirkungen von körperlichen, seelischen oder geistigen Schocks, egal, ob weit zurückliegend oder erst kürzlich geschehen. »Der Seelentröster und Schmerzen-Besänftiger«	Mond	Merkur
30.	SWEET CHESTNUT		Tiefste Verzweiflung. Man glaubt, die Grenze dessen, was ein Mensch ertragen kann, sei nun erreicht.	Jupiter	
31.	VERVAIN		Im Übereifer, sich für eine gute Sache einzusetzen, treibt man Raubbau mit seinen Kräften, reizbar bis fanatisch.	Mars	Venus
32.	VINE		Dominierend ehrgeizig, machthungrig, »der kleine Tyrann«	Jupiter	Sonne, Mond
33.	WALNUT		Verunsicherung, Beeinflussbarkeit und Wankelmut während entscheidender Neubeginn-Phasen im Leben. »Die Blüte, die den Durchbruch schafft.«	Jupiter	Sonne
34.	WATER VIOLET		Zeitweise: innere Reserviertheit, stolze Zurückhaltung, isoliertes Überlegenheitsgefühl.	Merkur	Mond

lfd. Nr.	BACHBLÜTE		Indikation	stärkere Frequentierung	schwächere Frequentierung
35.	WHITE CHESTNUT		Bestimmte Gedanken kreisen unaufhörlich im Kopf, man wird sie nicht wieder los, innere Selbstgespräche und Dialoge.	Jupiter	Mars
36.	WILD OAT		Unbestimmtheit in den Zielvorstellungen, Unzufriedenheit, weil man seine Lebensaufgabe nicht findet.	Sonne	Saturn, Jupiter, Mars
37.	WILD ROSE		Teilnahmslosigkeit, Apathie, Resignation, innere Kapitulation.	Sonne	Mars, Venus
38.	WILLOW		Innerer Groll, Verbitterung, »Das Opfer des Schicksals«	Mond	

4. Das Zusammenwirken von Farben und Tönen

4.1 „Das Universum schwingt“

Gemäß dem 5. Geistigen Gesetz ist im Universum alles *Schwingung*, das PANTA RHEI des HERAKLIT, das WAI WAI der alten Hawaiianer, und dies in einem bestimmten Bewegungsablauf, einem festgelegten *Rhythmus*. Dieser kann sehr lang sein oder kurz, aber typisch ist dabei die sich regelmäßig wiederholende Erscheinung, charakterisiert durch einen entsprechenden Bewegungsablauf im Wellencharakter.

Das typische Bild und die Form einer Schwingung ist also die *Welle*, das permanente Aufeinanderfolgenden von Wellenberg und Wellental, gemessen

- als *Wellenlänge* bis zur Wiederholung in metrischen Maßen
- als *Frequenz* festgelegt in einem Schwingungsablauf pro Sekunde als ein Hertz (= 1 Hz)
- als *Amplitude* der Höhe von Wellenberg bzw. Wellental, definiert ebenfalls in metrischen Maßen. Diese legt die Intensität einer Schwingung als Welle fest.

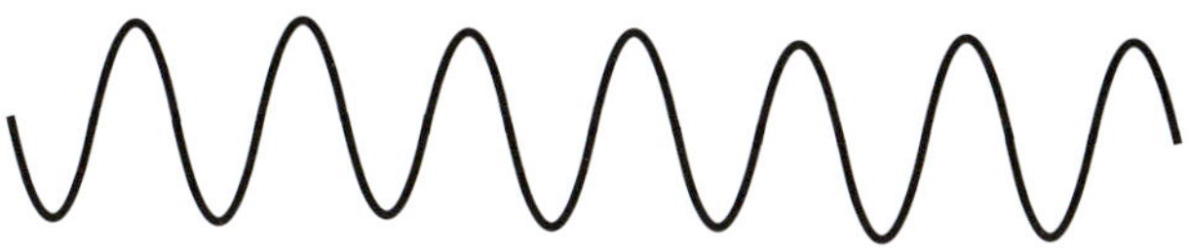

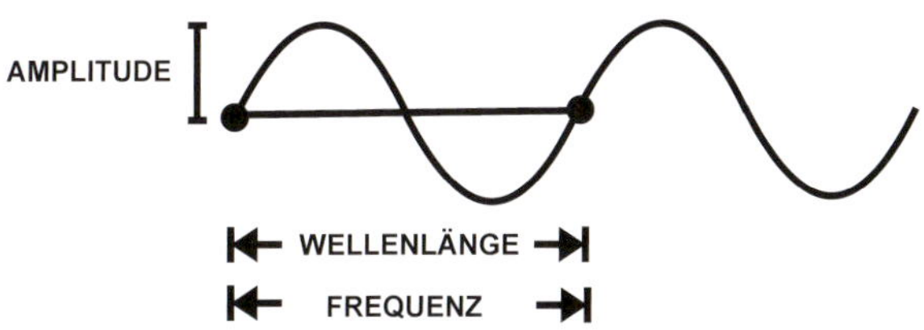

Eine der wichtigsten Eigenschaften von Schwingungen liegt in der Tatsache begründet, dass diese *Resonanzen* (resonare = lat. wiederklingen) auslösen und somit das 5. Geistige Gesetz von Schwingung und Rhythmus mit dem 6. Geistigen Gesetz der Resonanz verbinden. (= „Das, was man aussendet, zieht man an und umgekehrt“)

Schwingungen breiten sich also in alle Richtungen und in Wellen aus und regen wiederum Schwingungen an.

Zwischen der Wellenlänge und der Frequenz gibt es eine mathematische Verbindung mit der Lichtgeschwindigkeit gemäß der Formel

Wellenlänge x Frequenz = Lichtgeschwindigkeit
$\lambda \times v = e$ (300.000.000 m/sek.)

Außerdem unterliegen die Sinneswahrnehmungen von Lebewesen den Prinzipien der 2. Dimension der Fläche von Länge x Breite, dem Gefühlsbereich, Unterbewusstsein, der Astralaura, der Karmaaufarbeitung und der Lebensenergie.[62]

62 Ausführlich bei: STELZL, Diethard: „Im Einklang mit der universalen Ordnung.“ Verlag Via Nova, Petersberg 2005, Seite 116 bis 123

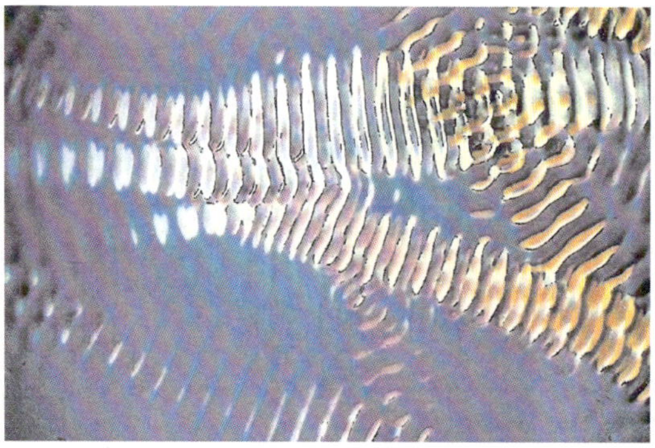

Kammerton A

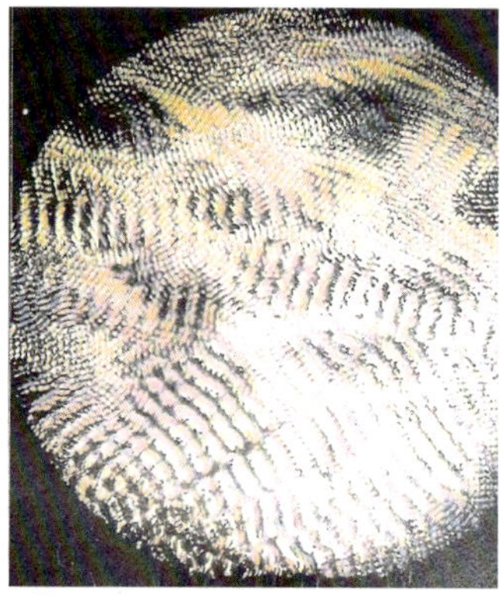

Klassisches Orchester

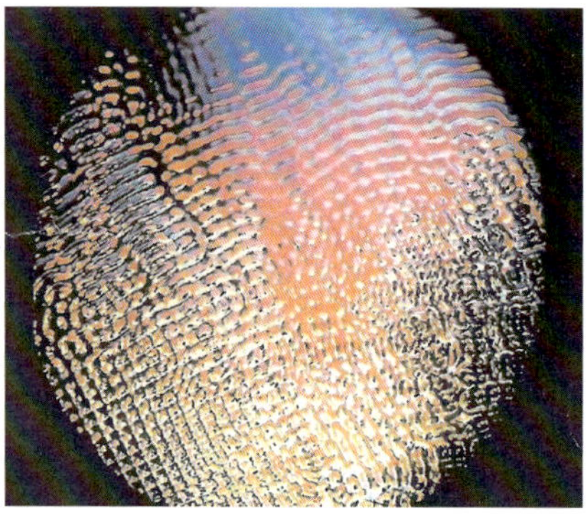

Nicht definierte Klangfiguren

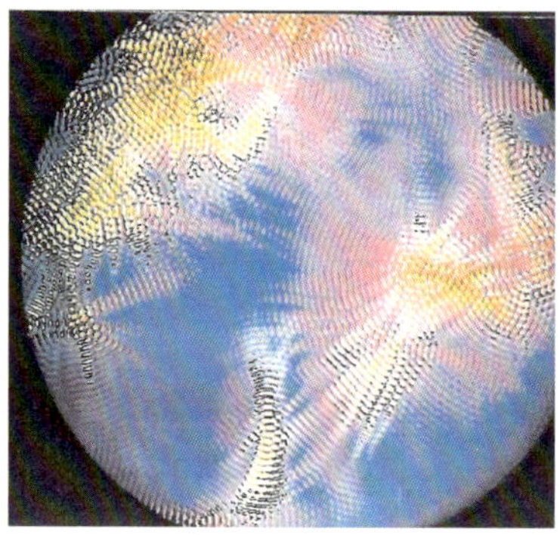

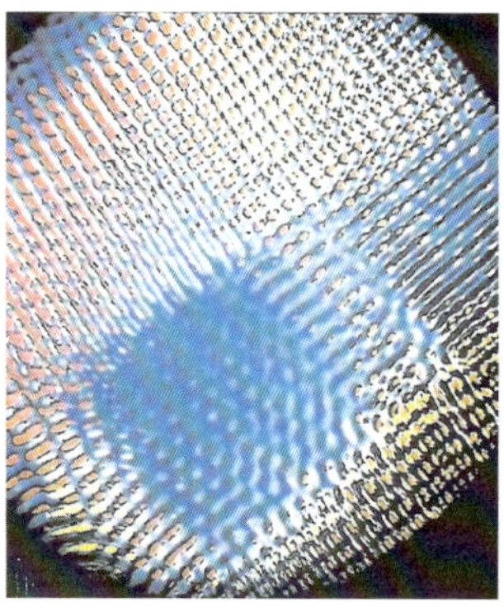

4.2 Der mathematische Zusammenhang zwischen Tönen und Farben

Im Rahmen der Oktavierungsreihe dieser zweiten Dimension mit ihren entsprechenden Obertoneffekten ergibt sich nach dem Prinzip der Verdoppelung der folgende mathematische Zusammenhang zwischen Tönen und Farben:

Die Oktavierung von Farben und Tönen

Oktavierungsreihen der sich entsprechenden Schwingungen von Tönen und Farben
in Hertz (= Schwingungen pro Sekunde)

Basis a^1 = 440 Hz

		Dunkelrot *F*	Weinrot *FIS*	Hellrot *G*	Orange *GIS*
1		44	45	49	52
2		87	93	98	104
3		175	185	196	208
4		349	370	392	415
5	Töne	698	740	784	831
6		1397	1480	1568	1661
7		2794	2960	3136	3322
8		5587	5920	6272	6645
9		11174	11840	12544	13290
10		22349	23680	25088	26579
		44698	47360	50176	53158
		89395	94720	100352	106317
		178790	189440	200704	212634
		357581	378880	401408	425267
		715162	757760	802816	850534
		1430323	1515520	1605632	1701069
		2860646	3031040	3211264	3402138
		5721293	6062080	6422528	6804275
		11442586	12124160	12845056	13608550
		22885171	24248320	25690112	27217101
		45770342	48496640	51380224	54434202
		91540685	96993280	102760448	108868403
		183081370	193986560	205520896	217736806
		366162739	387973120	411041792	435473613
		732325478	775946240	822083584	870947226
		1464650957	1551892480	1644167168	1741894451
		2929301914	3103784960	3288334336	3483788902
		5858603827	6207569920	6576668672	6967577805
		11717207654	12415139840	13153337344	13935155610
		23434415309	24830279680	26306674688	27870311219
		46868830618	49660559360	52613349376	55740622438
		93737661235	99321118720	105226698752	111481244877
		187475322470	198642237440	210453397504	222962489754
		374950644941	397284474880	420906795008	445924979507
		749901289882	794568949760	841813590016	891849959014
		1499802579763	1589137899520	1683627180032	1783699918029
		2999605159526	3178275799040	3367254360064	3567399836058
		5999210319053	6356551598080	6734508720128	7134799672115
		11998420638106	12713103196160	13469017440256	14269599344230
		23996841276211	25426206392320	26938034880512	28539198688461
		47993682552422	50852412784640	53876069761024	57078397376922
		95987365104845	101704825569280	107752139522048	114156794753843
		191974730209690	203409651138560	215504279044096	228313589507686
44	Farben	383949460419379	406819302277120	431008558088192	456627179015373
45		767898920838758	813638604554240	862017116176384	913254358030746
		1535797841677520	1627277209108480	1724034232352770	1826508716061490
		3071595683355030	3254554418216960	3448068464705540	3653017432122980
		6143191366710070	6509108836433920	6896136929411070	7306034864245960
		12286382733420100	13018217672867800	13792273858822100	14612069728491900
		24572765466840300	26036435345735700	27584547717644300	29224139456983900

Die Oktavierung von Farben und Tönen

Oktavierungsreihen der sich entsprechenden Schwingungen von Tönen und Farben in Hertz (= Schwingungen pro Sekunde)

Basis a' = 440 Hz

Für den Menschen hörbare Tonfrequenzen = akustisches Fenster (1–10)

Optisches Fenster= für den Menschen sichtbare Farben (44–45)

	Gelb-Orange *A*	Gelb *AIS*	Limone *H*	Grün *C*
1	55	58	62	65
2	110	117	123	131
3	220	233	247	262
4	440	466	494	523
5	880	932	988	1047
6	1760	1865	1976	2093
7	3520	3729	3951	4186
8	7040	7459	7902	8372
9	14080	14917	15804	16744
10	28160	29834	31608	33489
	56320	59668	63217	66977
	112640	119337	126433	133955
	225280	238674	252866	267909
	450560	477348	505733	535818
	901120	954696	1011466	1071636
	1802240	1909391	2022932	2143273
	3604480	3818783	4045865	4286546
	7208960	7637565	8091730	8573092
	14417920	15275131	16183460	17146184
	28835840	30550262	32366920	34292367
	57671680	61100523	64733839	68584735
	115343360	122201047	129467679	137169469
	230686720	244402094	258935357	274338939
	461373440	488804188	517870715	548677878
	922746880	977608376	1035741430	1097355756
	1845493760	1955216753	2071482860	2194711511
	3690987520	3910433505	4142965719	4389423022
	7381975040	7820867011	8285931438	8778846044
	14763950080	15641734021	16571862876	17557692088
	29527900160	31283468042	33143725752	35115384177
	59055800320	62566936084	66287451505	70230768353
	118111600640	125133872169	132574903009	140461536707
	236223201280	250267744338	265149806019	280923073413
	472446402560	500535488676	530299612037	561846146826
	944892805120	1001070977352	1060599224074	1123692293652
	1889785610240	2002141954703	2121198448148	2247384587305
	3779571220480	4004283909407	4242396896297	4494769174610
	7559142440960	8008567818813	8484793792594	8989538349220
	15118284881920	16017135637627	16969587585188	17979076698440
	30236569763840	32034271275254	33939175170376	35958153396879
	60473139527680	64068542550508	67878350340751	71916306793759
	120946279055360	128137085101015	135756700681503	143832613587517
	241892558110720	256274170202030	271513401363005	287665227175035
44	483785116221440	512548340404060	543026802726011	575330454350070
45	967570232442880	1025096680808120	1086053605452020	1150660908700140
	1935140464885760	2050193361616240	2172107210904040	2301321817400280
	3870280929771520	4100386723232480	4344214421808090	4602643634800560
	7740561859543040	8200773446464950	8688428843616170	9205287269601120
	15481123719086100	16401546892929900	17376857687232300	18410574539202200
	30962247438172200	32803093785859800	34753715374464700	36821149078404500

= die 40. oder 41. Verdoppelung führt von Ton- zu Farbfrequenzen im Bereich von dreistelligen Billionen-Hertz-Werten

DIE OKTAVIERUNG VON FARBEN UND TÖNEN

Oktavierungsreihen der sich entsprechenden Schwingungen von Tönen und Farben in Hertz (= Schwingungen pro Sekunde)

Basis a^1 = 440 Hz

	Hellblau *CIS*	Blau *D*	Violett *DIS*	Purpur *E*
1	69	73	78	83
2	139	147	156	165
3	277	294	312	331
4	554	587	624	661
	1109	1175	1248	1322
	2217	2349	2496	2644
	4435	4699	4992	5288
	8870	9397	9984	10576
	17740	18794	19968	21152
	35479	37588	39936	42304
	70958	75177	79872	84608
	141916	150354	159744	169216
	283832	300708	319488	338432
	567665	601416	638976	676864
	1135329	1202831	1277952	1353728
	2270659	2405663	2555904	2707456
	4541317	4811325	5111808	5414912
	9082634	9622651	10223616	10829824
	18165268	19245302	20447232	21659648
	36330537	38490604	40894464	43319296
	72661074	76981207	81788928	86638592
	145322148	153962414	163577856	173277184
	290644296	307924828	327155712	346554368
	581288591	615849656	654311424	693108736
	1162577183	1231699313	1308622848	1386217472
	2325154365	2463398625	2617245696	2772434944
	4650308731	4926797251	5234491392	5544869888
	9300617462	9853594501	10468982784	11089739776
	18601234924	19707189002	20937965568	22179479552
	37202469847	39414378004	41875931136	44358959104
	74404939694	78828756009	83751862272	88717918208
	148809879388	157657512018	167503724544	177435836416
	297619758776	315315024036	335007449088	354871672832
	595239517553	630630048072	670014898176	709743345664
	1190479035105	1261260096143	1340029796352	1419486691328
	2380958070211	2522520192287	2680059592704	2838973382656
	4761916140421	5045040384573	5360119185408	5677946765312
	9523832280842	10090080769147	10720238370816	11355893530624
	19047664561685	20180161538294	21440476741632	22711787061248
	38095329123369	40360323076588	42880953483264	45423574122496
	76190658246738	80720646153175	85761906966528	90847148244992
	152381316493476	161441292306350	171523813933056	181694296489984
	304762632986952	322882584612700	343047627866112	363388592979968
44	609525265973903	645765169225400	686095255732224	726777185959936
45	1219050531947810	1291530338450800	1372190511464450	1453554371919870
	2438101063895610	2583060676901600	2744381022928900	2907108743839740
	4876202127791230	5166121353803200	5488762045857790	5814217487679490
	9752404255582450	10332242707606400	10977524091715600	11628434975359000
	19504808511164900	20664485415212800	21955048183431200	23256869950718000
	39009617022329800	41328970830425600	43910096366862300	46513739901435900

4.3 Die Harmonik der Farbmusik

Die Wissenschaft der Erforschung von Schwingungsverhältnissen wird auch als HARMONIK bezeichnet, von griechisch: harmonica = Fügung. Georg W. Leibnitz, ein wichtiger Vertreter der cartesianischen Naturwissenschaft, bezeichnete sie als „Einheit in der Mannigfaltigkeit“.

Stellt man nunmehr einen Zusammenhang zwischen dem Zwölffarbenkreis und der chromatischen Zwölftonleiter her, ergibt sich der Bereich der FARBMUSIK, d. h., Töne werden in Farben dargestellt.

Zwölfton-Farbkreis und Farb-Klavitur

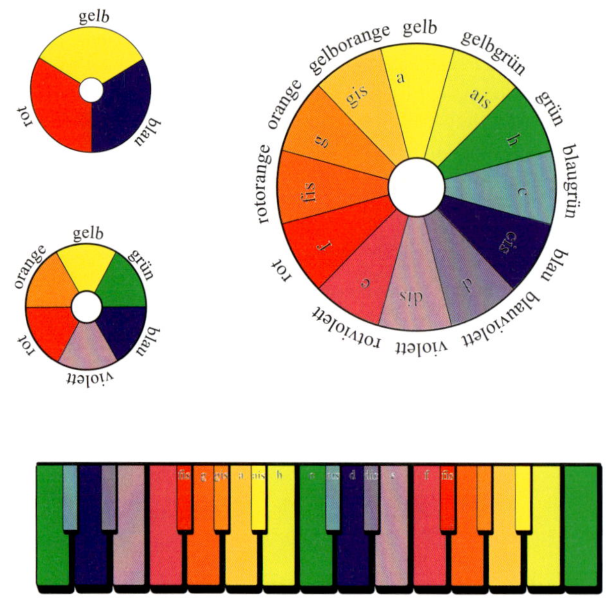

fis	rot
g	rotorange
gis	orange
a	gelborange
ais	gelb
h	gelbgrün
c	grün
cis	blaugrün
d	blau
dis	blauviolett
e	violett
f	rotviolett
fis	rot

Quelle: Fritz Dobretzberger/Johannes Paul: „Farbmusik“. Verlag Simon & Leutner, Berlin 1993, S. 17

Im FARBTON-QUADRAT werden danach alle zwölf chromatischen Zwölftonleiter sichtbar.

	1 Grundton	2 kleine Sekunde	3 große Sekunde	4 kleine Terz	5 große Terz	6 Quarte	7 Tritonus	8 Quinte	9 kleine Sexte	10 große Sexte	11 kleine Septime	12 große Septime	13 Oktave
13	fis	g	gis	a	ais	h	c	cis	d	dis	e	f	fis
12	f	fis	g	gis	a	ais	h	c	cis	d	dis	e	f
11	e	f	fis	g	gis	a	ais	h	c	cis	d	dis	e
10	dis	e	f	fis	g	gis	a	ais	h	c	cis	d	dis
9	d	dis	e	f	fis	g	gis	a	ais	h	c	cis	d
8	cis	d	dis	e	f	fis	g	gis	a	ais	h	c	cis
7	c	cis	d	dis	e	f	fis	g	gis	a	ais	h	c
6	h	c	cis	d	dis	e	f	fis	g	gis	a	ais	h
5	ais	h	c	cis	d	dis	e	f	fis	g	gis	a	ais
4	a	ais	h	c	cis	d	dis	e	f	fis	g	gis	a
3	gis	a	ais	h	c	cis	d	dis	e	f	fis	g	gis
2	g	gis	a	ais	h	c	cis	d	dis	e	f	fis	g
1	fis	g	gis	a	ais	h	c	cis	d	dis	e	f	fis
	1	2	3	4	5	6	7	8	9	10	11	12	13

Quelle: Fritz Dobretzberger/Johannes Paul: „Farbmusik“. Verlag Simon & Leutner, Berlin 1993, S. 40

Die Zusammenhänge zwischen Tonhöhe und Saitenlänge erforschte bereits der griechische Weise Pythagoras mit Monochord und Lambdoma. Daraus entwickelte sich später das farbige, so genannte REGENBOGEN-LAMBDOMA.

Regenbogen – Lambdoma

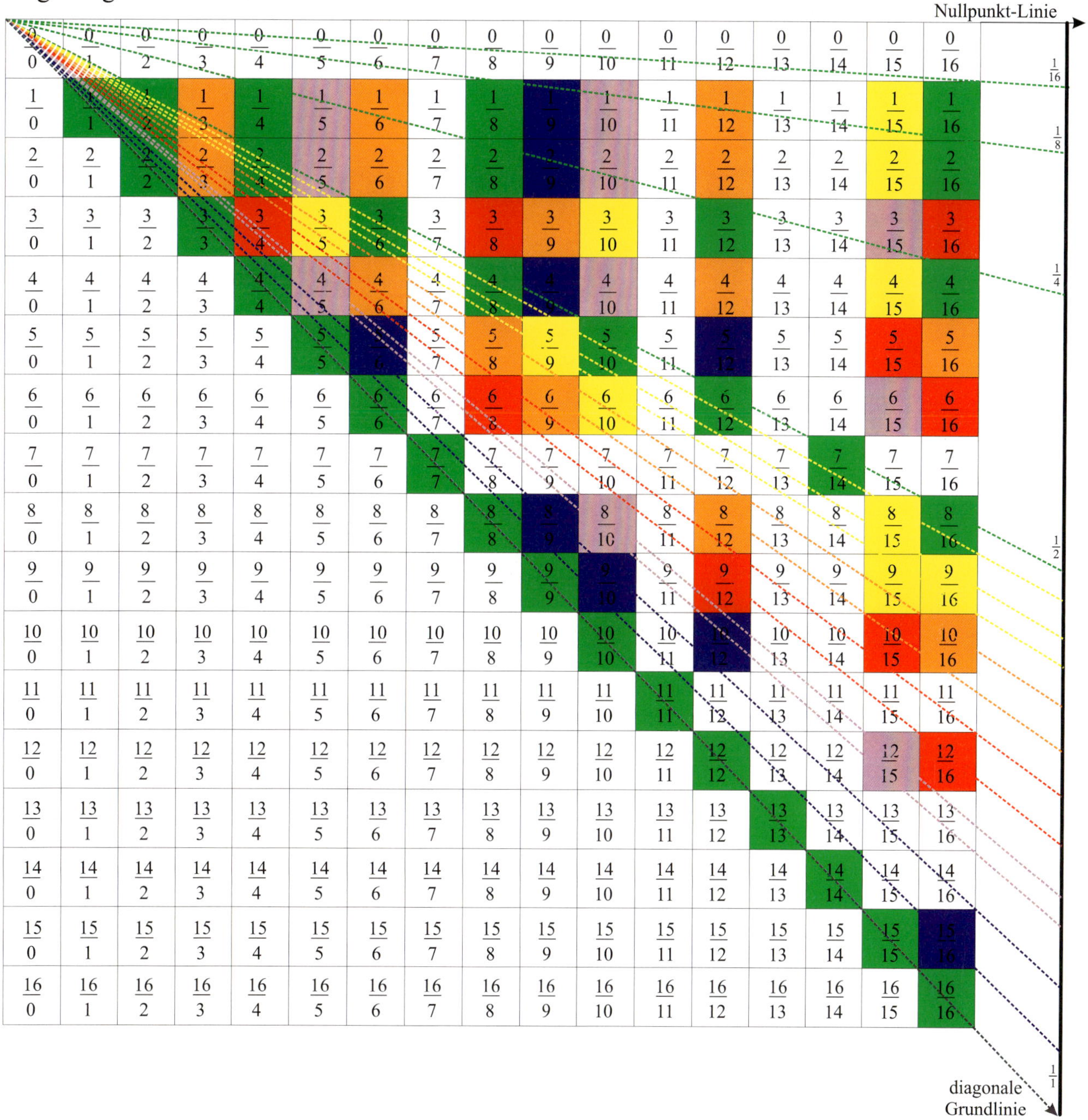

Quelle: Fritz Dobretzberger/Johannes Paul: „Farbmusik". Verlag Simon & Leutner, Berlin 1993, S. 47

Die verschiedenen Dur- und Molltonarten lassen sich wie folgt darstellen:

Farbton-Tafel der Dur- und Molltonarten

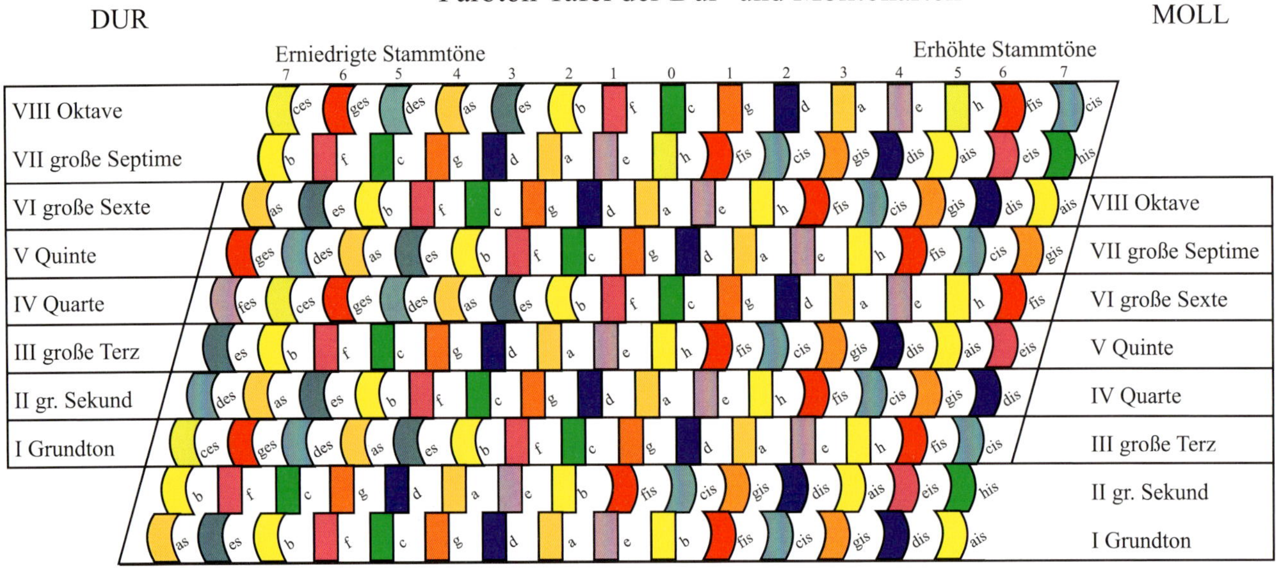

Quelle: Fritz Dobretzberger/Johannes Paul: „Farbmusik“. Verlag Simon & Leutner, Berlin 1993, S. 65

Interessant ist nun die farbige Darstellung bekannter Musikstücke namhafter Komponisten in Oktavnotenhöhe, wie beispielsweise von:

»Bourée« Johann Sebastian Bach

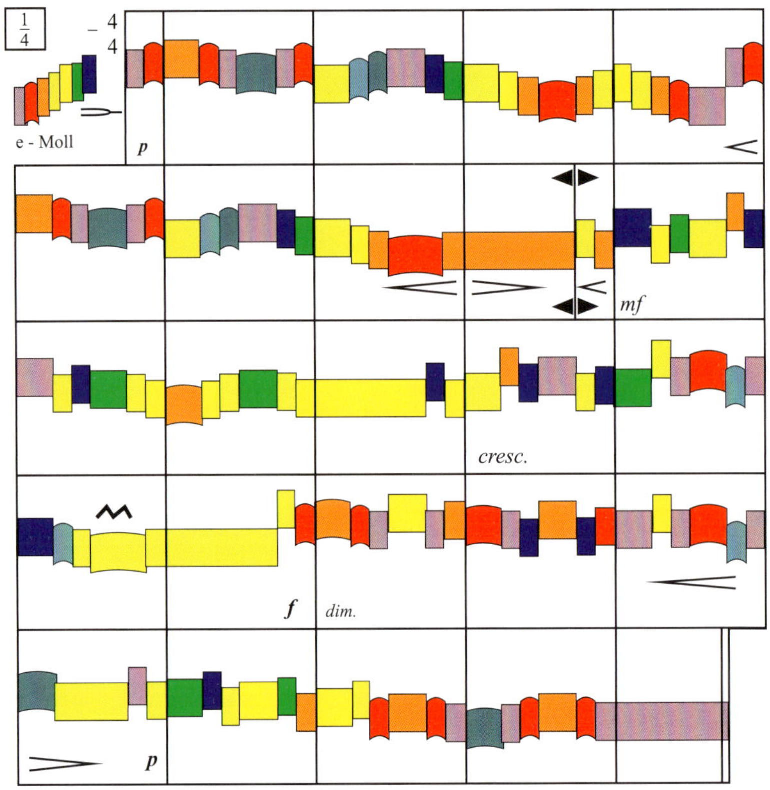

Quelle: Fritz Dobretzberger/Johannes Paul: „Farbmusik“. Verlag Simon & Leutner, Berlin 1993, S. 54

Darstellung in 1/4- Oktavnotenbreite, Leserichtung von unten nach oben

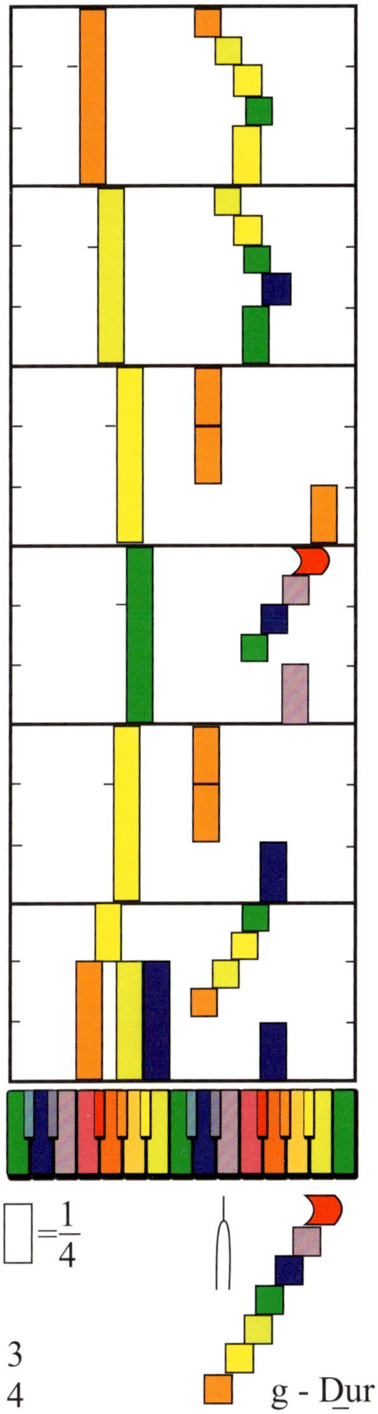

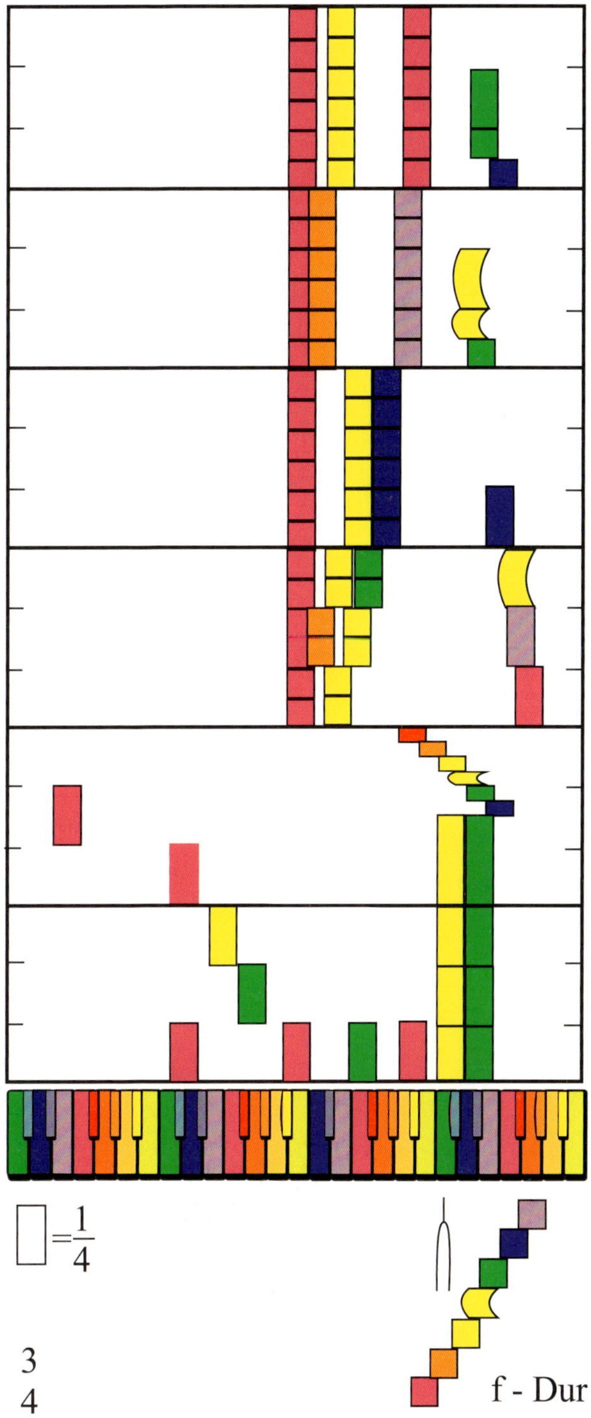

»Menuett«
Johann Sebastian Bach

»Sonate« Kö.V. Nr. 280
Wolfgang Amadeus Mozart

Quelle: Fritz Dobretzberger/Johannes Paul: „Farbmusik“. Verlag Simon & Leutner, Berlin 1993, S. 79

AN DIE FREUDE

LUDWIG VAN BEETHOVEN
Text: Friedrich von Schiller

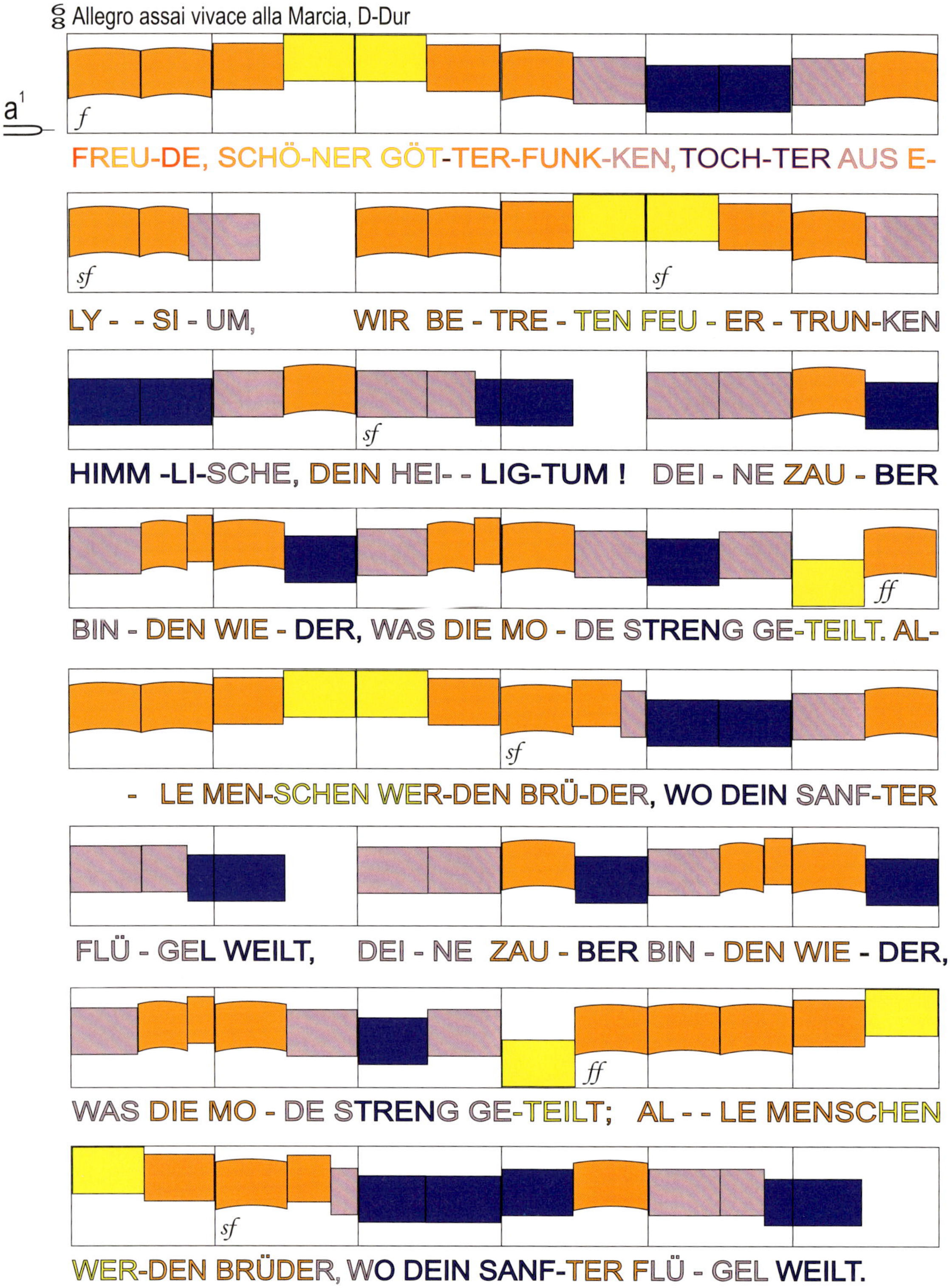

Quelle: Fritz Dobretzberger/Johannes Paul: „Farbmusik". Verlag Simon & Leutner, Berlin 1993

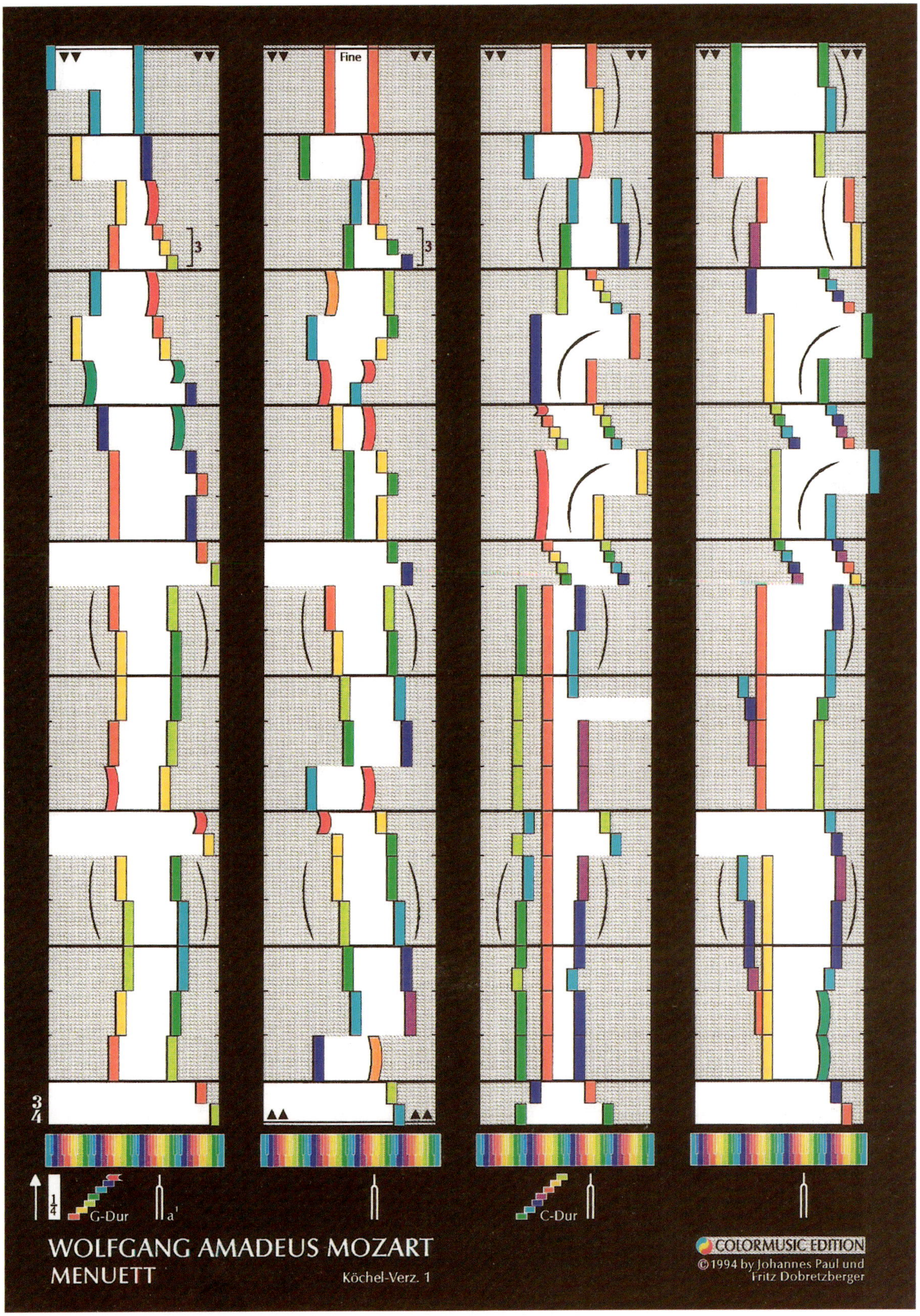
Fine
3
3
3/4
1/4
G-Dur
a'
C-Dur
WOLFGANG AMADEUS MOZART
MENUETT
Köchel-Verz. 1
COLORMUSIC EDITION
©1994 by Johannes Paul und
Fritz Dobretzberger

COLORMUSIC EDITION
p
cresc.
pp
4/4 ff
1/4 Largo
Cm
a¹
FRÉDÉRIC CHOPIN
(1810 - 1849)
PRÄLUDIUM
© 1994 by Johannes Paul und
Fritz Dobretzberger
COLORMUSIC EDITION
Birkenstr. 23 b · D-82194 Gröbenzell
T. 08142/58106 · F. 08142/58204

FARBLICHTMUSIK

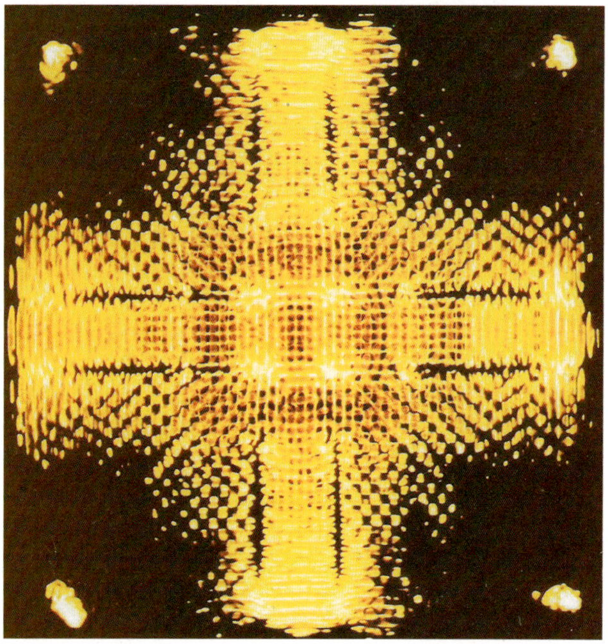

1

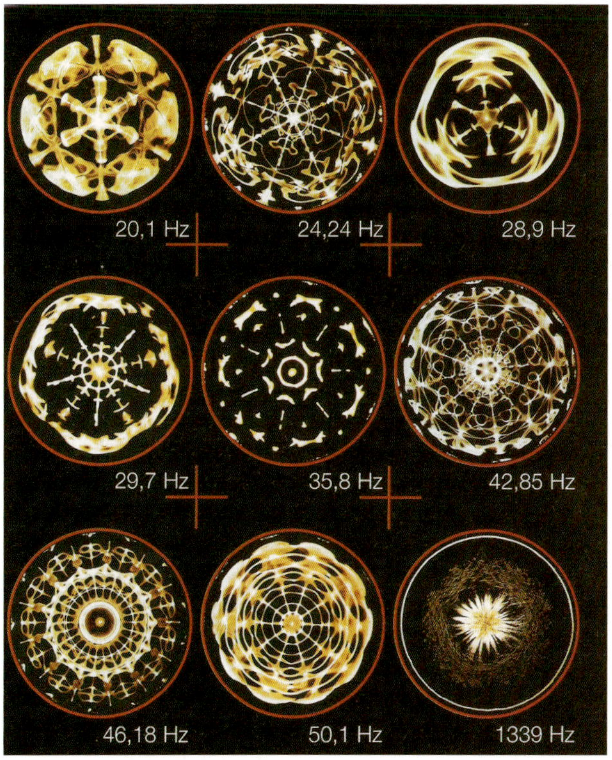

2

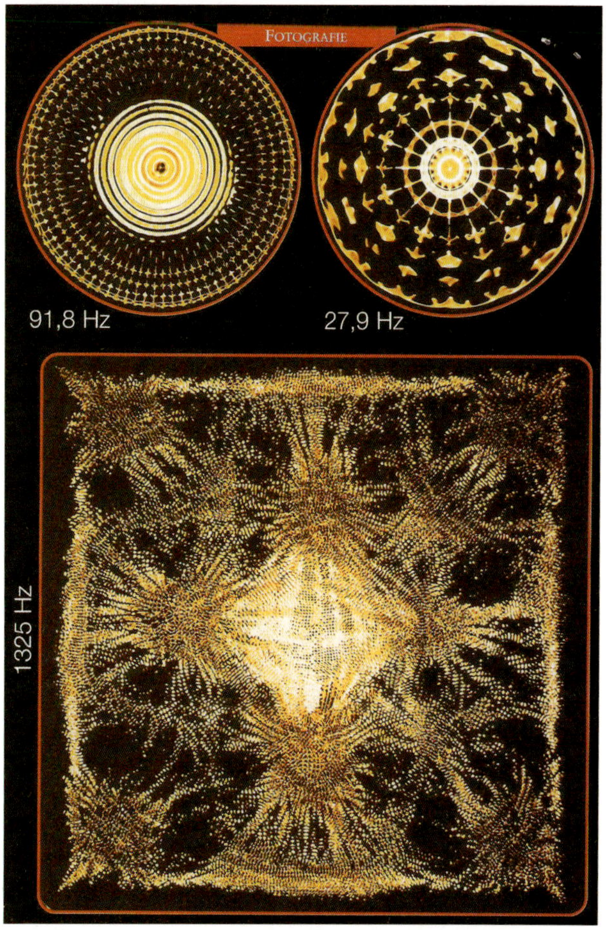

3

Quelle der Bilder 1 bis 3:
Zeitschrift Gralswelt: ISSN 0017-3088.
Stuttgart 2002 (Anschrift: Schuckertstraße 8,
D-71254 Ditzingen, Tel: 07156 - 5096)

4

Quelle:
Zeitschrift Gralswelt: ISSN 0017-3088.
Stuttgart 2002 (Anschrift: Schuckertstraße 8,
D-71254 Ditzingen, Tel: 07156 - 5096)

5. Form und Farbe in der Kunst

Vor allem in der ersten Hälfte des vergangenen Jahrhunderts haben sich verschiedene osteuropäische Künstler intensiv mit dem Thema Schwingung, Farbe und Form auseinandergesetzt. Das Ergebnis zeigte außergewöhnliche und eindrucksvolle Kunstwerke.

Michail Majuschin
„Das zugefügte Element", 1930

(Gerstner, „Die Color Sounds", 1978)

FORM – TON – FARBE

Karl Gerstner geb. 1930, Color Sound, 1974
Zeikomponentenlacke auf Polyester, 170 x 170 cm
im Besitz des Künstlers, Basel.

Die Idee

Der Color Sound ist ein Farb-Klang aus 12 Stufen was wörtlich zu verstehen ist: jede Farbe bildet auch eine Stufe des Reliefs. Von Stufe zu Stufe ist der Unterschied denkbar gering; von der ersten bis zur letzten ist er groß, oft komplementär. Beabsichtigt ist: ein polychromer Klang von höchster Homogenität, in Bezug auf den Betrachter: die Evokation einer Empfindung von höchster Intensität.

Color Sound ist übrigens ein Begriff, den es im Englischen nicht gibt, und im Deutschen Farbklang überhört man, weil geläufig: dass hier die Sprache eine Verbindung von Visuellen und Auditiven herstellt, im Sinne Baudelaire'scher Correspondance. Jeder Color Sound verändert sich je nach Tageslicht: Im kalten Morgenlicht werden alle warmen Farben dunkler, im warmen Abendlicht die kalten heller. Diese Veränderung findet zwar bei allen Farben statt; hier wird sie – Folge der Homogenität der Farbreihe – erlebbar. Die Color Sounds sind Echos der Sonne, zum Sehen.

(Lohse, 1984)

(Willy Rotzler, Aussteilungskatalog „Max Bill", Zürich 1983–84).

FORM – TON – FARBE

Richard Paul LOHSE, 1943–70
30 vertikale systematische Farbreihen
in gelber Rautenform,
Öl auf Leinwand, 165x165 cm
Im Besitz des Künstlers, Zürich

Mit der Bildung standardisierter Mittel entsteht die Konzeption einer objektiven Rhythmik. Die Vereinheitlichung der Elemente ergibt deren Zusammenfassung zu Gruppen.

Die Mikrostruktur der Konkretion der ersten Stunde wird zur Makrostruktur des Vielfachen, die Harmonik bestimmt durch kombinatorische Methoden. (Lohse, 1973)

Prinzip der Farbserie

Grundlagen der seriellen Ordnung sind die Mengengleichheit der Farben, wachsende Farbordnungen und Kombinatorik. Das Thema bestimmt die Anzahl der Farben innerhalb der Reihen, die Anzahl der Farbreihen ergibt Begrenzung und Dimension. Alle Farben sind mit der gleichen Quantität in jeder Reihe, jede Farbreihe mit der gleichen Quantität an der Gesamtfläche beteiligt. Das Bildfeld wird Strukturfeld, die Summe der Farben eine Farbreihe. Die kontinuierliche Farbreihe als Element der Farbordnung bildet horizontal und vertikal ein in sich geschlossenes, erweitertes Kreislaufsystem. Das dialektische Gesetz bestimmt, dass die Veränderung einer Farbe innerhalb einer Farbreihe zur Veränderung aller Farbreihen, zur Veränderung der Gesamtstruktur führt.

FORM UND FARBE IN DER KUNST
MAX BILL

Max Bill geb. 1908
Fünfzehn Variationen über ein Thema
(Quinze variations sur un mèmè thème)
Editions ces Chroniques du Jour, Paris 1938
(gedruckt bei Mourlot)
Graphischer Zyklus von 16 Lithographien
je 32x30,5 cm

Vorzugsausgabe in Einzelblättern auf Bristokarten Im Besitz des Künstlers. Graphische Zyklen als Instrument. In diesem Schaffensbereich vor Bild und Bildvariation gibt es eine andere, komplexere, auch dynamischere Art der Variation: Bill hat sie erstmals – und in großartiger, kaum wiederholbarer Intensität – 1936-38 vorgelegt: mit den Fünfzehn Variationen über ein Thema. Gewiss haben die aus dem Thema – der kontinuierlichen Entwicklung von einem gleichseitigen Dreieck zu einem gleichseitigen – gleichwinkeligen Achteck abgeleiteten Variationen deutliche Eigenwerte ihren vollen Sinn erhalten, sie aber erst im Verband des ganzen Zyklus.

Michail Majuschin
Entwurf zu Farbtitelblatt, 1931

Michail Majuschin
Farbtabelle

FORM – TON – FARBE

Ivan Wyschnegradsky

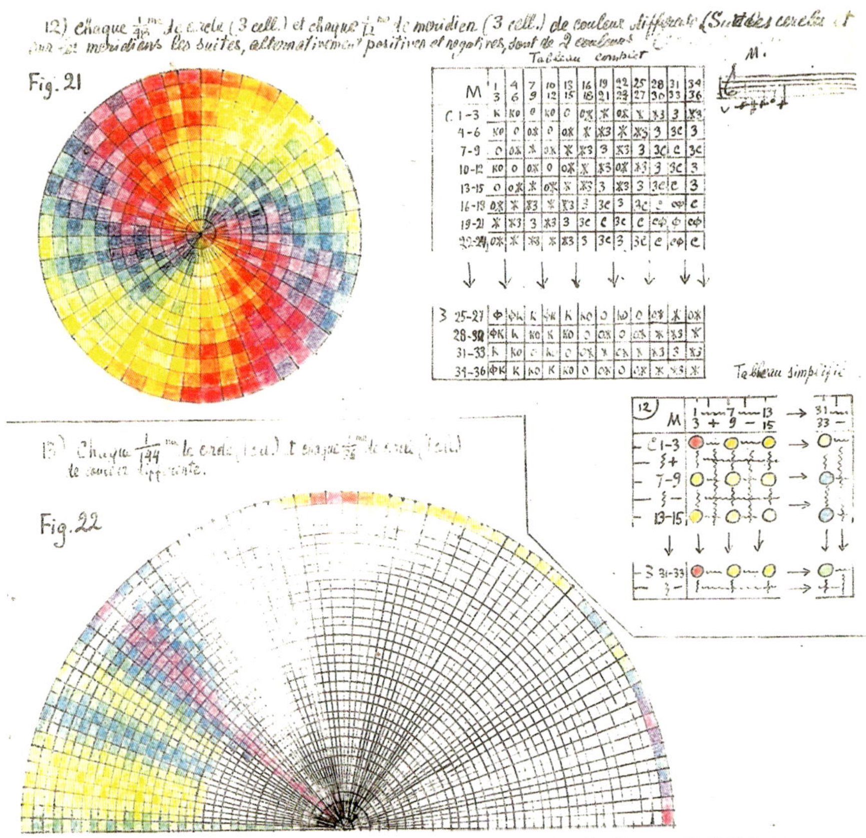

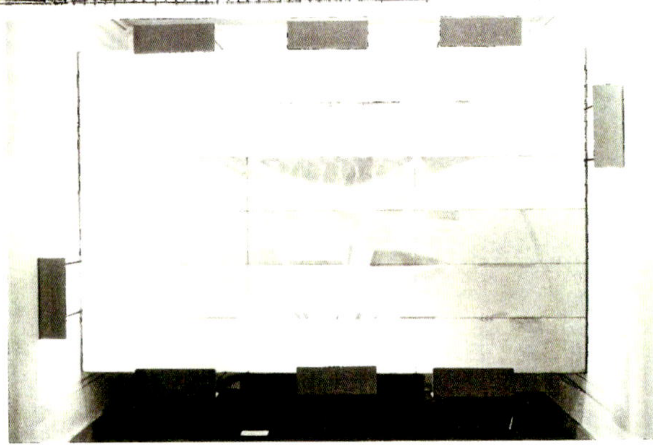

(G. Eberle, zur 1. Ausstellung von Wyschnegradskys Zyklus in der Galerie „Gelbe Musik“, Berlin 1983)

FORM – TON – FARBE

Ivan Wyschnegradsky

Wyschnegradsky hat eine ganze Reihe von mosaikartigen Farbkreisen entworfen, die man sich umgestülpt zur Tempelkuppel denken kann. Sie sind nach strengen Gesetzmäßigkeiten und Symmetrien erstellt. Die Farben und Farbordnungen sind bis ins Detail zur Musik in Analogie gesetzt. Und fraglos sollte zu den wechselnden Beleuchtungen der Kuppel auch die entsprechende Musik erklingen.

Wie Skrjabin in seiner symphonischen Dichtung Prometheus von 1908, nur nach anderem System, ordnet Wyschnegradsky den 12 Tönen der chromatischen Skala 12 Farben zu, die das Spektrum durchwandern und wie die Tonskala, in ihren Anfang zurücklaufen.

c rot	cis rot-orange	d orange	dis orange-gelb	e gelb	f gelb-grün
fis grün	g grün- blau	gis blau	a blau- violett	ais violett	h violett- rot

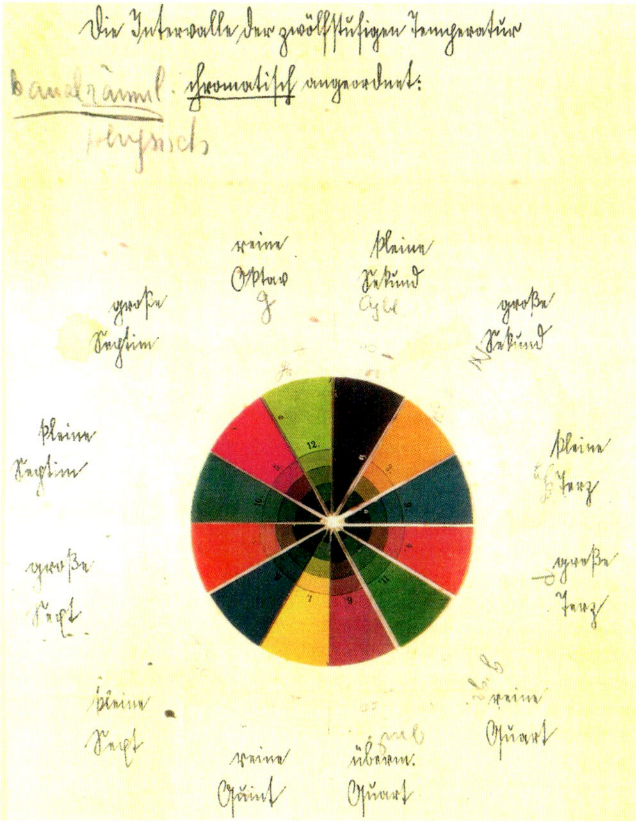

JOSEF MATTHIAS FÜR JOHANNES ITTEN
1919 – 1920

„Vom Klang der Bilder", Stuttgart 1985

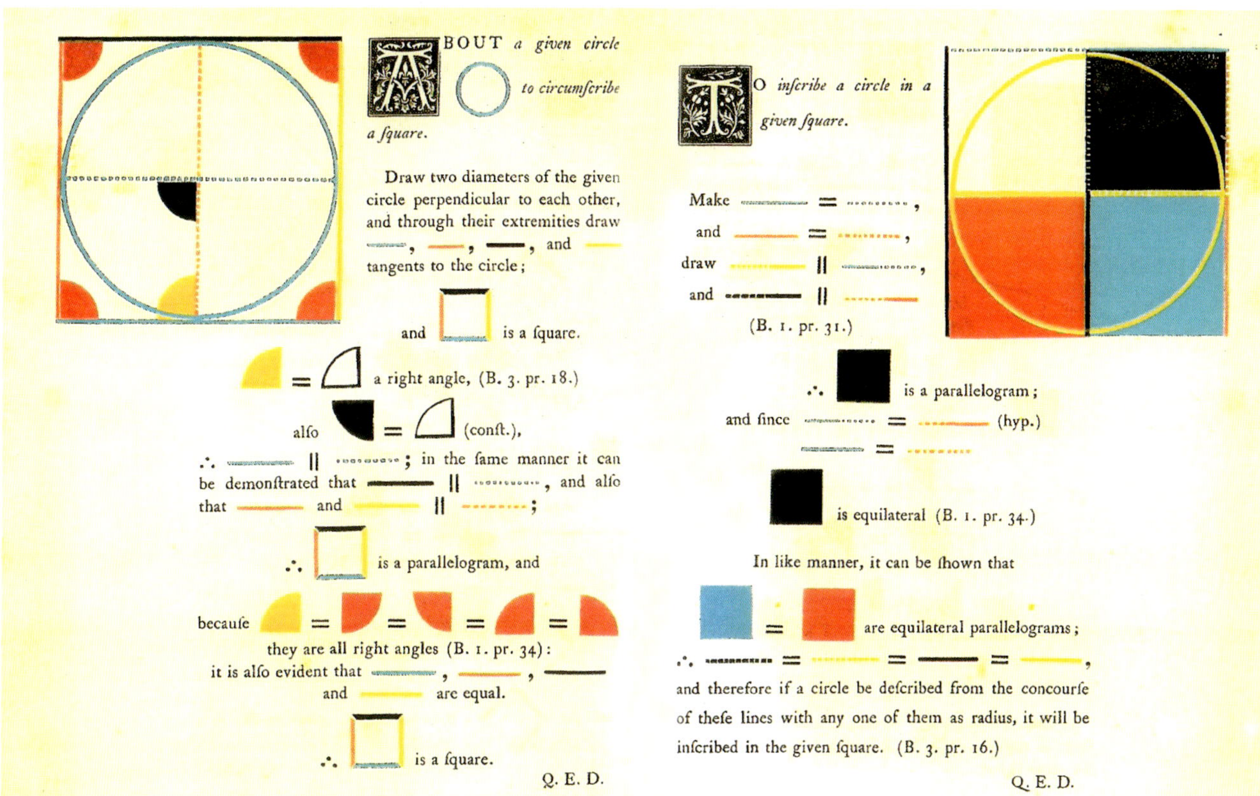

ABOUT *a given circle to circumſcribe a ſquare.*

Draw two diameters of the given circle perpendicular to each other, and through their extremities draw , , , and tangents to the circle;

and is a ſquare.

= a right angle, (B. 3. pr. 18.)

alſo = (conſt.),

∴ || ; in the ſame manner it can be demonſtrated that || , and alſo that and || ;

∴ is a parallelogram, and

becauſe = = = =

they are all right angles (B. 1. pr. 34):

it is alſo evident that , , and are equal.

∴ is a ſquare.

Q. E. D.

TO *inſcribe a circle in a given ſquare.*

Make = ,

and = ,

draw || ,

and || .

(B. 1. pr. 31.)

∴ is a parallelogram;

and ſince = (hyp.)

=

is equilateral (B. 1. pr. 34.)

In like manner, it can be ſhown that

= are equilateral parallelograms;

∴ = = = ,

and therefore if a circle be deſcribed from the concourſe of theſe lines with any one of them as radius, it will be inſcribed in the given ſquare. (B. 3. pr. 16.)

Q. E. D.

August Macke 1887 – 1911
Farbige Komposition I
(Hommage an J. S. Bach). 1912
Öl auf Karton, 101x82 cm
Wilhelm-Hack-Museum, Ludwigshafen

„Was die Musik so rätselhaft schön macht, wirkt auch in der Malerei bezaubernd. Nur gehört eine unmenschliche Kraft dazu, die Farben in ein System zu bringen wie die Noten. In den Farben gibt es geradezu Kontrapunkt, Violin-, Bassschlüssel, Moll, Dur wie in der Musik. Ein unendlich feines Gefühl kann sie ordnen, ohne all dies zu erkennen". (Macke, 1907)

Paul Klee
Fuge in Rot, 1921–1961
24,5 x 37 cm
Sammlung Felix Klee,
Bern

(Will Grohmann, „Paul Klee", 1954)

Der Musiker und Bachspieler Klee, der in dem strengen Gesetz der Fuge immer neue Formanregungen fand, hat auch eine Gruppe von Bildern und farbigen Blättern geschaffen, deren formale Struktur auf dem Prinzip der Imitation oder der kontrapunktischen Polyphonie beruht. In der Fuge wird bekanntlich dasselbe Thema in verschiedener Tonlage durch sämtliche Stimmen geführt, wobei jeder Punkt der oberen Melodie einem Punkt in der unteren entspricht. Die Stimmen setzen nacheinander ein, und das Thema kann verändert, z.B. umgekehrt werden. Also Thema, Verflechtung, Mehrstimmigkeit, Gesetz.

Die Fuge in Rot ist schon durch den Titel auf das „spekulative Phänomen" der Musik bezogen. In den vier Hauptformen (Krug, Niere, Kreis und Rechteck) könnte man Thema, Antwort, Thema in der dritten und Antwort in der vierten Stimme sehen. Die wechselnde Tonart läge in dem wechselnden Formcharakter, das Fortschreiten des Themas in der Entwicklung der Farbe (gelbrosa – rosa – violett). Eine gesetzmäßige Farbenabstufung lebt sich in gesetzmäßig aufeinanderbezogenen Form aus.

FORM – TON – FARBE

LASZLO MOHOLY–NAGY

Laszlo Moholy–Nagy 1895–1946
Mechanische Exzentrik, eine Synthese von Form, Bewegung, Ton, Licht (Farbe), 1924–25

a) Farbige Ausfalttafel der schematischen Partitur aus dem Bauhausbuch "Die Bühne im Bauhaus", 1925 (Abb.)
b) Texttafel, Collage, 51,5x41 cm
c) Partiturskizze, Bleistift, Tusche, Gouache 140x18 cm (ohne Abb.)

Theatermuseum der Universität Köln

Die Bühne ist in drei Teile gegliedert. Der untere Teil für größere Formen und Bewegungen: I. Bühne. Die II. Bühne (oben) mit aufklappbarer Glasplatte für kleinere Formen und Bewegungen. (Die Glasplatte ist zugleich präparierte Projektionswand für von der Rückseite der Bühne projizierte Filmvorführungen). Auf der III. (ZWISCHEN-)BÜHNE mechanische Musikapparate; meist ohne Resonanzkasten, nur mit Schalltrichtern (Schlag-, Geräusch- und Blasinstrumente).
Die 1. und 2. Kolonne der Partitur bedeutet in senkrecht abwärtsgehender Kontinuität Form- und Bewegungsvorgänge.
Die 3. Kolonne zeigt nacheinander folgende Lichtwirkungen: Die Breite der Streifen bedeutet die Dauer. Schwarz= Finsternis. Die in den breiten Streifen vorhandenen schmalen vertikalen Streifen sind gleichzeitige Teilbeleuchtungen der Bühne.
Die 4. Kolonne ist für Musik vorgesehen; hier nur in den Absichten angedeutet. Die farbigen Vertikalstreifen bedeuten verschiedenartig heulende Sirenentöne,. die einen großen Teil der Vorgänge begleiten.
Die Gleichzeitigkeit ist in der Partitur aus der Horizontalen zu lesen.
(Moholy–Nagy, Erläuterung zu seiner Mechanischen Exzentrik, 1925)

L. MOHOLY–NAGY:
PARTITURSKIZZE
zu einer mechanischen Exzentrik
Synthese von Form, Bewegung, Ton, Licht (Farbe) und Geruch

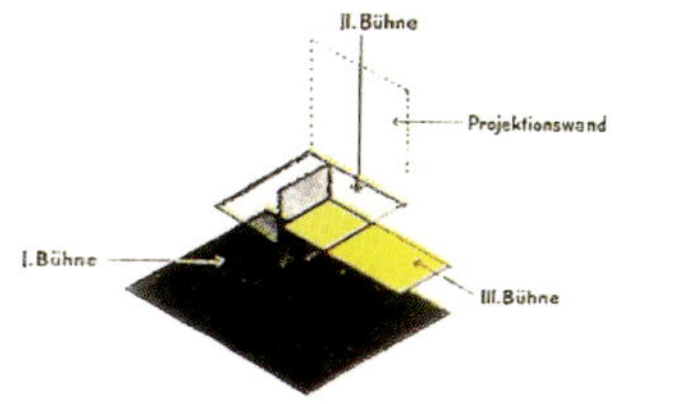

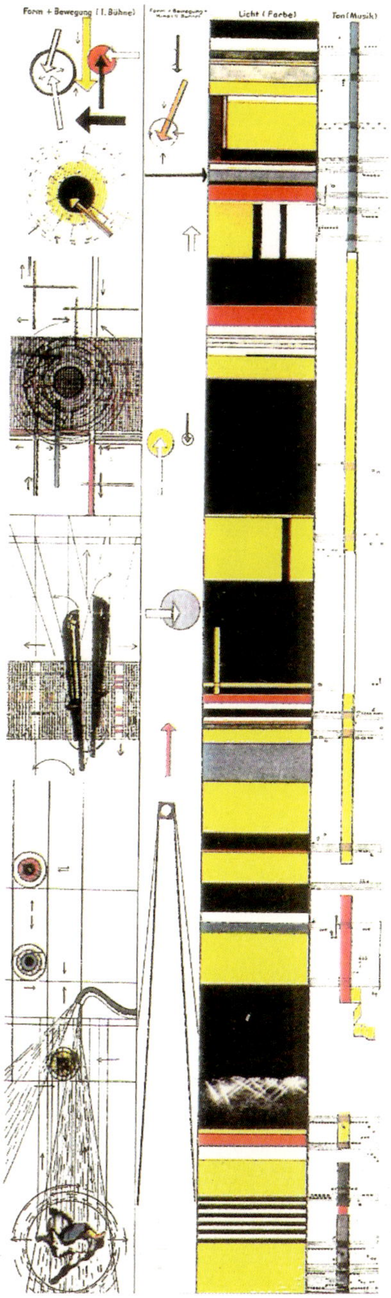

6. Farben als visuelle Affirmationen und Gebete

Affirmationen stellen wichtige und wirkungsvolle Mentalprogramme dar, die negatives in positives Denken umwandeln und dadurch mentale, psychische und physische Störungen ausgleichen können. Regelmäßig laut gesprochen haben sie eine enorme ganzheitlich heilende Wirkung. Dasselbe gilt für Eindrücke in der Natur, Bilder und Fotos. In der meditativen Versenkung von Formen kommt der Mensch dann dem Zugang zum Licht im Außen und Innen wieder näher.

6.1 Die Kraft positiver Affirmationen

Eine besondere Macht haben inbrünstige Gebete, zu welchen noch die Kraft positiver Affirmationen hinzukommt. Beide öffnen ein starkes Energie- und Vertrauenspotential im Außen und Innen, z. B.:

- Die Bedeutung meiner Erfahrungen und Erlebnisse hängt von meiner Betrachtungsweise ab.
- Die größte Macht in meiner Existenz stellen meine Gedanken dar, denn Energie folgt der Aufmerksamkeit.
- Ich lasse negative Gedanken los und ersetze sie durch positive.
- Die Ursache meines Schicksals sind meine Gedanken und Erwartungen, Tatsachen sind ihre Folgen. Deshalb bin ich der Lenker meines Schicksals. Ich kann alles – ich will alles.
- Liebevolle, gütige und verständnisvolle Gedanken stärken mich und andere. Angst, Sorgen, Lieblosigkeit , Aggressionen, Kränkungen schwächen mich und andere.
- Meine Gedanken sind Energieimpulse, die auf mich und andere Menschen wirken.
- Die Qualität der von mir ausgesandten Gedanken bedingt und bestimmt auch die Qualität der Gedanken, die ich empfangen kann.
- Das Leben und die Kräfte, die es mir gegeben haben, fragen nicht: „Wo kommst du her?", sondern „Wo willst du hin?"
- Mein wichtigstes Ziel ist:
  ein sinnvolles Leben in Gesundheit, Freiheit, Harmonie, Erfolg, Glück, Liebe und Licht zu führen.
- In Demut und Dankbarkeit will ich auf Erden Liebe leben.
- Das Vergangene ist vergangen! Innerer Frieden ist nur dann möglich, wenn die Vergangenheit abgeschlossen und verarbeitet ist – ich vergebe anderen und mir! Ich lerne, dass die verletzenden Bilder und Erfahrungen der Vergangenheit keine Macht mehr über mich haben!
- Inneren Frieden erreiche ich nur durch Vergebung von mir und anderen.
- Ich erkenne den tieferen Sinn negativer Erfahrungen der Vergangenheit an.
- Probleme entstehen nur durch die von mir selbst geschaffenen Begrenzungen meiner Gedanken, durch meinen Kleinmut und meine subjektive individuelle Überzeugung, Probleme nicht lösen zu können.

- Ich bin niemals allein – die liebende Lebenskraft Gottes ist immer bei mir und in mir und lässt mich nie im Stich!
- Solange ich meine, alles alleine tun zu können und zu müssen, ist die Angst unvermeidbar. Deren Folgen sind: Ärger, Selbstmitleid, Sorgen …
- Ich habe immer die Wahl zwischen Angst und Freude, Hass und Freiheit. Nur *ich* wähle – niemand anders.
- Geben macht frei – Nehmen macht abhängig.
- Ich gebe, helfe und baue mir eine eigene Welt des Friedens auf.
- Ein positiver Gedanke ist die Ursache für eine nachfolgende positive Realität.
- Suche ich Liebe, bin ich abhängig, gebe ich Liebe, bin ich frei!
- Nur das Jetzt zählt!
- Ich verbinde mich mit dem Gott in mir und seiner grenzenlosen, liebenden Lebenskraft. Ich bin eins mit dem Vater, mein Leben ist unendliches Sein.
- Ich glaube an den tieferen Sinn des Lebens. Das Leben meint es in Wirklichkeit nur gut mit mir! Ich muss dies nur erkennen und annehmen.
- Ich erkenne den tieferen Sinn vergangener Ereignisse.
- Ich betrachte alles mit den Augen der Liebe und handle danach, der ordnenden, heilenden, grenzenlosen, liebende Kraft allen Seins.
- Ich bin eins mit der liebenden Lebenskraft. Sie heilt mich!
- Ich bin still, ich bin ruhig, ich bin sicher, ich bin geheilt, ich bin gesund durch die liebende Lebenskraft – Alles ist gut.

- Ich reife, ich entwickle mich immer weiter! Ich bin auf dem Weg.
- Ich alleine habe die Macht und die Verantwortung, durch meine Gedanken mein Schicksal selbst zu gestalten, zu wählen und festzulegen, was ich denke.
- Ich lebe frei, sinnvoll, harmonisch und liebend.
- Ich bin das, womit ich mich geistig verbinde. So entwickelt sich durch meine Gedanken, für die nur ich die Verantwortung trage, meine eigene, individuelle Identität, und die ist einmalig – mein eigener Schöpfungsakt.
- Ich bin frei: spirituell, mental, emotional, materiell – mein neues Leben beginnt JETZT.
- Ich bin immer ehrlich, denn die Wahrheit ist der Weg zu unserem eigenen Inneren, zu uns selbst!
- In mir ist die Kraft, liebende Lebenskraft ist immer in mir, sie macht mich still, friedlich, frei und verständnisvoll, fair und ruhig.
- Liebe *ist* nur.
- Liebe gibt immer, Liebe strahlt aus, Liebe will immer nur helfen, Liebe dient.
- Liebe ist das einzige, was mehr wird, wenn ich es teile.
- Die liebende Lebenskraft in mir ist die Quelle aller heilenden Energien und ein immerwährender, allmächtiger Schutz: Danke!
- Alles ist Liebe, ich bin Liebe, ich bin Teil des liebenden Universums, Liebe ist die stärkste Kraft, Liebe *ist*. Ich liebe mich, ich nehme mich so an, wie ich bin!
- Ich *bin* Liebe.
- Niemand kann empfangen, ohne zu geben.
- Oberhalb der Töne, die ich höre, außerhalb der Farben, die ich sehe, innerhalb der Realität, die ich wahrnehme, gibt es eine Welt, die ich erahnen kann.
- Lerne, wachse, reife, liebe!
- Das Leben ist schön.
- Es geht mir (uns) in jedem Moment und in jeder Hinsicht besser und besser.

Diese Affirmationen sind im gleichen Wortlaut immer wieder zu wiederholen. Damit sie wirksam werden, hat dies jeweils öfter als 23 x zu geschehen:

Ich danke für die göttliche Führung und Weisheit.
Ich danke für göttliche Kraft und Wahrheit.
Ich danke für göttlichen Schutz und Segen.
Ich danke für göttliche Gnade und Liebe.[63]

6.2 Die Macht des Gebetes

Die Macht und Kraft des Gebetes ist aus der Geschichte durch eine Vielzahl von Beispielen belegt. Aus einer kürzlich veröffentlichten UN-Studie geht hervor, dass über vier Milliarden Menschen, und damit etwa zwei Drittel der Erdbevölkerung, täglich beten. Auch die Schulmedizin hat in zahlreichen wissenschaftlichen Studien diese Tatsache festgestellt. (Vgl. Zeitschrift PM Ausgabe 2/2006 Seite 83 bis 88).

Eine mehrjährige Doppelblind-Studie von Dr. Mitchell Korucoff von der Duke-Universität in Durham North Carolina USA an zwei Gruppen von jeweils 370 herzkranken Patienten in neun amerikanischen Kliniken hat ergeben, dass von jenen, denen regelmäßig von außen Gebete gesendet wurden, mehr als 90 % einen besseren Heilungsverlauf hatten als die anderen.

Eine neurologische Auswertung zeigte bei regelmäßigem Beten eine Minderaktivierung im Scheitellappen, jener Gehirnzone, die für das Körpergefühl des Menschen zuständig ist.

Betende Menschen überschreiten also die Grenzen der Körperwelt.

Das „Einssein mit Gott" spielt sich also vor allem im Gehirn ab.

63 Vgl. hierzu auch die vom Autor besprochene Meditations-CD: „Mein Gebet"

In den USA ist das Gebet bereits das am häufigsten angewandte „Heilmittel“ der Komplementärmedizin. Auch in deutschen Kliniken beginnt sich die Behandlung mit Gebeten immer mehr durchzusetzen. Auch ein spiritueller Heiler arbeitet letztlich bewusst oder unbewusst mit der Kraft und Macht des Gebetes im Einklang mit dem Willen Gottes, wie es folgende Beispiele zeigen:

BETEN

Beten ist eine Tätigkeit der Stille der Seele.
Beten in der Heiligkeit der Stille.
Das Beten ist der Seele innerstes Gespräch mit Gott.

DAS VATERUNSER DER BERGPREDIGT

„Unser Vater, Gott, der Du im Himmel bist.
Geheiligt sei Dein Name.
Kommen wird Dein Reich.
Dein Wille soll geschehen, auf der Erde wie im Himmel.
Gib uns heute unser täglich Brot.
Und hilf uns zu vergessen, was die anderen uns schuldig sind,
sodass auch unsere Schuld vergeben werde.
Schütze uns vor der Versuchung,
wenn wir ihr nicht widerstehen können.
Ist sie allzu groß, dann gib uns Kraft, sie zu überwinden.
Wir möchten befreit sein von den Schulden gegen Gott und Mensch,
die wir verursacht haben durch Übertretung des Gesetzes,
und vergeben dem Nächsten seine Schuld.
Wie wir mit anderen verfahren, wird Gott mit uns verfahren.
So sei es.
Gott sei Lob und Dank.
Amen“!

BITTE MUTTER VATER GOTT

Der Du bist in uns, um uns und überall, in allem Sein.
Dein Name, der da ist Weisheit, Kraft, Wille und Liebe, sei geheiligt.
Dein uns verheißenes Reich komme jetzt.
Dein Wille geschehe in allen Universen,
in unserem Äußeren und in unserem Inneren jetzt und immerdar.
Gib uns das Licht für unsere neuen Körper.

Verwandle all unsere karmische vermeintliche Schuld
durch die Kraft Deiner Gnade in Liebe,
und führe uns durch die Versuchung der Dunkelheit mit
Deinem Licht.
Denn Dein ist und Dein bleibt für uns und alles Sein,
das Reich, die Kraft und die Herrlichkeit
von Ewigkeit zu Ewigkeit.

AMEN,
SO SEI ES!

DANKE!

TUE ES

Gott allein kann schaffen, aber du kannst das Erschaffene zur Geltung bringen.
Gott allein kann Leben schenken, aber du kannst es weitergeben und achten.
Gott allein kann Gesundheit schenken, aber du kannst begleiten und heilen.
Gott allein kann Hoffnung einpflanzen, aber du kannst Vertrauen vermitteln.
Gott allein kann Liebe schenken, aber du kannst den anderen Liebe lehren.
Gott allein ist der Weg, aber du kannst ihn anderen zeigen.
Gott allein ist das Licht, aber du kannst es in den Augen der anderen zum Leuchten bringen.
Gott allein kann Wunder wirken, aber du kannst die fünf Brote und die zwei Fische bringen.
Gott allein kann das Unmögliche, aber du kannst das Mögliche tun.

Gebet

Ich bete nicht um Wunder und Visionen, Herr,
sondern um Kraft für den Alltag.
Lehre mich die Kunst der kleinen Schritte.
Mach mich findig und erfinderisch,
meine Erkenntnisse und Erfahrungen zu notieren,
von denen ich betroffen bin.
Mach mich griffsicher in der richtigen Zeiteinteilung.
Schenk mir das Fingerspitzengefühl,
um herauszufinden, was erstrangig und was zweitrangig ist.
Ich bitte um Kraft für Zucht und Maß,
das ich nicht durch das Leben rutsche,
sondern den Tagesablauf vernünftig einteile,
auf Lichtpunkte und Höhepunkte achte,
und wenigstens hin und wieder Zeit finde für einen
kulturellen Genuss.
Lass mich erkennen, dass Träume nicht weiter helfen,
weder über die Vergangenheit noch über die Zukunft.
Hilf mir, das Nächste so gut wie möglich zu tun
und die jetzige Stunde als das Wichtigste zu erkennen.
Bewahre mich vor dem naiven Glauben,
es müsste im Leben alles glatt gehen.
Schenk mir die nüchterne Erkenntnis,
dass Schwierigkeiten, Niederlagen und Rückschläge
eine selbstverständliche Zugabe zum Leben sind,
durch die wir wachsen und reifen.
Erinnere mich daran, dass das Herz oft gegen den
Verstand streikt.
Schicke mir im rechten Augenblick jemand,
der den Mut hat, mir die Wahrheit in Liebe zu sagen.
Ich möchte dich und die anderen immer aussprechen lassen.
Die Wahrheit sagt man nicht sich selbst, sie wird
einem gesagt.
Ich weiß, dass viele Probleme sich dadurch lösen,
das man nichts tut – gib, dass ich warten kann.
Du weißt, wie sehr wir der Freundschaft bedürfen.
Gib, dass ich diesem schönsten, schwierigsten, riskantesten

und zartesten Geschäft des Lebens gewachsen bin.
Verleihe mir die nötige Phantasie
im rechten Augenblick ein Päckchen Güte,
mit oder ohne Worte, an der richtigen Stelle abzugeben.
Mach aus mir einen Menschen,
der einem Schiff mit Tiefgang gleicht,
um auch die zu erreichen, die „unten" sind.
Bewahre mich vor der Angst, ich könnte das Leben
versäumen.
Gib mir nicht, was ich mir wünsche, sondern was
ich brauche.
Lehre mich die Kunst der kleinen Schritte.

Saint Exupéry

TROTZDEM

Die Menschen sind unvernünftig,
unberechenbar und egoistisch.
Liebe sie trotzdem!

Ehrlichkeit macht dich verwundbar.
Sei's trotzdem!

Was du heute Gutes tust,
ist morgen vergessen.
Tu's trotzdem!

Was du tust, wird über kurz oder lang bedeutungslos sein.
Tu's trotzdem!

Die großzügigsten Menschen
können von den engstirnigsten zu Fall gebracht werden.
Bleibe trotzdem großzügig!

Auch wenn du der Mitwelt dein Bestes gibst,
erntest du oft nur Undank.
Gib trotzdem dein Bestes!

EIN GESCHENK DES HIMMELS

Manche Menschen wissen nicht,
wie wichtig es ist,
dass sie einfach da sind.
Manche Menschen wissen nicht,
wie gut es tut,
sie nur zu sehen.
Manche Menschen wissen nicht,
wie tröstlich ihr gütiges Lächeln wirkt.
Manche Menschen wissen nicht,
wie wohltuend ihre Nähe ist.
Manche Menschen wissen nicht,
wie viel ärmer wir ohne sie wären.
Manche Menschen wissen nicht,
dass sie ein Geschenk des Himmels sind.

Sie wüssten es,
würden wir es ihnen sagen!

Petrus Ceelen

Die Liebe ist die Mitte von allem:
Im Menschen wie im Wirken Gottes.
Und von der Mitte her breitet sie sich aus
wie eine Flamme.

Wer sich die Liebe ganz zu Eigen macht,
der wird in keiner Richtung fehlgehen.
Denn die Liebe ist in der Mitte von allem.

Sie übertreibt und vernachlässigt nichts,
sie weicht nicht aus und verliert nicht.
Sie ist und bleibt der Kern unseres Daseins.

Sie ist die Seele und das Auge.
Sie rundet den Lauf der Welt
und verwirklicht das Gute.

Hildegard von Bingen

DIE KRAFT DER LIEBE

Herr, mein Vater, mein Schöpfer, gib mir Kraft,
die Kraft der göttlichen Freude,
der göttliche Liebe,
der in sich gewogenen schöpferischen Harmonie in
der göttlichen Führung durch alle guten Kräfte des
Himmels und der Erde.
Gott, mein Schöpfer, bringe mich in Harmonie mit den
für mich zuständigen Engel- und Schöpferkräften.
Gib mir Liebe, Führung und Kraft, segne mich,
meinen Geist, meinen Körper und meine Seele durch
die göttliche Kraft der Liebe, Reinheit und Weisheit.
Bring mich in Harmonie mit allem und stütze meinen
Weg der Entwicklung und Weisheit.
Bring mich in die Kraft des göttlichen Selbstes.
Ich liebe mich und meinen Körper, ich werde
geleitet und geführt durch die Kraft der göttlichen
Führung und
seiner Engel. Ich bin Ich, ich bin in Ruhe Harmonie,
Liebe und Kraft. Jetzt und für immer in Liebe durch
die Kraft Gottes nehme ich dieses an.

Michael Knaus

MÖGEN GUTE MENSCHEN DICH BEGLEITEN

Ich wünsche dir einen Menschen,
dem du vertrauen kannst
und der dir sagt,
was er fühlt und denkt,
der dir Sicherheit gibt und Vertrauen,
einen Menschen,
bei dem du dich geborgen fühlen kannst,
was immer geschieht.

Ich wünsch dir einen Menschen,
vor dem du dich nicht verstecken musst
und der vor dir nicht Verstecken spielt,
wo du sein kannst, wie du bist -,
mit Freuden und mit Fehlern,
mit Lachen und mit deinen Tränen.

Ich wünsche dir einen Menschen,
vor dem du dich nicht dauernd verteidigen musst,
der dich nicht in ein fixes Bild pressen will,
der dir Veränderung zugesteht
und dich sein lässt, wie du bist.

Ich wünsch dir einen Menschen,
in dessen Nähe du ganz du selber sein kannst
und der dir hilft auf deinem Weg,
ein immer besserer Mensch zu werden.

Ich wünsche dir einen Menschen,
der dir vergeben und der vergessen kann,
der sich entschuldigen kann,

wenn er einen Fehler gemacht hat,
der nach einem Streit
dir die Hand zur Versöhnung wieder reicht
und den ersten Schritt zu dir macht.

Ich wünsche dir einen Menschen,
der an Gott glaubt,
mit dir gemeinsam
an den Gott der Liebe,
bei dem du dich geborgen fühlen kannst
und getragen auch in schweren Tagen.

Dieser Gott soll für euch
liebende und bergende Heimat sein.

Ich wünsche dir einen Menschen,
der dich wirklich liebt:
nicht obwohl und nicht deshalb,
nicht trotzdem und auch nicht weil,
sondern ohne Wenn und Aber,
einfach dich,
wie du bist.

Rupert W. Federsel

FRIEDE – SEI STILL

Der Friede Gottes lebt mich.
Wenn ich diese Wahrheit über mich nicht nur mit dem Kopf, dem Intellekt, verstehe,
sondern wenn ich sie in meinem Herzen, im Gefühl, lebendig werden lasse,
dann wachsen in mir der Mut und die geistige Bereitschaft, alte Denkgeleise zu verlassen
und Gott zuzulassen.
Mit jedem Herzschlag gehe ich meinem Guten entgegen, denn ich bin ein wachsendes Bewusstsein
der Gottgegenwart.
Ich bin offen für neue Ideen und aufgeschlossen für das Erlebnis der Stille.

Der Friede Gottes lebt mich.
Friede geschieht in mir, in meiner Seele und in meinem Bewusstsein.
Strahlender Friede fließt durch mich hindurch.
Gottes Friede schenkt mir die Kraft, die mich befähigt loszulassen.

Ich lass los und lasse Gott zu.
Ich lasse das Gestern und das Morgen los, ich werde frei.
Ich lasse meine Sorgen und Ängste los, ich werde stark.
Ich lasse zu, dass Gottes Leben in mir geschieht, dass lebendiger Glaube durch mich wirkt,
dass Hoffnungen in mir erblühen und dass bedingungslose Liebe mich beflügelt.

Gott liebt mich.
Seine Liebe erfüllt mein Sein und durchdringt mich mit allmächtiger Heilkraft.
Seine Liebe heilt meine Erinnerungen und Narben,
sie tröstet meine Seele und heilt meinen Körper.
Aus mir kann ich nichts, aber mit Gott kann ich alles.
Dankbar und still nehme ich Seine Hilfe an.

Heilige Stille lebt in mir.
Ich lasse heilige Stille geschehen, denn sie ist die Gegenwart Gottes in mir.
In der Stille höre ich die Stimme der Wahrheit, denn Gott spricht zu mir.
Aus der Stille erwache ich zu dem ICH BIN.
Glücklich und erfüllt vom segnenden Strom der Stille,
lasse ich die Liebe und den Frieden Gottes durch mich geschehen.

Mein Segen der Liebe und des Friedens strahlt in die Welt.
Vater, ich danke Dir für Deinen Frieden und für Deine Liebe,
aus denen alle Geschöpfe leben, Sinn und Erfüllung finden dürfen.
In der Gewissheit meiner strahlenden, ewigen Gotteskindschaft, dem Christus in mir.

Friede sei still.

Ich bin bei euch alle Tage

Leben, ich liebe Dich!
Leben, ich liebe Dich!
Leben, ich liebe Dich!
Leben, ich liebe Dich!
Leben, ich liebe Dich!
Leben, ich liebe Dich!
Leben, ich liebe Dich!
Leben, ich liebe Dich!
Leben, ich liebe Dich!
Leben, ich liebe Dich!
Leben, ich liebe Dich!

SEI STILL
WISSE
ICH BIN

Ausblick

Alles Leben benötigt zum Existieren Licht und damit Farben. Die von dieser Quelle jeglicher Existenz ausgehenden feinen Strahlungen bringen Leben, Wachstum unterschiedlicher Intensität und Verwandlung (Tod) je nach Wellenlänge und Frequenz der einzelnen Schwingungen in alles Sein.

Die Urquelle wird als Geist für uns Menschen erfahrbar in Licht, Leben und Liebe. Das Licht stellt dabei die quantitative Struktur der passiven Weisheitskomponente Gottes dar, in welchen sich in Farben die materielle Welt spiegelt. Im Bewusstsein jedes Atoms, jeder Zelle, jedes Organs und jeder Wesenheit wird der Weltengeist aktiv, was sich im Willen als bewusst festgelegte Wahlmöglichkeit niederschlägt. Diese permanente Veränderung im Innen und Außen ergibt das Leben in seinem ewigen Auf und Ab als Schwingung in einem bestimmten Rhythmus als individuelle Resonanz. Die Stille und Leere im Zustand des ewigen Seins der Urquelle zeigt sich zwischen den Polaritäten von Licht = Weisheit und Bewusstsein (passiv) sowie Leben = Wille und Bewusstheit (aktiv) in der bedingungs- und grenzenlosen Botschaft der Liebe als einziger Wahrheit des Weltengeistes.

Dabei wirken Licht und Farben allumfassend über Aura und Chakras, sichtbar über das Auge, teilweise auch unsichtbar über die Haut. Durch ihre bleibenden Schwingungen und Resonanzfelder, die vom Licht ausgelöst und aufgebaut, im lebenden System beispielsweise auch von Naturfasern gespeichert werden, wirken Farben auch im Dunkeln. Ähnlich wie bei Edelsteinen, Amuletten und Talismanen können dabei Designelemente wie archetypische, kraftvolle Symbole und Farben auf lebende Systeme außerordentlich wirksame Subliminaleffekte haben. Damit werden ähnliche Situationen geschaffen und Vorgänge im Körper ausgelöst wie bei Biotransmittern. Formen und Farben übertragen durch ihre systemimmanenten, bioenergetischen Schwingungsfelder bestimmte Informationen, auf welche jede einzelne Zelle, jeder Gewebeverbund, jedes Organ und der gesamte Körper gezielt gestärkt und gesundheitswirksam reagiert.

Mit Licht und Farben wurde von Beginn der Menschheitsentwicklung an geheilt. Im Altertum, bei den Pharaonen Ägyptens, den berühmten Ärzten Griechenlands und Roms war dies die wichtigste Heilmethode überhaupt. Heliopolis war dafür ein berühmtes Beispiel als „Stadt des Lichtes" und des Sonnengottes über Jahrhunderte hinweg. Es ist an der Zeit, sich an diese Tradition wieder zu erinnern und im Interesse des Menschen, von Umwelt und Umfeld, komplementär als Schwingungs- und Informationsmedizin, gewisse sinnvolle und kostengünstige Methoden der Arbeit mit Licht und Farben im Sinne des Lebens wieder einzusetzen.

Jeder Mensch hat hierbei eine große Verantwortung, denn er wirkt in ureigenster Verantwortung durch seinen freien menschlichen Willen selbst als kreativer Schöpfer anstelle Gottes. Der Weltengeist gestaltet durch ihn. Jeder Einzelne ist deshalb in seinem Denken, Fühlen, Sprechen und Tun ein „verlängerter Arm der Urquelle". Das wichtigste Werkzeug dabei sind die eigenen Gedanken, d. h., alles ist subjektiv beeinflussbar durch diese. Eine Änderung der eigenen Gedanken ist also eine notwendige Voraussetzung für die Änderung von Umwelt- und Umfeldbedingungen, auch beim Verhalten anderer einem selbst gegenüber.

Jeder Einzelne von uns muss aktiv werden – Jetzt! Die Schöpfung zu verwalten, ist ein multidimensionaler Prozess, den wir schnellstmöglich begreifen müssen, um uns selbst als Kreatoren und Verwalter der Zukunft erleben zu können.

Das beherrschende Ziel im Leben jedes Einzelnen von uns muss (wieder) darin liegen, den Fortschritt und den eigenen Weg maßgeblich in der Steigerung der persönlichen Bewusstseins-, Gefühls- und Lebensqualität zu sehen und nicht oftmals sinnloses Anhäufen materieller und damit körperlich endlicher und vergänglicher Dinge anzustreben. Die in niedrigeren Frequenzen schwingenden, physischen Komponenten unseres Körpers und alle materiellen Spiegelungen unserer allgemeinen grobstofflichen Existenz sind sterblich und vergänglich. Wir werden geboren mit einem physischen Körper ohne materielle Reichtümer und sterben in unserer grobstofflichen Dimension unter Mitnahme der ätherischen Lebensenergie, aber ohne materieller Güter. Was ewig bleibt, ist unsere unsterbliche Seele, die Gemeinsamkeit unserer überbewussten, göttlichen Komponente, alle in bestimmten feinstoffliche Substanzen gespeicherten, persönlichen Energiepotentiale, individuellen Gedanken- und Gefühlsmustern und eigenen Informationen aus allen bisherigen Inkarnationen und Existenzen, was alles gemeinsam das Wesen unserer Seele ausmachen dürfte. Der gesamte, nicht grobstoffliche Teil unseres nicht physischen Körpers im astralen, mentalen und spirituellen Bereich erscheint zeitlos, nicht genau definierbar und damit der Unsterblichkeit näher als die Dinge, die erfassbar, empirisch greifbar und nach dem derzeitigen Stand unserer Wissenschaft beweisbar sind. Also besinnen wir uns wieder, wo wir herkommen, was wir sind und wo wir hingehen.

LICHT – LEBEN IN LIEBE

Literaturverzeichnis

BISCHOF, M.: Biophotonen: Das Licht in unseren Zellen. Verlag Zweitausendeins. Frankfurt 1995.

BRADEN, Gregg: The God Code. Koha-Verlag, Burggrain 2004.

CAYCE.: Das Atlantis-Geheimnis. Heyne-Verlag, München 1988.

CAYCE.: Rückkehr der Traumzeit, Heyne-Verlag, München 1992.

CHOPRA, D.: Länger leben und jung bleiben. Frankfurt 1992.

CLINTON, Bill: „Announcing the Completion of the First Survey of the Entire Human Genome." Pressekonferenz des Weißen Hauses von 26. Juli 2000.

COUSENS, G.: Ganzheitliche Ernährung. Verlag Maurer. Frankfurt 1995.

COUSENS, G.: Spiritual Nutrition and the Rainbow Diet. San Rafael/USA 1986.

DAHLKE, R.: Krankheit als Weg. Goldmann Verlag. München 1983.

DETHLEFSEN, T.: Schicksal als Chance. Goldmann Verlag. München 1981.

DINSHAH, D.: Es werde Licht. Dinshah Health Society. 100 Dinshah Drive, Malaga, N.J. 08328, USA 1989.

DOBRETZBERGER Fritz/PAUL Johannes: „Farbmusik". Verlag Simon & Leutner, Berlin 1993.

FANDERL, W.: Die Wassertrinkerin von Frasdorf. Ecora-Verlag, Prien 1984.

FOSAR, Grazyna/BLUDORF, Franz: „FEHLER IN DER MATRIX", Michaelis-Verlag, Pleiting 2003.

GERSHON, Michael: „Der kluge Bauch – Die Entdeckung des zweiten Gehirns", München 2001.

GHADIALI, Dinshah: „Spectro-Chrome Metry Encyclopaedia." Dinshah Health Society, 100 Dinshah Drive, Malaga NJ08328, USA 1992.

GIMBEL, Theo: „Heilen mit Farben." AT-Verlag, Aarau/Schweiz. 1994.

GOETHE, J.W. v.: Farbenlehre. Erstdruck 1810. Hrsg. Wenzel, M. Deutscher Klassiker Verlag. Frankfurt/Main 1991.

GURWITSCH, A: Die mitogenetische Strahlung. Fischer-Verlag, Jena 1954.

HACKL, Monnica: „Farben-Chromotherapie nach Dinshah." Sonntag-Verlag, Stuttgart 2003.

HAUSS, W., JUNGE-HÜLSING, G., GERLACH, U.: „Die unspezifische Mesenchymreaktion." Georg-Thieme Verlag, Stuttgart, 1968.

JASMUHEEN: Lichtnahrung, KOHA-Verlag, Burgrain 1997.

KUNZ, Dora: „Die Aura" Grafing 1992.

LIBERMAN, J.: Light-Medicine of the Future. Bear & Co., Santa Fe, N.M 1991.

MORPHEUS – „MATRIX-CODE", Trinity-Verlag, Wien 2003.

POPP, F. A.: Biologie des Lichtes. Verlag Paul Parey. Berlin-Hamburg 1984.

POPP, F. A.: „Die Botschaft der Nahrung." München 1992.

SCHRÖDINGER, Erwin: „Was ist Leben ?", Wien 1945.

STEINER, Rudolf: „Farbenerkenntnis." Rudolf Steiner Verlag, Dornach/Schweiz 1990.

STELZL, Diethard: Heilen mit kosmischen Symbolen. Schirner-Verlag, Darmstadt 2004.

STELZL, D.: Im Einklang mit der universalen Ordnung. Verlag Via Nova, Petersberg 2004.

STELZL, Diethard: Über die Lichtkraft der Farben in unserer Nahrung. Verlag Via NOVA, Petersberg 2004.

VOET, D. / VOET, J. G.: Biochemie. VCH-Verlagsgesellschaft, Weinheim 1992.

WOLINSKY, STEPHEN: „Die dunkle Seite des Inneren Kindes". Verlag Alf Lüchow, Freiburg 1997.

ZAJONC, Arthur: „Die gemeinsame Geschichte von Licht und Bewusstsein." Rowohlt-Verlag, Reinbeck bei Hamburg 1994.

VITA: Dr. Diethard Stelzl

Dr. oec. publ. DIETHARD STELZL, geboren in Neuhaus/Sudetengau, entwickelte ab 1984 aufgrund einer seltenen, schweren Augenkrankheit, die ihn monatelang dem Druck einer möglichen totalen Erblindung aussetzte, ein besonders intensives Verhältnis zu Licht, Farben und Formen. In dieser Zeit begannen seine Forschungen und seine praktische Arbeit mit Licht und Farben und deren Auswirkungen auf die verschiedenen Energieebenen des Menschen sowie erste Forschungsarbeiten auf dem Gebiete der Bioresonanz.

Er arbeitete mit **Darius Dinshah**, dem Sohn des Spektro-Chrome-Pioniers **Dinshah P. Ghadiali**, mit **Dr. Bara Fischer, Karin Hunkel, Theo Gimbel**, dem Leiter der „Hygeia-School for Colortherapy", England und mit vielen anderen bekannten Bioresonanzforschern und Farbtherapeuten zusammen.

Auf einer seiner zahlreichen Reisen lernte er 1980 in Hawaii die dort praktizierte HUNA-Lehre kennen und arbeitet seither in Theorie und Praxis aktiv mit HUNA. Er absolvierte Ausbildungen bei hawaiianischen Schamanen, dort KAHUNAS (Hüter des Geheimnisses) genannt, darunter: **Moona Simiona, Mona K. Kahele** und **Auntie Margaret K. Machado**. Auf der Garteninsel Kauai lernte er den bekannten Autor und Kahuna **Dr. Serge Kahili King** und den Pflanzen-Kahuna **Levon Ohai** kennen.

Die eher wissenschaftlich-theoretische HUNA-Interpretation, welche zurückgeht auf die geniale Arbeit des amerikanischen Sprachforschers **Max Freedom Long**, eignete sich Diethard Stelzl beim ehemaligen Leiter der HUNA-Research Inc., USA, **Prof. Dr. Otha Wingo** sowie beim Geschäftsführer der europäischen HUNA-Forschungsgesellschaft Zürich, **DI Henry Krotoschin**, an.

Seit 1994 hält er im deutschsprachigen Raum sowie auf Bali und Ibiza Vorträge über HUNA, leitet HUNA-Seminare sowie Ausbildungen zum HUNA-Praktiker, HUNA-Berater und HUNA-Schamanen.

Bei hawaiianischen Schamanen lernte er deren unorthodoxe, aber erfolgreiche Heilmethoden in der Tradition atlantischer Kristallchirurgen kennen. Bei mehreren Aufenthalten in Baguio/Nordphilippinen beschäftigte er sich auch eingehend mit den Methoden philippinischer Geistoperateure. Daneben absolvierte er mehrere Praxisseminare bei den bekannten englischen Geistheilern **Tom Johansen** und **Mathew Manning**.

Er veranstaltet auch Studienreisen, insbesondere zum altägyptischen Einweihungsweg. Seit mehr als 40 Jahren beschäftigt er sich kritisch mit esoterischen Fragen in Theorie und Praxis sowie mit Alternativ- und Informationsmedizin. Hierunter fallen Bereiche wie Steinheilkunde, harmonische Ernährung mit Licht und Farben, Schamanismus, außersinnliche Phänomene, Geistheilung, Heilung mit kosmischen Symbolen, Geistige Gesetze und universale Ordnung, Zahlenmystik und Sakrale Geometrie sowie altägyptische und keltische Einweihungslehren.

Die Neue Homöopathie **Erich Körblers** erlernte Diethard Stelzl bei Mag. Dr. med. **Herbert Untner** und bei **Infomed** in Wien. Dieses Gedankengut baute er in den Jahren 2000 bis 2004 in Theorie und Praxis zu dem logisch aufgebauten System des HEILENS MIT KOSMISCHEN SYMBOLEN aus.

Vorträge, Fachausbildungen, Wochen- und Wochenend-Seminare mit Dr. Diethard Stelzl gibt es derzeit zu folgenden Themen:

- HUNA: Althawaiianische Weisheit, Lehre und Methode einer positiven Lebensgestaltung und bewussten Schicksalslenkung
- MENSCHLICHES URWISSEN UND WEISHEIT ALLER ZEITEN: Geistige Gesetze, kosmische Kommunikationssysteme, Zahlenmystik, Sakrale Geometrie, Doppelstrom der Zeit, Selbstorganisation des Universums
- HEILEN MIT KOSMISCHEN SYMBOLEN: Informative Harmonisierung menschlicher Regelsysteme
- SPIRITUELLES HEILEN
- HARMONISCHE ERNÄHRUNG mit Licht und Farben
- ENERGETISCHE FUSSARBEIT
- WEG IN DIE STILLE
- KRISTALLE: Engel der Erde – Helfer im Alltag
- DER LICHTKÖRPERPROZESS

Die Veranstaltungen werden im deutschsprachigen Raum sowie auf Ibiza und Bali abgehalten. Für weitere Informationen und Anforderung von Seminarunterlagen wenden Sie sich bitte an:

Dr. Diethard Stelzl
Gschriet 70, A-9702 Ferndorf
Telefon / Fax +43(0) 42 46-7 20 00
info@huna-seminare.at
www.huna-seminare.at

Weitere Bücher aus dem Verlag Via Nova:

Im Einklang mit der universalen Ordnung

Geistige Gesetze und Lebensweisheiten für den Alltag

Dr. Diethard Stelzl

Hardcover, 332 Seiten, 90 Graphiken – ISBN 978-3-86616-021-7

Der bekannte Bestseller-Autor Dr. Diethard Stelzl legt mit diesem Buch ein weiteres Resultat seiner tiefgründigen Überlegungen und Erkenntnisse vor. Dieses Buch gibt einen Überblick über Entstehung, Entwicklung und Aufbau der Schöpfung, die Entfaltung der menschlichen Kultur und des menschlichen Bewusstseins sowie die kosmischen Kommunikationssysteme und leitet daraus wichtige geistige Gesetze und kosmische Prinzipien ab, die nach einem „göttlichen Plan" das Sein bestimmen, dem Menschen aber auch die Freiheit geben, im Einklang mit dieser universalen Ordnung seine einzigartige, unverwechselbare Identität zu finden. Dem Leser werden sowohl Einsichten in dieses menschliche Urwissen, die „kosmischen Verkehrsregeln", vermittelt als auch Lebensweisheiten für den Alltag empfohlen, mit deren Hilfe er sein Leben jederzeit ändern, in innerem Gleichgewicht und Harmonie zu anhaltender Gesundheit, Erfolg, Glück und Zufriedenheit aufbauen und gestalten kann. Einleuchtend, in logisch-wissenschaftlicher und verständlicher Weise erklärt dieses Buch die großen kosmischen Zusammenhänge.

Die zwölf Grade der Freiheit

Spiraldynamik, Kunst und Wissenschaft menschlicher Bewegungskoordination

Christian Larsen

Geb., 318 Seiten, 324 Illustrationen, Fotos und künstlerische Umsetzungen,
Großformat, Zweifarbendruck – ISBN 978-3-928632-16-4

Einem Bildhauer vergleichbar, gestalten Sie zeitlebens Ihren eigenen Körper. Nur verwenden Sie Bewusstsein und Bewegung anstelle von Hammer und Meißel. Die Spur führt zur verblüffenden Wiederentdeckung des Selbstverständlichen. Die Bewegungen des Menschen folgen denselben Prinzipien von Raum und Zeit, von Energie und Materie, welche Bewegungskoordination überall in der Natur bestimmen. Der Mensch – ein „Stück Universum". Dieses Buch schult Ihr Auge in Wort und Bild. Sie werden sich selbst und andere mit anderen Augen betrachten lernen. Der „diagnostische Blick" erlaubt Ihnen zu erkennen, was koordiniert ist und was nicht. Darauf basierend finden Sie ein vierstufiges Übungsprogramm, das Ihren Alltag zur wirkungsvollen Übung werden lässt. Sie werden ein wissenschaftliches Kunstbuch besitzen – einzigartig in seiner Art. Es verdichtet, was Sie schon immer über Bewegung wissen wollten, zu persönlichen Erkenntnissen. Ein bewegendes Buch, an dem kein Weg vorbeiführt.

Aus der Mitte des Herzens lauschen

Eine visionäre Annäherung an die Craniosacralarbeit

Hugh Milne

Gebunden, Großformat, 21 x 29,7 cm,
Band 1: 224 Seiten, 46 Graphiken, 9 Fotos ISBN 978-3-928632-54-6
Band 2: 344 Seiten, 238 Graphiken, 125 Fotos ISBN 978-3-928632-62-1

Der Verfasser führt den Leser ein in die Geschichte visionärer craniosacraler Arbeit – ihrer Entstehung, Entwicklung, Philosophie und Praxis. Der Autor erklärt, wie eine Erdung in Meditation, sensitive Berührung und intuitive Wahrnehmung zu einer bemerkenswerten Entfaltung der eigenen Fähigkeiten führen kann. Die schamanischen Wurzeln, die die craniosacrale Arbeit mit allen Formen heilender Berührung teilt – ob Massage, Tiefengewebsarbeit, Energiearbeit oder Handauflegen –, werden genauso dargestellt wie der Auftrag des Heilers, die Entwicklung von Wahrnehmung und Intuition und visionärer Diagnose. Der zweite Band von *„Aus der Mitte des Herzens lauschen"* enthält Einzelheiten über die Anatomie, Physiologie sowie die Energien und Techniken, die das wesentliche Herzstück visionärer craniosacraler Arbeit ausmachen. „Ein wunderbares Buch. So viele Weisheiten und Bücher in einem Buch." (Betty Balcombe)

HOLOS – die Welt der neuen Wissenschaften

Ervin Laszlo

Hardcover, 208 Seiten – ISBN 978-3-928632-94-2

In den Wissenschaften findet eine Revolution statt. Es ist keine technologische Revolution – es ist eine Revolution des Weltbildes. Prof. Laszlo verfolgt diese Entwicklung und macht sie jedem zugänglich, der an den neuesten Erkenntnissen darüber teilhaben möchte, wer und was wir sind, was die Welt ist, die uns umgibt, und auf welche Weise wir in Beziehung zueinander und zu dieser Welt stehen. Der Leser erfährt in einfacher Sprache, was Wissenschaftler bereits wissen und vor welchen Rätseln sie im Hinblick auf den Kosmos, das Quantum, den lebenden Organismus und das menschliche Bewusstsein immer noch stehen. Dann erforscht der Verfasser diese Welt, indem er Fragen stellt, auf die er nun zuversichtliche, wenn auch überraschende Antworten geben kann – Fragen, bei denen es um Ursprünge und Bestimmung des Universums und um Ursprung und Evolution des Lebens und des Bewusstseins geht –, um dann die größten der „großen Fragen" zu stellen: Fragen der Unsterblichkeit, zum Bewusstsein im Kosmos und zu einem Bewusstsein, das eine wissenschaftlich basierte Schau als den Geist Gottes erfassen kann.

Spirituelle Energiemedizin

Atlas der psychosomatischen Energetik – Band 2

Dr. Reimar Banis

Hardcover, Großformat, 272 Seiten, 110 farbige Abbildungen und Grafiken
ISBN 978-3-86616-055-2

In diesem Buch wird ein neues, ganzheitliches Weltbild sichtbar, das Psychologie, Spiritualität und Naturwissenschaften vereint. Der Autor sieht die eigentliche Ursache von Krankheiten in ungelösten seelischen Konflikten. Darüber hinaus begreift er sie als eigentliches Grundgerüst des menschlichen Bewusstseins. Zu den Kernthesen des Buches gehört die Idee der Wiedergeburt. Dabei bleiben bestimmte charakteristische Eigenschaften der Persönlichkeit ebenso wie traumatische Erfahrungen erhalten. Solche karmischen Vorprägungen führen nach Ansicht des Autors zur Ausbildung eines festgelegten Charakters, der viele Vor-, aber auch Nachteile hat. Letztere gilt es zu überwinden, um wieder zur verloren gegangenen Ganzheit der Seele zurückzufinden. Den eigenen Charaktertyp zu kennen ist wichtig, um zu einer tieferen Selbsterkenntnis zu kommen und besser mit anderen Menschen umzugehen. Insofern will dieses Buch auch ein praktischer Lebensratgeber sein.

Von der Psychotherapie zu schamanischen Heilweisen

Feinstoffliche Heilung als Weg zum Kern der Bewusstheit

Carla Lamesch

Paperback, 192 Seiten – ISBN 978-3-86616-038-5

Das Buch zeigt auf, wie durch die Verbindung von Methoden der modernen Psychotherapie mit altem schamanischem Heilwissen auch schwer zugängliche Schichten im Unbewussten direkt erreicht werden können. Durch die auf diese Weise bewirkte Heilung kann der Weg zum innersten Kern des Bewusstseins erschlossen werden. In spannenden Protokollen beschreibt Carla Lamesch, wie blockierte Energien freigelegt werden und ein Heilungsprozess in Gang gesetzt wird. Sie macht deutlich, dass schamanische Traditionen nichts mit Magie oder Zauberei zu tun haben, sondern auf altem, überliefertem Wissen beruhen und sich der höchsten geistigen Ebenen bedienen, um Heilung zu bewirken. Dieses faszinierende und unkonventionelle Buch richtet sich nicht nur an Fachleute, sondern bietet auch interessierten Laien eine große Fülle an Anregungen und neuen Einsichten.

Quantengeist und Heilung

Auf seine Körpersymptome hören und darauf antworten

Arnold Mindell

Paperback, 296 Seiten – ISBN 978-3-86616-036-1

Quantengeist und Heilung ist Arnold Mindells neues Modell der Medizin, das auf den atemberaubenden Erkenntnissen der Pioniere der Quantenphysik beruht, welche die Landschaft unseres Glaubenssystems beinahe täglich neu gestalten. Mindell, der dort weitermacht, wo C. G. Jung aufhörte, hat sich als führender Experte im Gebrauch von Konzepten aus der Quantenphysik zur Heilung von Geist und Psyche erwiesen. Das Buch geht weit über die Theorie hinaus und stellt einfache Techniken, Übungsanleitungen und präzise Erklärungen wesentlicher Konzepte zur Verfügung, die es jedem Einzelnen ermöglichen, die Wurzeln selbst von chronischen Symptomen und Krankheiten, emotionalen, krankmachenden Mustern freizulegen, zu verstehen und zu beseitigen. Arnold Mindell: „Quantenphysik, die auch Sie anwenden können. Allen Aktionen und Ereignissen im Universum liegt eine Kraft zugrunde. Jeder Mensch besitzt die Fähigkeit, diese anzuzapfen, mit ihr zu interagieren und sie zur Selbstheilung zu benutzen."

Heilung und Neugeburt

Aufbruch in eine neue Dimension des Lebens

Barbara Schenkbier / Karl W. ter Horst

Hardcover, 272 Seiten, 30 Fotos, 10 Grafiken – ISBN 978-3-936486-57-5

Immer mehr Menschen suchen Auswege aus Einsamkeit und Trauer, Isolation und Sinnkrise. Sie sehnen sich nach Wärme und Licht, einem Aufbruch ins Leben, dem erneute Enttäuschungen und Niederlagen erspart bleiben. Barbara Schenkbier und Karl W. ter Horst geben anregende Impulse für den Aufbruch in eine neue Dimension des Lebens, für die spirituelle Neugeburt des Menschen. Diese Impulse sind begleitet von wegweisenden Ratschlägen für die Heilung von Seele und Körper. Die Autoren schöpfen aus der spirituellen Erfahrung einer neuen Dimension der Heilung und der Geschichte ganzheitlicher Heilverfahren aus dem göttlichen Feld. Die spirituelle Heilung wird ausführlich dargestellt. Mit einer bisher unveröffentlichten evolutions-psychologischen Methode ermöglichen sie dem Leser überraschende Einblicke in die verschlungenen Verläufe seiner eigenen Entwicklung. Alles Mitmenschliche und Kraftspendende, das dabei ans Licht des Bewusstseins dringt, bewerten die Autoren als Quellen von Heilung und Glück.

Wo Engel gehen auf leisen Sohlen

Wie Sie Beziehungen erfolgreich und harmonisch gestalten können

Chuck Spezzano

Hardcover, ca. 288 Seiten – ISBN 978-3-86616-056-9

„Narren stürmen blind voran, wo Engel gehen auf leisen Sohlen." Unter diesen von dem britischen Schriftsteller Alexander Pope geprägten Satz stellt Chuck Spezzano sein neues Buch. Wieder einmal geht es um menschliche Beziehungen, und wieder einmal ist es dem weltbekannten Lehrer und Experten in der Kunst von Beziehungen hervorragend gelungen, seine neuesten Erkenntnisse auf unterhaltsame, spannende und zugleich unnachahmlich humorvolle Weise zu Papier zu bringen. In 101 abgeschlossenen Kapiteln zeigt er anhand zahlreicher „wahrer Begebenheiten" aus seinem eigenen Leben und praktischer Beispiele aus den unzähligen Seminaren, die er seit vielen Jahren auf der ganzen Welt leitet, in welche Beziehungsfallen Menschen tappen und wie sie sich schnell und erfolgreich daraus lösen können, um ihre Beziehungen zu einem wahren „Kunstwerk" zu gestalten. Der „neue Spezzano" zeigt einmal mehr richtungweisende psychologische und spirituelle Wege auf, die uns zu glücklichen Beziehungen und damit auch zu einem glücklicheren Leben führen können.

Wenn es verletzt, ist es keine Liebe

10. Auflage

Chuck Spezzano

Gebunden, 416 Seiten – ISBN 978-3-928632-20-1

Dieses Buch verändert Ihr Leben. Ein Wissender zeigt den Weg, wie Sie ein Leben führen können, das erfüllt ist von Liebe und Verstehen, von Freude und Glück. Sie erfahren in 366 Kapiteln wichtige Lebensgrundsätze, die Ihre zwischenmenschlichen Beziehungen auf eine höhere Ebene heben.

Die Weisheit der Liebe, die der Verfasser in jahrzehntelanger Forschungsarbeit als Psychotherapeut, als weltweit bekannter Seminarleiter, als visionärer Lebenslehrer entdeckt und in klare Weisungen umgesetzt hat, verwandelt Sie und berührt Ihr wahres Wesen, das Liebe ist. Durch die angebotenen Übungen, die das theoretisch Erkannte auch in den praktischen Alltag umsetzen, wird das Buch zu einem Wegbegleiter und Ratgeber in bedrängenden Beziehungsnöten. Wenn Sie Schritt für Schritt in die wichtigsten Grundprinzipien der Liebe eingeführt werden, reifen Sie in Ihrer Selbsterkenntnis, können Ihre Beziehungen in Partnerschaft und Freundschaft neu ordnen, vertiefen und intensivieren. Sie können die Ursachen für Ihre Schwierigkeiten in der Liebe erkennen, Blockaden auflösen und seelische Wunden heilen lassen.

Wenn es verletzt, ist es keine Liebe

Die Essenz des Bestsellers
Hörbuch mit 3 CDs – gelesen von Werner Vogel

Chuck Spezzano

Hörbuch mit 3 CDs – ISBN 978-3-86616-066-8

Die Weisheit der Liebe, die der Verfasser des Bestsellers in jahrzehntelanger Forschungsarbeit als Psychotherapeut, als weltweit bekannter Seminarleiter, als visionärer Lebenslehrer und als Begründer der „Psychology of Vision" entdeckt und in klare Weisungen umgesetzt hat, verwandelt den Menschen und berührt sein wahres Wesen, das Liebe ist. Die wichtigsten Aussagen des Buches sind in dem Hörbuch zusammengestellt. Durch die nach jedem Abschnitt angebotenen Übungen kann das theoretisch Erkannte auch in den praktischen Alltag umgesetzt werden, dann wird das Hörbuch zu einem Wegbegleiter und Ratgeber in bedrängenden Beziehungsnöten. Eine begleitende spirituelle Musik führt noch stärker in die Tiefe und verstärkt die Wirkung der Übungen. So werden Sie Schritt für Schritt in die wichtigsten Grundprinzipien der Liebe eingeführt, reifen in Ihrer Selbsterkenntnis und können Ihre Beziehungen in Partnerschaft und Freundschaft neu ordnen, vertiefen und intensivieren.

Karten des Lebens

2. Auflage

Lebensgeschichten erkennen und heilen

Chuck Spezzano

100 künstlerisch gestaltete farbige Karten mit Begleitbuch, 224 Seiten
ISBN 978-3-86616-028-6

Die Drehbücher oder Geschichten, die unser Leben bestimmen, schreibt jeder Mensch selbst. Die Karten des Lebens – das neue Karten-Set des bekannten Lebenslehrers Chuck Spezzano – zeigen die Geschichten, die wir in unserem Leben erzählen, ganz gezielt auf. Es können fröhliche und kraftvolle, aber auch dunkle und zerstörerische Geschichten sein. Wir schreiben sie oft in Sekundenbruchteilen, tragen sie und ihre Folgen aber ein Leben lang mit uns. Negative Geschichten aus der Vergangenheit zu heilen und positive, lebensbejahende Geschichten zu stärken ist ein Herzensanliegen von Chuck Spezzano und ein Eckpfeiler seiner Arbeit. 100 wunderschöne, von der deutschen Künstlerin Petra Kühne einfühlsam gestaltete Karten sowie ein Begleitbuch, das die tiefere Bedeutung jeder einzelnen Karte erklärt und Beispiele für verschiedene Befragungsmöglichkeiten enthält, geben dem Leser ein ideales Werkzeug an die Hand, mit dessen Hilfe er seine Lebensmuster erkennen, negative und destruktive Muster heilen und dadurch zu mehr Glück und größerer Fülle im Leben gelangen kann.

Räum dein Leben auf!

100% mehr Lebensfreude

Matt Galan Abend

Hardcover, ca. 152 Seiten, 56 z.T. ganzseitige Zeichnungen
ISBN 978-3-86616-060-6

Der Mensch ist eingeschlossen in ein Gefängnis aus Konditionierungen, wie „man" zu sein hat, was „man" tut, was „man" von ihm erwartet, was „man" von ihm denkt usw. Der Mensch „kämpft" um alles und jedes, um sein Ansehen, um sein Geld, um seine Gesundheit, seine Sicherheit, seinen Arbeitsplatz oder was auch immer. Leichtigkeit, Lebenslust und Lebensfreude bleiben dabei meist auf der Strecke. Wenn wir gründlich Hausputz halten, wenn wir uns aus dem Dickicht unserer Konditionierungen befreien, wenn wir endlich aufräumen und das berühmte „man" aus unserem Leben verbannen, wenn wir die Sorge darum verlieren, wie andere über uns denken, wenn wir die Angst überwinden, unseren Partner, unseren Job oder gar unser Geld zu verlieren, wenn wir den Maßstab in uns selbst und nicht im Außen finden, kann dies so etwas wie unsere zweite Geburt sein. Aber diese Änderung kann immer nur von innen nach außen, und niemals von außen nach innen erfolgen. Die vielen künstlerischen Zeichnungen von Annette Kramer unterstützen die eindringlichen Aussagen des Buches.

Ken Wilber – Denker aus Passion

Eine Zusammenschau

Frank Visser

Hardcover, 312 Seiten – ISBN 978-3-936486-00-1

Im Werk des Philosophen Ken Wilber gehen alle bedeutenden Themen der großen philosophischen und spirituellen Traditionen der Menschheit eine eindrucksvolle Synthese ein. Wilber ist ein passionierter Sucher nach der Wahrheit und einer der letzten großen Systemphilosophen, der Wissenschaft und Religion, Kunst und Kultur, Ost und West miteinander verbindet und in eine umfassende Perspektive der Evolution stellt. Der Autor dieses Buches zeichnet nicht nur das Entstehen und den Werdegang der Bücher von Wilber auf, er stellt nicht nur das Gesamtwerk des großen Bewusstseinsforschers dar, sondern beleuchtet auch die Geschichte hinter seinen Gedanken und Erkenntnissen. Er beschreibt eindringlich den Lebenslauf von Wilber bis in die Gegenwart, die Motive, die Wilber zur Auswahl seiner Themen veranlasst haben, die intellektuellen und persönlichen Krisen seines Lebens und nicht zuletzt seine persönliche spirituelle Erfahrung. Frank Visser hat Wilber in der Vorbereitungszeit zu diesem Buch einige Male persönlich besucht und ausführliche Interviews mit ihm geführt.

Dein Seelenhaus

Ein direkter Weg mit der Seele zu sprechen

Peter Reiter

…dcover, 200 Seiten – ISBN 978-3-86616-062-0

…ch die eigene Seele erkunden, Vorzüge und Defizite seiner Persönlichkeit in wenigen Minuten erkennen … dabei auch noch Spaß und Entdeckerfreude haben – geht das? Ja, mit der hier vorgestellten und neu … Methode von Dr. Peter Reiter ist dies einfach.
… endlich wissen werden, welche Talente und Fähigkeiten in Ihnen schlummern, Sie erkennen in …lenhauses sofort, schnell und sicher ihre Defizite oder Bereiche, die der Zuwendung, Entwick- …dürfen. Sie verändern mit dem Umbau des Seelenhauses auch Ihre Seelenmuster und von da …äußere Erscheinung und Ihr Verhalten zur Mitwelt. Dies funktioniert bei Ihnen selbst wie …en, Kindern, Partnern oder Klienten und Patienten – eine kurze Bildmeditation genügt, um … Es geschieht mühelos, nur über eine entsprechende Visualisation und Absicht, denn die … Gedanken oder Bildern.

…e Psychologie …apie

…hr und Herbst

…chotherapie ist eine unabhängige **Zeitschrift,** schulen-, kultur- und religions… …ritueller Wege und der Philosophia perennis mit moderner Psychologie und …ssenschaftlichen Fundierung des Transpersonalen.

…otherapie ist eine Zeitschrift, die sich an Fachleute und Laien wendet mit …s einem schulen-, kultur- und religionsübergreifenden Verständnis heraus …sychologie und Psychotherapie und deren theoretischen Grundlagen mit …nen, Erfahrungen und Wegen, Welt- und Menschenbildern. Sie dient …, fördert integrative Bemühungen und leistet Beiträge zur Forschung …ientierung und ein Diskussionsforum auf wissenschaftlichem Niveau.

üb… Psy… **Tran…** Intere… bietet s… spirituell… dem Dialo… und Theori…